Protestantische Profile

Lebensbilder aus fünf Jahrhunderten

Herausgegeben von
Klaus Scholder/Dieter Kleinmann

Athenäum
1983

CIP-Kurztitelaufnahme der Deutschen Bibliothek

Protestantische Profile : Lebensbilder aus 5 Jh. / hrsg. von Klaus Scholder ; Dieter Kleinmann. – Königstein/Ts. : Athenäum, 1983.
ISBN 3-7610-8257-6

NE: Scholder, Klaus [Hrsg.]

Lithos: Repro – Scheiner, Staudernheim
Umschlaggestaltung: Werner Rebhuhn, Hamburg
Herstellung: Friedrich Pustet, Regensburg
Printed in Germany
ISBN 3-7610-8257-6

Inhalt

18. Jahrhundert

19. Jahrhundert

20. Jahrhundert

Vorwort

Was macht ein protestantisches Profil aus? Und wie verhält sich der Protestantismus zur Reformation? Die Fragen scheinen nicht überflüssig am Anfang eines Bandes, der zum 500. Geburtsjahr Martin Luthers fünfundzwanzig protestantische Profile vereinigt. So mögen dem Leser einige wenige Hinweise zu diesem großen Thema willkommen sein.

Der Ursprung der Reformation lag bekanntlich in der einsamen Erkenntnis des Wittenberger Mönches, daß der Mensch nicht durch eigene Leistungen und Verdienste vor Gott bestehen kann, sondern – wie es in der berühmten Formel heißt – allein aus Gnaden, um Christus willen, durch den Glauben. Dies war eine theologische Erkenntnis. Wo sie begriffen wurde, veränderte sie den Glauben. Mit der Veränderung des Glaubens aber veränderten sich die Menschen. Und mit der Veränderung der Menschen veränderte sich die Welt. So wirkte die Reformation fast von Anfang an über Theologie und Kirche hinaus und ergriff und durchdrang alle Lebensbereiche, das tägliche Leben ebenso wie die Arbeitswelt, die Politik, die Wissenschaften und die Künste. Und damit begann der Protestantismus.

Wie weit die praktischen Folgen jener einsamen Erkenntnis reichten, zeigte sich auf besonders eindrückliche Weise im Jahre 1529, als die evangelischen Fürsten und Städte des Reiches sich weigerten, in Sachen des Glaubens und der Lehre Mehrheitsbeschlüsse des Reichstags anzuerkennen. In ihrer feierlichen Protestation hieß es (und diese Wendung empfinden wir im Rückblick bereits als typisch „protestantisch“): „hat auch sonst jeder in Dingen, die Gottes Ehre, das Heil unserer Seele und die Seligkeit angehen, für sich selbst vor Gott zu stehen und Rechenschaft zu geben ...“. Seit dieser Speyerer Protestation hießen die Evangelischen auch „Protestanten“. Und durchaus nicht zufällig wurde daraus später der Begriff des Protestantismus als eine gemeinsame Bezeichnung für alle Gedanken, Programme und Bewegungen, die sich im Lauf der Zeit als geschichtsmächtige Kräfte aus der Reformation entwickelten. Der Protestantismus wurde, wie man gelegentlich gesagt hat, gewissermaßen der „weltliche“ Name der Reformation.

Dabei war das Verhältnis des Protestantismus zu seinem Ursprung, der Reformation, durchaus wechselnd und nicht selten sogar gespannt. Es gab Zeiten, etwa in der zweiten Hälfte des 18. und am Ende des 19. Jahrhunderts, da schien es, als habe der Protestantismus die Reformation gleichsam überwunden. Aber immer wieder sorgten neue theologische Bewegungen dafür, daß der Ursprung in den Blick kam und der Protestantismus zu sich selbst zurückfand.

So war es die Gestalt des Protestantismus, in der die Reformation die moderne Welt entscheidend mitformte. Die protestantische Berufs- und Arbeitsauffassung beeinflußte die Arbeitswelt; auf protestantische Prinzipien beriefen sich die Vertreter des Toleranzgedankens; protestantischem Verständnis entsprang die Autonomie des Politischen; protestantisch war der Appell an Sittlichkeit und Gewissen jedes einzelnen Menschen.

Aber was war nun das eigentlich „Protestantische“ in all diesen Zusammenhängen? Denn diese allgemeinen Feststellungen sagen ja über den Inhalt nur wenig aus.

In der Tat zeigt der Blick auf die in diesem Band vereinigten protestantischen Profile, wie eigentümlich und widersprüchlich das Protestantische im einzelnen ausfallen kann. Und gerade angesichts dieser verwirrenden Vielfalt drängt sich die Frage auf, ob es denn wirklich gemeinsame Merkmale unter diesen Persönlichkeiten gibt, die den Titel rechtfertigen? Oder ist Protestantismus hier eine eher zufällige Bezeichnung?

So heikel und schwierig das Unterfangen ist, in fünfundzwanzig Porträts aus fünf Jahrhunderten das gemeinsam Protestantische zu entdekken, so lassen sich vielleicht doch bei allen Vorbehalten drei verbindende Eigentümlichkeiten feststellen.

Die erste liegt in dem durchgehenden engen Verhältnis aller Porträtierten zur Heiligen Schrift. Es läßt sich kaum ermessen, was es für den Fortgang der abendländischen Geschichte bedeutete, daß die Reformation als Grundfigur der menschlichen Existenz das Modell der Zwiesprache zwischen dem Wort Gottes und dem einzelnen Menschen geschaffen hat. Dadurch, daß ihm ungeprüft keine andere Autorität, kein Pfarrer, auch die Kirche als ganze nicht für die Wahrheit bürgte, sondern daß jeder, wie es in der Speyerer Protestation hieß, „für sich selbst vor Gott zu stehen und Rechenschaft zu geben“ hat, wurde jedem einzelnen selbst die Verantwortung für seinen Glauben, sein Leben, sein Denken und Handeln zugewiesen. Und damit war er in einem vorher ungeahnten Maße als einzelner ernstgenommen und herausgefordert. Gewiß konnte in dem Maße, in dem diese unmittelbare Bindung an die Schrift abnahm, daraus auch reine Selbstbestimmung werden – Bismarck scheint hier auf der Grenze zu stehen. Aber wo immer wir sonst auf ein klares protestantisches Profil stoßen, das diesen Begriff bewußt erfüllt, finden wir die vertraute Kenntnis, den beständigen und selbständigen Umgang mit der Heiligen Schrift. Dieser Umgang mit der Schrift ist das erste und wichtigste Erbe Luthers und Calvins an den Protestantismus. Man kann diesen Punkt geradezu zum Kriterium erheben. Wo der Bezug auf die Schrift fehlt, da hat sich der Protestantismus so weit von der Reformation entfernt, daß er nurmehr Ideologie ist – noch immer geschichtsmächtig, aber kaum mehr erneuerungsfähig.

Mit diesem Modell der Zwiesprache aber ist die zweite durchgehende Eigentümlichkeit eng verbunden. Sie liegt in dem Begriff der Gewissensethik. So verwirrend viele und auch widersprüchliche Meinungen auf dem Boden des Protestantismus erwuchsen – in einem Punkt sind sich alle Protestanten zu allen Zeiten einig gewesen. Es hat im protestantischen Lager niemals auch nur den Ansatz für eine Ethik gegeben, die bewußt auf die menschliche Schwäche und Verführbarkeit Rücksicht nahm, so wie sie etwa der Jesuitenorden unter dem Begriff des „Probabilismus" zeitweilig mit großem Erfolg vertrat. Vielmehr gehört zum Protestantismus die unbedingte Forderung des an Gottes Gebot gebundenen eigenen Gewissens als letzte und höchste Instanz des Handelns. Hier, auf dem Gebiet der Ethik, hat das protestantische Prinzip möglicherweise seine charakteristischste und auch wirkungsvollste Ausformung erfahren. Das ist im übrigen keineswegs nur als ein Positivum zu werten, wie noch das 19. Jahrhundert annahm. Vielmehr hat diese stolze Gewissensethik auch tief problematische Haltungen gleichsam geheiligt, den unbedingten Gehorsam etwa, der in der deutschen Geschichte eine so verhängnisvolle Rolle gespielt hat, oder den Opfertod im Kriege auch dort, wo längst nichts mehr zu gewinnen war.

Schließlich mag man in den Porträts noch einen weiteren Zug finden, der mehr oder weniger allen gemeinsam ist, und der möglicherweise zum spezifisch Protestantischen dieser Profile gehört. Das ist – ob wir nun Luther nehmen oder Philipp von Hessen, Johannes Kepler oder Johann Sebastian Bach, Friedrich Schleiermacher oder Bismarck – ein gewisser Freimut, ein unverkennbarer Hang, das selbst Erarbeitete und als richtig Erkannte freimütig zu vertreten und gegen alle Widerstände durchzusetzen. Vielleicht geht es zu weit, wenn man den Eigensinn als eine typisch protestantische Eigentümlichkeit bezeichnet – aber wer die Unerbittlichkeit und Hartnäckigkeit innerprotestantischer Auseinandersetzungen bis in unsere Tage hinein verfolgt, der wird jedenfalls eine entsprechende Neigung schwerlich bestreiten können. Auch dieser Punkt, der Freimut, der sich zum Eigensinn steigern kann, hängt, wie unschwer zu erkennen ist, mit den beiden ersten Punkten unmittelbar zusammen.

Der selbständige Umgang mit der Heiligen Schrift, die unbedingte Geltung des Gewissens und ein oft genug mühsam erkämpfter Freimut – diese drei Eigentümlichkeiten ergeben über die Jahrhunderte hinweg das typisch protestantische Profil.

Wie das im einzelnen aussieht, widergespiegelt in ganz verschiedenen Charakteren, Berufen, Lebensläufen und Zeitaltern, das mag der Leser im folgenden selbst entdecken. Vielleicht findet er ja auch über das hier nur Angedeutete hinaus noch weitere Kennzeichen – dem Suchen, Wägen und Vergleichen sind keine Grenzen gesetzt.

Noch ein Letztes. Man beklagt heute vielfach die Spaltung der abendländischen Kirche. Und zu solcher Klage besteht ja durchaus Anlaß. Aber die fünfundzwanzig Porträts dieses Bandes zeigen doch zugleich, daß die Reformation weit über Theologie und Kirche hinaus eine Fülle und einen Reichtum geschaffen hat, ohne den wir alle nicht wären, was wir sind.

Klaus Scholder

16. Jahrhundert

Martin Luther
(1483–1546)

MARTIN BRECHT

Martin Luther

Von Luther sind schon zu seinen Lebzeiten sehr unterschiedliche bildliche Darstellungen angefertigt worden. Die erste zeigt ihn als kleinen Klosterbruder, eine andere den tonsurierten, fast hohlwangigen Mönch mit den hochliegenden Backenknochen und blitzenden Augen. Ein drittes den Doktor mit seinem Barett. Gelegentlich wurden die Zeichnungen mit einer Gloriole oder gar mit einer Taube über seinem Haupt als Symbol der Geistbegabung versehen. Während der Wartburgzeit porträtierte ihn Lucas Cranach als den bärtigen Junker Jörg. Die späteren Bilder zeigen ein etwas volleres, zuletzt aufgedunsenes, schwammiges Gesicht, manchmal mit einem Zug der Resignation. Nicht vergessen darf man die heroisierenden oder kritischen Karikaturen: Luther als „Wittenbergische Nachtigall", der alle übrigen Tiere verzückt lauschen, oder als siebenköpfiges Ungeheuer oder als deutscher Herkules, der mit den Zähnen einen Strick hält, an dem der Papst baumelt; die Linke hat den Kölner Ketzermeister Hochstraten gepackt, die Rechte schwingt eine Keule, und am

Boden liegen bereits niedergeknüppelt die Autoritäten der scholastischen Theologie. Das alles war nur ein Anfang, legendäre oder idyllische Bilder – Luther als Familienvater – folgten. Die Historienmalerei tat das Ihre. Mit Schaumünzen oder Denkmalsposen – die Faust auf der Bibel – feierte man ihn. Neben den Zeichnern und Malern schufen die Geschichtsschreiber und Interessengruppen eindrückliche Lutherbilder. Man stilisierte ihn zum protestantischen Kirchenvater oder deutschen Nationalhelden, der dann den Franzosen unheimlich war. Sein Gegner Cochläus stellte ihn giftig als den triebbehafteten Mönch dar, und das wurde jahrhundertelang das gültige Lutherbild für die alte Kirche. Nicht zuletzt wurde Luther zum Vorbild der Protestanten, an dem sie sich in verschiedener Hinsicht orientierten. Wie dieses Buch zeigt, gibt es mancherlei protestantische Profile. Es dürfte reizvoll sein, festzustellen, welche von ihnen auf den Vater des Protestantismus zurückgehen.

Manche der Lutherbilder setzten sich zäh in der Erinnerung fest, manche machten sich die Generationen eigens zurecht, manche verdrängten sie. Gelegentlich wird beansprucht, die Übermalungen abzutragen; stattdessen werden dann unbekümmert neue Farben aufgelegt. Ohne irgendein Bild von einer derartigen großen Gestalt, die Geschichte gemacht und mitbestimmt hat, kommt die Nachwelt nicht aus. Luther selbst wußte wohl, daß Menschen Bilder haben müssen; nur sollten sie sie nicht zu Götzen machen.

Jene entscheidenden Vorgänge, durch die Luther zu einem Standpunkt kam, von dem der Mönch zum weltgeschichtlichen Gegenspieler von Papst und Kaiser wurde und die Einheit der abendländischen Christenheit aufsprengte, entziehen sich verständlicherweise am meisten der Darstellung, spielten sie sich doch im Innenraum des Klosters und im Gegenüber eines Menschen mit seinem Gott ab. Im Fall Luthers geschah hier Einmaliges, Stellvertretendes. Kaum einer seiner Anhänger oder Nachfahren mußte durch solche Tiefen der Anfechtung wie er; sie standen bereits auf seinen Schultern. Ein Protestantismus freilich, der nichts mehr wüßte von dem unmittelbaren Gegenüber des Menschen zu Gott, wäre seiner tiefsten Dimension verlustig gegangen.

Luther wurde nach einer Angabe Melanchthons am 10. November 1483 kurz vor Mitternacht geboren. Allerdings waren sich später weder Luther selbst noch seine Mutter über das Geburtsjahr ganz sicher. Solche Daten hat man damals nicht immer festgehalten. Gelegentlich werden auch die Jahre 1484 oder 1482 genannt. Während 1484 als Geburtsjahr mit Bestimmtheit ausscheidet, würden sich durch eine Datierung auf 1482 bestimmte Schwierigkeiten in der Chronologie von Luthers Jugend, wie die schwer unterzubringende vierjährige Schulzeit in Eisenach oder das Magisterium mit 22 Jahren Anfang 1505, beheben. Sicher ist jedoch der 10. November und auch der Tag seiner Taufe in St. Peter und Paul,

Martin Luther als Mönch. Kupferstich von Lucas Cranach d. Ä., 1520

Martin Luther als Junker Jörg. Holzschnitt von Lucas Cranach d. Ä., 1522

Martin Luther als Wittenbergische Nachtigall. Titelbild zu Hans Sachsens Preislied auf Luther, 1523

Martin Luther als Siebenkopf. Satirischer Holzschnitt. Die Karikatur soll Luthers gefährliche und widerspruchsvolle Persönlichkeit anprangern. Titelblatt einer Schrift von Luthers schärfstem Gegner, Johannes Cochlaeus, 1529

der Pfarrkirche des Brückenviertels in Eisleben, am 11. November; er erhielt den Namen des Heiligen des Tages, Martin.

Seine Kindheit verbrachte Luther in Mansfeld, wo er auch zuerst zur Schule ging, bevor er 1497, vielleicht auch schon 1496, von seinen Eltern nach Magdeburg und ein Jahr später nach Eisenach geschickt wurde. Bereits im Sommersemester 1501 wurde Luther an der Universität in Erfurt immatrikuliert. Alle Studienanfänger mußten damals zuerst die Fakultät der freien Künste durchlaufen, ehe sie sich nach erfolgreichem Abschluß einer der drei höheren Fakultäten Theologie, Jurisprudenz oder Medizin zuwenden konnten. Außer der Sicherung eines gemeinsamen Bildungsniveaus war der Zweck dieses philosophischen Studiums eine allgemeine wissenschaftliche Grundlage und eine Einübung in die dazugehörigen Techniken. Auf dieser Grundlage bauten die anderen Fakultäten auf. Luther beendete diesen ersten Teil seines Studiums im Januar 1505 mit der Magisterprüfung, aus der er als zweiter unter siebzehn Teilnehmern hervorging. Er erhielt das braunrote Barett und den Ring des Magisters und hatte eine Antrittsvorlesung zu halten. Nun war also der Weg zum Studium der Jurisprudenz frei. Noch im Sommer desselben Jahres hat Luther damit begonnen. Doch es sollte anders kommen.

Der junge Student geriet in eine seelische Krise. Es wurde ihm bewußt, daß er sein Lebensproblem nur lösen konnte, wenn er mit Gott ins Reine kam. Der Gott, den er kannte, forderte die Hingabe des ganzen Menschen, anders gab es keine Rettung. Luther brach deshalb sein juristisches Studium ab und trat ins Kloster der strengen Augustinereremiten ein. Vollkommen als Mönch zu leben, bedeutete Kasteiung, Wachen, Fasten, Frieren, gesammeltes Beten ohne Abschweifung der Gedanken, vollständiges Beichten, andächtiges Feiern der Messe. Der geforderten scharfen, fast skrupulös praktizierten Selbstprüfung wurde bald das Fragmentarische, das Zurückbleiben hinter der Vollkommenheit, das Ungenügen, das Sündersein auch des Mönchs bewußt. Das bedeutete, daß er vor dem gestrengen Gott nicht bestehen konnte. Die schreckliche Angst, verloren, verworfen zu sein, stieg in ihm auf. Orientierung in der Wirrnis suchte er in der Bibel, besonders in den Psalmen, die er zu beten hatte. Wieder und wieder meditierte er über die Schriftworte von Gottes Gericht und Barmherzigkeit, war beglückt, wenn er meinte, etwas verstanden zu haben, aber oft blieb ihm ihr Sinn verschlossen.

Etwa 1512, zu der Zeit, als er zum Doktor der Theologie promoviert wurde – das Theologiestudium hatte er wahrscheinlich nach der Priesterweihe im Sommer 1507 aufgenommen –, fand er eine erste Lösung, einen Modus, wie er angesichts des fordernden und richtenden Gottes leben konnte. Dieser bestand in der Einsicht, daß der Mensch nicht gerecht sein kann, das Gericht verdient hat und auf Gottes nackte Barmherzigkeit angewiesen ist. Gottes Verurteilung ist recht zu geben. Wer sich selbst richtet, den richtet Gott nicht. Es gilt, in der Konformität mit dem leidenden und gestraften Christus zu leben. Es geht nicht um die Herstellung der eigenen Gerechtigkeit, sondern um die Zerstörung jeglicher Selbstgerechtigkeit und Selbstherrlichkeit. Jahrelang blieb Luther auf diese demütige Haltung fixiert. Sie war der Grundton seiner Römerbriefvorlesung von 1515/1516, und sie klang noch im ernsten Bußruf der 95 Thesen an, obwohl er bei seinem Bibelstudium auch schon ganz anderes vernommen hatte: Gott fordert nicht, Gott schenkt dem, der nichts ist, seine Gerechtigkeit, Kraft, Weisheit und Heiligkeit. Nicht unvorbereitet und dennoch schlagartig ging Luther wohl im Frühjahr 1518 aufgrund von Röm. 1,17 das Verständnis der aus dem Glauben kommenden Gerechtigkeit Gottes, die in Christus geschenkt ist, auf. Es bedeutete eine kopernikanische Wende. War ihm schon vorher das geforderte Bemühen um Heiligkeit unerfüllbar und suspekt geworden, so begriff er jetzt, daß der Christ allein aus dem Glauben an das Evangelium lebt, das ihm die durch Christi Menschwerdung, Leben, Tod, Auferstehung und Erhöhung erlangte Überwindung von Schuld und Tod verkündet und mitteilt. Das ist die neue, außerhalb des Menschen liegende Existenzgrundlage. Sie ist das einzig Gewisse, allein im Glauben festzuhalten; sie bezweifeln, hieße verloren sein. Weil sie das positive Zentrum benennt, ist die Selbstbezeichnung dieses Standpunkts als „evangelisch" angemessener als der spätere Ausdruck „protestantisch".

Die Wende bewirkte zuerst eine grundlegende Erneuerung oder, wie man das nannte, eine Reformation der praktizierten Religiosität und Frömmigkeit. Die Predigt, die dem Menschen aus der biblischen Offenbarung zugleich seine Verlorenheit aufdeckt und das Heil in Christus mitteilt, rückte in den Vordergrund. In der Beichte, die Luther nie aufgegeben hat – das tat erst der bürgerliche Protestantismus seit dem Ende des 17. Jahrhunderts –, kam es nicht mehr auf die vollzählige Aufführung der Sünden oder die genugtuenden Leistungen, sondern auf das Absolutionswort an, auf das sich der Glaube verläßt. Beim Gebet zählte nicht die Menge der Vaterunser und Rosenkränze, sondern das herzinnige Vertrauen, daß Gott hört. Luther war ein kindlich vertrauender Beter, der sich in schlichten Worten an Gott wandte. So konnte er Gott förmlich zudringlich bei seiner Barmherzigkeit behaften. Diese neue Art des persönlichen Betens vermittelte Luther seiner Kirche, und sie prägte die protestantische Frömmigkeit mit. Der gnädige Gott war ein naher Gott, an den man sich ohne die Zwischeninstanzen der Heiligen oder Mariens direkt wenden durfte. Heilige im herkömmlichen Sinn, die durch ihre vollkommene Frömmigkeit ausgezeichnet waren, gab es für Luther nicht mehr, sondern nur Sünder, deren Gott sich erbarmt hatte. Taufe und Abendmahl mußten deutsch gefeiert werden, damit das Geschehen der Sakramente verständlich war. Gemäß der Einsetzung durch

Christus war auch den Laien der Kelch zu geben. Auch in den Sakramenten rückte das vollmächtige, verheißende Wort Gottes in den Mittelpunkt, denn Gott ist hierbei der Handelnde, der von sich aus den Bund mit dem Menschen schließt, den dieser nur im Glauben annehmen kann. Herzstück des Abendmahls ist der Zuspruch, daß Christi Leib „für dich gegeben", sein Blut „für deine Sünden vergossen" ist. Irgendeine menschliche Aktion und Mitwirkung, wie sie im Gedanken des Meßopfers zum Ausdruck kam, hatte hier keinen Platz mehr. Gleichzeitig kann man verstehen, warum Luther sich später von seinen Gegnern im eigenen Lager auf keinen Fall die Realität der Abendmahlsgabe in Frage stellen lassen wollte. Der feierliche Ernst der vorweg auf Vergebung ausgerichteten lutherischen Abendmahlsfeier rührt von daher. Mit der Radikalität seines Fragens und seiner Selbsterforschung war Luther an der Leistungsfrömmigkeit der damaligen Kirche gescheitert, genauer gesagt, er war auf ihren Selbstwiderspruch gestoßen, und das führte schließlich zur neu entfalteten Lehre von der Glaubensgerechtigkeit. Das war seine bahnbrechende, stellvertretende Tat für die evangelische Christenheit. Sie wurde z. B. deutlich in seiner von der evangelischen Freiheit her begründeten Ablehnung der Mönchsgelübde – Gott gelobt sich uns Menschen, nicht umgekehrt –, die dann unzähligen Mönchen und Nonnen das gute Gewissen zum Austritt aus dem Kloster gab.

Hier erhob sich jedoch bald eine Rückfrage an Luther selbst und an den Protestantismus. Sie betraf das Verhältnis des Glaubens zu den guten Werken. Luther gab darauf folgende Antwort: Der in Verbindung mit dem gnädigen Gott stehende Glaube tut spontan und von sich aus die guten Werke, indem er eine evangelische Askese übt, durch die der Leib bezähmt wird, und in Liebe seinem Mitmenschen dient. So einleuchtend diese Antwort klang, so ergaben sich aus ihr in der Praxis doch Schwierigkeiten. Ein falsches Verlassen auf die Sündenvergebung und die neue Freiheit konnten zu sittlicher Laxheit und Trägheit führen. Darauf reagierten die Verantwortlichen dann wieder nur zu leicht mit verschärfter, das Gericht androhender Predigt und mit gesetzlichen Forderungen. Der immer wieder empfundene sittliche Quietismus eines vulgären Protestantismus weist auf die nicht gelungene Vermittlung des unaufgebbaren Zusammenhangs von Glauben und Werken hin. Einen Korrekturversuch unternahm etwa der Pietismus, indem er auf die Lebendigkeit des Glaubens und eine aufweisbare Bekehrung samt ihren Früchten in der Heiligung drang, ein in Formelhaftigkeit erstarrtes evangelisches Christentum indessen ablehnte. Er konnte sich dabei teilweise auf Luther berufen, unterschied sich jedoch in der Forderung nach aufweisbarer Frömmigkeit zugleich von ihm. Wie sich hier zeigt, ist das protestantische Profil in seinen Stärken und Schwächen nachhaltig von den reformatorischen Anfängen geprägt worden.

Sein Ringen um den gnädigen Gott hatte Luther auf einen eigenen Weg geführt. Fast unausweichlich setzte er sich damit in Widerspruch zur herrschenden spätmittelalterlichen theologischen Meinung. „Sautheologen" nannte er schon früh diejenigen, die von der Leistungsfähigkeit des Menschen gegenüber Gott sprachen. Er griff sie in scharfen Disputationen an, konnte auch seine Wittenberger Kollegen weithin überzeugen, aber insgesamt lehnte die „Zunft" seine Ansichten ab. Es blieb nicht beim akademischen Theologengezänk. Die Bischöfe versagten sich seiner dringlichen Aufforderung, die Auswüchse des Ablaßhandels, die den Ernst der Buße mißachteten, zu beseitigen. Statt dessen wurde Luther in Rom angezeigt. Damit weitete sich der Konflikt zu einem grundsätzlichen Normen- und Autoritätenproblem aus. Rom stellte durch Dekret fest, daß der Papst kraft Vollmacht seines Amtes aufgrund des Ablasses die Seelen aus dem Fegfeuer lösen könne. Luther akzeptierte den Spruch nicht und fragte nach seiner biblischen Begründung, die ausblieb. Für Luther waren auch die päpstlichen Entscheidungen an der Bibel zu messen, und nicht nur sie. Während der Leipziger Disputation 1519 mit Johann Eck wurde ihm klar, daß auch die Konzilien, die andere oberste Autorität in der Kirche, nicht irrtumsfrei waren. Dasselbe galt für die Kirchenväter, nicht zu reden von den scholastischen Theologen. Luther wollte dabei die Autoritäten nicht rundweg ablehnen, aber sie mußten in ihrer Lehre mit der Bibel übereinstimmen und überprüfbar sein. Die Kirche ist nicht auf die Autorität eines Menschen gegründet, sondern auf das dem Glauben sich erschließende Zeugnis der Schrift. Angesichts des damaligen Zustands der römischen Kirchenleitung fand Luthers Auffassung Zustimmung. Es sollte sich allerdings bald zeigen, daß seine Lösung des Normenproblems auch Schwierigkeiten mit sich brachte. Wer entschied bei unterschiedlicher, sich widersprechender Schriftauslegung über die Richtigkeit? Luther wußte darauf nur eine Antwort: das gemeinsame gehorsame Hören auf die Schrift, in dem sich der Heilige Geist erschließt. Damit mußte eine Offenheit in der Normenauslegung in Kauf genommen werden, und das bedeutete das Nebeneinander verschiedener Auslegungen, die sich gegenseitig nicht mehr überzeugen können. Hier liegt der Ursprung des protestantischen Pluralismus und seiner Denominationen. Eines haben sie von Luther alle gelernt: Auf die unüberprüfte Autorität einer menschlichen Institution ist nicht zu bauen.

Im Konflikt mit dem Papst ging es um alles andere als abstrakte Prinzipien. Das kirchliche und religiöse Leben war allenthalben geregelt durch ein Netz kirchlicher Vorschriften, die die Gewissen banden. Ihre Befolgung galt als verdienstlich und schien mithin das Seelenheil zu garantieren. Fasten, Almosengeben, Beten, Stiftungen, Wallfahrten, Beichten, die Meßfeier, das eheliche Leben, das Mönchtum, die Feier der Sonn- und Festtage, die Verehrung der Heiligen und noch viel mehr waren von der Kirche reguliert und vorgeschrieben. Manche Anordnungen dienten erkennbar in erster Linie der Selbstfinanzierung der Kirche. Gegen Unbotmäßige waren die bischöflichen Gerichte schnell mit Strafen zur Hand, im schlimmsten Fall mit dem Bann, dem Ausschluß aus der heilsvermittelnden Kirchengemeinschaft. Für Luther war das je länger je mehr unerträgliche Tyrannei und Verführung der Christen. Zwischen dem Glaubenden und Christus stand keine Amtshierarchie als Mittler des Heils, waren doch alle Christen zum Priestertum erwählt. Die kirchlichen Amtsträger konnten nichts anderes als ihre Diener und Helfer sein, die an sich den übrigen Getauften keine besondere geistliche Qualität voraushatten. Das bedeutete grundsätzlich ein neues Verständnis des kirchlichen Amts und die Abschaffung jeglicher Hierarchie. Als der Papst 1520 Luther wegen seiner Kritik an der kirchlichen Ordnung mit dem Bann bedrohte, reagierte dieser mit der Verbrennung nicht nur der Bannandrohungsbulle, sondern der kirchlichen Rechtsbücher und verwarf damit das herrschende Kirchenrecht als nichtig. Das Papsttum jedoch, das die Kirche derart ins Gegenteil verkehrt hatte, war in seinen Augen der Antichrist. In seiner letzten Schrift an den Papst hatte Luther diesem die Freiheit eines Christenmenschen beschrieben, der in geistlichen Dingen niemand untertan sei, ist doch seine Seele von Christus selbst zur Braut erwählt. Er hatte dieser Aussage eine andere zur Seite gestellt, derzufolge der Christ in der Liebe jedermanns Knecht und Diener sei, auch darin Christus selbst gleich, berufen, dem andern „ein Christus zu sein". Auf diese Weise hatte Luther den Christen, nicht den Bürger, souverän gemacht, und das wurde sofort begriffen.

Um diese Unabhängigkeit ging es bei Luthers weltgeschichtlichem Auftritt vor Kaiser und Reich auf dem Wormser Reichstag 1521. Er war aufgefordert, seine Schriften zu widerrufen. Aber er konnte um der evangelischen Wahrheit willen weder seine anerkannt christlich-erbaulichen, noch seine kirchenkritischen Schriften und polemischen Auseinandersetzungen mit seinen Gegnern zurücknehmen, solange er nicht aus der Schrift oder mit einsichtigen Vernunftgründen widerlegt war. „Solange mein Gewissen in Gottes Wort gefangen ist, kann und will ich nichts widerrufen, weil es unsicher ist und die Seligkeit bedroht, etwas gegen das Gewissen zu tun." Hier hat man den Luther vor sich, auf den sich die „Protestanten" immer wieder berufen haben. Zwei klarstellende Bemerkungen sind dazu nötig: Die Erwähnung der Vernunftgründe war nicht in einem aufgeklärten Sinn gemeint, sondern vielmehr als Zusatzargument zum Schriftbeweis. Auch Luthers Gegner beriefen sich in diesem Sinne gelegentlich auf die Vernunft. Luther war sich im übrigen über die Sündhaftigkeit auch der Vernunft sehr wohl im klaren und nannte sie darum eine Hure, keineswegs geeignet, normgebende Autorität zu sein, wie man in späteren Jahrhunderten meinte. Mit der Berufung auf die

Instanz des Gewissens verhält es sich ähnlich. Betont wird das Eigenrecht nicht jedes beliebigen oder eines einfach guten Gewissens, sondern jenes, das durch die Schrift gebunden ist. Luther beanspruchte in Worms nicht eine absolute Gewissensfreiheit, auch wenn er menschliche Autoritäten über das Gewissen nicht mehr ohne weiteres anerkannte. Eindeutig hat er später der staatlichen Gewalt das Recht und die Fähigkeit abgesprochen, über die Gewissen zu urteilen: „Gedanken sind zollfrei." Die politische Gewalt ist hier nicht kompetent und darf darum mit ihren Machtmitteln keinen Gewissenszwang ausüben. Gewissen kann man allenfalls geistlich zu belehren und zu überzeugen versuchen. Darin bestand Luthers bleibender Beitrag zur Entwicklung der Gewissensfreiheit und Toleranz. Ein Liberaler in einem flachen Sinne war Luther bei all dem nicht. Seinen Freiheitsbegriff schöpfte er aus der Bindung an eine letzte Autorität.

An dieser Stelle muß daran erinnert werden, daß Luther nicht nur der von der spätmittelalterlichen Kirche angenommenen Leistungsfähigkeit des Menschen zum Heil energisch widersprochen hatte – „mein gute Werk die galten nicht" –, sondern damit auch der von dem Humanisten Erasmus von Rotterdam behaupteten Freiheit des menschlichen Willens zum Guten. Luther traf damit im Kern die Souveränität und das Selbstbewußtsein des modernen Menschen, der sich eben erst seiner Entscheidungsfreiheit bewußt geworden war. Es ging dabei allerdings nicht um die Verfügungsmöglichkeiten des Menschen in seinem welthaften Handeln, sondern nur in der Beschaffung des Heils. Hier sprach Luther dem Menschen jegliche Möglichkeit ab und schrieb die Verfügung darüber einzig der Erwählung Gottes zu, der freilich in Christus seinen gnädigen Erwählungswillen bezeugt hat. Das war schon damals schwer zu vermitteln. Aber für Luther gab es keinen anderen Weg. Nur Gott kann der Garant des Heils sein, nicht der sündige, unzuverlässige und unbeständige Mensch. Anders war in der Heilsfrage, in der Luther Gewißheit haben mußte, eine solche nicht zu erlangen. Eben darin fand Luther jene Geborgenheit, die ihn gelassen und frei leben und dann auch sterben ließ, in der er sich selbst annehmen konnte, mithin die Offenheit, das zu tun, was vor die Hand kam, weil für das Letzte schon gesorgt war. Der Protestantismus ist seit etwa 1700 eher Erasmus als Luther gefolgt; vielleicht bringt ihn eine harte Welterfahrung, daß der Mensch eben nicht sein „Macher" sein kann, noch einmal dazu, sich jener kostbaren Geborgenheit Luthers zu erinnern.

Der innere Weg und die damit einhergehende theologische Reflexion hatte Luther nicht nur zur befreienden Entdeckung des Evangeliums geführt, sondern auch in den Konflikt mit der akademischen Wissenschaft, den anderen Mönchsorden, der kirchlichen Hierarchie und einiger politischer Obrigkeiten, einschließlich des Kaisers. Er mußte sich verteidigen, scheute den Kampf nicht, ja genoß sogar manche Auseinandersetzung. Im Streit schliff sich seine Sprache, die ohnedies zunehmend reicher geworden war, weil er etwas zu sagen hatte. Widerspruch von seiten der Gegner veranlaßte ihn selten zum Nachgeben; meist spitzte er seine Aussagen eher noch zu, manchmal sogar bis zum Paradox. Dabei gelangen gelegentlich großartige Formulierungen, aber der Ausgleich wurde auf diese Weise gewiß nicht leichter. Einige Konflikte verhärteten sich auch durch Luthers geradezu trotziges Beharren, und auf seine alten Tage milderte sich das keineswegs. Er verstand es, seine Gegner lächerlich zu machen und sie in ihrer schwerfälligen scholastischen Rüstung als komische oder traurige Gestalten erscheinen zu lassen. Die Formen damaliger Auseinandersetzungen waren meist nicht zimperlich; aber der Hinweis auf den gängigen Grobianismus erklärt und entschuldigt nicht alles. Die Entstellung der Namen der Gegner „Dreck“ statt Eck, „Stenkfeld“ statt Schwenckfeld, „Kochlöffel“ statt Cochlaeus war ungut. Auch hochgestellte Personen wie Herzog Georg von Sachsen, Herzog Heinrich von Braunschweig, von Luther „Hans Worst“ betitelt, oder gar der Papst wurden nicht verschont. Sieht man näher zu, so war Luthers Polemik, auch die grobe, freilich keineswegs unkontrollierter und unreflektierter Wortschwall. Sie war offene und nicht heimtückische Verteidigung gegen die Feinde des Evangeliums oder Christi, letztlich sachlich und nicht persönlich gemeint. Gelegentlich entschuldigte er sich auch für die Schärfe oder gestand ein, daß er das Maß verfehlt habe. Hinter den Gegnern sah Luther letztlich immer den Teufel am Werk, mit dem eben nicht zu spaßen war. Die Sorge um das schwer gewonnene Evangelium und seine dämonische Gefährdung von allen Seiten verursachte letztlich die Härte der Auseinandersetzungen. Das trug zur Klärung der Fronten und eigentlichen Streitobjekte bei, erschwerte aber auch den Ausgleich. Im Streit um die Wahrheit gab es zunächst einmal keine Kompromisse. Wo Luther hingegen das Vertrauen hatte, daß eine gemeinsame Basis vorhanden war, konnte er auch mit abweichenden Auffassungen, wie sie sich im Kreis seiner Freunde, nicht zuletzt bei Melanchthon, äußerten, langmütig Geduld haben. Er beanspruchte nicht, der Papst zu sein.

Seinem eigentlichen Beruf nach war Luther seit 1512 Professor und Doktor der Heiligen Schrift. Das Berufsbild des evangelischen Theologen wurde durch sie nicht unwesentlich mitgeprägt. Gegenüber der Hierarchie, später auch gegenüber den Schwärmern, berief er sich gelegentlich bewußt auf seinen Doktorgrad und die ihm damit übertragene Aufgabe der Schriftauslegung und seine Qualifikation als Fachmann. Während seiner mehr als drei Jahrzehnte dauernden Lehrtätigkeit hielt er ausschließlich exegetische Vorlesungen. Ihr Ziel war es, den Bibeltext selbst zu Wort kommen zu lassen. Dies geschah nun gerade nicht auf bloß philologische Weise, so sehr Luther die Hilfsmittel der Philologie schätzte und gebrauchte, sondern vom Christuszeugnis her, das er als Mitte der

Bibel erkannt hatte. Luther brachte sich selbst mit seinen persönlichen Erfahrungen in die Auslegung ein, von der er sich umgekehrt auch voranbringen, korrigieren und belehren ließ. Dieser Austausch und dieses Ineinander von persönlicher Erfahrung und wissenschaftlicher Arbeit machen die Dichte und den Reichtum von Luthers Schriftauslegung aus. Sie war keineswegs ein subjektives, willkürliches Verfahren, sondern die Konsequenz aus der Annahme, daß die biblische Offenbarung auch den Menschen in seiner Gegenwart betrifft. Die Unmittelbarkeit des Bibelworts vernahm Luther am stärksten im Psalter, in dem er seine eigenen Erfahrungen wiederfand. Die Konzeption seiner Theologie war sichtlich durch Paulus bestimmt, dessen Christusbotschaft er auch aus den Evangelien heraushörte. Die paulinischen Kategorien von Gesetz und Evangelium und deren saubere Unterscheidung galten ihm als eine Hauptaufgabe der Theologie. Von Paulus her vermochte Luther die nachapostolischen Schriften des Neuen Testaments ebenso zu relativieren wie große Teile des alttestamentlichen Gesetzes, das er für „der Juden Sachsenspiegel", d. h. Volksgesetz, hielt, das ihm aber dennoch neben den messianischen Weissagungen und der prophetischen Frömmigkeitskritik als Modell des Verhältnisses von Gott und Mensch wertvoll blieb. Luther steht am Anfang der protestantischen Kunst der Bibelauslegung und kritischen Bibelwissenschaft. Man darf die Betonung des kritischen Elements freilich nicht übertreiben. Insgesamt hatte er ein großes Zutrauen zur Klarheit der Bibel. Die wenigen dunklen Texte lassen sich von anderen Stellen her interpretieren. Gegen eine angeblich wissenschaftliche Sezierung der Bibel hätte er sich gewehrt.

Die von Luther und Melanchthon seit 1518 betriebene Wittenberger Universitätsreform legte die Ausbildung der Theologiestudenten in den biblischen Sprachen und damit deren Qualifikation zur selbständigen Bibelauslegung aufgrund des Urtextes fest. Hier machte sich die Reformation die jüngsten Errungenschaften des Humanismus zunutze. Diese Bildungsinhalte beeinflußten ihrerseits das neue Berufsbild des evangelischen Pfarrers und Predigers.

Luthers Verdienste sind jedoch nicht nur akademischer Natur. Seine größte theologische und kulturelle Leistung wurde die auf der Wartburg 1521/22 begonnene und 1534 erstmals vollendete, danach aber ständig weiter verbesserte Übersetzung der Bibel ins Deutsche, mit der er der lesefähigen Bevölkerung den Zugang zur Bibel erschloß und nebenbei die deutsche Hochsprache wie kein anderer beeinflußte. Zustatten kam ihm dabei seine „Hörfähigkeit" gegenüber der Bibel. Es ging ihm nicht um sklavische Wörtlichkeit, wiewohl auch an der sauberen philologischen Übersetzung ständig gefeilt wurde, sondern um angemessene Übertragung des Sinnes ins Deutsche und seine Ausdrucksmöglichkeiten, wobei auch die Melodie der Sätze stimmen mußte. Was die deutschen Protestanten von der Bibel kannten und wo immer das biblische Wort sie bewegte, es wurde und wird bis in die Gegenwart durch Luthers Sprache vermittelt.

Luther war Bibelausleger, kein Dogmatiker. Am Anfang der neuen protestantischen Scholastik stand nicht er, sondern Melanchthon. Das hat zu der verbreiteten Ansicht geführt, Luther sei kein theologischer Systematiker gewesen. In der Tat sprengen die Bandbreite von Luthers theologischen Aussagen und die nicht seltene Zuspitzung zum unauflöslichen Paradox immer wieder jegliche Systematik, wobei gewagte, geradezu ketzerische Äußerungen nicht fehlen. Außerdem ließ sich Luther als guter Exeget vom auszulegenden Text in seinen Auffassungen stören. Dennoch ist es unangemessen, in Luther den unbeständigen Subjektivisten zu sehen und seine Theologie von daher zu relativieren. Als einer der großen, schöpferischen theologischen Denker vermochte er in vielen seiner Schriften sofort am Eingang klar und verständlich seine Kategorien oder auch die Disposition der Gedanken anzugeben, z. B. Gesetz und Evangelium, die beiden Reiche oder die Kriterien einer neuen Sakramentslehre oder die Hauptbegriffe paulinischer Theologie. Nicht von ungefähr faszinieren sie bis heute als Modelle ursprünglicher Theologie, die sich durch ihre Originalität auf die Dauer lebendiger erwiesen haben als viele Systeme.

Die Reformation führte zu einer beträchtlichen Aufwertung der die Bibel auslegenden Predigt. Sie wurde zum gleichberechtigten Gnadenmittel neben den Sakramenten und zu einer Hauptaufgabe der kirchlichen Amtsträger. Der erste reformatorische Prediger war Luther selbst. Er war nicht nur der Klosterprediger der Augustinereremiten, sondern schon 1514 wurde ihm zusätzlich ein Predigtauftrag an der Stadtkirche übertragen, den er zeitlebens wahrnahm. Seine Predigten über die sonntäglichen Evangelien- und auch Epistelperikopen, daneben Reihenpredigten über zusammenhängende Bibeltexte und thematische Predigten, viele schon zu seinen Lebzeiten gedruckt, machen einen beträchtlichen Teil seines literarischen Werks aus. Die großen Musterpredigten seiner Kirchenpostille waren als Modelle evangelischer Predigt gedacht und wurden jahrhundertelang gelesen. Der äußeren Form nach waren diese Predigten einfach, ohne rhetorischen Prunk, klar gegliedert, in volksnaher verständlicher Sprache formuliert, teils nichts anderes als Auslegung des vorliegenden Textes, teils einzelne Themen herausgreifend. Mittels eines Zyklus von acht aufeinanderfolgenden Predigten, den sog. Invokavitpredigten, stellte Luther nach seiner Rückkehr von der Wartburg die Ruhe nach den Wittenberger Wirren in der dortigen Gemeinde wieder her. Wenn es sein mußte, konnte er in einer einzigen Predigt die Hauptsache evangelischer Verkündigung prägnant zusammenfassen. Die Predella des Altars der Wittenberger Stadtkirche von Lucas Cranach d. Ä. stellt das bildlich dar: Luther auf der Kanzel, auf den gekreuzigten Christus in der Bildmitte hinweisend, ihm gegenüber die hörende Gemeinde; d. h. evangelische Predigt ist Christusverkündigung, und daraus ergibt sich alles andere, die Erkenntnis der Sünden, der Aufruf zum Glauben oder die Weisung zur Praxis der Liebe.

Auch als Seelsorger wurde Luther in Anspruch genommen, und er praktizierte das persönlich oder brieflich oder durch seine Traktate und Sendschreiben für durch Krankheit oder in ihrem Gewissen angefochtene Personen oder bedrängte Gemeinden. Ein Teil von Luthers Schriften war nicht zuletzt als seelsorgelicher Rat und Trost gedacht, darunter so gewichtige Abhandlungen wie die „Von den Mönchsgelübden", „Von weltlicher Obrigkeit", die „Ermahnung zum Frieden an die Bauern", „Ob Kriegsleute in seligem Stand sein können" oder die „Bereitung zum Sterben". Wo es die seelische Not eines Menschen erforderte, konnte Luther sich in großer Freiheit über alle herrschenden Konventionen hinwegsetzen. Hierzu gehörte auch seine problematische Einwilligung in die Doppelehe Landgraf Philipps von Hessen. Auch für seine Person war Luther auf Seelsorge und Absolution angewiesen; der Wittenberger Pfarrer Johannes Bugenhagen war sein verläßlicher Beichtvater.

Nicht zu vergessen ist Luthers Bedeutung für die Erziehung der Jugend. Er trat für die Schulbildung von Jungen und Mädchen ein und forderte deshalb von den Ratsherren der Städte die Einrichtung christlicher Schulen. Daran lag ihm schon wegen der Sicherung des gebildeten Nachwuchses für Staat, Gesellschaft und Kirche. Es ging aber um mehr. Die Lesefähigkeit ermöglichte dem Laien die selbständige Information, nicht zuletzt den eigenen Zugang zur Bibel. Die religiöse Unterweisung der Jugend war in der Kirche immer eine schwierige Aufgabe. Luther schuf zu diesem Zweck 1529 den „Kleinen Katechismus", der neben der Bibelübersetzung als Haus-, Schul- und Kirchenbuch sein erfolgreichstes und wirksamstes Werk wurde. In schlichten, klassisch gewordenen Formulierungen erklärte er unter Weglassung aller Nebenfragen die Gebote, die Glaubensartikel, das Vaterunser und die Sakramente und bot damit ein substantielles, zureichendes Grundwissen evangelischen Glaubens. Für Generationen prägte der „Kleine Katechismus", dem der „Große Katechismus" als Orientierungshilfe für die Pfarrer zur Seite gestellt war, in den lutherischen Kirchen die Glaubens- und Wertvorstellungen mit.

Die reformatorische Entdeckung und die damit verbundenen Herausforderungen hatten Luther zum großen Schriftsteller werden lassen, der sich lateinisch und deutsch, theologisch präzise und zugleich volkstümlich auszudrücken vermochte. Seine Freude an der treffenden Formulierung, am passenden Sprichwort kam ihm dabei zustatten. Nicht von ungefähr übertrug er Aesops Fabeln ins Deutsche. Als 1523 Thomas Müntzer deutsche Kirchenlieder veröffentlichte, sah sich Luther zusammen mit seinen Freunden seinerseits zur Dichtung, teils auch zur Komposition von Kirchenliedern gezwungen. Er konnte dabei an den reichen Schatz der deutschen und lateinischen Hymnen anknüpfen. So entstanden die Psalmlieder, die Festlieder zu Weihnachten, Ostern und Pfingsten, Katechismuslieder und einige große Glaubenslieder wie „Nun freut euch lieben Christengmein“ und „Ein feste Burg“. Sie waren nicht ohne weiteres glatt, aber in jeder Zeile sauber gefügt, vielfach konzentrierte Bibelauslegung und so vom Aufbau und Inhalt unvergeßlich und unverwüstlich. Damit begann die große Tradition des evangelischen Chorals, der bald aus den Gottesdiensten nicht mehr wegzudenken war. Neben Bibel und Katechismus war das Gesangbuch das dritte Medium protestantischer Frömmigkeit.

Gegenüber den auf die Dauer unabweisbaren Aufgaben der Ordnung und Organisation der Reformationskirche verhielt sich Luther sehr zurückhaltend, eine Folge seiner Erfahrungen mit der vergesetzlichten römischen Kirche. Erst 1523 schuf er das Formular einer gereinigten lateinischen Messe und drei Jahre später die „Deutsche Messe“, wobei er, sofern das theologisch zu verantworten war, bewußt im Rahmen der hergebrachten Meßform blieb. Die Organisation der Kirche war ursprünglich von der Gemeinde her konzipiert. Sie oder ihre Repräsentanten sollten die Pfarrer wählen und auch über ihre Lehre urteilen. Da die Bischöfe sich versagten, forderte Luther seinen Landesherrn auf, die Beaufsichtigung der Gemeinden hinsichtlich der personellen, finanziellen und wirtschaftlichen Verhältnisse durch Visitationskommissionen zu organisieren. Luther wußte sehr wohl, daß das im Grunde nicht zu den Aufgaben der Obrigkeit gehörte, aber unter den Angehörigen der Kirche verfügte eben nur der Landesherr über das notwendige administrative Instrumentarium. Das Provisorium führte zur bekanntlich problematischen, mehr oder weniger weitgehenden Integration der Kirche in die staatliche Verwaltung, die zur Gefährdung der Selbständigkeit der Kirche werden konnte. Man darf dabei freilich nicht vergessen, daß es Luther zunächst weithin gelungen ist, die Politiker an ihre Verantwortung für die Kirche zu binden. Von einer breiteren Beteiligung der Laien an der Kirchenleitung, etwa durch Synoden, hielt Luther nicht viel. Es erschien ihm zu kompliziert, auch meinte er, daß es an geeigneten Leuten fehlte, was nicht ohne weiteres überzeugt. So kam es nicht ohne seine Schuld zur staatlich überwachten Pastorenkirche und zum landesherrlichen Kirchenregiment. Eine Einsicht Luthers verdient dabei freilich Beachtung: Es kam ihm mehr auf die Personen als auf die Institutionen an. Wichtig war es, die Gemeinden mit qualifizierten Pfarrern und Schulmeistern zu versorgen. Diese Vermittlungstätigkeit nahm in der Korrespondenz der Wittenberger Reformatoren beträchtlichen Raum ein.

Luther hatte dem Zölibat der Geistlichen im Namen der evangelischen Freiheit ein Ende gemacht, und alsbald heirateten manche seiner Anhänger. Er selbst tat diesen Schritt erst 1525, damals aber geradezu demonstrativ kurz nach dem Höhepunkt des Bauernkriegs. Katharina von Bora, eine entlaufene Nonne, wurde seine Frau. Es wurde eine gute Ehe, getragen von gegenseitigem Respekt, wobei Katharina durchaus nicht nur der unterlegene Teil war. „Herr Käthe“ nannte sie Luther bisweilen, und sie ergriff energisch die Zügel seines Hauswesens bis hin zu den Finanzen, zu denen Luther nie ein Verhältnis hatte.

Spätere Zeiten haben bekanntlich Luther für sich als typisch Deutschen reklamiert. Cajetan in Augsburg sah in ihm wegen seiner unnachgiebigen Prinzipialität die deutsche Bestie mit den stechenden Augen. In ähnlicher Weise hob ihn Jan Huizinga gegen die Ausgleichsbereitschaft des Niederländers Erasmus ab. In den Kreisen der damaligen deutschen Humanisten wurde anfangsweise so etwas wie ein Nationalbewußtsein und ein deutsches Bild der Geschichte entwickelt. Das geschah u. a. in Abgrenzung gegen das von den Italienern beherrschte päpstliche Rom, das sich mit seiner unbekümmerten finanziellen Aussaugung Deutschlands überaus unbeliebt gemacht hatte. Luther teilte diese Aversionen. Ihm war seine Herkunft aus der Grafschaft Mansfeld oder aus Thüringen, später seine Zugehörigkeit zu Sachsen bewußt. Seine tiefe Beziehung zur Muttersprache wirkte sich auch auf das nationale Identitätsbewußtsein aus. An „seine“ Deutschen wußte er sich gewiesen, für deren Schwächen, z. B. die Trunksucht, war er jedoch keineswegs blind. Luthers Beziehung zum eigenen Volk war in der Regel nicht von einem selbstbewußten Stolz, sondern von der Sorge bestimmt, wie sich das Verhältnis der Deutschen zu Gott, zur durch das Evangelium eröffneten Heilsbotschaft gestalten würde. Die Sorge, Deutschland könnte sich Gott versagen und sich damit dessen Gericht zuziehen, trieb vor allem den alten Luther um. Wenn man so will, war er in einem sehr tiefen Sinn ein verantwortungsbewußter Deutscher. „Gott muß man fürchten“, hatte er dem Kaiser und den Reichsständen in Worms gesagt, und danach sollten sie die Entscheidung über seine Sache treffen. Die Nation war kein Selbstzweck, sondern Gott verantwortlich. Luther war auch kein rassistischer Antisemit. Sein Urteil über die Juden wurde wie eigentlich bei allen seinen Zeitgenossen definiert durch deren Verhältnis zu Christus. Die anfängliche Hoffnung auf eine Zuwendung der Juden zu Christus schlug in schwere Enttäuschung um, aus der die späten Judenschriften mit ihren bösen Beschimpfungen und furchtbaren Verwerfungen geschrieben wurden, wobei übertriebene Ängste vor einem Abfall zum Judentum eine Rolle gespielt haben mögen. Daß der spätere Antisemitismus Luther für seine Zwecke ausschlachtete, lag nicht in dessen Absicht, aber mit dem Unmaß seiner Polemik hatte er einen Zündstoff angehäuft, an den andere ihre Lunten legen konnten.

Sehr umstritten ist immer wieder Luthers Verhältnis zur politischen Gewalt gewesen. Vielfach hat man in ihm den konservativen Untertan oder gar den Fürstenknecht gesehen, der die bestehenden Machtverhältnisse anerkannte und rechtfertigte, der mit seiner Betonung der inneren Freiheit des Christen die Deutschen von ihren realen Freiheitsbedürfnissen ablenkte. Luther hatte als Kind in Tal-Mansfeld hoch oben die Burg der herrschenden Mansfelder Grafen vor sich. Seit 1512 war er Professor an der kursächsischen Landesuniversität Wittenberg. Dem Kurfürsten Friedrich dem Weisen und seinen Nachfolgern verdankte er Förderung und später als Geächteter den persönlichen Schutz. Dem Mönch war der Gehorsam gegenüber den Oberen selbstverständlich. Die neutestamentliche Forderung des Obrigkeitsgehorsams war für ihn selbst gegenüber einem unrecht handelnden Regiment verbindlich. Insofern hielt er politische Tyrannei für weniger gravierend als geistliche. Die demokratische Verfassung der Eidgenossenschaft war ihm zwar nicht unbekannt, aber letztlich fühlte er sich als Bürger in einem Fürstenstaat. Die Hochachtung vor dem Regenten hinderte ihn jedoch auch in Zeiten des schärfsten Konflikts nicht daran, selbständig so zu handeln, wie es die theologische Sache erforderte, auch wenn dies politisch alles andere als opportun war. Gegen den Willen des Landesherrn kehrte er von der Wartburg zurück. Mit fürstlichen Häuptern, die dem Evangelium feind waren, wie Herzog Georg von Sachsen, Heinrich VIII. von England und Herzog Heinrich von Braunschweig sprang er höchst kritisch um. Er hatte großen Respekt vor Männern, die die Staatskunst beherrschten und die Welt in einer relativen Friedensordnung zu erhalten vermochten. Gleichzeitig warnte er die Fürsten aus gesundem Menschenverstand vor blindem Vertrauen zu ihren Ratgebern, vor Durchsetzung von Rechtsansprüchen um jeden Preis und generell vor einer zu buchstäblichen Anwendung des Rechts, die auch ins Gegenteil umschlagen konnte. Die Vermischung weltlicher und geistlicher Angelegenheiten lehnte er mit seiner berühmten Zwei-Reiche-Lehre prinzipiell ab. Die politische Gewalt hat die äußere Friedensordnung aufrechtzuerhalten, in der die Christen und die Kirche leben können. Sie hat sich in geistliche Dinge und Gewissensfragen nicht einzumischen. Nur wenn eine abweichende religiöse Meinung in Aufruhr umschlägt wie bei Thomas Müntzer oder, wie Luther meinte, auch bei den Täufern, muß sie eingreifen. Die Unterscheidung der beiden Reiche bedeutete nicht Beziehungslosigkeit. Aus Liebe zu seinem Mitmenschen beteiligt sich der Christ zur Erhaltung der politischen Ordnung an den politischen Ämtern einschließlich der Gewaltausübung. Dies konnte so ausgelegt werden, als ob der Christ die politische Praxis nicht mehr hinterfrage, sondern unkritisch anerkenne. Für Luther unterlag auch sie der Weisung durch Gottes Wort, und entsprechend äußerte er sich auch. Eine Durchsetzung politischer Ansprüche unter Berufung auf das Evangelium, wie sie der Papst einerseits und die Bauern andererseits beanspruchten, lehnte er ab, weil es dem Evangelium nicht um irdische Güter, sondern um das Seelenheil gehe. Hier lag für ihn eigensüchtiger Mißbrauch des Evangeliums und Anmaßung von Gewalt vor, was nur in fürchterlicher Verwirrung der Gewissen und schrecklichem politischem Chaos enden konnte. Trotz durchaus vorhandener Einsicht in die politische und soziale Repression vermochte Luther es nicht, die Berechtigung der sozialen Forderungen der Bauern anzuerkennen. Dies schon deshalb nicht, weil er hinter ihnen ständig die von Müntzer hergestellte Verbindung von Evangelium und Revolution vermutete. Die Bejahung der brutalen Niederschlagung des Aufstands, um dadurch dem drohenden Chaos zu wehren, wurde auch von Luthers Freunden nicht gebilligt. Wo Gottes Gebot berührt war, gab es für Luther ein passives Widerstandsrecht. Aktiven Widerstand gegen die Obrigkeit hielt er für verboten. Allerdings war Luther für seine Person gewiß nicht der botmäßige Untertan. Sein Einfluß auf die politische Mentalität seiner Kirche war freilich verschiedenartig. Einerseits wurden Fürsten und Politiker von ihm erfolgreich an ihre christliche Verantwortung erinnert, andererseits leistete er faktisch dem modernen Staat, der sich nur noch sich selbst gegenüber verantwortlich sah und in den sich der christliche Bürger und schließlich auch die Kirche einzufügen hatten, Vorschub.

Die Skizze wäre unvollständig ohne eine Bemerkung über Luthers Tod. Am 18. Februar 1546 starb Luther in seiner Geburtsstadt Eisleben, wohin er zur Schlichtung eines Rechtsstreits zwischen den Mansfelder Grafen gereist war. Die letzte hinterlassene Notiz betraf noch einmal die unermeßlich große Aufgabe der Schriftauslegung. Demütig bekannte er dort: „Wir sind Bettler, das ist wahr." Und dennoch konnte er gelassen sein, ohne den Zwang, sich rechtfertigen zu müssen. Er konnte von sich absehen und im letzten Gebet dankbar Christus anrufen als den, „den ich geglaubt, geliebt, gepredigt, bekannt und gelobt habe", und ihm seine Seele anbefehlen in der Gewißheit, daß er mit ihm leben werde.

Literaturhinweise:

Bornkamm, Heinrich: Martin Luther in der Mitte seines Lebens. Das Jahrzehnt zwischen dem Wormser und dem Augsburger Reichstag, aus dem Nachlaß hrsg. von Karin Bornkamm, Göttingen 1979.

Brecht, Martin: Martin Luther. Sein Weg zur Reformation. 1483–1521, Stuttgart 1981.

Kunst, Hermann: Martin Luther. Ein Hausbuch, Stuttgart 1982.

Lilje, Hans: Martin Luther in Selbstzeugnissen und Bilddokumenten. Rowohlts monographien 98, Reinbek b. Hamburg 1965.

Oberman, Heiko A.: Luther. Mensch zwischen Gott und Teufel, Berlin 1982.

Thomas Müntzer
(vor 1490–1525)

Ulrich Bubenheimer

Thomas Müntzer

„Im Jahr 1525 habe ich in der Nacht von Mittwoch auf Donnerstag nach Pfingsten im Schlaf dieses Gesicht gesehen, wie viele große Wasser vom Himmel fielen. Und das erste traf das Erdreich ungefähr 4 Meilen von mir mit einer solchen Grausamkeit, mit einem übergroßen Rauschen und Zerspritzen und ertränkte das ganze Land. Davon erschrak ich so überaus heftig, daß ich daran erwachte, bevor die anderen Wasser fielen. Und die Wasser, die da fielen, die waren sehr groß. Und etliche davon fielen weiter weg, etliche näher. Und sie kamen so hoch herab, daß sie dem Anschein nach durchweg langsam fielen. Aber als das erste Wasser, das das Erdreich traf, nahe heran kam, da fiel es mit einer solchen Geschwindigkeit, mit Wind und Brausen, daß ich so erschrak, daß ich beim Erwachen am ganzen Leib zitterte und lange Zeit nicht recht zu mir kam. Aber als ich am Morgen aufstand, malte ich es hier oben, wie ich es gesehen hatte. Gott wende alle Dinge zum Besten. Albrecht Dürer."

Diesen Traum hatte Albrecht Dürer zu Nürnberg in der Nacht vom 7.

auf 8. Juni 1525. Mit dem letzten Satz „Gott wende alle Dinge zum Besten“ deutet Dürer an, daß er seinen Traum auf die Zeitereignisse bezieht. Damals befand sich der fränkische Bauernkrieg nach der Niederlage der Aufständischen in der Schlacht bei Königshofen am 2. Juni in seiner Endphase. Thomas Müntzer war bereits seit 27. Mai tot, vor der Reichsstadt Mühlhausen mit dem Schwert gerichtet, zur Genugtuung der Fürsten nach ihrem Triumph von Frankenhausen am 15. Mai über ein von Müntzer angeführtes thüringisches Bauernheer. Mag es auch eine polemische Übertreibung sein, Müntzer habe vor der Hinrichtung in Todesangst eine große Menge Wasser getrunken, so wäre das doch im Sinne Müntzers ein passendes Symbol dafür, daß er den Kelch des von Gott verfügten Leidens bis zur Neige ausgetrunken habe. Denn das Leiden – das war Müntzers durchgehaltene Überzeugung – darf nicht gemieden werden. Die Flucht vor dem Leiden ist aus Streben nach Eigennutz geboren, und daran sei der Bauernkrieg gescheitert: „Heil und Seligkeit zuvor durch Angst, Tod und Hölle, liebe Brüder“, schreibt Müntzer am 17. Mai an die Mühlhäuser in seinem letzten Brief. „Nachdem es Gott also wohlgefällt, daß ich von hinnen scheiden werde in wahrhaftiger Erkenntnis des göttlichen Namens und in Erstattung etlicher Mißbräuche, vom Volk angenommen, das mich nicht recht verstanden und allein Eigennutz angesehen hat ... bin ich’s auch herzlich zufrieden, daß es Gott also verfügt hat ...“

Dem Dürerschen Traum vergleichbar ist Wasser bei Müntzer ein Ursymbol für das Leiden, das den Menschen zutiefst erschreckt. Aber es ist heilsnotwendig auf dem Weg zum Empfang des Geistes. Die erste gedruckte Schrift Müntzers ist im Juli 1523 an seine Anhänger in seinem Geburtsort Stolberg am Harz gerichtet: „Ein ernster Sendbrief an seine lieben Brüder zu Stolberg, unfüglichen Aufruhr zu meiden." Müntzer schickt eine Auslegung des 93. Psalms, in der er jene Bedeutung des Leidens klarlegt, da er von seinen Landsleuten den Eindruck hat, sie rechneten zwar mit einer „geschwinden" Hilfe Gottes für eine gewaltsame Veränderung der Verhältnisse, ohne aber selbst zuvor jenen Weg des Leidens beschritten zu haben. Im Entwurf für diesen Sendbrief formuliert Müntzer besonders deutlich: „... also wird das Herz ein Stuhl Gottes, daß es erkenne, daß es Gott gewiß zu seinem Besitz erwählt habe. Ehe es aber dazu kommt, daß der Mensch seiner Seligkeit gewiß wird, kommen so viele Wasserströme und deren grausames Brausen, daß dem Menschen die Lust zu leben vergeht, denn die Gischt dieser wilden Meereswoge verschlingt manchen, der da meint, er habe schon gewonnen. Darum soll man diese Welle nicht fliehen, sondern meisterhaft brechen wie die erfahrenen Schiffsleute."

Müntzers Sendbrief, „unfüglichen Aufruhr zu meiden", ist keine „Treue Vermahnung zu allen Christen, sich zu hüten vor Aufruhr und Empörung", wie Luthers thematisch vergleichbare Schrift aus dem Jahr 1522 lautet. Nach Luther ist „kein Aufruhr recht, wie rechte Sach er immer haben mag". In diesem Satz ist der Hauptgegensatz zwischen Luther und Müntzer formuliert. In Müntzers Sendschreiben findet sich kein Wort in der Richtung, daß eine Erhebung des Volkes unerlaubt sei. Vielmehr warnt er vor einem „unfüglichen Aufruhr", d. h. einem Aufstand zum falschen Zeitpunkt: Die Arbeit des Auserwählten an der eigenen Person, die ihn leidensbereit bis zum Tode macht, muß vorausgehen. Welche konkreten Pläne der Stolberger „auserwählten Freunde Gottes" damals Müntzers Schreiben veranlaßten, wissen wir nicht. Müntzer mag ältere Erfahrungen mit gescheitertem Widerstand in Stolberg mit vor Augen gehabt haben. In seiner Heimat im Harz und im angrenzenden thüringischen Harzvorland hatten im Spätmittelalter Ketzerbewegungen ihre Spuren hinterlassen. Im Jahr 1370 hatte Konrad Schmid von Sangershausen die Bewegung der Geißelbrüder angeführt, die sich durch ihr selbstquälerisches körperliches Leiden angesichts des nahen Gottesgerichts zu reinigen suchten; und hier waren bereits Töne gegen Mönche und Päpste laut geworden. Im Jahrhundert danach wurden hussitische Gedanken verbreitet. In Stolberg waren 1452 dreißig Ketzer auf dem Marktplatz verbrannt worden. Die ketzerische Unruhe entzündete sich wieder 1493 an der Prozession zu Ehren der 11000 Jungfrauen und führte zur Zerstörung der Prozessionsaltäre.

Dieses letzte Ereignis dürfte Thomas Müntzer, der zu einem unbekannten Zeitpunkt vor 1490 in Stolberg geboren wurde, bereits miterlebt haben. Über seine Kindheit haben wir keine Belege und über seine Ausbildung nur magere Daten: Er hat sich 1506, nun in Quedlinburg wohnhaft, an der Universität Leipzig eingeschrieben und war vermutlich 1510 schon Magister der Freien Künste, hatte das Grundstudium also durchlaufen. Im Wintersemester 1512/13 setzte er das Studium in Frankfurt an der Oder fort, 1518/19 hielt er sich dann noch in Wittenberg auf. 1521 führte er den Titel eines „Bakkalaureus der Heiligen Schrift", den untersten Grad einer damaligen theologischen Akademikerkarriere. Was war vor und zwischen den genannten Studienaufenthalten? Irgendwann, vor 1513, war Müntzer in seinen jungen Jahren „Gehilfe" in Aschersleben und Halle. Seine erste ständige Pfründe erhielt er im Mai 1514 als Priester in Braunschweig, wo bis Ende 1517 oder bis 1518 das Zentrum seines Wirkens sein wird. Der Rat der Altstadt Braunschweig gab ihm dort am Marienaltar der Michaeliskirche ein „armes Lehen", das er bis 1521 besaß. Die geringen Einkünfte dieser dem Meßdienst gewidmeten Pfründe legten es nahe, sich um zusätzliche Einnahmequellen zu bemühen. Müntzer durfte jedoch seine Pfründe auch in Abwesenheit behalten. 1516/17 ist Müntzer zusätzlich Propst am Kanonissenstift Frose bei Aschersleben, unweit seiner Heimat.

In Braunschweig tritt Müntzer wieder in seinen nach Stolberg zurückreichenden Verwandtschafts- und Freundeskreis ein. Dort ist 1521, dem Todesjahr der Mutter, auch Müntzers Vater belegt. Bis 1516 hatte Müntzer in Braunschweig seinen Priesterhaushalt mit Köchin eingerichtet, unter einem Dach mit seinem Schwager. Als er Propst in Frose wurde, hielt er sich wechselweise in Frose und Braunschweig auf. 1517 war seine Braunschweiger Adresse das Haus seines Freundes Hans Pelt.

Über dieses Haus wird uns ein Gesinnungskreis Müntzers greifbar, in dem wesentliche Elemente der später wirksam gewordenen Position Müntzers schon vor Luthers 95 Thesen auftauchen. Von hier aus wird deutlich, daß Müntzers religiös-politische Zielsetzung nicht erst ein Produkt der Wittenberger Bewegung ist, sondern eher unter deren Einfluß bestärkt und verschärft sowie theologisch in Aufnahme und Abgrenzung weiter entfaltet wurde.

Im Juli 1517 redet Hans Pelts Diener Klaus seinen „treuesten Freund" Müntzer brieflich mit dem auffallenden Titel „Verfolger der Ungerechtigkeit" an, der bereits Müntzers später umfassender belegtem Selbstverständnis als eines Kämpfers für die „Gerechtigkeit Gottes" entspricht. Vor dem Bauernkrieg sieht das in der Praxis so aus, daß Müntzer für rechtlich bedrängte Personen eintritt, die seine Hilfe suchen, und zwar auch dort, wo er selbst kein Amt hat. So mischt er sich beispielsweise 1521, als er Prediger in Zwickau war, in eine lange vor dem geistlichen

Gericht verschleppte Ehesache in Neustadt an der Orla ein und fordert den dortigen Rat auf, zugunsten des verlobten Paares „nach göttlichem Gesetz“ zu entscheiden. Oder eine Gruppe von Bauern aus der Umgebung des thüringischen Städtchens Stadtilm wendet sich an Müntzer, weil sie wegen Abgabenverweigerung vom geistlichen Herrn mit Exkommunikation bedroht werden. Müntzer tritt für diese Leute ein im Bewußtsein, eine Sendung zu haben, „die traurigen Herzen zu trösten“. Dieses Motiv vermute ich schon hinter dem ersten nachgewiesenen Geheimbund Müntzers, den dieser in jungen Jahren zu Aschersleben und Halle gründete. Dieses „Verbündnis“ war typischerweise, wie es in Müntzers Aktionen bis 1523 die Regel war, gegen die geistliche Obrigkeit gerichtet, nämlich gegen den 1513 verstorbenen Ernst von Sachsen, Erzbischof zu Magdeburg und Bischof zu Halberstadt.

Aus Aschersleben oder Umgebung stammt auch der zitierte Diener Klaus, der Müntzer 1517 den Titel „Verfolger der Ungerechtigkeit“ beilegte. Er steht auch in religiösem Gedankenaustausch mit Müntzer. Indem er Müntzer in seinem Brief abschließend grüßt „in der hitzigen Liebe der Reinheit“, spricht er kurz und knapp einen Lebensnerv der hier gepflegten Religiosität an: die Mystik. Mit der „hitzigen Liebe“ ist die Liebe zu Christus angesprochen, die die Identifikation mit Christus und seinem Leiden sucht.

Aus dieser Frömmigkeitstradition, der Müntzer auch bei den Kanonissen zu Frose und später (1519/20) als Beichtvater bei den Nonnen zu Beuditz begegnen konnte, stammt auch das Wappenbild, das Müntzer in seinem Siegel führt: *das Herz.* Mit diesem Symbol ist ein Kern von Müntzers Religiosität und Theologie berührt. Wir haben schon die Aussage aus Müntzers Entwurf zum Sendbrief an die Stolberger kennen-

Thomas Müntzers Siegel. Herz, darüber ein Stern und die Buchstaben TM

gelernt, daß das *Herz* über das Leiden zum Stuhl Gottes werde. In der Endfassung heißt es an derselben Stelle, daß die *Seele* ein Stuhl Gottes werde. Müntzer wählte sich also ein Symbol für die Seele zum Wappen. Damit zeigt er, daß er bewußt von der psychischen Erfahrung her leben will. Dem entspricht, daß sein Denken um die mit dem Glauben verbundenen psychischen Prozesse kreist. Man könnte Müntzers Mystik auch als eine vorwissenschaftliche Tiefenpsychologie bezeichnen.

Auch Luthers Wappen zeigt inmitten der berühmten Rose ein Herz mit Kreuz. Diese Übereinstimmung in der Symbolik weist uns auf *eine* gemeinsame Wurzel Müntzers und Luthers in der Mystik hin, für die hier stellvertretend das Stichwort „Herz-Jesu-Mystik" stehen soll. Die Verehrung des Herzens Jesu war eine verbreitete Gestalt mystischer Frömmigkeit. Das „hitzige" Herz des Gläubigen versenkt sich in das leidende Herz Jesu. Das Gegenstück ist das steinerne, harte Herz des Unglaubens. Luther nahm bewußt insbesondere 1516 bis 1518 mystische Einflüsse auf. Er gab in jener Zeit selbst zwei mystische Schriften heraus, die Predigten Taulers und die „Theologia deutsch". Aber indem er den Glauben an das äußere Wort band, rückte er wieder von der Mystik mit ihrer Schätzung der Erfahrung des inneren Wortes ab, und gerade in der Auseinandersetzung mit Müntzer wurde ihm die Mystik suspekt. Damit tritt aber auch die persönliche Erfahrung als bewußt eingesetztes Element der Theologie zurück, und ein Schritt in Richtung auf eine gelehrte Lutherorthodoxie war getan. Für diese Entwicklung hatte Müntzer ein äußerst sensibles Gespür.

Schon im Frühjahr 1519 hat ein Lehrer, Schüler und kritischer Freund Müntzers, der Wittenberger Professor Andreas Bodenstein von Karlstadt, in seiner Vorlesung „Über die Rechtfertigung des Gottlosen" beklagt, daß das einseitige Buchstabenstudium der Theologen die Kenntnis über den inneren Menschen vernichtet habe. Diese Kritik an der Theologie seiner Zeit hat Müntzer zunehmend intensiviert und schließlich aus dieser Richtung seinen Angriff auf Luther vorgetragen. In dem ersten für die Öffentlichkeit bestimmten Aufruf Müntzers, dem Prager Manifest von November 1521, wird dieser Ansatz bereits breit entfaltet. Explizit ist das Manifest gegen die Pfaffen und Mönche der alten Kirche gerichtet, aber zwischen den Zeilen bringt Müntzer auch schon seine Enttäuschung über die Wittenberger Theologie zum Ausdruck. Denn obwohl er auf seiner rastlosen Suche nach einem festen Grund für den „unüberwindlichen Christenglauben" schließlich 1518/19 in Wittenberg studierte, kommt er zu dem Ergebnis, daß er noch von keinem Doktor etwas anderes als „die bloße Schrift" gehört habe.

Der Ort der Offenbarung Gottes ist die Seele des Menschen. Biblisches Zeugnis dafür ist Müntzer 2. Korinther 3,3, wonach Gott nicht mit Tinte, sondern mit seinem Geist in die Herzen der Gläubigen schreibe. Die

Berufung auf die Schrift als äußeres Wort im lutherischen Sinn als einer ein für allemal abgeschlossenen Offenbarung bedeutet für Müntzer, Gott heute nicht mehr reden zu lassen. Mit den Worten, „Thomas Müntzer will keinen stummen, sondern einen redenden Gott“, unterzeichnet er die längere Fassung des Prager Manifests. Dadurch wird die Bibel nicht überflüssig. Jedoch hat Gott zu den biblischen Schriftstellern nicht anders als zu den Heutigen gesprochen, und ihre Erfahrungen haben sie aufgeschrieben. Das selbst erfahrene innere Zeugnis Gottes und das Zeugnis der Schrift bestätigen sich gegenseitig.

Wenn wir weiter fragen, wo und wie denn nun konkret der Mensch die innere Stimme Gottes und damit die Offenbarung vernehme, so stellen wir fest, daß Müntzer seinen Ausgangspunkt bei der Seele des Menschen in einer neuzeitlich anmutenden Weise fortführt: Dem Traum wird ein zentraler Stellenwert beigemessen. Es deutet sich hier ein wahrscheinlich im Volk lebendiges, wenn auch so nicht auf den Begriff gebrachtes Wissen darum an, daß die Träume aus der Tiefe des Menschen kommen und Wesentliches über ihn aussagen. Es ist ja auch bei Dürer auffällig, in welch genauer Form er nach dem Erwachen seinen Wassertraum sowohl malt als auch mit Worten beschreibt. Von Müntzer selbst sind uns keine direkten Traumniederschriften erhalten. Aber wir wissen, daß er auch auf seine eigenen Träume, häufig als „Gesicht“ bezeichnet, achtet und versucht, sich von ihnen leiten zu lassen. Angesichts der Erfahrung, daß die Fähigkeit, Träume zu behalten und wiederzugeben, bei den Menschen unterschiedlich ausgebildet ist, hatte Müntzer zeitweise besonders traumbegabte Menschen um sich, die ihm ihre Träume erzählten oder gelegentlich auch aufschrieben, die dann mit seiner oder anderer traumkundiger Personen Hilfe gedeutet wurden.

Auf den ersten Blick könnte dieses Interesse am Traum als eine Kuriosität erscheinen. Tatsächlich aber steht es in enger Verbindung mit Müntzers Zugang zur Bibel und prägt darüber hinaus seine ganze Theologie. Zunächst einmal interessiert er sich vor allem für die Bibeltexte, in denen von Träumen oder Gesichten biblischer Gestalten die Rede ist. Berühmtestes Beispiel ist Müntzers Fürstenpredigt über Daniel 2, der Überlieferung von Nebukadnezars Traum von den vier Weltreichen, die Müntzer am 13. Juli 1524 auf dem Allstedter Schloß vor Herzog Johann von Sachsen und seinem Sohn Johann Friedrich gehalten hat. In einem großen Teil dieser Predigt trägt Müntzer eine Lehre vom Traum und von der Traumdeutung vor. Er ist sich bewußt, daß die Verwendung von Träumen als Handlungsanweisung auch in die Irre führen kann, und daß es – in biblischer Terminologie – „wahre“ und „falsche“ Träume gibt, d. h. – in tiefenpsychologischen Begriffen – solche Träume, die aus der Tiefe des Selbst kommen und solche, die teilhaben an den menschlichen Verdrängungs- und Abwehrmechanismen. Daher bemüht sich Müntzer um eine sichere Methode der Traumdeutung: „Ihr sollt wissen, daß ein auserwählter Mensch, der wissen will, welches Gesicht oder welcher Traum von Gott, der Natur oder vom Teufel sei, der muß mit seinem Gemüt und Herzen, auch mit seinem natürlichen Verstand abgeschieden sein von allem zeitlichen Trost seines Fleisches ... Dann wird der Mensch erst gewahr, daß er Gottes und des heiligen Geistes Wohnung sei allein deshalb, daß er Gottes Zeugnis in seinem Leben erforschen soll. ... Desselbigen wird er bald in Teilen gewahr auf bilderreiche Weise, bald auch im Ganzen im Abgrund des Herzens ... Zum anderen muß er gar wohl zusehen, daß nicht ein Stücklein von dem fehle, was er gesehen hat ... Gott der Allmächtige schickt die rechten Gesichte und Träume seinen geliebten Freunden am allermeisten in ihrer höchsten Betrübnis." In diesem Zusammenhang sagt Müntzer, daß die verwunderte Frage, woher die Träume kommen, ob sie von Gott kommen oder nicht, ein Kind vom sechsten oder siebten Jahr an beschäftige. Beziehen wir das auf Müntzers eigene Biographie, so bekommt seine Aussage im Prager Manifest großes Gewicht, daß er von Jugend an mehr als seine Altersgenossen außerordentlichen Fleiß darauf verwandt habe, „einen höheren Unterricht im heiligen, unüberwindlichen Christenglauben" zu erlangen. In diesem Bemühen eröffnete sich ihm das Bilderreich der Seele.

Über die Träume hinaus gilt Müntzers Zugriff zur Bibel deren reichhaltiger Bilderwelt. Auch seine Schriftauslegung vollzieht sich in „bilderreicher Weise". Er eilt gewissermaßen von Bild zu Bild, verknüpft ein Bild mit dem nächsten. Wenn wir Müntzers Schriften mit der Logik der Vernunft interpretieren wollen, sind wir geneigt, „Sprunghaftigkeit" bei ihm zu entdecken. Tatsächlich aber liegt das Ganze und der Zusammenhang seiner Ausführungen im „Abgrund der Seele", d. h. im Kern seiner persönlichen Identität verborgen. Was sich in logischer Hinsicht als sprunghafte Gedankenfolge darstellen könnte, sind tatsächlich Assoziationsketten, die der eigenen Logik der Seele folgen, Bild an Bild und Erinnerung an Erinnerung zu fügen. Viele Passagen Müntzers gewinnen auf diese Weise Tagtraumcharakter; und in der Schriftauslegung bedient er sich der Methode der freien Assoziation. Damit vertritt Müntzer sehr konsequent das Recht auf einen subjektiven Zugang zur Bibel. Er geht von der seelischen Erfahrung aus und sucht in der Bibel nach dem, was ihn in dieser Erfahrung anspricht.

Subjektivität bedeutet nicht Willkür. Einer willkürlichen Bibelauslegung, wie sie Müntzer vorgeworfen wurde, stellt er seine Anschauung vom Ganzen und von den Teilen gegenüber. Wir haben in dem oben erwähnten Zitat aus der Fürstenpredigt gehört, daß für Müntzer die einzelnen Traumbilder Teile sind, die sich, wenn der Mensch noch tiefer in den „Abgrund der Seele" steigt, in ein Ganzes einfügen. Die ganze Welt ist so geordnet, daß immer die Teile vom Ganzen her zu verstehen sind.

Deshalb wird ein Traum recht verstanden, wenn er in das Ganze von Gottes Rede zu den Menschen eingeordnet werden kann, konkret, wenn Traumsymbole auch als biblische Bilder aufgezeigt werden können. Daran zeigt sich ein Bemühen, bei aller Subjektivität die Erfahrung des einzelnen von einem überindividuellen Erfahrungszusammenhang her zu verstehen.

Müntzers Streben nach der Ganzheit des Menschen und der Welt läßt sich auf drei Ebenen zeigen:

Erstens bedeutet diese Ganzheit eine *kosmische Einheit*. Der ganze Kosmos bildet eine umfassende Einheit, von der her jedes Teil seine Bedeutung gewinnt. Dabei wiederholt sich der Makrokosmos der Weltordnung im Mikrokosmos der Seele. Da Müntzer der Überzeugung ist, daß die Auserwählten diese Ordnung Gottes in der Natur wiederentdekken können, entwickelt er Ansätze einer Theologie der Natur. Ja noch mehr: Gott steht dem Kosmos nicht gegenüber, sondern lebt in ihm. Der Tendenz nach entfernt sich Müntzer vom herrschenden Gottesbild seiner Zeit, wonach Gott außerhalb der Welt und ihr gegenüber steht.

Zweitens drückt sich die Ganzheit aus als *leibseelische Einheit*. Der Ausgang von Müntzers Fühlen, Denken und Handeln bei der psychischen Erfahrung bedeutet keine Ignorierung von Leib und Vernunft. Die innere Erfahrung Gottes erfaßt den ganzen Körper: „Wer nicht hört aus dem Munde Gottes das rechte lebendige Wort Gottes, was Bibel und Babel ist, ist nichts anderes als ein totes Ding. Aber Gottes Wort, das durch Herz, Hirn, Haut, Haar, Gebein, Mark, Saft, Macht, Kraft durchdringt, darf wohl anders hertraben als das Plaudern unserer närrischen, hodensäckischen Doctores." Die Vertiefung in die eigene Seele führt nach Müntzer auch nicht zur Irrationalität. Das Hören der Sprache der Seele und die Reflexion der Vernunft bedingen sich gegenseitig: Die Schrift Gottes in der Seele kann jeder verstehen, der eine „aufgetane Vernunft" hat. Und umgekehrt verhilft die seelische Erfahrung zum Erkennen und Durchschauen der Ordnung der Welt.

Drittens wird die Ganzheit erfaßt als *seelisch-gesellschaftliche Einheit*. Damit kommen wir auch von Thomas Müntzer, dem „Seelwärter", zu Thomas Müntzer, dem „Verfolger der Ungerechtigkeit". Die Meinung Luthers, daß der innere Mensch und damit der Glaube des Menschen von seinem äußeren Wohl und Wehe nicht berührt werde, teilt Müntzer nicht. Die äußeren Lebensumstände des Menschen und sein inneres, geistliches Leben bedingen sich vielmehr gegenseitig. Einerseits beklagt Müntzer immer wieder, daß das arme Volk durch die soziale Not und politische Unterdrückung gehindert werde, zum rechten Christenglauben zu gelangen. Aber andererseits richtet er an eben dieses Volk unermüdlich die Ermahnung, daß ohne vorhergehende innere Revolution die äußere zum Scheitern verurteilt sei: Die Veränderung beginnt innen!

Mystische Frömmigkeit steht in der Gefahr der einseitigen Innerlichkeit und des mangelnden gesellschaftlichen Engagements. Daß es auch anders möglich ist, zeigt Thomas Müntzer. Man könnte nun vermuten, daß Müntzer eine Entwicklung durchgemacht haben könnte vom mystischen Theologen zum revolutionären Führer, und fragen: Wie wurde Müntzer zum Revolutionär? Eine biographische Antwort können wir darauf nicht geben, denn: Müntzer ist bereits Revolutionär von dem Moment an, in dem er deutlicher ins Licht der Geschichte tritt. Denn wenn er nach eigenen Aussagen in seiner Jugend bereits ein gegen einen Erzbischof gerichtetes „Verbündnis" gründet, dann handelte es sich um einen Geheimbund, der im damaligen Zeitkontext auf Widerstand angelegt war und von vornherein den Geruch des Aufruhrs an sich trug. Aus Braunschweig wird berichtet, der Geist Müntzers habe hier schon 1514 einen Kandelgießergesellen, dessen Bruder und seinen Wirt verführt. Die Braunschweiger Zeit des „Verfolgers der Ungerechtigkeit" soll auch schon mit Vertreibung geendet haben (Ende 1517/18). Ab 1520/21, der Zeit von Müntzers Wirksamkeit als Prediger in Zwickau, gab es dann keinen Tätigkeitsort Müntzers mehr, den er nicht gezwungenermaßen unter dramatischen Umständen verließ, nachdem er die Obrigkeiten genügend herausgefordert hatte; denn er war kein Mann der Kompromisse.

Nichtsdestoweniger scheint es eine Steigerung in Müntzers revolutionärem Selbstbewußtsein gegeben zu haben. Die symbolträchtigen Selbstbezeichnungen Müntzers am Anfang oder Schluß seiner Schriften und Briefe und die biblischen Gestalten, mit denen er sich jeweils vorzugsweise identifiziert, können diese Entwicklung illustrieren. Zunächst steht mit dem Ende der Zwickauer Tätigkeit (16. April 1521) die Identifikation mit dem Apostel Paulus als „Botenläufer Christi" im Vordergrund. Nachdem die Zeit des Antichristen angebrochen ist, sieht sich Müntzer als Apostel der Endzeit, der in der ganzen Welt zur Sammlung der Auserwählten das Wort Gottes zu verkündigen habe. Im Sinn dieser universalen Ausrichtung unterschreibt er seine letzte Zwickauer Gehaltsquittung als „Thomas Müntzer, der für die Wahrheit kämpft in der Welt." Getreu seinem apostolischen Vorbild hat Müntzer möglicherweise sogar eine Missionsreise bis in die Höhle des Löwen nach Rom im Auge gehabt. Der Eingang eines geplanten „Römerbriefes" ist erhalten: „In Christo Jesu ist das Licht und die Wahrheit uns aufgegangen, geliebteste Brüder. Thomas Müntzer von Stolberg, Magister der Künste und der Heiligen Schrift Bakkalar, Prediger der Stadt Zwickau, an die frommen und beständigen Herren, die Ratsherren der Römer, die beharrlichen Verächter der grausamen Tyrannei ..., damit sie stark mögen werden auszutilgen alle Bollwerke der verkehrten Tyrannei, die dem heiligen Geist widerstrebt." Als Ausgangspunkt der Mission wählt Müntzer statt Jerusalem nicht Wittenberg, sondern Prag (Juni bis November 1521) in Anknüpfung an seinen prophetischen Vorläufer Johannes Hus. Entsprechend dem Schicksal Christi sowie demjenigen des Paulus und des Johannes Hus rechnet Müntzer mit seinem Märtyrertod. Einen solchen Tod ordnet Müntzer von vornherein als Bestätigung seiner Predigt vom Kreuz ein und sieht ihn sogar als Unterpfand für den Erfolg seiner Mission an, wie es ihm die Geschichte des Christentums nach Christus und Paulus und die Erfolge der Hussiten nach Hus' Tod zeigen konnten. Die Umkehrung der eigenen Erwartung eines gewaltsamen Todes, nämlich die Hoffnung auf die Vernichtung der Ungläubigen durch die Auserwählten ist im Prager Manifest in der Symbolik ebenfalls schon da: „O ho, wie reif sind die faulen Äpfel! ... Die Zeit der Ernte ist da! Darum hat mich Gott selber angemietet in seine Ernte. Ich habe meine Sichel scharf gemacht, denn meine Gedanken sind heftig auf die Wahrheit gerichtet und meine Lippen, Haut, Hände, Haar, Seele, Leib, Leben verfluchen die Ungläubigen."

Wenn Müntzer in seinem nächsten etwas längerfristigeren Wirkungskreis als Pfarrer in Allstedt (März 1523 bis August 1524) mit der Verdeutschung der Messe und der Herausgabe der ersten evangelischen Gottesdienstagenden zunächst liturgischen Fragen sein Interesse zuzuwenden scheint, dann sieht es nur oberflächlich so aus, als habe er seine revolutionären Bestrebungen gemäßigt oder vorübergehend aufgegeben. Denn Müntzer muß ja zuerst wieder an der Seele ansetzen und dafür sorgen, daß Gott zunächst hier seine Sense schärft. Es werden hier auch zwei Seiten in Müntzers Persönlichkeit deutlich, die zusammengehören. Im Müntzerbild dominiert zu einseitig – bei seinen Gegnern und seinen Verehrern gleichermaßen – das Bild des aggressiven Kämpfers. Daneben hat Müntzer eine weiche Seite, mit der er sich mütterlich dem nach Gottes Wort und Gerechtigkeit Hungernden zuwendet. Diese mütterliche Seite ist ebenfalls in der Symbolik vertreten: Diejenigen, die auch heutzutage auf den Schriftbuchstaben pochen, sagt Müntzer ebenfalls im Prager Manifest, haben den Kindern zwar den Brotlaib vorgeworfen. „Gebrochen aber haben sie den ihnen nicht ... Sie sind nicht wie die Henne, die um ihre Kinder geht und ihnen warm macht." Um seine Allstedter müht sich Müntzer wie um Wickelkinder: „Es ist eine solche Arbeit jetzt, mit den Leuten umzugehen, wie die einer Mutter mit ihren Kindern im Unflat."

In Allstedt tritt Müntzers Selbstverständnis als endzeitlicher Prophet in den Vordergrund. Dafür steht die Selbstbezeichnung „Knecht Gottes", die Müntzer in den Allstedter Drucken und in seinen Briefen von Oktober 1523 bis Anfang Mai 1525 verwendet. Mit diesem Titel wird einmal das eigene Leiden mit Hilfe des biblischen Symbols vom leidenden Gottesknecht bewältigt. Zum anderen werden die inneren Erfahrungen Gottes eindeutiger als prophetische Gabe verstanden. Müntzer erlebt sich als Prophet des nahen Gottesgerichts. Er hat die Aufgabe, die Auserwählten noch vor dem Gericht zur inneren Reinigung zu führen und den Ungläubigen ihr bevorstehendes Ende anzudrohen.

Einen neuen Schritt zeigt auch Müntzers Brief vom 22. September 1523 an Graf Ernst von Mansfeld, der seinen Untertanen den Besuch der Allstedter Gottesdienste verboten hatte. Zum erstenmal greift Müntzer nun direkt auch einen Vertreter der weltlichen Obrigkeit an. Müntzer unterschreibt als „Zerstörer der Ungläubigen" in Anknüpfung an Sprüche 20,26: „Ein weiser König zerstört die Ungläubigen." Wenn er zudem im Blick auf die Schwertgewalt der Obrigkeit nach Römer 13 dem Grafen schreibt, daß er, Müntzer, genauso ein Knecht Gottes sei wie der Graf, so deutet sich an, daß Müntzer zwischen der geistlichen und weltlichen Autorität nicht mehr trennen will. Müntzer ist auf dem Weg zur Theokratie. Nachdem sein in der Fürstenpredigt gipfelnder Versuch, die kursächsischen Fürsten für seine Bewegung zu gewinnen, gescheitert ist, gibt es für Müntzer kein Zurück mehr. In Allstedt hatte er seinen Bund bereits militärisch organisiert. Seine Frau Ottilie von Gersen, die er 1523 heiratete, übernahm dabei die entsprechende Organisation der Frauen. Nun, im Sommer 1524, bemüht sich Müntzer auch intensiv um die überörtliche Ausweitung seines Bundes und um Zusammenschlüsse. Am 15. Juli schreibt er an Anhänger in Sangershausen, „daß mehr als 30 Anschläge und Bündnisse gemacht sind. In allen Landen will sich das Spiel machen. Kurzum, wir müssen ausbaden; wir sind hineingesessen. '

Von der Kleinstadt Allstedt kam Müntzer in eine der bedeutendsten Städte Mitteldeutschlands, nach Mühlhausen in Thüringen mit etwa 7500 Einwohnern. Als freie Reichsstadt war Mühlhausen von den umliegenden Landesfürsten unabhängiger als Allstedt. Ein solches Territorium, in dem der Prediger Heinrich Pfeiffer bereits Vorarbeit geleistet hatte, schien für Müntzers weitgreifende Pläne eine günstigere Basis zu sein. Allerdings scheiterte der erste Versuch Müntzers und Pfeiffers, eine neue Stadtverfassung durchzusetzen, und führte bereits Ende September 1524 zu ihrer Ausweisung. Müntzer reiste zunächst nach Nürnberg, um zwei Schriften drucken zu lassen. In der einen, der „Ausdrücklichen Entblößung des falschen Glaubens der ungetreuen Welt", legt er die Grundzüge seiner Theologie dar; in der anderen, der „Hochverursachten Schutzrede und Antwort wider das geistlose, sanftlebende Fleisch zu Wittenberg", antwortet er voller Wut auf Luthers „Brief an die Fürsten zu Sachsen von dem aufrührerischen Geist", mit dem dieser im Juli 1524 den offenen literarischen Kampf eröffnet hatte.

Auf den Titelblättern der beiden Müntzerschriften ist die Symbolik in einer solchen Weise aggressiv-kämpferisch zugespitzt, so daß in ihr bereits manches erscheint, was ein halbes Jahr später die Phase bewußter

Realisierung erreichen sollte. In der „Schutzrede" meldet sich Müntzer „aus der Höhle Elias, dessen Ernst niemand verschont", und spielt damit an auf den Propheten, der sich wegen Verfolgung verbergen mußte. Aber Müntzer zitiert dazu 1. Könige 18 und verweist damit auf das Vorbild Elias, der die gottlosen Baalspfaffen umbrachte. Und mit Offenbarung 11 bläst er die siebte Posaune des Endgerichts. Die „Ausdrückliche Entblößung" läßt er als „Thomas Müntzer mit dem Hammer" ausgehen. Diesen Titel hat er entnommen aus Jeremia 23,29, wo es in Abgrenzung gegen falsche Prophetenträume heißt: „Ist mein Wort nicht wie ein Feuer und wie ein Hammer der Felsen zerschmeißt?" In vielen anderen Symbolen sind die künftigen Ereignisse vorgebildet, so wenn Müntzer sagt, er habe sich „vorgewandt zur Wagenburg, das Loch des Vorhofs (Ezechiel 8,7) weiter zu machen ..."

Von Nürnberg gelangt Müntzer über Basel für acht Wochen zu den aufständischen Bauern im Südschwarzwald und unterstützt sie durch Predigten und Angabe einiger Artikel, „wie man herrschen soll." Nach Pfeiffer kehrt er im Februar wieder nach Mühlhausen zurück. Beide setzen am 16./17. März 1525 über eine Versammlung und persönliche Befragung aller Bürger die schon im September angestrebte neue Ratsverfassung durch, wonach der alte, jährlich gewählte Rat zurücktreten mußte und durch einen neuen, von Bürgerschaftsvertretern gewählten „Ewigen Rat" ersetzt wurde.

Wie Müntzer die Bauernkriegsbewegung, die Mitte April Thüringen erreichte, interpretierte, zeigt eine Fahne, die er in der Marienkirche neben der Kanzel aufstellen ließ. Sie zeigte auf weißem Grund einen Regenbogen mit der Aufschrift: „Dies ist das Zeichen des ewigen Bundes Gottes; alle, die bei dem Bunde stehen wollen, sollen darunter treten." Müntzer hält nun die „fügliche" Zeit des Kampfes gegen die Gottlosen für gekommen. Damit ist die Sintflut des Leidens, die der Reinigung der Auserwählten diente, zu Ende. Für die Reinheit steht die weiße Grundfarbe der Fahne. Der Regenbogen, Gottes Bundeszeichen nach der Sintflut, ist Zeichen des ewigen Beistandes Gottes zum „Ewigen Bund" der Gottesfreunde. Mit dieser Fahne zog der Mühlhauser Haufe ins Feld.

Im September 1524 hatten 200 Müntzeranhänger bei einem Auszug aus Mühlhausen bereits zwei Symbole vorausgetragen: ein rotes Kreuz und ein blankes Schwert. Das Kreuz in der Farbe des Blutes steht für die notwendige Bereitschaft, in diesem Kampf der Auserwählten das eigene Leben zu opfern. Müntzer schrieb im Juli 1524 dem Allstedter Amtmann Zeiß: „Wer ein Stein der neuen Kirche sein will, der wage seinen Hals, sonst wird er durch die Bauleute verworfen werden. Gedenkt, lieber Bruder, wer in diesen gefährlichen Zeiten seinen Hals nicht wagen wird, der wird auch nicht bewährt im Glauben." Auf das blanke Schwert, das Zeichen der Entscheidung und der Scheidung in Gut und Böse und damit

Symbol der Gerechtigkeit, greift Müntzer am 9. Mai 1525 auf dem Höhepunkt des Aufstandes, eine Woche vor der Entscheidungsschlacht, zurück: Von diesem Tag an ersetzt er in den Briefen die Selbstbezeichnung „ein Knecht Gottes“ durch die Unterschrift „Thomas Müntzer mit dem Schwert Gideons“. Er greift damit ein Symbol aus einer alttestamentlichen Traumdeutung auf, die dem Richter Gideon den Sieg im Kampf gegen die Midianiter vor der Schlacht ankündigte (Richter 7,14). Die Identifikation mit Gideon zeigt uns nun Müntzer mit dem Selbstverständnis eines von Gott berufenen Heerführers.

An den Ereignissen der Schlacht von Frankenhausen am 15. Mai, in der etwa 6000 Aufständische umkamen, meine ich einen Realitätsverlust Müntzers in der Endphase seines Kampfes ablesen zu können. Dieser Realitätsverlust läßt sich auch an einem von Müntzer verwendeten Symbol zeigen. Bereits am 4. Oktober 1523 hat Müntzer an Kurfürst Friedrich den Weisen geschrieben, daß er sich „vorwerfen möchte als eiserne Mauer der Bedürftigen“. Das Bild von der eisernen Mauer stammt aus Jeremia 1,18–19. Müntzer stellt dann diese Stelle an die Spitze der „Ausdrücklichen Entblößung“: „Eine eiserne Mauer wider die Könige, Priester und Pfaffen und wider das Volk ist aufgerichtet. Sie mögen streiten, der Sieg ist wunderbar zum Untergang der starken, gottlosen Tyrannen.“ Wenn Müntzer dann im Feldlager von Frankenhausen den Bauern verkündet, die feindlichen Geschosse könnten ihnen nichts anhaben, dann haben in dieser Situation die eigenen inneren Bilder die Wahrnehmung der äußeren Realität überschwemmt.

Müntzers letztes Symbol, eine Art Geheimchiffre, ist sein letztes Bibelzitat, das er in seinem Abschiedsbrief vom 17. Mai an die Mühlhäuser anführt: „Johannes am siebenten.“ Aus seinem Gefängnis konnte er keinen unzensierten Brief mehr schicken, verstand es aber doch, seinen Leidensgefährten anzudeuten, was ihn beschäftigte. Diese Leser kannten Müntzers Regel, daß er, wenn er eine Bibelstelle anführt, immer das gesamte Kapitel beachtet haben will. Zudem drückt er mit Bibelstellen sein Selbstverständnis aus. Wenn er daher im Anklang an Johannes 7,24 schreibt, die jetzt vollzogenen Werke Gottes „müssen nicht nach dem äußerlichen Anschein, sondern in Wahrheit beurteilt werden“, dann konnten die Briefempfänger Johannes 7 aufschlagen und fanden dort mehr.

1. „Meine Zeit ist noch nicht da“ (Johannes 7,6). Müntzer gesteht in seinem Abschiedsbrief indirekt ein, daß er die Zeichen der Zeit falsch gedeutet hatte. Im Sinne seines Sendschreibens nach Stolberg von 1523 war es vom Zeitpunkt her ein „unfüglicher“ Aufstand. Denn Müntzer hatte sich, von der Volksbewegung getragen, verschleiert, daß die Erziehung des Volkes im Sinne seiner Ziele noch nicht weit genug war, „daß ein jeder seinen Eigennutz mehr gesucht als die Rechtfertigung der

Christenheit". Zu Müntzers Vermächtnis an seine Freunde gehört die Mahnung, daß die Interessen der Gemeinschaft über denjenigen des Individuums stehen müssen.

2. „Von mir selbst bin ich nicht gekommen, sondern es ist ein Wahrhaftiger, der mich gesandt hat" (Johannes 7,28). An seiner Sendung und der Richtigkeit seiner Sache ist Müntzer vor der Hinrichtung nicht irre geworden. Jetzt wird sein Märtyrertod tatsächlich zum Teil seiner Botschaft, „welcher zur Förderung der Guten ... geschehen ist". Müntzer sieht in der Nachfolge Christi seinen Tod als stellvertretendes Leiden, „in Erstattung etlicher Mißbräuche, vom Volk angenommen".

3. „Etliche sprachen: Er ist gut; die andern aber sprachen: Nein, sondern er verführt das Volk. Niemand aber redete frei heraus von ihm aus Furcht ..." (Johannes 7,12–13). Müntzer ahnte, daß der Streit um ihn jetzt erst voll entbrennen würde. Und er wußte, daß künftig kaum noch einer eine gute Meinung über ihn frei heraus zu sagen wagen würde – aus Angst vor Fürsten und Theologen. So ist es gekommen. Daher war es zwangsläufig, daß erst eine unkirchliche und antitheologische Bewegung, der Marxismus, sich erlauben konnte zu sagen: „Er ist gut." Der Marxismus knüpfte an Müntzers Hoffnung „Das Volk wird frei sein" an und fand sich wieder in Müntzers Erkenntnis, daß die Bedingungen der wirtschaftlichen Ausbeutung und obrigkeitsstaatlichen Entmündigung des Volkes diese Freiheit verhindern. Er knüpfte weniger an an die von Müntzer genannten anthropologischen Vorbedingungen, die diese Freiheit und deren Erhalt ermöglichen. Müntzer hat dem real existierenden Sozialismus auch vermacht, daß ohne die Veränderung von innen die höchste Wahrheit „zum Untergang gelangt", wie er in seinem letzten Brief sagt. Und ebenso mahnt er eine vom goldenen Kopf (Daniel 2,32) beherrschte Akademikerwelt, zuerst nach innen zu hören; so in der Fürstenpredigt: „Da wird der Mensch klar finden, daß er mit dem Kopf durch den Himmel nicht laufen kann. ... O das ist dann der klugen ... Welt gar ein seltsamer Wind. Da folgen alsbald die Schmerzen wie die einer Gebärerin."

Literaturhinweise:

Bensing, Manfred: Thomas Müntzer, 3. Auflage, Leipzig 1983.

Elliger, Walter: Thomas Müntzer. Leben und Werk, Göttingen 1975.

Thomas Müntzer. Schriften und Briefe. Kritische Gesamtausgabe, unter Mitarbeit von Paul Kirn hrsg. von Günther Franz, Quellen und Forschungen zur Reformationsgeschichte Bd. 33, Gütersloh 1968.

Wehr, Gerhard: Thomas Müntzer in Selbstzeugnissen und Bilddokumenten. Rowohlts monographien 188, Reinbek bei Hamburg 1972.

Philipp Melanchthon
(1497–1560)

Wolf-Dieter Hauschild

Philipp Melanchthon

Ohne Melanchthons Werk hätte der deutsche Protestantismus ein anderes Profil bekommen. Man kann ihn deshalb mit Fug und Recht als den zweiten Reformator neben Luther stellen (ob gleichrangig, ist eine Frage der Kriterien). In vieler Hinsicht übertrifft seine Wirkungsgeschichte diejenige des älteren Freundes, den er zeitlebens als den größeren, als den Propheten des Evangeliums anerkannt hat. Doch ihm fehlt das kantige Profil Luthers, die religiöse Tiefe ebenso wie die Ausstrahlungskraft und der Widerspruchsgeist. Er ist kein „Protestant" im landläufigen Verständnis (hat auch die berühmte, namengebende „Protestatio" auf dem Reichstag zu Speyer 1529, wo er erstmals als Ratgeber auf der großen politischen Bühne mitwirkt, nicht gebilligt), sondern ist ein Gemäßigter und ein Konservativer im besten Sinne des Wortes: Ohne Maß und Form, damit aber auch ohne Bewahrung des Bewährten kann für ihn die notwendige Erneuerung von Kirche und Gesellschaft nicht gelingen. Er repräsentiert in seinem Werk eine typisch bürgerliche Lebens- und Denkungsart. Als ein Genie der Form hat er der lutherischen Reformation die bleibende Gestalt aufgeprägt, welche die Kontinuität mit der vor- und nichtreformatorischen Christenheit ausdrückt. Er ist kein Prophet, sondern ein Lehrer – völlig zu Recht hat man ihm den Ehrentitel „Praeceptor Germaniae" (Lehrer Deutschlands) beigelegt; aber dies ist er als Lehrer der Kirche des Evangeliums. Im Unterschied zu allen anderen Reformatoren ist er – kirchenrechtlich betrachtet – ein Laie: weder Priester oder Mönch (welche Herkunft aus der „alten" Kirche die anderen prägt) noch ordinierter Prediger oder akademisch voll qualifizierter Theologe wie die sonstigen Multiplikatoren des Neuen. In dieser Hinsicht fällt der ansonsten so Anpassungsfähige aus dem Rahmen, was sein protestantisches Profil gewiß mitbestimmt. Er will letztlich Philologe und Pädagoge sein und ist damit der erste, der im evangelischen Deutschland die bestimmende Kraft der Universität auf allen Lebensgebieten deutlich macht. Die ihm gestellte Aufgabe überschreitet die Grenzen von Theologie und Kirche, welche er andererseits durch seine stets auf sie bezogene Tätigkeit zutiefst formt. Von der Wissenschaft her gestaltet er die Praxis in Schule und Universität, in Kirche und Staat, in Gesellschaft und Welt. Will man Melanchthons Besonderheit, die in einer Fülle von Aspekten zutage tritt, kurz charakterisieren, dann kann man sie nur in dem christlichen Humanismus finden, den er vertritt. Aber dieser Begriff erklärt noch nicht viel, wenn man nicht seine spezifisch melanchthonische Ausprägung betrachtet.

1. Humanist und Theologe

Als einundzwanzigjähriger Professor an der damals progressivsten und bald größten Universität Deutschlands gehört Melanchthon zu den frühreifen Genies, den Wunderkindern im Reich des Geistes, die entwicklungsfähig bleiben und noch in der Weisheit des Alters die Reife ihres Denkens mitteilen können. Seine Herkunft bestimmt ihn zeitlebens positiv: Geboren am 16. Februar 1497 in der kurpfälzischen Amtsstadt Bretten als ältester Sohn des kurfürstlichen Rüstmeisters Georg Schwarzerdt, der technische und naturwissenschaftliche Kenntnisse mit einer tiefen, durch Devotio moderna und Humanismus bestimmten Laienfrömmigkeit verband, und als Großneffe des bedeutenden Humanisten Johannes Reuchlin ist sein Bildungsgang vorherbestimmt. Nach dem frühen Tod des Vaters wird er in der Lateinschule zu Pforzheim durch humanistisch gebildete Lehrer in die Welt des auf Reform drängenden, an der klassischen Antike orientierten kritischen neuen Geistes eingeführt.

Schon 1509 (sein Großonkel Reuchlin überträgt jetzt nach Humanistenart seinen Namen Schwarzerdt in „Melanchthon") zieht er auf die Universität nach Heidelberg, wo er neben den philosophischen Studien sein philologisches Können vertieft und mit vierzehn Jahren als Baccalaureus der Artistenfakultät abschließt. Dann wechselt er in das geistig regere Tübingen über, um sich nicht nur in scholastischer Philosophie und Theologie sowie in der Jurisprudenz zu üben, sondern auch – abgesehen von den engen Kontakten zu dem in Stuttgart lebenden Reuchlin – tiefer in die wissenschaftliche Welt des Humanismus und die Frömmigkeit der Devotio moderna einzudringen. Aus den Schriften des „Humanistenpapstes" Erasmus von Rotterdam lernt er den Zusammenhang von sprachlicher und sittlich-religiöser Bildung. Seit 1514 hält er als Magister philologische Vorlesungen; die Abfassung einer griechischen Grammatik (1518 publiziert) macht ihn berühmt in einer Welt, die noch kaum des Griechischen kundig ist, es aber zuhöchst schätzt. So hat er es nicht nur dem Einfluß Reuchlins zu verdanken, daß der sächsische Kurfürst Friedrich ihn 1518 auf die Griechischprofessur der Artistenfakultät der Universität Wittenberg beruft.

Der Jüngling steht damit unversehens im Brennpunkt der geistigen Auseinandersetzungen, da Wittenberg mit dem Jahre 1518 zum vordersten Kampfplatz der Reformation wird, und er führt sich in der ihm eigenen Genialität als adäquater Mitstreiter ein, indem er in seiner Antrittsrede das Programm einer bibelhumanistischen Studienreform im Sinne des Erasmus entwirft: Zur Humanität gehört die Pflege der Sprachen ebenso wie der Historie, Mathematik und Naturwissenschaften, weil die ungezügelten Affekte der studierenden Jugend der Formung durch die intensive Beschäftigung mit den Klassikern des Geistes bedürfen. Diese Klassiker sieht Melanchthon mit den Humanisten zunächst in den großen Philosophen und Literaten der griechisch-römischen Antike; sie sind die „Quellen" der europäischen Kultur, und um zu ihnen vorzudringen, muß man die vielfältigen Trübungen des scholastischen Lehrbetriebs entschlossen beseitigen und sich auf die Quellen, d. h. auf die authentischen Texte jener Geistesgrößen konzentrieren. Doch ergänzend zu ihnen tritt die intensive Beschäftigung mit den Lehren Christi und seiner Apostel, voran des Paulus, um so durch philologische Arbeit zur entscheidenden Quelle, dem reinen Evangelium, vorzudringen.

Dieses Programm von 1518 entspricht ganz dem Humanismus z. B. des großen Erasmus, welchen Melanchthon verehrt. Es paßt aber auch zu den Intentionen der Wittenberger Theologiereform. Die im Protest gegen die Scholastik vollzogene Hinwendung zum Bibelstudium wird durch Melanchthons Philologie auf eine neue wissenschaftliche Basis gestellt. Deswegen begrüßt Luther das Programm des jungen Kollegen und lernt bei ihm Griechisch – ohne Melanchthon wäre er kaum zu seiner Bibelübersetzung gekommen. Dieser wiederum hört die Vorlesungen Luthers, gerät damit in den Bann der neuen Theologie und wird in kürzester Frist nicht bloß Anhänger, sondern auch Multiplikator der reformatorischen

Position. Als Baccalaureus biblicus seit 1519 hält er exegetische Vorlesungen in der theologischen Fakultät. Den Ertrag seines intensiven Paulusstudiums faßt er 1521 erstmals in einem Werk zusammen, das seinen Ruhm als Theologe bleibend begründet, obwohl er immer noch kein „richtiger" Theologe, kein Vollmitglied der Fakultät ist und dem Drängen Luthers, den theologischen Doktorgrad zu erwerben, auch späterhin hartnäckig widersteht, weil er sein Aufgabenfeld in der „philosophischen" Fakultät sieht: Die *Loci communes rerum theologicarum,* wie er das Werk betitelt, die Grund- und Leitbegriffe der biblischen Theologie stellen gleichsam eine erste evangelische Dogmatik dar, eine Programmschrift der neuen Exegese in bewußter Konkurrenz zu Erasmus. Als Lehrbuch seit 1521 viel benutzt, von Melanchthon ständig bearbeitet entsprechend seinem Erkenntnisfortschritt, in den verschiedenen Auflagen mit eigenem Profil versehen (1522 und 1525, 1535 dann in grundlegender Neubearbeitung als „zweite Ausgabe/secunda aetas", 1543/44 abermals erheblich verändert bis zur Endgestalt 1559, den Loci praecipui theologici) spiegelt dies Werk am besten Melanchthons theologische Eigenart wider, seine spezifische Formulierung eines christlichen Humanismus auf der Basis reformatorischer Prinzipien. Die Botschaft von der Erlösung durch Jesus Christus, die den Menschen aus tiefer Existenzangst befreit und sein durch die Einsicht in die Unvollkommenheit und die Widersprüche des eigenen Wesens erschrecktes Gewissen tröstet, vermittelt sich für Melanchthon dadurch mit der Erfahrung, daß der aufrichtenden Zusage des Gotteswortes, wonach der Christ trotz aller Schwächen leben darf, die Gabe des Geistes Christi entspricht, der den Menschen in seinem Herzen neugestaltet.

Formal lehnen die *Loci* sich an die humanistische Hermeneutik an, inhaltlich stellen sie die für die Reformation entscheidenden paulinischen Begriffe ins Zentrum der Theologie: Sünde, Gesetz, Evangelium, Gnade, Rechtfertigung und Glaube. Entschieden kehrt Melanchthon sich von der spekulativen Methode der scholastischen Theologie ab und macht die Orientierung an der religiösen Praxis zum Leitfaden: „Das heißt Christus erkennen: seine Wohltaten anerkennen." Es soll eine Dogmatik nicht nur für den Theologen, sondern für den gebildeten Christen sein, weil mit der Reformation die biblische Lehre eine neue Bedeutung als Orientierungshilfe für das öffentliche wie für das private Leben bekommt. Methodisch wie inhaltlich wirkt sie bis weit ins 17. Jahrhundert formgebend. Evangelische Identität gewinnt mit ihr eine lehrmäßig reflektierte Prägnanz.

Mit den *Loci,* die Luther hoch rühmte, findet die erste Entwicklungsphase des jungen Melanchthon ihren Höhepunkt und Abschluß. Es folgt eine jahrelange theologische Krise, da ihm seine bisherige Form der Verbindung von Humanismus und Reformation fraglich wird. Das Geistverständnis, die rechte Zuordnung von menschlichem und göttlichem

Geist, bildet dabei den Kern. Die Krise bricht 1521/22 in den Wittenberger Unruhen aus, die während Luthers Wartburgaufenthalt durch die radikal-evangelischen Reformationsversuche der „Schwärmer" um Andreas Karlstadt und die Zwickauer Propheten verursacht werden.

Es geht um den Abbau der alten, evangeliumswidrigen Ordnungen (symbolisiert in den Bildern der Gotteshäuser) und um eine Neugestaltung der Kirche, die dem Geist Christi gemäß ist. Für die „Schwärmer" äußert sich dieser Geist unmittelbar in der religiösen Erfahrung des einzelnen; er gibt konkrete Weisungen für die Praxis, er bewirkt die zur rechten Schriftauslegung erforderliche Erleuchtung; er steht im radikalen Gegensatz zur hergebrachten Ordnung, so daß diese revolutionär beseitigt und durch spontane Erfüllung des jeweils Notwendigen ersetzt werden muß. Melanchthon ist für eine derartige Position aufgeschlossen, weil auch er – vor allem aufgrund seiner Orientierung an dem hochgeschätzten Kirchenvater Augustinus – den Heiligen Geist als göttliche Kraft versteht, die das Wesen des Menschen von innen heraus übernatürlich verändert, ihn so zur freien Erfüllung des göttlichen Willens befähigt und damit die äußere Ordnung grundsätzlich relativiert. Andererseits trifft ihn die Bildungsfeindschaft der „Schwärmer" mit ihrer Aversion gegen alle Formen im Mark seines humanistischen Empfindens. Widerstand gegen den Bildersturm und den evangelischen Wildwuchs zu leisten, paßt jedoch nicht zu seinem irenischen, zögernden Naturell, obwohl ihm die angerichtete Unordnung zuwider ist. Der von der Wartburg herbeieilende Luther und die kurfürstlichen Räte sorgen im Frühjahr 1522 für Ordnung und Kontinuität. Seitdem hat Melanchthon ein traumatisches Verhältnis zu allen revolutionären Bestrebungen, lehnt den Bauernaufstand 1525 ebenso ab wie den politischen Widerstand gegen Kaiser Karl V. 1529/30 und tritt zeitlebens für die Unterdrückung der Täufer und der Radikal-Evangelischen ein. Durch ihn wird die Aversion gegen alles Schwärmerische ein Grundzug des Luthertums.

Bei Melanchthon setzt nun ein Lernprozeß ein, in welchem er sich endgültig klar macht, daß nicht die „reine" Theologie, sondern die Pädagogik als Anwendung der Theologie seine Aufgabe bildet. Er will vor allem Lehrer sein: „Ich bin mir bewußt, aus keinem anderen Grunde Theologie getrieben zu haben, als um das Leben zu verbessern" (so 1525 an seinen besten Freund, den Philologen Joachim Camerarius). Tradition und Form in vernünftiger Begründung, diese ihm längst geläufigen humanistischen Werte gewinnen jetzt mit dem „Magister Philippus" (wie er sich hinfort gerne neben dem „Doctor Martinus" nennen läßt) neue Bedeutung.

Das humanistische Problem, die Veränderbarkeit des Menschen, löst er jetzt konsequent vom reformatorischen Standpunkt mit einer Theologie der Freiheit: Aus eigener Kraft kann der Mensch sich nicht bessern und zu

Gott erheben; ihm muß durch die Kundgabe des Gotteswillens im Gesetz verdeutlicht werden, daß er ein Triebwesen ist, dessen böse und chaotische Affekte auf die Negierung von Gottes Ordnung zielen. Diese Erkenntnis wirkt zunächst destruktiv und verstockend, heilsam erst dann, wenn der Mensch über seine Sündigkeit erschrickt, Reue empfindet und Buße tut. Dann hält er nach Hilfe Ausschau und begegnet dem Evangelium, der befreienden Kunde von der grundlegend in Jesus Christus erfolgten Versöhnung des zerrissenen Menschen mit dem gnädigen Gott. Dies tröstet sein Gewissen, vermittelt ihm mit dem Glauben an das Leben verheißende Wort ein Grundvertrauen und gute Affekte, aus welchen eine neue Lebensgestaltung erwächst, die imstande ist, dem Willen Gottes zu entsprechen. Das alles basiert nicht auf menschlicher Anstrengung und Leistung, sondern ist Gnadengeschenk, Wirkung des Heiligen Geistes, die Melanchthon jetzt – darin Luther folgend – konsequent an das äußere Wort der Heiligen Schrift bindet (an Forderung und Verheißung, Gesetz und Evangelium). Aber der Mensch ist an dieser Veränderung beteiligt.

Hinsichtlich der damit gestellten Frage nach dem freien Willen und der Leistungsfähigkeit der Vernunft hat Melanchthon bislang Luthers Position der schroffen Verneinung einer Willensfreiheit gegenüber Gottes Zugriff akzeptiert, die seit 1518/20 den reformatorischen Widerspruch gegen Katholizismus und Humanismus am deutlichsten markiert. In dem großen Streit zwischen Luther und Erasmus 1524/25 hat er sich allerdings zurückgehalten. Nun versucht er, die Härten der zum Determinismus tendierenden lutherischen Auffassung zu mildern, und erkennt einen freien Willen insoweit an, als der Mensch in der Buße gegen die eigene Schwachheit kämpfen muß und kann. Seit 1527 nähert er sich allmählich der erasmischen Position an. Mit seinem evangelischen Humanismus repräsentiert Melanchthon einen eigenständigen Typ neben Luther. In der Ethik verbindet er das antike Erbe (Aristoteles, die Stoa, Cicero) mit der Bergpredigt, in der Erkenntnislehre betont er eine Übereinstimmung von Offenbarung und Vernunft: Das Christliche darf nicht eine dem Menschen unzugängliche, fremde Spezialwahrheit und -moral sein, vielmehr bringt es eine gnadenhaft gewirkte Überhöhung des allgemein Menschlichen. Die formale Bearbeitung der christlichen Wahrheiten ist deswegen notwendig, um die Plausibilität des Glaubens darzutun. Das führt freilich dazu, daß Melanchthon die großartigen Irrationalismen und Paradoxien von Luthers theologischer Interpretation menschlicher Existenz auflöst. Klarheit ist ihm in der Sache wie in der Form das oberste Prinzip.

2. *Der Lehrer der Kirche*

Überwindet Melanchthon die 1522 aufgebrochene Krise theologisch durch eine Neubewertung des göttlichen Gesetzes und der menschlichen Fähigkeiten, so praktisch seit 1526/27 durch eine Konzentration auf vielfältige Reformen in Kirche und Gesellschaft. War er bisher nur als akademischer Lehrer und Schriftsteller hervorgetreten, so wird er fortan zu einem Organisator und Diplomat in bildungs-, kirchen- und theologiepolitischen Fragen, der als Sprecher des Protestantismus neben Luther steht. Und er trägt durch seinen Traditionalismus maßgeblich dazu bei, daß das Luthertum ein konservatives Gepräge erhält.

Für die Revision der Kirchenstrukturen im Kurfürstentum Sachsen liefert er mit der *Instruktion* und dem *Unterricht der Visitatoren* 1527/28 das maßgebliche Programm. Die Ablösung der bischöflichen Verfassung durch das landesherrliche Kirchenregiment begründet er vom evangelischen Gemeindeprinzip her damit, daß der Fürst innerhalb der Gemeinde eine herausragende Position besitze und als die von Gott eingesetzte Obrigkeit für die Einhaltung der Gebote beider Tafeln und damit auch für den rechten Gottesdienst sorgen müsse (die custodia utriusque tabulae und damit die cura religionis wahrnehme, wie er einprägsam-folgenreich formuliert). Über diese Konzeption hinaus trägt Melanchthon entscheidend zur Formierung der evangelischen Staatslehre bei. Anders als sein Wittenberger Kollege Johannes Bugenhagen, der seit 1528 im norddeutschen Raum die Kirchenordnungen gestaltet, konzentriert Melanchthon sich nicht auf die praktischen Organisationsprobleme, sondern auf die Fixierung und Standardisierung der Lehre. Bildet das Evangelium die Basis des Christseins, so muß alles daran liegen, daß die Prediger dem Volk die heilsame rechte Lehre vermitteln.

Mit dem Jahr 1529 beginnt eine politische Tätigkeit, die Melanchthon bis zu seinem Tode zum maßgeblichen Verhandlungsführer in den Einigungsgesprächen mit den Altgläubigen macht. Die seit dem zweiten Speyrer Reichstag drohende Rekatholisierung veranlaßt die protestantischen Fürsten zu ersten Plänen für ein Schutzbündnis, das alle Evangelischen umfassen soll. Doch wer kann als „evangelisch“ und damit als Bundesgenosse gelten? Dies ist keine leichte Frage, wenn man die tiefgreifenden Differenzen bedenkt, die seit 1526 im Streit zwischen Luther und Zwingli um die rechte Deutung des Abendmahls hervorgetreten sind und die Reformation in einen Wittenberger und einen oberdeutschen Flügel gespalten haben. Um die konfessionelle Identität zu klären, bedarf es der Feststellung der gemeinsamen Position durch ein Lehrbekenntnis. Melanchthon verfaßt es in Form von 17 Artikeln, für die Luther eine Mitverantwortung übernimmt und die Anfang Oktober 1529 von den Vertretern Brandenburg-Ansbachs gebilligt werden. Mit dieser sächsischfränkischen Verständigung, den sog. *Schwabacher Artikeln,* sollen die Sympathisanten Zwinglis, die oberdeutschen Städte und Philipp von Hessen, die Melanchthon wegen ihres Widerstands gegen den Kaiser politisch suspekt sind, ausgeschlossen werden. Doch schon die Verständigung auf einen Teil dieser Artikel wenige Tage später beim Marburger Religionsgespräch zwischen Luther und Zwingli und vollends die gemeinsame Arbeit auf dem Augsburger Reichstag 1530 zeigt, daß Melanchthon eine für fast alle Evangelischen konsensusfähige Lehrgrundlage zu formulieren imstande ist.

Da Kaiser Karl V. auf dem Reichstag einen Religionsvergleich anstrebt, kommt es für die Protestanten darauf an, ein „Positionspapier" vorzulegen, welches einerseits die neue Lehre zutreffend darstellt und die evangelischen Reformen verteidigt, andererseits aber eine Verständigung mit den Altgläubigen ermöglicht. Nach umfangreichen Vorarbeiten in Kursachsen und intensiven Beratungen in Augsburg verfaßt Melanchthon das Bekenntnis, das vor Kaiser und Reich am 25. Juni 1530 die evangelische Identität als gesamtkirchlich konsensusfähig in durchreflektierter und zugleich stilistisch genialer Form präsentiert, die *Confessio Augustana (CA).*

Es ist ein Meisterwerk nicht nur in theologischer, sondern auch in politischer Hinsicht und bekundet das Melanchthon eigentümliche „protestantische Profil" exemplarisch: seine evangelische Katholizität. Es dokumentiert Friedensbereitschaft und Verständigungsfähigkeit durch eine Versöhnung der Gegensätze, indem es die gemeinsamen Grundlagen in Bibel, altkirchlichem Bekenntnis und kirchlicher Tradition aufzeigt, damit aber das spezifisch Evangelische als Neuinterpretation hergebrachter Lehren und die Reformen als Abstellung unkatholischer Mißbräuche darstellt. Melanchthons intensives Studium der Kirchenväter, insbesondere des Augustinus, findet hier seinen Niederschlag, und seiner Formulierungskunst ist es zu danken, daß die protestantische Position eine klassisch-präzise Zusammenfassung erhält, die die *Confessio Augustana* in der Folgezeit zur grundlegenden Bekenntnisschrift der Evangelischen im Deutschen Reich macht. Ihre ökumenische Weite erweist sich auch darin, daß die altgläubigen Theologen, voran der scharfe Kritiker Johannes Eck, ihr bei den Religionsgesprächen während des Reichstages in erheblichen Teilen zustimmen, so daß die von Melanchthon erhoffte Verständigung beinahe zustande kommt.

Zwar findet die CA 1530 nicht die erhoffte Anerkennung des Kaisers, wird aber 1555 im Augsburger Religionsfrieden, dem religiösen „Grundgesetz" für das neuzeitliche Deutschland, als Basis namhaft gemacht, indem die Protestanten hinfort als „Angehörige der Augsburgischen Confession" gleichberechtigt neben den Altgläubigen stehen. In den lutherischen Kirchen ist sie bis zum heutigen Tage das maßgebende, immer wieder zitierte und interpretierte Lehrbekenntnis. Deutlicher kann Melanchthons historischer Einfluß auf den Protestantismus nicht illustriert werden. Er hat die Augustana stets auch als sein eigenes Bekenntnis verstanden, ändert deshalb in den folgenden Neuauflagen an ihrem Text und stellt ihr im Auftrag der evangelischen Stände 1530/31 mit seiner *Apologia Confessionis Augustanae* den umfangreichen, maßgeblichen Kommentar zur Seite, der schon bald im Luthertum allgemeine Anerkennung als Bekenntnisschrift findet.

Melanchthon hat mit dem Reichstag 1530 den Höhepunkt seines Ansehens als Sprecher der Evangelischen erreicht. Dem kommt gewiß zugute, daß Luther als geächteter Ketzer die Reichsöffentlichkeit scheuen muß und weder in Augsburg noch bei den späteren Ausgleichsverhandlungen anwesend sein kann. Von der Festung Coburg aus billigt er Melanchthons Vorgehen, und in der Tat gibt die Confessio nirgendwo die Lehren Luthers preis, wenngleich sie diese nicht vollständig und in ihrer antikatholischen Schroffheit wiedergibt. Luther fehlt gerade jenes Charisma, das Melanchthon zum Verhandlungspartner befähigt: die Kunst, in Konvergenzen zu denken, Gegenpositionen verstehend aufzunehmen und in besonnener Mäßigung die eigene Position dem Gegner plausibel und unpolemisch darzulegen. Diese Anpassungsfähigkeit zeigt allerdings bei dem Magister Philippus zunehmend ihre Schattenseiten in allzu großem Entgegenkommen und zaghaftem Verzicht auf Durchsetzung eigener Interessen. Sein ständiger Blick auf das Wohl des Ganzen von Kirche und Reich hindert ihn oft, die jeweiligen partikularen Fixierungen bei anderen richtig einzuschätzen.

Für den Schmalkaldischen Bund, in welchem sich die evangelischen Stände nach dem Scheitern des Augsburger Reichstages 1531 zum Schutz gegen kaiserliche Angriffe zusammenschließen, wird Melanchthon der unentbehrliche Berater. Auch über die Bundesangelegenheiten hinaus suchen Fürsten und Städte seinen Rat in Fragen der Lehre und der Organisation von Schulen und Universitäten. Sogar die Könige von Dänemark und Frankreich bitten ihn um Gutachten, und in den Verhandlungen mit Heinrich VIII. von England formuliert er 1536 in Anlehnung an die CA die Lehrbasis, die trotz des Scheiterns der Bündnispläne auf die anglikanische Entwicklung einwirkt. Mit dem Straßburger Reformator Martin Bucer verständigt er sich 1534/35 in der strittigen Abendmahlsfrage, die er in der Confessio Augustana noch im lutherischen Sinne gelöst hat, für die er zunehmend aber – des Streitens überdrüssig und das eucharistische Mysterium betonend – von seinem Kirchenväterstudium her allgemeine Vermittlungsformeln verwendet. Ihm liegt am Wesentlichen, an der wahren Gegenwart Christi im Sakrament. So kann er eine Brücke zu den nichtlutherischen Brüdern bauen, die auch Luther mit der Wittenberger Konkordie 1536 betritt und die eine gesamtevangelische

Allianz angesichts der kaiserlichen Reunions- und der päpstlichen Konzilspläne ermöglicht.

Während Luther auf die Einladung der Protestanten zur Teilnahme am Konzil 1537 mit seinen „Schmalkaldischen Artikeln" schroff ablehnend reagiert, weil er keine Verständigungsmöglichkeiten mehr sieht, hofft Melanchthon weiterhin auf eine Einigung, sieht allerdings im Papst das Haupthindernis und legt in seinem *Traktat über den Primat und die Gewalt des Papstes* die evangelische Position zu dieser Frage so klar und ausgewogen dar, daß die Theologen des Schmalkaldischen Bundes ihn als gemeinsame Bekenntnisschrift akzeptieren (was er für die Lutheraner bis heute ist). Eine formale Lehrautorität, die über der Heiligen Schrift steht, ist für Melanchthon völlig unmöglich.

3. *Der gescheiterte Ökumeniker*

Bei den von Karl V. seit 1539 betriebenen Religionsgesprächen, die feststellen sollen, ob eine theologische Überwindung der konfessionellen Spaltung noch möglich ist, kommt Melanchthon die führende Rolle zu. Er fertigt zusammen mit den Wittenberger Kollegen ein umfangreiches Gutachten über die Unterschiede zum Katholizismus an und arbeitet im Auftrag des Schmalkaldischen Bundes in die Confessio Augustana die Lehrentwicklung der dreißiger Jahre, insbesondere die Abendmahlskonkordie ein. Diese Form, die CA variata von 1540, erregt den Widerspruch sowohl der altgläubigen Theologen beim ersten Religionsgespräch in Worms als auch der Lutherschüler nach 1548. Sie zeigt, daß Melanchthon damals unangefochten als Vater des evangelischen Bekenntnisses gilt und man – der melanchthonischen Auffassung gemäß – im Bekenntnis nicht einen unveränderlichen heiligen Text, sondern eine situationsgemäße Formulierung von Grundüberzeugungen sieht. (Dementsprechend kann Melanchthon später als Unterlage für Verhandlungen mit dem Patriarchen von Konstantinopel 1559 eine griechische CA verfassen, die noch freier mit dem ursprünglichen Text umgeht, weil sie Rücksicht auf die Verstehensmöglichkeiten der Orthodoxen nimmt.) Auch die Fortsetzung des Religionsgesprächs auf dem Reichstag in Regensburg 1541 führt trotz Melanchthons Konzessionsbereitschaft, die von vielen Protestanten heftig kritisiert wird, nicht zur Einigung. Die folgenden Religionsgespräche sind, wie selbst er einsehen muß, nur noch eine Farce. Als Ökumeniker ist Melanchthon 1540–45 ebenso wie 1530 an den harten Realitäten, an den unüberbrückbaren theologischen Sachdifferenzen und politischen Interessen gescheitert.

Die tiefe Tragik des Mannes, der wie kaum einer befähigt ist, die Spaltung der abendländischen Christenheit zu verhindern, und in seiner Friedensliebe dem Gegner weit, oft zu weit entgegenkommt, weil er die eigene Verständigungsbereitschaft auch bei anderen voraussetzt, enthüllt sich in den Ereignissen, die auf den Sieg des Kaisers über die Protestanten im Schmalkaldischen Krieg 1546/47 folgen. Karl V. setzt nun ganz auf die gewaltsame Einigung des Reiches in der Religionsfrage und erläßt 1548 mit dem *Augsburger Interim* ein vom Reichstag akzeptiertes reformkatholisches Programm, welches den Protestanten in der Lehre entgegenkommt (unter Rekurs auf die Kirchenväter, was Melanchthon zusagt), ihnen in der Praxis aber mit Ausnahme des Zugeständnisses von Laienkelch und Priesterehe die Rückkehr zu den katholischen Strukturen befiehlt.

Während allenthalben in Süd- wie in Norddeutschland die Theologen sich mannhaft widersetzen und dafür oft die Vertreibung in Kauf nehmen, meint Melanchthon, die evangelische Identität auch bei der Rückkehr zu katholischen Frömmigkeitsformen bewahren zu können. Da in Sachsen die Ablehnung des Augsburger Interims (d. h. des von den Reformkatholiken Pflug, Helding u. a. verfaßten Textes) von dem neuen Landesherrn Moritz geteilt wird, erarbeitet man einen eigenen Text, das *Leipziger Interim,* von stark altkirchlichem Gepräge, an dessen Abfassung Melanchthon sich beteiligt, um die evangelische Lehre zur Geltung zu bringen. Die Strukturfragen im Blick auf bischöfliche Kirchenverfassung, katholische Meßform, Sakramentenpraxis und Zeremonien hält er für irrelevante Äußerlichkeiten, wenn die evangelische Position in der Lehre von Sünde und Rechtfertigung als das Zentrale unverrückt feststeht. Damit beharrt er auf dem alten, seit 1518 auch von Luther geteilten Standpunkt, daß es vor allem auf die Bewußtseinsveränderungen durch die Verkündigung des Evangeliums ankommt und daß Fragen der äußeren Ordnung als „Adiaphora“, als nicht heilsentscheidend, gelten.

Doch nun stößt er auf schärfsten Widerspruch jüngerer Theologen, die sich als echte Schüler Luthers (als „Gnesiolutheraner“) ausgeben und in der Rückgängigmachung evangelischer Reformen einen Abfall vom Bekenntnis sehen. Gegen Melanchthons Verständnis des Bekenntnisses als der rein zu bewahrenden Lehre steht eine Auffassung, die die Zeichenhaftigkeit religiöser Ausdrucksformen betont und deswegen diese als Teil des Bekenntnisses sieht. In dem folgenden Kampf gegen das Interim und in dem Streit um die Adiaphora brechen – abgesehen davon, daß seit 1548 für über vierhundert Jahre die Verständigungsbereitschaft der evangelischen Kirche gegenüber dem Katholizismus auf den Nullpunkt absinkt – innerprotestantische Gräben auf, die das Ansehen des Magister Philippus schwer beeinträchtigen.

Als Kompromißler tun ihn hinfort die Gnesiolutheraner ab, und ihre Polemik gegen den „Philippismus“ entdeckt in den Jahren bis 1560 – nachdem die Gefahr einer Rekatholisierung durch das Interim 1552 bzw. 1555 endgültig gebannt ist – immer neue Differenzen zwischen Melanchthon und der reinen Lehre Luthers: im Abendmahlsverständnis, in der Christologie, in der Bedeutung der guten Werke für die Christenexistenz, in der Zuordnung von Gesetz und Evangelium, in der Beteiligung des menschlichen Willens am Heilswerk. Des Streitens ist kein Ende, obwohl der irenische Melanchthon sich nun auch um Verständigung mit den innerlutherischen Gegnern, die zum Teil seine eigenen Schüler sind, bemüht. Doch in einer Zeit der beginnenden Gegenreformation sind Auffassungen, die sich dem Katholizismus nähern, besonders suspekt; und als Schwächung der lutherischen Position erscheinen sie auch dort als verderblich, wo sie sich – wie in der Abendmahlslehre – dem Calvinismus, dem neuen innerevangelischen Konkurrenten um die Wahrheit annähern.

So gerät der alte Melanchthon, da etliche seiner Schüler zum Calvinismus tendieren (was aufgrund vielfacher Übereinstimmung zwischen Melanchthon und Calvin verständlich ist), in die Gefahr, zusammen mit dem „Philippismus" von breiten Teilen des Luthertums abgelehnt zu werden. Bezeichnend dafür ist, daß diese für die von ihnen geprägten Kirchen eine Sammlung normativer Bekenntnisschriften fixieren, die Melanchthons Confessio Augustana und Apologie im lutherischen, antiphilippistischen Sinn auslegen. Doch auch der Magister, der seine Position in immer neuen Bekenntnisschriften verdeutlicht, zuletzt 1553 in einer Lehrordnung für die mecklenburgische Kirche, dem *Examen ordinandorum,* und 1558 in einer profunden Abrechnung mit den Inquisitionsartikeln der bayerischen Jesuiten, faßt 1559/60 seine Bekenntnisschriften zusammen und versteht sein *Corpus Doctrinae Christianae* ebenfalls als rechte Auslegung der CA.

Der von Anfang an spürbare Unterschied zwischen seiner humanistischen Position und der reformatorischen Lehre Luthers droht nun zu einem Gegensatz zweier Systeme zu werden. Nur mühsam gelingt es in der Folgezeit solchen Melanchthonschülern, die in der Sache weiterhin den Gnesiolutheranern folgen, den inneren Zwiespalt des Luthertums durch ein großes Konkordienwerk, das 1577/80 verabschiedet wird, zu beheben. Die seitdem gültige Lehrgrundlage vereint die Positionen Luthers und Melanchthons. Dieser hat das aber nicht mehr miterleben dürfen, sondern ist als umstrittener Mann am 19. April 1560 gestorben. Als er sich auf das Sterben vorbereitet, notiert er auf einem Zettel, warum er sich vor dem Tod nicht fürchte: „Du wirst von der Sünde erlöst, von der Mühsal des Lebens und der Streitsucht der Theologen befreit."

Die Wirkungsgeschichte Melanchthons umfaßt entsprechend seiner Begabungen ein weites Feld. Er hat durch seine Systematisierung der evangelischen Lehre in Dogmatik und Ethik sowie durch deren Fixierung in einprägsamen Bekenntnisschriften das Luthertum als Konfession mit eigenem Profil geprägt. Dabei hat er maßgeblich dazu beigetragen, diese als „via media" zwischen Katholizismus und radikalem Protestantismus zu formieren. Er ist dem Katholizismus in vieler Hinsicht näher geblieben als Luther, auch darin, daß er größeren Wert auf die äußere Gestalt der Kirche und die Normierung der Lehre gelegt hat. Für die Herausbildung einer historischen Theologie hat er mit seinen Arbeiten zur Patristik und Dogmengeschichte entscheidende Anstöße gegeben. Durch die Neuorientierung an Aristoteles hat er mit seinen Lehrbüchern die protestantische Schulphilosophie begründet, die bis zur Aufklärung das Geistesleben beherrschte. Der evangelischen Bibelwissenschaft hat er die philologischen Grundlagen geschaffen, und den hohen Bildungsstand der lutherischen Geistlichkeit hat er nicht zuletzt dadurch vorbereitet, daß er die Beschäftigung mit den alten Sprachen zum Programm für Schule und Universität erhob. Mit seiner „Bildungspolitik" hat er größten Einfluß auf die Schul- und Studienordnungen des protestantischen Deutschlands genommen, wie schon äußerlich die Tatsache zeigt, daß er bei der Reformierung bzw. Etablierung verschiedener Universitäten (Wittenberg, Tübingen, Heidelberg, Leipzig, Rostock, Marburg, Königsberg und Jena) als Berater mitgewirkt hat. Als akademischer Lehrer hat er Tausende von Studenten geprägt, wobei seine Wirkung die Grenzen des Deutschen Reiches weit überschritt, und durch seine ausgedehnte Korrespondenz hat er immer wieder Einfluß auf Personal- und Sachentscheidungen beim Aufbau des evangelischen Kirchen- und Staatswesens genommen.

Mit alledem hat er in einer Schlüsselepoche der deutschen Geschichte, als in den protestantischen Territorien die Fundamente der modernen Welt gelegt wurden, deren religiöse und kulturelle Komponente maßgeblich bestimmt. Als Mann der Synthese, des maßvollen Ausgleichs und der ordnenden Form hat dieser evangelische Humanist, ein Lehrer und Theoretiker, die Wirklichkeit durch die Macht des Geistes, die sich für ihn stets in der Kraft Jesu Christi gründet, verändert und gestaltet. Das neuzeitliche Deutschland ist ohne Melanchthon nicht denkbar.

Literaturhinweise:

Maurer, Wilhelm: Der junge Melanchthon zwischen Humanismus und Reformation, 2 Bde., Göttingen 1967/1969.
Meinhold, Peter: Philipp Melanchthon. Der Lehrer der Kirche, Berlin 1960.
Stupperich, Robert: Melanchthon, Sammlung Göschen Bd. 1190, Berlin 1960.

Landgraf Philipp von Hessen
(1504–1567)

Volker Press

Landgraf Philipp der Großmütige von Hessen

Kein anderer Reichsfürst – außer Friedrich dem Weisen von Sachsen – ist mit der Geschichte der evangelischen Bewegung so eng verbunden wie Philipp der Großmütige von Hessen; nach innen und nach außen hat er überlegt und konsequent die Sache der Reformation verfochten, nachdem er sich einmal für sie entschieden hatte. Und doch ist bis heute das Urteil nicht uneingeschränkt positiv: Lebenswandel, Doppelehe und ihre verheerenden politischen Folgen haben einen Schatten auf Philipp fallen lassen, der sich freilich relativiert, wenn man andere Fürsten seiner Generation betrachtet. Dennoch bleibt der Landgraf eine der beherrschenden Gestalten der deutschen Reformationsgeschichte.

Dazu prädestinierte ihn vielleicht auch seine Landgrafschaft Hessen, die von der Schwelle Niedersachsens bis in den Umkreis Frankfurts reichte. Die traditionelle Orientierung wies vor allem nach Norden, wo Köln, Münster und Paderborn, Waldeck und Schaumburg dem hessischen Einflußbereich zuzuzählen waren. Den sächsischen Wettinern war man von alters her durch einen Erbvergleich besonders eng verbunden – auch durch die gemeinsame Opposition gegen den Kurfürsten von Mainz, der als Landesherr und Diözesanbischof gleich doppelt im hessischen Raum präsent war. Mit dem Erlöschen der Grafen von Katzenelnbogen um Darmstadt und St. Goar aber griffen die hessischen Landgrafen nach Süden aus und stießen mit ihren Beziehungen in den Umkreis Württembergs und der Kurpfalz vor; sie gerieten dabei allerdings in harten Streit mit den Nassauern – obgleich dieser noch lange nicht entschieden war, hatte das Haus Brabant so eine Vermittlerrolle zwischen Nord und Süd, zwischen Ost und West errungen, die freilich des Fürsten bedurfte, der sie ausfüllte.

Solche Aspekte schienen bei der Geburt Philipps 1504 in Marburg fern. Als Sohn des schwerkranken, von der Regierung ferngehaltenen Landgrafen Wilhelm II. und seiner schönen, aber harten und energischen Frau Anna von Mecklenburg war dem jungen Landgrafen und seiner einzigen Schwester Elisabeth eine schwere Jugend beschieden. Die ehrgeizige Mutter widmete sich nach dem Tode Wilhelms 1508 ganz der Politik, nachdem ihr ein zuletzt geändertes Testament ihres Mannes die alleinige Regentschaft zugesprochen hatte. Dagegen erhob sich der Adel des Landes, der ein ständisches Regiment unter Führung des Landhofmeisters Ludwig von Boyneburg etablierte, bis auch dieses 1514 von Anna wieder mit Hilfe einer anderen Adelspartei beiseite geschoben wurde. Stets blieben die beiden Wettiner mit unterschiedlichen Koalitionen im Spiel – sie hofften auf das Erlöschen des Hauses Brabant.

Der kleine Philipp wurde unter wechselseitigen Vorwürfen der Vernachlässigung hin und her geschoben, was der Ausbildung des klugen und sensiblen Kindes nicht gerade zugute kam – zeitlebens blieb ein unbedingtes Verlangen, Versäumtes nachzuholen. Allerdings wurde Philipp an die Staatskunst und die ritterlichen Tugenden herangeführt: eine Neigung zur Jagd ist ihm wie vielen Fürsten stets geblieben.

Durch Kaiser Maximilian ließ dann Anna 1518, erneut unter den Druck des hessischen Adels geraten, den Sohn mit dreizehn Jahren und vier Monaten für mündig erklären – dies bedeutete vor allem zunächst die Beibehaltung der angefeindeten Räte Annas, Johann Feige und Balthasar von Schrautenbach, zweier hervorragender Politiker. Ihre und des Erbmarschalls Hermann Riedesel behutsame Fürsorge ermöglichte dem jungen Landgrafen das allmähliche Hineinwachsen in politische Verantwortung und Reife; wohl mehr als die Kindheit bedeuteten diese Jahre für den frühreifen Prinzen eine Zeit der Schulung. Es ist schwer abzusehen, wann er die Regierung selbst übernahm; die vertrauten und tüchtigen Berater hat er zeitlebens beibehalten – in der Wahl seiner Räte besaß der Landgraf stets eine glückliche Hand.

Das Trauma seiner Kindheit war ohne Frage das Adelsregiment – Machtanspruch der Herren, die Mißachtung des Fürsten, gestützt auf außerhessische Einwirkungen. Zähneknirschend mußte der Vierzehnjährige mitansehen, wie ihn Franz von Sickingen 1518 demütigte und dabei Vorschub aus Kreisen der hessischen Ritterschaft erfuhr. Philipp hat das wohl nie vergessen – die Konsequenzen waren doppelt: Bereinigung unübersichtlicher Konfliktfelder nach außen und Stabilisierung nach innen, vor allem aber die Sorge, daß sich äußere und innere Gegenkräfte verbanden. Zunächst berief Philipp den hessischen Landtag nicht mehr ein, den er als Zentrum adeliger Opposition kennengelernt hatte – gleichzeitig aber konnte er mit seiner Person die dynastische Krise beenden, die dem Adel den mächtigen Einfluß ermöglicht hatte.

Absicherung nach außen: es ging um Verbündete; er schloß sich dem mächtigen Sicherungssystem des Schwäbischen Bundes an, suchte den Rückhalt des erfahrenen Richard von Trier, bereinigte die schwebenden Spannungen mit Mainz und der Pfalz. Das geschah auf dem Wormser Reichstag 1521, wo der junge Landgraf, als er mit seinen Beratern einritt, großes Aufsehen erregte. 1522/23 war es dann soweit, daß Philipp aktiv für den Landfrieden und die territoriale Ordnung des Reiches eintrat: mit Pfalz und Trier zog der Neunzehnjährige 1523 gegen den alten Gegner Sickingen, dessen Tod er mitleidig erlebte. Das Ende war freilich auch eine Lektion für den eigenen Adel. In der Behandlung von Sickingens Söhnen zeigte sich Philipp später recht milde.

Noch stärker profilierte sich der Landgraf im Bauernkrieg: ähnlich dem bayerischen Rat Leonhard von Eck, der ihm in der Schärfe des Urteils vergleichbar war, erkannte er sofort die Gefahr für die ständische Gesellschaft und behielt die Nerven. Seine Entschlossenheit hielt in Hessen den Aufruhr nieder und zerschlug ihn in den Abteien Fulda und Hersfeld, wo der Sieg auch sogleich ein hessisches Satellitenverhältnis begründete. Dann eilte er den sächsischen Fürsten zu Hilfe und hatte entscheidenden Anteil am Sieg der vereinigten Heere über die Bauern bei Frankenhausen, wo er dem dem Tod geweihten Thomas Müntzer gegenübertrat. Auch der Bauernkrieg war eine Lektion nach innen: Philipp benützte die Gelegenheit, die vielen hessischen Städte verstärkt an das landesherrliche Gängelband zu legen.

Hier zeigte sich abermals der Virtuose der Innenpolitik, der Entschlossenheit und Härte mit der Vermeidung von Grausamkeiten verband, wo immer es ging. Doch hat sich die weitere Formung seines Territoriums aufs engste mit der Durchsetzung der Reformation verbunden. Daran konnte Philipp auch die Ehe mit Christine, der Tochter des entschieden altgläubigen Herzogs Georg von Sachsen nicht hindern, die im Zeichen der hessisch-wettinischen Erbvereinigung geschlossen worden war.
1521 hatte sich Philipp zwar Luther neugierig genähert, ohne jedoch

Konsequenzen zu ziehen, wenn auch ein ausführliches Bibelstudium, der Eindruck der allgemeinen Kirchenkritik und die fortwirkenden Reibereien mit Mainz dem vorgearbeitet hatten. Auch dürfte eine Offenheit für die gerade vorherrschenden Strömungen nicht auszuschließen sein: gründlich dachte er über die Probleme nach, wobei nicht grüblerisches Ringen oder mystische Gottessuche, sondern ein guter Schuß Rationalität seines Denkens den Landgrafen auf den Weg der Reformation wies. Wohl der nachwirkende Eindruck von Worms, eine Begegnung mit Melanchthon, der ihm 1524 eine „Summe der christlichen Lehre" widmete, scheinen wichtige Motive gewesen zu sein. Im gleichen Jahr ordnete Philipp an, die christliche Lehre rein zu predigen, er verband damit eine Reihe von polizeilichen Anordnungen in mehreren Lebensbereichen. Der praktische Zug seiner reformatorischen Politik sollte stets beherrschend bleiben.

So hatte die hessische Reformation, so sehr sie die Kontinuität zur alten Kirche schonte, von Anfang an landeskirchliche Züge; sie verband sich mit einer konsequenten territorialen Durchdringung, beides ist schwer voneinander zu trennen. Es kam dem Landgrafen zugute, daß er es verstand, den sich konsolidierenden Landesstaat und eine sich formierende Beamtenschaft ebenso wie schließlich auch den hessischen Adel unter dem evangelischen Bekenntnis zu sammeln.

Gedeckt durch den Speyerer Reichsabschied von 1526 nahm Philipp die Reformation systematisch und konsequent in Angriff. Bezeichnenderweise ließ er sie durch eine Versammlung im niederhessischen Homberg absegnen, die halb Landtag, halb Synode war. Er versicherte sich für seine reformatorische Politik des Konsenses der Mächtigen und der Theologen im Lande. Der Homberger Tag war auch ein Mittel des Ausgleichs mit der Ritterschaft. Als Philipp danach die Landtage wieder aufleben ließ, hatte er sie längst von einem Instrument der Opposition zum Mittel landesfürstlicher Beeinflussung gewandelt, Nachsicht und Entschlossenheit wie stets verbindend. So konnte der exilierte Landhofmeister Boyneburg damals wieder zurückkehren. Philipp konnte sich der Sache so sicher sein, daß er das alte kultische Zentrum des Landes, das Marburger Heiligtum der Stammutter St. Elisabeth und die dazugehörige Deutsch-Ordens-Kommende, der Reformation unterwarf – die altkirchlich bleibenden Deutschherren hätten sonst allzusehr die Einheit des Landes gesprengt (Christa Reinhardt).

An der Homberger Synode war die Richtung bemerkenswert, die die hessische Reformation zu gehen schien. Der französische ehemalige Franziskaner Franz Lambert von Avignon gewann beherrschenden Einfluß und zielte auf eine Gemeindekirche auf freiwilliger Grundlage mit stark presbyterialen und synodalen Zügen, ein bemerkenswertes Programm autonomer Kirchenentwicklung, auf das sich hier der selbstbewußteste deutsche Landesfürst festlegte. Von der altkirchlichen Seite gab es nur

Widerstand im Hinblick auf die Autonomie des geistlichen Bereiches. Aber dieses weitgehende Programm, durch das Hessen einen ganz besonderen Akzent in der deutschen Reformationsgeschichte gesetzt hätte, wurde nie realisiert. Martin Luther hatte strikt abgeraten, und so ging auch der Landgraf den Weg eines landesfürstlichen Kirchenregiments mit sechs Superintendenturen. Wie in der staatlichen Organisation, so war auch im kirchlichen Bereich Philipp ein glänzender Verfechter herrschaftlicher Durchdringung des Landes.

Die Bereitschaft der Bevölkerung, gestützt auf die ungebrochene Kraft der reformatorischen Predigt und die persönliche Autorität des Landgrafen, ließ die Maßnahmen rasch durchführen, auch die Säkularisation der Kirchengüter, die allerdings vor allem mit dem Deutschen Orden zu schweren Auseinandersetzungen führte. Mit der Mehrheit des hessischen Adels brachte der Kasseler Landtag von 1527 einen Kompromiß, der beispielgebend wirkte: zum Ausgleich für die traditionellen adeligen Interessen an der Versorgung nachgeborener Kinder mit Kirchengut erhielt die Ritterschaft die Klöster Kaufungen und Wetter als Versorgungsstätten ihrer Töchter. Der Lebensunterhalt der verbleibenden Ordensleute wurde gesichert.

Wichtiger aber war die Übernahme traditioneller kirchlicher Funktionen unter Einsatz des säkularisierten Kirchenguts. 1527 gründete Philipp die Universität Marburg, die erste evangelische Hochschule, zunächst ohne das ihre Grade allein legitimierende kaiserliche oder päpstliche Privileg – die Berufung profilierter Theologen wie Lambert, Adam Krafft und Erhard Schnepff machten Marburg schnell zu einer Stätte reformatorischer Gelehrsamkeit – die auch in den anderen drei Fakultäten gut ergänzt wurde. Philipp sollte dann auch ein umfangreiches System von Stipendien begründen, durch das die Philippina die ureigenste Funktion für den Landesstaat erfüllen konnte: die Stellung von Theologen und Juristen für den kirchlichen und weltlichen Dienst des Landesfürsten, die dem Ausbau von Staat und Kirche dienten.

Zugleich sollte ein System von Schulen für Jungen und Mädchen errichtet werden. Die Schaffung von vier Landeshospitälern, über das Territorium verstreut, war eine vorbildliche Einrichtung, die ihresgleichen suchte. Der allgemeine Armen- und Gotteskasten ersetzte wie anderwärts die zusammengebrochenen sozialen Funktionen der alten Kirche. Auf dieser Grundlage entwickelte der Landgraf dann das hessische Kirchenwesen weiter, ohne daß er und sein führender Theologe Adam Krafft sich in besonderem Maße den innerevangelischen dogmatischen Abgrenzungen einordneten. Der Straßburger Martin Bucer, der eine Schlüsselfigur für den Brückenschlag zwischen deutscher und Schweizer Reformation war, wurde zeitweise zu einem der wichtigsten Berater des Landgrafen; davon zeugt ein umfangreicher Briefwechsel.

Dies alles hing wieder mit der Reichspolitik Philipps zusammen. Auch hier verschlangen sich genuin politische mit religiösen Zielsetzungen aufs engste – es ist müßig, eine künstliche Motivtrennung vorzunehmen. Ohne Frage bewegte sich der Landgraf auch in älteren territorialen Vorstellungen, aber er hatte einen scharfen politischen Verstand und Überblick und vermochte in großangelegten Komplexen zu denken. Die Fähigkeit, zahlreiche Konstellationen auszunutzen, verband sich mit der Neigung, allenthalben Gefahren zu wittern – vielleicht doch ein Produkt seiner Kindheitseindrücke. Hier hat Philipp zweifellos vieles zu problematisch gesehen. Aber er konnte auch die geheimsten Zielsetzungen seiner Gegner nicht kennen – und doch haben seine politischen Gegenaktionen entscheidend zur Absicherung und Konsolidierung des deutschen Protestantismus beigetragen, haben anderen den Weg zur Reformation erleichtert, haben Schwächere gestützt. Die enge Verbindung seiner kirchlichen und politischen Vorstellung hat dann auch auf die innere Entwicklung der hessischen Reformation zurückgewirkt.

Die Politik Philipps von Hessen hatte von Anfang an antihabsburgische Züge, die nicht zuletzt vom Tübinger Schiedsspruch von 1523 herrührten, der versuchte, den Katzenelnbogischen Erbfolgestreit gegen Hessen und für Nassau zu entscheiden. So wurde Philipp im Kräftespiel der Reformation zum eigentlichen politischen Gegner Karls V. – frühzeitig opponierte er gegenüber dem Reichsregiment, allerdings vornehmlich wegen dessen Sympathien für Sickingen. So wie er dessen und der aufständischen Bauern Niederwerfung betrieben hatte, so suchte er nun bewußt Sicherungen gegen drohende katholische Aktionen zu errichten.

Gegen die Formation katholischer Fürsten schloß Philipp im März 1526 den Torgauer Vertrag mit Kursachsen, der für den Fall des Religionskrieges wechselseitige Unterstützung vorsah. 1526 zog der Landgraf dann, gleich gekleidet wie Johann von Sachsen, an der Spitze von 200 Reitern beim Speyrer Reichstag ein: die Gewänder trugen die Abkürzungen für „Verbum Dei Manet in Aeternum". Die Prediger der beiden hatten gewaltigen Zulauf, das altkirchliche Fastengebot wurde demonstrativ mißachtet. Der Landgraf selbst stürzte sich mit dem ihm eigenen Engagement in das Reichstagsgeschehen. Der Auftritt hatte viel von Renommiergehabe und Prunksucht, von lärmender Demonstration an sich – aber er war auch eindrucksvolles und sichtbares Bekenntnis eines angesehenen Fürsten mit einer beträchtlichen öffentlichen Wirkung. Philipps Rolle auf dem Reichstag zeigte auch, wie ernst die Standesgenossen den jungen Fürsten nahmen: er brachte aus Speyer jene de-facto-Anerkennung der Reformation mit, die ihn legitimierte, die hessische Glaubenserneuerung einzuleiten.

Sein Sicherheitsdenken riß Philipp dann allerdings in die gefährliche Krise der Packschen Händel 1527/28: die einsetzende Unterstützung des vertriebenen Ulrich von Württemberg hatte Philipp bereits unter den Druck des Reichsregiments gebracht. Die gefälschte Urkunde eines antiprotestantischen Bündnisses, durch eine zweifelhafte Gestalt, den abtrünnigen Vizekanzler Georgs von Sachsen, in Philipps Hände gespielt, führte zu einem Präventivschlag Philipps gegen Würzburg und Bamberg, der einen großen Krieg hätte auslösen können. Die Publikation der Fälschung führte in letzter Minute zur Klärung; Philipp stand recht blamiert da – aber er machte das Beste aus dem Fall: den fränkischen Bischöfen zwang er eine saftige Entschädigung ab, Albrecht von Mainz aber mußte im Hitzkirchener Vertrag 1528 auf die geistlichen Jurisdiktionen in Hessen verzichten: die Reformation war auch von dieser Seite legalisiert.

Die Packschen Händel hatten abermals die Schlüsselstellung Philipps zwischen Nord und Süd demonstriert – von Anfang an sah der Landgraf seine Aufgabe darin, die städtische Reformation im Süden mit der des nördlichen Deutschlands zusammenzuführen; seit 1526 hatte er schon um die südwestdeutschen Reichsstädte geworben. Respekt vor der kaiserlichen Autorität hatte diese ebenso zögern lassen wie die aufbrechenden theologischen Kontroversen zwischen Luther und Zwingli. Die scharf altkirchliche Schwenkung des Speyrer Reichstags von 1529 sah den Landgrafen an der Spitze der „Protestation“ von Fürsten und Städten – die neuerliche Zuspitzung der Lage ließ Philipp immer mehr an politische Gegenmaßnahmen denken gegen eine drohende Exekution des Kaisers, der seine Italienpolitik zu einem erfolgreichen Abschluß gebracht hatte – und er wäre nicht er selbst gewesen, wenn er nicht auch die kriegsgewohnten Schweizer hätte einbeziehen wollen. Der rationale Glaube des Landgrafen sah überdies in den Unterschieden der Lehre kein endgültiges Hindernis.

So wurde er der Initiator des denkwürdigen Marburger Religionsgesprächs vom 1. bis 4. Oktober 1529. Philipp schwebte vor, die theologischen Differenzen zwischen Wittenberg und Zürich beizulegen, um damit den Weg zu öffnen zu einer großangelegten politisch-militärischen Zusammenarbeit. Luther und Zwingli erschienen selbst im Kreise von befreundeten Theologen und Räten, unter ihnen Melanchthon, Brenz und Bucer, auf dem Marburger Schloß. Trotz aller Bemühungen Philipps wurde der Dissens im unüberbrückbaren Gegensatz bei der Abendmahlsfrage offenkundig: Luther hielt gegen die symbolische Interpretation Zwinglis an der realen Präsenz Christi fest; der theologische Zwiespalt hinderte die politische Einigung. Dies kam freilich auch der eher defensiven Haltung Kurfürst Johanns und der sächsischen Räte entgegen, die auch in der Zukunft die expansive Eindämmungspolitik Philipps nicht teilten: so präsentierte sich das Lager der Reformation in Augsburg 1530 dem Kaiser gegenüber gespalten; die Einschätzung der

Lutheraner als der „besseren Evangelischen“ sollte fortan dem Kaiser einen Hebel zur Trennung der Evangelischen geben.

In Augsburg selbst hatte sich Philipp als entschlossener Gegenspieler des Kaisers präsentiert, über dessen feste religiöse Haltung er sich keinen Illusionen hingab. Er glaubte nicht an den Kompromiß und zog es angesichts der Kräfteverhältnisse vor, dem Reichstag die Kompetenz in Glaubensdingen zu bestreiten. Den Reformatoren, die zunächst ein Widerstandsrecht gegen den Kaiser leugneten, setzte Philipp die Eigenberechtigung des deutschen Landesfürsten entgegen – erneutes Bekenntnis einer engen Verbindung von Fürstenherrschaft und Konfession, das seinen Eindruck auf Luther nicht verfehlte. In offenem Trotz gegen den Kaiser hat Philipp den Reichstag vorzeitig verlassen.

Zugleich aber sann der rastlose Geist des Landgrafen auf Abhilfe für die gescheiterten Pläne von 1529: mit dem Eintritt Philipps in das Burgrecht von Zürich, Basel und Straßburg sollte ein bilaterales Bündnis mit den Eidgenossen vorbereitet werden, das allmählich auf ganz Deutschland ausgedehnt werden konnte und schließlich Bestandteil einer europäischen antihabsburgischen Koalition wurde. Schon lange aber hatte Philipp die evangelischen Reichsstädte Oberdeutschlands im Auge; das Gefühl der Bedrohung trieb dann selbst Johann von Sachsen zum Bündnis: durch die Verweigerung der Belehnung des Ketzers hatte Karl V. seine Herrschaft in Frage gestellt.

1531 kam es dann zum Schmalkaldischen Bund von Sachsen, Hessen, drei anderen Fürsten und nicht weniger als 15 Städten: der Gedanke vom Widerstandsrecht um des Glaubens willen hatte Gestalt gewonnen in einem relativ gutorganisierten Bund, der teilweise sogar mit der Reichsverfassung in Konkurrenz trat und sehr ausgeprägte organisatorische Formen anstrebte. Als Baumeister des Bundes hat es Philipp vor allem verstanden, im Zeichen des Evangeliums über alle ständischen Gegensätze hinweg nord- und mitteldeutsche Fürsten und oberdeutsche Reichsstädte zusammenzufassen in einem fairen Interessenausgleich, der in der deutschen Geschichte seinesgleichen suchte. Philipps kongenialer Partner war der Straßburger Stättmeister Jakob Sturm; die Lage Hessens prädestinierte Philipp. Freilich konnte diese Politik wohl nur erfolgreich sein, weil für die oberdeutschen Städte mit dem Tode Zwinglis 1531 die Schweizer Alternative wegfiel. Auch Philipps Staatskunst wäre hier vor beträchtliche Probleme gestellt worden.

Die Politik des Schmalkaldischen Bundes zur Verteidigung der evangelischen Sache trug in hohem Maße die Handschrift Philipps, der mit größter Behutsamkeit auch in kleinsten Problemen immer wieder Konfliktpunkte zu eliminieren suchte. Aber er streckte auch stets seine Fühler aus, ob seine Politik noch weiteren Rückhalt gewinnen konnte: er spann ein ganzes Netz von Verbindungen, unter denen vor allem die zum katholischen Bayern bemerkenswert ist, das in mancher Hinsicht damals gleichsam wie ein Spiegelbild Hessens erscheint: Bayern konnte zwischen antihabsburgischer und prokatholischer, zwischen ständischer und kaiserlicher Politik einen bemerkenswerten Handlungsspielraum entwickeln – ähnlich durchbrach auch Philipp die konfessionelle Enge seines Bundes: mit antikaiserlichen, fürstlich-reichsstädtischen Grundzügen scheinen auf den ersten Blick die politischen die konfessionellen Motive überwogen zu haben. In der Tat ist eine außerkonfessionelle habsburgfeindliche Grundlinie unverkennbar, aber der Kern von Philipps Politik war doch der Schutz der evangelischen Lehre, zu deren Gunsten er ständische Vorurteile, politische Traditionen und Egoismen zurückstellte: gab es einen besseren Beweis für die Kraft seiner Überzeugung?

Freilich hing dies eng zusammen mit seinem Selbstverständnis landesfürstlicher Autonomie, die über der eigenen Gewissensentscheidung keine Instanz mehr zuließ.

Nur in Fällen akuter Bedrohung der ständischen Gesellschaft verließ Philipp diese Linie: er zog gegen die Täufer zu Münster und mußte 1534/35 trotz maßgeblichem Anteil an ihrer Niederwerfung mitansehen, wie diese in eine Rekatholisierung mündete. Ebenso folgenreich, aber vorteilhafter war die Restitution des vertriebenen Herzogs Ulrichs von Württemberg. Dieser, wie Philipp selbst, ein Großneffe des ersten württembergischen Herzogs, Eberhard im Bart, war ein unruhiger, freilich in seiner Bedeutung bis heute unterschätzter Herr – 1519 vom Schwäbischen Bund außer Landes getrieben, als er mittels Landfriedensbruch sein Territorium durch die Reichsstadt Reutlingen zu arrondieren trachtete. Sein Land kam an Österreich; dies wurde von vielen Fürsten als illegitime Kränkung der Rechte von Ulrichs minderjährigen Erben, als Verletzung uralter Spielregeln angesehen. So bildete der exilierte Herzog eine ständige Bedrohung der labilen Habsburger Position, suchte seinen Rückhalt bei den Schweizern, an Frankreich, an den aufständischen Bauern und schließlich an Philipp, an dessen Hof er seit Ende 1526 weilte.

Nach dem Zerfall des Schwäbischen Bundes an ständischen und konfessionellen Gegensätzen schien Philipp der Weg frei für den Angriff. Er hatte Ferdinand I. die Anerkennung als Römischer König verweigert – beim schnellen Vorstoß Philipps, unter der Rückendeckung Frankreichs und Bayerns, unterstützt durch die oberdeutschen Städte, brach die österreichische Herrschaft in Württemberg 1534 wie ein Kartenhaus zusammen. Ferdinand mußte die Rückkehr Ulrichs akzeptieren: die Reformation hatte in Südwestdeutschland einen verstärkten Rückhalt gefunden, das Erzhaus war in seinem Prestige schwer getroffen. Philipp selbst bemühte sich, die Festigung der Reformation in Württemberg zu sichern.

Unverkennbar war freilich die tiefe Skepsis gegenüber den Intentionen des Kaisers, der expansive und antihabsburgische Zuschnitt von Philipps Politik, die die Partner in Furcht, die Reformatoren in Skepsis versetzte – gelegentlich fürchteten sie angesichts dieser unbändigen Energie, der Landgraf werde „toll". Er wollte den Nürnberger Anstand von 1532 ablehnen, weil er die Ausbreitung der Reformation hinderte – und nützte ihn dann doch für das württembergische Unternehmen. Ohne das Schweizer Gegengewicht konnte er nun endgültig den konfessionellen Ausgleich mit den oberdeutschen Reichsstädten herbeiführen, dabei unterstützt von Martin Bucer. Philipp konnte den Siegeszug der Reformation im Norden erleben, ihr Überspringen nach Skandinavien – er erkannte die politische Dynamik, die vom Schmalkaldischen Bund ausging. 1542 nützte er den Streit der Stadt Goslar mit dem altgläubigen Herzog Heinrich von Braunschweig-Wolfenbüttel, dem Vertrauensmann des Kaisers im Norden, um den Welfen zu vertreiben und sein Land der Reformation zuzuführen. 1545 verteidigte es Philipp. Damals allerdings war er an die Grenzen seiner Möglichkeiten gestoßen.

1540 war der Kaiser selbst ins Reich zurückgekehrt, dem er fast ein Jahrzehnt ferngeblieben war – sogleich aber engte sich der Spielraum der evangelischen Fürsten ein. Im großen wie im kleinen mußte dies Philipp vielfach erleben; nach dem Fall Württembergs hatte er 1535 einen ersten Annäherungsversuch gemacht, ja Österreich seine Dienste gegen die Türken angeboten. 1542 kam er dann dem Kaiser weit entgegen. Der Habsburger konnte den Einbruch der Reformation in das Vorfeld der Niederlande verhindern, indem er den mit ihr sympathisierenden Herzog von Jülich-Cleve demütigte und ihm Geldern entriß, und dann den Kölner Reformationsversuch des Erzbischofs Hermann von Wied unterbinden, ersteres mit voller Rückendeckung Philipps. Was war geschehen?

Philipp war seit 1523 mit Christine von Sachsen, der Tochter Georgs des Bärtigen verheiratet – die gleichfalls entschieden evangelische Frau gebar ihm zwar zehn Kinder, aber zwischen ihr und Philipp bestand eine sichtliche körperliche Aversion vor allem von seiten des Landgrafen. Nun hätten die lockeren Usancen der Zeit ihm einen Ausgleich erlaubt, der auch seinen durch eine kleine körperliche Abnormität gesteigerten Sinnen entgegenkam – und Philipp ließ sich diese Möglichkeit nicht entgehen. Was ihn aber von vielen Zeitgenossen unterschied und doch paradoxerweise auf seine tiefreligiöse Haltung verweist, waren die starken moralischen Skrupel gegenüber der Unfähigkeit, die Triebe zu kontrollieren: Seit 1525 nahm er wegen seiner Ehebrüche das Abendmahl nicht mehr, ohne Frage auch Ursache depressiver Anwandlungen. Eine Scheidung kam politisch nicht in Frage, hätte aber vielleicht auch das Problem nicht gelöst.

Andererseits geriet Philipp an das schöne und selbstbewußte Hoffräulein seiner Schwester, Margarethe von der Saale, die sich seinen Werbungen um eine außereheliche Verbindung verschloß – hier trafen sich weibliche Klugheit mit Leidenschaft und Skrupulosität Philipps. Da schien sich ihm ein Ausweg zu bieten: In merkwürdiger Bibelexegese rekurrierte er auf die dort bezeugten Mehrfachehen und wollte sie für sich in Anspruch nehmen. Bucer meinte vielleicht, die Handlungsfähigkeit des Landgrafen wiederherstellen zu können – und Luther und Melanchthon gutachteten positiv mit der Mahnung zur Verheimlichung, was zur Eheschließung mit Margarethe führte. Auf Bigamie aber stand nach der Halsgerichtsordnung Kaiser Karls V. die Todesstrafe – als ihm der Schmalkaldische Bund in dieser Frage die Rückendeckung verweigerte, verständigte sich Philipp in höchstem Dilemma mit Karl. Praktisch gab er dafür die politischen Ziele des Schmalkaldischen Bundes preis. Dessen Schöpfer und Motor war politisch korrumpiert worden.

Hierin und nicht in einer eventuellen Unterstützung des Herzogs von Cleve, die im Glacis der habsburgischen Position in den Niederlanden ohnehin schwergefallen wäre, lag die entscheidende Konsequenz. Das Ansehen der Reformation wurde schwer in Mitleidenschaft gezogen. Wenn Philipp sein Gewissen zu rechtfertigen suchte, indem er im Vertrag mit dem Kaiser 1540 die Religion ausklammerte, so negierte er den Kern seiner eigenen politischen Maximen, die ihn zu seinen Erfolgen getragen hatten. Dem Kaiser aber hatte er deutlich gemacht, was sein Name selbst beim kühnsten seiner Gegner vermochte, und ihm damit seinen Entschluß zum Zuschlagen erleichtert. Die Familie der Frau, die Wettiner, waren erbittert über die Vorgänge. Unter den evangelischen Fürsten aber sanken Prestige und Autorität des Landgrafen – doppelt verhängnisvolle Voraussetzungen der bevorstehenden kriegerischen Ereignisse.

Es war in der Tat ein bemerkenswerter welthistorischer Ablauf, daß die religiösen Skrupel Philipps und die Leidenschaft zu Margarethe von der Saale ihn auf den verhängnisvollen Weg der Doppelehe führten, die eine dynamische evangelische Politik paralysierte und Philipp dem Kaiser auslieferte.

In den Täuschungsmanövern Karls V. vor dem Krieg spielte Philipp eine Rolle, als ihn der Kaiser umwarb: dabei half, daß sich der Landgraf einredete, unter den neuen Umständen könne er zwischen Evangelischen und Katholischen vermitteln. Seit 1544 erkannte er jedoch den drohenden Angriff Karls V., die Brisanz der Spannungen zwischen dem Kurfürsten und dem evangelischen Herzog Moritz von Sachsen, Philipps Schwiegersohn, die der Kaiser dann auch nützte. 1546 schlug Karl V. mit Moritz' Rückendeckung gegen Kursachsen und Hessen los, nachdem er ihre Fürsten geächtet hatte.

Der Moment, den Philipp ein halbes Leben lang hatte kommen sehen, war eingetreten; der Kaiser hatte jedoch trotz des Überraschungsmoments die Widerstandskraft der Schmalkaldener unterschätzt: der Bündnisfall wurde als gegeben erklärt. Philipp erwies sich noch einmal als ein umsichtiger, vorsichtiger und fähiger Gegner – der schnelle Vorstoß nach Süddeutschland begann vielversprechend. Aber das geheime Einschwenken des neutralen Bayern und das offene Einlenken des Herzogs Moritz auf die kaiserliche Linie machten alle Vorteile wieder zunichte. Der Kurfürst von Sachsen hemmte durch allzu große Vorsicht die Unternehmungen; schließlich zeigte sich Karl V. im Manöverkrieg und in der Kriegsfinanzierung überlegen. Der Einfall Moritz' von Sachsen in die Kurlande zwang Kurfürst Johann Friedrich zum eiligen Rückzug in die Heimat.

Nun aber zerriß das kunstvolle Bündnissystem des Landgrafen. Der Zusammenbruch der süddeutschen Position lieferte die Reichsstädte auf Gedeih und Verderb dem Kaiser aus, der der Kombination Philipps ein für allemal ein Ende zu machen gedachte. Dergestalt im Rücken frei, zerschlug Karl V. dann auch noch die kursächsische Position – der Kurfürst ging in Gefangenschaft. Angesichts einer aussichtslosen Situation, angesichts einer geschickten kaiserlichen Propaganda, die den hessischen Adel gegen den Landgrafen zu mobilisieren suchte, entschloß sich Philipp zur Unterwerfung mit Auslieferung des Geschützes, Schleifung der Festungen und einer hohen Strafsumme. Mit einer bedenklichen Interpretation des Unterwerfungsvertrags, die die Grenzen der Täuschung überschritt, sehr zum Ärger der Vermittler, der Kurfürsten und von Philipps Schwiegersohn Moritz, ließ Karl V. den Landgrafen von Hessen im Hause des Herzogs von Alba festsetzen und schließlich in die Niederlande abführen: ein Vorgang ohnegleichen, der das Mißtrauen der deutschen Fürsten gegen den Kaiser kräftig steigerte.

Für Philipp brach eine Welt zusammen. Ohnmächtig mußte er mitansehen, wie sich Karl anschickte, das Reich nach seinen Vorstellungen zu ordnen, wie er in die Verfassungen der Städte eingriff, wie seine eigenen Freunde in die Emigration gehen mußten. Der Kaiser entschied nun auch den Katzenelnbogischen Erbfolgestreit scheinbar endgültig zu Nassaus Gunsten. Die Umstände der Haft waren nicht immer angenehm – es kam zu Demütigungen des stolzen Fürsten durch die spanischen Bewacher. Stets mußte Philipp fürchten, von Karl nach Spanien gebracht zu werden.

Die depressiven Züge des Landgrafen traten nun deutlich hervor – starke Stimmungsschwankungen hatten auch früher nie gefehlt, kein Wunder bei der gewaltigen Anspannung und der riskanten Politik, angesichts der begrenzten Möglichkeiten, die sich diesem kühn denkenden Geist immer wieder entgegenstellten. Schon in den 30er Jahren hatten Freunde um den Verstand des Landgrafen gefürchtet. Ein Fluchtplan scheiterte – die Ausweglosigkeit der Situation ließ Philipp verzweifeln bis zu Selbstmordplänen. Doch läßt sich immer wieder beobachten, daß seine Religiosität ihm einen Halt bot, und zwar in immer stärkerem Maße.

Schon 1547 hatte er in seinem Testament den Sohn aufgefordert, treu zur Augsburger Konfession zu stehen, aber er hatte auch auf die Versöhnung mit den Altgläubigen hingewiesen. Hier zeichnete sich eine Linie ab, die bereits im Ausgleich mit dem Kaiser ihre Grundlagen hatte. Um frei zu kommen, verschrieb er sich ganz der Versöhnung. Dabei kam ihm die Abneigung gegen feste dogmatische Definitionen zugute: Philipp akzeptierte die Formel des Interims, jener „kaiserlichen Religion“, die Karl V. zur allmählichen Hinführung der reformatorischen Bewegung zur alten Kirche benützen wollte. In seinen Briefen wirkte Philipp auf eine Annahme in Hessen hin. Sicher hat der unbändige Drang nach Freiheit bei seiner Haltung mitgewirkt – die Schlichtheit seiner Religiosität und sein politischer Instinkt sind hier gleichfalls Pate gestanden. In gewissem Sinne steht die Annahme des Interims so neben den Marburger Religionsgesprächen.

In dieser Situation aber versagte sich seine Kirche. Die ruhigen 30er Jahre waren für weltliches und geistliches Regiment in Hessen eine Zeit weiteren Ausbaus gewesen. Die Finanzen waren gut geordnet, auch dank der katzenelnbogischen Gewinne; Rat, Kanzlei und Lokalbehörden hatten weiteren Ausbau erfahren. Aber auch die Kirche erfuhr verstärkte Konsolidierung – dabei blieb eine Sympathie Philipps für die Schweizer, eine Distanz zur lutherischen Reformation war unverkennbar. Für Philipp stand die Einigung mit der oberdeutschen Reformation in der Wittenberger Konkordie von 1536 stets neben der Augsburger Konfession. Hier lag eine Wurzel der späteren hessischen Konfessionskonflikte. 1532 legte die Kirchenordnung die Grundlagen des Gottesdienstes fest, 1538 wurde mit Juristen und Theologen die Ziegenhainer Zuchtordnung formuliert, die die stärkere Betreuung der Gläubigen durch die Pfarrer vorsah. 1539 wurde dann als Schlußstein des Reformationswerks die Kasseler Kirchenordnung erlassen. Dabei hatte bereits die Abwehr der täuferischen Bewegung eine Rolle gespielt; erneut bewies Philipp, daß ihm das Menschenleben heiliger war als seinen Zeitgenossen: Er wollte von Hinrichtungen nichts wissen und beschränkte sich, von Bucer beraten, auf seelsorgerische und obrigkeitliche Gegenmaßnahmen – die Parallelen zum Bauernkrieg sind auffällig. Um einleuchtenden Argumenten für die Erwachsenentaufe den Wind aus den Segeln zu nehmen, wurden Philipp und Bucer die Erfinder der Konfirmation. Auch Hexenprozesse ließ der behutsame und rationale Landgraf nicht zu. Für Philipps Sorgsamkeit sprach auch, daß er, der sich als Landesbischof fühlte, wann immer möglich, die Kontinuität zur vorreformatorischen Vergangenheit zu wahren trachtete.

Es war also eine gefestigte Kirche, die von Kaiser und Landgraf mit dem Interim konfrontiert wurde – und die Pfarrer verweigerten ihrem Landesherrn die Gefolgschaft. In einem eindrucksvollen Schreiben wollten sie lieber das Exil vorziehen als das Interim annehmen. Für das Selbstbewußtsein der hessischen Kirche wurde es wichtig, daß die Pfarrer namens der Gemeinden in Glaubensfragen dem fürstlichen Willen Grenzen setzten – vielleicht auch aus der langen engen Verbindung der hessischen mit der oberdeutschen Reformation heraus. Sie verteidigten Predigt und Sakramentsverwaltung – vereinzelte Pfarrer, die ihre Gemeinden nicht hinter sich bekamen, gingen ins Exil. Es wäre eine wichtige Aufgabe der Forschung, die nichtfürstlichen Bestandteile territorialer Reformationen näher zu untersuchen, die sehr oft für das Selbstverständnis der einzelnen Landeskirche große Bedeutung erlangten. Daß Philipp die Ernsthaftigkeit seiner Pfarrer in einer Stunde tiefer eigener Verzagtheit überaus beeindruckte, zeigte, daß er ihr autonomes Handeln nach seiner Rückkehr nicht mehr ganz zurückdrängte: er räumte vor allem den Superintendenten Anteil am Kirchenregiment ein und verankerte ihn im Entwurf der Kirchenordnung von 1566. Unwissentlich hat Philipp damit auch die Grundlagen zur späteren Hinwendung Hessen-Kassels zum reformierten Bekenntnis gelegt.

Die Befreiung Philipps kam mit der Fürstenrevolte von 1552 – sein eigener Fall spielte für den Schwiegersohn Moritz von Sachsen eine beträchtliche Rolle, einen Mann, der unverkennbar von der politischen Schule Philipps geprägt war und sich anschickte, an seine Stelle zu treten. Philipp hatte zunächst die Aktionen Moritz' und seines ältesten Sohnes Wilhelm reserviert betrachtet, wohl aus Furcht vor einem schweren Rückschlag, der ihn selbst aussichtslos zurückwarf. Aber nach dem Siegeszug Moritz' und dem Passauer Vertrag konnte Philipp am 12. September 1552 nach fünf Jahren und drei Monaten Gefangenschaft in seine Residenz Kassel zurückkehren, alt und grau geworden.

Fortan trat Philipp in der Reichspolitik äußerlich zurück – aber es ist eine Legende, ihn als gebrochenen Mann zu bezeichnen. Natürlich schoben sich nun andere in den Vordergrund: als wichtigster, dem eine große Zukunft beschieden schien, Moritz von Sachsen, der freilich schon 1553 im Kampf für die territoriale Ordnung des Reiches fiel, dann Christoph von Württemberg, fortan einer der wichtigsten Partner Philipps, der mit religiöser Erneuerung nach innen und Stabilität nach außen eine der mächtigsten Stützen für das System des Augsburger Religionsfriedens von 1555 werden sollte. Die Verbindung des Landfriedens mit der Religion, die rechtliche Normierung konfessioneller Entscheidungen, verlieh Sicherheit auf Kosten ungehinderter evangelischer Expansion – hinter Österreich und Bayern, Sachsen und Württemberg, den vornehmsten Trägern des Religionsfriedens, trat Philipp scheinbar in die zweite Linie zurück.

Dennoch wird man seine politische Position auch jetzt nicht unterschätzen dürfen: Sicher ist Philipp maßvoller und vorsichtiger geworden, wurden die Züge einer differenzierten, abwägenden Betrachtung stärker, die Furcht vor dem Krieg größer. Insoweit hat ihn die Gefangenschaft durchaus geprägt – Philipp war ein weiser Herr geworden. Aber er blieb als Ratgeber, als Moderator im Hintergrund sehr wirksam – und gerade seine persönliche Zurückhaltung im Kräftespiel des Reiches verband er mit einer verstärkten Neigung zum diplomatischen Spiel aus dem Hintergrund. Sein Rat und sein Votum hatten immer noch Gewicht. Freilich gab es auch gesundheitliche Gründe, die ihn hinderten, wie einst den Reichstag zu besuchen: Er war ein schwerleibiger Herr geworden.

Der späte Philipp erkannte offensichtlich die taktischen Vorteile, die der Religionsfrieden den Katholiken bot, aber auch die Nachteile der innerevangelischen Konfessionsstreitigkeiten, von denen der Landgraf ohnehin wenig hielt. Er sah die alte Diskrepanz zwischen sächsischer und oberdeutscher Reformation in neuer Gestalt auftreten. Demgegenüber betonte der alternde Philipp immer wieder den Geist der Einheit der reformatorischen Bewegung. Während die sächsischen orthodoxen Lutheraner nicht einmal mehr die Anhänger Melanchthons, die „Philippisten", gelten lassen wollten, trat Philipp selbst für einen Brückenschlag zu den französischen Hugenotten ein. Mit Geld und auch mit der Entsendung von Truppen trat er offen auf ihre Seite. Auch zu Elisabeth von England unterhielt er Beziehungen.

Es ist bekannt, daß dem Versuch, die Einheit des evangelischen Bekenntnisses in Deutschland zu wahren, kein Erfolg beschieden war: Aber der Landgraf hat alles dafür getan. In vielen kleinen Dingen stößt man auf die Spuren seines Engagements, wobei er – die Untrennbarkeit religiöser und politischer Bedingungen stets im Auge – Konflikte im evangelischen Lager, Blößen gegen den Kaiser zu vermeiden suchte. Auf dem dramatischen Augsburger Reichstag von 1566, als der Bruch zwischen den Lutheranern und der reformiert werdenden Pfalz heraufzog, trug der Sohn Wilhelm im Auftrag des alten Landgrafen noch einmal zum Ausgleich bei. Es war eine dämpfende, vermittelnde Politik im Hintergrund, die den späten Philipp kennzeichnete. So hat auch der Landgraf noch das Seine zum Funktionieren des Religionsfriedens beigetragen.

Wie sehr Philipps Passivität nach 1552 eine Legende ist, zeigt sich auch an seiner territorialen Politik. Naturgemäß hatte Hessen stark unter den Tendenzen Karls V. gelitten, die kleineren Nachbarn der Großen als Gegengewichte zu stärken. Diesen Rückschlag zu revidieren, galt Philipps ganzes Bestreben – so erstanden die geschleiften Landesfestungen verbessert und vermehrt wieder. Der Landgraf wollte den Kranz von Lehensgrafschaften, der seinem Einfluß unterlag, wiederherstellen und damit die Ausstrahlung nach Norden. Mit Zähigkeit gelang ihm dies in der Tat, und die Nachbarn mußten seinen Druck fürchten – Solms und Waldeck gerieten wieder in sein Schlepptau. Vor allem konnte der Landgraf den

Machtspruch des Kaisers über das katzenelnbogische Erbe revidieren und sich 1557 in einem Ausgleich mit Nassau-Dillenburg den Löwenanteil sichern. Während er in Hersfeld den Einfluß behauptete, entglitt ihm Fulda auf immer. Unter den Bedingungen des Religionsfriedens blieb jedoch die hessische Klostersäkularisation – allein die Deutsch-Ordens-Kommende Marburg behauptete sich mitten im Herzen Hessens. Aber dieses Bollwerk der alten Kirche war kein ernsthaftes Gegengewicht mehr gegen die hessische Reformation.

Hier aber setzte der Landgraf fort, wo er 1547 aufgehört hatte; der hervorragende Außenpolitiker war ein Virtuose konsequent durchgeführter Landesherrschaft, darin unauffällig gestützt von tüchtigen Räten aus der Führungsschicht der hessischen Städte. Die Universität Marburg hatte längst ihre Früchte getragen. Landesordnung und Kirchenordnung standen bei Philipp unmittelbar nebeneinander – ihnen galt seine große Sorgfalt; aber er konnte nun schon auf ein ausgebildetes Werk zurückgreifen. Darauf war der Landgraf auch stolz – in seinem Testament betonte er, wie sehr er die Landesfinanzen vermehrt habe. Mehr noch aber war er sich seines kirchlichen Reformwerks bewußt. Hessen war das Muster eines evangelischen Landesstaates, der säkulare Prozeß staatlicher Durchdringung war von Philipp auf die Kanäle der Reformation gelenkt worden. Hessen schien prädestiniert, eine führende Rolle in der deutschen Politik zu spielen, im gesicherten Besitz einer Position, die vom Neckar und den Hängen des Odenwaldes bis zu den Grenzen Niedersachsens, vom Rhein bis in den Thüringer Wald reichte – ein geschlossener Landesstaat evangelischer Konfession.

Daß es anders kam, war noch einmal eine Spätfolge von Philipps Doppelehe. Christine von Sachsen, die ungeliebte Mutter seiner Kinder, war gestorben. Für Margarethe von der Saale, die Philipp aufrichtig liebte, wurde ihre triste Existenz neben dem geschäftigen Landgrafen immer unbefriedigender. Vor allem aber suchte sie planmäßig für ihre Kinder, die Grafen von Diez, eine Rolle zu erobern. Damit aber geriet der Landgraf beträchtlich unter Druck.

Philipp wußte nur zu gut, daß Teilung auch die politische Basis des hessischen Landesstaates schmälern würde. So war er zunächst entschlossen, dem Ältesten, Landgraf Wilhelm, das ganze Erbe zu überlassen und die anderen Söhne nur zu apanagieren. Der Versuch aber, die Grafen von Diez mit hessischen Ämtern auszustatten, zwang zu Kompensationen gegenüber den jüngeren ebenbürtigen Söhnen.

Am Ende stand die Teilung der Landgrafschaft Hessen. Ihre Grundlage wurde das erweiterte Testament Philipps von 1562 – der Weg dahin aber belastete das Verhältnis der Brüder untereinander, wobei sich die beiden jüngsten immer deutlicher an den Zweiten, Landgraf Ludwig, gegen den Ältesten, Landgraf Wilhelm, anschlossen – das Testament sollte auf

Dauer auch den Grafen von Diez wenig nützen, deren Förderung durch den Vater bei den Reichsfürsten soziale Ressentiments und die Furcht vor der Unterwanderung ihres Standes nährte. Philipp hatte gehofft, „das Problem lösen zu können, indem er gleichzeitig Institutionen schuf, die die Einheit und Funktionsfähigkeit der Landgrafschaft auf Dauer bewahren sollten, so zum Beispiel Landtag, Generalsynoden, Universität, Landesspitäler und ‚gemeiner Verlag'; letzterer war eine Art gemeinsame Kasse" (Manfred Rudersdorf).

Das konnte nicht gelingen. Am 31. März 1567 starb Landgraf Philipp – in der Kasseler Martinskirche wurde ihm ein prachtvolles Grabmal errichtet. Danach aber haben sich die Spannungen der vier Kinder als stärker erwiesen als die Intentionen des Vaters. Am Ende stand der Antagonismus zwischen dem reformierten Hessen-Kassel und dem lutherischen Hessen-Darmstadt, die sich beide auf den Landgrafen Philipp beriefen. Eingebettet in unterschiedliche Systeme der Reichspolitik, haben seine Nachfolger genau jenen Maximen zuwidergehandelt, die der Schöpfer des neuzeitlichen Hessen zeitlebens befolgt hatte.

Das Urteil der Historiker über Philipp ist bis heute zwiespältig: Die Doppelehe und ihre Folgen wurden stets als schwerer Makel angesehen. Es ist richtig, daß sie über die persönliche Unzulänglichkeit hinaus eine starke Hypothek zunächst für Philipps Reichspolitik, dann für sein Lebenswerk, den hessischen Landesstaat, bedeuteten. Auch entbehrt die Biographie keineswegs extremer Positionen, Schwankungen zwischen Hochstimmung und Depression.

Das vermag aber nicht die hohe staatsmännische Qualität des Landgrafen zu ändern, ohne die die deutsche Reformationsgeschichte nicht zu denken ist. Distanz zu den dogmatischen Festlegungen der Theologen und ein wacher politischer Instinkt kennzeichnen Philipp. Die sicher zuweilen übersteigerte Furcht vor der Bedrohung durch die altkirchlichen Kräfte hat den Landgrafen zu einem Anwalt organisierter evangelischer Solidarität gemacht, ohne die das Schicksal der Reformation sicher in anderen Bahnen verlaufen wäre. So wurde er geradezu der Gegenspieler Karls V. Auch wenn die Katastrophe des Schmalkaldischen Krieges dieses Lebenswerk jäh abbrach – so blieb der alte Landgraf, geprägt durch die Gefangenschaft, noch lange der Mahner zum innerprotestantischen Ausgleich. In seiner Rationalität in Politik und Religion wies Philipp über seine Zeit hinaus.

Die hohen Fähigkeiten des Landgrafen zeigten sich auch in der Organisation des evangelischen Landesstaates, bei der er sich als ein Virtuose der Territorialpolitik erwies – in der Balancierung der Kräfte, in der Schließung des Territoriums, in der Konsolidierung landesfürstlicher Machtstellung, in der Verdrängung auswärtiger Einflüsse. Bewußt verband er damit die Durchsetzung eines evangelischen Kirchenwesens, das er konsequent ausbaute – in der Sorge um das Seelenheil der Untertanen und um die herrschaftliche Stellung. Dabei blieb aber freilich stets die Offenheit innerhalb der wachsenden innerevangelischen Gegensätze; als jedoch die hessische Pfarrerschaft gegenüber dem von ihm vertretenen Interim ihre Glaubensfestigkeit demonstrierte, hat dies den Landgrafen tief beeindruckt.

Es bleibt ein kluger und abwägender, aber auch entschlußfreudiger Mann, der gleichwohl mit sich zu ringen hatte. Sein Anschluß an die Reformation mag bei dem jungen ehrgeizigen Fürsten einem schnellen Entschluß entsprungen sein; aber ein schlichter Glaube blieb bei aller Taktik, aber auch bei allen persönlichen Unzulänglichkeiten, Krisen und extremen Handlungen doch stets Zentrum seiner Persönlichkeit. Bestechend erscheint heute seine immense Fähigkeit zum Ausgleich, zur Bereinigung, sein Verständnis für andere, sein Respekt vor dem menschlichen Leben. Er war ein überlegter, kein eifernder Anhänger der Reformation. So hat die Geschichtsschreibung recht, wenn sie Philipp den Beinamen verlieh: „Magnanimus" – der Großmütige.

Literaturhinweise:

Demandt, Karl Ernst: Geschichte des Landes Hessen, 3. Auflage, Kassel/Basel 1980.
Heinemeyer, Walter: Landgraf Philipps des Großmütigen Weg in die Politik, in: Hessisches Jahrbuch für Landesgeschichte 5 (1955), S. 176–192.
Müller, Gerhard: Karl V. und Philipp der Großmütige, in: Jahrbuch der Hessischen Kirchengeschichtlichen Vereinigung 12 (1961), S. 1–34.

Johannes Calvin
(1509–1564)

GOTTFRIED W. LOCHER

Johannes Calvin

1. *Umwelt, Situation, Thematik*

Man hat oft darauf hingewiesen, daß Calvin ein Reformator der zweiten Generation sei. Daran ist richtig, daß er sich geistig und kirchenpolitisch aufgrund der bisherigen Erfahrungen um Zusammenfassung der gesamten Reformationsbewegung bemüht, Gegensätze überbrückt, Einseitigkeiten gedämpft und Lücken ausgefüllt hat. Er war – neben Heinrich Bullinger in Zürich – die ökumenische Gestalt des 16. Jahrhunderts. Doch darf diese Feststellung den Blick für seine Originalität nicht trüben. Calvin hat nichts Epigonenhaftes. In seinem Werk findet sich nicht nur eine Fülle von Vertiefungen, Ergänzungen und Synthesen, sondern auch von neuen Motivationen, Zielsetzungen und Ideen, und zwar hinsichtlich der Lehre wie der Praxis. Ihn fesseln und verpflichten sowohl die nie abgeschlossenen Studien der wiederentdeckten Heiligen Schrift als auch die Nachrichten von den Bedrängnissen evangelischer Gemeinden unter der hart einsetzenden „Gegenreformation". Calvins Genialität liegt in der überzeugenden, einleuchtenden Begründung zeit- und problembezogener Lehren, Weisungen und Ratschläge in zeitlos gültigen Erkenntnissen und Maßstäben. Letztere bewahren seinen Schriften durch die Jahrhunderte ihre Frische und Faszination.

Calvin war zudem der Reformator der für damalige Verhältnisse mittelgroßen, an wichtigen Verkehrslinien gelegenen Stadt Genf und formte dieselbe zu einer „Theokratie“ – so heißt es. So richtig diese Auskunft einerseits ist, so beruht dennoch Calvins internationale Ausstrahlungskraft gerade auf dem, was daran unrichtig ist. Calvin hat sich sein Leben lang als Franzose und in Genf fremd gefühlt. Genf war für ihn das Etappenzentrum, seine Fronten verliefen längs der von Beginn an blutig verfolgten Bewegung in Frankreich. Er mußte und wollte eine Kirchenform organisieren, die es noch nicht gab: Nicht wie bis dahin in Deutschland und der Deutschschweiz eine von den Obrigkeiten aufgebaute Landeskirche, sondern eine gegen die Obrigkeit errichtete, also von ihr freie Kirche – die Kirche der Zukunft. Wenn wir bedenken, wie für Calvin bei allem, was er erstrebte, tat und schrieb, dieser Hintergrund und diese Zukunft gegenwärtig waren, so möge – mit allen Vorbehalten und Einschränkungen bei derartigen Kurzformeln – zur ersten Charakteristik der Satz gelten: War Martin Luther der Reformator des Glaubens und Huldrych Zwingli derjenige der Gesellschaft, so Johannes Calvin der Reformator der Kirche.

Genf gehörte wie weite burgundische, lothringische, provencalische und italienische Gebiete zu der „welschen Nation“ im Sainte Empire.

a) Die Reformation im *Reich* mit ihren wichtigsten Zentren in Wittenberg und Straßburg hatte sich stetig ausgebreitet, sogar in Österreich. Die Beschlüsse von Worms 1521 und Regensburg 1524, in Augsburg 1530 bestätigt, konnten trotz der Übermacht des Hauses Habsburg infolge der Kriege mit Türken, Papst und Frankreich nie recht durchgesetzt werden. Zur Zeit der Wirksamkeit Calvins wandelt sich die erzwungene de facto-Anerkennung der Confessio Augustana zur Geltung de jure. Der Rückschlag des Schmalkaldischen Kriegs wird 1555 zum Augsburger Religionsfrieden mit dem „cuius regio, eius religio“ führen – einer gewaltigen Stärkung der Autorität der Territorialfürsten. Die politische Schwächung des Kaisertums durch die Päpste im Mittelalter mit Hilfe der Fürsten hat in Deutschland die Etablierung der Reformation ermöglicht, während in Frankreich der einstige Sieg der Krone über die Päpste nun die Unterdrükkung der Reformation ermöglichte.

b) Dieser Gallikanismus in *Frankreich*, die Abhängigkeit der kirchlichen Hierarchie vom Königtum, war anfangs auch das politische Leitbild des jungen Juristen Calvin. An geistigen Kräften der Zeit sind ferner zu nennen: das Aufleben des Thomismus an der Sorbonne, vermutlich zähes Fortleben des Scotismus in Orléans und anderen Hochschulen, unter der jungen Generation rasche Ausbreitung eines Humanismus, der weniger philosophisch-philologisch (wie bei Erasmus) als juristisch und kulturgeschichtlich orientiert war (Budaeus, Gründung des Collège royal) und der Lebensstil der Renaissance am Königshof. Daneben der an der Bibel orientierte Humanismus um Faber Stapulensis und Bischof Briçonet von Meaux. Margarethe von Navarra, Schwester Franz I., war eine tatkräftige Protektorin evangelischer Kreise. Die vielgestaltige evangelische Bewegung läßt sich etwa seit 1522 nachweisen; man las Luther, Zwingli, Bucer u. a., hielt sich aber weitgehend im Verborgenen.

c) In der offiziell zum Reich gehörenden, doch faktisch selbständigen *Eidgenossenschaft* war seit dem Kappeler Frieden 1531 die Reformation auf die Einflußgebiete der evangelischen Städte begrenzt. Diese politische Beschränkung setzte sich um in eine vermehrte geistige Ausstrahlung, die von Zürich und Basel ausging. Ein neuer Vorstoß gelang 1536, als das mächtige Bern in einem raschen Feldzug gegen Savoyen die Waadt mit dem Fürstbistum Lausanne eroberte und so die Verbindung zu Genf herstellte.

d) Die Reichsstadt *Genf* war seit langem das begehrte Ziel des Herzogtums Savoyen, das mit Habsburg-Spanien verbündet war. Die Bürgerschaft, obwohl unter sich zerstritten, entschied sich dafür, eine gefährdete freie Stadt zu bleiben anstatt eine glänzende Residenz zu werden. Unter dem Protektorat Berns hatte der Franzose *Guillaume Farel,* derzeit noch Zwinglianer, mit seinen Gefährten dort evangelisch gepredigt. Die Annahme der Reformation während der langen Belagerung durch Savoyen und den eigenen Bischof 1535/36 war die geistige Seite und die Kraftquelle ihres Widerstandes. Die Befreiung durch die Berner im Februar 1536 ermöglichte den Reformationsschwur vom 21. Mai desselben Jahres. Der Vorgang war zugleich ein kirchlicher und politisch-demokratischer. Die Zielvorstellung war diejenige Zwinglis und der ganzen oberdeutschen Reformationsbewegung: Aufbau eines christlich-genossenschaftlichen Stadtlebens in der Einheit von Christen- und Bürgergemeinde. Das sollte für das Wirken Calvins hier schwerwiegende Folgen haben, denn dessen Kirchenbegriff war, wie angedeutet, ein anderer. Das zeigte sich bald, nachdem er, von Ferrara kommend, Anfang August 1536 in Genf eintraf und auf Farels Drängen hin hier verblieb. Schon 1537 unterbreiteten Farel und Calvin dem Genfer Rat Vorschläge, die der wirklichen, inneren Erneuerung der Bürgerschaft dienen sollten.

2. *Lebenslauf, Entwicklung*

Jean Cauvin, geboren am 10. Juli 1509 in Noyon in der Picardie, war der zweite Sohn Gérard Cauvins, des Generalprokurators am dortigen Domkapitel. Die Mutter Jeanne Lefranc war eine fromme Katholikin. Als der

Vater 1531 starb, befand er sich wegen Differenzen mit seinen Behörden im Zustand der Exkommunikation; das deutet auf geistige Selbständigkeit hin. Im Hausunterricht der adeligen Familie Montmor erlernte Jean gewandte Umgangsformen. Unvergeßlich blieb ihm das Jahr 1523 beim fortschrittlichen Pädagogen Mathurin Cordier im Collège de la Marche zu Paris; doch trat er im folgenden Jahr ins Collège Montaigu über, das von Natalis Beda mit mittelalterlicher Strenge geleitet wurde. Hier schulte man ihn in präziser formaler Logik; daneben hat die Vermutung viel für sich, daß ihm hier die starken scotistischen Leitgedanken eingeprägt wurden, die in seiner Theologie bleibend lebendig blieben (z. B. der gleichzeitige Einsatz bei der Freiheit Gottes und der Erfahrung der Menschen). Ab 1529 studierte er auf Wunsch des Vaters die Jurisprudenz in Orléans und Bourges, und zwar mit solcher Auszeichnung, daß Orléans ihm den Doktortitel anbot; ob er ihn angenommen hat, weiß man nicht. Ein Kommentar zu Senecas „De Clementia“ zeigte ihn 1532 als glänzenden Stilisten; über seine innere Entwicklung sagt diese Edition nichts aus.

Ganz im Dunkeln liegt namentlich die Entwicklung zum evangelischen Glauben, auch wie dieselbe begründet und wie sie inhaltlich bestimmt war. An der Universität und in den Städten muß Calvin um 1530 mit verborgenen humanistisch-evangelischen Kreisen in Berührung gekommen sein. In intellektuellen Zirkeln las man Luthers, Zwinglis und Bucers Schriften; alles wurde diskutiert; als „Lehrbuch“ galt der schlichte zwinglianische „Sommaire“ von Guillaume Farel aus der Dauphiné. Dankbar erwähnt der Reformator später seinen Vetter Robert Olivetan, den Übersetzer der ersten französischen Bibel und seinen Lehrer in Bourges, Melchior Volmar (eigentlich Rot). Dieser war kein Lutheraner, sondern ein typischer Oberdeutscher; er kam aus dem (damals eidgenössischen) Rottweil, dann aus Bern, das ihm 1521 beim König ein Stipendium verschafft hatte. Durch die Edikte von 1534 vertrieben, wurde er nachmals Professor in Tübingen; als Zwinglianer mußte er in die juristische Fakultät übertreten. Er war ein richtiger „Nikodemit“ (heimlicher Evangelischer nach Joh. 3,2; 19,38 f), wie Calvin sie später heftig kritisiert hat; doch war Calvin selbst damals ebenfalls ein solcher. Unmöglich zu datieren ist die „subita conversio ad docilitatem“ (plötzliche Wendung zur Gehorsamshaltung), die Calvins Selbstzeugnis im Vorwort zum Psalmenkommentar von 1557 erwähnt. Die gesamte Literatur zu diesem vieldiskutierten Satz übersieht das Thema des Abschnitts: die durch Gottes Vorsehung gegen Calvins Begabung und Absicht erfolgte Berufung („vocatio“) zum Predigeramt. Natürlich setzte dieser Berufswechsel bereits eine gewisse evangelische Gesinnung voraus, ist aber nicht mit ihr identisch. Leidenschaftlich vertiefte sich der Student in die Bibel und wurde ungewollt alsbald der Mittelpunkt eines Leserkreises.

Nach dem Tod seines Vaters, 1531, eignete er sich am Collège royal in Paris die biblischen Sprachen an. Als an Allerheiligen 1533 ein Freund, der Mediziner Niklaus Cop, als neuer Rektor der Universität seine Antrittsrede zu halten hatte, „suggerierte" (so berichtet Beza) Calvin ihm dieselbe; ob Calvin Alleinverfasser war, bleibt offen. Diese Rede über die Seligpreisungen stellt einen kräftigen Aufruf zur Annahme der Vergebung und zu einem friedfertigen Leben dar, alles in Formulierungen eines biblischen Humanismus. Ob man sie bereits als „reformatorisch" bezeichnen will, ist eine Frage dogmatischer Definition; die Zitate aus Luthers Kirchenpostille wurden in einen ethischen Rahmen eingefügt. Aber natürlich wurden die Verfasser wie alle Häresieverdächtigen sofort als „luthériens" verfolgt und mußten fliehen. Nach Aufenthalten bei Freunden in Frankreich verfaßte Calvin 1535 in Basel die erste Auflage der „Institutio religionis Christianae", der „Unterweisung in der christlichen Religion". Die berühmte Vorrede an Franz I., ein rhetorisches Meisterwerk, sucht den König von der Rechtgläubigkeit und der Loyalität der Protestanten zu überzeugen; als dritten Zweck des Buches nennt sie die Anleitung zum Gesamtverständnis der Bibel.

Der Aufbau der Erstausgabe erfolgt – wie bei allen reformatorischen Katechismen – nach den traditionellen fünf Hauptstücken. Diesmal greift der Einfluß Luthers tiefer, so in der Formulierung der Rechtfertigung, der „Liebe und Furcht Gottes" bei den Zehn Geboten usw. Doch in der „reformierten" Zählung der Zehn Gebote, wichtiger: in der Sakramentslehre, in der Dämpfung der Spannung zwischen Gesetz und Evangelium, in der Betonung der Heiligung und namentlich in den Anweisungen zu kirchlicher Praxis erweist sich gleichzeitig die Eigenständigkeit des Reformators. Die Prädestination verschweigt er noch, obwohl er sie mündlich bereits erörtert haben muß, wie eine Spottschrift des Pariser Skeptikers Bonaventure des Périers von 1538 belegt.

Die Institutio machte, obwohl zuerst anonym erschienen, ihren Verfasser mit einem Schlag berühmt. In den späteren Auflagen von 1539 bis 1559/60 auf den fünffachen Umfang angewachsen, wurde sie die bedeutendste Dogmatik der Reformation (vielleicht der ganzen Kirchengeschichte?) und war durch Jahrhunderte in vielen Kapiteln eines der meistgelesenen theologischen Bücher, nicht zuletzt, weil sie sich auf weite Strecken auch zur Erbauung lesen läßt.

Als Calvin 1536 von Ferrara nach Straßburg reiste, hielt Farel, seiner Grenzen als Prediger und Organisator bewußt, den Widerstrebenden als Helfer beim Aufbau der Reformation in Genf fest – unter grimmiger Androhung der Verfluchung seiner Studien, falls er sich weigere.

Bald verlangten die Pfarrer von den Bürgern die öffentlich-eidliche „profession de foi"; das war ein verständliches Gegenüber zur Praxis des benachbarten katholischen Frybourg. Verständlich war aber auch der

Widerstand der patrizischen Magistrate gegen die Einführung der Banngewalt der Kirche durch eine neue Kirchenordnung – man erinnerte sich der schädlichen Konkurrenz der staatlichen Rechtspflege durch das bischöfliche Exkommunikationswesen und wurde dabei vom staatsbewußten Bern unterstützt. Aktuell wurde der Konflikt, als Calvin und Farel der Gemeinde am Ostersonntag 1538 wegen sittlicher Mißstände das Abendmahl verweigerten. Die Antwort war ihre Verbannung.

Farel ging – endgültig – nach Neuchâtel, Calvin nach Straßburg. Hier leitete er die französische Flüchtlingsgemeinde und ging den Täufern nach. Eine von ihm bekehrte Witwe, *Idelette van Büren,* heiratete er 1540. Er erweiterte die Institutio und schrieb seinen Kommentar zum Römerbrief. Tief und bleibend hat ihn die Begegnung mit *Martin Bucer* beeindruckt. Ihm gegenüber hat er sich als „Schüler" gefühlt. Von ihm übernahm er zahlreiche theologische und liturgische Anregungen und damit unbewußt viel Zwinglisches Gut. Namentlich aber ging Bucers Bemühung um die Einigung der evangelischen Kirche auf ihn über. Bucer nahm ihn mit zu den Religionsgesprächen von Hagenau, Worms und Regensburg (1540/41). Calvin lernte den deutschen Protestantismus kennen und befreundete sich mit *Melanchthon.* Merkwürdig war, daß er für Genf die „Antwort an Sadolet" übernahm. Der humanistische Kardinal hatte die verworrene Situation der Stadt geschickt zu einem Bekehrungsversuch ausgenutzt; Calvins Responsio ist die großartigste Antwort der Reformation auf den Vorwurf der Spaltung: sie rufe im Gegenteil zur Einheit bei Christus zurück.

Der Rückruf aus Genf kam 1541. Calvin stellte seine Bedingungen und begann von neuem, die Genfer Kirche in eine aus der Heiligen Schrift abgeleitete Form zu fassen, mit klarer Lehre, strenger Zucht, einfachem, lebendigem Gottesdienst (u. a. Psalmengesang) und den vier Ämtern der Pastoren, Ältesten, Diakone und Doktoren („Lehrer", vom Katecheten bis zum Professor). Calvin schuf einen Katechismus. Die Abendmahlsfeier (mit Kindern!) konnte er nur für vier Sonntage im Jahr erreichen. Altäre, Kerzen und Bilder wurden abgeräumt, die Beichte nur als offene Schuld und Abendmahlsvorbereitung fortgesetzt. Die Sittenzucht, mit Aufsicht über alle Häuser, hatte ihren Grund in der Sorge, offene ungeahndete Gottlosigkeit ziehe Gottes Zorn herab. Die „Ordonnances" von 1541, nach Zürcher und Straßburger Muster, wurden für die weltweite reformierte Kirche bis heute vorbildlich. Calvin hatte einen hohen Amtsbegriff und suchte eine vom Magistrat freie Kirche. Wenn ihm dieselbe auch nicht gelang, so blieb doch der gleichzeitige Aufbau von der Gemeinde her entscheidend. Sogar der von Calvin vergeblich bekämpfte Sitz der Magistrate im Konsistorium gaben in seinem Sinn der Laienschaft Gewicht.

Das strenge Regiment, ausgerichtet auf die Zitadelle wider den Ansturm der Gegenreformation, fand beim Volk mit der Zeit wenig Verständnis, zumal der Reformator in jedem Einzelfall die Befolgung der Kirchenordnung mit dem Willen Gottes identifizierte. Außerdem fühlte sich die Genfer Bürgerschaft durch die hereinströmenden Flüchtlingsscharen aus Frankreich, Italien, den Niederlanden usw. majorisiert (Genf zählte bei Calvins Ankunft 5000, bei seinem Tod 15 000 Einwohner). Für die der Verfolgung Entronnenen war die Stadt gerade nicht ein unfreier, sondern endlich der Ort, wo sie ihres Glaubens leben konnten. Auf sie stützte sich der Reformator.

Unter der Führung des einflußreichen Ami Perrin, der sich selbst seinerzeit um die Einführung der Reformation, dann um Calvins Rückkehr hoch verdient gemacht hatte, bildete sich seit 1545 die vielfältige Opposition der „Enfants de Genève", auch „Libertins" genannt, mit welcher der Reformator zehn Jahre hindurch zu ringen hatte. Deren Feindschaft verlieh allen Konflikten eine tiefgehende, gefährliche Schärfe und schloß friedliche Einigungen von vornherein aus. Der gelehrte *Castillio* wurde 1546 wegen Differenzen über die Auslegung des Hohenliedes und der „Höllenfahrt Christi" nach Basel entlassen – übrigens mit besten Zeugnissen; Calvin konnte sich, solange es nicht Genf betraf, tolerant verhalten; nur in Genf selbst verlangte er Geschlossenheit in Lehre und Lebenswandel. Der verleumderische *Bolsec* mußte 1551 nach Debatten über Prädestination und Trinität gehen. Tragisch wurde für den ganzen Protestantismus die Hinrichtung des spanischen Arztes *Michael Servet*. Dieser hatte das Geheimnis der Trinität als dreiköpfigen Cerberus gelästert. Es darf nicht abgeschwächt werden, daß Calvin zielbewußt seine Hinrichtung (mit dem Schwert) betrieben hat. Die Verurteilung zum Scheiterhaufen durch die Genfer Justiz erfolgte gemäß Reichsrecht und der erst kürzlich formulierten „Carolina", der Strafgesetzgebung Karls V. Die Reichsstadt Genf, von katholischen Mächten umgeben, durfte nicht den Schein erwecken, die reichsrechtlich verbotene Häresie zu dulden. Insofern liegt die „Schuld" nicht nur bei Calvin. Rätselhaft bleibt bis heute, was Michael Servet überhaupt nach Genf trieb; es bleibt nur die Vermutung, daß er mit Hilfe der Opposition Calvin zu stürzen hoffte. Der schwärmerische Mann hielt sich für den Engel „Michael" von Offb. 12,7 und wollte gegen die „Institutio" die „Restitutio Christianismi" (so der Titel seines Hauptwerkes) beginnen. Der Genfer Magistrat, mehrheitlich Calvin feindlich gesinnt, fällte das Urteil auf Verbrennung 1553 erst, nachdem die Gutachten der zahlreichen angefragten Autoritäten aus ganz Europa (auch Wittenberg und Zürich) den Häretiker des Todes schuldig befunden hatten.

Ein Erfolg Calvins in diesen schwierigen Jahren war der nach jahrelanger Korrespondenz mit *Heinrich Bullinger* in Zürich geschlossene *Consensus Tigurinus,* die Einigung über das Abendmahl. Beide Partner mußten Verzichte leisten, aber das längst existierende Bewußtsein der Zusammengehörigkeit unter den oberdeutschen und reformierten Kirchen war nun offiziell. Da die Formel die wichtigsten Anliegen, nämlich die reale Gegenwart Christi und die objektive Gabe des Sakramentes, sicherstellte, hoffte Calvin auf die Übernahme des Consensus durch die Lutheraner. Doch konnte sich deren führende Autorität, Philipp Melanchthon, trotz persönlicher Zustimmung nicht entschließen, öffentlich dafür einzutreten. Stattdessen ließ die Warnung des Gnesiolutheraners *Joachim Westphal* in Hamburg, auf die der enttäuschte Calvin trotz Bullingers Mahnung scharf reagierte, die Polemik wieder heftig aufflammen und führte zu erneuter, auf lange Zeit endgültiger Vertiefung der Kluft.

In *Genf* selbst errangen Calvins Anhänger 1555 die Mehrheit in den Räten. Nunmehr konnten sie die öffentlichen Dinge nach „biblischer" Ordnung regeln. Dem Konsistorium gehörten zwar immer noch der Syndac und einige Ratsherren von Amts wegen an, es vermochte aber nunmehr auch Amtspersonen zur Verantwortung ziehen. Es kehrte Friede ein. Bemerkenswert, wie die Stadt Genf nach jahrzehntelanger Rezession wieder einen wirtschaftlichen Aufschwung nahm. Zögernd ließ Calvin, der schon in Straßburg die Bedeutung des aufkommenden Geldwesens beobachtet hatte, auch Bankleute zum Abendmahl zu. Die Stadt erlaubte einen Zins von 5% – das war wichtig für die Arbeits-Situation der Flüchtlinge: die wenigen unter ihnen, die ihr Kapital gerettet hatten, stellten es anderen zur Eröffnung ihrer Betriebe zur Verfügung.

Die Revision der *Ordonnances* von 1561 gab der kirchlichen Verfassung ihre endgültige Gestalt. Von weittragender Bedeutung wurde die von der ganzen Stadt 1559 mit Begeisterung und hohen Opfern in Kürze gegründete *Akademie*, deren erster Rektor *Theodor Beza* war, an der aber auch Calvin bald vor Hunderten von Studenten aus ganze Europa dozierte.

Seit seinen Studentenjahren kränkelnd, jetzt völlig überarbeitet und erschöpft, starb er nach ergreifendem Abschied von seinen Amtsbrüdern am 27. Mai 1564, erst 54-jährig. Auf seinen Wunsch wurde er so bescheiden bestattet, daß man schon nach wenigen Wochen sein Grab nicht mehr mit Sicherheit zeigen konnte.

3. *Charakter*

Calvin spricht fast nie über sich selbst und seine persönlichen Verhältnisse; wir sahen, daß auch das berühmte Selbstzeugnis von 1557 wenig Einblick gibt. Einen Wesenszug freilich hat er selbst realistisch erkannt und mehrfach ausgesprochen: nach Anlage und Neigung war er eigentlich ein scheuer, zurückgezogener Gelehrter, dem alles öffentliche Auftreten zuwider war. Doch er mußte erleben, daß die göttliche Führung ihn im Gegenteil stets von neuem zum prophetisch-reformatorischen Dienst zwang und zu allen damit verbundenen politischen und menschlichen Verantwortungen und Widrigkeiten. Wider seinen Willen wuchs er um 1530, kaum daß er sich „vom päpstlichen Aberglauben" zu lösen und von der „wahren Frommigkeit" etwas aufzunehmen begonnen hatte, bereits in eine führende Rolle im Kreise der Bibelleser hinein; wider seinen Willen hielt man ihn 1536 in Genf fest und vertrieb ihn nach drei Jahren; wider Willen kehrte er 1541 zurück; und wider Willen stritt er sich dann, man spürte es, bis ans Ende mit den Genfern und den Bernern, den Katholiken, Täufern und Lutheranern herum. Ein Mensch, der sein ganzes Leben lang eine Existenz führen muß, die ihm gegen den Strich geht, wird reizbar und rechthaberisch. Calvin wurde leicht heftig; er wußte es und hat sich oft dafür entschuldigt. Man kann auch beobachten, wie sich diese Züge nach dem Tod seiner ihm innig verbundenen Frau 1549 noch verschärften. Andererseits muß sich solch ein Mann, will er nicht seelisch zerbrechen, in äußerste Entsagung und Sachlichkeit hineinbegeben; wenn diese „Sache" die Ehre Gottes und die Gemeinde Christi ist, so bedeutet das: Dienst und Zucht von früh bis spät. Diese selbstvergessene Hingabe schlägt sich auch in Form und Inhalt seiner Schriften nieder, sie überwältigt den Leser bis auf den heutigen Tag. Hinzu kommt, daß ihn die Sorge um die verfolgten Gemeinden, das Mit-Leiden mit den abertausend Vertriebenen, Eingekerkerten, Gefolterten, Gehenkten und Verbrannten unentwegt belastet. Es liegt ein Schimmer von Traurigkeit nicht nur auf seinen Briefen, sondern auf allem, was er schrieb. Man hat gelegentlich gerügt, daß er keinen Humor habe. Das ist richtig, seine Polemik kennt höchstens bitteren Sarkasmus; nichts von Luthers großartigem Poltern oder von Zwinglis feinem Witz. Aber wo es ihm in der Seelsorge, Lehre oder Predigt ans Tiefste geht, klingen rührend zarte Töne an.

Er war einsam. Verehrer hatte er Tausende, Freunde nur wenige: den alten Mitkämpfer Farel und den jüngeren Schüler und Nachfolger Beza. Zu Heinrich Bullinger in Zürich stand er lange korrekt, etwas distanziert; die Herren hatten anfangs etwas Mühe miteinander. Es ist ergreifend, am Briefwechsel zu beobachten, wie sie mit den Jahren tiefes Vertrauen zueinander fassen.

Alle Besucher rühmen die ruhig-freundliche Begegnung, die Autorität, die ungesucht von Calvins Selbstlosigkeit ausstrahlte, und die ununterbrochene Nähe Gottes, die ihn umgab, seine Verbindung mit dem Erhöhten. Faßt alle Porträts zeigen eine nach oben weisende Handbewegung; es muß sich um eine typische Geste gehandelt haben, wenn er dozierte: die dauernde Mahnung an den Geist von oben.

Ein Losungswort Calvins lautet: „Per mediam desperationem prorumpere convenit." – „Es gilt, mitten durch die Verzweiflung hindurchzubrechen."

4. Werk

Ein zusammenfassender und ergänzender Blick auf das Werk des Genfer Reformators muß zuerst an die so mühsam vollzogene Realisierung der Reformation in Genf erinnern. Der Theologe der Erwählung und dementsprechend der „unsichtbaren" Kirche hat gerade auf die *Gestaltung* der sichtbaren Gemeinden und die Realisierung privaten geistlichen Lebens, die dauernd fortschreitende Heiligung, höchsten Wert gelegt. Die „Werke" wachsen nicht nur spontan aus dem Glauben; sie müssen gemeinsam geordnet und vollzogen werden. Er selbst war dabei ein hochbegabter Organisator. Ohne die Durchführung der strengen Programme Calvins für Gottesdienst und Leben hätte dieses Zentrum nie seine weltweite Ausstrahlungskraft gewonnen.

Dasselbe gilt für seine *Akademie*. Sie begann mit einer theologischen und einer juristischen Fakultät. Calvin wußte: die verfolgten Kirchen brauchen Pfarrer und Advokaten. Er warb bei ihnen für seine Schule: „Schickt uns das Holz, wir senden Euch Pfeile zurück!"

Alles, was er schrieb, hatte den Gemeinden zu dienen. Auch die hochintelligent durchdachte Dogmatik bezweckt die Praxis der Kirche und des geistlichen Lebens des einzelnen. Man bezeichnet die Institutio von 1559 nicht mit Unrecht als das Hauptwerk; sie ist mit ihren vier Büchern nach dem Apostolicum, beziehungsweise wie das Sentenzenbuch des Petrus Lombardus, aufgebaut. Von den zahlreichen übrigen Lehrschriften gehören zu den bekanntesten: Die Antwort an Sadolet 1539, das Mahnschreiben an Karl V. 1543 und die Endfassung des Genfer Katechismus etwa um 1545. Von gleicher Meisterschaft aber sind die *Kommentare*. Sie beziehen dankbar die Wittenberger, Zürcher, Straßburger, Berner und andere Vorarbeiten ein, übertreffen sie aber an Reichtum der Fragestellung und knapper Klarheit der Ausführungen. Sie lassen sich selbstverständlich noch oft vom alten Dogma leiten, enthalten aber zugleich zahlreiche Ansätze freier philologischer und historischer, gelegentlich auch kritischer Forschung. Daß die tiefes Miterleben spiegelnde Psalmenauslegung ohne Allegorie auskommt, führte zum Vorwurf von seiten der Lutheraner, hier werde „Christus aus dem Psalter gestohlen". Aber im Hintergrund steht die Hermeneutik der Bundestheologie: jede Epoche der Heilsgeschichte weist von selbst auf die Erfüllung hin: diese muß nicht in den Text eingetragen werden. Vielleicht sind Calvins Kommentare gegenwärtig sein einflußreichstes Opus.

In seiner *Korrespondenz* beriet der Genfer ungezählte Männer und Frauen aller Stände in ganz Europa von Litauen bis Schottland und

Navarra. Der Austausch stellt entschlossen auch die Politik in den Dienst der Reformation. Erstaunlich, mit welcher Freiheit und welchem Einfühlungsvermögen der Genfer sich in andere Verhältnisse hineindenkt. Der Zwinglianer Joannes a Lasco aus Polen, Reformator in Ostfriesland, hat seine volle Unterstützung, obwohl er ihm in Sachen Prädestination widerspricht. Der Kirche von England läßt Calvin gern ihr hierarchisches System. Den Polen empfiehlt er zur Durchführung der Reformation die Einsetzung eines Primas. Die Hugenotten und ihren Führer Admiral Gaspard de Coligny mahnt er ernstlich, vom Aufstand abzusehen; nachdem der Krieg trotzdem ausgebrochen ist, steht er loyal zu ihnen. Die charakterlichen Grenzen treten freilich auch hier hin und wieder zutage: nach einigen bitteren Enttäuschungen mit den dortigen Antitrinitariern bricht er die Verbindung mit Polen ab, während die Zürcher sich noch lange und geduldig um die verstörten Gemeinden bemüht haben. Aber berühmt bleibt Calvins geistliche Betreuung der verurteilten Lyoner Studenten 1553, der bedrängten Fürstin Renata von Ferrara und vieler anderer. Seine Seelsorge kannte die heilsame Kraft strenger Forderungen.

5. *Theologie*

In der Mitte der Theologie Luthers steht die Rechtfertigung des Sünders aus Glauben, in derjenigen Zwinglis Kreuz und Erhöhung Christi. Findet sich auch bei Calvin ein Mittel- oder wenigstens ein Zielpunkt? Viele Vorschläge wurden gemacht: Die Selbstverherrlichung Gottes, die Offenbarung, die Erwählung, die Kirche, die Ausrichtung auf die Ewigkeit, der Heilige Geist. Daß sich alle diese Themen als Kern oder Stern gut begründen lassen, liegt an der systematischen Kraft dieses Denkers, bei dem alles mit allem zusammenhängt, scheint aber zugleich denjenigen Recht zu geben, die gegen die Systematisierung eines Prinzips Einspruch erheben und bei Calvin nur eine aufzählende biblische Theologie gelten lassen. Calvin selbst würde sich durchaus damit zufrieden geben. Trotzdem hat die Frage nach heimlichen Brennpunkten ihr theologisches, weil glaubensmäßiges Recht. Von der Ausrichtung auf Praxis und Gestaltung und damit auf Lehre und Form der *Kirche* war bereits die Rede; zu ihr führt die Institutio in ihrem Vierten Buche hin. Daneben aber läßt sich feststellen, daß fast alle Lehrstücke direkt oder indirekt mit der „Unio mystica cum Christo“, der wunderbaren geistlichen Gemeinschaft mit dem Herrn, verknüpft werden; insbesondere laufen die Lehre von Gnade, Buße, Glauben, Sakramenten, Erwählung, Geist und Gebet darauf hinaus; und behandelt wird diese Unio in der Mitte des so merkwürdig „pietistischen“ Dritten Buches, das auch im Aufbau in der Mitte steht. Hier schlägt das Herz des Genfer Reformators – wieder ein Indiz für seine einstige Herkunft aus dem Scotismus.

„Einstige“ Herkunft, denn mystisch im mittelalterlichen Sinn ist hier nichts mehr. Es handelt sich um innigste, alles Verstehen übersteigende Gemeinschaft, aber sie ist gerade darum so intensiv, weil sie das biblisch-personhafte Gegenüber ohne Einschränkung festhält. Gott bleibt Gott und Mensch bleibt Mensch.

So konstatiert der berühmte Eingang der Institutio sofort die gegenseitige Bedingtheit von Gottes- und Selbsterkenntnis, von Zwingli übernommen, aber erst von Calvin in seiner ganzen Tragweite entfaltet. In Gott selbst liegt der Ursprung aller Erkenntnis. Menschengeist und Menschenwürde bleiben mit der ganzen Schöpfung auf Ihn angewiesen. Er ist frei und erhaben, läßt aber jedem Menschen die Wohltat seiner Fürsorge und Offenbarung zukommen. Das „weiß“ der Mensch im Grund seines Herzens, er wendet sich aber ab, versinkt damit in Schuld und Verfinsterung und fabriziert nunmehr unentwegt seine eigenen Götzen. Dagegen hat Gott die biblische Bundesgeschichte angehen lassen und uns das Gesetz gegeben zur Buße, zum Schutz und zur Anleitung des freien Lebens der Gläubigen nach seinem Willen, von denen dieser „dritte Brauch der wichtigste“ ist.

Die Lehre von Christus und vom Heil in Ihm ist am altkirchlichen Dogma von der Gottmenschheit und an der Genugtuungs- und Versöhnungslehre ausgerichtet. Entscheidend aber: „Was sich von Christus sagen läßt, wird unser Eigentum erst durch die verborgene Wirkung des Geistes“ – so wie die ganze biblische Botschaft erst durch das „innere Zeugnis“ kräftig und für uns „wahr“ wird. Dasselbe gilt für die Predigt und für die Sakramente. Beim Abendmahl werden Zwinglis Vorbehalte anerkannt, und doch empfangen wir eine reale Gemeinschaft mit der wahren Menschlichkeit Christi, nur liegt diese Gemeinschaft nicht in den „figurativen“ Elementen Brot und Wein, sondern im Heiligen Geist, der uns mit dem Erhöhten verbindet, wenn wir unsere Herzen im Glauben zu ihm erheben.

Wie bei Paulus und bei Augustin ist die Lehre von Erwählung und Verwerfung auf dem Hintergrund dieser Lehre vom Geist zu verstehen: Der Heilige Geist ist Gott in seiner Freiheit. Darum kann nur Er dem Menschen die Gewißheit schenken, von Gott angenommen zu sein. Die *Prädestinationslehre* ist zunächst nichts als die theoretische Konsequenz und Sicherung des Gnadenzuspruchs. Es hat viel Unheil angerichtet, daß Calvin und seine Schüler, vom Widerspruch gereizt, sich dazu haben hinreißen lassen, mehr und mehr Gewicht darauf zu legen, daß Gottes Gerechtigkeit das Recht habe, uns in unserer selbstverschuldeten Gottesferne zu belassen („relinquere“); Calvin braucht sogar einmal den Ausdruck „schreckliche Entscheidung“ („decretum horribile“) und hat Bullinger gegenüber auf der Pflicht beharrt, diese Dinge auch auf die Kanzel zu bringen. Doch hat er das selbst, soviel wir bis heute sehen, nie getan;

und bemerkenswerterweise ist auch in der Institutio außer den allerdings gewichtigen Kapiteln am Ende des Dritten Buches von der „doppelten Prädestination" weder vorher noch nachher mehr die Rede. „Hauptsache" ist sie also bei ihm nicht gewesen; das geschah erst bei Beza. Ihre Stellung hat sie bei Calvin zwischen dem Gebet und dem Blick auf die Vollendung in der Ewigkeit. Es ergibt sich: die „Erwählung" dient der Heilsgewißheit. Sie wird später in der reformierten Theologie einmünden in die Perspektive des „Bundes" Gottes mit seinem Volk, die ebenfalls auch bei Calvin schon angelegt ist. Für alle Angefochtenen aber ist wie bei Luther Christus der „Spiegel unserer Erwählung". Unermüdlich drängt Calvin auf persönliche *Heiligung.* Der Glaube ist nicht Folge, sondern Voraussetzung der nie ablassenden, stets sich vertiefenden Buße. Nur bei unermüdlicher Selbstverleugnung führt der Heilige Geist zu Fortschritten im Glauben, in der Erkenntnis und im Wirken der Liebe. Der Zusammenhang von „Geist" und „Fortschritt" sollte später folgenreich werden.

Ziemlich bald zeitigten Calvins *politische Grundsätze* Folgen. Auch sie sind meist scotistischer Tradition entnommen, haben aber in ihrer glänzend klaren Formulierung am Ende der Institutio eine gewaltige Sprengkraft entfaltet. Grundsätzlich denkt Calvin aristokratisch, nicht demokratisch, doch verlangt er wirksame Kontrollinstanzen. Hauptregel: Fürsten und Magistrate sind für das Volk da, nicht umgekehrt. Erweist sich ein Regent als verderblich, gottlos oder ungerecht, so haben die nächst unter ihm stehenden Instanzen das Recht, unter Umständen sogar die Pflicht, ihn abzusetzen. Das Verhältnis zwischen Obrigkeit und Untertan ist nämlich naturrechtlich durch gegenseitige Verpflichtung („mutua obligatio") bestimmt. Die Obrigkeit hat Frieden, Leben, Eigentum und Ehrbarkeit bei den Untertanen sicherzustellen, dazu den Schutz und die Förderung der „wahren Religion", weil ohne Religion jede Rechtsordnung zusammenbricht.

6. *Zeitgeschichtliche Bedeutung*

Calvin hat weitgreifende Einigungspläne verfolgt; sogar mit den Katholiken verhandelte er nicht aussichtslos über die Rechtfertigung. Doch die Annäherung ans Luthertum schlug in verschärfte konfessionelle Gegensätze um; und von den oberdeutsch-reformierten Städten wurde infolge der Niederlage der Evangelischen im Schmalkaldischen Krieg Konstanz wieder katholisch, Straßburg, Augsburg, Ulm und viele andere lutheranisiert. Als er starb, war sein Werk nur in Genf gefestigt und die Einigung mit den Zwinglianern vollzogen; im Ausland hatte von den unter seinem Einfluß stehenden Kirchen nur die Kurpfalz eine rechtliche Ordnung. Sonst standen die Gemeinden der mächtig aufbrechenden reformierten Bewegung in Frankreich, Schottland, Böhmen, Polen und Ungarn alle unter blutiger Verfolgung.

Dennoch war sein Werk nicht zusammengebrochen. Genf und Zürich pflegten die Verbindung der Kirchen untereinander und das Genfer Vorbild lehrte sie, sich selbständig zu organisieren. Die erste Blütezeit des Calvinismus mit ihrer weitesten Ausbreitung in Europa verlief freilich erst im 17. Jahrhundert bis zur Katastrophe der Schlacht am Weißen Berge 1620. Aber bereits zu Calvins Lebzeiten übte seine Theologie in vielen Ländern einen vertiefenden und stärkenden Einfluß aus. Ebenso wichtig war das Vorbild seiner Gemeindebildung, wobei sich, ebenfalls noch zu seinen Lebzeiten, das Schwergewicht der Verantwortung noch deutlicher auf die Seite der Laien verschob. Viele verfolgte, heimliche Flüchtlingsgemeinden in Frankreich, den Niederlanden, England und Schottland sowie am Niederrhein mußten sich Jahre und Jahrzehnte lang fast ohne Pastoren behelfen, weil diese vertrieben oder hingerichtet worden waren. Calvin hatte sie darauf vorbereitet. An diesem Gemeindetypus sollte die Gegenreformation abprallen. Der originelle holländische Theologe Oepke Noordmans schrieb einmal: „Als auf dem Schachbrett der Kirchengeschichte Calvin den Bauern des Laien-Presbyters zog, setzte er damit den Papst matt."

7. *Nachwirkungen*

Die Beiträge des „Calvinismus" für die Entwicklung des Protestantismus, darüber hinaus für den Aufbau der modernen westlichen Kultur verschlingen sich mit ungezählten anderen Kräften. Sie gehen weit über Calvins Positionen hinaus und haben sich oft auch von denselben entfernt. Sie blieben nicht auf kirchliche Bereiche beschränkt, sondern drangen ins ganze kulturelle und soziale Leben ein. Deshalb kann man diese Zusammenhänge in Kürze nur ungeschützt und stichwortartig andeuten.

1) Der Calvinismus erzieht im allgemeinen zu einer extrovertierten, aktiven, oft zugleich optimistischen und gesetzlichen Frömmigkeitshaltung.

2) Kirchlich hat die von Calvin seinen Gemeinden eingeprägte Grundsätzlichkeit in den Niederlanden, Schottland und Nordamerika zu einer Fülle von Spaltungen und Sektenbildungen geführt – sehr im Gegensatz zu Calvins Einheitsstreben.

3) Das Vertrauen auf die Wirkung des Heiligen Geistes und Calvins konsequente Unterscheidung zwischen (wenigen) fundamentalen und frei zu lassenden Glaubenssätzen haben den Calvinismus zu einem der eifrigsten Förderer der ökumenischen Bewegung gemacht.

4) Die calvinistischen Länder, voraus die Niederlande, verhielten sich bald tolerant. Im Gegensatz zum Genfer Rigorismus mußte gerade der

Vorbehalt der freien göttlichen Erwählung konsequenterweise zum Verzicht auf Glaubenszwang und zur Glaubens- und Gewissensfreiheit führen.

5) Der spätcalvinistische *Puritanismus* bildete nach dem Ideal der reinen Gemeinde und oft unter Verfolgungsdruck eine individualistische, nach innen gewandte Frömmigkeit aus, die den kontinentalen Pietismus vorbereitet hat.

6) *Politisch* ist der Calvinismus in der Tat an den Freiheitskämpfen des 16. und 17. Jahrhunderts, seit dem 18. Jahrhundert am Aufbau der westlichen Demokratie beteiligt, dies zunächst in den Vereinigten Staaten und in Frankreich. Die Verantwortung des Bürgers für geistlich-kirchliche Dinge erzog zur Mündigkeit und drängte zur entsprechenden Berechtigung im „irdischen" Bereich.

7) Bis in die Gegenwart hat der Calvinismus religiös motivierte politische Programme entworfen, und zwar sowohl konservative (Typus: Abraham Kuyper), wie liberale (Woodrow Wilson), wie sozialistische (Leonhard Ragaz).

8) Daß der Kapitalismus wirtschaftlich auf den Calvinismus zurückzuführen sei, läßt sich nicht halten. Daß dieser ihn mit seiner Ethik von Gewissenhaftigkeit, Sparsamkeit, anvertrautem Besitz und freiwilliger Wohltätigkeit in patriarchalischem Sinn gefördert hat, ist heute noch zu erkennen.

9) Im 17. und 18. Jahrhundert wetteiferten die calvinistischen Hochschulen in der Alten und der Neuen Welt mit den jesuitischen in Gelehrsamkeit und pädagogischer Fortschrittlichkeit.

10) Im 19. und 20. Jahrhundert entstanden auf calvinistischem Boden zahlreiche universale christliche Werke; außer Bibel- und Missionsgesellschaften u. a. das Rote Kreuz, die Christlichen Vereine Junger Männer („YMCA"), die Trinkerfürsorge des „Blauen Kreuzes".

11) Kulturell: Die Zuwendung zum aktiven Gottesdienst in dieser Welt in Wissenschaft, Kunst (niederländische Malerei) und Technik hat die Aufklärung vorbereitet, sich mit ihr verknüpft und damit selbst wirksam anti-calvinistische Gegenbewegungen in Gang gesetzt.

12) Calvin selbst hätte jeden „Calvinismus", jeden Konfessionalismus und jedes Fragen nach seiner Nachwirkung mit der ihm eigenen Schärfe abgewiesen. „Wir wissen: allein Gottes Ruf ist Maßstab und Grundlage für rechtes Handeln. Das genügt."

Literaturhinweise:

Calvin, Johannes: Unterricht in der christlichen Religion, übersetzt und bearbeitet von Otto Weber, Neukirchen 1963.

Dankbaar, Willem F.: Calvin. Sein Weg und sein Werk, Neukirchen 1959.

Locher, Gottfried W.: Testimonium internum. Calvins Lehre vom Heiligen Geist und das hermeneutische Problem, Theologische Studien Heft 81, Zürich 1964.

Neuser, Wilhelm: Calvin, Sammlung Göschen Bd. 3005, Berlin 1971.

Staedtke, Joachim: Johannes Calvin. Erkenntnis und Gestaltung, Göttingen 1969.

17. Jahrhundert

Johannes Kepler
(1571–1630)

Jürgen Hübner

Johannes Kepler

I.

Johannes Kepler kennt man im allgemeinen nur als Astronomen. Er ist als Wegbereiter der modernen Astronomie in Erinnerung. In den Schulbüchern stehen die nach ihm benannten Gesetze der Planetenbewegung: Die Bahnen der Planeten sind Ellipsen, in deren einem Brennpunkt die Sonne steht; ein von der Sonne zum Planeten gezogener Leitstrahl überstreicht in gleichen Zeiten gleiche Flächen; die Quadrate der Umlaufzeiten zweier Planeten verhalten sich wie die dritten Potenzen der großen Halbachsen ihrer Bahnen.

In der Tat gehört Kepler zu den bedeutendsten Astronomen der Geschichte. Das erste Keplersche Gesetz formuliert eine Erkenntnis, die uns heute selbstverständlich ist, in der damaligen Zeit – 1609 – aber revolutionär war. Bis dahin galt es als völlig unangefochtene Wahrheit, daß sich die Planeten, die Wandelsterne, in regelmäßigem Lauf auf Kreisbahnen um einen gemeinsamen Mittelpunkt, das Zentrum des

Kosmos bewegten. Dieses Weltbild geht bis auf den griechischen Philosophen Platon (427–347 v. Chr.) und im Ansatz noch weiter zurück; im Laufe der Geschichte der antiken Philosophie und Naturerkenntnis wurde es – insbesondere von Aristoteles (384–322 v. Chr.) – weiter ausgebaut und für eineinhalb Jahrtausende durch den griechischen Astronomen Ptolemäus (85–165 n. Chr.) gültig formuliert.

Es gehört zur Harmonie des Kosmos, daß die Planeten in vollkommenen Kreisbahnen um den Weltmittelpunkt kreisen. Der Kreis ist die vollkommene, ideale Figur, die gerade um ihrer Vollkommenheit willen dem Bauplan der Welt zugrundeliegen muß. Entsprechend stellte man sich das Universum als Kugel vor. Den Kugelmantel bildet die Sphäre der Fixsterne. An ihn sind die Sterne geheftet, die sich im Gegensatz zu den Wandelsternen nur im Jahresrhythmus bewegen. Unter ihnen sind die Sterne des Tierkreises besonders hervorgehoben: Sie liegen auf der Ebene der Ekliptik und werden von den Planeten in ihren jeweils eigenen Rhythmen durchlaufen. Man kannte damals sechs: Merkur, Venus, Sonne, Mars, Jupiter und Saturn. Ihre Kreise liegen ineinander, und man ging davon aus, daß sie sich alle um die Erde bewegen: sie nimmt die Mitte der kosmischen Kugel ein.

Das ptolemäische System ist von der christlichen Theologie übernommen worden. Freilich: Bei Aristoteles war das kosmische System durch einen ersten, selbst unbewegten Beweger in Gang gehalten worden; er gab den Anstoß, damit die äußerste Sphäre bewegt wurde, und diese vermittelte die Bewegung weiter nach innen. An seine Stelle trat im Christentum der Gott der Bibel. Für die Griechen hatte der Kosmos ewigen Bestand: die Gestirne zogen für immer ihre Kreisbahnen um die Erde. Für die Christen hatte diese Welt Anfang und Ende: Jahwe ist der Schöpfer des Kosmos, er hat ihn am Anfang aus dem Nichts geschaffen und wird am Jüngsten Tag Gericht halten. Dann ist die Zeit seiner Schöpfung an ihr Ziel gelangt. Für den antiken Menschen hatten die Gestirne göttliche Qualität; die irdische Welt reichte nur bis zum Mond. Für den Christen gehörten Himmel und Erde zur Schöpfung Gottes; schon im Alten Testament waren die Sterne nur noch Lampen am irdischen Firmament. Jenseits dieses Himmels waren die Wasser, die herabregneten, wenn Gott wie bei der Sintflut die Schleusen des Himmels öffnete.

Diese himmlischen Wasser mußten nun auch im neuen abendländischen Weltbild ihren Ort finden. Sie bildeten eine neue Sphäre, die den ptolemäischen Fixsternhimmel umgab: den Kristallhimmel, bestehend aus gefrorenem Wasser. Manche nannten noch weitere Sphären. Doch jenseits dieses ganzen irdischen Kosmos war die Welt Gottes, Gottes Thronsaal, wo Gott sein Regiment ausführt, umgeben von den himmlischen Heerscharen der Engel und von den Seligen, die „in den Himmel gekommen waren“. So kann man es noch auf einem Stich dargestellt finden, der der „Ganzen Heiligen Schrift Deutsch“, der Lutherbibel von 1534, nach älteren Vorbildern beigegeben ist. Die Hölle dagegen verbarg sich im mittelalterlichen Weltbild in größtmöglicher Ferne von Gott: im Mittelpunkt der Erde.

War diese Welt Gottes Schöpfung, so mußte sie in ihrem Aufbau erst recht vollkommen, ideal gestaltet sein – war sie doch gewissermaßen die Visitenkarte, das Abbild Gottes des Schöpfers. So war es den alten Theologen gerade recht, wenn Platon die Vollkommenheit des Kosmos mathematisch mit Hilfe der Geometrie beschrieb. Das konnten sie aufnehmen, um ihrerseits die Vollkommenheit des Schöpfers zu bezeugen. Seine Gedanken sind in der Welt Gestalt geworden, und was gibt es Vollkommeneres als die idealen Figuren und Körper der Geometrie? Die platonische Göttlichkeit der Geometrie entspricht dem Plan Gottes, nach dem er die Welt schuf. Das alles sind Aussagen, die sich auch bei Kepler finden.

Nun ergaben sich aber Schwierigkeiten, die diese ideale Konstruktion des Kosmos in Frage stellten. Schon die Alten hatten festgestellt, daß die genauere Beobachtung des Himmels keineswegs in allen Teilen mit dem übereinstimmte, was das mathematisch konstruierte Weltbild forderte. Einmal mußte man Ausgleichspunkt und Exzenter annehmen, um die Stellung der Erde mit dem Mittelpunkt der Planetenbahnen in Einklang zu bringen. Zum anderen bewegen sich die Planeten am Himmel nicht regelmäßig gleichförmig vorwärts, sondern werden zeitweise rückläufig wahrgenommen, ziehen eine Schleife und wenden sich dann wieder nach vorne. Um das Modell aufrechterhalten zu können, mußten Ausgleichskreise (Epizykel) angenommen werden, die mit ihrem Mittelpunkt auf der ursprünglichen Kreisbahn des Planeten um die Erde angeordnet waren und auf denen der Planet sich dann noch einmal kreisförmig bewegte. Je genauer die Beobachtungen im Laufe der Zeit wurden, um so mehr solcher Hilfskonstruktionen mußte man zu Hilfe nehmen. Man kam schließlich für jeden einzelnen Planeten zu einer solchen Vielzahl von Epizykeln, daß das ganze System seiner eigenen Grundannahme, daß die Wahrheit nämlich einfach sei, zu widersprechen begann.

Die meisten, wenn auch nicht alle dieser Schwierigkeiten waren behoben, als Copernicus die Stellung von Erde und Sonne in der Hierarchie der Himmelskörper vertauschte. Denn nun wurde grundsätzlich erkennbar, warum die Planeten gelegentlich in ihrer Bahn rückläufig werden: Für den Betrachter auf der Erde müssen sich ihre Bewegungen so darstellen, wenn die Erdbahn zwischen den Planetenbahnen und nicht in ihrer aller Mitte liegt. Nur ein Beobachter in der Sonne würde die ideale Kreisbahn verfolgen können, wenn denn die Sonne im Mittelpunkt des Kosmos liegt.

In der Religionsgeschichte hat die Sonne schon immer einen besonderen Platz und eine ausgezeichnete Rolle unter den anderen Gestirnen im

Universum gehabt. In der Sprache der Bibel, besonders in den Psalmen, tritt sie gleichnishaft als Bild Gottes auf. Christus ist die „Sonne der Gerechtigkeit". So hat die Sonne auch aus diesen Gründen einen besonderen Platz im Weltsystem der Schöpfung zu beanspruchen, sinnvollerweise eben im Zentrum. Die Sonne, nicht die Hölle gehört in den Mittelpunkt der Welt. Kepler kann das Weltbild des Copernicus geradezu so interpretieren: Die Sonne in der Mitte des Kosmos symbolisiert Gott den Vater, die Fixsternkugel Gott den Sohn, und der Zwischenraum zwischen beiden, nach damaliger Auffassung vom Weltäther erfüllt, Gott den Heiligen Geist.

Die religiöse Symbolik sprach also ebenfalls dafür, daß Copernicus recht hatte, wie die astronomischen Beobachtungen. Nur: Wie war das alles zusammenzudenken, wenn doch der Mensch eine besondere, zentrale Bedeutung im Kosmos hat, wenn er die Krone der Schöpfung ist, wenn Gott auf der Erde und nicht anderswo im Himmel Mensch geworden ist, wenn doch ihn das Jüngste Gericht betrifft, bei dem Himmel und Erde ihr Ende finden sollen? Muß seine Stellung im Kosmos dann nicht auch geometrisch eine zentrale sein? Sonst wäre ja der Sinn des Ganzen nicht erkennbar.

Und weiter: Wie sollte denn nun, unter solchen neuen Voraussetzungen, der Plan aussehen, den Gott bei der Schöpfung dieser Welt im Sinne gehabt hat, wenn die Schöpfung denn seiner Weisheit entsprechen soll und also seine Vollkommenheit widerspiegeln muß? Was hat sich Gott gedacht, als er die Welt schuf und nun die Sonne in ihre Mitte setzte, die Erde aber unter den anderen Planeten einordnete?

Am 19. Juli 1595 hatte Kepler den entscheidenden Einfall. Es gibt fünf regelmäßige konstruierbare geometrische Körper. Platon hat sie beschrieben. Es sind der Würfel, die Pyramide, der Acht-, Zwölf- und Zwanzigflächner. Diese besonderen geometrischen Gebilde versuchte Kepler mit den Planetenbahnen in Beziehungen zu setzen. Und siehe da: Sie paßten, das copernicanische System vorausgesetzt, in einer genau bestimmbaren Reihenfolge zwischen die zu Kugelschalen erweiterten Kreisbahnen der Wandelsterne mit der Erde in deren Mitte. Aus dieser Konstellation ließen sich für Kepler auch die besondere Bedeutung der Erde und die Vorzüge dieser Stellung für den Menschen ableiten.

Diese Erkenntnis empfand Kepler als schlechthin überwältigend, er verstand sie als Offenbarung Gottes: Hier hatte Gott ihm das Geheimnis seiner Schöpfung, den mathematischen Bauplan der Welt selbst sehen lassen, hier hatte der Schöpfer dem Menschen Kepler Anteil an seinen Gedanken gewährt. Das mußte dieser der Menschheit verkündigen. Das war fortan seine Aufgabe. Hier hatte ihn Gott berufen, Gottes Geheimnis in der Welt bekannt zu machen, Gott hatte ihn mit dieser Erkenntnis zum Beruf des Astronomen eingesetzt.

In Keplers geometrischem Weltmodell, dem „Mysterium cosmographicum" (Weltgeheimnis) – so hieß auch das Buch, sein Erstlingswerk, in dem er seine Entdeckung 1596 mitteilte – waren aber immer noch Kreisbahnen und dementsprechend Kugelschalen vorausgesetzt. Die platonische Forderung nach idealen Figuren blieb voll in Geltung, ja sie wurde noch verstärkt und erweitert durch den Einbezug der regelmäßigen geometrischen Körper. Das alte klassische Weltbild der Griechen und des christlichen Mittelalters blieb auch nach (wie bei) Copernicus voll in Geltung: der endliche, wohlgeordnete, hierarchisch gegliederte Kosmos, das geschlossene Universum. Die Vertauschung der Plätze von Erde und Sonne änderte daran nichts. Die „copernicanische Revolution" war gar nicht so revolutionär, wie man gemeinhin meint. Platons ideale Kreise blieben intakt.

Doch nun: Als Kepler die Beobachtungsdaten des großen dänischen Astronomen Tycho Brahe zugänglich wurden und er mit ihrer Hilfe die einzelnen Momente des Weltbildes nachrechnete, stellten sich neue Unstimmigkeiten heraus. Besonders die Bahn des Mars, die das Modell voraussetzt, stimmte nicht mit den Beobachtungsergebnissen überein. Es zeugt von der Unbestechlichkeit und verantwortlichen Unnachgiebigkeit des Astronomen Kepler, daß er nicht locker ließ, keine Kompromisse einging, keine Resignation gelten ließ, um der wirklichen Wahrheit näher zu kommen. Die 1609 erschienene „Neue Astronomie" hält alle Um-, Irr- und Abwege fest, die Kepler beschreitet, ehe er zu der bestürzenden, weil das alte platonische Dogma umstürzenden Erkenntnis gelangt, zu der er durch die Wirklichkeit genötigt wird: Die Marsbahn ist kein Kreis, sondern eine Ellipse. Und das gilt auch für die Bahnen der anderen Planeten.

Damit sind zweitausend Jahre Kosmologie überholt. Was dem griechischen und dem christlichen Altertum, dem Denken von Mittelalter, Renaissance und Reformation selbstverständlich war, die ideale, an Kreis und Gerade orientierte Struktur des Universums, wurde hier außer Kraft gesetzt. Unter dem Eindruck der Naturbeobachtung mußte das System geändert werden. Daß Kepler diesen Schritt gegangen ist, daß er den Mut hatte, wider alle Überlieferung das gültige Weltbild zu ändern, das weist ihn als einen der Großen der Geistesgeschichte der Menschheit aus.

Dieser Mut bedurfte einer elementaren Freiheit, die Kepler zu solcher Tat ermächtigte, zugleich aber und noch einmal tiefer einer grundlegenden Verantwortung gegenüber der Schöpfung, dem Werk des Schöpfers. Sie war für ihn allein in der Beziehung zu Gott selbst, dem Schöpfer begründet.

Keplers Frömmigkeit ist die Voraussetzung seiner Astronomie, und diese Frömmigkeit ist es, die ihn dazu in Stand setzte, zweitausend Jahre Tradition zu überspringen und neue Wege einzuschlagen. Zwar waren es auch für Kepler erst Schritte in neuer Richtung. Es wäre verfehlt, nun von einer Keplerschen statt der Copernicanischen Revolution zu sprechen. Wenn schon, müßte man eine Brunoische Revolution konstatieren: Erst bei Giordano Bruno, der dafür im Jahre 1600 auf dem Scheiterhaufen verbrannt wurde, geschieht der Griff durch die Himmelssphären des geschlossenen Kosmos hindurch in das unendliche Universum der Moderne. Erst hier wird unsere Welt zu einer unter unendlich vielen: Der mittelalterliche Kosmos löst sich auf. Kepler hielt an der geschlossenen kosmischen Schöpfungskugel fest und lehnte Brunos Ideen ab. Aber sein Glaube und seine Frömmigkeit machten ihn dazu frei, die Schöpfung immer genauer zu untersuchen, neue Entdeckungen zu machen und immer weiterzufragen, statt am Überlieferten um des Überlieferten willen hängen zu bleiben. Seine christliche Verantwortung ließ ihn dabei elementar nach der gültigen Wahrheit fragen; mit bloßen Hypothesen gab sich Kepler nicht zufrieden. Er wollte wissen, wie die Schöpfung ist, wie Gott sie gemacht hat, um dadurch Gott in seiner Herrlichkeit zu preisen.

Auf diesem Wege entdeckte Kepler auch die zwei weiteren Gesetze der Planetenbewegung, die nach ihm benannt sind. Das zweite Gesetz folgt aus dem ersten und steht ebenfalls schon in der „Neuen Astronomie" von 1609. Das dritte zu finden bedurfte weiterer angestrengter Arbeit. Seine Entdeckung wird von Kepler wiederum genau datiert: Am 15. Mai 1618 „besiegte" seine Rechnung in einem neuen Anlauf „die Finsternis meines Geistes", „daß ich zuerst glaubte, ich hätte geträumt ... Allein es ist ganz sicher und stimmt vollkommen ...". So schreibt Kepler in der „Weltharmonik" von 1618.

In diesem seinem zweiten kosmologischen Hauptwerk nach dem „Weltgeheimnis" wird der Kosmos als eine wohlklingende, in allen ihren natürlichen Elementen aufeinander abgestimmte, physikalische und musikalische Harmonie vorgestellt – ein angemessener, elementarer, allumfassender Lobpreis Gottes, des Schöpfers dieser Welt. Das vollkommene Weltgebäude des „Mysterium cosmographicum" von 1596 wird darin aufgenommen und als Grundkonstruktion vorausgesetzt; selbst die Ellipsen von 1609 sind noch darin unterzubringen: die Kugelschalen des Weltmodells müssen nur dick genug gezeichnet werden. Die mathematischen Proportionen mit ihren harmonikalen Folgerungen präzisieren nun das Weltbild im Blick auf die Bewegung der Himmelskörper.

II.

Diese umfassende Weltschau stimmt schlecht zu dem, was Kepler im Alltag seines persönlichen Lebens an Schwierigkeiten, Not und Bedrängnis erfuhr und durchzustehen hatte. Die himmlischen Harmonien waren ihm jedoch Trost in solchen Lagen des Lebens. Als im Februar 1618 seine

Tochter Katharina, noch nicht ein halbes Jahr alt, stirbt, läßt er seine damalige Alltagsarbeit, die Berechnung astronomischer Tafeln, liegen und vollendet die Weltharmonik.

Was waren es für Lebensumstände, in denen Kepler lebte? Er wurde am 27. Dezember 1571 in der Freien Reichsstadt Weil in Württemberg, dem heutigen Weil der Stadt, geboren. Sein Vater Heinrich lebte im Hause des Großvaters Sebald, Bürgermeister in Weil, trieb wie dieser neben der Landwirtschaft auf vielfältige Weise Handel und begab sich dann als Söldner in die Dienste verschiedener Kriegsherren. Am 15. Mai 1571 hatte er Katharina Guldenmann aus Eltringen geheiratet. 1574 kämpfte Heinrich auf seiten der Spanier in der Schlacht auf der Mockerhaide gegen die aufständischen Niederländer mit. Johannes' Mutter zog ihm nach; sie vertrug sich mit ihrer Schwiegermutter nicht. Nach seiner ehrenvollen Rückkehr erwarb Heinrich Kepler das Bürgerrecht zu Leonberg, kaufte dort ein Haus und siedelte mit der Familie 1577 über. Er verpflichtete sich wieder zu Kriegsdiensten. 1590 starb er als Hauptmann in der Gegend von Augsburg.

Weil war katholisch, im Unterschied zum umliegenden Herzogtum Württemberg. Obwohl seine Familie evangelisch war, ist Johannes vermutlich in der Stadtkirche, also katholisch getauft worden, weil das „Auslaufen" zu protestantischen Amtshandlungen nicht erlaubt war. Erzogen wurde er in der lutherischen Lehre, und zwar in deren strenger württembergischer Form. Seit 1577 ging er zur Schule; 1583 bestand er das württembergische Landexamen, das ihn zum Besuch der weiterführenden Klosterschulen berechtigte. Die Kindheit war von offenbar schwierigen häuslichen Verhältnissen und vielen Krankheiten überschattet. 1574 wäre Johannes beinahe an den Blattern gestorben. Er litt vor allem unter Hautkrankheiten und Geschwüren. Sein Körper blieb schwächlich. Seine Augen waren kurzsichtig, und er wurde auch durch Vielsichtigkeit geplagt. Offenbar gab es auch psychische Störungen, einem psychopathischen Zug in der Familie entsprechend. Ängste und Nöte setzten sich durch die Schulzeit hindurch fort bis ins Studium.

In einer Selbstcharakteristik, in der er vieles davon in der Form eines Horoskopes entwickelt und begründet, werden zwei Ereignisse genannt, die ihn in dieser Kindheit offenbar besonders beeindruckt haben: 1577 wurde er von seiner Mutter auf einen hochgelegenen Platz mitgenommen, um den Kometen dieses Jahres anzuschauen. Im Alter von neun Jahren wurde er von seinen Eltern „eigens herausgerufen, um die Mondfinsternis zu sehen. Er sah ganz rot aus".

1584 wurde Kepler in die Klosterschule zu Adelberg aufgenommen, 1586 in die Oberstufe zu Maulbronn. Am 25. September 1588 erlangte er in Tübingen die erste akademische Würde: das Baccalaureat. Seit 1589 studiert er an der Artistenfakultät der Universität und lebt im Herzoglichen Stipendium, dem heutigen Theologischen Stift. Nach dem Magisterexamen beginnt er 1591 mit dem Studium der Theologie. Er wollte Pfarrer werden.

Doch Kepler bildete sich auch in Naturphilosophie, Mathematik und Astronomie weiter. Mit Michael Mästlin (1550–1631), der ihn in die copernicanische Astronomie einführte, blieb er zeit seines Lebens verbunden. So konnte es geschehen, daß er für die vakante Stelle eines Mathematiklehrers in Graz vorgeschlagen und 1594 mit seinem Einverständnis dorthin berufen wurde. Den Wunsch, Pfarrer zu werden, gab er damit nicht auf, doch machte ihm die in Tübingen vertretene württembergische Theologie tiefgreifende Schwierigkeiten. So kam ihm diese Berufung gelegen, konnte er doch im Rahmen der neuen Stelle seine mathematischen und astronomischen Interessen umso intensiver fortführen. Das wurde ihm auch zugestanden, als die Schüler ausblieben; sein Vortrag war offenbar zu schwierig und bei der Fülle seiner Gedanken zu unübersichtlich.

Auch Prognostika hatte er zu schreiben, astrologische Kalender, eine Arbeit, die ihm offenbar Freude machte. Sie diente ihm nicht nur zum Geldverdienen, sondern auch zur empirischen Überprüfung astrologischer Postulate: Kepler verstand Astrologie als Naturwissenschaft, ja schließlich auch als Kausalanalyse im modernen Verstand. Nur in dieser Perspektive formulierte er auch Ausblicke in die Zukunft, nicht als naive Wahrsagerei, sondern als Interpretation der zu erwartenden Konstellationen und ihrer Auswirkungen, mit denen er rechnete. Das war mehr, als dann der Fortgang der naturwissenschaftlichen Forschung gelten lassen konnte, doch im alten Weltbild ist der methodische Ansatz ein weiterer Schritt zu dessen Überwindung.

Wie sehr der gesunde Menschenverstand trotz nach heutiger Erkenntnis falschen Voraussetzungen in der Anwendung das Richtige treffen konnte, zeigen Ratschläge an einen schwermütigen Arzt in einem Horoskop aus dem Jahre 1607. Nach der Schilderung der aktuellen Stellung der Gestirne schreibt Kepler: „Benutzt die Gelegenheit, eine schöne Gattin heimzuführen. Ihr werdet zwei Vorteile daraus ziehen: Euer schwacher Magen wird durch Auflegen eines natürlichen warmen Pflasters erwärmt, und Euer Trübsinn wird zerstreut." Doch das kommt nicht von alleine: „Eine Frau werdet Ihr nicht unter den Sternen finden: die Erde gebiert diese Art von Lebewesen." Im übrigen bemerkt Kepler: „Seid Ihr nicht korpulenter und von gewichtigerem Aussehen als ich, so werdet Ihr nie Bürgermeister werden."

In Graz machte Kepler 1595 die Entdeckung des Mysterium cosmographicum, die seinen weiteren Lebensweg entscheidend bestimmte. Hatte er sich bislang vorbehalten, zum Abschluß des Theologiestudiums nach Tübingen zurückzukehren, um dann ein Pfarramt zu übernehmen, so fühlte er sich nun berufen zum Priesterdienst am Buch der Natur: Gott hatte ihn mit dieser Offenbarung des Schöpfungsgeheimnisses beauftragt, es den Menschen weiterzuverkündigen. Kepler konnte damit an die alte Tradition anknüpfen, die zwischen dem „Buch der Bibel" und dem „Buch der Natur", zwischen biblischer und natürlicher Offenbarung Gottes unterschied. In der einen hat Gott sich im Wort, in der anderen in seinem Werk offenbart. Der Mensch hat Gottes Werk durch seine Sünde verdunkelt und verstellt, doch durch Christus erlöst, vermag er Gottes Willen in der Natur nun neu zu erkennen. Die befreite Vernunft ist in der Lage, Gottes Schöpferwillen zu entdecken und ihm zu folgen.

Das gilt schließlich auch für die irdische Welt: der Verweis auf Gottes Willen in der Schöpfung soll auch menschliches Handeln korrigieren und neu bestimmen. Aus der Erkenntnis der Schöpfung folgt eine Ethik. Die himmlischen Harmonien sollen auch das irdische Leben leiten. Die Disharmonie von Zwietracht, Haß, Krieg, Not, ja auch körperlichem Leiden entspringt menschlicher Sünde. Befreit Christus zum ewigen Leben, so soll nun die von der Sorge um das ewige Heil befreite Vernunft das vergängliche irdische Leben nach dem Maßstab der Liebe Gottes gestalten, die in der Gestalt der ganzen Schöpfung erkennbar wird. Auf diesem Hintergrund kann sogar der astrologische Kalender, das persönliche Horoskop in den Dienst persönlicher Seelsorge treten.

1597 heiratete Kepler in Prag Barbara Müller von Mühleck (1573–1611), die Tochter eines reichen Mühlenbesitzers bei Graz. Die Kinder Heinrich und Susanna starben kurz nach der Geburt. Alsbald geriet er auch in die Wirren der Gegenreformation in der Steiermark: 1598 mußte Kepler zusammen mit den anderen Lehrern und Predigern die protestantische Stiftsschule Graz verlassen. Zwar konnte er nach kurzer Zeit wieder zurückkehren, doch da er sich weigerte, zum katholischen Glauben überzutreten, durfte er nicht länger im Lande bleiben. Inzwischen hatte Kepler in Prag Tycho Brahe kennengelernt. Kaiser Rudolf II. hatte ihn als Astronomen an seinen Hof geholt. Die astronomischen Beobachtungen, die Tycho in seiner dänischen Sternwarte Uraniborg zusammengetragen hatte, brauchte Kepler für seine weitere theoretische Arbeit. So konnte es wiederum als eine Fügung Gottes gelten, daß Kepler, aus Graz ausgewiesen, bei ihm im Jahre 1600 Zuflucht und als sein Assistent Anstellung fand. Ein Jahr später starb Tycho. Kepler wurde sein Nachfolger als Kaiserlicher Mathematicus.

In Prag wurden Susanna, Friedrich und Ludwig Kepler geboren. Friedrich starb mit sechs Jahren an den Pocken. Die anderen beiden überlebten die Eltern. Keplers Stieftochter Regina heiratete 1608 den Gräflichen Isenburgischen Rat und Gesandten Philipp Ehem, Susanna 1630 Keplers Assistenten Jakob Bartsch in Straßburg. Ludwig wurde Stadtphysicus von Königsberg und Leibarzt des Kurfürsten von Brandenburg; er verwaltete nach dem Tode des Vaters 1630 den Nachlaß. 1611 stirbt Keplers Frau Barbara, 1612 Kaiser Rudolf II.. Kepler wäre gern als Astronom an die Universität Tübingen zurückgekehrt. Doch inzwischen hatten sich seine theologischen Anschauungen so weit gefestigt, daß er nicht in der Lage war, die lutherische Konkordienformel zu unterschreiben. Ihren Verdammungsurteilen gegen die calvinistische Lehre von der Person Christi und vom Abendmahl vermochte er nicht zuzustimmen. Die Unterschrift war die Bedingung für eine entsprechende Anstellung in Württemberg. So ging er 1612 auf Einladung der oberösterreichischen Stände als Landschaftsmathematiker an die evangelische Landschaftsschule nach Linz. Von Kaiser Matthias wurde er als Hofmathematiker bestätigt.

1613 heiratete Kepler zum zweiten Male. In einem Brief an einen Adligen erzählt er die Geschichte seiner Brautsuche. Elf Kandidatinnen kamen in Frage, für jede einzelne zählt er genau alle Vor- und Nachteile auf. Am Ende entscheidet er sich für die einzige, die weder Rang noch Geld noch Familie hatte: Susanne Reuttinger aus Eferding. »Ihr seht«, schreibt er, »wie die göttliche Vorsehung mich in derartige Verlegenheiten trieb, damit ich lerne, vornehmen Stand, Reichtum und Herkunft zu verachten, von denen sie nichts besitzt, und mit Gleichmut andere, schlichtere Tugenden zu suchen“. Das Versprechen, bescheiden, sparsam, fleißig zu sein und die Stiefkinder zu lieben, war entscheidend. Susanne gebar Kepler sieben Kinder. Drei von ihnen starben in frühester Jugend.

1615 wurde Keplers Mutter als Hexe angeklagt. Kepler muß sich ihrer annehmen und ihr beistehen. Nur seinem Ansehen und seinem Einsatz ist es zu verdanken, daß der Prozeß 1621 glimpflich ausgeht. Sie kommt mit dem Schrecken davon, stirbt jedoch ein Jahr später, 75-jährig.

Weil Kepler die lutherische Konkordienformel nur unter Vorbehalt zu unterschreiben bereit ist, darf er am Linzer Landhaus nicht am Abendmahl teilnehmen. 1619 bestätigt das zuständige württembergische Konsistorium in Stuttgart diese Entscheidung des Hauptpastors, Daniel Hitzler (1575–1635). So mußte sich Kepler an andere Prediger halten, die ihm die Teilnahme gewährten. Der Prädikant bei seinem adligen Freund Baron von Tschernembl zu Schwertberg bei Linz kam offenbar aus der calvinistischen Tradition.

In Linz stellt Kepler neben anderen Werken seine Weltharmonik fertig und arbeitet an den Rudolphinischen Tafeln. 1622 bestätigt ihn Ferdinand II. als Kaiserlichen Mathematiker. Als unter seiner Regierung auch in Linz die Gegenreformation einsetzt, erhält Kepler auch nach Schließung der evangelischen Landschaftsschule die Sondererlaubnis zu bleiben und seiner Arbeit nachzugehen. 1626 wird Linz von den aufständischen Bauern belagert. Das macht seine Arbeitsmöglichkeiten zunichte. So verläßt er Linz, um den Druck der Rudolphinischen Tafeln zum Abschluß bringen zu können. Sie erscheinen 1627 in Ulm. 1626 bis 1628 sind für die Familie unruhige Wanderjahre. Versuche einflußreicher katholischer Freunde, ihn zur Konversion zu bewegen, werden entschieden abgelehnt. Das hierarchische System der römischen Kirche vermag er nicht anzuerkennen.

1628 tritt Kepler in den Dienst des Herzogs Wallenstein und siedelt nach Sagan über. Seine Aufgabe ist nun, die Beobachtungen Tycho Brahes zu edieren – ein trockenes Geschäft, das ihm nicht sehr lag. Zudem betrieb auch Wallenstein in Schlesien aus politischen Gründen die Gegenreformation. Kepler war davon nicht unmittelbar betroffen, doch waren diese Verhältnisse nicht dazu angetan, ihn heimisch werden zu lassen. 1630 wurde Wallenstein abgesetzt. Das machte Keplers Zukunft wieder ungewiß. Im Oktober brach er von Sagan auf, um auf dem Kurfürstentag in Regensburg auf die Ausbezahlung von 2000 Gulden zu dringen, die ihm die kaiserliche Kasse schuldete, seine Lage zu besprechen und dann zu Wallenstein und nach Linz weiterzureisen. In Regensburg kam er, stark kränkelnd, bei einem Freund unter. Dort starb er am 15. November, „in der festen Zuversicht", wie es in dem Brief eines Augenzeugen heißt, „allein durch das Verdienst unseres Erlösers Jesus Christus" selig zu werden.

III.

Diese letzte Äußerung Keplers bezeugt seine tiefe christliche Frömmigkeit. Sie bestimmt ihn sein ganzes Leben hindurch. Hat sie bis ins Studentenalter hinein vielfach auch noch magische Züge, so setzte er sich doch schon in der Kindheit biblische Gestalten als Vorbilder für das Leben. Streit und Haß waren ihm schon in der Schulzeit zuwider. Seine Friedfertigkeit forderte seine Mitschüler gegen ihn heraus. Doch die Suche nach Frieden bestimmt auch den Erwachsenen. Er fand ihn in den himmlischen Harmonien, die die Welt durchwalten. Sie sollten auch das gesellschaftliche und persönliche Leben bestimmen. Die Pietas gehörte im übrigen schon in Tübingen zum neuen protestantischen Bildungsideal. So war ihm aus dem Glauben heraus der Dienst für den Nächsten ebenso Gottesdienst wie die Erforschung der Wahrheit in der Natur.

1617 schreibt Kepler: „Weil Christus uns geliebt hat, als wir noch Feinde waren, und sein Leben für uns gelassen, zu dessen Gedächtnis das Abendmahl eingesetzt ist, so sollen auch wir unsere Feinde lieben, ihnen verzeihen, wo sie gefehlt haben, wie Gott uns unsere Schuld vergeben hat, auch je einer um des anderen Notdurft willen einen Teil seiner zeitlichen Güter gern und willig fahren lassen, um ihm zu helfen. Ja wenn es Gott so schickt und die Not erfordert, soll einer für den anderen oder für die

Christenheit alles Zeitliche und das Leben selbst zu verlassen bereit und willig sein."

Diese Worte sind in einem Katechismus enthalten, den Kepler für seine Kinder, sein Hausgesinde und seine Angehörigen geschrieben hat. Der Text ist in Fragen und Antworten verfaßt und zum Auswendiglernen bestimmt. Er handelt vom Abendmahl. Grundlage ist der Text der liturgischen Vermahnung, die vor der Austeilung des Sakraments in der Kirche verlesen wurde. Kepler versieht diesen Text mit eigenen Erläuterungen. Dabei versucht er auch seine eigene theologische Auffassung zu belegen. Als Zeugnis seiner Anschauung schickt er diesen Katechismus auch nach Tübingen. Doch sein Anliegen ist zuerst ein seelsorgerliches: Als christlicher Hausvater fühlt er sich verpflichtet, seine Angehörigen im christlichen Glauben zu unterrichten; er ist für ihr ewiges Heil verantwortlich.

Der Hintergrund dieser Schrift sind die theologischen Auseinandersetzungen, die das konfessionelle Zeitalter auch innerhalb des Protestantismus erschüttern. Kepler hat wenig Verständnis für ihren Inhalt. Er empfindet sie als bloße Streitigkeiten. „Liebe Christen, ihr höret täglich in den evangelischen Predigten, daß von Anfang der Reformation bis auf den heutigen Tag viel Streitens und Zankens vom Heiligen Abendmahl des Herrn gewesen und noch heute ist, davon ihr den wenigeren Teil verstehen oder begreifen könnt." So heißt es in der Einleitung zu diesem Text.

Kepler spricht damit das an, was ihn schon mit zwölf Jahren in Leonberg bedrückt hat: der Zwiespalt der Kirchen. Konkreter Anlaß war die Kanzelpolemik lutherischer Prediger gegen die Calvinisten, gerade in der Auslegung des Heiligen Abendmahls und in der Lehre von der Person Christi. In seiner Selbstcharakteristik schreibt Kepler, daß er sich schon damals nach solchen Streitpredigten zu Hause den Predigttext noch einmal vorgenommen habe. Dabei habe ihm oft gerade die Auslegung, die von dem Prediger widerlegt worden war, die er aber auf diese Weise kennengelernt hatte, eher eingeleuchtet als die, die als theologisch richtig galt.

Dies bleibt auch in den späteren Jahren so. Das ist das Leitmotiv in der Auseinandersetzung mit Daniel Hitzler in Linz und der württembergischen Kirchenleitung, die kompromißlos auf der Linie des konsequenten Luthertums bleibt und Kepler deshalb zum Abendmahl zuzulassen nicht imstande ist. Sie findet den Glauben hier durch die Vernunft verstellt. Kepler gibt diesen Vorwurf seinerseits an die württembergischen Theologen zurück. Briefe gehen hin und her. Auf beiden Seiten verbinden sich tiefes religiöses Engagement mit geistigem Scharfsinn. Doch zu einer Einigung kommt es nicht. Der Dissens bleibt bestehen.

Dennoch fühlt sich Kepler auch mit seinen Gegnern darin – und das zeigt seine letztlich im gemeinsamen Glauben begründete Toleranz – einig, »daß es der gebührlichen Andacht, die ein Christ beim Empfang dieser himmlischen Gaben in seinem Herzen haben soll, sehr hinderlich sei, wenn ihm seine Gedanken durch allerhand spitzfindige Reden und Widerreden beunruhigt werden". Die gemeinsame Basis ist die Frömmigkeit selbst, *vor* „allerhand Abführungen und Verleitungen der Gedanken".

Einen weiteren Einblick in Keplers Frömmigkeit und eigene Theologie gewährt eine Widmung, die er 1624 in eine Bibel geschrieben hat, um sie zu Neujahr seinem Sohn Ludwig, der damals gerade siebzehn Jahre alt geworden war, zu schenken. Sie lautet: „Johannes Kepler, Mathematicus, an seinen Sohn Ludwig. Am 1. Januar des neuen Jahres 1624 schenke ich Dir mit dieser alten Ausgabe der Bibel, auch aus einer alten Übersetzung, ein gar nicht eben neues Neujahrsgeschenk – auf daß ich Dich dadurch wie durch ein Symbol ermahne, daß Du in den Dingen, die das Heil der Seele und die Auferbauung der Kirche Gottes betreffen, den Spuren des reinen und jugendlichen Altertums, nach den Aposteln, genau folgen mußt. Wie sehr auch Gottesdienst allein der Gottheit gebührt um ihres alles überragenden Vorranges willen, so sollst Du dennoch wissen, daß Du in frommer Weise auch den Eifer, die Mühen und Arbeiten der alten Lehrer der Kirche hochhalten mußt, um der überaus großen Gefahr willen, die in Neuerungen liegt. Lebe wohl und schreite mit dem fortschreitenden Jahr zugleich selbst in der Bildung des Geistes erfolgreich voran."

So sehr Kepler für den Fortschritt der Naturerkenntnis arbeitete und lebte, so sehr wandte er sich gegen alle Neuerungen in der Theologie. Erst aus ihnen, so meinte er, seien die Streitigkeiten erwachsen, die das gesellschaftliche Leben zerrütteten. Im Zeitalter des Dreißigjährigen Krieges erlebte er die Folgen, wo immer er hinkam. Er hatte schon vor seinem Ausbruch einen allgemeinen deutschen Religionskrieg vorausgesehen, als Straf- und Läuterungsgericht für den Hochmut und die dogmatische Selbstbezogenheit der Deutschen, „um die Spreu menschlicher Leidenschaften auszuworfeln, damit wenigstens die Nachwelt zu einem reinen Frieden zusammenfinde".

Gegenüber den theologischen Neuerungen aller drei Konfessionen – auch die calvinistische Prädestinationslehre lehnte er als Gottes nicht würdig und unmenschlich ab – verwies Kepler auf die Bibel selbst und ihre Auslegung bei den Kirchenvätern. Den Konsens der Kirche der ersten Jahrhunderte empfand er allein als tragfähig für die Auslegung der Heiligen Schrift und den Aufbau der Kirche.

Geistig verbindet Kepler mit den christlichen Theologen der ersten Jahrhunderte das Interesse an der Kosmologie. Es ist verbunden mit der Aufarbeitung der philosophischen Tradition des griechischen und römischen Altertums. Als Mensch der Renaissance fühlt sich Kepler auch aus diesem Grunde mit den Vätern der Kirche in einer gemeinsamen Situation. Im Zusammenhang der Religion ist für ihn jedoch die Bewahrung des Glaubens vor philosophischer Überfremdung entscheidend. Im Konsens der Alten Kirche ist ihm der Glaube präsent, während er ihn durch den Rationalismus mittelalterlicher Scholastik und nachreformatorischer Neuscholastik verstellt sieht.

Kepler kommt damit in eine interessante Nähe zur vierten großen christlichen Konfession, der Ostkirche. Es bot sich keine Gelegenheit, dies Verhältnis bewußt zu machen und zu bedenken. Zur anglikanischen Kirche gab es jedoch Kontakte: Jakob I. von England erschien ihm als Vorkämpfer für die Einheit der Kirche auf der Basis eines allgemeinen Konzils. Ihm hat er seine Weltharmonik gewidmet. Das ist ein beredter Hinweis darauf, daß Kepler auch seine astronomische Arbeit als Beitrag zur Einigung der Kirchen und damit für die Schaffung des Friedens in der Christenheit verstand und als solchen aufgenommen wissen wollte. Kepler schließt die Weltharmonik deshalb auch mit einem Gebet, in dem er um den Wohlklang gegenseitiger Liebe und die Wiederherstellung der Einheit der Kirche im Einklang mit den Harmonien des Himmels bittet.

Ist die Bibel und die Auslegung der Kirchenväter Richtschnur christlicher Theologie, wie ist dann die copernicanische Astronomie der Neuzeit und ihre Weiterführung durch Kepler mit dieser Tradition ihrerseits in Harmonie zu bringen? Kepler antwortet: In der Bibel will Gott den Menschen das ewige Heil verkünden. Er tut das in einer Sprache, die sie verstehen: der Sprache des Augenscheins. Der Astronom dagegen interpretiert das Buch der Natur, um die Schöpfung zu verstehen. Er vermag damit, dem zeitlichen Leben zu dienen, Frieden zu schaffen und Liebe zu wecken. Das letzte Gericht liegt bei Gott. Ihm befiehlt Kepler auch sein irdisches Werk. Es erhält dadurch seinen Ernst: Die unbestechliche Suche nach Wahrheit ist ebenso Gottesdienst wie das harmonische Verhältnis zu den Mitmenschen. Der Grund, so denken und leben zu können, aber ist die Erlösung, die Gott den Menschen durch seinen Sohn hat zuteil werden lassen.

So verbinden sich für Kepler Theologie und Naturwissenschaft miteinander in der Frömmigkeit. Sie ist die Basis beider. Ihre Differenz kann den gemeinsamen Wurzelboden nicht zerstören, nur verleugnen. Den Bau von Theologie und Naturwissenschaft so zu gestalten, daß beide diesem ihrem Fundament entsprechen, bleibt die Aufgabe. Wird sie wahrgenommen, werden sie einander auch nicht widersprechen. Zeit und Ewigkeit gehören zusammen. Der Konsens ist deshalb lebenswichtig, weil eine bloß abstrakte Wissenschaft die Fülle des Lebens nicht mehr in den Blick bekommt und ihr dann auch nicht mehr dienen kann. Dies gilt von Theologie und Naturwissenschaft gleichermaßen: Naturwissenschaft, die vom Leben absieht, wirkt zerstörerisch, Theologie, die das Denken über den Glauben stellt, wird zum leeren Stroh. Beide haben einander wechselseitig auf das aufmerksam zu machen, was sie mit ihrer Methode nicht erfassen, dies ins Gespräch und in das gemeinsame Handeln einzubringen, um gemeinsam erfülltes Leben zu fördern.

Im Vorwort zu seiner „Neuen Astronomie" faßt Kepler zusammen: „Ich beschwöre ... meinen Leser, daß er die göttliche Güte nicht vergesse, die den Menschen zuteil geworden ist. Wenn er aus der Kirche zurückkehrt und in die astronomische Schule eintritt, so möge er mit mir die Weisheit und Größe des Schöpfers loben und preisen, die ich ihm zeige: aus der genaueren Erklärung und Gestalt der Welt, der Erforschung der Ursachen, der Entdeckung der Irrtümer beim Sehen. So soll er nicht nur in der Standfestigkeit und Ruhe der Erde das Heil für den ganzen Kosmos alles Lebenden wie ein Geschenk Gottes umfangen, sondern auch in ihrer ebenso verborgenen wie wunderbaren Bewegung die Weisheit des Schöpfers erkennen.

Wer aber zu wenig Verstandeskraft besitzt, als daß er die astronomische Wissenschaft verstehen könnte, oder zu schwach ist, als daß er ohne Schaden der Frömmigkeit Copernicus Glauben schenken kann, dem rate ich, daß er die astronomische Schule verlasse, wenn er will, auch all und jede Meinung der Gelehrten verdamme, und seinen Dingen nachgehe. Er möge von jener weltlichen Pilgerreise Abstand nehmen, sich nach Hause zurückziehen und sein Äckerle bebauen. Er möge seine Augen, mit denen allein er sehen kann, zum sichtbaren Himmel erheben und sich mit ganzem Herzen dem Dank und dem Lobe Gottes des Schöpfers hingeben. Dabei soll er sicher sein, daß er keinen geringeren Gottesdienst tut, als der Astronom, dem Gott schenkte, daß er mit dem Auge des Geistes mehr sehen kann. Er kann und will über dem, was er entdeckt, seinerseits seinen Gott preisen."

Literaturhinweise:

Gerlach, Walther/List, Martha: Johannes Kepler. Leben und Werk, Serie Piper 201, 2. Auflage, München 1980.

Hübner, Jürgen: Die Theologie Johannes Keplers zwischen Orthodoxie und Naturwissenschaft, Tübingen 1975.

Johannes Kepler. Gesammelte Werke, hrsg. im Auftrag der Deutschen Forschungsgemeinschaft und der Bayerischen Akademie der Wissenschaften, begründet von Walter von Dyck und Max Caspar, München 1938 ff.

Gustav Adolf von Schweden
(1594–1632)

Ingun Montgomery

Gustav Adolf von Schweden – Der Held aus Mitternacht

In der älteren Geschichtsschreibung, die sich vor allem mit Helden und Kriegstaten befaßte, war König Gustav Adolf einer der größten Söhne Schwedens, wenn nicht der größte überhaupt: Heldenkönig, genialer Feldherr, Glaubensheld, vollkommener Gesellschaftsmensch, warmherzig und ritterlich. In den Propagandaschriften seiner Zeit galt er auch als der apokalyptische „Held aus Mitternacht", als der „Löwe aus dem Norden", das heißt, als ein von Gott erwähltes Werkzeug, um große Taten zu vollbringen.

Heute zögert man, dem Handeln einer einzelnen Person eine so entscheidende Rolle im historischen Geschehen beizumessen, wie es gewöhnlich mit Gustav Adolf geschah. Die auf Personen gerichtete ältere Geschichtsschreibung konnte auf eine lange Tradition zurückgreifen, bis hin zu Darstellungen im Alten Testament, denen zufolge Gott durch die von ihm Erwählten in der Geschichte wirkte. So erlebte Gustav Adolf selbst seine Taten als ein Handeln im Namen Gottes, als er in den Dreißigjährigen Krieg eingriff. Das Individuum war nur ein Werkzeug zur Verwirklichung von Ideen – mochten diese nun gut oder böse sein. Damit kam der Geschichtsschreibung die Funktion einer pädagogischen Belehrung zu. Sie schuf Anteilnahme an vergangenen Ereignissen und hielt die Erinnerung an diese wach.

Diese Geschichtsauffassung macht es verständlich, daß gerade eine Gestalt wie Gustav Adolf als „Vorbild" dargestellt wurde. Um seine Bedeutung richtig verstehen zu können, müssen wir ihn zunächst im Zusammenhang seiner Zeit sehen und uns verdeutlichen, welche Stellung die Religion in der damaligen Gesellschaft hatte, denn sie war keineswegs eine Privatsache oder eine Frage der rein persönlichen Überzeugung.

Historische Daten

König Gustav Adolf regierte in den historisch entscheidenden Jahren von 1611–1632, als Schweden seine Stellung unter den Großmächten Europas erlangte. Er war nicht nur ein hervorragender Feldherr, sondern erneuerte auch das schwedische Verwaltungssystem. Durch die Gründung von Gymnasien wurde u. a. der Schulunterricht verbessert und die Universitäten wurden durch großzügige Dotationen unterstützt. Auch die schwedische Kriegsmacht wurde neu organisiert: die schwedischen Truppen waren ein aus dem Volk rekrutiertes Heer, im Unterschied zu den Heeren der anderen europäischen Staaten, die fast alle aus Söldnern bestanden.

Die bedrängte außenpolitische Lage Schwedens verbesserte sich zunehmend. Mit dem Frieden von Knäred im Jahre 1613 endeten die Kämpfe gegen Dänemark. Die für Schweden härteste Friedensbedingung war die Bestimmung, daß Dänemark die Festung Älvsborg, den einzigen schwedischen Hafen an der Westküste, behielt sowie Teile von Västergötland, und zwar als Sicherheit für Schwedens Kriegsschuld von einer Million Talern, – einer für jene Zeit ungeheuer hohen Summe. Auf Grund des dänischen Machtzuwachses boten die Holländer Schweden ein Verteidigungsbündnis an, das 1614 in Den Haag abgeschlossen wurde.

Durch den Frieden von Stolbowa im Jahre 1617 gelangte der Krieg gegen Rußland zum Abschluß; 1629 wurde in Altmark ein Waffenstillstand mit Polen abgeschlossen, der Schweden den Besitz von Livland und den Städten Elbing, Frauenburg, Braunsberg und Memel mit deren Landgebieten zusicherte.

Dies war die Voraussetzung für Schweden, in den deutschen Krieg einzugreifen. Der 1618 ausgebrochene Religionskrieg drohte zu einem Kampf um die Hegemonie in Europa zu werden. Einer der Hauptgründe, weshalb Gustav Adolf in den Krieg eingriff, war sein Bestreben, die im Augsburger Religionsfrieden (1555) festgelegten, vom Kaiser inzwischen aber nicht mehr anerkannten Verhältnisse wiederherzustellen. Als Gustav Adolf 1630 auf Usedom landete, hatte er indessen kaum Verbündete. In dem gegen Habsburg gerichteten Vertrag von Bärwalde (1631) sicherte Frankreich Schweden Subsidien zu. In der Schlacht von Breitenfeld errangen die Schweden dann einen entscheidenden Sieg über das kaiserliche Heer unter Tilly, danach drangen sie bis nach Süddeutschland vor. Als Wallenstein aber 1632 nach Sachsen einzufallen drohte, eilte Gustav Adolf den Protestanten zu Hilfe und zog wieder nach Norden. Am 6. November kam es schließlich zur Schlacht bei Lützen. Ob diese mit einem Sieg der Schweden oder unentschieden endete, ist in der Forschung umstritten; am verhängnisvollsten war es jedoch, daß Gustav Adolf gleich zu Beginn der Schlacht fiel.

Wie Gustav Adolf zum König Schwedens wurde

Daß Gustav Adolf auf den schwedischen Thron gelangen sollte, war keineswegs selbstverständlich. Er wurde am 9. Dezember 1594 in Stockholm geboren, als Sohn von Gustav Wasas jüngstem Sohn Karl und seiner Gemahlin, Christine von Holstein-Gottorp. Karl war damals nur Herzog von Södermanland, da die Krone nach dem Tode seines älteren Bruders, König Johans III. von Schweden, im Jahre 1592 gemäß vorherigen Abmachungen widerspruchslos an dessen Sohn Sigismund gefallen war, der als Sohn von Katharina Jagellonica katholisch erzogen und seit 1587 bereits König von Polen war.

Obwohl also der Form nach alles wohlgeordnet war, entstanden dennoch zwischen Sigismund und Herzog Karl bald Meinungsverschiedenheiten in der Religionsfrage. Im Namen der schwedischen Stände machte Herzog Karl eine „Versicherung der Religion" zur Vorbedingung der Krönung Sigismunds zum schwedischen König. Indem er als Schutzherr des evangelischen Glaubens und damit als Verteidiger von Gustav Wasas Testament auftrat, konnte Karl seine Opposition legitimieren, die anderenfalls als völlig unzulässig betrachtet worden wäre. Dabei machte er sich geschickt die allgemeine Meinung zunutze, daß religiöse Einheit die Voraussetzung politischer Einigkeit sei und damit von Ruhe und Frieden im Lande. Er konnte sich auf Luthers Staatslehre berufen, nach der die Obrigkeit die Verantwortung für das Recht und damit auch für die Religion habe. Ein evangelischer Fürst war verpflichtet, den rechten Glauben zu verteidigen. Das Testament Gustav Wasas, das mit der Zeit den Charakter eines Grundgesetzes erhalten sollte, setzte voraus, daß der Landesfürst sich zur evangelischen Lehre bekannte. Für Gustav Adolf war daher die Verantwortung für den rechten evangelischen Glauben ein selbstverständliches Erbe.

Auf dem Reichstag in Stockholm 1599, Gustav Adolf war gerade vier Jahre alt, kündigte Schweden nach einer Zeit der Intrigen und offenen Streitigkeiten König Sigismund Treue und Gefolgschaft auf. Die Stände lehnten Sigismund als Regenten vor allem wegen seines katholischen Glaubens ab, sie wollten aber dennoch die Wasa-Dynastie beibehalten. Da Sigismund jedoch seinen Sohn nicht evangelisch erziehen lassen wollte, dies wurde vom Reichstag als Bedingung für seine Anwartschaft auf den Thron gestellt, beschloß man, die Thronfolge auf Herzog Karl und seine Nachkommen zu übertragen.

Damit war Herzog Karl der regierende Fürst des Landes, obgleich er sich erst 1607 zum König krönen ließ. Das Ausland allerdings betrachtete ihn im allgemeinen als Usurpator und sah in Sigismund den legitimen Herrscher von Schweden. Sigismund selber gab zu seinen Lebzeiten den Anspruch auf den schwedischen Thron nie auf, er starb erst im gleichen Jahr wie Gustav Adolf, 1632. Während der ganzen Zeit drohte Sigismund, das Land wieder einzunehmen, die Angst davor wurde durch eine lebhafte Propaganda aus Polen geschürt.

Seit der Einführung der Reformation durch Gustav Wasa (1527) war die nationale Freiheit in Schweden mit dem evangelischen Glauben verknüpft, der katholische Glauben wurde mit Landesverrat gleichgesetzt. Die religiöse Entscheidung für die evangelische Lehre hatte auch politische Folgen, da es undenkbar war, daß ein katholischer Staat Europas die Partei Gustav Adolfs gegen Sigismund ergreifen würde. Deshalb mußte Schweden seine Verbündeten unter den protestantischen Staaten Europas suchen; so waren es die reformierten Niederlande, die als erste den Schweden eine Staatsanleihe gewährten und ihnen dadurch die Möglichkeit boten, die von den Dänen besetzte Festung Älvsborg zurückzukaufen. Auch finanzierten holländische Bankiers, insbesondere Louis de Geer, die Einführung neuer Techniken im schwedischen Bergbau, die rasch zu seiner wirtschaftlichen Entfaltung beitrugen.

Wie seine Vorgänger strebte Gustav Adolf danach, die politische Isolation Schwedens zu durchbrechen, wobei sein Ziel die Vorherrschaft Schwedens an der Ostsee war.

Als die 1618 ausgebrochenen Kämpfe zwischen Ferdinand II. von Österreich und Böhmen sich zu einem allgemein deutschen Konflikt ausweiteten und Wallenstein mit seinen Truppen bis an die Ostsee vordrang, waren die nordischen Ostseeinteressen bedroht. Der habsburgische Kaiser wollte ganz Deutschland unter seiner Führung einigen und es „rekatholisieren“. Die politische Unterwerfung der protestantischen Fürsten sollte sich also auch auf ihre Religion erstrecken.

Als Gustav Adolf 1630 auf seiten der protestantischen Fürsten in den Krieg eintrat, war sein Ziel, Habsburgs Versuch zu verhindern, ein geeintes katholisches Deutschland zu schaffen und eine Machtstellung an der Ostsee zu gewinnen. Als Gegengewicht schwebte ihm in erster Linie ein Bund der protestantischen Staaten Deutschlands vor, womöglich unter der Führung Schwedens. Für ihn bestand kein Konflikt zwischen den Interessen Schwedens und denen des protestantischen Deutschlands. Die Tragweite seines Entschlusses wird verständlich, wenn man bedenkt, daß keiner der deutschen Fürsten ihm Unterstützung zugesagt hatte, als er nach Deutschland zog. Alle hatten angesichts der kaiserlichen Erfolge resigniert.

Der Mann und sein Werk

Als Gustav Adolf als ältester Sohn Karls IX. am 9. Dezember 1594 im Stockholmer Schloß zur Welt kam, schrieb der Vater in sein Tagebuch: „Am 9. wurde mein Sohn Gustavus Adolf geboren, möge er dem allmächtigen Gott zu Lob, Ehre und Preis, seiner Seele zur ewigen Seligkeit und uns Eltern zu Glück und Freude gereichen, er kam zwischen 7 und 8 Uhr morgens zur Welt."

König Karl war ein fürsorglicher Vater, der seine Söhne zu guten und verantwortungsvollen Fürsten erziehen wollte. In einer eigenhändigen Denkschrift für seinen Sohn faßte er die Ideale zusammen, die Gustav Adolf leiten sollten: „Vor allen Dingen fürchte Gott, ehre Vater und Mutter: beweise deinen Geschwistern brüderliche Zuneigung: liebe die treuen Diener deines Vaters: belohne sie nach Gebühr: sei barmherzig gegen deine Untertanen: strafe das Böse: liebe das Gute und den Gehorsam: glaube Gutes von allen, jedoch nach den Umständen und lerne die Person zuvor kennen." Die Liebe zu Gott steht hier an erster Stelle, gefolgt von der Liebe zu Eltern, Geschwistern, Dienern und Untertanen. Und schließlich warnte der Vater den Sohn vor Gutgläubigkeit, die mit Güte nicht zu verwechseln sei.

Gustav Adolf wuchs in einer Athmosphäre freimütiger evangelischer Theologie auf, in der die Heilige Schrift die höchste Norm darstellte. Seine Frömmigkeit war evangelisch-humanistisch, sie enthielt daneben national-konservative Züge – ein Erbe aus der Epoche Gustav Wasas.

Gustav Adolfs Erziehung wurde von seinen Eltern streng überwacht. Bei seinem Kanzler und Freund Axel Oxenstierna ist zu lesen: „Er war streng erzogen und wurde zu Arbeit, Tugend und Männlichkeit angehalten." Als Gustav Adolf sieben Jahre alt war, bestellten seine Eltern Johan Skytte zu seinem Lehrer. Skytte hatte als Sohn eines wohlhabenden Bürgers in seiner Jugend an verschiedenen deutschen Universitäten und Akademien studiert und 1598 an der Universität Marburg den Magistertitel erworben. Wahrscheinlich stand Skytte, gut lutherisch, jedoch ohne die Enge der Orthodoxie, in seiner religiösen Überzeugung König Karl nahe. Bei seinem Dienstantritt hatte Skytte schriftlich versichern müssen, daß er seinen Schüler gemäß den prophetischen und apostolischen Schriften erziehen werde.

Die Religion betrachtete Skytte als wichtigstes Fach im Unterricht des jungen Fürsten, damit er lerne, daß alle Macht von Gott komme; einem gottesfürchtigen Fürsten fiele es leichter, seine Untertanen zu regieren. Auch verleihe ihm das Gottvertrauen die Kraft, Rückschläge zu ertragen. Skytte betonte damit den praktischen Nutzen der Religion.

Wie für seine Zeitgenossen bildete für Gustav Adolf die *prudentia,* die vernunftmäßige Klugheit, die Grundlage menschlichen Handelns, durch die sein Eifer für die Religion bestärkt wurde. Daneben begegnen wir bei ihm dem Gedanken, daß der menschlichen Weisheit eine unüberschreitbare Grenze gesetzt sei – ein Resultat der pessimistischen Strömungen jener Zeit, insbesondere der Lehren des Neustoizismus von der Vergänglichkeit alles Menschlichen und Irdischen. Gerade diese Ungewißheit scheint Gustav Adolf in seinem Gottvertrauen bestärkt zu haben, er überwindet seine Unsicherheit, indem er sein Leben der Gnade und Allmacht Gottes anvertraut: Alles stehe allein in Gottes Hand und kein Mensch könne, „mag er auch noch so klug und verständig sein, berechnen und voraussehen . . ., was geschehen wird", schreibt er 1614 in einem Brief an Axel Oxenstierna.

Als Gustav Adolf 1620 den Kurfürsten von Brandenburg in Berlin besuchte, notierte er den Inhalt einer Predigt, die ihn offenbar tief beeindruckt hatte. In ihr wurde das Leben als eine „Comedie" betrachtet, in der Gott den Menschen die Rollen zuteile. Daher müsse man diese annehmen, damit „wenn wir hinter den Vorhang des Todes gerissen werden, wir vom Meister der Comedie, der Gott im Himmel ist, die Krone der Ehre erlangen". Im 17. Jahrhundert war die Auffassung weit verbreitet, daß Gott jedem Menschen im Drama der Welt eine bestimmte Rolle zugeteilt habe. Als König von Schweden empfand Gustav Adolf die unabweisbare Verpflichtung, seine Rolle aufs beste zu erfüllen. Wie Gott der Herr, so würden auch seine Mitmenschen sein Handeln prüfen, deshalb hatte er sie von der Gerechtigkeit seiner Taten und Argumente zu überzeugen.

Nach dem Tode Karls IX. wurde Gustav Adolf, kaum 17 Jahre alt, entgegen den Bestimmungen unmittelbar zum mündigen Regenten des Landes ernannt. In seiner königlichen Proklamation vom 31. Dezember 1611 verpflichtete er sich, das Augsburgische Bekenntnis und den Beschluß der Synode von Uppsala – die schwedische Entsprechung des Ausburger Bekenntnisses – zu halten. Der König mußte daneben geloben, die Stände nicht zu einer anderen Religion zu verführen oder gar zu zwingen. Im schwedischen Reich durfte keine andere Religion ausgeübt werden und Bekenner fremder Religionen durften keine Ämter bekleiden. Nur Ausländern war es erlaubt, einer anderen Religion anzugehören. Sie konnten sich in Schweden aufhalten und ihren Beruf ausüben, solange sie die Religion des Landes nicht verhöhnten oder ihre eigene zu verbreiten suchten. In der Erklärung für dieses Zugeständnis hieß es: Keine Obrigkeit habe die Macht, „über das Gewissen des Einzelnen zu bestimmen oder zu regieren". Dies bedeutete eine gewisse Abschwächung gegenüber den ursprünglichen Vorstellungen der Stände, und manche Zeichen deuten darauf, daß sie auf Veranlassung des Königs hinzugefügt wurde.

Daß Gustav Adolf die evangelische Religion als Grundlage der Prosperität Schwedens, den Katholizismus dagegen als Ursache seines Unglücks betrachtete, zeigt sein kurzer eigenhändiger Entwurf zu einer Geschichte der Wasa-Dynastie. Die Einführung der Reformation beurteilte er als entscheidendes Ereignis; Gustav Wasa, der sie durchsetzte, erlangte dadurch in seinen Augen größte Bedeutung: „Dieser König Gustav war das Werkzeug Gottes, durch das Gott unserem Vaterland wieder zur Blüte verhalf; er verstand Frieden zu halten und das Land zu regieren; ihn erleuchtete Gott ... Zu seiner Zeit wurde Gottes reines Wort gelehrt und Menschensatzungen wurden abgeschafft; daher wurde ihm auch das Glück zuteil, das Reich im Erbrecht zu erhalten und es seinen Söhnen zu hinterlassen." So sollte ein guter König sein: ein Werkzeug Gottes für Frieden und Ordnung und zur Verteidigung der rechten Lehre. Das betrachtete Gustav Adolf als den Hauptgrund dafür, daß die neue Dynastie an der Macht bleiben konnte. Hier begegnet uns erneut die Auffassung jener Zeit, wonach Gott konkret in die Geschichte eingreife und den beschütze, der sich bemüht, das Rechte zu tun.

Am 12. Oktober 1617 fand die Krönung Gustav Adolfs im Dom zu Uppsala statt. Diese Zeremonie bildet ein Glied in jener Kette von Ereignissen, die erkennen lassen, daß Schweden auf dem Wege war, sich aus seiner Isolation zu befreien und seinen eigenen Platz unter den Staaten Europas zu beanspruchen. Zu Anfang jenes Jahres hatte Schweden mit Rußland den Frieden von Stolbowa geschlossen, der insofern bemerkenswert war, als er den ersten Friedensschluß nach einem wirklichen Sieg Schwedens darstellte.

Die feierliche Krönung mit ihren traditionellen Zeremonien war nicht nur von religiösem, sondern auch von größtem politischem Gewicht. Das Land trat mit der Krönung und der mit ihr verbundenen Religionsversicherung einträchtig für seinen protestantischen König ein. Auch das neuerwachte Nationalbewußtsein kam bei der Feier deutlich zum Ausdruck: Gustav Adolf selbst trat bei einem Turnier als altgotischer Fürst Berik auf. In Gedichten und Liedern wurde das Nationalgefühl von altlutherischer Glaubensgewißheit getragen. So bildete denn auch ein theologisches Doktorat den Abschluß der Krönungsfeier.

Es war dies die erste Promotion in Schweden, die zeigen sollte, daß von nun an kein Gelehrter mehr ins Ausland reisen mußte, um diese Würde zu erlangen. Die Promotion war ein reiner Staatsakt: der König lud zu ihr ein und wählte die Kandidaten aus, während der schwedische Kanzler, Axel Oxenstierna, Promotor war. Was der König damit bezweckte, legte er in seiner Einladung dar: Er ging von dem Sprichwort aus, daß die Staaten mit Lohn und Strafe gelenkt würden. Er wollte zu Verdiensten ermuntern, indem er sie mit Belohnungen und Ehrenbezeugungen auszeichnete. Zwei Bischöfe und zwei Hofprediger waren für die Auszeichnung erwählt, weil sie „durch Treue zu Gott und der Religion, zu König und Vaterland, durch Verstandesgaben, Gelehrsamkeit und Fleiß, durch Kenntnis der Heiligen Schrift, durch Vorlesungen, Disputationen und Predigten besonders verdient haben, vom König mit einer außerordentlichen Ehrenbezeugung ausgezeichnet zu werden".

Zur Promotion gehörte damals außer der Rede des Promotors auch die Beantwortung einer im voraus formulierten Frage, die einer der neuen Doktoren, Laurentius Paulinus, der Bischof von Strängnäs, beantwortete. Sie lautete: „Ob zusammen mit der wahren, orthodoxen Religion auch verschiedene andere, dazu falsche und irrige Lehren von der christlichen Obrigkeit in einem wohlgeordneten Staat geduldet werden können?" Es ist anzunehmen, daß es Gustav Adolf war, der das Problem, ob Toleranz in Religionsfragen zulässig sei, behandelt haben wollte. Gerade im Krönungsjahr hatte sich diese Frage erneut gestellt, da durch den Frieden von Stolbowa viele griechisch-orthodoxe Christen unter schwedische Oberhoheit gelangt waren. Das Problem der Toleranz wurde um so dringlicher, je mehr Schweden aus seiner Isolation heraustrat, um an der europäischen Kultur und Politik teilzunehmen.

Daß das Problem der Toleranz Gustav Adolf beschäftigt hatte, bestätigte auch der ehemalige Hofprediger Johannes Bothvidi in seiner Predigt am Sarg des gefallenen Königs: Er habe die Frage gestellt, ob man nicht mehrere Religionen im Lande zulassen dürfe, und darauf zur Antwort erhalten, daß dadurch so viel Streit und Uneinigkeit entstünden, daß das Reich und die Religion untergehen müßten. Daraufhin habe der König den Gedanken aufgegeben. Bothvidi hatte die Episode in seiner Ehrenpredigt zitiert, um zu zeigen, wie vernünftig der König war. Nach der Auffassung jener Zeit, der zufolge die Religion der Ruhe und Einigkeit im Lande zu dienen habe, hatte Bothvidi mit Recht darauf aufmerksam gemacht. Heute dagegen erweckt die Tatsache, daß Gustav Adolf die Frage überhaupt zu stellen wagte, größeren Respekt.

Das Problem der Toleranz

Gegenüber den Calvinisten war Gustav Adolf äußerst tolerant, obwohl er die Prädestinationslehre ablehnte. Als Göteborg 1620 nach dem Krieg gegen Dänemark wieder aufgebaut werden sollte, lud Gustav Adolf Kaufleute und Handwerker vor allem aus Holland ein, sich dort niederzulassen. Er versprach ihnen die gleichen Rechte wie den schwedischen Einwohnern, und den Calvinisten gelobte er Gewissensfreiheit, doch durften sie ihren Gottesdienst nicht öffentlich ausüben. Göteborg war also der erste Ort in Schweden, der Andersgläubige in größerer Zahl versammelte. Als Andreas Prytz 1629 zum Superintendenten von Göteborg ernannt wurde, verfaßte der König eine besondere Gedenkschrift mit Anweisungen, wie er sein Amt verwalten solle: Da die Religion in Göteborg „unterschiedlich" sei, bedürfe es für den Superintendenten eines außerordentlichen Taktgefühls. Er dürfe niemanden verletzen, indem er dessen Religion angreife oder tadle; vielmehr solle er durch Überredung und gutes Vorbild und durch Betonung der Gemeinsamkeiten der Religionen die Andersgläubigen dazu bewegen, freiwillig Lutheraner zu werden. Dies war die Art des Königs, Mittel und Wege zu finden, um jenen Experten, die das Land so dringend brauchte, eine Existenz zu ermöglichen, ohne den Vorrang der lutherischen Lehre und das Prinzip der einheitlichen Religion aufzugeben.

Da aber die Stellung der calvinistischen Lehre auch theologisch geklärt werden mußte, begehrte Gustav Adolf 1623 ein Gutachten vom Erzbischof Petrus Kenicius und den Bischöfen Johannes Rudbeckius und Laurentius Paulinus, wie den Reformierten im Kirchenleben zu begegnen sei. Die Antwort der Bischöfe, die seit langem mit dem König zusammengearbeitet hatten, kam dem Kompromißwillen Gustav Adolfs entgegen: Da die Reformierten in den Hauptglaubensartikeln mit den Lutheranern einig seien, könnten die Pfarrer ihnen „um ihrer Schwachheit willen in einigen Zeremonien, die nicht unabdingbar sind, nachgeben". Die Reformierten durften auch in der schwedischen Kirche ihre Kinder taufen lassen und das Abendmahl empfangen, wenn sie positiv eingestellt wären und sich unterrichten ließen; einen förmlichen Übertritt verlangte man indessen nicht. Das galt für diejenigen, die sich ruhig verhielten und zu einer gewissen Zusammenarbeit bereit waren. Von den anderen wollte man nichts wissen, ihnen wurde selbst das Begräbnis auf einem schwedischen Kirchhof verweigert. Indessen teilte die Geistlichkeit im allgemeinen diese tolerante Einstellung zu den Reformierten nicht, sondern lehnte sie strikt ab.

Zu seinem Schwager, dem reformierten Johann Casimir von der Pfalz stand Gustav Adolf in einem persönlich guten Verhältnis; er lud ihn ein, sich in Schweden niederzulassen. Zwar heißt es, er habe ihm keinen calvinistischen Gottesdienst erlaubt, jedoch ernannte er ihn zum Reichsschatzmeister, was gegen seine Krönungsproklamation verstieß.

Außenpolitisch hatte Gustav Adolf gute Verbindungen mit den reformierten Fürsten in Deutschland. Sein Schwiegervater Johann Sigismund von Brandenburg hoffte lange, daß Gustav Adolf zum Calvinismus übertreten werde. Auch waren die deutschen reformierten Fürsten zu einer wirklich aktiven Politik gegen den Kaiser bereit, wie sie im Interesse Gustav Adolfs lag. Durch sein Bündnis mit den reformierten Niederlanden von 1614 war es dem König gelungen, die politische Isolation Schwedens zu durchbrechen und den Weg zu weiteren Kontakten mit anderen evangelischen Staaten zu bahnen.

Die Frage, wie man sich gegenüber Calvinisten im eigenen Lande verhalten solle, wurde weder durch tiefgreifende theologische Streitigkeiten über die reine Lehre, noch durch ein herausforderndes Auftreten der Calvinisten hervorgerufen, vielmehr durch die Tatsache, daß es im schwedischen Einheitsstaat nie zuvor zwei Religionsformen gleichzeitig gegeben hatte. Bei der Einführung der Reformation war ein einheitliches Bekenntnis nur durch ein anderes ersetzt worden, wobei von Toleranz keine Rede war. Daß dies Problem jetzt auftauchte, war durch drei Faktoren bedingt: *wirtschaftliche* – das Wachsen von Handel und Industrie, *politische* – Schwedens Streben, seine Isolation zu durchbrechen und *soziale* – größere Beweglichkeit der Bevölkerung und Eheschließungen über die Konfessionsgrenzen hinweg, nachdem die Einwanderer in Schweden seßhaft geworden waren.

Das Problem des gerechten Krieges

Als Schweden sich nach langem Zögern entschloß, in den deutschen Krieg einzugreifen, um den evangelischen Glaubensbrüdern zu helfen, befand sich das Land in einer neuen und ungewohnten Situation. Man mußte einen Krieg legitimieren, ohne daß die Angreifer innerhalb der Grenzen des Landes standen. Gustav Adolf fragte seinen früheren Lehrer, Johann Bure, ob ein christlicher König, ohne sich zu versündigen, Krieg führen könne, und zwar nicht nur einen Verteidigungskrieg, sondern einen direkten Angriffskrieg. Den Anschein eines Krieges, den die Gegner ohne weiteres als Eroberungskrieg verurteilen konnten, wollte Schweden um jeden Preis vermeiden, als man deutschen Boden betrat. In dem von Salvius verfaßten Manifest über die Kriegsursachen, das gleich nach der Landung der schwedischen Truppen in Stralsund in deutscher und lateinischer Sprache verbreitet wurde, ist deshalb nicht vom Krieg, sondern von bewaffneten Repressalien die Rede.

Die Schuldfrage, d. h. der Unterschied zwischen einem gerechten und ungerechten Krieg, wurde zu einem moralischen Problem, das auch die

Vertreter der Religion, die Geistlichkeit, anging. Bis zu einem gewissen Grade stahl man sich aus dem Dilemma, indem man sich die Auffassung des Krieges im Alten Testament zu eigen machte. Dort galt es als ein großes Leiden, von dem man meinte, daß es nicht zu vermeiden sei, und folglich kein moralisches Problem darstellte. Als Krieg Gottes wurde er als gerecht, wenngleich auch als ein Übel betrachtet.

Zu jener Zeit hatte das Alte Testament größten Einfluß auf die Gedankenwelt der Menschen. Jenen Teil der Bibel kannte man aus eigener Lektüre, aus ihm stammten die Predigten am Sonntag, wie auch die Texte bei Begräbnissen, Hochzeiten und an Buß- und Bettagen. So wählten die Feldprediger mit Vorliebe ihre Texte aus den Büchern Samuel, der Könige und Chroniken. Die Kämpfe und Heldentaten von Gottes auserwähltem Volk dienten den schwedischen Soldaten und ihren Heerführern als Vorbild. Aber keiner der Feldprediger sah im Krieg etwas Gutes. Krieg ließe sich vermeiden durch Besserung, die aus der Reue des Herzens komme, im Vertrauen auf Gottes Barmherzigkeit, so äußerte sich Rudbeckius. Und Bothvidi gab Gebetshefte für die Christen heraus „in dieser jammervollen Zeit des Kriegswesens" und „Einige Gebete, im Kriege zu brauchen, in dieser mühseligen und höchst kummervollen Zeit."

In Bettagsaufrufen und Reichstagsbeschlüssen wurde Jahr für Jahr wiederholt, welches Übel der Krieg sei – und doch ging er weiter. Und er mußte weitergehen, weil ihn die Geistlichkeit und die Stände als gerechten Krieg proklamierten, das geringste Übel von allen. Luther hatte in seiner Schrift „Ob Kriegsleute auch in seligem Stande sein können" die Teilnahme der Christen an Kriegen auf den gerechten Krieg beschränkt. Ein Krieg mußte also gerecht sein, damit Luther ihn billigen konnte. Daß er jedoch Religionskriege als nicht-gerecht betrachtete, davon sah man freilich ab und folgte hier eher der calvinistischen Auffassung.

Folgende Kriterien galten als Kennzeichen des gerechten Krieges:

1. Er mußte von einer *legitimen Obrigkeit* geführt werden.
2. Es mußte eine annehmbare Kriegsursache vorliegen, die ihn zu einem *Verteidigungskrieg* machte.
3. Es mußte ein *klar begrenztes Ziel* vorliegen, damit er nicht zu einem allgemeinen Vernichtungskrieg entartete.
4. Ein Krieg war nur unter der Bedingung annehmbar, daß seine Schäden so weit wie möglich beschränkt wurden.

Prüfen wir nun Gustav Adolfs Kriegsführung nach diesen Gesichtspunkten, so ergibt sich folgendes:

1. Wie wir sahen, betonte Gustav Adolf seine *Legitimität* mit größtem Nachdruck. Ihm kam es zu, und keinesfalls Sigismund, das Erbe Gustav Wasas zu verwalten. Wie dieser hatte er die Verantwortung für Politik *und* Religion. Da er für Schwedens Wohlergehen verantwortlich war, war es seine *Pflicht* und *Berufung*, die katholische Lehre zu bekämpfen. Daher

gilt es festzuhalten, daß zunächst sein Kampf gegen Sigismund und später sein Eingreifen in Deutschland nicht als eigenes Machtstreben, sondern als Kampf gegen die Gegenreformation aufzufassen ist. In seiner berühmten Abschiedsrede an die Stände vom 19. Mai 1630 beschreibt er seine Mission im Kriege wie folgt: „Da wohl mancher sich vorstellen und einbilden mag, daß wir uns diesen Krieg ohne Grund aufladen, nehme ich Gott, den Allerhöchsten zum Zeugen; in dessen Angesicht ich mich befinde, daß ich ihn nicht aus eigenem Antrieb oder aus Lust am Krieg vornehme, sondern ich bin dazu deutlich seit mehreren Jahren aufs Höchste genötigt, damit unsere unterdrückten Glaubensbrüder von dem päpstlichen Joch befreit werden mögen, was, wie wir hoffen, mit Gottes Gnade geschehen soll." – In einer Rede vor dem Rat und der Bürgerschaft von Erfurt und den versammelten Befehlshabern im Herbst 1631 spricht Gustav Adolf von sich als einem Werkzeug im Plan Gottes: „Aber mich treibt die göttliche Berufung in dieser allgemeinen Sache [d. h. der Religion] dazu, daß ich nicht nur mir selbst, sondern auch meinen Religions- und Blutsverwandten Sicherheit verschaffe."

2. Den Kampf für die reine Lehre bezeichnete Gustav Adolf immer wieder als alleinigen Kriegsgrund. Um Sigismund als Feind der reinen Lehre zu kennzeichnen, brauchte Gustav Adolf nur auf die Argumente seines Vaters zurückzugreifen, wie er z. B. in seiner Rede an die Stände in Finnland am 22. Januar 1616 ausführte: „Ihr werdet euch wohl erinnern, wie König Sigismundus von Polen ... von Anfang an und fortgesetzt, so lange er die Herrschaft innehatte, danach gestrebt und getrachtet hat, uns von der wahrhaftigen apostolischen Lehre abzubringen und uns mit dem Dunkel der päpstlichen Irrlehre zu blenden ..."

Kriege mußten in jedem Falle als Strafe Gottes gelten, auch wenn sie gerecht waren, denn sie bedeuteten immer Lebensgefahr und Opfer bei ungewissem Ausgang. Sie wurden daher in der Regel als Thema des Gemeindegebets in den Aufrufen zu Bettagen aufgenommen.

Schon vor Gustav Adolfs Zeit war es üblich, Buß- und Bettage anzuordnen, er aber entwickelte und systematisierte diesen Gebrauch. Den ersten Bettag ordnete Gustav Adolf gleich nach seinem Regierungsantritt an, er wurde am 31. Januar 1612 gehalten. In den Städten sollte an diesem Tag dreimal gepredigt werden, auf dem Lande zweimal, und zwar über alttestamentliche Texte. Die Gemeinde wurde ermahnt, den Tag würdig zu begehen. Wer irgend konnte, sollte zur Kirche gehen und auch das Abendmahl feiern. Es sollte gefastet werden, und wer sich ohne Grund fernhielt, war aus der Gemeinde auszuschließen, bis seine Sache vom Domkapitel behandelt worden war – eine für damalige Verhältnisse sehr strenge Strafe.

Schon am 29. April 1612 erging ein neuer Aufruf des Königs, in dem er mit der Zustimmung des Reichsrats Fasten-, Buß- und Bettage an drei aufeinanderfolgenden Freitagen im Juni und Juli des Jahres ankündigte. Denn der Segen, den Gott durch Erfolge gegen den Feind nach dem Bettag vom 31. Januar verliehen hatte, gab Anlaß zu der Hoffnung, daß er auch jetzt die Gebete des Volkes erhören werde. Während seiner ganzen Regierungszeit ließ Gustav Adolf feierliche Bettage abhalten. Als Sigismund im Jahre 1617 bedrohliche Kriegsvorbereitungen traf, ergriffen die Stände die Initiative und forderten Bettage.

Der Aufruf zum Bettag von 1615 warnte vor der Verschwörung des Papsttums und seiner Anhänger. Sie habe zum Ziel, den wahren Gottesdienst auszurotten, und das Licht des Evangeliums zu löschen. 1623 wies man darauf hin, welche Leiden die Rekatholisierung in Böhmen und in der Pfalz verursacht habe, und warnte davor, daß dies auch in Schweden geschehen könne. Der Aufruf von 1624 beschwor die Gefahr, der Katholizismus könne immer näher rücken: „Wo Gottes Wort noch vor kurzem leuchtete und frei gepredigt wurde, da herrscht jetzt Götzendienst und päpstlicher Greuel.“

Zu Weihnachten 1625 wurde ein Gebot erlassen, an allen Sonn- und Feiertagen in den Kirchen für diejenigen zu beten, die in Europa um ihres Glaubens willen verfolgt wurden. Das Gebet wurde auch in die Andachtsbücher der Armee aufgenommen: „Sieh auch gnädig, oh lieber himmlischer Vater, auf unsere Religionsbrüder, die von den Päpstlichen jämmerlich überfallen und an Leben und Wohlergehen verfolgt werden. Verleihe ihnen väterlichen Beistand, daß sie aus solcher Not erlöst werden.“ Im Jahre 1627 ging man auf diesem Wege noch einen Schritt weiter mit einer Bekanntmachung, die allen wegen ihrer Religion Verfolgten Asylrecht in Schweden zusicherte.

Ohne Zweifel war Gustav Adolf überzeugt, daß die Verteidigung der evangelischen Religion ein legitimer und gerechter Kriegsgrund war. Wenn man die Botschaft der Bettagsproklamationen nun als Propaganda betrachten will, so darf man sie keinesfalls mit den ausgeklügelten Erzeugnissen moderner Propaganda verwechseln. Es gibt hier keine neuen oder erfundenen Argumente, die den Menschen aufgedrängt werden: Die Überzeugung von der Gefährlichkeit und Bosheit des Katholizismus geht bis in die Zeit der Reformation zurück. Auch zielen die Argumente der Bettagsproklamationen nicht auf eine spezielle Bevölkerungsgruppe. Dieselben Begründungen kommen in fast gleichlautenden Formulierungen immer wieder auf den Reichstagen vor.

Gustav Adolf war offenbar überzeugt, daß man mit dem Argument der Religion allen Widerstand gegen Aushebungen und harten Kriegsdienst brechen konnte. Als einige Gemeinden in Västergötland sich im Jahre 1628 weigerten, die Kriegssteuer zu bezahlen, schrieb der König am 24. Juli aus Dirschau an den Reichsrat, dies müsse an der ungeschickten Handhabung der Steuereinnehmer liegen, denn „das Volk selbst ist willig und gut". Die Bauern fügten sich schließlich, nachdem der König ihnen in einem Schreiben erklärt hatte, daß der Krieg zur Verteidigung der christlichen Religion geführt werde.

Auf dem Reichstag von 1627 begehrte der König, daß ein geheimer Ausschuß mit Vertretern aller vier Stände gewählt werde, um zu einem Religionskrieg in Deutschland Stellung zu nehmen. Das Gutachten des Ausschusses lag im Januar 1628 vor und wurde von den Ständen 1629 akzeptiert. Man stimmte einem Präventivkrieg zu: „Nachdem seine Königliche Majestät uns hat wissen lassen, in welcher Gefahr sich alle unsere Religionsbrüder in Deutschland befinden, und wie der Kaiser und die päpstliche Liga Fürsten und Städte nacheinander belagert und unterworfen haben, wie sie in alle Fürstentümer an der Ostsee, und schließlich in Dänemark, bei unserem nächsten Nachbarn, eingefallen sind, sodaß, wenn Gott diese Gefahr nicht abwendet, wir nichts Anderes davon zu erwarten haben als das äußerste Verderben des Reichs ..." Da der Krieg unabwendbar erschien, forderten die Stände, daß der König ihn, „so weit wie möglich von den schwedischen Grenzen entfernt führen und seine Last ins Feindesland verlegen möge".

Dies ist ein weiteres Zeugnis, daß Gustav Adolf überzeugt war, einen gerechten Krieg zu führen: die Verteidigung der evangelischen Religion, die der Kaiser und die katholische Liga angegriffen hatten. Die Stände stimmten ihm hierin bei.

3. Das Kriegsziel war klar begrenzt: Die Kaiserlichen sollten aus den evangelischen Gebieten, die sie mit ihren Truppen besetzt hatten, vertrieben werden. Indem Gustav Adolf die deutschen Protestanten als seine Glaubensbrüder bezeichnete, entstand eine Zusammengehörigkeit über die Grenzen der Sprachen und Länder hinweg. Im fernen Schweden litt man jetzt mit den „Verwandten" in Deutschland und war bereit, sie zu verteidigen, als ginge es um das eigene Volk. So konnte Gustav Adolf sich zur Rettung der protestantischen Glaubensbrüder auf eine starke Volksmeinung stützen. Als er am 29. Juli 1630 vor Stettin zum ersten Mal zur deutschen Bevölkerung sprach, stellte er klar heraus, er sei nicht zum Zweck der Eroberung gekommen, sondern um die Glaubensfeinde zu vertreiben. Das nur wenige Wochen später mit Magdeburg geschlossene Bündnis vom 11. August sollte zur „Defension wider die turbatores pacis publicae tam ecclesiasticae quam politicae" dienen. Wenn das Ziel hier weiter gefaßt zu sein scheint, so handelt es sich höchstwahrscheinlich um eine umständlichere Beschreibung der durch die Katholiken hervorgerufenen Schäden: Ihr Angriff auf die Religion hatte der politischen Ruhe und Ordnung in den Staaten geschadet.

4. Schon Karl IX. hatte 1599 Kriegsregeln aufgestellt, um Ordnung unter seinen Soldaten zu schaffen. Daran knüpfte Gustav Adolf an, als er 1621, vor seiner Überfahrt nach Riga, seine „Kriegsartikel" ausarbeitete,

ein Kriegsgesetz, bestehend aus 150 Paragraphen, das mit einer Formel der Reformationszeit begann: „Da alles Glück von Gott herkommt, und das Volk der Christen ihn anbeten soll gemäß der Offenbarung in seinem Wort ..." Dann folgt eine Aufzählung dessen, was gegen die rechte Anbetung verstoßen würde: Abgötterei, Aberglaube, Mißbrauch des Namens Gottes, Lärm und Unruhe während des Gottesdienstes und Fluchen. Hierfür wurden Strafen verschiedener Härte verhängt, von Geldbußen und dem Schandpfahl bis zur Todesstrafe.

Jeden Morgen und Abend sollte das Heer zum Gebet antreten, jeden Sonntag und möglichst auch an einem Wochentag sollte es eine Predigt hören. Deshalb waren die Kriegspfarrer ein wichtiges und angesehenes Korps der schwedischen Armee. Johannes Bothvidi erhielt den Auftrag, die Heereskirche zu organisieren. In diesem Zusammenhang gab er u. a. die beiden erwähnten Gebetbücher heraus. 1631 stellte er eine *Agenda ecclesiastica in Castris Sveticis,* auf, die vor allem kirchenrechtliche Vorschriften enthielt, etwa, wie ein Pfarrer seine Predigt einteilen und das Abendmahl im Felde abhalten solle.

Die Kirchengesetzgebung für das schwedische Heer wurde auf lange Zeit und weit über die Grenzen Schwedens hinaus vorbildlich.

Zu jener Zeit war es üblich, daß sich die Heere in den Gebieten, wo sie ihre Lager aufgeschlagen hatten, versorgten. Das galt auch für das schwedische Heer. Gustav Adolf strebte indessen danach, die Gebiete der protestantischen Fürsten – auch derer, die nicht mit ihm verbündet waren – nicht mehr als notwendig zu belasten. Aus diesem Grunde erwog er, durch Polen nach Süddeutschland zu ziehen, statt durch die schon verwüsteten Gebiete der evangelischen Fürsten – ein Plan, den er jedoch aufgeben mußte.

Die strenge Zucht des schwedischen Heeres erregte großes Aufsehen in den anderen Ländern, wo es nicht üblich war, den Soldaten Vorschriften über ihr Verhalten außerhalb der Kriegsführung zu machen, was dazu beitrug, die Zivilbevölkerung gegenüber den schwedischen Soldaten versöhnlicher zu stimmen. Bekannt ist Gustav Adolfs erregte Strafpredigt an die Soldaten im Lager bei Nürnberg: „Ihr Fürsten und Herren, die Ihr zur Zerstörung Eures eigenen Landes beitragt! Mein Herz ist verbittert, ja meine Eingeweide kehren sich um, wenn ich jetzt Klagen hören muß, die schwedischen Soldaten seien unverschämter als die des Feindes sogar. Aber es sind nicht die Schweden, sondern die Deutschen selbst, die sich mit diesen Ausschweifungen beflecken. Hätte ich Euch gekannt, Ihr Deutschen, daß Ihr so wenig Liebe und Treue zum eigenen Land hegt, ich hätte kein Pferd satteln lassen um Euretwillen, noch hätte ich meine Krone und mein Leben für Euch aufs Spiel gesetzt!" Dieser heftige Ausbruch, der sich nicht etwa gegen Deserteure oder treulose Verbündete richtete, sondern gegen Soldaten, die ihre Pflicht getan hatten und nun meinten, ihren wohlverdienten „Lohn“ in der damals üblichen Weise genießen zu können, zeigt, wie großen Wert der König auf ein diszipliniertes Benehmen im Feindesland legte.

War Gustav Adolf ein Glaubensheld?

„Gustav Adolf, Christ und Held,
Rettete bei Breitenfeld
Glaubensfreiheit für die Welt.“

So lautet der Text des Gedenksteins von Breitenfeld. Viele Historiker stimmen dieser Deutung zu, während andere sie zu widerlegen suchen.

In diesem Zusammenhang ist es wichtig, die Bedeutung der Religion für die verschiedenen Gebiete des damaligen gesellschaftlichen Lebens zu kennen. Eine eindeutige Trennung zwischen Religion und Politik, zwischen einer geistlichen und weltlichen Sphäre existierte noch nicht. Wenn also im 16. und 17. Jahrhundert von geistlicher und weltlicher Obrigkeit die Rede ist, darf uns die Terminologie nicht zu der Annahme verleiten, die Grenze verliefe zwischen Kirche und Staat. Erst während der Aufklärung wurde sie klar gezogen. Die Religion galt damals noch als Grundlage *allen* menschlichen Handelns. Deshalb waren geistliche und weltliche Obrigkeit, jede auf ihre Art, für sie verantwortlich.

So war es auch noch nicht möglich, Religionsfragen durch die Unterscheidung von Individuum und Staat, von privat und öffentlich zu lösen; denn die Religion wurde noch nicht als ein isoliertes theologisches Problem aufgefaßt. Daß man eine Religion besaß, die – wenn nicht für alle, so doch für die große Mehrzahl – verbindlich war, war die Voraussetzung für das Funktionieren des Staates. Denn nur eine Politik, die sich auf einen religiös fundierten Rechtsbegriff gründete, galt als annehmbar. Und gerade dieses Recht hatte der Fürst in seiner Eigenschaft als weltliche Obrigkeit zu schützen und auszuüben.

Wenn also eine einheitliche Religion die Voraussetzung einer guten Regierung bildete, so war diese zu Anfang des 17. Jahrhunderts von verschiedenen Seiten bedroht, teils vom Vordringen der Gegenreformation, teils von dogmatischen Gegensätzen innerhalb des Protestantismus. Die Lutheraner weigerten sich, den Calvinismus anzuerkennen, zudem waren sie untereinander nicht einig. Hinzu kamen die labilen Verhältnisse im Deutschen Reich, in die natürlich auch die religiösen Fragen einbezogen und sogar zum Anlaß von Kriegen wurden. Versuche zur Bereinigung dieser Konflikte lösten den Dreißigjährigen Krieg aus. In dieser unruhigen Zeit war die Religion auf den Schutz des Fürsten angewiesen, deshalb mußte sich die Geistlichkeit damit abfinden, daß der Fürst in kirchlichen Fragen seine Macht ausübte. Dieser enge Zusammenhang zwischen

Religion und Politik macht es verständlich, daß religiöse Bekenntnisse politische Auswirkungen hatten. Ein gemeinsames Bekenntnis war häufig der Ausgangspunkt einer gemeinsamen Politik.

Daß Gustav Adolf von den evangelischen Staaten in Anbetracht der oben skizzierten Auffassung von Religion und Politik als Glaubensheld begrüßt wurde, verwundert nicht. Heute stellt sich jedoch die Frage, ob wir, ausgehend von den völlig andersartigen Wertungen und Voraussetzungen der Gegenwart, die Pflicht oder das Recht haben, ihn als Glaubensheld zu entthronen.

Gustav Adolf lebte in einer Zeitenwende, Schweden war im Begriff, seine bisherige Isolation zu durchbrechen und ein Faktor in der europäischen Gemeinschaft zu werden. Daraus ergaben sich für das Land neue und unvorhergesehene Probleme. Das Problem der religiösen Toleranz jedoch wurde hier zum ersten Mal in der Geschichte Schwedens aktuell. Gustav Adolf versuchte, den reformierten Christen entgegenzukommen, ohne die evangelisch-lutherische Religion als einzig wahre und folglich beste für sein Land preiszugeben. Daß die Zeit noch nicht reif war, Toleranz gegenüber dem Katholizismus zu erwägen, beruht teilweise auf der Furcht vor den starken politischen Interessen, die hinter ihm standen. Es sollten noch etwa zweihundert Jahre vergehen, ehe man es wagte, die Ausübung der katholischen Religion in Schweden zu erlauben.

Auch das Problem des gerechten Krieges war etwas Neues für Schweden, das früher nicht über die Mittel verfügt hatte, die Initiative zu Kriegshandlungen zu ergreifen. Gustav Adolf wagte es, diese Probleme, die bis heute noch nicht eindeutig gelöst sind, zur Diskussion zu stellen. Diese Beispiele mögen zeigen, daß ihm sein Gottvertrauen Freimütigkeit und Kraft verlieh, um kontroverse Fragen zu durchdenken und anzugreifen. Sein Gottvertrauen gab ihm auch den Mut, dem Tod auf dem Schlachtfeld entgegenzusehen. Seine Vorahnung erfüllte sich an jenem nebligen Novembertag bei Lützen im Jahre 1632 – ein Ereignis, das einen unauslöschlichen Eindruck auf die gesamte protestantische Welt machte, und das als Vorbild eines idealistischen und selbstlosen Handelns in die Geschichte eingegangen ist.

„Moriens triumphavit" – sterbend ward er zum Sieger – steht als Inschrift über seinem Grab in der Ritterholmskirche von Stockholm. Sein Sieg bestand nicht nur darin, daß er sein Leben für eine Sache einsetzte, die er für gerecht hielt, sondern in ebenso hohem Maße darin, daß er es wagte, einer neuen Zeit mit ihren veränderten Fragestellungen offen zu begegnen.

Literaturhinweise:

Barudio, Günter: Gustav Adolf – der Große. Eine politische Biographie, Frankfurt 1982.
Berner, Felix: Gustav Adolf. Der Löwe aus Mitternacht, Stuttgart 1982.
Bracher, Ulrich: Gustav Adolf von Schweden. Eine historische Biographie, Stuttgart 1971.
Paul, Johannes: Gustaf Adolf. Christ und Held, Persönlichkeit und Geschichte Bd. 33, Göttingen 1964.
Schwede, Alfred Otto: Gustav II. Adolf von Schweden. Ein Lebensbild, Berlin 1979.

Paul Gerhardt
(1607–1676)

Wilhelm Emrich

Paul Gerhardt – der „andere Luther"

Paul Gerhardts geistliche Lieder gehören zu den großen Rätseln der deutschen Literaturgeschichte und zwar gerade darum, weil sie ganz rätselfrei, ohne jede Doppelbödigkeit, Hintergründigkeit, ohne jene stilistischen Raffinessen, die zu ihrer Zeit kräftig blühten (Barockmetaphorik), gedichtet zu sein scheinen. Sie wurden daher im 18. und 19. Jahrhundert als vorbildliche Zeugnisse einer sog. „natürlichen", überzeitlichen, aus allen geistigen Wirren und Krisen herausragenden, „unmittelbaren" Dichtersprache bewundert und gefeiert. Das hat sich bis heute kaum geändert. Noch Manfred Windfuhr schreibt im Jahre 1966 in seinem Buch „Die barocke Bildlichkeit und ihre Kritiker, Stilhaltungen in der deutschen Literatur des 17. und 18. Jahrhunderts", Paul Gerhardt stehe „über den Formkategorien" des 17. Jahrhunderts. Das ist zwar nachweislich falsch, denn Paul Gerhardt hat eine Fülle barocker Stilformen und Ausdrucksmittel in seine Lieder aufgenommen, aber verständlich, denn diese Stilformen und Ausdrucksmittel erscheinen bei Paul Gerhardt derart vereinfacht, aller Exzentrik beschnitten, daß sie auch dem historisch geschulten Betrachter als gleichsam außergeschichtliche, „natürliche“ Sprachphänomene vorkommen können.

Was also liegt bei Paul Gerhardt vor? Vollzog sich hier das „Wunder“ einer zeitlosen, „natürlichen“, unmittelbar-naiven dichterischen Schöpfung oder entsprang sein Werk einem historisch durchaus bestimmbaren und begrenzbaren Bewußtsein, das aufgrund seiner spezifischen Weltsicht diese schlichten, anscheinend „natürlichen“ Sprachgebilde hervorbringen mußte?

Blickt man in die Zeugnisse der Zeitgenossen Paul Gerhardts oder derer, die noch unmittelbar unter dem Bannkreis seiner Liedschöpfungen standen, so wird mit einer geradezu einhelligen Emphase immer wieder betont und hervorgehoben, Paul Gerhardt sei im Bereich des geistlichen Liedes „der andere Luther“, was damals soviel besagte wie „der zweite Luther“. Inhalt und Form seiner Lieder wurden von seinen Zeitgenossen als der legitime und unverwechselbare Ausdruck einer Glaubenszuversicht und Weltoffenheit empfunden, die es einmal bei Luther gab, aber im 17. Jahrhundert fast erloschen schien. In diesem Jahrhundert, in dem auch lutherische Protestanten wie Paul Fleming, Andreas Gryphius oder Lohenstein ein nie enden wollendes Klagelied über die Vergänglichkeit der Welt anstimmten und nicht satt wurden, das Todesgrauen zu beschwören, den „Schauplatz“ der irdischen Welt als Stätte der Verwesung und des Untergangs auszumalen, mußten Paul Gerhardts naturfrohe Lieder, die voll Gottvertrauen auch die irdische, weil von Gott geschaffene Welt lobpriesen, wie ein trostreiches, archaisches Relikt einer versunkenen Religiosität erscheinen.

„Fröhlich soll mein Herze springen“, „Geh aus mein Herz und suche Freud“, „Die güldne Sonne voll Freud und Wonne“, „Warum sollt ich mich doch grämen?“. „Sei fröhlich alles weit und breit, Was vormals war verloren“, „Befiehl du deine Wege“, „Nun ruhen alle Wälder“, „Schwing dich auf zu deinem Gott, Du betrübte Seele!“ usw., alle diese Lieder, deren Zahl vielfach vermehrt werden kann, sprechen die Sprache einer unerschütterlichen Zuversicht trotz Tod, Krankheit, Not, Melancholie und Verzweiflung, so wenn es im Liede „Die güldne Sonne“ heißt:

„Mein Haupt und Glieder,
Die lagen darnieder,
Aber nun steh ich,
Bin munter und fröhlich,
Schaue den Himmel mit meinem Gesicht.“

Entscheidend für diese Zuversicht ist – das muß klar gesehen werden – gerade die radikale Absage an jede irdische Naturseligkeit. Das zitierte Lied wird folgendermaßen fortgesetzt:

„3. Lasset uns singen,
Dem Schöpfer bringen
Güter und Gaben;
Was wir nur haben,
Alles sei Gotte zum Opfer gesetzt.
  Die besten Güter
Sind unsre Gemüter;
Dankbare Lieder
Sind Weihrauch und Widder,
An welchen er sich am meisten ergötzt."

Die Natur ist keine in sich selbst schwingende Sphäre, sondern das Werk Gottes. Und auch der Mensch ist, solange er in sich selbst kreist, ein krankes, verlorenes, sowohl hybrides wie verzweifeltes Wesen, das „mit selbsteigner Pein" („Befiehl du deine Wege") sich selber ruiniert und erst dann frei und weltsicher werden kann, wenn er sich, wie es Luther formulierte, gleichsam in Gott hineinwirft und damit auch das Grauen vor der Vergänglichkeit alles Irdischen verliert:

„8. Alles vergehet,
Gott aber stehet
Ohn alles Wanken;
Seine Gedanken,
Sein Wort und Willen hat ewigen Grund,
  Sein Heil und Gnaden,
Die nehmen nicht Schaden,
Heilen im Herzen
Die tödlichen Schmerzen,
Halten uns zeitlich und ewig gesund."

Luthers Durchbruch zum Glauben war auch für Paul Gerhardt die rettende Heilkraft, die wirksamer als jede irdische Psychotherapie das „Wunder" und „Rätsel" seiner Poesie hervorrief. Der Mensch muß sich selber loslassen, und zwar im weitesten Sinne einer Befreiung von allen egozentrischen Bindungen, erst dann wird er „zeitlich und ewig gesund".

Noch erregender wird der Abgrund, der Paul Gerhardt von seinen zeitgenössischen Dichtern und der ihnen folgenden Neuzeit trennt, wenn man seine Glaubenszuversicht mit derjenigen der schlesischen Mystik im Gefolge der Theosophie Jacob Böhmes vergleicht. Auch hier bei den Anhängern Böhmes: Daniel von Czepko, Angelus Silesius, Abraham von Franckenberg, Christian Knorr von Rosenroth bis hin zu dem merkwürdigen Quirinus Kuhlmann findet sich – im Kontrast zu den weit verbreiteten Vergänglichkeitsklagen der damaligen Zeit – eine emphatische, angstfreie Glaubensgewißheit, für immer durch Christi Erlösung von Sünde und Tod befreit zu sein, was sich bei Quirinus Kuhlmann bis zu seinen ekstatischen Triumphgesängen steigert:

„Triumf! Mein Jesus hat. Triumf! sein Reich bekommen!
Triumf! das Paradis! Triumf! ist eingenommen!
. . . .
Triumf! der Erdkristall! Triumf! trägt heilge Früchte!
Triumf! unsehbar sind! Triumf! di Lichtsgesichte!
Triumf! O Freudenfreud! Triumf! so gar behend!
Triumf! Triumf! Triumf! Triumf! der sonder End."

Diese welt- und todüberwindende Heilsgewißheit basiert jedoch auf völlig anderen Voraussetzungen als bei Luther und Paul Gerhardt: Der Mensch wirft sich nicht in Gott hinein, sondern er findet in sich selbst Gott aufgrund einer mystischen Identität von Gott und Mensch, die in Adam vor dem Sündenfall angelegt gewesen sei. Der Mensch steht daher vor der Aufgabe, Gott in sich selbst zu entdecken. Daniel von Czepko formuliert das folgendermaßen:

Halt an, wo wiltu hin? Du darfst nicht Himmel an,
Nicht, wo die Zier der Welt, der Sonnen schöne bahn:
Komm mit mir in dich selbst. Du hast, erkennstu dich:
Ja mehr als Sonn und Welt und Himmel schleust in sich,
Schau in dich, lieber Mensch, du findest dich ohn Tod:
Die Zier ohn Welt; den Glanz ohn Sonn; ohn Himmel Gott.

Diese Mystik des Böhme-Kreises hatte unabsehbare geistesgeschichtliche Folgen: Sie war ungleich „moderner" als die Theologie Luthers und Paul Gerhardts. Denn sie eröffnete dem menschlichen Subjekt ungeahnte Möglichkeiten. Im „Ich" des Menschen war für den Böhme-Kreis die ganze göttliche Heilsgeschichte versammelt, so wenn es in Daniel von Czepkos „Sexcenta Monodisticha Sapientum" einmal heißt:

„Ich
J. Gott. C.Christus. H.das ist: der Heilge Geist!
Mensch, wenn du sprichst: Ich: Schau, wo es dich hinweist."

Diese ungeheuerliche Aufblähung des menschlichen Subjekts zu Gott, die das Schicksal des Abendlandes wurde und zur schrankenlosen Entfaltung des Subjektivismus im 18. und 19. Jahrhundert im Gefolge des – von Böhme beeinflußten – Pietismus führte und schließlich im Tod Gottes und der Vergottung des Menschen mündete, ereignete sich völlig außerhalb des Gesichtskreises Paul Gerhardts.

Es finden sich zwar auch bei ihm Spuren christlicher Mystik. Sie sind jedoch – wie diejenigen Luthers – rückgewandt zum Mittelalter, etwa zur mystischen Betrachtung der Wunden Christi, wie sie in Bernhards Devotion entwickelt wurde – das eindrucksvollste Beispiel bei Paul Gerhardt ist sein Lied: „O Haupt voll Blut und Wunden", das in J. S. Bachs Komposition der Matthäuspassion den wohl erschütterndsten Ausdruck gefunden hat, den protestantische Frömmigkeit auf künstlerischem Gebiet jemals erreichte. Ferner erscheinen bei Paul Gerhardt Bearbeitungen von fünf Liedern Johann Arndts (1555–1621), in dessen mystischer Frömmigkeit (brünstige Liebesverbindung mit Christus) man Vorstufen des späteren Pietismus erblicken kann.

Aber all dies steht im innigsten Kontext mit einer unbedingten, streng an Luthers Theologie orientierten Religiosität. Es ist aufschlußreich, daß die erste ästhetische Würdigung, die Paul Gerhardts Lieder gefunden haben, eben diesen Zusammenhang stark herausarbeitet. Thomas Crenius schreibt im Jahre 1697, er vernehme aus Paul Gerhardts Liedern immer den Geist Luthers („Lutheri spiritum semper excipio"). Diesem Geist entspringe sowohl ihre einzigartige Schlichtheit, Einfachheit, Klarheit und Leichtigkeit („facilitas") als auch die hinreißende, herzbewegende, bis zu Tränen rührende Kraft ihrer Empfindungen („Carmina istius Gerhardi et Cantiones ... tantum spiritum tantamque vim commovendi secum ferunt, ut sine lacrimis ego raro illas cantatas viderim ... Est enim singularis quaepiam huius in Theologi carminibus commovendi vis").

In der Tat: die Sonderstellung der Lieder Paul Gerhardts im 17. Jahrhundert erklärt sich vor allem aus der Tatsache, daß er sich rigoros gegen alle modernistischen, „fortschrittlichen" Strömungen seiner Zeit absetzte, unerschütterlich treu der Theologie Luthers anhing und dabei gerade die orthodoxeste, starrste, „reaktionärste" Richtung des Luthertums vertrat, nämlich die Lehren des Wittenberger Theologen Abraham Calow, mit dem er befreundet war und in einem intensiven Briefwechsel stand. Erst wenn man dieses vom heutigen Standpunkt aus schockierende „Ärgernis" von innen her begriffen hat, ahnt man etwas von der singularen Dignität religiöser Dogmen und von dem schwindelerregenden Abgrund, der uns Heutige von ihnen trennt. Denn Dogma hat nichts mit „Weltanschauung" zu tun, sondern ist Ausdruck einer fundamentalen, sämtliche Lebenssphären durchdringenden Existenzweise des Menschen. Solches scheint heute nicht mehr möglich zu sein, da gerade die fundierenden, die menschliche Existenz begründenden Fragen nach der Herkunft und dem Ziel der irdischen menschlichen Existenz im modernen Bewußtsein ausgeklammert werden. Der protestantische Theologe Paul Tillich hat einmal den Seins- und Bewußtseinszustand unserer heutigen Zeit charakterisiert als „in sich schwingende Endlichkeit", die nichts mehr kennt, in das sie eingebettet oder von dem sie umschlossen wäre. Folgerichtig verfalle der in dieser Endlichkeit befindliche Mensch dem vordergründigen, wenn auch nie eingestandenen Irrtum, er lebe im Grunde unendlich. Denn er sieht immer nur ein uferlos zirkulierendes, nie endendes Leben um und in sich. Ein absolut gewordener Produktionsprozeß, der sog. „stream of life", reißt alles mit sich in eine endlose Dynamik, die unausgesetzt weiter und weiter läuft, obgleich sie de facto ein „endliches" Phänomen ist. Tod und Krankheit werden in diesem Prozeß entschieden verdrängt und tabuisiert, derart an den Rand des Belangvollen geschoben, daß sie nur noch als mehr oder weniger zufällige, letztlich eben doch vermeidbare Unfälle erscheinen, über deren Sinn oder Unsinn man nichts „wissen“ könne, so daß man alle Reflexion darüber den „Pfaffen“, dem sog. „Glauben“ überlassen müsse, der jedoch ein höchst unsicheres, vages, total unverbindliches Phänomen sei, aufgeblasen mit leeren Vermutungen, Hirngespinsten und haltlosen Visionen.

Die religiösen Wahrheiten – primär die zentrale von der Auferstehung von den Toten – wurden auch innerhalb der protestantischen Theologie selbst zu „Mythologien“, die man „entmythologisieren“ (Bultmann) müsse, um sie dem modernen Menschen verständlich und schmackhaft zu machen.

Angesichts dieses heutigen Abgrundes zwischen „Wissen“ und „Glauben“ muten Paul Gerhardts Lieder wie schallende Ohrfeigen an, so wenn er in einer Ode, die als Vorspruch zu Michael Schirmers „Biblischen Liedern und Lehrsprüchen“ im Jahre 1650 erschien, die gesamte weltliche Literatur als ein ohnmächtiges, völlig überflüssiges, glänzendes Gebilde bezeichnet, das man nur lesen könne, „wenn wir leben außer Nöten“. In dem Augenblick, in dem unser Leben seine schweren und schrecklichen Akzente erhalte, nämlich im Angesicht von „Unglück, Kreuz und Übel“, könne nur die Lektüre der Bibel helfen:

„1. Weltskribenten und Poeten
Haben ihren Glanz und Schein,
Mögen auch zu lesen sein,
Wenn wir leben außer Nöten;
  In dem Unglück, Kreuz und Übel
  Ist nichts Bessers als die Bibel.“

Hier lebt Luthers radikale und ausschließliche Berufung auf die Heilige Schrift bruchlos weiter. Und auch die folgenden Strophen über den Sieg des Wortes Gottes über Welt, Tod und Teufel atmen Luthers Geist:

„3. Was Homerus hat gesungen
Und des Maro hoher Geist,
Wird gerühmet und gepreist
Und hat alle Welt durchdrungen;
  Aber wenn der Tod uns trifft,
  Was hilft da Homerus' Schrift?
4. Gottes Wort, das ists vor allen,
So uns, wenn das Herz erschrickt,
Wie ein kühler Tau erquickt,
Daß wir nicht zu Boden fallen.
  Wenn die ganze Welt verzagt,
  Steht und siegt, was Gott gesagt.
5. Wenn die Scharen aller Teufel

Sich empören und bemühn,
Dich von Christo abzuziehn
Und zu stürzen in den Zweifel,
  Und du sprichst nur: So spricht Gott!
  Werden sie zu Schand und Spott."

Entscheidend für diese Differenzierung zwischen weltlicher Dichtung und Bibel ist bei Paul Gerhardt und Luther die Überzeugung, daß die Bibel kein Menschenwerk, sondern Gottes Offenbarung ist. Alles Menschliche wird daher durchkreuzt, aufgehoben und ins Klare und Ewige gebracht durch das Wort Gottes. Auch die Anfechtungen des Teufels durch die „Zweifel", die mit Hilfe der unstreitigen Macht der menschlichen Vernunft unausgesetzt auch den gläubigen Christen bedrohen – was bei Luther zu jener heftigen Streitschrift gegen Erasmus führte, dessen „Hure Vernunft" schlimmer sei als der Papismus –, können nur abgewiesen und überwunden werden, indem der Mensch auch aus seinen eigenen Vernünfteleien herausspringt und sich rückhaltlos dem Worte „Gottes" öffnet.

Erst unter diesem Aspekt werden die dramatischen Ereignisse verständlich, die Paul Gerhardts Leben während seiner zweiten Berliner Zeit bestimmten und damals in der Öffentlichkeit so großes Aufsehen erregten. Ich meine Paul Gerhardts Konflikt mit dem Großen Kurfürsten.

Paul Gerhardt wurde und wird heute noch als einer der friedfertigsten Menschen geschildert, die je gelebt haben. Sein Leben verlief insgesamt völlig ruhig, wenn auch mit viel Leid erfüllt: früher Tod von drei Kindern und seiner Frau. Als besonderer Charakterzug erscheint immer wieder seine Bescheidenheit und fast quietistische Scheu, eine Rolle zu spielen. Bezeichnend für seine ethisch-religiöse Position ist folgendes Gedicht:

„1. Zweierlei bitt ich von dir,
Zweierlei trag ich dir für,
Dir, der alles reichlich gibt,
. . . .
2. Gib, daß ferne von mir sei
Lügen und Abgötterei.
Armut, das die Maße bricht,
Und groß Reichtum gib mir nicht.
  Allzu arm und allzu reich
Ist nicht gut, stürzt beides gleich
Unsre Seel ins Sündenreich.
3. Laß mich aber, o mein Heil,
Nehmen mein bescheiden Teil
Und beschere mir zur Not
Hier mein täglich Bißlein Brot.
  Ein klein wenig, da der Mut
Und ein gut Gewissen ruht,

Ist fürwahr ein großes Gut.
4. Sonsten möcht im Überfluß
Ich empfinden Überdruß,
Dich verleugnen, dir zum Spott
Fragen: Wer ist Herr und Gott?
  Denn das Herz in Frechheit voll
Weiß oft nicht, wann ihm ist wohl,
Wie es sich erheben soll.
5. Wiederum, wenns stehet bloß
Und die Armut wird zu groß,
Wird es untreu, stiehlt und stellt
Nach des Nächsten Gut und Geld,
  Tut Gewalt, braucht Ränk und List,
Ist mit Unrecht ausgerüst't,
Fragt gar nicht, was christlich ist.
6. Ach, mein Gott, mein Schatz, mein Licht,
Dieser keines ziemt mir nicht:
Beides schändet deine Ehr,
Beides stürzt ins Höllenmeer.
  Drum so gib mir Füll und Hüll
Also, wie dein Herze will,
Nicht zu wenig, nicht zu viel."

Dementsprechend lag ihm jede sozialverändernde Zielsetzung und damit auch jede Kritik am Staat oder gar an seinem Monarchen fern, von Rebellion ganz zu schweigen.

Umso verblüffender ist der entschiedene Widerstand, den er den doch so vernünftigen, vom heutigen Standpunkt aus einzig richtigen und auch wahrhaft christlich-humanen Toleranzideen und „Toleranzedikten" des Großen Kurfürsten entgegensetzte. Man geht nicht zu weit, wenn man behauptet, daß in diesem Streit zwischen dem Dichter und seinem Fürsten sich nicht nur ein Drama der modernen Religionsgeschichte, sondern eine paradoxe Verkehrung aller Wertmaßstäbe abspielte, wie sie ungeheuerlicher kaum gedacht werden kann und darum auch in ihrem Sinn und ihren folgenschweren historischen Ausmaßen bis heute überhaupt nicht begriffen worden ist.

Aber berichten wir zunächst die Fakten:

Paul Gerhardt wurde am 12. März 1607 in Gräfenhainichen (Sachsen) geboren. Nach dem Besuch der Fürstenschule Grimma, in deren Internat er von 1622 bis 1627 lebte, studierte er an der Universität zu Wittenberg Theologie von 1628 bis 1634 und war dort anschließend wahrscheinlich Hauslehrer bis 1643: über diese Zeit wissen wir nichts. Von 1643 bis 1651 lebte er als Hauslehrer in Berlin bei seinem späteren Schwiegervater Andreas Berthold und erhielt endlich mit 44 Jahren sein erstes Amt als Propst in Mittenwalde (1651–1657). Dann begann seine zweite Berliner

Zeit als Diakon der Nikolaikirche von 1657 bis 1669, deren Höhepunkt und Ende durch den schweren Konflikt mit dem Großen Kurfürsten gekennzeichnet ist.

Man kann die volle Bedeutung dieses Konfliktes erst dann ermessen, wenn man sich die damaligen staatsrechtlichen Verhältnisse klarmacht: Für alle kirchlichen und konfessionellen Angelegenheiten war der Landesherr zuständig, so daß Politik, Verwaltung und Religion untrennbar miteinander verknüpft waren. Auch Paul Gerhardt hat diesen „Caesaropapismus" seines Fürsten nie in Frage gestellt, sondern als geltendes und gültiges Recht akzeptiert. Nun war aber der Grundsatz des 16. Jahrhunderts „cuius regio, eius religio", auf dem dieser Caesaropapismus aufgebaut worden war, in der Mark Brandenburg dadurch zu einem äußerst schwierig zu realisierenden Prinzip geworden, daß der Kurfürst Johann Sigismund (1608–1619) am 25. Dezember 1613 seinen Übertritt zum Glaubensbekenntnis der Reformierten erklärte und dadurch in einen scharfen Gegensatz zur breiten lutherischen Schicht seiner Untertanen sowie zu seinem Großvater Johann Georg (1571–1598) trat, der für sich und sein Land die sog. „Konkordienfomel" von 1577, also die streng orthodoxe Richtschnur des Luthertums als verbindlich eingeführt hatte, eine Richtschnur, die mit unüberbietbarer Schärfe die entscheidenden Abgrenzungen gegen die Reformierten vornahm.

Der Große Kurfürst, dem es politisch vor allem um die Einheit und Geschlossenheit seiner weit über das Reich verstreuten Ländereien ging, unternahm nun den heroischen, durchaus „fortschrittlich" in die Zukunft weisenden Versuch, die beiden sich heftig befehdenden Lager des damaligen Protestantismus, Lutheraner und Reformierte, zu versöhnen im Geiste einer „Toleranz", die dem Gegner seine Glaubensüberzeugungen beläßt, sich aller Polemik enthält und dennoch dem eigenen Glauben Treue bewahrt, so daß schließlich ein brüderliches, echt „christliches" Verhältnis zwischen den beiden protestantischen Konfessionen entstehen möge.

Bereits kurz nach seinem Regierungsantritt verwahrte er sich 1641 entschieden gegen das ihn tief verletzende Gerücht, „alß wolten Wir hirfüro keine der Lutherischen Religion zugethane Persohnen mehr in Rath oder sonsten bey Uns leyden oder darzu befördern, ja denen Lutherischen wohl gar ihre Kirchen nehmen und einziehen lassen". Und am 26. Juli 1653 schreibt er, „daß ein ieder im Lande, der da will, bey des Herren Lutheri Lehre und Augsburgischen Confession ... ungeändert ... verharren möge ... sintemahl Wir Uns der Herrschaft über die Gewissen anzumaßen niemals gemeynet gewesen". Dementsprechend erläßt er am 21. August 1662 das sog. „Toleranzedikt" an die Stände, in dem er erklärte, seine Sorgfalt richte sich vor allem darauf, „wie aller unzeitiger unchristlicher Haß und Verbitterung eingestellet bleiben, der so hochnötige Kirchenfriede oder bis derselbe erlangt eine Christliche tolerantz und Evangelische Bescheidenheit mit besserem Ernst und Eifer gesucht und befördert" werde. Zum erstenmal taucht hier der Begriff „Toleranz", der im Mittelalter unbekannt war und in der Neuzeit zunächst von Comenius benutzt wurde, in einem amtlichen Dokument auf.

In der Tat war Friedrich Wilhelm, der Große Kurfürst, auch in dem Sinne „modern" und „fortschrittlich", daß er an den Sieg der menschlichen Vernunft mit Hilfe von Diskussionen und einleuchtenden Argumenten glaubte. Damit ein „guter Anfang zu brüderlicher Einträchtigkeit" gemacht werde, lud der Kurfürst die Lutheraner und Reformierten zu einem Religionsgespräch ein, das nicht weniger als 17 Sitzungen vom 8. September 1662 bis zum 29. Mai 1663 dauerte und im Bibliotheksraum seines Schlosses stattfand.

Das Ergebnis war katastrophal: Statt sich „brüderlich" näherzukommen, bezogen die Kontrahenten gegeneinander immer feindseligere Positionen, so daß die Sitzungen schließlich abgebrochen werden mußten.

Schuldig an diesem negativen Ergebnis war in den Augen des Kurfürsten unter anderem auch Paul Gerhardt, der von Beginn an federführend mitgewirkt und die größten Schwierigkeiten gemacht hatte, indem er sich einseitig an der starrsten Richtung der lutherischen Orthodoxie in Wittenberg, d. h. an den Schriften seines Freundes Abraham Calow, orientierte und alle diejenigen Lutheraner – das waren besonders seine Cöllnischen Amtsgenossen, die sich mit den Reformierten zu versöhnen trachteten –, geschickt aus den Gesprächen gleich zu Anfang hinauslavierte. Sie waren für ihn abtrünnige „Synkretisten", die er noch mehr ablehnte als die Reformierten, weil sie für ihn bewußte Verräter waren, während er den Reformierten eine gewisse Ahnungslosigkeit zubilligte. Noch in seinem letzten Schreiben, im Testament für seinen Sohn Paul Friedrich aus seinem Todesjahr 1676, äußert Paul Gerhardt: „Die heilige Theologiam studiere in reinen Schulen und auf unverfälschten Universitäten, und hüte dich ja vor Synkretisten, denn sie suchen das Zeitliche und sind weder Gott noch Menschen treu."

Dieser Satz „Sie suchen das Zeitliche" bezeichnet genau den Standpunkt, von dem aus Paul Gerhardts so ärgerlich „reaktionäre" Verhaltensweise verständlich werden kann. Die von der orthodoxen lutherischen Theologie geschaffene „Konkordienformel" war für Paul Gerhardt „nicht ein Menschliches, Sondern ein Himmlisches, Göttliches und Seliges Bekendtnüß, dar vor wir billich allesambt auff den Knieen liegendt Gott im Himmel täglich loben und dancken solten". Wie für Luther die Heilige Schrift kein menschliches, historisch relativierbares Dokument, sondern Gottes Offenbarung war, so bedeutete für Paul Gerhardt die Konkordienformel gleichsam die theologische Essenz der Heiligen Schrift und war daher von unantastbarer göttlicher Autorität. Eben diese Konkordienformel aber – das verlangte der Kurfürst – sollte Paul Gerhardt in den nun folgenden Auseinandersetzungen verleugnen.

Ärgerlich über das Scheitern des großen Berliner Religionsgesprächs verfügte der Kurfürst, daß jeder Geistliche Brandenburgs einen Revers unterschreiben müsse, in dem er sich zu den Toleranzedikten des Kurfürsten bekenne, die jegliche Polemik gegen andersgläubige Christen untersagten. Damit wurde zweifelsfrei indirekt die Konkordienformel getroffen, die ja ausdrücklich solche Polemiken gegen die Reformierten enthielt. Und damit war für Paul Gerhardt die Grenze erreicht, die er unmöglich überschreiten konnte, ohne sein Seelenheil zu gefährden. Konsequent schrieb er: „Daß wer Formulam Concordiae nicht bey behalten, sondern vielmehr verlaßen, verleugnen, ... und abschaffen hülfft, derselbige an Gott undt seiner Himmlischen Warheit, an der gantzen Lutherischen Kirche ... undt an seinem selbst eigenen Gewißen aufs euserste (sich) vergreiffe, verschulde und versündige."

Er lehnte folgerichtig die geforderte Unterschrift unter den Revers ab. Der Kurfürst, dessen Langmut in dem Streit man nur bewundern kann, erließ Paul Gerhardt schließlich sogar noch diese Unterschrift, als die gesamte Bürgerschaft Berlins für Gerhardt eintrat, die Friedfertigkeit seines Charakters schilderte und sein hohes Ansehen in der ausländischen Welt betonte. Jedermann glaubte nun erleichtert, es sei alles in Ordnung gekommen. Aber jetzt sah sich Gerhardt erst recht bis in den innersten Kern seines Gewissens aufgewühlt. Der Kurfürst hatte nämlich die Befreiung von der Unterschrift folgendermaßen begründet: „Weil er von Paul Gerhardts Person keine Klage außer der vernommen, daß er den Edikten zu subskribieren sich entzogen, S. Kurfl. Durchl. aber davor halten müßten, daß er die Meinung des Edikts nicht recht begriffen hätte, so wollen wir ihn plene hiermit restituiert und ihm sein Predigtamt nach wie vor zu treiben verstattet haben."

Damit prallten zwei in der Tat unvereinbare Positionen aufeinander: Dem Großen Kurfürsten – und das gilt weitgehend auch für unser heutiges Bewußtsein – war es offenbar völlig unverständlich, wie ein derart friedfertiger, ruhiger, geistig hochgebildeter Mensch wie Paul Gerhardt es ablehnen konnte, sich zur Toleranz zu bekennen. Das konnte nur aus einem – wohl verzeihlichen – Mangel an Einsicht herrühren, aus einem – sicher korrigierbaren – Irrtum, eben daraus, „daß er die Meinung des Ediktes nicht recht begriffen hätte". Denn die theologischen Zwistigkeiten zwischen den Lutheranern und Reformierten, der Streit um die Bedeutung des Abendmahles und der damit verbundene Disput um das Verhältnis zwischen der göttlichen und menschlichen Natur Christi, die Auseinandersetzungen um das Problem der Gnadenwahl (Prädestination) u. a., all dies erschien dem Kurfürsten wie auch uns Heutigen als ein reichlich überflüssiger und sinnloser Zwist um abseitige dogmatische

Spitzfindigkeiten. Im Mittelpunkt eines wahren christlichen Lebens standen dagegen für ihn Liebe, Brüderlichkeit, Hilfsbereitschaft, tätiges sittliches Handeln, so wie über hundert Jahre später Lessing in seinem klassischen Toleranzdrama „Nathan der Weise“ in der Ringparabel die Echtheit einer Religion von ihrer sittlichen Wirkung abhängig machte.

Dennoch fragt es sich, nachdem inzwischen weitere zweihundert Jahre nach Lessings „Nathan“ verstrichen sind, ob Luthers und Gerhardts „reaktionäre“ Kritik an der Autonomie der menschlichen Vernunft und an deren angeblich humanen und christlichen sittlichen Taten nicht doch einen Wahrheitsgehalt enthält, der unverzichtbar ist, wenn der Mensch wirklich zu einem angstlosen, zuversichtlichen, fröhlichen und sinnvollen Leben auf Erden vordringen will. Untrennbar verbunden ist hiermit die Frage, ob die Wendung vom theozentrischen Weltbild Luthers und Gerhardts zum anthropozentrischen der folgenden Neuzeit nicht zugleich ein Verhängnis, nämlich einen Verlust gerade an wahrer menschlicher Autonomie und Freiheit bedeutete. Erst wenn man Luthers Dialektik der „Freiheit eines Christenmenschen“ verstanden hat, kann man die tragische Verkehrung der Positionen, die nach ihm eintrat, in ihrem vollen Umfange einsehen: Der Mensch ist als empirisch-natürliches Wesen für Luther ein „Knecht aller Dinge und jedermann untertan“. Löst er sich von sich selber los und unterwirft sich Gott als seinem Erlöser, wird er „Herr aller Dinge und niemandem untertan“. Die „Befreiungstat“ Luthers bestand darin, daß er die totale „Unfreiheit“ des natürlichen und damit auch des angeblich „vernünftigen“ Menschen begriff – Natur und Vernunft wurden ja in den folgenden zwei Jahrhunderten ständig miteinander identifiziert – und dem Menschen gerade durch die völlige Anheimgabe an Gott jene Höhe des Bewußtseins verlieh, die ihn in Wahrheit erst „frei“ macht.

Unter diesem Gesichtspunkt erscheinen Paul Gerhardts theologische Querelen nicht mehr als sinnlose dogmatische Spitzfindigkeiten, sondern als folgerichtiges Beharren auf in sich notwendige, die gesamte menschliche Existenz fundierende Glaubenswahrheiten: Als der Kurfürst ihn von der Unterschrift des Reverses befreite mit der Bemerkung, er habe den Sinn der Toleranzedikte nicht recht begriffen, ging ihm auf, daß hier der zentrale Bestand seiner religiösen Existenz nicht mehr ernst genommen wurde. Die Glaubenslehren der Reformierten tolerieren hieß für ihn: Gott verraten. Denn – wie die Konkordienformel nachgewiesen hatte – bestanden diese Glaubenslehren primär in einer Vermenschlichung und damit Auflösung des göttlichen Erlösungsmysteriums. Wenn Zwingli bereits in dem Marburger Religionsgespräch Luther gegenüber erklärte, im Abendmahl seien Brot und Wein keineswegs identisch mit Christi Leib und Blut, sondern „bedeuteten“ dies nur symbolisch, so wurden die Paradoxien der Eucharistie zerstört und dem „normalen“ natürlich-vernünftigen Horizont des „gesunden Menschenverstandes“ zugänglich und einleuchtend gemacht. Luther wußte, warum er sich so entschieden von Zwingli absetzte. Er sah in ihm den Repräsentanten eines „anderen Geistes“, mit dem er sich geistlich unmöglich versöhnen konnte. Analog steht es mit der calvinistischen Prädestinationslehre: Die Erlösung des Menschen durch Christus wurde durch sie ständig in Frage gestellt, da der beunruhigende Zweifel nie endete, ob der jeweilige Mensch erwählt oder verdammt sei. Nur durch unausgesetzte „Leistungen“ und „Erfolge“ kann der Mensch vermuten, daß der „Segen“ Gottes auf ihm ruht. Heil oder Unheil hängen letztlich von der Tüchtigkeit des Menschen ab, wobei gerade das Moment der Unberechenbarkeit und Ungewißheit, „Furcht und Zittern“, die Produktivität steigert. Den Zusammenhang dieser Prädestinationslehre mit der Entstehung des angloamerikanischen Kapitalismus hat bekanntlich Max Weber scharf herausgearbeitet. In der Tat: Zwingli und Calvin waren „modernere“ Geister als Luther.

Es fragt sich nur, ob letztlich Luther sie nicht doch überholt, d. h. ob Luthers „Zuversicht“ gegenüber Welt, Tod und Teufel nicht doch einer Bewußtseinshöhe entspringt, die all den gefeierten „Revolutionen“ und „Weltverbesserungen“ bei weitem überlegen ist.

Beim ersten Blick scheint Luthers Position „quietistisch“ und resignativ gegenüber den Weltläuften zu sein: So wie die Welt ist, muß sie hingenommen werden – als Werk Gottes. Hierin resultierte Luthers bösartige „reaktionäre“ Haltung gegen die Führer der Bauernkriege und seine groteske Bejahung der „Obrigkeit“. Im Augenblick aber, wo es um die Sache „Gottes“ ging, gab es für ihn nicht mehr die geringsten Rücksichten, schlug er heftig und bedingungslos zu, gegen Fürsten, Kirche und selbst gegen hoch angesehene, geistig führende Männer seiner Zeit wie Erasmus. Ganz analog verhielt sich Paul Gerhardt.

Dieser friedliebende stille Mann wurde ausgerechnet in dem Augenblick unerträglich und auch für seine Freunde unverständlich halsstarrig, als der Kurfürst ihm aufs äußerste entgegenkam, ihn von der Unterschrift unter den Revers – den er allen anderen Geistlichen abverlangte – entbunden hatte. Gerade das Vertrauen, das der Große Kurfürst in ihn setzte, er werde auch ohne diesen Revers sich jeder Polemik gegen die Reformierten enthalten, mobilisierte die Gewissensqualen Paul Gerhardts, so daß er dem Kurfürsten antwortete, er könne unter diesem Druck seines Gewissens sein geistliches Amt nicht ausüben, sonst „würde ich mier selbst ... eben die Wunde, die ich vorher mit so großer Hertzens-Angst von mir abzuwenden gesuchet, mier, so Zu reden, mit eigenen Henden in meine seele schlagen ... Ich fürchte mich für Gott, in dessen Anschauung ich hier auf Erden wandele, Unnd für welches gerichte ich auch dermahleins erscheinen muß“.

So wurde er endgültig seines Amtes enthoben und ging im Jahre 1669 nach Lübben in das lutherisch regierte Sachsen, wo er 1676 starb.

Die Geisteshaltung, die ihn in diesem Konflikt mit dem Großen Kurfürsten bestimmte, hat Paul Gerhardt wohl am eindrucksvollsten in dem Choral gestaltet:

„1. Ist Gott für mich so trete
Gleich alles wider mich,
So oft ich ruf und bete,
Weicht alles hinter sich.
Hab ich das Haupt zum Freunde
Und bin geliebt bei Gott,
Was kann mir tun der Feinde
Und Widersacher Rott?
. . . .
11. Wer sich mit dem verbindet,
Den Satan fleucht und haßt,
Der wird verfolgt und findet
Ein hohe schwere Last
Zu leiden und zu tragen,
Gerät in Hohn und Spott;
Das Kreuz und alle Plagen,
Die sind sein täglich Brot.
12. Das ist mir nicht verborgen,
Doch bin ich unverzagt,
Gott will ihn lassen sorgen,
Dem ich mich zugesagt.
Es kostet Leib und Leben
Und alles, was ich hab:
An dir will ich fest kleben
Und nimmer lassen ab.
13. Die Welt, die mag zerbrechen,
Du stehst mir ewiglich,
Kein Brennen, Hauen, Stechen
Soll trennen mich und dich.
Kein Hunger und kein Dürsten,
Kein Armut, keine Pein,
Kein Zorn des großen Fürsten
Soll mir ein Hindrung sein.
14. Kein Engel, keine Freuden,
Kein Thron, kein Herrlichkeit,
Kein Lieben und kein Leiden,
Kein Angst und Fährlichkeit,
Was man nur kann erdenken,
Es sei klein oder groß,
Der keines soll mich lenken
Aus deinem Arm und Schoß.“

Eine derart vorbehaltlose Hingabe an Gott, ohne alle mystische Erotik, ohne alle weltflüchtige Vergänglichkeitsklage, aber auch ohne alle wahnhafte Selbstvergottung, oder in sich kreisende Innerlichkeit hat es in der Lyrik nach Paul Gerhardt nicht mehr gegeben, ausgenommen vielleicht bei Mathias Claudius. Das gesamte mögliche Dasein, von den Engeln bis zu den niedrigsten Geschöpfen, wird aufgehoben in Gott, ohne daß es dadurch nichtig oder nicht mehr lebenswert würde.

Es ist das Geheimnis der dichterischen Sprache Paul Gerhardts und wird ewig ihr Geheimnis bleiben, daß klaglos von allem Abschied genommen werden kann und doch alles bejubelt wird. Kurz: es handelt sich hier um eine Lyrik ohne jedes pathologische Moment. Das ist einzig in der Geschichte der neuzeitlichen Dichtung.

Literaturhinweise:

Paul Gerhardt. Dichter-Theologe-Seelsorger 1607–1676. Beiträge der Wittenberger Paul-Gerhardt-Tage 1976 mit Bibliographie und Bildteil, hrsg. von Heinz Hoffmann, Berlin 1978.

Paul Gerhardt. Geistliche Andachten (1667). Samt den übrigen Liedern und den lateinischen Gedichten. Mit einem Beitrag von Walter Blankenburg, hrsg. von Friedrich Kemp, Bern/München 1975 (Faksimileausgabe).

Petrich, Hermann: Paul Gerhardt. Seine Lieder und seine Zeit, Gütersloh 1907.

Rödding, Gerhard: Paul Gerhardt, Gütersloh 1981.

Friedrich Wilhelm, der Große Kurfürst (1620–1688)

Barbara Beuys

Friedrich Wilhelm, der Große Kurfürst von Brandenburg

In der Erinnerung sind zwei Dinge haften geblieben: Die siegreiche Schlacht gegen die erfolgsgewohnten Schweden bei Fehrbellin mitten in der Mark Brandenburg und die großzügige Aufnahme der französischen Hugenotten, die vor der intoleranten konfessionellen Politik Ludwig XIV. vor allem in das protestantische Preußen flüchteten. Dabei steht der Gedanke der Toleranz eher einsam und beziehungslos im Leben eines Mannes, der angeblich sehr viel mehr durch Kriegszüge und Schlachten, durch monatelanges Leben im Zeltlager, wo ihn die Gicht ganz besonders plagte, geprägt wurde. Doch der Große Kurfürst, Friedrich Wilhelm von Brandenburg, der am 9. August 1620 geboren wurde und fast ein halbes Jahrhundert regierte – von 1640 bis 1688 – ist kein oberflächlicher Haudegen, kein Regent, der im Schwert die wichtigste Waffe der Politik sah. Er war ein engagierter Zeitgenosse am Schnittpunkt zwischen mittelalterlicher Welt und moderner Zeit, interessiert an allen Dingen, in denen sich eine neue Epoche europäischer Geschichte endgültig ankündigte und zum Teil schon durchsetzte. Das neue Ideal war ein zentral regierter und gut organisierter Staat. Es regten sich die Neugier für Wissenschaft und Forschung, eine Toleranz, die auf Ausgleich und friedliches Zusammenleben der christlichen Konfessionen aus war, eine Lebensgestaltung, die hier auf Erden dem Menschen schon ein Höchstmaß an Glückseligkeit schaffen wollte.

Als Friedrich Wilhelm geboren wurde, war der große Krieg, der 30 Jahre dauern sollte und als Religionskrieg begonnen hatte, gerade zwei Jahre alt. Selbst die Familie der Hohenzollern blieb vom Zwist um den rechten evangelischen Glauben, der im protestantischen Lager gleich nach Luthers Tod mit voller Wucht ausgebrochen war, nicht verschont. Verkörpert wurde er von den beiden Großmüttern des kleinen Fritz. Die eine, väterlicherseits, war überzeugte Lutheranerin und ließ in der Schloßkapelle auf der Spreeinsel gegen den reformierten Glauben ihres Sohnes und ihres Enkels predigen – „Behüt uns Gott vor dem calvinistischen Gift". Die andere, mütterlicherseits, hielt die Interessen der Reformierten hoch. Es ist der Glaube, zu dem das Herrscherhaus der Hohenzollern am Weihnachtsfest 1613 durch die Teilnahme am reformierten Abendmahl demonstrativ übergetreten war. Es stand damit im Gegensatz zu über 90 Prozent der Bevölkerung, die fest am lutherischen Glauben hielt und auf den Konfessionswechsel der Regierenden mit Unruhen und Steinwürfen reagierte. Mit Martin Luther waren sie überzeugt, daß es nur eine seligmachende Kirche, nur eine Wahrheit geben könne, und zwar die, die der Mönch aus Wittenberg wieder ans Licht gebracht hatte. Sie sind Teil eines orthodoxen Luthertums, das aus dem Blickwinkel der Kirchengeschichte diesem barocken Jahrhundert seinen Namen gegeben hat.

Doch dies ist nur eine Möglichkeit christlichen Lebens. Schwarz-weiß-Malerei wird dieser Zeit nicht gerecht. Nicht nur, daß es unter den Orthodoxen versteinerte Frömmigkeit neben einem aufgeschlossenen, nachdenklichen Glauben gab, der wußte, daß die Reformation ein Prozeß war, der immer wieder die lutherischen Kirchen verändern würde. Während die Täufer im 16. Jahrhundert von katholischen und protestantischen Obrigkeiten mit dem Schwert verfolgt wurden, traten im Barockzeitalter immer neue Außenseiter auf, die hochgeborene Herrschaften zu ihren Anhängern machten und zum Beispiel im Berleburger Ländchen zwischen Sauerland und Westerwald wie auf einer friedlichen Insel Gott auf ihre Weise dienen konnten. Während die etablierte lutherische Geistlichkeit die alten Machtpositionen verteidigte, waren es Laien wie der Große Kurfürst, die neuen Gedanken und Einsichten den Weg bahnten.

Es ist kein Zufall, daß Friedrich Wilhelm zwischen seinem 14. und

18. Lebensjahr – wenn sich bei jedem Heranwachsenden das Weltbild entscheidend formt – nicht dem Konfessionskrieg in der Mark Brandenburg und dem blutigen Waffengang im Reich ausgesetzt ist. Der zukünftige Hohenzollernfürst lebt als Student in der niederländischen Universitätsstadt Leiden und genießt das freie Leben im fortschrittlichsten und wohlhabendsten Land Europas. „Das Goldene Zeitalter" ist diese Epoche in der ersten Hälfte des 17. Jahrhunderts in der Geschichte Hollands überschrieben.

Am Hof der Oranier in Den Haag wird die Liebe des Großen Kurfürsten zu den schönen Künsten geweckt. In Amsterdam erlebt er, daß Handel und Kaufmannschaft sehr profitable Säulen eines Staates sind. Er macht die Erfahrung, daß Wissenschaften und Gartenbaukunst, daß Malerei und Medizin in höchster Blüte stehen können, auch wenn sich ein Land im Krieg befindet. Denn immer noch war der Freiheitskampf der Niederländer gegen die Spanier nicht beendet. Und in Leiden, dem Zentrum von Kultur und Geist, wo die junge Universität erst 1575 mitten in diesem Kampf als Symbol für den Widerstandswillen der Holländer gegründet wurde, ist das Erbe eines Mannes noch ganz lebendig, der mehr als jeder andere Europas Führungsschicht im 17. Jahrhundert geprägt hat: Justus Lipsius.

Geboren 1547 in der Nähe von Brüssel, katholisch getauft und mehrmals die Konfessionen mit den Örtlichkeiten wechselnd, um seiner Arbeit als Philosoph, Politikwissenschaftler, Altertumsforscher, Autor und Kommentator leben zu können, hat Lipsius Protestanten und Katholiken gleichermaßen beeinflußt. An allen Höfen stand in den Bibliotheken sein Buch über die ‚Beständigkeit in den Übeln der Welt': „De constantia in malis publicis" und sein sechsbändiges Werk über die Politik „Politicorum sive Civilis Doctrinae Libri sex". Lipsius, der 1579 einen Ruf nach Leiden erhielt, lehrte einen christlichen Stoizismus. Der Mensch sollte sich nicht von seinen Leidenschaften beherrschen lassen. Maß und Vernunft hieß die Devise. Der Herrscher sollte nicht als absoluter Tyrann auftreten, sondern war als Vorbild seiner Untertanen zu Gerechtigkeit und Toleranz verpflichtet. In einem solchen Staat war ein Krieg aus religiösen Gründen undenkbar. Die Kirchen hatten sich um die Seelen zu kümmern und um die Moral, aber keinen Einfluß auf politische Entscheidungen.

Seine Hochzeit hat Friedrich Wilhelm 1646 in Den Haag gefeiert, denn seine Frau kam aus dem Hause der Oranier. Es war eine politische Heirat, die die Beziehungen zwischen zwei Staaten, die aktiv protestantische Politik treiben wollten, stärken sollte. Als Kurfürst ist Friedrich Wilhelm immer wieder über Monate in seine Residenz in Kleve am Niederrhein gezogen, wo er dem niederländischen Lebensgefühl sehr viel näher war als in seinen Residenzen in Berlin oder in Königsberg im fernen Preußen.

Die preußischen Tugenden, deren Wurzeln in der Regierungszeit dieses Herrschers liegen, sind zu einem wesentlichen Teil aus dem Holland des Justus Lipsius importiert. Die Niederlande sind immer Friedrich Wilhelms Vorbild geblieben. Hier hat er gelernt, daß Nützlichkeitsdenken und Handeln aus moralischem Antrieb ein Bündnis eingehen können, das in vielerlei Hinsichten gewinnbringend ist.

Als der Vater 1640 starb, wurde der Nachfolger sofort mit den Realitäten eines Luthertums konfrontiert, das zu Diskussionen oder gar Kompromissen nicht bereit war, sondern alles tat, um seinen Besitzstand zu wahren. Als der Kurfürst seinem Vater, der reformierter Protestant war, von einem reformierten Prediger in der lutherischen Schloßkapelle die Leichenpredigt halten lassen wollte, revoltierte die lutherische Geistlichkeit. Als er 1649 holländische Kolonisten ins Land holte, die in der Altmark das Land entwässern und neue Dörfer anlegen sollten, beschwerten sich brandenburgische Beamte, weil unter den Einwanderern nicht nur Reformierte, sondern „Häretiker und Schismatiker" zu finden seien. Und für die gab es, da hatten die korrekten Beamten Recht, seit dem Friedensschluß von 1648 immer noch kein Lebensrecht im Heiligen Römischen Reich Deutscher Nation. In seiner Antwort lobte der Kurfürst zwar ausdrücklich, daß die Beamten sich ihre Gedanken gemacht hatten. Doch in der Sache ging er souverän über die bestehende Rechtslage hinweg, weil „Wir dieses zu Unser Chur-Brandenburg und des ganzen Landes Besten angesehene Werk nicht gern schwinden oder fallen lassen". Und daß „einer und ander in seinem Haus privatim seinen Gottesdienst abhalten dürfe, solches wird hoffentlich niemand zum Ärgernis gereichen können".

Es war nicht das letzte Mal, daß Friedrich Wilhelm schützend seine Hand über religiöse Außenseiter hielt und deshalb in Konflikte mit den lokalen Obrigkeiten vor Ort geriet. Die Toleranz, die er praktizierte, hatte er in den Niederlanden kennengelernt. Aber auch dort wurde sie nicht unbegrenzt angewandt. Jean de Labadie, ein französischer Ex-Jesuit, der dem katholischen Glauben abgeschworen hatte und Calvinist geworden war, flüchtete 1660 nach Amsterdam und sammelte dort eine Gemeinde um sich, die nach dem Vorbild der urchristlichen Kommunen leben wollte. Dem Rat der Stadt war das zu radikal, und er verbot den Bürgern, an Labadies Gottesdiensten teilzunehmen. 1670 zog die ganze Gemeinde nach Herford. In der dortigen Abtei, seit der Reformation in evangelischer Hand, regierte seit drei Jahren Elisabeth von der Pfalz als Äbtissin, eine Cousine des brandenburgischen Kurfürsten. Sie schrieb nach Berlin, daß die Labadisten echte Reformierte seien und mit ihrer Zustimmung in Herford bleiben würden.

Der Brief war notwendig, da Herford mitsamt der Grafschaft Ravensberg 1666 an Brandenburg-Preußen gefallen war. Friedrich Wilhelm, der

Landesvater, hatte keine Einwände gegen die Großzügigkeit seiner Cousine. Doch der Rat der Stadt war anderer Meinung und forderte die sofortige Ausweisung dieser seltsamen Christen. Sie seien nicht Reformierte, sondern Quäker und führten ein ausschweifendes, liederliches Leben. Der Kurfürst wollte solchen Anschuldigungen nicht ohne Beweise glauben, kündigte eine Untersuchungskommission an und mahnte den Rat der Stadt, für die Sicherheit der Fremden Sorge zu tragen. Als die eigene Schwester ihn bedrängte und ebenfalls auf Ausweisung plädierte, verbat er sich energisch solche Einmischung und schrieb zurück, man möge sich hüten, daß „durch allzu hartes Verfahren nicht Oel zum Feuer gegossen und das Uebel vergrößert werden möge". Die Herforder Stadtväter ließen sich davon nicht beeindrucken, zogen vor das Reichskammergericht und erhielten dort recht. Doch inzwischen waren die Labadisten längst weiter nach Altona bei Hamburg gezogen.

Elisabeth von der Pfalz, die Friedrich Wilhelm während seines Holland-Aufenthaltes kennengelernt hatte, war eine ungewöhnliche Frau. Als junges Mädchen standen Sprachen, Philosophie, Geschichte und Naturwissenschaften auf ihrem Stundenplan. Der große Descartes, der in Holland eine Zuflucht gefunden hatte, führte mit ihr einen ernsthaften Briefwechsel und widmete ihr 1644 sein bedeutendstes Werk über die „Regeln zur Leitung des Geistes". Elisabeth war eng mit der Frau des Kurfürsten befreundet und kam oft zu Besuch in das Schloß an der Spree. Es darf vermutet werden, daß Friedrich Wilhelm, der die Abende gerne im Kreis seiner Familie verbrachte, mit seiner geistvollen Cousine nicht nur über das Wetter und die Jagd geredet hat. Er wußte, was sich in der Welt des Geistes tat und wollte, daß sein Land auch in dieser Beziehung nicht Provinz blieb.

Im Juni 1658 wurde Johann Raue, Schulinspektor der Mark Brandenburg und Professor am Joachimsthaler Gymnasium in Berlin, ein weitgereister und über die Landesgrenzen hinaus bekannter Pädagoge, von Friedrich Wilhelm die „Inspektion und Direktion Unserer hierso als anderswo vorhandenen Bibliotheken" übertragen. Dann kamen die Handwerker, um den sogenannten „Apothekerflügel" des Schlosses herzurichten, den der Kurfürst als neuen Standort für seine Bibliothek ausgesucht hatte. Raue konnte schließlich drei Räume beziehen. Die Bücher waren in einem rund 31 Meter langen, fünf Meter hohen und 14 Meter breiten Saal in rotgestrichenen Regalen und Schränken untergebracht. An den Wänden hingen die Bilder antiker Philosophen und der Reformatoren Hus, Luther, Calvin und Zwingli. In der Mitte stand ein eckiges, drehbares Lesepult, auf dem gleichzeitig sechs Bücher Platz hatten. Ein zweiter, kleinerer Raum diente als Lesesaal, ein dritter als Raritätenkammer. Dort lagerten Skelette ausgestopfter Tiere, Mineralien und Straußeneier, Manuskripte und die Luftpumpe, die der Magdeburger

Oberbürgermeister Otto von Guericke dem Kurfürsten verehrt hatte. Aus den wahllosen Ansammlungen der fürstlichen Raritätenkammern entwickelten sich später die staatlichen preußischen Museen. Benutzt wurde die Bibliothek von Hofbeamten, Geistlichen und Gelehrten.

Unter den zeitgenössischen Pädagogen war Raue bekannt als ein Anhänger des Comenius. Dieser letzte Bischof der Böhmischen Brüder, der eigentlich Jan Amos Komensky hieß, hat im 17. Jahrhundert eine breite Spur hinterlassen. Er entwarf das erste Bilderbuch in Europa, dachte darüber nach, wie die Schule eine „Werkstätte der Menschlichkeit" werden könne, erdachte eine utopische Gesellschaft, in der alle Menschen nach gleichen Gesetzen lebten und faszinierte viele mit seinem Versuch, alles Wissen dieser Welt in einem System zusammenzufassen. Immer auf der Flucht vor denen, die den katholischen Glauben mit Gewalt wieder zum einzigen machen wollten, ließ er sich schließlich in Amsterdam nieder. Das Erstaunliche: Es gibt zu viele Verbindungslinien von diesem unruhigen Geist, der überzeugt war, daß der Jüngste Tag dicht bevorstand, zu jenem nüchternen Herrscher in Brandenburg-Preußen, als daß sie bloßer Zufall wären, nur eine Laune des Schicksals ohne jede Aussagekraft.

Am 28. Dezember 1657 schreibt Comenius seinem Freund und Mitarbeiter Samuel Hartlieb – ein Preuße, der sich in England niedergelassen hat –, daß der Kurfürst im Schloß zu Königsberg seinen Schwiegersohn in Audienz empfangen habe. Friedrich Wilhelm erhielt bei dieser Gelegenheit vier Exemplare des neuesten Buches von Comenius. Es nannte sich „Lux in Tenebris" und war eine Sammlung düsterer Prophezeiungen. War die Begegnung dieser zwei Männer schon ungewöhnlich, so die aufgeschlossene Reaktion des preußischen Herrschers nicht weniger, die Comenius in seinem Brief beschreibt: „Vor dem Churfürsten von Brandenburg gibt mir auch dieses einen trost, dasz Er nicht auf einem abwege ist, dasz alsz ihm dis Buch eingehandiget worden und Er den inhalt vernomen, nichts anders alsz die wort, Es ist noch nicht Zeit mit solchen sachen ans Licht zu gehen, gesagt."

Und noch eine Spur des Mannes aus Böhmen: Es war im Sommer 1666 in Kleve, da erzählte der Leibarzt des Kurfürsten seinem Herrn, daß der Schwede Benedikt Skytte den Plan habe, eine Universität zu gründen, in der die besten Gelehrten und Wissenschaftler aus aller Welt frei und ungestört forschen und lehren sollten. Skytte sei der Meinung, niemand anders als der Brandenburger könne ein so großes und ungewöhnliches Projekt verwirklichen. Der Schwede hatte richtig kalkuliert: Da war ein Herrscher, der genug Phantasie besaß, um die alten Ordnungen und Dogmen hinter sich zu lassen und von einer neuen Welt zu träumen. Skytte wurde nach Berlin eingeladen, vom Kurfürsten empfangen und erhielt den Auftrag, sein Projekt in einer Denkschrift ausführlich darzulegen.

Im April 1667 unterzeichnete Friedrich Wilhelm tatsächlich ein Patent für die Gründung einer „Brandenburgischen Universität für alle Völker, Wissenschaften und Künste", die bei Tangermünde im Oderbruch geplant war, und versprach 15 000 Taler als Anfangskapital. Ein Erlaß erging an gelehrte Flüchtlinge und Heimatvertriebene in ganz Europa; an alle, die auf Befreiung von Tyrannei hofften. Diese „leute von hervorragendem Wissen" sollten ein festes Gehalt beziehen, frei von Steuern sein und niemand sollte wegen seines Glaubens ausgeschlossen werden.

Das exotische Unternehmen, das der Schwede in Berlin entwarf, hatte auffallende Ähnlichkeit mit der Gesellschaft, von der Comenius in seinen utopischen Entwürfen träumte. Kein Wunder: Denn Benedikt Skytte, Kammerherr und Günstling der schwedischen Königin Christine, in politischen Missionen durch ganz Europa gereist, hatte sich zu seinem Idol Comenius aufgemacht, als dieser noch im ungarischen Sárospatak wohnte. Wochenlang hatten die beiden dort in den fünfziger Jahren intensive Gespräche geführt. Der Plan einer Gelehrtenpublik im Oderbruch scheiterte schon am chronischen Geldmangel, unter dem Brandenburg-Preußen litt. Doch er hätte nicht einmal auf dem Papier Gestalt annehmen können, wenn der Herrscher dieses Landes nicht ein Mann gewesen wäre, für den Toleranz und eine freie Forschung mehr bedeuteten als bloßes politisches Kalkül oder eine vorübergehende Laune.

Es ist nicht einfach, Friedrich Wilhelms persönliche Frömmigkeit auszumachen und zu ergründen, welche Glaubenserfahrungen er gemacht hat. Er lebte in einer Zeit, wo man seine Gefühle nicht offen zu Markte trug. Doch ergeben bei aller Zurückhaltung die vielen Mosaiksteinchen seines Lebens ein Bild, das Konturen hat, die sich schon in seiner Kindheit abzeichnen. In den Briefen, die sein Lehrer an die Eltern schrieb, stand regelmäßig, daß der zukünftige Herrscher Preußens es zwar mit dem Wissensstoff schwer habe, dafür aber in der Gottesfurcht um so stetiger voranschreite. Es waren ausgleichende Theologen, die Friedrich Wilhelm in die Religion einführten und das Fundament für eine solide, keineswegs bigotte Frömmigkeit legten. Diese Frömmigkeit gehörte, wie Leopold von Ranke wohl richtig erkannte, zum innersten Kern seines Wesens. Der Große Kurfürst hatte nichts übrig für theologische Spitzfindigkeiten, fanatischen Eifer oder skrupulöse Grübelei. Er war überzeugt, als Herrscher eine besondere Aufgabe von Gott erhalten zu haben. Als entrücktes, gottähnliches Wesen hat sich dieser Fürst nie gefühlt. Wie er sein Amt verstand, hat Friedrich Wilhelm 1643 in einem selbst verfaßten Zweizeiler ausgedrückt: „Große Herren tun wohl, sich zu befleißen, / Den Armen wie den Reichen Recht zu leisten."

Damals war er, wie sein Vater und andere Mitglieder des Hauses Hohenzollern, als Mitglied in die „Fruchtbringende Gesellschaft" aufgenommen worden. Eine literarische Vereinigung, die die deutsche Sprache förderte und in der Fürsten und bürgerliche Dichter ohne Unterschied des

Standes miteinander verkehrten. Und auch das gehört zu jenem Herrscher, der so gar nichts von der furchterregenden Majestät und Distanz an sich hatte, die sein Zeitgenosse Ludwig XIV. pflegte: Sein Lieblingsdichter war der Königsberger Professor für Poesie Simon Dach, dessen „Ännchen von Tharau" zum Volkslied geworden ist. Sooft er in Königsberg war, lud der Kurfürst den Dichter und dessen Frau an seine Tafel. Und der Chronist berichtet von Friedrich Wilhelm, er „liebete den Dach dermassen, daß er viele seiner Verse auswendig kunte ... daß er ganz genau zu urtheilen wuste, ohne Anschauung des Namens, ob ein vers von Dachen oder einem anderen Poeten verfertigt wäre".

Daß Frau Dach mit an der kurfürstlichen Tafel saß, ist eine jener Kleinigkeiten, die – isoliert gesehen – gar nichts aussagen. Stellt man sie neben etliche andere, ergibt sich wieder eine Spur, die das Leben dieses Mannes durchzieht. Friedrich Wilhelm schätzte die Gesellschaft von Frauen und offensichtlich nicht nur um ihrer schönen Augen willen. Bevor er Louise Henriette von Oranien heiratete, bemühte er sich jahrelang gegen alle Absagen, die selbstbewußte Christine von Schweden – seine Cousine – als seine Frau zu gewinnen. Und Louise Henriette war keineswegs das frömmelnde Hausmütterchen, als das sie die Historienschreiber des vorigen Jahrhunderts geschildert haben. In der zarten Frau mit den großen dunklen Augen steckte ein harter Kern. Über ihre Ländereien wachte sie als scharf kalkulierende Gutsherrin, und die Diplomaten am Berliner Hof wußten sehr wohl, daß diese Frau politische und personelle Entscheidungen ihres Ehemannes auf stille, aber stetige Weise beeinflußte.

Als Louise Henriette einmal schwer erkrankte, saß er Tag und Nacht an ihrem Bett und wechselte die Kleider nicht. Sein Schmerz über ihren Tod 1667 ging tief. Vor der Beisetzung schrieb Friedrich Wilhelm an seine Schwester: „Ich wollte, es wäre erst vorüber, es reißt mir die Wunde von neuem auf."

Seinen Vater hat der Kurfürst in seinen Kinderjahren kaum gesehen. Die Mutter und die beiden Großmütter haben den Jungen groß gezogen. Nach der Heirat lebte die Mutter weiterhin im Schloß. Die Schwiegermutter aus Holland kam oft zu Besuch und hielt mit politischen Ratschlägen nicht hinter dem Berg. Solche Offenheit für weiblichen Sachverstand fiel auf. Aus Kleve schrieb eines Tages Johann Moritz von Nassau-Siegen, Statthalter und guter Freund, mit säuerlicher Ironie nach Berlin: „Eins habe ich von Eurer Kurfürstl. Durchl. verstanden, das mich tut trösten, nämlich daß derselbe nicht in der Ewigkeit wollen den Namen haben, von Weibern regiert zu sein."

In Preußen wie in Brandenburg machte die orthodoxe lutherische Geistlichkeit ihrem reformierten Landesherrn das Leben nicht leicht. In dem Streit, der sich Mitte der fünfziger Jahre entzündete und rund zehn

Jahre dauerte, mischten sich konfessionelle, theologische und politische Argumente. Friedrich Wilhelm versuchte, aus seinen weit auseinanderliegenden Gebieten zwischen Königsberg und Kleve mit Hilfe einer zentralen Verwaltung einen Staat zu machen. Die Sonderinteressen der verschiedenen Landesteile sollten energisch beschnitten werden. Der neu sich bildende Beamtenstand, der diese Neuerungen durchsetzen sollte, bestand vor allem aus Reformierten. Ihre Widersacher in der Mark Brandenburg wie in Preußen waren die traditionellen Stände, gut lutherisch und damit natürlich Verbündete der lutherischen Geistlichkeit. Beide wollten die alte Ordnung gegen politische und konfessionelle Änderungen verteidigen. Alle Versuche des Kurfürsten, die gespannte Atmosphäre zwischen Lutheranern und Reformierten durch Religionsgespräche zu entspannen, scheiterten am Widerstand der Lutheraner. Sie konnten die Erben des Calvin nicht als gleichberechtigte Partner anerkennen, da sie ihnen den Besitz der ganzen Wahrheit absprachen.

Mehr noch: Die Reformierten waren keine echten Christen. So brutal hat es der Berliner Pastor Paul Gerhardt, der bekannteste evangelische Liederdichter, in einem Gutachten 1662 ausgedrückt: „Eine solche Toleranz, wie die Reformierten sie bisher bei uns gesucht haben, werden wir ihnen nimmermehr und in Ewigkeit nicht willigen ..., daß unter den Reformierten Christen sein, gebe ich gerne zu, aber daß die Reformierten als solche Christen ... sein, daß bestreite ich ... ein Christ ist derjenige, welcher den wahren seligmachenden Glauben rein und unverfälscht hat, auch die Früchte desselben in seinem Leben und Wandel sehen läßt, also kann ich die Calvinisten als solche nicht für Christen halten." Mit der gleichen Hartnäckigkeit hatte Luther im Marburger Gespräch mit Huldreich Zwingli, dem theologischen Abweichler aus der Schweiz, darauf bestanden, daß seine Wahrheit die allein seligmachende sei und es darin keinen Kompromiß geben könne.

Es ist deshalb nicht verwunderlich, daß die lutherischen Geistlichen aufmuckten, als der Kurfürst – der unwidersprochen als Landesherr auch der oberste geistliche Herr der Lutheraner war – 1656 eine neue Ordnung für die Ordination der angehenden Pfarrer erließ. Darin sollte nicht mehr wie bisher die calvinistische Glaubensrichtung verurteilt werden. Das Hin und Her der feindlichen Lager muß hier nicht in allen Verästelungen verfolgt werden. Friedrich Wilhelm versuchte durch Toleranzedikte von oben einen „fundamentalen Consensus" zwischen den Konfessionen zu erreichen. Er verbot den Theologen des Landes, in Wittenberg, Kernzelle des Luthertums, zu studieren. Doch von vielen Kanzeln wurde gepredigt: „Wer nicht lutherisch ist, der ist verflucht." Geistliche und Lehrer wurden abgesetzt und außer Landes verwiesen. 1666 wurde schließlich auch Paul Gerhardt entlassen. In der lutherischen Bevölkerung wuchs der Unmut. Die Tuchmacher und Bäcker, die Schlächter und Kürschner, die Schuhmacher, Schneider und Zinngießer verlangten in einer Eingabe an den Magistrat von Berlin, er solle alles tun, daß „dieser fromme, ehrliche und in vielen Landen berühmte Mann ihnen gelassen werde." Im Jahr darauf lenkte der Kurfürst ein. Er nahm seine Anordnung zurück, daß jeder Pfarrer schriftlich dem Toleranzedikt zustimmen müsse und erklärte: „So lassen wir einem jeden hierinnen, bis ihm Gott mehr Lichts und erkenntnüss gebet, seine Meinung ..." Dafür mußten nun die kurfürstlichen Beamten einen Revers unterzeichnen, in dem sie sich verpflichteten, jeden anzuzeigen, der sich nicht an die Toleranzedikte hielt.

Nach außen flexibel, in der Sache unnachgiebig, hatte der Kurfürst sich schließlich durchgesetzt. Doch was auf den ersten Blick nach einem Sieg der Toleranz aussieht, bringt bei näherem Hinsehen Widersprüche ans Licht. Friedrich Wilhelm forderte gleiche Rechte für seinen reformierten Glauben – nicht nur aus Gewissensüberzeugung, sondern damit es in Zukunft in seinem Land mehr Reformierte geben würde, geborene Anhänger seiner Politik. Die Gleichberechtigung für die reformierte Konfession wurde aufgrund der Machtkonstellation entschieden und in dieser Auseinandersetzung der widerspenstigen lutherischen Geistlichkeit das Rückgrat gebrochen. Sie gehorchte in Zukunft ohne Murren den Anweisungen von oben. Von nun an standen Reformierte und Lutheraner total unter der Kontrolle des Staates. Der Mächtige hatte in diesem Fall für die Toleranz entschieden. Doch was würde ein anderer in Zukunft von den Kirchen fordern? Gemildert wird dieses Urteil durch die vielen Beweise, aus denen sich ableiten läßt, daß Toleranz für den Großen Kurfürsten keineswegs ein heuchlerisches Etikett für eine Politik war, hinter der keine innere Überzeugung steckte. Der Vorteil für seinen Staat und seinen Glauben und die Abneigung gegenüber einer Orthodoxie, die sich der neuen Zeit verschloß, gingen hier eine erfolgreiche Bindung ein.

Es fügt sich in diesem Zusammenhang, daß Friedrich Wilhelm 1686 den großen und unbequemen Samuel Pufendorf als brandenburgischen Geschichtsschreiber nach Berlin rief. Längst war der 54jährige Sachse über die Grenzen des deutschen Reiches hinaus bekannt. Pufendorf hat in Deutschland das Naturrecht begründet und als erster Völkerrecht gelehrt. Den lutherischen Theologen war er ein Greuel, weil er die Vernunft – und nicht die Bibel – als einzige Grundlage wissenschaftlicher Erkenntnis gelten ließ. Wie der Kurfürst von Brandenburg-Preußen schwankte auch dieser Gelehrte zwischen einer selbstverständlichen Toleranz in Glaubens- und Gewissensfragen und dem ebenso vehement verfochtenen Anspruch des Staates, unumschränkt in die Kirchen hineinzuregieren. In seinen Schriften hat Pufendorf die Politik endgültig von der Religion befreit und die Gewissen der Bürger von jedem Zwang. Zugleich predigte er den Kirchen politische Enthaltsamkeit und unbedingten Gehorsam gegenüber der Obrigkeit – um des öffentlichen Friedens willen.

Pufendorf konnte erst 1688 seine schwedische Professur in Lund endgültig beenden und kam nach Berlin. Gerade rechtzeitig, um seinem Förderer den Nachruf zu schreiben. Am 9. Mai 1688, morgens zwischen neun und zehn Uhr, ist Friedrich Wilhelm im Kreis seiner Familie gestorben. Er wußte seit Wochen, daß nun die Reihe an ihm war. Und weil er aus einem Glauben lebte, der keinen Zweifel kannte, sagte er wenige Tage vor seinem Tod: „Für mich habe ich genug gelebt und von meinem Gott unzählige, unverdiente Wohltaten erhalten. Wäre es denn nicht billig, daß ich dem die Seele wiedergäbe, von dem ich sie erhalten habe? ... Zurück werde ich nicht kommen, aber seid versichert, daß wir uns dereinst in der frohen Ewigkeit gewiss wiederum vereinigen werden."

Der Große Kurfürst hat viele Reformen mit Schwung angefangen, die dann unfertig liegen blieben. Mancher Höhenflug war zu hoch für dieses arme Land, das die Kriege seiner Regierungszeit noch ärmer werden ließ. Doch es war seine Energie, die aus Brandenburg-Preußen erstmals einen zusammenhängenden Staat machte und aus dem unbeachteten Land einen politischen Faktor auf Europas Bühne, den zweitmächtigsten Staat im Deutschen Reich. Friedrich Wilhelm gab seinem Land nicht nur ein schlagkräftiges Heer, sondern eine Staatsphilosophie, die weiterwirkte. Im Gegensatz zu dem, was sich später unter dem Begriff „preußisch" festsetzte, waren für ihn nicht der Sieg auf dem Schlachtfeld, sondern der Handel und die Phantasie arbeitsamer Bürger die Grundlage eines Gemeinwesens. Er war überzeugt, daß Frieden und Prosperität nur gedeihen konnten, wo religiöser Fanatismus keinen Platz hat und Toleranz das Miteinander bestimmt. Es war kein Zufall, daß die beiden Pietisten-Väter Spener und Francke – von den orthodoxen Lutheranern verjagt und verflucht – nur eine Generation später in Preußen mit offenen Armen aufgenommen wurden.

„Die Gewissen kann man nicht zwingen", hatte Luther gepredigt im Gegensatz zu einer Kirche, die noch Scheiterhaufen errichtete. Doch einen Platz für die abweichenden Gewissen hatte auch der Reformator nicht. Wer den Glauben, den die Mehrheit seiner Mitbürger praktizierte, nicht teilen konnte, sollte auswandern. Gut hundert Jahre später garantierte ein protestantischer Herrscher denen freundliche Aufnahme, die aufgrund ihres Glaubens ihr Land verlassen mußten: den holländischen Siedlern in der Altmark, den schwärmerischen Labadisten in Herford, den französischen Hugenotten und auch die Juden waren in Brandenburg-Preußen wohlgelitten. Zwei Jahre vor seinem Tod ließ Friedrich Wilhelm einen Brief an den Herzog von Savoyen, der in seinem Land die Waldenser verfolgte, entwerfen. Der Brief wurde auch abgeschickt, und der Kurfürst hat mit Recht und gutem Gewissen seinen Namen unter dieses Dokument gesetzt: „Wie heftig auch immer in der Regel der Hass sein mag, der aus der Verschiedenheit der Religion entspringt; älter und heiliger ist doch das Gesetz der Natur, nach welchem der Mensch verpflichtet ist, den Menschen zu tragen, zu dulden, ja, dem ohne Schuld Gebeugten aufzuhelfen. Denn ohne dieses Band der menschlichen Gesellschaft, durch welches nicht allein die gesitteten, sondern auch die barbarischen Völker in allen Zeiten miteinander verwachsen sind, hätte keine Beziehung unter den Völkern jemals bestehen und Dauer haben können."

Literaturhinweise:

Beuys, Barbara: Der Große Kurfürst. Der Mann, der Preußen schuf. Biographie, Reinbek b. Hamburg 1979.
Hüttl, Ludwig: Friedrich Wilhelm von Brandenburg, der Große Kurfürst 1620–1688. Eine politische Biographie, München 1981.
Oestreich, Gerhard: Friedrich Wilhelm, der Große Kurfürst. Persönlichkeit und Geschichte Bd. 65, Göttingen 1971.

Philipp Jakob Spener
(1635–1705)

Johannes Wallmann

Philipp Jakob Spener

Philipp Jakob Spener ist der Begründer des lutherischen Pietismus, der bedeutendsten religiösen Bewegung auf dem Boden der Reformation Martin Luthers. Der Pietismus war eine Bewegung zur Verlebendigung und Verinnerlichung des Christentums, die mit ihren erneuernden Kräften das gesamte kirchliche Leben und auch die Theologie erfaßte, tief auch ins soziale und kulturelle Leben eindrang. Bleibende Spuren hinterließ der Pietismus in der klassischen deutschen Dichtung und Philosophie. Im 17. Jahrhundert entstanden, erreichte der Pietismus seinen Höhepunkt im 18. Jahrhundert, in dessen zweiter Hälfte er von der Aufklärung zurückgedrängt wurde. In der Erweckungsbewegung des frühen 19. Jahrhunderts und, in kleineren Kreisen, im Neupietismus bis zur Gegenwart hat der Pietismus seine Renaissancen erlebt. Geschichtlich hat er sich als ein unverzichtbarer Bestandteil reformatorischen Christentums erwiesen.

Spener hat den Pietismus im lutherischen Kirchentum eingebürgert und gegen den Widerstand der hergebrachten Orthodoxie durchgesetzt. Er hat jedoch den Pietismus nicht geschaffen. Bereits zu Beginn des 17. Jahrhunderts erschien das Buch, das die Grundlagen pietistischer Frömmigkeit enthält: Johann Arndts „Vier Bücher vom wahren Christentum" (1605–10). Der lüneburgische Generalsuperintendent Arndt hatte reiche Anleihen bei der mittelalterlichen Mystik aufgenommen, um dem lutherischen Glauben, der in der dritten nachreformatorischen Generation den Erfahrungsbezug verloren hatte und in eine tiefe innere Krise geraten war, seine lebensverändernde Kraft zurückzugewinnen. Arndt lenkte den Blick vom Wort Gottes, um das es Luther primär gegangen war, auf das Innere der Seele, versetzte den Akzent von der Lehre auf das fromme Leben. Er ergänzte den lutherischen Rechtfertigungsglauben durch eine Heiligungsfrömmigkeit, indem er Anleitung zum Wachstum des „inneren Menschen" und zur „Vereinigung der Seele mit Gott" gab. Arndts „Wahres Christentum" hat schon vor Spener eine schier unglaubliche Verbreitung im Protestantismus erfahren und ein pietistisches Frömmigkeitsstreben geweckt, das weitere geistige Nahrung in den Schriften der deutschen und der romanischen Mystik, dazu in den Erbauungsbüchern des englischen Puritanismus fand. Arndts Schriften bleiben durch die ganze Geschichte des Pietismus hindurch die meistgelesenen religiösen Schriften neben der Bibel. Spener hat sich selbst als Schüler Arndts verstanden und die Erwartung ausgesprochen, daß die von Arndt begonnene Reformation des Lebens Luthers Reformation der Lehre noch übertreffen werde.

Im äußersten Südwesten des alten Deutschen Reiches, am Schnittpunkt von deutschem Luthertum, schweizerischem Calvinismus und französischem Katholizismus, in dem am Ostrand der Vogesen gelegenen *Rappoltsweiler* (heute Ribeauvillé) ist Philipp Jakob Spener am 13. Januar 1635 geboren. Er entstammte einer angesehenen, bürgerlichen Familie des Elsasses. Vorfahren und Verwandte stammten aus Straßburg und Colmar. Der Vater Johann Philipp Spener, Sohn eines Straßburger Goldschmiedes, stand als herrschaftlicher Rat und Registrator über vierzig Jahre im Dienste der Herren von Rappoltstein. Starre Standesschranken kannte man in den überschaubaren Verhältnissen der kleinen lutherischen Herrschaft Rappoltstein nicht. Drei von den vier Paten Speners gehörten dem herrschaftlichen Hause an, darunter die alte, mit Johann Valentin Andreä befreundete Gräfin Agatha, die sich der Erziehung des jungen Spener mit besonderer Wärme annahm. Spener ist im Umkreis eines frommen Adelshofes aufgewachsen. Noch als Student begleitete er seinen Landesherrn auf Reisen in auswärtige Residenzen. Auf dem Parkett, auf dem im Zeitalter des Absolutismus alle wesentlichen Entscheidungen fallen, zu Hofe also, vermag sich der Begründer des Pietismus später mit großer Sicherheit zu bewegen.

Spener hat nie eine öffentliche Schule besucht. Der durch seine außerordentliche Begabung, besonders seine erstaunliche Gedächtniskraft früh auffallende, seine Hauslehrer bald brotlos machende Junge hat sich unter der Anleitung des rappoltsteinischen Hofpredigers Magister Joachim Stoll das Wissen der philosophischen Disziplinen aus Lehrbüchern und Kompendien angeeignet, noch ehe er an die Universität kam. Unter den Autoren seines Selbststudiums finden sich neben Vertretern der damals herrschenden aristotelischen Schulphilosophie auch ausgesprochene Neuerer wie die Niederländer Justus Lipsius und Hugo Grotius, ersterer Begründer der ethisch-politischen Philosophie des Neustoizismus, letzterer bahnbrechend für das moderne Naturrechtsdenken. Der von Paracelsus beeinflußte Wittenberger Philosoph Joachim Sperling erweckte mit seiner „Physik" bei Spener schon früh einen „Ekel an Aristoteles". Schon in Jugendjahren ist Spener über den an den deutschen Universitäten gegenüber dem modernen westeuropäischen Erfahrungsdenken zäh verteidigten Aristotelismus hinausgewachsen, dem er sich dann doch als Student der Straßburger philosophischen Fakultät noch einmal überantworten mußte.

Doch nicht nur das Denken, auch die Religiosität empfing in früher Jugend entscheidende Prägung. Ungebrochen läßt sich „pietistische" Frömmigkeit bis in die Rappoltsteiner Jugendjahre zurückverfolgen. Im Elternhaus und am rappoltsteinischen Hof standen in hohem Ansehen die Schriften Johann Arndts und die englischen Erbauungsbücher. Den jungen Spener fesselten besonders die englischen Erbauungsbücher mit ihrer das Frömmigkeitsleben regelnden Kasuistik, etwa mit genauen Anweisungen zur Heiligung des Sonntags, mit ihren Anleitungen zu psychologischer Selbstbeobachtung, schließlich mit ihrer das ganze irdische Leben als Vorbereitung auf das zukünftige Himmelreich formenden Asketik. So wurde der Dreizehnjährige nach dem Tod der geliebten Gräfin Agatha von einer unstillbaren Todessehnsucht erfüllt. Täglich bat er Gott um seinen baldigen Tod und brachte ganze Kapitel aus Lewis Baylys „Praxis pietatis", in denen die Seligkeit der Frommen in diesem und im jenseitigen Leben ausgemalt wurde, in Verse. Johann Arndts Schriften, die das Reich Gottes schon hier in diesem Leben in der Innerlichkeit der Seele zu suchen lehrten, boten demgegenüber ein Gegengewicht. Spener hat später die übertriebene Jenseitssehnsucht seiner Jugend kritisch beurteilt. Der reife Spener hat Arndt über die englischen Erbauungsbücher gestellt. Noch in seinen letzten Lebensjahren hat er Wochenpredigten über Arndts „Wahres Christentum" gehalten.

Der junge Spener war eigentlich schon „Pietist", als er 1651, sechzehnjährig, die Straßburger Universität bezog. Von aller weltlichen Geselligkeit hielt er sich fern. Tanz, Alkohol, auch der Umgang mit den jüngeren weiblichen Verwandten, wurden von ihm gemieden. Nach dem sonntäglichen Gottesdienst traf er sich mit Freunden, um geistliche Lieder zu singen und erbauliche Bücher zu lesen. Auch verfaßte er, um den Sonntag zu heiligen, geistliche Betrachtungen und Meditationen. Aber Speners Straßburger Meditationen sind lateinisch geschrieben. Der asketische Pietismus des Studenten Spener war eine akademische Angelegenheit. Es war noch ein langer Weg zu gehen, bis aus Spener ein Kirchenreformer und Anführer einer religiösen Bewegung wurde.

Nach Erlangung der philosophischen Magisterwürde begann Spener 1653 mit dem Studium der Theologie. Da er sich seinen Lebensunterhalt durch Kolleggeben verdienen mußte, zeitweise eine Informatorenstelle bei zwei jungen Pfalzgrafen übernahm, konnte er sich dem Theologiestudium nie mit ganzer Kraft widmen. Lange Jahre trieb er intensive historische Studien, aus denen grundlegende Werke aus den historischen Spezialgebieten der Genealogie und Heraldik hervorgegangen sind. Noch heute gilt Spener als der bedeutendste deutsche Genealoge des 17. Jahrhunderts. Die Heraldik wurde erst durch ihn als wissenschaftliche Disziplin in die deutsche Geschichtswissenschaft eingeführt.

Bei einem Mann vom Fleiße und der Gedächtnisstärke eines Spener kam deshalb die Theologie nicht zu kurz. Die Jahrzehnte nach dem Dreißigjährigen Kriege bildeten die Blütezeit der Straßburger lutherischen Orthodoxie, die seit dem Ende des 16. Jahrhunderts ein an der Konkordienformel normiertes strenges Luthertum vertrat. Neben dem Exegeten Sebastian Schmidt, der ihm eine gründliche Schulung in der Bibelauslegung vermittelte, wurde Johann Conrad Dannhauer, ein universaler, sämtliche philosophischen und theologischen Disziplinen beherrschender Theologe und dazu glänzender Prediger, Speners theologischer „Präzeptor". Dannhauer hatte das System der lutherischen Theologie auf der Grundlage des mit der Verbalinspirationslehre verbundenen orthodoxen Schriftprinzips und mit den formalen Mitteln der aristotelischen Logik und Metaphysik aufgebaut in scharfer Frontstellung gegenüber den konfessionellen Hauptgegnern, dem römischen Katholizismus, dem Calvinismus und den Antitrinitariern. Spener hat zeitlebens an diesem lutherisch-orthodoxen Lehrsystem festgehalten, vor allem an der Absage an die reformierte Lehre von der Prädestination. Bis auf einen einzigen Punkt – die Lehre von den „Letzten Dingen" – hat Spener die von Dannhauer markierten Lehrgrenzen stets respektiert und nirgendwo verrückt. Worin der Pietist später über den orthodoxen „Präzeptor" hinausgeht, ist nicht der Buchstabe, sondern der Geist, der jenseits der konfessionellen Grenzen nicht mehr Gegner, sondern nur noch Irrende sieht. Einzig die das kirchliche Dogma von der Dreieinigkeit leugnenden Antitrinitarier hat Spener weiterhin für Gegner gehalten. Sein letztes, kurz vor dem Tod vollendetes Werk („Von der ewigen Gottheit Jesu Christi") galt der Widerlegung der antitrinitarischen Sozinianer.

Nach Abschluß der Straßburger Studienzeit bildete sich Spener 1659/60 in Basel bei Johann Buxtorf in der Hebraistik weiter, nachdem er schon zuvor bei einem elsässischen Juden Privatunterricht über den Talmud erhalten hatte. Doch die Schweiz war nicht nur ein Bildungserlebnis. Eine Studienreise nach Genf machte Spener mit dem wortgewaltigen Prediger Jean de Labadie bekannt, der, von vielen als zweiter Calvin angesehen, eine Reformation der gegenwärtigen Kirche nach dem Modell der Urkirche forderte und einige Jahre später, nach den Niederlanden berufen, die erste pietistische Freikirche gründete. Hörte Spener in Genf den Ruf nach einer neuen Reformation der *reformierten* Kirche, so stieß er nur wenig später anläßlich einer Reise nach Württemberg (1662) auf ein Buch, das die Reformbedürftigkeit der *lutherischen* Kirche bloßlegte. Dies war die „Wächterstimme aus dem verwüsteten Zion" (1661) des Rostocker Magisters Theophil Großgebauer, eine Anklage- und Reformschrift, die den tiefen Verfall der lutherischen Kirche in allen Ständen beklagte und nach Mitteln und Wegen suchte, wie die Predigten lutherischer Pfarrer endlich zum Erfolg kommen und aus dem deutschen Volk ein Volk von wahren Christen werden könne. Großgebauer öffnete Spener die Augen für die Verderbnis der lutherischen Kirche. Vorderhand überwogen jedoch wissenschaftliche Interessen. Einem zu erwartenden Ruf auf eine historische Professur in Tübingen kam man aus Straßburg durch die Berufung auf eine Freipredigerstelle zuvor. Diese Freiprädikatur erlaubte es Spener, sich weiterhin wissenschaftlichen Studien zu widmen und 1664 die theologische Doktorwürde mit einer Arbeit über die Johannesoffenbarung zu erwerben. Gleichzeitig trat er mit einer Straßburger Patriziertochter, mit der zwanzigjährigen Susanne Ehrhardt in den Stand der Ehe. Von den elf Kindern haben ihn sechs überlebt.

Im Frühjahr 1666 erhielt Spener unerwartet den Ruf auf das Seniorat, die höchste geistliche Stelle der Freien Reichsstadt Frankfurt a. M. Nur zögernd nahm er an. Sein Ja bedeutete den endgültigen Abschied von der akademischen Laufbahn. Zwar hat Spener im kirchlichen Amt die begonnenen historischen Studien weitergeführt. Die zwei Folianten seines „Opus heraldicum" sind erst während seiner Frankfurter und Dresdner Zeit erschienen. Dazu kommt während der Frankfurter Jahre ein zehnjähriges, intensives Studium der Schriften Martin Luthers, veranlaßt durch den Auftrag, einen Kommentar zur Heiligen Schrift aus den Werken des Reformators zu verfassen – ein großes, von Spener in Teamarbeit angegangenes Unternehmen, das leider nie bis zum Druck gediehen ist. Aus dem Wissenschaftler Spener wird jedoch mit dem Übergang nach Frankfurt der Mann der Kirche.

Die zwanzig Jahre des Seniorats in der am Schnittpunkt der großen Handelsstraßen liegenden Messestadt sind die wichtigsten im Leben Speners. In sie fallen die Anfänge der pietistischen Bewegung. Ziemlich genau in der Mitte dieser Zeit erscheint die Programmschrift des Pietismus, die „Pia Desideria".

Frankfurt war mehrheitlich lutherisch. Neben der im Ghetto lebenden zahlreichen Judenschaft gab es eine nicht unbeträchtliche Zahl römisch-katholischer und reformierter Christen. Letzteren war das Gottesdienstrecht versagt; sie mußten sonntags ins benachbarte hanauische Bockenheim fahren. Im übrigen deckte sich, unter dem lutherischen Patriziat, die bürgerliche mit der kirchlichen Gemeinde. Als Spener das Senioratsamt übernahm, dachte er an nichts weniger als an eine Kirchenreform. Vor Neuerungen schreckte er, die Empfindlichkeit der Frankfurter Pfarrer gegenüber von auswärts kommenden Besserwissern respektierend, zurück. Soweit er beim Magistrat als dem Inhaber des Kirchenregiments auf Reformen und Besserungen drängte, tat er es in Befolgung von ihm vorgefundener Reformpläne (z. B. Katechismusunterricht, Einführung der Konfirmation, Ordnungen für strengere Sonntagsheiligung). Spener hielt die sonntägliche Hauptpredigt in der Barfüßerkirche (sie wurde Ende des 18. Jahrhunderts abgerissen; heute steht an ihrer Stelle die Paulskirche), daneben oblag ihm Beichthören und Darreichen des Abendmahls. Gottesdienstbesuch, Beichte und Abendmahl waren bürgerliche Pflichten. Gleich in den ersten Jahren mußte Spener einen Frankfurter Kaufmann, der sich längere Zeit vom Abendmahlsbesuch fernhielt, mehrmals schriftlich an seine Pflichten erinnern. Derweilen drängten sich Massen zum Beichtstuhl und Abendmahl. Johann Arndts Wort „Christus hat viele Diener, aber wenige Nachfolger" wurde Spener zu einer immer bedrückenderen Wahrheit.

Drei Jahre nach Amtsantritt, im Sommer 1669, hielt Spener eine Predigt „Über die falsche Gerechtigkeit der Pharisäer" (Text: Matthäus 5,20). In teilweise wörtlicher Anlehnung an Johann Arndt prangerte er mit großem Ernst das durchschnittliche Kirchgängerchristentum der Frankfurter Bürger als ein nur äußerliches, unwahres Christentum an, als toten Glauben und falsche, pharisäische Gerechtigkeit. Erhoffte Spener von dieser Bußpredigt eine größere Erweckung in der Frankfurter Gemeinde? Hielt er noch an Großgebauers Ziel fest, aus dem deutschen Volk ein Volk von wahren Christen zu machen? Die Predigt erregte jedenfalls mehr Unruhe als Bekehrung. Schon am nächsten Sonntag mußte sich Spener wehren, „papistisch" statt lutherisch gepredigt zu haben. Er berief sich auf Luther und dessen Rede vom „wahren, lebendigen Glauben" in der Vorrede zum Römerbrief, die damals in allen großen Bibelausgaben stand. Hatte noch sein orthodoxer Präzeptor Dannhauer Luther *gegen* Johann Arndt ausgespielt, so fand Spener durch sein Lutherstudium die Anliegen Arndts beim Reformator bestätigt. Luther *und* Arndt – das wird jetzt Speners Devise, eine Devise, die ihn befähigte, sich bei seiner Abkehr vom Luthertum seiner Zeit auf Luther selbst zu berufen.

Spener hat seit jener Bußpredigt von 1669 nicht mehr auf eine allgemeine Erweckung gehofft. Nicht, daß er sich der Verantwortung für die volkskirchliche Gemeinde entzogen hätte. Aber in Spener wächst die Überzeugung, daß der Weg, den man nach dem Dreißigjährigen Krieg beim kirchlichen Wiederaufbau gegangen war, der Weg der Rekonstruktion der Volkskirche durch Bußpredigten und durch Wiedereinführung von kirchlicher Sitte und Zucht mittels landesherrlicher Kirchen- und Zuchtordnungen, in einer Sackgasse enden müsse. Auf diesem Wege war wohl, um einen Begriff aus der neueren Geschichtswissenschaft aufzugreifen, „Sozialdisziplinierung" zu erreichen, nicht aber das „Wahre Christentum". So gelangte Spener schließlich zu der Einsicht, ein Kurswechsel kirchlicher Reformpolitik sei notwendig.

Seit dem Sommer 1670 sammelte sich im Pfarrhaus Speners zweimal wöchentlich eine Gruppe Frankfurter Bürger zu gemeinsamer Lektüre religiöser Literatur und zu gemeinsamer Aussprache darüber. Dies sind die unscheinbaren Anfänge einer Institution, die fortan kennzeichnend wird für den Pietismus: die Collegia pietatis, oft auch Konventikel oder „Stunden" genannt, religiöse Versammlungen außerhalb des volkskirchlichen Predigtgottesdienstes auf freiwilliger Basis zur wechselseitigen Erbauung der Christen. Die Initiative zu diesen Versammlungen ging nicht auf Spener zurück, der in einer Predigt nur häusliche Lektüre unter Freunden zum Zweck der Sonntagsheiligung angeregt hatte. Der Frankfurter Jurist Johann Jakob Schütz und ein unbekannter Theologiestudent hatten um solche Zusammenkünfte gebeten. Der anfangs kleine Kreis, dem nur Mitglieder der oberen Stände, Patrizier und Akademiker, angehörten, wuchs bald zu einer ansehnlichen Versammlung heran, die das Spenersche Pfarrhaus über Treppen und Flure füllte und in der bald die einfachen Leute, Handwerker und Bedienstete die Mehrheit bildeten. Auch Frauen waren zugelassen. Schütz, der durch die Lektüre der Predigten des Mystikers Johann Tauler eine Erweckung erlebt hatte, führte neben Spener am häufigsten das Wort. Seiner geistesmächtigen Rede verdankten viele Teilnehmer des Collegiums ihre Erweckung. In den meisten zeitgenössischen Berichten wird Schütz, der auch als Liederdichter („Sei Lob und Ehr dem höchsten Gut") und Verfasser von Erbauungsschriften hervortrat, in einem Atemzug mit Spener genannt. Fast möchte man ihn den zweiten Begründer des Frankfurter Pietismus nennen.

Was seit 1670 in Frankfurt am Main entsteht, ist in der lutherischen Kirche dieser Zeit ohne Beispiel. Hier bildet sich innerhalb der volkskirchlichen Gemeinde ein engerer Kreis von ernsten Christen, eine *„ecclesiola in ecclesia"* (Kirchlein in der Kirche), wie Spener selbst diese Einrichtung später benannte. Messebesucher trugen die Kunde von diesen Versammlungen weit ins Land hinaus, so daß sich in den folgenden Jahren auch anderwärts Collegia pietatis bildeten, vor allem in oberdeutschen Reichsstädten.

Spener konnte bereits auf Erfahrung im Umgang mit pietistischen

Gruppen zurückblicken, als er 1675 mit einem Kirchenreformprogramm, mit den „Pia Desideria“ (Fromme Wünsche), an die Öffentlichkeit trat. Die Gelegenheit dazu war eher eine zufällige. Der Frankfurter Verleger Johann David Zunner bat Spener, zu einer Neuausgabe eines Predigtbandes von Johann Arndt eine neue Vorrede zu schreiben. Spener nützte die Gelegenheit und brachte binnen weniger Tage alle Klagen über die Reformbedürftigkeit der Kirche zu Papier, wie sie ihn seit langen Jahren bewegt hatten. Spener beschrieb das Verderben der Kirche als *Verderbnis des Lebens* in allen drei Ständen, dem Obrigkeitsstand, dem Predigerstand und dem Laienstand. Als die Wurzel des Verderbens konstatierte er den *Mangel an wahrem, lebendigen Glauben.*

Das Reformprogramm erreicht die Weite der Analyse des Verderbens nicht. Der Obrigkeitsstand wird nicht angesprochen. Allein beim Predigerstand und bei den Gemeinden soll der Hebel angesetzt werden. Auch für die Schäden des sozialen Lebens, drastisch beschrieben als Aussaugung der Armen durch die Reichen, bringt Spener keine Reformvorschläge. Bevor die Verhältnisse geändert werden, muß man neue Menschen haben. Zu Recht hat man das pietistische Reformprogramm auf die Formel gebracht „Weltveränderung durch Menschenveränderung“. An die Spitze seines Sechs-Punkte-Programms stellt Spener die Forderung, (1.) „das Wort Gottes reichlicher unter uns zu bringen“. Hier entwickelt Spener den Gedanken, neben dem öffentlichen Gottesdienst Versammlungen einzurichten, in denen Laien Gelegenheit haben, sich wechselseitig zu erbauen. Dabei ist gegenüber der im Frankfurter Collegium pietatis anfangs geübten Praxis neu, daß in diesen Versammlungen die Heilige Schrift auszulegen sei; neu auch der Gedanke, damit die urchristlichen Kirchenversammlungen wiedereinzurichten, wie sie Paulus im 1. Korintherbrief (Kap. 14) beschrieben hatte. Eng verbunden damit ist Speners nächster Vorschlag, (2.) das allgemeine Priestertum aufzurichten, also die Laien stärker am kirchlichen Leben zu beteiligen. Für seine beiden ersten Reformvorschläge konnte sich Spener auf Luther berufen. An dritter Stelle fordert Spener, hier wie im folgenden stärker auf Johann Arndt sich stützend, (3.) das Christentum solle als eine Sache der Praxis und nicht so sehr des Wissens betrieben werden, sodann (4.) seien die konfessionellen Streitigkeiten auf das notwenige Maß einzuschränken, ferner (5.) müsse die Ausbildung der Pfarrer an den Universitäten im Sinne der praxis pietatis reformiert werden und schließlich (6.) sollten die Predigten, unter Zurücksetzung aller Gelehrsamkeit und Rhetorik, schlicht auf die innerliche Erbauung ausgerichtet werden, nach dem Vorbild der Predigten Johann Arndts.

Auf den ersten Blick kein umwerfendes, geschweige revolutionäres Reformprogramm. Spener läßt die bestehende Drei-Stände-Ordnung und die kirchlichen Strukturen unangetastet. Weder das landesherrliche Kirchenregiment noch die inneren Strukturen der Kirche: Pfarramt, Predigtgottesdienst und Sakramentsverwaltung werden in Frage gestellt. Der radikalen Kirchenkritik, die seit den Tagen eines Karlstadt und Thomas Müntzer das reformatorische Kirchentum ständig begleitete und während des Dreißigjährigen Krieges in den kirchenkritischen Schriften eines Christian Hoburg verstärkt an die Oberfläche gekommen war, wird von Spener eine deutliche Absage erteilt. Es soll bei der Lehre von der Glaubensgerechtigkeit bleiben, nur jeder falschen und eingebildeten Glaubenssicherheit soll gewehrt werden.

Ein konservatives Kirchenprogramm also, unterschieden freilich nicht nur von der radikalen Kirchenkritik, die Staatskirche, Universitäten und Predigtstuhl verwarf, sondern auch unterschieden von den Kirchenreformplänen der lutherischen Orthodoxie, einschließlich denen Theophil Großgebauers, die am Gedanken der allgemeinen Besserung festhielten und die Erneuerung volkskirchlichen Lebens von verschärften Maßnahmen des landesherrlichen Kirchenregiments, etwa von neuen Kirchenzuchtordnungen, erhofften. Alle seine Vorschläge, so faßt Spener sein Programm zusammen, liefen darauf hinaus, wie den „Willigen“ zuerst geholfen werden könne, damit sie „mehr und mehr wachsen mögen zu dem Maß der Gottseligkeit“. Man müsse zuerst diesen Grund legen, um nachmals mit Erfolg auch die anderen, die Unwilligen zu erreichen. In gleichzeitigen Briefen drückt er sich deutlicher aus: von strengerer Handhabung der allgemeinen Kirchenzucht sei bei den gegenwärtigen Zuständen nichts, ja nur Schlimmes zu erwarten. Nach langen Überlegungen sei er darauf gekommen, daß nichts Besseres getan werden könne, als, wo immer es möglich ist, eine „ecclesiola in ecclesia“ zu bilden.

Spener berief sich für sein Reformprogramm in erster Linie auf Luther und Arndt, daneben auf zahlreiche lutherische Theologen vor ihm. Bei näherem Hinblick gewahrt man freilich einiges, was nicht aus der lutherischen Tradition stammte und aus der Bahn des überkommenen Luthertums hinausdrängen mußte. Die Gestalt, in der Spener die „Konventikel“ empfahl, war aus der lutherischen Tradition nicht zu belegen. Zwar hatte Luther in der Vorrede zur Deutschen Messe von 1526 einmal die Sammlung der ernsten Christen erwogen. Aber die Spenerschen Laienversammlungen haben mit den viel weitergehenden Gedanken Luthers wenig Ähnlichkeit. Der Gedanke, neben dem öffentlichen Gottesdienst Versammlungen nach dem Muster von 1. Korinther 14 einzuführen, stammt aus der reformierten Kirche Zwinglis. Diese Versammlungen zum Mittel der Kirchenreform zu gebrauchen und in ihnen die wahren Christen zu sammeln, hatte Jean de Labadie gefordert in „Die Übung der Prophezei nach 1. Korinther 14“ (1669), einer Schrift, in der „die erste biblische und theologische Begründung der Konventikel“ vorliegt. Daß Spener an diesem einen Punkt von Labadie abhängig ist, haben neuere Quellenfunde gewiß gemacht.

Noch deutlicher entfernt sich Spener von der lutherischen Tradition im Mittelteil der „Pia Desideria“, in dem er seine „Hoffnung besserer Zeiten“ darlegt. Spener kehrt sich hier ab von dem seit Augustin in der Kirche herrschend gewordenen, von den Reformatoren übernommenen Geschichtsbild, wonach die gegenwärtige Weltperiode durch das Jüngste Gericht beendet und die christliche Zukunftshoffnung sich allein auf ein himmlisches Gottesreich zu richten habe, nicht auf ein herrliches Reich Christi auf Erden. Luther und die Theologen des orthodoxen Luthertums glaubten an die Nähe des Jüngsten Tages und verwarfen alle Hoffnungen auf ein irdisches Gottesreich als schwärmerisch. Spener will zwar nicht die Hoffnung eines Thomas Müntzer oder der Münsteraner Wiedertäufer auf ein mit Gewalt herzustellendes Gottesreich erneuern. Aber im Unterschied zu Luther sieht er noch längst nicht alle messianischen Weissagungen der Bibel als erfüllt an. Vor allem die Erfüllung der Verheißung von der Bekehrung Israels, wie sie Paulus Römer 11,25 f. und die alttestamentlichen Propheten bezeugen, daneben auch die Verheißungen vom endlichen Fall Babels, die Spener mit der lutherischen Tradition auf das päpstliche Rom bezieht, sei noch zu erwarten. Deutlicher als in den „Pia Desideria“, in denen Spener nur unbestimmt von den zu erhoffenden besseren Zeiten der Kirche spricht, hat er in Briefen und dann in Schriften späterer Jahre sich zur Hoffnung auf ein herrlicheres Reich Christi auf Erden bekannt, auf ein Tausendjähriges Reich, wie es im Kap. 20 der Johannesoffenbarung noch vor dem Jüngsten Tag verheißen sei. Spener gewährt damit dem meist im außerkirchlichen Raum lebendigen Chiliasmus Einlaß in die lutherische Kirche. Hier, in der Erwartung eines Reiches Gottes auf Erden und im zielbewußten Arbeiten daraufhin, liegt eine der entscheidenden Differenzen zwischen lutherischer Orthodoxie und Pietismus, ja zwischen reformatorischer und pietistischer Frömmigkeit.

Speners „Pia Desideria“ fanden weithin Beifall. Über neunzig zustimmende Briefe will Spener in den ersten beiden Jahren erhalten haben. Der Vergleich mit Luthers 95 Thesen oder seinen reformatorischen Hauptschriften, wie er zuweilen angestellt wird, ist jedoch fehl am Platze. Zunächst breitet sich der Pietismus nur vereinzelt aus, vornehmlich in süddeutschen Reichsstädten und vereinzelt an Fürstenhöfen (Hessen-Darmstadt). Durch obrigkeitliche Konventikelverbote wurde die Saat des Pietismus jedoch fast überall niedergetreten. Auch in Frankfurt selbst konnte sich der Spenersche Pietismus auf Dauer nicht behaupten. Auf die Blüte des ersten Jahrzehnts, in dem das Collegium pietatis auf ein halbes Hundert Mitglieder anschwoll, fiel der Rauhreif der Heterodoxie und des Separatismus. Johann Jakob Schütz und seine Freunde, darunter die visionär veranlagte Eleonore von Merlau und der Jurist Christian Fende, waren auf der Linie einer innerkirchlichen Reformbewegung nicht zu halten. Hier las man nicht Luther, sondern die Schriften Labadies und der Anna Maria van Schurman, in denen die Kirche mit der in der Johannesoffenbarung beschriebenen Hure Babel gleichgesetzt und die wahrhaft Frommen zur Trennung von der verderbten Volkskirche aufgefordert wurden. Der Quäkerführer William Penn weilte 1677 auf seiner Deutschlandreise auch unter den Frankfurter Pietisten. Als Penn die bedrängten Christen aus allen Konfessionen zum „Heiligen Experiment", der Gründung eines toleranten Staatswesens in Nordamerika aufrief, da gründete Schütz mit seinen Freunden die „Frankfurter Kompanie", die reichen Grundbesitz in Pennsylvanien erwarb und sich zur Auswanderung, zum „Auszug aus Babel", vorbereitete. Allerdings fehlte den Frankfurter Pietisten der Wille zur Tat. Von ihnen war es einzig Franz Daniel Pastorius, der 1683 nach Pennsylvanien auswanderte und zusammen mit einer Gruppe Krefelder Mennoniten Germantown bei Philadelphia gründete, die erste deutsche Siedlung in Nordamerika.

Spener wußte von den separatistischen Neigungen seiner Frankfurter Freunde, von ihren Verbindungen zu den Labadisten und Quäkern. Lange Zeit vertraute er jedoch der Integrationskraft seiner Person und seines, die berechtigten Anliegen radikaler Kirchenkritik aufnehmenden pietistischen Reformprogramms. Um so härter traf es ihn, als an den Tag kam, daß unter seinen engsten Anhängern Angriffe auf die lutherische Kirchenlehre verbreitet wurden. Jetzt zögerte er keinen Augenblick, den Trennungsstrich zu ziehen. In seiner Schrift „Der Klagen über das verdorbene Christentum Mißbrauch und rechter Brauch" (1685) bestritt er jegliches Recht, aus dem Verderben der lutherischen Kirche auf falsche Lehre zu schließen und sich deshalb von ihr als von „Babel" zu trennen. Spener hat mit dieser Schrift deutlich die Grenzen abgesteckt zwischen dem von ihm vertretenen kirchlichen Pietismus und dem radikalen separatistischen Pietismus, den er nur mißbilligen, freilich nicht verhindern konnte. Spener hat fortan die Grenzen zwischen kirchlichem und separatistischem Pietismus sorgsam bewacht, in den Abgefallenen jedoch – ähnlich wie bei Angehörigen anderer Konfessionen – keine Gegner, sondern Irrende gesehen. Zwar nicht mit Schütz, aber mit vielen der Separatisten hat Spener brieflichen Kontakt gehalten, im Wissen, daß Gottes Geistwirken nicht an Kirchengrenzen gebunden ist.

Der Ausbruch der Frankfurter Separation hat den Spenerschen Pietismus in seiner ersten Gestalt zerschlagen. Das Collegium pietatis hatte Spener schon 1682 von seinem Haus in die Barfüßerkirche verlegt, wo neben ihm nur noch Theologiestudenten das Wort ergriffen. Über der letzten Frankfurter Zeit liegt tiefe Resignation. Eine mehr als halbjährige Erkrankung hinderte Spener seit Ende 1684 an Predigt und allen wichtigen Amtsgeschäften. Bald nach seiner Wiederherstellung durch eine Kur in Bad Ems erhielt er den Ruf auf die Stelle eines kursächsischen Oberhofpredigers in Dresden. Da der Kurfürst von Sachsen den Vorsitz im „Corpus Evangelicorum", dem Verband protestantischer Reichsstände, innehatte, war die Dresdner Oberhofpredigerstelle die höchste geistliche Stelle im lutherischen Deutschland. Gutachten auswärtiger Theologen rieten, diesen Ruf als einen göttlichen anzunehmen. Der Bericht über Speners letzten Besuch bei seinem früheren Freund Schütz zeigt ihn als einen fast gebrochenen Mann.

Mit der Übernahme des Dresdner Oberhofpredigeramtes scheint Spener als Agierender von der Bühne, auf der die Anfänge des Pietismus spielen, abzutreten. Collegia pietatis hat er in Dresden nicht mehr eingerichtet, auch später nicht in Berlin. Neben seiner Predigttätigkeit widmete er sich mit besonderer Kraft dem Katechismusunterricht an Kindern, den er selbst erteilte, ohne sich durch das Gespött beirren zu lassen, der Kurfürst hätte einen Oberhofprediger berufen und einen Schullehrer erhalten. Durch eigene Schriften wie durch Herausgabe katechetischer Werke anderer sorgte er für die Verbesserung des kirchlichen Unterrichts. Auf Speners Betreiben wurden 1688 Katechismusübungen in Kursachsen durch Landtagsbeschluß eingeführt. Spezifisch pietistische Aktivitäten sind das nicht, jedenfalls wird damit kein Reformvorschlag der „Pia Desideria" ausgeführt. Gleichwohl wuchs Speners Ansehen in den Jahren seiner Dresdner Zeit immer mehr. Die Saat seiner Schriften ging allmählich auf. An vielen Orten, vor allem in Hamburg und Leipzig, bildeten sich gegen Ende der 80er Jahre neue pietistische Gruppen. Es erhebt sich nun jene zweite Welle des Pietismus, die, wenn auch erst nach langen Kämpfen, endgültig in der lutherischen Kirche zum Durchbruch gelangt.

Als es an den beiden Hauptschauplätzen, Hamburg und Leipzig um 1690 zur großen Auseinandersetzung zwischen Orthodoxie und Pietismus kam, blieb Spener im Hintergrund, stand aber seinen pietistischen Freunden mit Rat und mit Gutachten und öffentlichen Stellungnahmen zur Seite. „Die Freiheit der Gläubigen" – diesen Titel wählte Spener für seine ablehnende Stellungnahme gegen den in Hamburg zur Unterdrükkung des Pietismus geforderten neuen Religionseid, den reformatorischen Freiheitsbegriff, einst gegen die päpstliche Tyrannis gerichtet, nun gegen die neue Tyrannis der orthodox-lutherischen Geistlichkeit wendend. Besonders eng gestaltete sich Speners Verhältnis zu dem jungen Magister August Hermann Francke, der nach einer in Lüneburg 1687 erlebten Bekehrung an der Leipziger Universität erbauliche „Collegia philobiblica" mit Magistern und Studenten hielt, was zu einer bis ins Leipziger Bürger- und Handwerkertum reichenden Erweckung führte und einen Konflikt mit der Leipziger lutherischen Orthodoxie heraufbeschwor. Spener konnte Francke und seine Freunde vor der Übermacht der Leipziger Orthodoxie nicht schützen. Durch seine die sittlichen Verfehlungen des Hoflebens beim Namen nennenden Predigten kam er selbst in Konflikt mit dem Kurfürsten, was zu seinem Weggang von Dresden führte.

Spener ging 1691 als Konsistorialrat und als Propst und Inspektor an der Nikolaikirche nach Berlin. Verglichen mit der Dresdner Stelle war das eine Herabstufung. Doch die Übersiedlung in das von den reformierten Hohenzollern mit einer Politik der Toleranz und des Kirchenfriedens regierte Brandenburg-Preußen gab den Weg frei, auf dem Spener endlich das Patronat über die pietistische Bewegung mit Erfolg wahrnehmen konnte. Die knapp anderthalb Jahrzehnte, die dem schon alternden Spener noch vergönnt waren, brachten ihn auf den Gipfel seines Ansehens und kirchlichen Einflusses. Spener nützte seine zahlreichen Verbindungen zu Adel und Fürstenhäusern, um pietistische Kirchenpolitik zu treiben, um aus anderen Territorien vertriebenen Gesinnungsfreunden in Brandenburg-Preußen Ämter und Anstellungen zu verschaffen. Den mit der Kirche zerfallenen Gottfried Arnold, der in seiner „Unparteiischen Kirchen- und Ketzerhistorie" (1699/1700) die Kirchengeschichte am Maßstab der Urchristenheit maß und als eine Geschichte ständigen Verfalls darstellte, versöhnte er wieder mit der Kirche und verschaffte ihm in Perleberg ein kirchliches Amt. Speners Einfluß ist es zu verdanken, daß die neugegründete Universität Halle a. S. pietistisches Gepräge erhielt und August Hermann Francke samt seinen Freunden dort aufs akademische Katheder gelangte. In den nach 1690 ausbrechenden literarischen Streitigkeiten zwischen Orthodoxie und Pietismus, die auf beiden Seiten eine beispiellose Flut von Streitschriften und Schmähtraktaten hervorbringen, erwies sich Spener als der überlegene Wortführer des Pietismus, dem sich keiner der orthodoxen Theologen gewachsen zeigte. Schon nach wenigen Jahren konnte er sich vom Schauplatz der noch lange dahinschwelenden Streitigkeiten zurückziehen, die Feder Freunden und Schülern überlassend.

Spener machte sich nun an die Herausgabe seines riesigen, meist seelsorgerlichen Briefwechsels, von dem noch zu Lebzeiten die vier umfangreichen Quartbände der „Theologischen Bedenken" erschienen, zwei weitere nach Speners Tod. Diese Briefe zeigen die weiten Beziehungen, in denen Spener nicht nur mit pietistischen Gesinnungsfreunden stand, sondern auch mit den Repräsentanten der Orthodoxie, mit führenden Köpfen des radikalen Spiritualismus und der Frühaufklärung. Man muß diese Briefe studieren, um das Maß des Einflusses zu erkennen, den Spener bei Fürsten und Adligen, im Bürgertum der Städte, aber auch bei Bauern und einfachen Handwerkern ausgeübt hat, nicht nur in Deutschland, auch im außerdeutschen Luthertum bis hinauf nach Finnland und ins Baltikum. Vor allem aber sind diese Briefe als unmittelbare, situationsbezogene Lebensäußerung die beste Quelle, um Spener selbst kennenzulernen. „In deutscher Sprache jedermann zugänglich, oft überraschend knapp, nie langatmig oder gar langweilig, ja vielmehr bis zur Stunde geradezu interessant zu lesen, entwickelt hier Spener schlechterdings die Gesamtanschauung des Pietismus. Er entwickelt sie nicht theoretisch, sondern von der ersten bis zur letzten der über siebentausend Seiten an konkreten Fragen des Glaubens und des christlichen Lebens ... hier wird in sehr behutsamer, kaum merklicher Weise das Christentum, jedenfalls der Protestantismus so ausgerichtet, so von der Bibel und von der Erfahrung her durchreflektiert, daß er in die Lage versetzt wird, seinen unübersehbaren Beitrag zur Gestaltung eines neuen Zeitalters zu leisten" (Wolfgang Trillhaas).

Als Spener 1705 starb, ging für die Zeitgenossen ein Mann dahin, dem man einen Platz unmittelbar neben Luther meinte einräumen zu müssen. Dieser Ruhm ist schon im 18. Jahrhundert allmählich verblaßt. Doch blieb, was Spener, wenn auch nicht geschaffen, so doch im deutschen Protestantismus durchgesetzt hatte, der Pietismus. Freilich nicht in der Form eines „Spenerschen Pietismus". Speners Reformprogramm ist nirgendwo im Ganzen verwirklicht worden. Einzig die ersten beiden Forderungen der „Pia Desideria", das Wort Gottes reichlicher zu treiben und das allgemeine Priestertum zu praktizieren, sind in wohl allen Zweigen des Pietismus befolgt worden. Der *Pietismus* ist dadurch zu einer *Bibelbewegung* und einer *Laienbewegung* geworden. Die von Spener gewünschte Reform der theologischen Ausbildung im Sinne der praxis pietatis erhielt ihre vorbildliche Erfüllung im „halleschen Pietismus". Von der durch August Hermann Francke und seine Freunde geprägten Universität Halle a. S. gingen Generationen pietistisch ausgebildeter Pfarrer aus in alle protestantischen Länder des deutschen Reiches, ja weit über die deutschen Grenzen hinaus nach England, Nordamerika, Rußland und als erste protestantische Heidenmissionare nach Indien. Der Gedanke der „ecclesiola in ecclesia" ist am eindrücklichsten verwirklicht worden durch Nikolaus Ludwig Graf von Zinzendorf und die Herrnhuter Brüdergemeine, die Tochtergemeinen und Freundeskreise im ganzen protestantischen Europa pflanzte und deren Missionstätigkeit bald die ganze Welt umspannen sollte. Speners „Hoffnung besserer Zeiten", seine Erwartung eines herrlicheren Reiches Christi auf Erden, wurde im württembergischen Pietismus eines Johann Albrecht Bengel und Friedrich Christoph Oetinger zu genauen Berechnungen über die Wiederkunft Christi und zu realistischen Ausmalungen des zu erwartenden Gottesreiches fortgebildet. Im frühen 19. Jahrhundert wanderten pietistische Gruppen aus Württemberg nach Rußland und Nordamerika aus, um die Wiederkunft Christi zur Errichtung eines Tausendjährigen Reiches zu erwarten. Über Vater und Sohn Blumhardt in Bad Boll wirkte die pietistische Reich-Gottes-Erwartung bis zum religiösen Sozialismus des 20. Jahrhunderts weiter.

Doch geht Speners Bedeutung nicht darin auf, Begründer des Pietismus zu sein. Als mit dem Regierungsantritt Friedrich des Großen die Aufklärung in Deutschland zur Herrschaft kam, haben die führenden Theologen der deutschen Aufklärung sich wohl vom Pietismus, nicht aber von Spener abgewandt. Vieles in seinem Denken, seine Abkehr von konfessioneller Polemik und Hinwendung zur Toleranz und Glaubensfreiheit, seine Abkehr vom Aristotelismus und sein Offensein für jede an der Erfahrung sich bildende Wissenschaft, die Akzentverschiebung von der Lehre aufs Leben – all dies ist von der deutschen theologischen Aufklärung übernommen worden. Der Spenersche Pietismus ist, wie oft bemerkt worden ist, der Wegbereiter auch der deutschen theologischen Aufklärung gewesen. Jedenfalls ist die Spannweite von Speners Denken und Wirken zu groß, als daß ihn einzelne kirchliche Gruppen und Richtungen für sich reklamieren dürften. Spener hat entscheidend an der neuzeitlichen Gestalt des Protestantismus geformt. Vielleicht wird man seiner historischen Bedeutung am ehesten gerecht, wenn man ihn den Vater des Neuprotestantismus nennt. Angesichts der asketischen Enge seiner Frömmigkeit und seiner chiliastischen Erwartung eines herrlicheren Reiches Christi auf Erden mag man Luthers weltzugewandter Frömmigkeit und seiner nüchtern-realistischen Einschätzung dieser Welt den Vorzug geben. Aber es bleibt doch Speners Verdienst, das Erbe der Reformation, das eine sich dem neuzeitlichen Erfahrungsdenken verschließende lutherische Orthodoxie zu verspielen drohte, selbständig angeeignet und, wenn auch in veränderter Gestalt, künftigen Generationen weitervermittelt und so für die Zukunft bewahrt zu haben.

Literaturhinweise:

Grünberg, Paul: Philipp Jakob Spener, Bd. 1–3, Göttingen 1893 ff.

Spener, Philipp Jacob: Pia Desideria, hrsg. von Kurt Aland, Kleine Texte für Vorlesungen und Übungen 170, Nachdruck der 3. Auflage von 1964, Berlin 1975.

Wallmann, Johannes: Philipp Jakob Spener und die Anfänge des Pietismus. Beiträge zur historischen Theologie 42, Tübingen 1970.

18. Jahrhundert

Johann Sebastian Bach
(1685–1750)

Eckart Klessmann

Johann Sebastian Bach

1.

„Ich sprach mir's aus: als wenn die ewige Harmonie sich mit sich selbst unterhielte, wie sich's etwa in Gottes Busen, kurz vor der Weltschöpfung, möchte zugetragen haben. So bewegte sich's auch in meinem Innern, und es war mir, als wenn ich weder Ohren, am wenigsten Augen, und weiter keine übrigen Sinne besäße und brauchte."

Als Goethe am 21. 6. 1827 seinem Freunde Carl Friedrich Zelter diese Eindrücke mitteilte, die Johann Sebastian Bachs Musik in ihm erregt hatten, antwortete er auf einen Brief, darin ihm Zelter von Bach als einem „Dichter der höchsten Art" („wie Dein Shakespeare") gesprochen hatte. Goethe hat von Bach („Euer Großmeister") wenig gekannt, keine Vokalmusik, aber einiges aus dem „Wohltemperierten Clavier", den „Inventionen und Sinfonien", das frühe „Capriccio B-dur" (BWV 992), das ihm ausnehmend gefiel, dazu einige Orgelwerke. Das entsprach damals so ziemlich der Bach-Kenntnis eines musikalisch gebildeten Menschen, denn

Bach war zwar niemals vergessen, wie die Legende behauptet, aber sein vokales Schaffen, schon den Zeitgenossen nahezu unbekannt, stand nicht in der Überlieferung. Daß Joseph Haydn eine vollständige Abschrift der H-Moll-Messe besaß, darf als Ausnahme gelten; daß Mozart die Motette „Singet dem Herrn ein neues Lied" kannte und bewunderte („das ist doch einmal etwas, woraus sich was lernen läßt!"), verdankte er einzig einem Besuch in Leipzig 1789, wo Bachs Motetten noch gesungen wurden.

Goethe versuchte sich seiner Eindrücke zu vergewissern, und so mächtig der von ihm gewählte Vergleich auch ist: die Bezeichnung „Euer Großmeister" verrät vorsichtige Distanz. Wohl besaß er das Ohr für das Inkommensurable, aber es fehlt der herzwarme Überschwang, die sich an der Persönlichkeit des Komponisten entzündende Begeisterung, wie sie dann in bislang ungekanntem Ausmaß sich der kommenden anderthalb Jahrhunderte bemächtigen sollte. Die Vergöttlichung des Johann Sebastian Bach, eine Form weltlicher Heiligsprechung, ist ein in der Musikgeschichte einmaliges Phänomen.

Goethes poetische Charakteristik wirkt stocknüchtern neben Eruptionen wie solchen: „Dieser Urvater der Harmonie" (Ludwig van Beethoven), „der millionenmal mehr gewußt, als wir vermuten", der „uns so ziemlich samt und sonders auf dem kleinen Finger wiegt" (Robert Schumann), „dies wunderbarste Rätsel aller Zeiten" (Richard Wagner), „Anfang und Ende aller Musik" (Max Reger), „der Liebe Gott der Musik" (Claude Debussy), „die wahre Mitte der Musik" (Werner Egk), „ein Weltwunder" (Walter Gieseking), „ein Vulkan" (Pablo Casals). Die Kirche, an der Wiederentdeckung Bachs im 19. Jahrhundert völlig unbeteiligt, ja gleichgültig, folgte in unserem Jahrhundert und setzte ihren eigenen Maßstab, als ein schwedischer Bischof in den Zwanziger Jahren Bach lapidar zum „Fünften Evangelisten" beförderte, nachdem 1908 der Theologe Albert Schweitzer verkündet hatte: „Musik ist für ihn (Bach) Gottesdienst." Da mochte dann der Musikhistoriker Willibald Gurlitt nicht zurückstehen, wenn er meinte, die Übernahme des Thomaskantorats durch Bach 1723 sei „zugleich für die gesamtdeutsche Musik um 1700 eine Entscheidung von letzter religiöser Gültigkeit" gewesen. Seither rufen Kirchenleute und Musiker ihr „Denn er war unser!" mit scheelem Blick auf die jeweils andere Seite.

Eine vernünftige Erklärung für das, was sich zwischen der Veröffentlichung der ersten Bach-Biographie (1802) und heute entwickelt hat, gibt es nicht. Die Geschichte des Bach-Bildes ist ein – paradox gesagt – geradezu klassisches Kapitel deutscher Irrationalität in Dimensionen, wie sie bei uns keine andere Künstler-Rezeption kennt. Um viele Genies haben sich Kulte gebildet, aber keiner hat es bis zum Rang einer Ersatzreligion gebracht, und keiner dieser Kulte ist von soviel eifernder Frömmigkeit und Unduldsamkeit erfüllt wie die schrankenlose Verehrung und Vergötzung J. S. Bachs. Seine Legende speist sich aus allen liebgewordenen Ingredienzen einer populären deutschen Künstlervita (die Nachzeichnung seiner Biographie wird gleich noch die Details liefern), als da sind: Eine schwere, elternlose Jugend und harte Erziehung; die dem Genie von einer verständnislosen Umwelt auferlegten Beschränkungen; eine banausische Obrigkeit; eine konflikteschaffende Unbeugsamkeit; Zurücksetzung durch eine verblendete Mitwelt; unverdiente Vereinsamung; Vergessenwerden nach dem Tode.

Um diese Thesen genauer zu betrachten und zu überprüfen, müssen wir uns mit Bachs Biographie beschäftigen, mit den Materialien seines Lebens, die durch zuverlässige Quellen verbürgt sind, die populäre Anekdote bleibe beiseite. Carl Friedrich Zelter hat in dem eingangs erwähnten Brief an Goethe einen bedenkenswerten Satz geschrieben, dem wir im folgenden nachgehen wollen: „Alles erwogen, was gegen ihn zeugen könnte, ist dieser Leipziger Kantor eine Erscheinung Gottes: Klar, doch unerklärbar.“

2.

„Klar, doch unerklärbar.“ Diese lapidare Charakterisierung könnte auch als Motto über Bachs Lebensweg stehen, der klar und übersichtlich vor uns ausgebreitet liegt; alle Wege scheinen geradlinig zu unumgänglichen Zielen zu führen, nirgends wirkt eine Perspektive verwischt, Sackgassen und Umwege sind nicht zu erkennen. Dennoch bleiben Fragen offen.

Bach stammte aus einer Musikerfamilie und kam am 21. März 1685 als jüngstes von acht Kindern des Stadt- und Hofmusikers Johann Ambrosius Bach in Eisenach zur Welt. Er ist noch keine zehn Jahre alt, da sterben innerhalb weniger Monate erst die Mutter, dann der Vater. Johann Sebastian findet Aufnahme in der Familie seines vierzehn Jahre älteren Bruders Johann Christoph, Organist an St. Michael in Ohrdruf. Der unterrichtet den Jüngeren, der zweifellos schon ein gewisses musikalisches Fundament aus dem Elternhaus mitbringt, auf dem Klavier, der Orgel, der Geige und der Bratsche, sicher eine gute und gründliche Unterweisung, denn Johann Christoph ist drei Jahre lang Schüler Johann Pachelbels in Erfurt gewesen, einem der großen Orgelmeister Norddeutschlands, der auch den Stil Johann Sebastians beeinflußt hat.

Zur weiteren Ausbildung wird der begabte Fünfzehnjährige auf die Michaelisschule in Lüneburg geschickt, die er von 1700 bis 1703 besucht. Hier werden seine Kenntnisse auf vielfältige Art bereichert. An St. Johann in Lüneburg wirkt der bedeutende Organist Georg Böhm, und in der benachbarten Ritterakademie arbeitet der französische Geiger Thomas de la Selle als Tanzmeister, er ist Mitglied der Hofkapelle im nahen Celle. Durch ihn, der ihn mit zu Besuchen nach Celle nimmt, lernt Bach die dort gepflegte zeitgenössische französische Musik kennen (Kompositionen von François Couperin, Jean Baptiste Lully, Louis Marchand, Nicolas de Grigny). Andere Reisen führen nach Hamburg, eine Stadt voll der herrlichsten Orgeln, an der so bedeutende Spieler wie Jan Adam Reinken und Vincent Lübeck sitzen. Sehr wahrscheinlich hat Bach damals auch die Hamburger Oper kennengelernt, für die Reinhard Keiser komponiert.

Als Bach mit 18 Jahren Lüneburg verläßt, hat er eine Unterweisung erfahren, wie sie solider kaum zu denken ist, und die sich natürlich keineswegs auf die Musik beschränkt: Zum Schulpensum gehören Lateinisch, Griechisch und Französisch, Rhetorik und Logik und vor allem Religion, was hier lutherische Orthodoxie bedeutet.

Es ist bezeichnend, daß er sich als erstes um das Amt eines Organisten im thüringischen Sangershausen bewirbt und nur darum nicht bekommt, weil sein Konkurrent landesherrliche Protektion genießt. Bach wird daraufhin im April 1703 Geiger und Bratscher beim Prinzen Johann Ernst von Weimar, bleibt dort aber nur vier Monate, denn dann steht das Amt eines Organisten an St. Bonifazius in Arnstadt zur Disposition. Dort ist man vom Probespiel des jungen Musikers so begeistert, daß weitere Bewerber gar nicht mehr gefragt sind und Bach zu einem Jahresgehalt angestellt wird, das höher ist als das seines Bruders in Ohrdruf.

Die Jahre in Arnstadt sind gemischt. Wohl kann Bach hier, an einem bedeutenden Instrument, seine Begabung entfalten, und es entstehen die ersten reifen Kompositionen für Orgel und die zwei Capriccios für Cembalo (BWV 992 und 993). Zugleich aber wird ihm die Tätigkeit vergällt durch seine Arbeit mit dem Schul- und Kirchenchor, dessen Leiter er ist. Er muß sich mit so unbegabten wie arroganten Schülern herumschlagen, und das ist sogar wörtlich zu verstehen: Auf einem nächtlichen Heimweg wird er überfallen, er wehrt den Angriff mit dem Degen ab. Aber das Konsistorium ist immerhin so großzügig, ihm vier Wochen Urlaub zu gewähren, damit er den großen Dietrich Buxtehude in Lübeck „behorchen“ kann. Bach begibt sich zu Fuß nach Lübeck (das Reisen mit Pferd oder Wagen ist damals sehr teuer), er vervollkommnet sein Orgelspiel bei Buxtehude und macht von Lübeck aus Abstecher nach Hamburg, und plötzlich sind vier Monate (statt Wochen) vergangen. Es spricht für das Arnstädter Konsistorium, daß es diese drastische Urlaubsüberschreitung nur gerügt hat ohne weitere Konsequenzen, aber beim Verhör kam auch sonst allerlei Mißmut zur Sprache. Die Arnstädter wünschten sich mit Recht einen soliden Organisten, nicht aber einen eigenwilligen Musiker, der auf Gemeinde und Geistlichkeit wenig Rücksicht nahm und das auch deutlich genug demonstrierte.

Da fügte es sich glücklich, daß im nahen Mühlhausen die Organistenstelle an St. Blasien frei wurde und Bach sie nach dem Vorspiel sofort zugesprochen erhielt: Im September 1707 trat er sie an. So kurz auch die

Zeit in Mühlhausen war (er blieb dort nur zehn Monate), für sein Schaffen ist sie bedeutsam geworden, da aus dieser Zeit die ersten überlieferten Kantatenkompositionen datieren, die alle Merkmale der Vollkommenheit tragen: „Christ lag in Todesbanden“ (BWV 4), „Gott ist mein König“ (BWV 71), „Gottes Zeit ist die allerbeste Zeit“ (BWV 106) und „Aus der Tiefen rufe ich, Herr, zu dir“ (BWV 131). Und in Mühlhausen heiratet er am 17. Oktober 1707 seine Cousine Maria Barbara. Bach hätte wohl in Mühlhausen glücklich sein können, wäre nicht hier der Zank zwischen dem damals sich entwickelnden Pietismus und der etablierten lutherischen Orthodoxie mit dem Fanatismus eines Religionskrieges Sonntag für Sonntag von den Kanzeln geführt worden, wovon auch der Organist an St. Blasien nicht verschont blieb. Als ihm die musikfeindlichen Pietisten die Arbeit zu erschweren suchten, kündigte er und wurde 1708 Cembalist und Geiger am Hof des Herzogs Wilhelm Ernst von Sachsen-Weimar.

Und wieder begann ein bedeutender Abschnitt in Bachs Leben, da neben der Vergrößerung seines Werks für Tasteninstrumente jetzt verstärkt auch die übrige Instrumentalmusik trat und Bach hier in Weimar sich mit der zeitgenössischen italienischen Musik vertraut machte, die er gründlich studierte: Tommaso Albinoni, Archangelo Corelli, Girolamo Frescobaldi, Alessandro Marcello, Giovanni Legrenzi und vor allem Antonio Vivaldi. Seine Schülerzahl wuchs (darunter befanden sich auch die talentierten Prinzen Johann Ernst und Ernst August), sein Bekanntenkreis vergrößerte sich: Johann Gottfried Walther, der Weimarer Stadtorganist, zählte dazu, vor allem aber der Konzertmeister am Hof von Eisenach, Georg Philipp Telemann. Die beiden jungen Männer befreundeten sich, musizierten oft miteinander, und 1714 wurde Telemann der Pate von Bachs zweitem Sohn Carl Philipp Emanuel.

Bach galt inzwischen als eine solche Autorität auf der Orgel, daß er nun zunehmend gebeten wurde, neue Instrumente abzunehmen, also gründlich zu prüfen, so 1709 in Mühlhausen, so 1716 in Halle. Gerne wäre er dort Organist geworden, aber das Salaire war zu dürftig. Zum Orgelspielen kam er aber auch in Weimar, denn 1714 wurde er zum Hofkonzertmeister und Hoforganisten ernannt, und in Weimar ist der größte Teil seines überlieferten Orgelwerks komponiert worden. Dennoch war Bach nicht glücklich. Er stand nicht mehr in der Gnade seines Fürsten, der ihn spürbar zurücksetzte, worauf sich Bach, jedwedem Kompromiß frühzeitig abhold, nach einem neuen Dienstherrn umsah und fast augenblicks in dem Fürsten Leopold von Anhalt-Köthen fand, den er 1716 kennengelernt hatte. Und da Bach sich um die Empfindlichkeiten seiner Vorgesetzten bislang wenig gekümmert hatte, fuhr er im September 1717 nach Dresden, um dort den gefeierten Louis Marchand zu hören und mit ihm um die Wette zu konzertieren. Aber Marchand reiste vorher schleunigst ab, Bach spielte allein auf dem Cembalo und wurde begeistert gefeiert. Sein Entlassungsgesuch hatte der Herzog abgelehnt, Bach erneuerte es trotzdem und unterstrich seine Unabhängigkeit mit der Reise nach Dresden, von der er erst nach mehreren Wochen zurückkehrte. Wegen seiner „Halßstarrigen Bezeugung“ kam er dafür auf einen Monat in Arrest, dann entließ ihn der Herzog bei „angezeigter Ungnade“.

Die Jahre in Köthen, von Dezember 1717 bis April 1723, sind die vielleicht glücklichste Zeit in Bachs Leben gewesen. Er hatte einen großherzigen, ihm fast freundschaftlich verbundenen Fürsten, ein erprobtes Orchester und alle künstlerischen Freiheiten. Der einzige Nachteil: Der Hof war calvinistisch, was bedeutete, daß es für den Kirchenmusiker Bach keine Aufgaben mehr gab, nicht einmal mehr das Orgelspiel. Aber Bach scheint darunter nicht gelitten zu haben; in Köthen entstand der größte Teil seines instrumentalen Schaffens, vor allem die Brandenburgischen Konzerte und die Suiten für Orchester. Dennoch muß er seine Orgel vermißt haben, anders hätte er sich schwerlich 1720 um das Organistenamt zu St. Jacobi in Hamburg beworben. Er konzertierte in Hamburg mit außerordentlichem Erfolg und hatte die Genugtuung, daß der greise Jan Adam Reinken ihm sagte: „Ich dachte, diese Kunst wäre ausgestorben; ich sehe aber, daß sie in Ihnen noch lebt.“ Aber mit Kunst allein war in Hamburg nichts anzufangen; der Kirchenvorstand von St. Jacobi forderte eine beträchtliche Summe für das Amt, die Bach nicht zahlen konnte. Doch im Dezember 1722 bewarb er sich um das vakant gewordene Thomaskantorat in Leipzig. Dort wünschte man sich eigentlich den weit berühmteren Telemann, der aber absagte, dann Christoph Graupner, den sein Landesherr nicht freigab. Worauf der Leipziger Magistrat beschloß: „Da man die besten nicht bekommen könne, müsse man mittlere nehmen.“ Am 13. Mai 1723 wurde Bach als Thomaskantor vereidigt.

3.

Wir halten einen Augenblick inne und blicken zurück. Bach ist jetzt 38 Jahre alt. Er ist in seinem Fach eine Autorität, was bedeutet: Er gilt in Deutschland als der bedeutendste Orgelspieler, Orgelkomponist und Orgelfachmann. Das ist gewiß nicht wenig, aber bedenken wir, was er – außer für sein Lieblingsinstrument – sonst noch komponiert hat. Als er sein Leipziger Amt antritt sind vollendet: der weitaus größte Teil seines Orgelschaffens, die Fantasien und Toccaten, das (in der Weimarer Haft geschriebene) Orgelbüchlein, die Choralvorspiele, die meisten Präludien und Fugen; der größte Teil seiner Kompositionen für Cembalo und Clavichord, nämlich der Erste Teil des Wohltemperierten Claviers, die zweistimmigen Inventionen und dreistimmigen Sinfonien, die Englischen und Französischen Suiten; der größte Teil seiner Kammermusik, die

Sonaten für Violine, Flöte und Gambe, die Partiten und Sonaten für Violine solo, die sechs Suiten für Violoncello solo; etwa die Hälfte seiner Orchesterwerke mit den Brandenburgischen Konzerten, den Suiten und Violinkonzerten. Von dem überlieferten Kantatenwerk sind etwa 30 geistliche Kantaten vor Leipzig geschaffen worden, darunter einige seiner schönsten und bedeutendsten wie etwa der „Actus tragicus" („Gottes Zeit ist die allerbeste Zeit", BWV 106), „Christ lag in Todesbanden" (BWV 4), „Ich hatte viel Bekümmernis" (BWV 21), „Der Himmel lacht, die Erde jubilieret" (BWV 31), „Nun komm, der Heiden Heiland" (BWV 61), „Erschallet ihr Lieder" (BWV 172) oder „Gott ist mein König" (BWV 71), die einzige Kantate Bachs, die zu seinen Lebzeiten gedruckt worden ist (1708).

Wäre also Bach 1722 gestorben, so wäre die für einen Komponisten seines Alters gewaltige Schaffensfülle gewiß hinreichend, um ihm einen bedeutenden Platz in der Musikgeschichte zu sichern, aber es hätte nicht ausgereicht, ihm jene einzigartige Stellung zuzuweisen, die er bis heute mit Recht unangefochten in der Musik des Abendlands behauptet. Dazu bedurfte es jenes Oeuvres, das in den 27 Jahren seines Leipziger Wirkens entstand, in dessen Zentrum die Kantaten, Passionen, Messen und Oratorien gehören. Wohl gibt es daneben noch eine Vielzahl bedeutender Instrumentalkompositionen und das blühende Doppeldutzend seiner nur in geringer Zahl erhaltenen weltlichen Kantaten, aber die geistliche Krönung bleibt die Trias von Kantate, Passion und Messe, sie erst macht das geistige Bild J. S. Bachs aus, das immer auch ein geistliches ist.

4.

Im Mittelpunkt von Bachs Schaffen steht die geistliche Kantate, die er für den sonntäglichen Gottesdienst zu komponieren hatte. Nach Luther „predigte Gott das Evangelium auch durch die Musik", und die Kantate ist die musikalische Predigt. Fünf Jahrgänge hat Bach geschrieben, das wären etwa 260 Werke; etwas weniger als 200 sind davon überliefert. Fester Bestandteil jeder Kantate ist der Choral, so wie er dank Luther unablösbar zum evangelischen Gottesdienst gehört. Der Choral kann die Kantate einleiten, fast immer beschließt er sie, meist im einfachen vierstimmigen Satz. Er kann aber auch zur Textgrundlage des Ganzen werden im Typus der Choralkantate, bei der Eingang und Ausgang die Choralmelodie beibehalten, während die Strophen dazwischen entweder eine selbständige Vertonung bekommen oder das musikalische Material des cantus firmus paraphrasieren.

Der Choral ist das Herzstück Bachscher Musik, er ist auch zugleich ihr Fundament. Auch in Bachs Pädagogik steht er an gewichtigem Ort. Seine Schüler müssen den Choralsatz beherrschen; die Melodie im Sopran ist gegeben, Bach selbst setzt den Baß aus, und den Schülern obliegt es nun, dazu die Alt- und Tenorstimme zu komponieren. Spielt der Schüler einen Choral auf der Orgel, so verlangt Bach, man müsse „die Lieder nicht nur so obenhin, sondern nach dem Affekt der Worte spielen". Denn für Bach ist der Choral nicht nur Melodie, nicht nur ein Stück Musik, sondern allemal auch Verkündigung, und die gibt er in seinen Kantaten auf vielfältige Weise.

In der Kantate „Ich hatte viel Bekümmernis" (BWV 21), deren erster Teil der Schwermut und Verzagtheit Ausdruck verleiht, singt der Chor „Sei nun wieder zufrieden, meine Seele, denn der Herr tut dir Guts." In diesen Satz hinein (Bibelwort) intoniert ein zweiter Chor die Choralstrophe „Was helfen uns die schweren Sorgen"; das Bibelwort wird von der Gemeinschaft der Gläubigen (Choral) ausdrücklich bestätigt. In der Kantate „Du wahrer Gott und Davids Sohn" (BWV 23) wird das Rezitativ „Ach, gehe nicht vorüber", der Hilferuf der Kranken und Gebrechlichen, vom Chor unterstützt, der „Christe, du Lamm Gottes" anstimmt.

Luther hatte dem Choral als Ausdruck der Gemeinde einen wichtigen Platz im evangelischen Kultus bestimmt. Jeder lutherische Christ zu Bachs Zeit wuchs mit einem festen Grundbestand von Melodien und Strophen von Kindheit an auf; die wichtigsten Choräle mit allen Strophen auswendig zu können, war selbstverständlich. Das bedeutete auch, daß dort, wo Bach einen Choral in einem anderen Zusammenhang nur instrumental zitierte, er von der Gemeinde auch verstanden wurde. Wenn also in der Kantate „Es erhub sich ein Streit" (BWV 19) der Tenor in einer Arie bittet „Bleibt, ihr Engel, bleibt bei mir", bläst wie aus der Ferne eine Trompete den Choral „Herzlich lieb hab ich dich, o Herr". Der Hörer aber wußte genau, welche Strophe des Chorals in diesem Kontext gemeint war: „Ach, Herr, laß dein lieb Engelein."

Wenn im Weihnachtsoratorium der Choral „Wie soll ich dich empfangen" in der Melodie des „O Haupt voll Blut und Wunden" gesungen wird, stellte sich für jeden Hörer augenblicklich die tiefe Verbindung von Christgeburt und Christi Passion her. Aber das Gemeindemitglied wurde auch ganz unmittelbar angesprochen. Wenn im Weihnachtsoratorium der Evangelist von den Gaben der Könige aus dem Morgenland spricht, unterbricht der Chor mit dem Choral „*Ich* steh an deiner Krippen hier". Wenn in der Matthäuspassion Judas fragt: „Herr, bin ich's?" lautet die Antwort des Chors: „*Ich* bin's, ich sollte büßen." Das bedeutet: das Historische des Evangelistenberichts erfährt augenblicklich seinen Bezug zur Gegenwart: Du, Christ, bist angesprochen, du wirst gefordert.

Umgekehrt kann auch der Choral seine ausdrückliche Beglaubigung durch das Bibelwort erhalten. Der Motette „Jesu, meine Freude" (BWV 227) liegt der gleichnamige Choral von Johann Franck zugrunde, die Strophen werden unterbrochen durch Texte aus dem Römerbrief.

Und noch die letzten Werke Bachs gelten dem Choral: die sogen. Sechs Schüblerschen Orgelchoräle (BWV 645–650) von 1746, die Canonischen Veränderungen über „Vom Himmel hoch" (BWV 769) von 1747 und die Achtzehn Choräle von verschiedener Art (BWV 651–668) aus dem Todesjahr 1750, deren letzter der erblindete Bach wenige Tage vor seinem Tode diktierte: „Vor deinen Thron tret ich hiermit." So endet auch das Orgelwerk im Zeichen des Chorals, wie es einmal begonnen hatte mit den Choralvorspielen und den 64 Choralbearbeitungen des 1717 geschriebenen Orgelbüchleins, das die Überschrift trägt: „Dem höchsten Gott allein zu Ehren, dem Nächsten, draus sich zu belehren."

In Bachs Kantaten sind die Melodien von 106 Chorälen eingegangen. Betrachtet man, wie sie von und in Bachs Kunst eingebunden werden, so begegnet man einer bewundernswürdigen Formenvielfalt. Der Choral kann von einer Solostimme (oder mehreren) in Begleitung von Instrumenten vorgetragen werden, er wird der Arie und dem Rezitativ vokal oder instrumental als Zitat zugeordnet, er kann vergrößert werden zum reichgegliederten, orchesterbegleiteten Chorsatz oder erklingt im schlichten Satz mit obligaten Instrumenten oder instrumentalen Zwischenspielen, und schließlich kann er auch (wie in der Kantate „Die Elenden sollen essen", BWV 75) einen selbständigen Instrumentalsatz speisen. Vielleicht ist die vokalsinfonische Monumentalität des „O Mensch, bewein dein Sünden groß" der Matthäuspassion Bachs gewaltigste Auseinandersetzung mit dem evangelischen Choral. Doch indem ich diesen Superlativ zu Papier bringe, denke ich auch schon: Wäre denn die Choral-Exegese der Kantate „Christ lag in Todesbanden", in der Bach die sieben Strophen des bildkräftigen Lutherlieds instrumental und vokal auslegt, weniger? Ja, gehören die nur 20 Takte des schlichten vierstimmigen Schlußchorals „Es ist genug, Herr, wenn es dir gefällt" (aus der Kantate „O Ewigkeit, du Donnerwort", BWV 60) nicht zum kühnsten und ungewöhnlichsten in Bachs Gesamtwerk? War es denn so zufällig, daß Alban Berg sich gerade von dieser un-erhörten Komposition zum dritten Satz seines Violinkonzerts inspirieren ließ?

Wem so der Choral zum A und O seiner Musik wird, der geht dann auch jenen erbitterten Streit ein, den Bach 1728 auszufechten hatte, als man ihm das Recht beschneiden wollte, die Auswahl der Choräle für den Gottesdienst zu treffen. Hier ging es nicht um Rechthaberei oder Prinzipientreue, sondern um Essentielles in Bachs Existenz, der seine Musik auch als ein Stück Verkündigung begriff, so gut wie sein Amt.

Denn für Bach ist die geistliche Musik, besonders die Kantate, stets auch ein Stück Exegese. Was der Prediger wortreich auf der Kanzel auslegt, interpretiert Bach in der Partitur. Auch die Kantate versteht sich als Predigt und nicht als ästhetische Umkleidung des Worts. Die Musik vertieft die Botschaft mit allen ihr zu Gebote stehenden Stilmitteln, prägt sie dem Hörer ein.

Bach und Telemann haben 1714 den nämlichen Text, Erdmann Neumeisters Kantate „Nun komm, der Heiden Heiland", komponiert. Telemann setzt das Wort in Musik, Bach legt das Wort mit der Musik aus. Telemanns Vertonung ist darum nicht schlecht, sie ist nur anders, will anderes. Telemann darum der Oberflächlichkeit zu zeihen wäre aber ebenso unsinnig, als wollten wir die Messen Haydns oder Mozarts den Maßstäben der H-Moll-Messe unterwerfen. Hätte Bach die Kantaten Telemanns für seicht befunden, er würde sie sich kaum abgeschrieben und im Gottesdienst aufgeführt haben.

Für keinen Komponisten vor und nach Bach ist der Choral so sehr Herzstück seiner Musik, ja seines Daseins gewesen: Herzstück, Herzensgewißheit, Herzensbekenntnis. Fundamentstein des Glaubens, zu dem sich eine Gemeinde bekennt. Das Evangelium, das der Geistliche im Gottesdienst vorträgt, wird von der Gemeinde und durch die Musik singend beglaubigt.

5.

Was Bach bewogen hat, sich Ende 1722 um das Thomaskantorat zu bewerben, ist bis heute nicht überzeugend beantwortet. Seine eigene Erklärung, durch die Heirat seines Fürsten mit einer „Amusa" habe auch des Herrn eigenes Interesse an der Musik nachgelassen, überzeugt nicht, zumal Bach selbst betont, daß es ihm zunächst „gar nicht anständig seyn wolte, aus einem Capellmeister ein Cantor zu werden". Man habe ihm, so schreibt er 1730 in einem Brief, die Stellung als „dermaßen favorable beschrieben", und da seine Söhne hätten studieren wollen, so habe er sich für (die Universitätsstadt) Leipzig entschieden.

Das Thomaskantorat als Höhepunkt und Endzweck allen künstlerischen Strebens – dafür, daß Bach es so angesehen haben könnte, gibt es nicht die Spur eines Beweises. In der bürgerlichen Werteskala war das eine Stufe abwärts. Denn ein Kantor an St. Thomas war zunächst einmal ein Musik- und Lateinlehrer, und es gehörte auch zu Bachs (verhaßten) Pflichten, regelmäßig die Aufsicht im Alumnat zu führen und z. B. abends auf Ruhe in den Schlafsälen zu sehen. Gewiß, es gab auch die Aufgaben eines Kirchenmusikers, aber von der Universitätskirche war er nach häßlichem Streit ausgeschlossen, und das Orgelspiel gehörte auch nicht zu seinen Aufgaben, er war ja Kantor und nicht Organist. Es ist immer wieder gesagt worden, Bach habe das Amt eines Kirchenmusikers als seine eigentliche Lebensaufgabe angesehen, aber abgesehen davon, daß diese Behauptung nicht beweisbar ist, muß man sich doch fragen, ob es damals nicht idealere Plätze als St. Thomas zu Leipzig gegeben hätte.

Die Jahre von 1723 bis 1750 sind Bach sauer gemacht worden. Es ist die Geschichte endloser Querelen mit der Universität, mit ungeliebten Kollegen, mit dem Rektor von St. Thomas und stets mit dem Rat der Stadt Leipzig. Dabei sind die vielen Beschwerden Bachs durchweg begründet und verständlich, aber Bach war auch nicht der völlig schuldlose Märtyrer. Er war kantig und kompromißlos, cholerisch, stets undiplomatisch und ohne die geringste Neigung, die Gegenseite verstehen zu wollen. Daß er dem verhaßten Organisten Görner die Perücke ins Gesicht schlug und ihn anschrie, er hätte besser daran getan, Schuster zu werden, schafft nirgends Freunde. Man kann vom Leipziger Magistrat nicht in der Rückschau verlangen, er hätte Bachs Genie begreifen müssen. Die Ratsherren sahen nur einen Kantor, der ganz eindeutig seinen vertraglich vereinbarten Dienst vernachlässigte und eine Stätte anspruchsvoller Musikpflege dort schaffen wollte, wo sie – wie später auch Bachs Feind, der Rektor Ernesti – zuvörderst eine erstklassige Lateinschule zu etablieren wünschten. Man spürt bei der Lektüre des Ratsprotokolls vom 2. 8. 1730 die angestaute Erbitterung über Bachs Verhalten: Sein für den Lateinunterricht gewählter (und von ihm bezahlter) Vertreter habe den Unterricht „schlecht genug verwaltet", der Kantor habe „sich nicht so, wie es seyn sollen, aufgeführet", sei „ohne genommenen Urlaub verreiset", ferner „thue der Cantor nicht allein nichts, sondern wolle sich auch diesfals nicht erklären, halte die Singestunden nicht, es kämen auch andere Beschwerden dazu, Änderung würde nöthig seyn, es müße doch einmahl brechen". Worauf der Rat einstimmig dem Vorschlag folgt, „dem Cantor die Besoldung zu verkümmern" (Zwischenruf: „... weil der Cantor incorrigibel sey"). Über ein etwas später mit Bach geführtes Gespräch wird notiert, daß er „schlechte lust zur arbeit bezeige". Daraufhin machte der Rat seine Drohung wahr: Bei der Auszahlung sogenannter Akzidenzgelder im Herbst 1730 bekam Bach nichts.

Kleinliches Kompetenzgerangel kam hinzu. Hätte Bach die diplomatische Begabung seines Freundes und Kollegen Telemann besessen, es wären ihm zweifellos Konflikte erspart geblieben oder sie hätten sich leichter lösen lassen, aber Bachs unbeugsame Dickschädeligkeit schloß eine wie immer geartete Konzilianz aus. Um seine Autorität zu erhöhen, ließ er sich 1736 von seinem Landesherrn, dem sächsischen Kurfürsten und König von Polen August III., den Titel eines „Hof-Compositeurs" verleihen; seine Position gegenüber den Widersachern wurde damit nicht gestärkt. So vergällt waren ihm die Leipziger Querelen, daß er sich 1730 bei seinem Schulfreund Georg Erdmann, jetzt diplomatischer Vertreter Rußlands in Danzig, brieflich erkundigte, ob eine Anstellung in Danzig möglich sei, da er in Leipzig eine „der Music wenig ergebene Obrigkeit" habe, „mithin fast in stetem Verdruß, Neid und Verfolgung leben muß". Aber daran war er keineswegs unschuldig.

Doch die Leipziger Jahre bedeuten ja nicht nur Kontroversen. Bachs Ruhm festigt sich, er hat Schüler die Fülle, als unangefochtener Experte muß er neue Orgeln begutachten, er gibt Konzerte in Kassel (1732) und mehrfach in Dresden, und er geht endlich auch daran, seine Werke im Druck erscheinen zu lassen, die vier Teile der „Clavier Übung" 1726, 1735, 1739 und 1742. Von 1729 an übernahm er die Leitung des von Telemann 1701 gegründeten Collegium musicum, einem Ensemble musikbegabter Studenten, für das er die Vielzahl seiner Cembalokonzerte schrieb, wo aber auch Bachs weltliche Kantaten aufgeführt wurden. Und aus dem Collegium musicum ließen sich wiederum talentierte Instrumentalisten für die Kirchenaufführungen gewinnen.

In Leipzig erlebt die Johannes-Passion am 26. 3. 1723 ihre Uraufführung, am 25. 12. 1723 das Magnificat (die Fassung in Es-dur), am 1. 4. 1725 das Oster-Oratorium, am 15. 4. 1729 die Matthäus-Passion, am 25. 12. 1734 das Weihnachts-Oratorium, am 19. 5. 1735 das Himmelfahrts-Oratorium, und schließlich entstehen zwischen 1724 und 1748 die erst gegen Ende von Bachs Leben zusammenwachsenden Abschnitte der H-Moll-Messe. Begleitet werden diese vokalsinfonischen Werke von der Fülle der Kantaten. Doch wenn die neue Datierung und chronologische Ordnung sich als stichhaltig erweisen sollte, wäre etwas Erstaunliches zu beachten. Die Mehrzahl der in Leipzig komponierten Kantaten konzentrierte sich dann auf die Jahre 1723/35; für die Jahre danach (bis 1750) wären demnach nur noch etwa zehn Neukompositionen zu verzeichnen. Dabei ist allerdings zu berücksichtigen, daß etwa 80 geistliche und 60 weltliche Kantaten verlorengegangen sind. Nun hat Bach freilich an den Sonn- und Festtagen nicht nur eigene Kompositionen aufgeführt. Manches Werk anderer, von ihm geschätzter Komponisten haben Bach und seine Schüler für die Aufführung in Leipzig kopiert, von G. F. Händel die sog. Brockes-Passion, von Reinhard Keiser die Markus-Passion, von G. Ph. Telemann mehrere Kirchenkantaten.

Um die Vielfalt der Aufgaben bewältigen zu können, griff Bach mit den Jahren verstärkt zum Parodie-Verfahren. Das bedeutet, er versah bereits komponierte weltliche Kantaten mit geistlichen Texten und benutzte Instrumentalwerke mit wechselnder Besetzung für andere Kompositionen. Dieses Verfahren galt damals als allgemeiner Brauch; es war ja auch nicht einzusehen, warum eine Musik, die etwa ein einziges Mal in Köthen aus weltlich-festlichem Anlaß erklungen war, den Leipzigern vorenthalten werden sollte. So ist das Oster-Oratorium von 1725 durchweg Parodie einer Schäfer-Kantate, das Weihnachts-Oratorium Parodie bis auf die Rezitative und Choräle, für die Matthäus-Passion verwendete

Bach neun Sätze aus der Trauermusik für den im November 1728 plötzlich gestorbenen Fürsten Leopold von Anhalt-Köthen, und mit Ausnahme von Kyrie, Sanctus und Teilen von Gloria und Credo ist auch ein großer Teil der Musik der H-Moll-Messe weltlichen Kantaten entlehnt. Etwa zwanzig Prozent des überlieferten Bachschen Oeuvres ist Parodie. Dabei aber ist zu beachten, daß nach Bachs theologischem Verständnis nur weltliche Vorlagen zu geistlichen Werken herangezogen werden konnten, niemals aber umgekehrt.

Nach 1740 wächst Bachs Vereinsamung. Wohl ist es im Leipziger Kantorenhaus nicht still, weil kein Reisender es versäumt, bei einem Besuch Leipzigs auch bei Bach vorzusprechen, weswegen „sein Haus einem Taubenhause u. deßen Lebhaftigkeit vollkommen gliche", wie sich der Sohn Carl Philipp Emanuel erinnerte, der damit auch erklärt, warum der Vater kaum Zeit gefunden habe, eine größere Korrespondenz zu führen. Die Familie ist geschrumpft. Nach dem frühen Tode Maria Barbaras 1720 hatte Bach im folgenden Jahr die Trompeterstochter Anna Magdalena Wilcken geheiratet, und zu den zwei Töchtern und fünf Söhnen aus erster Ehe gesellten sich zwischen 1723 und 1742 noch sechs Söhne und sieben Töchter, allerdings starben von diesen zwanzig Nachkommen elf vor ihrem Vater, bei der hohen Kindersterblichkeit jener Zeit war das nicht ungewöhnlich. Die Ehe mit der musikalisch begabten Anna Magdalena scheint glücklich gewesen zu sein; sie hatte teil am häuslichen Musizieren und kopierte vielfach Noten für ihren Mann in einer Handschrift, die der seinen zum Verwechseln gleicht. Doch wiewohl Bach ein gutverdienender Musiker war: Anna Magdalena starb zehn Jahre nach ihrem Mann, 59 Jahre alt, im Elend als „Almosenfrau" und erhielt ein Armenbegräbnis.

Bachs letztes Lebensjahrzehnt (1740–50) sind Jahre des Sammelns und Vollendens. Er bereitet eine Vielzahl von Orgelwerken für den Druck vor, er beendet um 1748 die H-Moll-Messe. Durch Carl Philipp Emanuel, Hofcembalist bei König Friedrich II. von Preußen, wird dieser auf J. S. Bach aufmerksam und lädt ihn 1747 nach Potsdam ein. Bach improvisiert dort über ein vom König gestelltes Thema, arbeitet das Material nach seiner Rückkehr aus und publiziert es unter dem Titel „Musicalisches Opfer". Die letzten Jahre galten der „Kunst der Fuge", die nicht mehr vollendet werden konnte, da Bach während der Arbeit erblindete. Die Kurzsichtigkeit hatte ihm schon das ganze Leben zu schaffen gemacht, doch nach einem Schlaganfall Ende Mai 1749 ließ die Sehkraft immer mehr nach. Ein englischer Augenarzt unternahm zwei Staroperationen, die aber beide fehlschlugen; verabreichte Medikamente ruinierten Bachs Gesundheit vollends. Seinem Schwiegersohn Altnikol diktierte Bach sein letztes Werk, den Orgelchoral „Vor deinen Thron tret ich hiermit". Am 18. Juli konnte Bach plötzlich wieder sehen, erlitt aber Stunden später einen zweiten Schlaganfall, an dessen Folgen er am Abend des 28. Juli 1750 kurz vor neun Uhr starb, 65 Jahre alt.

Während die Musikwelt um Bach trauerte und ehrenvolle Nachrufe in Vers und Prosa erschienen, befand der Leipziger Magistrat lapidar, die Thomasschule „brauche einen Cantorem u. keinen CapellMeister". Den Nachfolger hatten die Leipziger ungeduldig schon ein Jahr vor Bachs Ende bestimmt und ihn sogar öffentlich zur Probe musizieren lassen. Er war dann auch sofort zur Stelle.

6.

Johann Sebastian Bach war ein frommer Mann. Wenn er eine Komposition begann, so überschrieb er sie „J. J." (= Jesu juva: Jesus hilf); wenn er sie endete, unterzeichnete er „S. D. G." (= Soli Deo Gloria: Gott allein die Ehre). Die Christus-Worte in der Partitur der Matthäus-Passion schrieb er mit roter Tinte aus. „Bey einer andächtigen Musique ist allezeit Gott mit seiner Gnadengegenwart", notierte er als Randbemerkung in einer seiner Bibelausgaben. Und vom Generalbaß, dem Basso continuo, dem Fundament der Musik bis ins späte 18. Jahrhundert, bemerkte er: „... und soll wie aller Music, also auch des General Basses Finis und End Uhrsache anders nicht als nur zu Gottes Ehre und Recreation des Gemüths seyn. Wo dieses nicht in acht genommen wird da ists keine eigentliche Music sondern ein Teuflisches Geplerr und Geleyer".

Johann Sebastian Bach war ein gelehrter Mann. In seiner Bibliothek standen allein 81 Bände Theologie, davon 19 Bände mit Schriften Luthers. Und was sein eigentliches Fach betraf, so bemerkte Carl Philipp Emanuel, man könne in der Musik nicht gelehrter sein als sein Vater, allerdings sei er „kein Liebhaber von trocknem mathematischen Zeuge" gewesen. Der „tief gegründete Bach in Leipzig" nennt ihn 1746 eine Berliner Publikation. Andere sahen es nicht so. Der Kritiker Johann Adolph Scheibe warf ihm 1737 öffentlich vor, „durch ein schwülstiges und verworrenes Wesen" entzöge Bach seiner Musik alle Natürlichkeit und „die Schönheit der Harmonie". Bach veranlaßte daraufhin einen früheren Schüler, für ihn gegen Scheibe zu polemisieren. Es scheint, als habe Bach den Verdacht gehegt, man könne seine Gelehrsamkeit unterschätzen und in ihm vielleicht eine Provinzgröße sehen. Es ist daher gelegentlich vermutet worden, gerade seine späten, besonders kunstvollen Werke, die Canonischen Veränderungen, das Musicalische Opfer, besonders aber die unvollendet gebliebene Kunst der Fuge (die Bach schon stechen ließ, als er noch daran arbeitete) wären als überzeugende Antworten auf den allerdings reichlich törichten Vorwurf gedacht gewesen.

Aber noch seine letzten Monate wurden von einem Streit verdunkelt, an dem Bach selber schuld war, ging doch sein gereiztes Temperament mit ihm durch. Da hatte ein in Freiburg (Sachsen) wohnender Rektor in einer Schrift sich sehr kritische Gedanken über die Musikpflege in der Schule gemacht, wobei er sich auf Freiberger Verhältnisse bezog. Eigentlich hätte das Bach nicht zu bekümmern brauchen, aber er sah wieder einmal seine Position bedroht und beauftragte einen ihm bekannten Organisten mit einer Erwiderung. Dessen Rezension verwandelte Bach eigenmächtig in eine grobe Polemik und gab sie ohne Wissen des Autors zum Druck. Als sich dieser daraufhin mit Recht beschwerte, behauptete Bach, drei Monate vor seinem Tod, nicht er, sondern der Drucker habe die Veränderung des Manuskripts zu verantworten, eine in ihrer offenkundigen Unwahrheit beschämende Ausrede. Der Bach-Biograph Friedemann Otterbach hat jüngst die Vermutung geäußert, in dieser Auseinandersetzung zeige sich, daß Bachs Selbstwertgefühl „in der Tat schwach, vielleicht sogar gebrochen gewesen sein" müsse. Das ist sehr wohl denkbar, aber der für Bachs cholerisches Temperament charakteristische Zornesausbruch (es werde „des Auctoris Dreckohr gereiniget, und zur Anhörung der Musik geschickter gemacht werden") ließe sich auch anders deuten. Der sich offenbar von Böswilligen umstellt wähnende Bach wußte sehr wohl, wie still es um ihn geworden war und daß die Entwicklung der Musik längst an ihm vorbeiging. Vielleicht spürte er auch, wie sehr man in Leipzig auf sein endgültiges Abtreten wartete. Sein Absolutheitsanspruch duldete keine Kompromisse, er kannte seinen Wert. In einer Zeit der Veränderung, die sein Freund Telemann in Hamburg souverän mitvollzog, beharrte er auf seinen Idealen und setzte allen Wandlungen die Rückkehr auf die Positionen des alten Stils entgegen. Mochten auch andere Nachgiebigkeit und Geschmeidigkeit demonstrieren: Er schleuderte allen ein lutherisches „Hier stehe ich!" entgegen und zeigte mit seiner Polemik, daß er gewillt war, seine Stellung auch verbal in der Öffentlichkeit zu behaupten. Er war noch da, mit ihm mußte immer noch gerechnet werden. Unfair war nur, dafür den Namen eines anderen zu mißbrauchen und für seinen Fehler nicht selber einzustehen, aber wenn es um die Verteidigung der Musik und ihres höheren Anspruchs ging, schien ihm wohl jedes Mittel erlaubt, sogar das unziemliche Wortspiel „Rektor-Dreckohr", das der Kritiker Johann Mattheson denn auch prompt als eine Geschmacklosigkeit rügte. Hier zeigte Bach jene kompromißlose Unbedingtheit, die ihn im Guten als berufenen Pädagogen auszeichnete.

Denn Johann Sebastian Bach war Pädagoge aus Passion. Wohl kein Komponist von Rang hat gerne unterrichtet – Bach ausgenommen. Er hat bis zu seinem Tode Schüler um sich gehabt, qualifizierte Musiker, die seinen Ruhm gemehrt haben und an die er hohe Ansprüche stellte. Ging es um künstlerische Qualität, so kannte Bach keine Nachsicht. Viele seiner Werke waren Lehrbücher der Musik: das Orgelbüchlein, die vier Teile der Clavier Übung, das Wohltemperierte Clavier, die Inventionen und Sinfonien, die Notenbüchlein für Friedemann und Anna Magdalena, vielleicht auch die Kunst der Fuge. Über ihren Partituren könnte jener Satz stehen, den er dem Orgelbüchlein voranstellte: „Dem höchsten Gott allein zu Ehren, dem Nächsten, draus sich zu belehren." Das für Bach so ungemein Charakteristische, den liturgischen Gedanken mit dem pädagogischen zu verknüpfen, ist lutherisches Erbe. Er selbst sah seine immense Begabung, über die er sich nicht unklar war, ganz nüchtern: „Ich habe fleißig seyn müssen; wer eben so fleißig ist, der wird es eben so weit bringen können." Der Pädagoge Bach ist zu keiner Zeit in Vergessenheit geraten.

„Kein Liebhaber von trockenem mathematischen Zeuge", das gewiß. Dem widerspricht aber nicht Bachs Liebe zur Zahlensymbolik, Erbe des barocken 17. Jahrhundert. Daß Zahlen göttliche Harmonie offenbaren können, wußte schon die Antike, ebenso, daß Zahl und Musik einander verschwistert sind. Bach verknüpft die Zahl mit der Theologie; auch in der Zahl symbolisiert sich Göttliches. In der Choralbearbeitung von „Dies sind die heiligen zehn Gebot" (aus dem Orgelbüchlein, BWV 635) wird das Thema zehnmal kontrapunktisch wiederholt. Wenn die Juden (in der Johannes-Passion) zu Pilatus sagen „Wir dürfen niemand töten" singen sie es in fünf Takten (Fünftes Gebot). Solche beliebig herausgegriffenen Beispiele gibt es zu Dutzenden; es sei aber auch nicht verschwiegen, daß manche Interpreten aus Bachs Musik (besonders beliebt ist die Kunst der Fuge) eine wahre Kabbala gemacht haben und uns Zahlengeheimnisse enträtseln, von denen Bach selbst schwerlich gewußt hat.

Daneben gibt es bei Bach eine eigene musikalische Symbolsprache, in der bestimmte Figuren stehen für Macht und Gewalt, Tod und Ende, Himmel und Hölle. Wie die Zahlensymbolik ist auch dieses musikalische Vokabular keineswegs Bachs Erfindung gewesen, er hat beide nur für sich und seine Tonsprache in ein System gebracht, das ihn aber niemals zu trockener Schematik verleitet, seine Musik aber einer höheren Gesetzmäßigkeit unterstellt, wie denn ja auch kein Dichter seiner Sprache Gewalt antut, wenn er sie unter das Gesetz von Rhythmus, Metrum und Reim stellt. „Niemand", so hat Claude Debussy bemerkt, habe „die Freiheit und den Phantasiereichtum des Satzes und der Form weiter vorangetrieben als Bach, einer ihrer Gesetzgeber".

Geistliche und weltliche Musik liegen nicht wie fremde Kontinente voneinander getrennt. Die Sprache der Liebenden aus dem Hohenlied Salomonis ist auch die Sprache, in der Jesus und die Seele miteinander zärtlich kommunizieren. Der Geburtstagsjubel für die Königin Maria Josepha („Tönet, ihr Pauken! Erschallet, Trompeten!") wird ein Jahr später zum „Jauchzet, frohlocket, auf preiset die Tage!" im Glück über die Christgeburt. In Bachs Werk sind Leipzig und Jerusalem eng benachbart, oder, um es mit den schönen Worten Oskar Loerkes zu sagen, der zum Dörfchen Klein Zschocher der Bauernkantate bemerkt: „Prüfe die Erde des Dörfchens und die von Zion: die gleiche Scholle zerbröckelt." Nicht nur die Erde, auch das Licht ist ihnen gemeinsam, jenes Licht sub specie aeternitatis. Es gibt Stellen in Bachs Musik, wo sie gleichsam aus sich heraus zu leuchten beginnt, in dem verhaltenen Arioso der Matthäus-Passion „Am Abend, da es kühle ward" sowohl wie in dem trompetenumglänzten Jubel des „omnes generationes" des Magnificat, wenn plötzlich der Blick geöffnet wird auf die Kind- und Kindeskinder der kommenden Generationen, überstrahlt vom Licht des Heils.

7.

Es gibt keinen einzigen Komponisten, dessen Werk so nachhaltig das 20. Jahrhundert beeinflußt hätte wie Bach. Claude Debussy meinte, die Komponisten müßten zu ihm beten, „bevor sie sich an die Arbeit setzen, auf daß er sie vor Mittelmäßigkeit bewahre". Béla Bartók, Alban Berg, Paul Hindemith, Arnold Schönberg, Igor Strawinsky, Anton Webern: Sie alle haben sich mit der Musik Bachs auseinandergesetzt und von ihr Impulse für das eigene Schaffen empfangen. Inspirierend hat Bach auch auf Künstler anderer Disziplinen gewirkt, auf so gegensätzliche Naturen etwa wie Aristide Maillol oder Lyonel Feininger.

Das Überraschende ist, daß von Bachs Schaffen Ströme ausgehen, die von den Bereichen feinster Subtilität bis in die Niederungen populärer Trivialität wirken. Denn neben Debussys Bitte um Schutz vor Mittelmäßigkeit stehen erfolgreiche Romane und Filme, die Bach für die Unterhaltungsindustrie vermarkten, steht das „Ave Maria" von Charles Gounod über dem Präludium C-dur des Wohltemperierten Claviers, das seit seiner Entstehung (1853) bis heute in seiner Popularität ungebrochen blieb, stehen die gefälligen Arrangements des Choralsatzes „Wohl mir, daß ich Jesum habe" (aus der Kantate „Herz und Mund und Tat und Leben", BWV 147), steht die modische Alfanzerei eines „Play Bach" für Jazz oder Synthesizer. Zwischen diesen Extremen drängt sich eine Bachgemeinde, die Verehrung mit Unduldsamkeit verwechselt, Begeisterung mit Fanatismus, die sich Glaubenskriege liefert um die „werkgetreue" Interpretation und Bachs Zeitgenossen und Freund Telemann mit Haß und Verachtung dafür straft, daß er bei Lebzeiten berühmter war als Bach und eigentlich statt seiner Thomaskantor werden sollte. An diesem Religionskrieg, seit Spittas großer Biographie (1873/80) aktenkundig, hat sich partiell leider auch die Musikwissenschaft beteiligt, aber im Zeichen des 300. Geburtstags des Meisters 1985 scheint eine nüchterne Beobachtungsweise sich doch durchzusetzen.

Angesichts von Bachs Leben und Nachleben wird des Staunens und

Fragens wohl nie ein Ende sein. Während seine Zeitgenossen und Landsleute Telemann und Händel Familie und angestammte Berufslaufbahn und die provinzielle Enge ihrer Heimat verlassen, bleibt Bach im vertrauten Milieu und hat, anders als jene, nie das Ausland kennengelernt. Obwohl er durchaus die Oper liebt, hat er nie für sie geschrieben. Wiewohl nicht unpopulär, hat er nur das wenigste zum Druck gegeben. Und doch hat sein Einfluß den der Zeitgenossen weit hinter sich gelassen. Inmitten eines säkularisierten 19. Jahrhunderts wurde Bachs Musik zum Leitbild evangelischer Kirchenmusik und nicht minder prägend für die Entwicklung der Orgelmusik. Doch so sehr schon Philipp Spitta am Bilde des lutherischen Erzkantors gearbeitet hat (Bach selbst zog es vor, seinen Namen mit „Director Musices" zu signieren) und so sehr sich dann die evangelische Kirche seit hundert Jahren bemüht, Bach zum protestantischen Kirchenvater zu erheben (man denke nur an sein Standbild im Ulmer Münster): Der gläubige Lutheraner Bach, gleicherweise in Distanz zu Pietisten wie Aufklärern, ist nicht Alleinbesitz der ihn erst spät einverleibenden Kirche, er spricht gleicherweise zu Atheisten wie Moslems, Marxisten wie Katholiken und zu den Menschen aller Erdteile und Kulturkreise. So wenig Zweifel erlaubt sind an Bachs tiefer Frömmigkeit und seinem Christentum als Wurzelgrund seiner Kunst, so wenig sind ihr heute Grenzen jedweder Art gezogen.

Die transzendentale Ordnung und harmonische Gesetzmäßigkeit, die Bachs Musik in jedem Takt widerspiegelt; der hohe Anspruch seiner Kunst, der sich daraus herleitet; die vollkommene Klarheit seines Schaffens, in der sich Gott und Mensch, jenseitige und diesseitige Welt hörbar miteinander verbinden: Dies alles mag die Menschen an ihren eigentlichen Ursprung und ihr eigentliches Ziel erinnern. Das wäre eine mögliche Erklärung für die in der Kunst sonst beispiellose umfassende Wirkung des Phänomens Johann Sebastian Bach. Da aber seine Musik pfingstlich in vielerlei Zungen tönt, sind ebenso andere Deutungen denkbar. Bachs Werk läßt das zu: Klar, doch unerklärbar.

Literaturhinweise:

Bach-Dokumente, Bd. 1–4, Kassel 1963 ff.

Forkel, Johann N.: Über Johann Sebastian Bachs Leben, Kunst und Kunstwerke, Leipzig 1802 (Reprint Berlin/Kassel 1970).

Geiringer, Karl: Johann Sebastian Bach, 2. Auflage, München 1978.

Otterbach, Friedemann: Johann Sebastian Bach. Leben und Werk, Stuttgart 1982.

Immanuel Kant
(1724–1804)

Michael Welker

Immanuel Kant

Immanuel Kant hat ein Gelehrtenleben geführt, konzentriert auf Erkenntnisgewinn und Erkenntnisverbreitung. Die Disziplin und die Beharrlichkeit, mit der er seinen Lebensstil und seine Lebensführung auf seine philosophische Arbeit abstimmte, haben bei vielen seiner Zeitgenossen, bei seinen Biographen und deren Lesern Verwunderung und oftmals Amüsement hervorgerufen: Kant als philosophischer Grübler am Schreibtisch, der einem Nachbarn den krähenden Hahn abkaufte, um sich ungestört der Ausbildung seiner Gedanken hingeben zu können; der einen anderen Nachbarn seine Pappeln zu beschneiden bat, als sie ihm den Blick auf den Löbenichtschen Kirchturm verstellten, der ihm beim ruhigen Nachdenken förderlich gewesen war; Kant als höchst pedantischer Professor mit der gepuderten Perücke, nach dessen täglichem Spaziergang die Königsberger die Uhr stellen konnten – solche Bilder haben unsere Vorstellungen von Kants Leben geprägt. Gerade auf den bis ins Schrullige gehenden Anstrengungen des großen Philosophen, sein

Leben von allen äußeren Ereignissen freizuhalten, die seine geistige Arbeit hätten unterbrechen oder irritieren können, beruht die Unterhaltsamkeit seiner Biographie. Gerade in seinem Bemühen um ein an unerwarteten Abwechslungen *armes* Leben gilt Kant aber auch als typischer Philosoph, typischer Gelehrter, typischer Denker.

Doch nicht die auf Gleichförmigkeit der Lebensführung bedachte Pedanterie, sondern die im Freiraum eines äußerlich monoton verlaufenden Lebens gewonnenen Erkenntnisse verleihen dem Namen Kants eine Ausstrahlung, die ihm auch einen Platz unter den „protestantischen Profilen" erworben hat. Kants Profil soll deshalb im folgenden so gezeichnet werden, daß nicht nur dem Interesse an seinem Leben Rechnung getragen (*I*), sondern daß vor allem ein Eindruck von seinen wichtigsten philosophischen Erkenntnissen vermittelt wird (*II–IV*). Kant selbst hat einer solchen Darstellung seines philosophischen Profils den Weg vorgezeichnet:

„Alles Interesse meiner Vernunft ... vereinigt sich in folgenden drei Fragen:

1. *Was kann ich wissen?*
2. *Was soll ich tun?*
3. *Was darf ich hoffen?*"

I. Kants Leben

Immanuel Kant wurde am 22. April 1724 in der „Vorstadt" von Königsberg geboren. Er war das vierte von neun Kindern des Riemermeisters Johann Georg Kant und seiner Ehefrau Anna Regina, geb. Reuter. In Königsberg wuchs er auch auf, dort besuchte er von 1732–1740 das pietistische Gymnasium Fridericianum und von 1740–1746 die Universität. Mit dreizehn Jahren verlor er die Mutter. Wegen der Armut der Familie war er bereits in der Schulzeit auf Unterstützung von Freunden angewiesen. Kants wohl wichtigster Förderer wurde in diesen Jahren der Leiter des Collegium Fridericianum, der Prediger und Theologieprofessor Franz Albert Schultz, dessen theologische Vorlesungen Kant auch während seines Studium besuchte, das sonst wesentlich der Philosophie, der Mathematik und der Naturwissenschaft galt.

Unter den wenigen schriftlichen autobiographischen Bemerkungen Kants findet sich eine Notiz von 1797, die festhält, daß „meine beiden Eltern ... in Rechtschaffenheit, sittlicher Anständigkeit und Ordnung musterhaft, ohne ein Vermögen (aber doch auch keine Schulden) zu hinterlassen, mir eine Erziehung gegeben haben, die, von der moralischen Seite betrachtet, gar nicht besser seyn konnte, und für welche ich bei jedesmaliger Erinnerung an dieselbe mich mit dem dankbarsten Gefühle gerührt finde". Auch soll der greise Kant bedauert haben, daß er es versäumte, dem Förderer Schultz ein „literarisches Denkmal" zu setzen. Dagegen hat er eher unwillig an die Schulzeit zurückgedacht und in seinen Vorlesungen über Pädagogik die Jugendjahre sogar die „beschwerlichsten" des Lebens genannt, „weil man da sehr unter der Zucht ist, selten einen eigentlichen Freund und noch seltener Freiheit haben kann". Der Lateinunterricht seiner Schulzeit, der mit mehr als 15 Wochenstunden im Zentrum der Ausbildung stand, erschien ihm geistlos („Wollte Gott, wir lernten in Schulen den Geist und nicht die phrases der Autoren und kopierten sie nicht ..."). An die neben dem Lateinunterricht dominierende religiöse Erziehung soll sich Kant nach dem Zeugnis seiner Freunde nur mit „Schrecken und Bangigkeit" erinnert haben: Von täglicher Frühandacht, sonntäglicher Katechese, Vor- und Nachmittagspredigt abgesehen, begann jeder Tag mit einer Stunde Religionsunterricht, schloß jede Unterrichtsstunde mit einem „erwecklichen und kurtzen" Gebet, dienten der Hebräisch- und der Griechischunterricht der Bibellektüre. Auf dieses Übermaß an religiöser Schulerziehung hat man denn auch Kants später gebrochenes Verhältnis zum „Kirchenglauben" zurückgeführt. Einen starken Einfluß gewannen auf den Studenten Kant die Schriften des deutschen Aufklärungsphilosophen *Christian Wolff* und des englischen Mathematikers, Physikers und Philosophen *Isaac Newton,* der für Kant „sein Leben lang den personifizierten Begriff der Wissenschaft selbst bezeichnet".

Nach dem Studium war Kant zunächst etwa sieben Jahre lang bei verschiedenen ostpreußischen Familien Hauslehrer, bereitete aber in dieser Zeit die Rückkehr an die Universität vor. Er legte nicht nur „Miszellaneen aus allen Fächern der Gelehrsamkeit" an, sondern konzipierte auch mehrere seiner frühen Werke, deren wichtigstes den Titel trägt: „Allgemeine Naturgeschichte und Theorie des Himmels, oder Versuch von der Verfassung und dem mechanischen Ursprunge des ganzen Weltgebäudes nach Newtonischen Grundsätzen abgehandelt."

1755 promovierte Kant an der Universität Königsberg und verschaffte sich mit weiteren akademischen Abhandlungen die Voraussetzung für eine Professur, die er aber erst nach fünfzehnjähriger Lehrtätigkeit erhielt. Als Existenzgrundlage diente ihm unter anderem (ab 1765) die Stelle eines Unterbibliothekars an der Königlichen Schloßbibliothek in Königsberg. Eine Professur für Dichtkunst lehnte er 1764 ab, ebenso spätere Berufungen an andere Universitäten. Persönlich bescheiden und veränderungsscheu, verließ Kant Königsberg zeit seines Lebens nicht mehr. Allerdings entfaltete er eine weitgespannte Lehrtätigkeit. Er hielt Vorlesungen unter anderem über Logik, Metaphysik, Ethik, Anthropologie, Mathematik, Mechanik, physische Geographie und theoretische Physik. Da er lange ohne jede feste Anstellung und somit auf Kolleggelder angewiesen war, las er 12, 16, 20 und mehr Wochenstunden. Dabei klagte er gelegentlich über den geistigen Frondienst: „Ich meines theils sitze täglich vor dem Ambos meines Lehrpults und führe den schweeren Hammer sich selbst ähnlicher Vorlesungen in einerley tacte fort", wobei man heute darauf aufmerksam machen muß, daß in jenen Tagen eine Vorlesung in kommentierender Verlesung anerkannter Lehrbücher durchgeführt wurde. Beiläufig ist darauf hinzuweisen, daß der frühe Kant eine noch heute anerkannte Theorie der Entstehung des Planetensystems sowie eine zutreffende Erklärung der Passatwinde gegeben hat und daß er als ein Begründer der wissenschaftlichen Geographie gilt.

Nachdem er 1770 als ordentlicher Professor für Metaphysik und Logik wirtschaftlich gesichert war, hüllte sich der Forscher Kant ein Jahrzehnt lang in Schweigen. Anfang Mai 1781 erhielt sein Schüler und Freund Marcus Herz einen Brief, der mit dem lapidaren Satz begann: „Diese Ostermesse wird ein Buch von mir, unter dem Titel: Critik der reinen Vernunft, herauskommen." Zunächst jedoch schien nichts dafür zu sprechen, daß Kant ein epochemachendes Werk veröffentlicht, daß er einen geistigen Umbruch eingeleitet hatte. Zu seiner großen Enttäuschung nämlich blieb sein Hauptwerk anfangs unverstanden. Deshalb ließ Kant ihm 1783 eine zugänglichere, in Anlage und Darstellung einfachere Schrift folgen, die *Prolegomena zu einer jeden künftigen Metaphysik, die als Wissenschaft wird auftreten können*. Mit den Prolegomena begann der Siegeszug der neuen „kritischen" Philosophie. Nun veröffentlichte Kant in schneller Folge die Schriften, die mit der Kritik der reinen Vernunft und den Prolegomena zu den bedeutendsten Texten der philosophischen Weltliteratur gehören. 1785 erschien die *Grundlegung zur Metaphysik der Sitten*, 1788 die *Kritik der praktischen Vernunft*, 1790 die *Kritik der Urteilskraft*. 1793 veröffentlichte Kant seine wichtigste religionstheoretische Schrift: *Die Religion innerhalb der Grenzen der bloßen Vernunft*. Dies brachte ihn in Konflikt mit der preußischen Regierung.

Am 1. 10. 1794 erging Kabinettsorder König Friedrich Wilhelms II. an Kant: „Unsre höchste Person hat schon seit geraumer Zeit mit großem Mißfallen ersehen: wie Ihr Eure Philosophie zur Entstellung, Herabwürdigung und Entehrung mancher Haupt- und Grundlehren der heil. Schrift und des Christenthums mißbrauchet." Von Kant wird verlangt: „bey Vermeidung Unsrer Höchsten Ungnade, daß Ihr Euch künftighin Nichts dergl: werdet zu Schulden kommen lassen, sondern vielmehr, Eurer Pflicht gemäß, Euer Ansehen u. Eure Talente dazu anwenden, daß Unsre Landesväterl. Intention mehr als bisher erreicht werde; widrigenfalls Ihr Euch bei fortgesetzter Renitenz unfehlbar unangenehmer Verfügungen zu gewärtigen habt." Kant verteidigte sich in einem Antwortschreiben an den König, in dem er klarlegte: erstens habe er in Vorlesungen die

Grenzen einer nur philosophischen Religionsuntersuchung nie überschritten; zweitens seien seine Schriften „nur als Verhandlungen zwischen Facultätsgelehrten des theologischen und philosophischen Fachs" konzipiert; drittens könne von einer Herabwürdigung des Christentums gar keine Rede sein, da er „gar keine Würdigung irgend einer vorhandenen Offenbarungs-, sondern blos der Vernunftreligion beabsichtigt" habe; viertens habe er „eine wahre Hochachtung für das Christenthum bewiesen", indem er Aufmerksamkeit für den „heiligen praktischen Inhalt" der Bibel zu wecken suchte, der sich „bei allem Wechsel der theoretischen Glaubens-Meinungen" als das Wesentliche der Religion erhalten werde. In allem habe er, bemerkte Kant, fünftens „das Gewissen, gleichsam als den göttlichen Richter ... nie aus den Augen verloren", zumal er in seinem „71sten Lebensjahre" stehe, „wo der Gedanke sich von selbst aufdringt, daß es wohl seyn könne, ich müsse dereinst einem herzenskundigen Weltrichter davon Rechenschaft ablegen". Dennoch sei es, sechstens, „das Sicherste, daß ich mich fernerhin aller öffentlichen Vorträge in Sachen der Religion ... in Vorlesungen sowohl als in Schriften völlig enthalte und mich hiemit dazu verbinde".

Nach diesem Konflikt mit der preußischen Zensurbehörde schränkte Kant seine Vorlesungstätigkeit überhaupt ein, 1797 beendete er sie ganz. Um 1800 ließ seine geistige Spannkraft nach, 1803 erkrankte er erstmals ernstlich. Am 12. Februar 1804 ist Kant gestorben.

Nachdem Kant in den 80er Jahren des 18. Jahrhunderts zunehmend Berühmtheit erlangte, zogen seine menschlichen Eigenheiten und sein Lebensstil große Aufmerksamkeit auf sich. Die von minutiöser Selbstbeobachtung und einem starken Ordnungsbedürfnis geprägte Lebensführung des Philosophen gewann auch das Interesse derer, denen sich die schwierige Theorie verschloß. Immer schwächlich, sich häufig kränklich fühlend, stets zu Hypochondrie neigend, unterwarf Kant – jedenfalls in der uns bekannteren Phase seines Lebens – seinen Tageslauf einem genauen Reglement. Punkt fünf Uhr ließ er sich von seinem Diener mit dem Ruf „Es ist Zeit!" wecken, wobei dieser Anweisung hatte, unerbittlich zu sein, keinen Widerspruch und keine Verzögerung des Aufstehens zu dulden. Nach der Vorbereitung und der Durchführung der Vorlesungen, die oft schon um sieben Uhr begannen, arbeitete Kant ununterbrochen bis ein Uhr. Um sich dabei eine gewisse Bewegung zu verschaffen, hatte er sein Taschentuch auf einem vom Arbeitsplatz entfernt stehenden Stuhl liegen. Nie fesselte ihn die Forschung so sehr – obwohl er in den Stunden vor dem Mittagessen seine wichtigsten Gedanken ausarbeitete –, daß er nicht Punkt ein Uhr ungeduldig auf die Mittagsgäste gewartet hätte. Mindestens drei Personen – nach der Zahl der Grazien –, aber nicht mehr als neun – nach der Zahl der Musen – waren nach seiner Überzeugung der richtige Gesellschaftszirkel. Für gewöhnlich lud er keine Kollegen ein, um Gespräche über philosophische Themen zu vermeiden, sondern Königsberger Bürger verschiedener Berufe, die ihm ihrerseits gefällig waren: befreundete Kaufleute besorgten Kabeljau, Käse und Rheinwein, ein Kriminalrat stopfte ihm jeden Donnerstag die Pfeifen für die ganze Woche, ein Regierungsrat erledigte seine Abrechnungen, ein Stadtrat brachte die Königsberger Sterbeliste mit, die Kant mit Eifer studierte. Nach reichhaltigem und ausgiebigem Mahl tauschte man sich über die Königsberger Neuigkeiten und die Weltpolitik aus, und gelegentlich machte man auch ein Nickerchen im Sessel. Um vier oder fünf Uhr ging die Gesellschaft auseinander. Kant las jetzt leichtere Texte und meditierte bis sieben Uhr. Dann trat er einen in seinem Verlauf genau festgelegten Spaziergang an. Anschließend, so schrieb der ältere Kant einem Freund empfehlend, sorge er dafür, daß er sich „nur mit einer leichten und durch öftere Zwischenpausen unterbrochenen lecture" unterhalte, damit diese Zerstreuung und eine ruhige Nacht von genau sieben Stunden Schlaf „alle Angriffe auf die Lebenskraft wiederum gut(mache)".

Ein besonders eindrucksvolles Zeugnis der Verbindung von Ordnungswille, Förmlichkeit und Sensibilität in Kants Wesen ist aus seinen letzten Lebenstagen überliefert. Als der Arzt ihn aufsucht, erhebt sich der hinfällige und vor Schwäche fast zusammensinkende Kant. „Der Arzt bittet ihn, sich zu setzen. Kant zaudert verlegen und unruhig." Da ihm die Kraft fehlt, sich zu äußern, macht der anwesende Freund den Arzt darauf aufmerksam, „daß Kant sich sogleich setzen würde, wenn er, als Fremder, nur erst würde Platz genommen haben". Der Freund berichtet weiter: „Der Arzt schien diesen Grund in Zweifel zu ziehen, wurde aber bald von der Wahrheit meiner Behauptung überzeugt und fast zu Tränen gerührt, als Kant nach Sammlung seiner Kräfte mit einer erzwungenen Stärke sagte: Das Gefühl für Humanität hat mich noch nicht verlassen."

II. Was kann ich wissen?

Die *Kritik der reinen Vernunft* behandelt die Frage „Was kann ich wissen?", und zwar erschöpfend, wie Kant behauptet. Man gewinnt einen Zugang zu diesem wichtigsten, aber auch schwierigsten der durchweg schwierigen Werke Kants, wenn man sich deutlich macht, was der Titel besagt. Es handelt sich um eine *Kritik*. Da Kant alle herkömmliche Metaphysik destruiert, ist er auch „Alleszermalmer" genannt worden, und entsprechend hat man das Programm von Kants „Kritiken" verstanden. Doch die Auffassung, Kritik besage Widerspruch, Verneinung oder sogar Vernichtung, ist irreführend. Es ist nicht Kants Hauptanliegen, etablierte Erkenntnisse niederzureißen. Im letzten Teil seines Hauptwerks stellt er fest: Wir haben das Bauzeug unserer Erkenntnis überschlagen und festgestellt, „daß, ob wir zwar einen Turm im Sinne hatten, der bis an den Himmel reichen sollte, der Vorrat an Materialien doch nur zu einem Wohnhause zureichte, welches zu unseren Geschäften auf der Ebene der Erfahrung gerade geräumig und hoch genug war, sie zu übersehen". Die Kritik der reinen Vernunft prüft also das Bauzeug unserer Erkenntnis. Kritik der Vernunft heißt Grenzbestimmung und Prüfung von Reichweite sowie Kompetenz der menschlichen Vernunft.

Warum aber bedarf es dieser Prüfung und Grenzbestimmung? Wie kommt Kant auf den Gedanken, wir wollten einen Turm, „der bis an den Himmel reichen sollte", bauen? Diese Fragen beantworten sich, wenn wir sehen, was die *Vernunft* ist.

Die Vernunft ist unser oberstes Erkenntnisvermögen, die oberste Erkenntniskraft, wie Kant auch sagt. Die Vernunft gibt uns die Prinzipien unserer Erkenntnis und sucht immer erneut die übergreifende Einheit unserer Erkenntnisse; zu unseren bedingten und endlichen Erfahrungen sucht sie „rastlos das Unbedingte". Diese Vernunft, die das Erste, Höchste, Umfassende, Grundlegende unserer Erkenntnis sucht, bedarf der Kritik, der Grenzbestimmung, der Bestimmung ihrer Reichweite, der Bestimmung dessen, was sie leisten kann.

Was aber besagt schließlich die Rede von der *reinen* Vernunft? Erst die Beantwortung dieser Frage macht den philosophischen Neuansatz Kants zugänglich und läßt verstehen, warum er die Kritik der reinen Vernunft als eine kopernikanische Revolution auf dem Gebiet der Philosophie bezeichnet hat. Thema und Problem von Kants Hauptwerk sind Erkenntnisse aus reiner Vernunft. Das heißt, es geht um Erkenntnis der Beschaffenheit der Wirklichkeit, die wir unabhängig von Erfahrung, also durch bloßes, „reines" Nachdenken gewinnen. Inwieweit können wir unabhängig von Erfahrung, d. h. ohne uns auf Wahrnehmung berufen zu müssen, ohne auf Sinneswahrnehmung angewiesen zu sein, Erkenntnis von Wirklichkeit haben? So fragt die Kritik der reinen Vernunft. Sie untersucht also die Grenzen und die Reichweite einer Vernunft, die unsere Erkenntnis der Beschaffenheit der Wirklichkeit erweitern will, ohne auf Erfahrung zurückzugreifen.

Aber ist eine solche reine Vernunft nicht ein Hirngespinst; können wir uns überhaupt von unseren Erfahrungen lösen? Zweifellos, sagt Kant, gibt es reines Wissen, ein Wissen, das von Erfahrung unabhängig ist. Wir finden ein solches Wissen in der reinen Logik und in der reinen Mathematik. *A priori* nennt Kant dieses Wissen vor aller Erfahrung. Dieses Wissen a priori unterscheidet er von der Erkenntnis *a posteriori,* die auf Erfahrung und damit letztlich auf Sinneswahrnehmung beruht. Aber das Wissen a priori der Logik und Mathematik ist formal; für sich genommen, gibt es uns keine neue Erkenntnis über die Beschaffenheit unserer Welt. Die zentrale Frage der Kritik der reinen Vernunft lautet nun: Kann die reine Vernunft unsere Erkenntnis der Wirklichkeit voranbringen und erweitern? Gibt es wahre Aussagen über die Wirklichkeit, die weder auf Erfahrung gründen noch nur erläutern, was wir schon wissen?

Daß dies eine wichtige Frage ist, wird deutlich, wenn wir bedenken, in welcher Weise wir Wahrheitsansprüche erheben. Wir sagen: das und das ist der Fall, auch unabhängig von meinem Eindruck davon und unabhängig auch davon, ob andere dem jetzt zustimmen. Wir beanspruchen mit Wahrheitsbehauptungen allgemeine und notwendige Geltung, auch unabhängig vom aktuellen Vollzug der die Behauptung bestätigenden Erfahrung, ja sogar gegen Widersprüche, die sich auf einzelne Gegenerfahrungen berufen. Wie aber können wir dann triftige, gültige Behauptungen von unsinnigen, ungültigen Behauptungen unterscheiden? Wie können wir das Reich der objektiven und allgemeinen Wahrheit vom Reich der Einbildungen und Phantasmagorien unterscheiden?

Kants Antwort lautet: Wir müssen unser Erkenntnisvermögen erforschen, wir müssen unsere *Erkenntnisart* von Gegenständen aufklären. Unsere Erkenntnisvermögen sind neben der *Vernunft* die *Sinnlichkeit,* die uns Anschauungen der Gegenstände gibt, und der *Verstand,* der uns die gedanklichen Mittel liefert, mit den Anschauungen umzugehen. Die Sinnlichkeit und der Verstand sollen nun vor aller Erfahrung erforscht werden; heute würden wir formulieren: Die Strukturen unseres Erkenntnisvermögens sollen – soweit dies vor aller Erfahrung erfolgen kann – untersucht werden. Diese Untersuchung durchzuführen ist Aufgabe der *Transzendental-Philosophie.* Entsprechend lautet die klassische Programmformulierung: „Ich nenne alle Erkenntnis transzendental, die sich nicht ... mit Gegenständen, sondern mit unserer Erkenntnisart von Gegenständen, insofern diese a priori möglich sein soll, überhaupt beschäftigt."

Doch wie gelangen wir in diesen Bereich vor aller Erfahrung? Können wir uns lösen von den Eindrücken des Tages und des Augenblicks, von den Gedanken und Impressionen, die wir haben oder die uns besetzen? Wir müssen, so lautet Kants Auskunft, zunächst von allen unseren gedanklichen Operationen absehen, wir müssen unser Erkenntnisvermögen auf die Sinnlichkeit reduzieren, d. h. auf unsere Offenheit, Einwirkungen von Gegenständen zu erleiden, ohne schon gedanklich tätig zu werden, ohne unsere Eindrücke schon zu gedachten und gedanklich verbundenen Dingen zu verarbeiten. In einem ersten Schritt der Untersuchung müssen wir also „die Sinnlichkeit *isolieren,* dadurch, daß wir alles absondern, was der Verstand ... dabei denkt".

Nun haben wir gedankenlose empirische Anschauungen vor Augen, ein Spiel von Farbeindrücken, Geräuschen, Intensitätsempfindungen usw. In einem weiteren Schritt trennen wir alles ab, was zur Empfindung gehört. Es bleibt nur noch das vor uns, wovon wir uns in diesem

Abstraktionsprozeß nicht lösen können: *Raum* und *Zeit*. Der Philosoph Günther Patzig hat die Formen der Anschauung, Raum und Zeit, plastisch beschrieben: „Man könnte sagen, daß Raum und Zeit Grundanschauungen sind, die durch die Empfindungen nur gleichsam gefärbt werden. Man könnte auch sagen, daß Raum und Zeit Ordnungssysteme von Erscheinungen sind, die wir durch unser apriorisches Anschauungsvermögen gleichsam aufspannen, um in ihnen die Mannigfaltigkeit der Empfindungen zu einer Anschauungswelt gliedern zu können."

Wir befinden uns im Bereich vor aller bestimmten Erfahrung, haben, bildlich gesprochen, Raum und Zeit als Ordnungssysteme aufgespannt, in die eine unübersehbare Mannigfaltigkeit von Sinneseindrücken eingehen kann. Wie aber können wir die Fülle der Sinneseindrücke ordnen, wie können wir höhere Ordnungen in die durch Raum und Zeit sozusagen „aufgefangenen" Sinneseindrücke bringen?

Damit fragen wir nach dem zweiten wichtigen Vermögen, dem *Verstand,* nach seiner Beschaffenheit und seinen Operationen. Nur durch das Zusammenwirken von Sinnlichkeit und Verstand gelangen wir zu Erkenntnissen. Mit einer Formulierung Kants gesagt: „Gedanken ohne (anschaulichen) Inhalt sind leer, Anschauungen ohne Begriffe sind blind."

Im Gegensatz zur Sinnlichkeit, die „affiziert" wird, die Eindrücke empfängt, ist der Verstand ein aktives Vermögen. Er baut aus dem Material, das ihm die Sinnlichkeit liefert, einen Erfahrungszusammenhang, eine Welt auf, er bringt Einheit in die Mannigfaltigkeit der Vorstellung. Doch Kants grundlegende Auskunft, der Verstand sei ein einheitsstiftendes Vermögen, er sei ein Vermögen der *Synthesis,* ist noch unbefriedigend. Es ist zwar richtig, daß unser Denken nicht ein Taumel von Sinneseindruck zu Sinneseindruck ist. Aber der Verstand muß mehr leisten, als immer nur dieselbe Einheit zu stiften. Denn wir denken ja nicht in allen Sinneseindrücken nur etwa: dies, dies, dies oder ein Ding, ein Ding, ein Ding ...; es muß also der Verstand einen differenzierten Zusammenhang von Synthesen herstellen. Wie können wir diesen – vor aller Erfahrung – erfassen?

Kants Vorschlag zur Lösung dieses Problems lautet: Die allgemeine Logik behandelt die Formen des Denkens schlechthin. Stellen wir alle irgend möglichen Formen unseres Urteilens zusammen, so erfassen wir alle Formen unseres Denkens. An den Formen des Urteilens können wir die Operationen unseres Verstandes gleichsam ablesen. Nun mag man einwenden: Wir sehen auf diese Weise noch nicht, wie der Verstand auf Sinnlichkeit bezogen operiert. Die Formen des Urteils sagen noch nichts über dessen Bezogenheit auf Dingliches aus. Mit folgender These will Kant diesen Einwand außer Kraft setzen: So wie der Verstand im Blick auf die Elemente eines Urteils operiert, so operiert er auch im Blick auf das

Mannigfaltige der Sinneseindrücke, d. h., dieselbe Handlung des Denkens, die uns urteilen läßt: dieses Instrument ist eine Zange, dieses Tier ist eine Ziege – dieselbe Handlung des Denkens läßt uns einen Komplex von Anschauungen als Zange oder als Ziege allererst auffassen.

Doch damit ist noch nicht plausibel gemacht, wie die verschiedenen Elemente einer Anschauung, die Komplexe von Anschauungen und die unterschiedenen Urteile in *einen* Erfahrungszusammenhang gebracht werden können. Zur Lösung dieses Problems stellt Kant die These auf, das einheitsstiftende Tun unseres Verstandes sei durch eine ursprüngliche Einheit orientiert, durch die Einheit des Selbstbewußtseins. Dieses Selbstbewußtsein nennt Kant „das: ‚Ich denke'." Das Ich ist nichts anderes als die Einheit des Denkens. Die Einheit des Denkens realisiert sich, konkretisiert sich in den Operationen des Verstandes. Wir bringen die Eindrücke in einen einheitlichen Erfahrungszusammenhang, der unserem Denken und damit letztlich uns selbst entspricht. Indem wir die Vorstellungen so auf das „Ich denke" beziehen, reißen wir sie aus dem Fluß diffuser Wahrnehmungen, bauen wir eine Erfahrungswelt auf. Das „Ich denke" ist gleichsam das flexible Zentrum einer Welt möglicher Erfahrung, die durch die Formen des Denkens und der Anschauung strukturiert ist. Das Selbstbewußtsein ist nicht ein gegenständlich zu erfassendes Ich, sondern schlicht die nicht nur vorausgesetzte, sondern auch zu realisierende Einheit des Denkens, der Zusammenhang der verschiedenen Operationen des Verstandes, der wiederum nichts anderes tut, als die mannigfaltigen Anschauungen der Sinnlichkeit zu vereinheitlichen.

Das Mannigfaltige der Sinnlichkeit muß nicht nur den Formen der Anschauung, nämlich Raum und Zeit, entsprechen, es muß sich auch dem geregelten Handeln des Verstandes fügen, wenn es für uns zur Erkenntnis werden soll. Wir erkennen nur, was den Bedingungen unserer Sinnlichkeit und den Funktionen unseres Verstandes entspricht. Was die Dinge an sich sind, was sie unabhängig von unserer Erkenntnis sind, können wir nicht wissen.

Die konventionelle Annahme, „alle unsere Erkenntnis müsse sich nach den Gegenständen richten", wird also abgelöst von der philosophischen Grundoption: „die Gegenstände müssen sich nach unserer Erkenntnis richten". Diese kopernikanische Wende im Bereich der Philosophie und deren Folgethese, wir könnten nicht wissen, was die Dinge unabhängig von unserer Erkenntnis sind, haben zu Kants Zeiten einen kulturellen Schock ausgelöst. *Heinrich von Kleist* bringt diese Erschütterung in einem Brief an seine Verlobte zum Ausdruck: „Wenn alle Menschen statt der Augen grüne Gläser hätten, so würden sie urteilen müssen, die Gegenstände, welche sie dadurch erblicken, *sind* grün – und nie würden sie entscheiden können, ob ihr Auge ihnen die Dinge zeigt, wie sie sind, oder ob es nicht etwas zu ihnen hinzutut." Und so ergeht es uns, klagt Kleist, so sehen wir nur durch die Brille von Sinnlichkeit und Verstand. „Wir können nicht entscheiden, ob das, was wir Wahrheit nennen, wahrhaft Wahrheit ist oder ob es uns nur so scheint."

Mit dieser Reaktion, mit diesem krisenhaften Empfinden hat Kant durchaus gerechnet. Wir müssen uns damit abfinden, daß unsere Erkenntnis nur auf Erscheinungen geht, nicht auf Dinge an sich. Doch ist damit nicht der Beliebigkeit, einem schrankenlosen Subjektivismus Tür und Tor geöffnet, denn wir können unsere Erkenntnisart von Gegenständen erforschen, wir können die Bedingungen, unter denen überhaupt Gegenstände in menschlicher Erfahrung auftreten bzw. gebildet werden können, erfassen und beurteilen. Über Gebilde, die nicht in den so absteckbaren Bereich möglicher Erfahrung fallen, können wir allerdings nichts wissen. Aus reinen Gedanken, aus bloßen Ideen gewinnen wir ebensowenig Erkenntnisse wie aus dem Bemühen, doch an die Dinge, wie sie unabhängig oder jenseits von menschlicher Erfahrung sein mögen, heranzukommen. Einer Metaphysik ist damit der Boden entzogen.

Schon diese Befunde haben Kant in den Ruf gebracht, ein Gottesleugner und Verderber der Religion zu sein. Ausgehend von der Meinung, daß Gott gerade außerhalb des Bereichs möglicher Erfahrung seinen Ort habe und daß Religion gerade auf das Wissen gründe, das Kants Kritik in Abrede stellt, sah man in Kant einen gefährlichen Gegner des Glaubens. Kant hat dem widersprochen und z. B. bemerkt, daß Gott eine „in mancher Absicht sehr nützliche Idee" bleibe. Eine Erläuterung dieser Behauptung gibt Kants Ethik; eine Begründung finden wir in Kants Theorie der Religion.

Dennoch kann man auch im Blick auf Kants Theorie der Erkenntnis feststellen, er habe der protestantischen Theologie einen Dienst erwiesen. Kant hat die Theologie genötigt, ihre Verbindung zu der klassischen Metaphysik und ihr Abhängigkeitsverhältnis von ihr zu überprüfen und aufzugeben. Dieser Ablösungsprozeß, der noch nicht abgeschlossen ist, war wohl mit vielen Schwierigkeiten und Schmerzen verbunden. Schließlich aber bedeutete es eine Befreiung einzusehen, daß ein gedachtes Jenseits menschlicher Erfahrung, wie immer bestimmt, noch keine Rede von Gott erlaubt.

III. Was soll ich tun?

Hat man sich den Ansatz und die Dreistufigkeit von Kants Erkenntnistheorie deutlich gemacht (die 1. in Raum und Zeit vorstrukturierten Empfindungen werden 2. durch die Operationen des Verstandes verbunden, wobei das einheitsstiftende Verhalten in 3. der Einheit des Denkens gründet, die das „Ich denke" ausdrückt), so lassen sich auch die Grundzüge von Kants *Ethik* leicht erfassen.

Kant will nicht über bereits geschehene Handlungen räsonieren. Er will vielmehr die Bedingungen aufklären, unter denen unser oberstes Vermögen – reine Vernunft – *praktisch* wird, d. h. unseren Willen bestimmt und uns zum Handeln veranlaßt.

Blicken wir auf unsere Erfahrungen, die wir mit uns und unseren Mitmenschen hinsichtlich unserer Handlungen machen, so stellen wir nach Kant fest: Entweder wird unser Wille bestimmt durch Anreize unserer Sinne, d. h. wir handeln gelenkt von *Neigungen,* oder wir handeln bestimmt durch Regeln, die wir uns für unser Tun machen. Diese Regeln, die wir uns für unser Handeln entwerfen und geben, nennt Kant *Maximen.* Maximen sind „subjektive Triebfedern zu handeln". Die Frage „Was soll ich tun?" fragt, unter welchen Bedingungen der durch Neigungen und Maximen bestimmte Wille *durch Vernunft* bestimmt wird. Gäbe es keine Bestimmung des Willens durch Vernunft, so gäbe es nach Kants Überzeugung keine *objektive* Willensbestimmung, die „für den Willen jedes vernünftigen Wesens gültig anerkannt wird". Eine solche objektive Willensbestimmung nennt Kant *Gesetz.* Unter welchen Bedingungen aber bestimmt reine Vernunft den Willen, unter welchen Bedingungen gibt es ein praktisches Gesetz? Die Antwort Kants lautet: indem die Vernunft, indem das praktische Gesetz sich selbst zur Geltung bringt. Diese Auskunft erscheint zunächst dunkel, denn wie kann das praktische Gesetz „sich selbst" zur Geltung bringen?

Die entscheidende Antwort gibt der berühmte *kategorische Imperativ:* „Handle so, daß die Maxime deines Willens jederzeit zugleich als Prinzip einer allgemeinen Gesetzgebung gelten könne." Der kategorische Imperativ bringt die Regeln, nach denen wir handeln, unter einen Kohärenzdruck: Ich soll so handeln, daß die subjektive Regel, nach der ich handle, nicht nur in diesem Falle meines Handelns, nicht nur für mich augenblicklich persönlich verbindlich ist. Solche beschränkte Verbindlichkeit gewährleistet ja bereits die Maxime. Meine subjektive Triebfeder zu handeln soll nun jederzeit zugleich als Prinzip einer allgemeinen Gesetzgebung gelten können. Handle ich dem kategorischen Imperativ gemäß, so bilde ich nach Kants Überzeugung erstens eine sittliche Struktur in mir, ein integrierendes Zentrum, das als die Maximen vereinheitlichend so fungiert wie die Einheit des „Ich denke" im Verstandesdenken. Zweitens dient diese Leitfiktion der Ausbreitung von Freiheit über den Bereich meiner Persönlichkeit hinaus. Eine Handlung gemäß einer Maxime, die als Prinzip einer allgemeinen Gesetzgebung gelten kann, wäre nicht nur für die unvernünftige Umwelt heilsame Nötigung und vorbildgebend, sie wäre für die vernünftige Umwelt vertraut, ja, sie würde diese *Vertrautheit* hervorbringen und erhalten. Folgen wir dem kategorischen Imperativ, so sind wir nach Kants Überzeugung autonom, selbst gesetzgebend: Wir erreichen ein Höchstmaß an dauerhafter Kohärenz der Regeln, nach denen wir handeln, und damit eine höchste Ausprägung unserer Selbständigkeit. Zugleich handeln wir zustimmungsfähig und nachahmungswürdig. Wir folgen nicht nur der Vernunft, wir gebrauchen nicht nur Vernunft, wir breiten Vernunft aus.

Frei sein, autonom sein, das heißt nicht einfach tun, wozu einen der Reiz der Sinne gerade verlockt. Sinnlichen Reizen folgen auch Wesen, die nicht mit Vernunft und Willen begabt, die vielmehr vom Fluß der Natur abhängig sind. Frei sein, autonom sein, das heißt, die Regelhaftigkeit meines Handelns so zu steigern, daß ich in mir und in meiner Welt eine Ordnung perfektioniere und ausbreite, in der die Maximen jederzeit zugleich als Prinzip einer allgemeinen Gesetzgebung gelten können.

Damit ist nicht bestritten, daß unser Wille immer auf etwas Bestimmtes, Inhaltliches ausgerichtet ist, was durch unsere Sinne an uns herantritt, was uns affiziert. Es ist auch nicht bestritten, daß wir im von Maximen bestimmten Handeln bereits selbstbestimmend handeln. Das moralische Gesetz steigert diese Selbstbestimmung, indem es uns da, wo wir von Neigungen bestimmt sind, als Sollen, als Pflicht begegnet. In diesem Sollen aber begegne ich mir nach Kants Auffassung in Wahrheit selbst; mir begegnet mein vernünftiges Wesen. Indem ich mich dem Sollen unterwerfe, unterwerfe ich mich mir, als vernünftiges Wesen, ja, ich konstituiere mich in demselben Akt als vernünftiges Wesen, das sich über die Triebe der Natur erhebt und so schlechthin spontan handelt.

Eindrücklich hat Kant im „Beschluß" der praktischen Vernunft die Demütigung des Geschöpfs beschrieben, das von ihm fremd und unzugänglich bleibenden Abläufen umgeben ist, und demgegenüber die Erhebung des zu vernünftigem Handeln bestimmten Menschen betont: „Zwei Dinge erfüllen das Gemüt mit immer neuer und zunehmender Bewunderung und Ehrfurcht, je öfter und anhaltender sich das Nachdenken damit beschäftigt: der bestirnte Himmel über mir und das moralische Gesetz in mir." Der Anblick des bestirnten Himmels, fährt Kant fort, „vernichtet gleichsam meine Wichtigkeit als eines tierischen Geschöpfs, das die Materie, daraus es ward, dem Planeten (einem bloßen Punkt im Weltall) wieder zurückgeben muß, nachdem es eine kurze Zeit (man weiß nicht wie) mit Lebenskraft versehen gewesen. Der zweite (Anblick, der Anblick des moralischen Gesetzes in mir, M. W.) erhebt dagegen meinen Wert als einer Intelligenz unendlich durch meine Persönlichkeit, in welcher das moralische Gesetz mir ein von der Tierheit und selbst von der ganzen Sinnenwelt unabhängiges Leben offenbart ..."

An dieser Stelle der Ethik läßt sich nach Kants Überzeugung die „Nützlichkeit" des Gottesgedankens dartun. Der Wille unter dem moralischen Gesetz befördert die Ausbreitung von Sittlichkeit und Freiheit. Nun muß der Wille vor Resignation angesichts des nicht mit dem moralischen Gesetz übereinstimmenden Weltlaufs und angesichts der

Divergenzen von Selbständigkeit und Glückseligkeit bewahrt werden. Dies geschieht mit Hilfe der Ideen, daß die Natur unter die Bedingungen des Guten gestellt ist und daß es eine Welt geben wird, in der „alle vernünftigen Wesen sich dem sittlichen Gesetze von ganzer Seele weihen". Damit aber ist ein Dasein Gottes postuliert, d. h. einer Instanz, die die Natur unter die Bedingungen des Guten stellt, und es ist ein „Reich Gottes" konzipiert. Dieser Gottesgedanke mag wohl „nützlich" sein – etwa für ein moralisch noch ungefestigtes oder doch leicht irritierbares Gemüt –, aber bedarf es seiner wirklich, um die Frage „Was soll ich tun?" zu beantworten? Tatsächlich wird in Kants reifer Ethik der Gottesgedanke für ihn entbehrlich, ja gleichgültig. Doch eine innere Schwierigkeit der Ethik nötigt Kant im Alterswerk zu einer Neueinschätzung der Religion. Nicht Altersfrömmigkeit, sondern ein ungelöstes Problem seiner philosophischen Ethik veranlaßt ihn zur Entwicklung einer Theorie der Religion, deren direkter und indirekter Einfluß auf Theologie und Philosophie sowie kirchliches und politisches Ethos im 19. und 20. Jahrhundert nicht hoch genug veranschlagt werden kann.

IV. Was darf ich hoffen?

Kant hat sich nach der Entwicklung seiner reifen Ethik zunächst bezüglich der Ausbreitung der Moralität sehr optimistisch geäußert: Wenn wir das Gefühl der Achtung für das Gesetz erst einmal klar empfunden haben, dann werden wir es immer bewahren wollen, dann wird es uns nicht mehr verlassen; wenn wir das Bewußtsein unserer Freiheit gewonnen, die Erfahrung der Würde im moralischen Handeln einmal gemacht haben, dann ist der Ausbreitung der Moralität in uns und von uns aus keine Schranke mehr gesetzt, das Gemüt wird – wie Kant sagt – eine ihm selbst unerwartete Kraft entfalten. Dieser Optimismus erscheint aber schon in der Kritik der praktischen Vernunft (1788) gebrochen, und man kann zeigen, warum er in der Schrift Die Religion innerhalb der Grenzen der bloßen Vernunft (1793) verschwunden ist.

Kant war einerseits der Überzeugung: Im moralischen Gesetz begegnet dem Menschen nur sein eigener Anspruch; im Sollen tritt der autonome Mensch sich selbst gegenüber; ja, wir müssen geradezu sagen, der dem moralischen Gesetz folgende autonome, freie Mensch kommt zu sich selbst, schließt sich mit sich zusammen. Ist diese Ansicht Kants zutreffend, so drängt sich die Frage auf: Wie kann das Sittengesetz überhaupt hinsichtlich seiner Wirkung ernsthaft problematisch sein? Wie kann sich der Eindruck festigen, es könne *nicht uneingeschränkt wirken?* Welche Macht kann seiner Wirkung Abbruch tun? Wenn aber, wie Kant offensichtlich andererseits meint, die Sinnlichkeit mit ihren Neigungen diese beeinträchtigende Kraft ist, wenn unsere sinnliche Triebgebundenheit der

Faktor ist, der der Forderung des Gesetzes entgegenwirkt – wie kann dann das Gesetz in dieser Welt *überhaupt wirken,* da wir doch unabdingbar auch sinnlich bestimmte Wesen sind?

In der Schrift *Die Religion innerhalb der Grenzen der bloßen Vernunft* bearbeitet Kant dieses Problem, indem er – zum Entsetzen etlicher seiner kulturell führenden Zeitgenossen – eine philosophische Sündenfallgeschichte erfindet und eine Lehre vom „radikalen Bösen" entwickelt, was z. B. Goethe Herder gegenüber zu der Bemerkung veranlaßte, Kant habe mit diesem Lehrstück seinen „philosophischen Mantel ... beschlabbert".

Kants Sündenfallgeschichte lautet: Von Natur aus nimmt der Mensch beides, das moralische Gesetz und die Triebfedern der Sinnlichkeit, in seine Willensbestimmung auf, wobei in der natürlichen Ordnung das moralische Gesetz die Neigungen problemlos und zwanglos in Dienst nimmt. In einem moralischen Sündenfall aber, in einer ursprünglichen Tat vor aller Erfahrung, kehrt der Mensch die sittliche Ordnung um; nicht das moralische Gesetz, sondern die Neigungen bestimmen nun primär sein Handeln. Die ursprüngliche Anlage des Guten wird so in eine radikale Bösartigkeit verkehrt.

Von jetzt an muß die „Vernunft der Sinnlichkeit Gewalt antun", wie Kant formuliert. Unaufhörlich, heißt es in der sog. Religionsschrift, erschallt in unserem Innern das Gebot: „wir sollen bessere Menschen werden". Was aber können wir tun? Kant antwortet: „das erste wahre Gute, was der Mensch tun kann, (ist), vom Bösen auszugehen", das Böse in seinen Handlungen in Rechnung zu stellen, welches nicht einfach in den Neigungen, sondern eben in jener *Vorordnung* der Neigungen vor das moralische Gesetz zu suchen ist.

In diesem Kampf gegen eine falsche Vorordnung der willensbestimmenden Kräfte können Religion und Gottesgedanke wichtige Aufgaben wahrnehmen. Religion kann dazu beitragen, daß sich ein „guter Lebenswandel" individuell entwickelt und sozial einspielt. Religion kann ein „Vehikel" zur Beförderung der Moralität werden. Diese Vehikel-Funktion ist nach Kants Überzeugung keineswegs eine Entfremdung für die Religion; vielmehr kommt sie so zu ihrer wahren und universalen Bestimmung. „Wenn also die Frage: wie Gott verehrt sein wolle, für jeden Menschen, bloß als Mensch betrachtet, allgemeingültig beantwortet werden soll", so kann die Antwort nur lauten: Gott will von den Menschen durch Moralität verehrt werden.

Demgegenüber könne der Wille Gottes, sofern er eine Offenbarung voraussetzt, „nur als zufällig und als (ein Wille, der) nicht an jeden Menschen gekommen ist, oder kommen kann", angesehen werden, er sei also nicht „den Menschen überhaupt verbindend", d. h. verpflichtend. Also, fügt Kant hinzu, „‚nicht, die da sagen: Herr, Herr! sondern die den Willen Gottes tun'; mithin die nicht durch Hochpreisung desselben (oder seines Gesandten, als eines Wesens von göttlicher Abkunft) nach geoffenbarten Begriffen, die nicht jeder Mensch haben kann, sondern durch den guten Lebenswandel, in Ansehung dessen jeder seinen Willen weiß, ihm wohlgefällig zu werden suchen, werden diejenigen sein, die ihm die wahre Verehrung, die er verlangt, leisten".

Wir sollen bessere Menschen werden, wie das moralische Gesetz gebietet; in der Befolgung des Gesetzes durch einen guten Lebenswandel können wir Gott und „seinen Gesandten" wahrhaft ehren. Auch der Gesandte Gottes erweist sich nur als göttlich, weil er dem moralischen Gesetz gehorcht. „Selbst der Heilige des Evangelii muß zuvor mit unserem Ideal der sittlichen Vollkommenheit verglichen werden, ehe man ihn dafür erkennt", ehe man ihn als göttlichen Gesandten anerkennt. Akzeptiert die Religion diese Grundlagen, so wird sie eine wichtige Funktion erfüllen: sie wird der Förderung der Moralität dienen. Dies mag zunächst – gesteht Kant zu – in der Weise geschehen, daß sich Kirchen als Versammlungsstätten zur Kräftigung der moralischen Gesinnungen bilden. Doch die Kirche ist nur ein Mittel und der in vielen historischen und institutionellen Zufälligkeiten und Nebensächlichkeiten befangene „Kirchenglaube" ist nur eine Übergangserscheinung, wenn die Religion wahrhaft innerhalb der Grenzen der bloßen Vernunft fungiert. Je stärker die Kirche ihre historischen Inhalte und institutionellen Besonderheiten abstreift, je klarer sie den „reinen Religionsglauben" hervortreten läßt, desto vollkommener wird sie sein.

Die vollkommene Kirche wird *allein* der Förderung der Moralität dienen und in einer allgemeinen moralischen Vollkommenheit Gestalt gewinnen. Diese wahre und allgemeine Kirche wäre das Reich Gottes, auf das sich alle unsere Hoffnungen richten sollen. Betreiben wir den „allmählichen Übergang des Kirchenglaubens zur Alleinherrschaft des reinen Religionsglaubens", der allein der Ausbreitung der Moralität dient, so begünstigen wir „die Annäherung des Reichs Gottes". Kant unterstreicht seine Deutung, indem er Lukas 17,21 in der ursprünglichen Lutherübertragung zitiert: „Denn sehet, das Reich Gottes ist inwendig in euch." Die moralisch Handelnden treten in den Prozeß ein, ja, konstituieren den Prozeß, in dem das moralische Gesetz unter den Menschen herrschend wird, in dem es den Sieg über das radikale Böse behauptet „und unter seiner Herrschaft der Welt einen ewigen Frieden zusichert."

Mit dieser prägnanten Beschreibung und intellektuellen Rechtfertigung einer moralisch begründeten Hoffnung hat Kant – wie kaum ein anderer wissenschaftlicher Denker – die Freisetzung bedeutender sittlicher Energie gefördert. Diese Freisetzung sittlicher Energie und die daraus resultierenden Herausforderungen an Kirche und Kultur wirken fort bis hinein in die großen sozialmoralistischen Bewegungen unserer Tage. Zwar werden heute nur noch wenige Freiheit, Gerechtigkeit und Frieden im Namen des „moralischen Gesetzes“ ausbreiten wollen. Doch die moralisch begründete Hoffnung Kants ist auch in der gegenwärtigen Suche nach neuen Leitkonzeptionen gemeinsamen menschlichen Lebens noch klar zu erkennen.

Literaturhinweise:

Cassirer, Ernst: Kants Leben und Lehre, Nachdruck der 2. Auflage von 1923, Darmstadt 1977.

Gulyga, Arsenij V.: Immanuel Kant. Mit einem Vorwort von Arsenij Gulyga, aus dem Russischen übertragen und mit einem Nachwort versehen von Sigrun Bielfeldt, Frankfurt a. M. 1981.

Immanuel Kant. Werke in sechs Bänden, hrsg. von Wilhelm Weischedel, Darmstadt/ Frankfurt a. M. 1956 ff.

Vorländer, Karl: Immanuel Kant. Der Mann und das Werk, 2. erweiterte Auflage mit einem Beitrag „Kants Opus postumum“ von Wolfgang Ritzel, unter Mitarbeit von Konrad Kopper hrsg. von Rudolf Malter, Hamburg 1977.

Gotthold Ephraim Lessing
(1729–1781)

Helmut Thielicke

Ein Gespräch mit Lessing

„Admirabler Lessing!" – dieser Ausruf ist einmal dem patriarchalisch-steifen Konrektor Hore an der Meißener Fürstenschule entfahren, als er von der kecken Respektlosigkeit des jungen Mannes schockiert und von seiner geistigen Potenz zugleich hingerissen war. Das „Admirable" an ihm ist in der Tat von Kindesbeinen an seine rücksichtslose Unbedingtheit, die ihn vor keiner Autorität zurückschrecken, keinen karrieredienlichen Kompromiß schließen ließ und gerade seinen theoretischen Äußerungen den Impetus der Radikalität verleiht. Es gibt wohl keinen Bereich in Lessings Werk, in dem diese Eigentümlichkeit so deutlich wird wie in seinem Ringen um religiöse Wahrheit. Deshalb wollen wir an diesem Punkt in ein Gespräch mit ihm eintreten.

Das Leben Lessings, der erst 52 Jahre alt 1781 starb, soll hier nur in wenigen Strichen skizziert werden. Er entstammte einer Familie, die viele Gelehrte, Theologen und Juristen vor allem, hervorgebracht hatte. Sein Vater, ein angesehener lutherischer Geistlicher zu Kamenz in der Oberlausitz, war bekannt durch historische und theologische Werke sowie durch ein von ihm herausgegebenes und auch mit eigenen Liedern angereichertes Gesangbuch, das ihn einiger Polemik aussetzte. Der junge Lessing fand seine erste Ausbildung in der Fürstenschule zu Meißen, wo er wöchentlich mit 25 (!), allerdings auch für Philologie und Historie genutzten Religions- sowie 15 Latein- und 11 Griechisch-Stunden traktiert wurde. Nur alle zwei Jahre gab es einen vierzehntägigen Heimaturlaub. Trotz dieses enormen Unterrichtskontingentes trieb der junge Lessing ein weitgespanntes Privatstudium, in dem er sich vor allem mit antiken Autoren (Theophrastus, Plautus, Terentius) befaßte, aber auch deutscher Literatur zuwandte (Gleim, Hagedorn, Haller). Nicht zuletzt faszinierte ihn die Mathematik. Als Schüler war er ein Überflieger sondergleichen, so daß er die Fürstenschule vorzeitig verließ, weil sie ihm nichts mehr beibringen konnte. Bei seinem Abgang schrieb der Rektor: Gotthold Ephraim „ist ein Pferd, das doppeltes Futter haben muß. Die Lektionen, die andern zu schwer werden, sind ihm kinderleicht. Wir können ihn fast nicht mehr gebrauchen". Obwohl er sich in Leipzig auf Wunsch der Eltern als Theologiestudent einschrieb, war er der dortigen Vorlesungen bald überdrüssig und beschäftigte sich statt dessen ebenso wie bei späteren Studienaufenthalten in Wittenberg und Berlin mit Wolffscher Philosophie, Naturwissenschaften und klassischer Philologie, besuchte viel das Theater und versäumte auch Tanzen und Fechten nicht. In den späteren Semestern studierte er zusätzlich Medizin. In alledem kündigt sich der universale Bildungshorizont an, den wir vornehmlich in seinen theoretischen Schriften bewundern.

Lange und ihn prägende Aufenthalte brachte er immer wieder in Berlin zu. Außer als Dramaturg am Hamburger Theater und als Bibliothekar in Wolfenbüttel hat er nie ein eigentliches Amt angestrebt. Einen Ruf als Rhetorik-Professor nach Königsberg lehnte er sogar ab. So ist er eigentlich nirgendwo ansässig geworden, sondern arbeitete vielerorts als freier Schriftsteller, nur gelegentlich einmal als Mitglied einer Redaktion wie bei der Vossischen Zeitung. So ist es verständlich, daß sein persönliches Leben durch permanente Geldnöte belastet war. Der größte Schmerz aber brach in sein Leben, als seine spät geschlossene und überaus glückliche Ehe schon nach fünfzehn Monaten durch den Tod der Gattin beendet wurde. – Er selbst starb in Einsamkeit und Erbitterung, fast erblindet, auf einer unruhigen Reise in Braunschweig.

Wenn wir in ein Gespräch mit Lessing kommen wollen, müssen wir uns klarmachen, daß Lessing zunächst an einer Bestimmung des menschlichen Wesens überhaupt gelegen ist. Ich *habe* nämlich ein „Wesen", Goethe würde es den Daimon oder die Entelechie nennen. Dieses mein Wesen, mein Ich-Kern also, ist (wie Goethe es in den orphischen Urworten beschreibt) vielfach von außen her bedroht: durch Tyche, Moira, Eros und anderes. Diese alle wollen meinen Schicksalswagen – ich spiele auf das bekannte Wort im Egmont an – von seiner Bahn ablenken und mein Wesen verbiegen.

Während nun Goethe an die Unzerstörbarkeit der menschlichen Entelechie glaubt und dessen gewiß ist, daß sie sich nach allen Erschütterungen wie eine Kompaßnadel wieder auf ihre ursprüngliche Wesensrichtung einspielt, ist Lessing Skeptiker und sieht sich vor das Risiko gestellt, sein Wesen veruntreuen und also verlieren zu können. Wir werden sogleich sehen, auf welche Weise dieser Wesensverlust eintreten kann. Zunächst aber ist es mir wichtig, daß wir die Frage nach dem Schicksal des menschlichen Wesens bei Lessing überhaupt gestellt sehen.

Daß er dieses Wesen nun genauer als „Vernunftwesen" definiert, ist demgegenüber zweitrangig. Hier nimmt er einfach das begriffliche Koordinatensystem seiner Zeit in Anspruch. Wir müssen, um in ein sachbezogenes Gespräch mit ihm zu kommen, berechtigt sein, auch *unser* Koordinatensystem ins Spiel zu bringen, d. h. wir dürfen hier an die Stelle dessen, was Lessing unter Vernunftwesen begreift, durchaus das setzen, was wir je nach unserer Anthropologie und Weltanschauung unter diesem „Wesen" verstehen. Wir dürfen statt dessen sagen: Charakter, Existenz, Essenz, Dasein, Personhaftigkeit oder auch im christlichen Sinne homo spiritualis, geistlicher Mensch.

Dieses mein Wesen ist also gefährdet. Das ist das Entscheidende.

Die Wesensgefährdungen sehen nun je nach der Art, wie ich mein Wesen verstehe, jeweils anders aus: Verstehe ich mein Wesen im Sinne Kants als sittliche Person, so treten diese Gefährdungen in Erscheinung als Fremdbestimmung, als Diktatur der Sinnlichkeit, als Hörigkeit gegenüber fremdem Willen und als Eudämonismus. Verstehe ich mein Wesen im Sinne Heideggers oder Sartres als Existenz, so ist die Gefährdung so etwas wie Preisgegebenheit an das „Man" und Fixierung durch die „Andern", oder sie bedeutet die Oktroyierung einer fremden essentia und insofern „Entfremdung". Verstehe ich es im Sinne Lessings als Vernunftwesen – wobei Vernünftigkeit viel mehr ist als Intellektualität, doch das kann ich hier nicht zeigen –, dann ist die Gefährdung durch die Geschichte, durch den Bereich des zufällig Andrängenden, des fremden und mich vergewaltigenden Stoffes gegeben – also auch durch das, was Goeze, sein berühmter orthodoxer Gegner, unter den geschichtlichen und „schriftlich" mitgeteilten Offenbarungswahrheiten verstand. Aber auch abgesehen von dieser religiösen Dimension berührt mich die Geschichte als eine Ansammlung von Zufälligkeiten. Dadurch, daß ich in einer lebendigen Geschichte und Tradition stehe, werden mir bestimmte Werte und Geltungen als Selbstverständlichkeiten suggeriert, obwohl sie keineswegs „notwendig" sind, sondern auf geschichtlichem „Zufall" beruhen. Wenn ich dafür Beispiele einem Fundus völlig anderer Provenienz, als er bei Lessing zu finden ist, entnehmen darf, könnte man sagen: Vielleicht lebe ich in einer Monarchie und meine, daß es nur diese feudale Gesellschaftsordnung gebe. Vielleicht lebe ich im bolschewistischen Kraftfeld und meine, daß der dialektische Materialismus das selbstverständliche Axiom jeder wissenschaftlich begriffenen Weltsicht sei.

Das alles sind dann nicht meine Überzeugungen, denn ich habe sie ja gar nicht produziert, sie sind nicht der Überbau *meiner* Existenz. Vielmehr denkt ein anderes durch mich hindurch, fremde Werte und fremde Willensimpulse haben einen Brückenkopf auf dem Terrain meines Ich gebildet. Und während ich dauernd von außen gesteuert werde, meine ich, ich bewegte mich aus eigener Kraft und in selbstgewählter Richtung.

Darum ist die Geschichte mit ihren an mich herangetragenen Geltungen eine heteronome Größe, die mein eigenes Wesen zu vergewaltigen droht. Und so muß ich mich denn mit meiner Geschichte auseinandersetzen, wirklich „aus-einander"- und von ihr ab-setzen, um „ich selbst" zu werden. Sie wird mir dadurch zu einer Provokation, zu einer mäeutischen Herausforderung, die mich nötigt, mich entweder selbst zu finden oder aber vollends an sie zu verlieren. (In seiner Frühschrift „Vom Nutzen und Nachteil der Historie" hat übrigens Nietzsche die gleiche Auseinandersetzung mit der Geschichte thematisiert.)

Für Lessing wurde dieses Problem der Vergewaltigung durch die andrängende und entselbstende Geschichte nun in einer sehr existenziellen Weise akut. Es stellte sich ihm nämlich in der Weise, daß das, was er als christliche Überzeugung empfangen hatte, damit in Frage gestellt sein mußte. Das ist unschwer einzusehen: Die christliche Botschaft hat ja, wie Goeze sehr genau gesehen hatte, die Struktur eines „Berichtes". Die Bibel ist ein Geschichtsbuch, das uns Nachrichten über Geschehnisse, also über Geschichtliches, vermittelt: über Botschaften Gottes („So spricht der Herr"), über Taten von Menschen und Wunder der Heilung, der Sündenvergebung, der Totenerweckung.

Inwieweit kann es mir nun erlaubt sein, letzte, für meine Existenz entscheidende Aussagen und Antriebe aus solchem geschichtlichen Stoff zu empfangen? Das ist die Frage, mehr noch: das ist Lessings Lebensproblem.

Genauer gesagt, zergliedert sich diese Frage in zwei Teilprobleme:

Erstens: Wenn ich als Vernunftwesen um den maximalen Grad von Urteilssicherheit weiß, sagen wir einmal um die Sicherheit von logischen Urteilen: kann mir dann noch die fragwürdige Sicherheit einer bloß historischen Nachricht genügen? Kann ich etwa auf unkontrollierbare Nachrichten über einen angeblich auferstandenen Gottessohn meine Existenz gründen?

Wenn es um die letzte Sinnbegründung meiner Existenz, wenn es um mein ewiges Schicksal geht, muß ich mich doch *absolut* verhalten. Steht diese Nötigung, mich absolut zu verhalten, aber nicht in Widerspruch zu der bloß *relativen* Sicherheit, die mir historische Mitteilungen über ein *angeblich* Geschehenes vermitteln können?

Die hier erreichbare Gewißheit ist ja durch drei entscheidende Momente eingegrenzt und scheint damit in einem unerträglichen Widerspruch zu einer Gewißheit zu treten, wie sie Glaubensüberzeugungen eignen müßte:

Einmal nämlich ist diese aus der Geschichte empfangene Gewißheit doch dadurch eingegrenzt, daß sie nicht von *meiner* rationalen Entelechie produziert, sondern als die Behauptung *anderer* – etwa als Behauptung erlebter Wunder – nur von außen „importiert" ist.

Ferner: Historische Vergewisserung vollzieht sich im Unterschied zu mathematischen Einsichten, zu exemplarischen Vernunftwahrheiten also, nur *annäherungsweise* und hat darum höchstens den Rang bloßer Wahrscheinlichkeit.

Endlich ist noch ein letztes festzuhalten (mit diesem Gesichtspunkt hat übrigens Ernst Troeltsch die Infragestellung Lessings zu Ende gedacht): Was historisch verifizierbar sein und mir also gewiß werden soll, muß den Kriterien der Analogie, der Kausalität und der Immanenz genügen: der Analogie insofern, als es in der Geschichte nichts Einmaliges gibt, das prinzipiell nicht auch woanders vorkommen könnte; der Kausalität insofern, als sich kein ursachloses Geschehen denken läßt; und der Immanenz insofern, als unser Bewußtsein unfähig ist, ein Geschehen zu registrieren, das aus dem objektivierbaren Geschehensgefüge grundsätzlich herausfiele. – Dann aber scheint sich doch das, was mir als geschichtlicher Grund der christlichen Wahrheit zugemutet wird, jeder Verifizierung zu entziehen! Denn die Auferstehung Christi etwa – und damit die Achse des christlichen Dogmas – ist analogielos und „einmalig", sie ist in keinen Kausalfluktus und kein immanentes Geschehensgefüge einzuordnen.

Auf diese umstürzende und alles in Frage stellende Verlegenheit deutet Lessing mit seiner berühmten These, daß zufällige Geschichtswahrheiten nicht den Grund für notwendige Vernunftwahrheiten abgeben könnten. Diese Radikalität seiner Frage muß man in sich aufgenommen haben.

Das ist also der erste, der *erkenntnistheoretische* Teil der Frage Lessings nach dem Verhältnis von menschlichem Selbst und Geschichte.

Zweitens: Es ergibt sich aber noch eine weitere Stufe dieser Frage: Kann nun ein Glaube, *falls* er überhaupt so aus geschichtlichen Mitteilungen entstehen könnte, jemals meine eigene Überzeugung *werden?* Wird er nicht zu einem Nachplappern dessen werden, was andere vor mir geglaubt haben? (Alexander Schweizer sagte im vorigen Jahrhundert einmal das scharfe Wort: „Einst haben die Väter ihren Glauben bekannt. Jetzt aber mühen sich die Theologen vielfach ab, den Glauben der Väter zu glauben." Sie vollziehen also glaubend nicht ihre eigene Existenz, sondern sie kriechen in fremde Existenzen und geben ihr Rollenspiel dann als Bekenntnis, als originales Bekenntnis aus.) Das ist der zweite und existenzielle Teil jener Frage.

So verschlingen sich erkenntnistheoretische und existentielle Gefährdungen bei der Begegnung des Menschen mit der Geschichte – und das alles in der äußersten Potenz, wenn das *Christentum* eben diese Geschichte ist, die mir begegnet.

Ich möchte diese doppelseitige Gefährdung an einem bekannten Zitat aus der Schrift „Über den Beweis des Geistes und der Kraft" von 1777 verdeutlichen:

„Ein anderes sind Wunder, die ich mit meinen Augen sehe und selbst zu prüfen Gelegenheit habe, ein anderes sind Wunder, von denen ich nur historisch weiß, daß sie andere wollen gesehen und geprüft haben. Das ist doch wohl unstreitig? Dagegen ist doch nichts einzuwenden?

Wenn ich zu Christi Zeiten gelebt hätte, so würden mich die in seiner Person erfüllten Weissagungen allerdings auf ihn sehr aufmerksam gemacht haben. Hätte ich nun gar gesehen, ihn Wunder tun; hätte ich keine Ursache zu zweifeln gehabt, daß es wahre Wunder gewesen: so würde ich zu einem so lange her ausgezeichneten, wundertätigen Mann allerdings so viel Vertrauen gewonnen haben, daß ich willig meinen Verstand dem seinigen unterworfen hätte, daß ich ihm in allen Dingen geglaubt hätte, in welchen ebenso ungezweifelte Erfahrungen ihm nicht entgegen gewesen wären."

Daran liegt es: „daß Nachrichten von erfüllten Weissagungen nicht erfüllte Weissagungen, daß Nachrichten von Wundern nicht Wunder sind. *Diese,* vor meinen Augen erfüllten Weissagungen, die vor meinen Augen geschehenen Wunder, wirken *unmittelbar*. Jene aber, die Nachrichten von erfüllten Weissagungen und Wundern, sollen durch ein *Medium* wirken, das ihnen alle Kraft benimmt."

Man erkennt von hier aus, daß die Lessingsche Gegenüberstellung von zufälliger Geschichtswahrheit und notwendiger Vernunftwahrheit doch einen radikaleren Sinn und einen größeren Ernst besitzt, als ihn Goeze wohl wahrgenommen hatte, wenn er das Schwergewicht der Lessingschen Problematik weniger im positiven *Ziel* seiner Gewißheitsfrage als in der aufklärerisch destruktiven *Kritik,* die sie in der Tat enthielt, zu sehen meinte. In einem hatte Goeze natürlich recht: Wir können als Christen Lessings Wort von der zeitlosen Vernunftwahrheit so nicht nachsprechen. Als These ist das Wort eine unmögliche Beschreibung dessen, was jemals und immer christlicher Glaube bedeutet hat.

Aber wie steht es mit dem Charakter dieses Wortes als *Anti*these zur zufälligen Geschichtswahrheit? Genauer lautet die Frage Lessings an uns dann so: Muß das Christentum nicht in der Tat degenerieren und in seiner

Substanz angetastet werden, wenn es an den Buchstaben der historischen Chroniken hängt (weil es dann nämlich nicht mehr vom Vertrauen auf die Wahrheit lebt, sondern weil es statt dessen zu einer fides historica, zu einem krampfhaften historischen Für-wahr-Halten entartet und also nur unter einem ständig wiederholten sacrificium intellectus et conscientiae – dem Opfer der Vernunft und des Gewissens – aufrechterhalten werden kann)?

Hier rührt Lessing an den eigentlich wunden Punkt der Orthodoxie, wie sie ihm in dem Hamburger Hauptpastor Goeze entgegentrat. Eine Theologie, die dem historischen Buchstaben verhaftet ist, muß in der Tat ja insofern degenerieren, als sie nun ihre gesamte Kraft auf die Aufgabe versammeln muß, den historischen Buchstaben zu retten, und zwar ohne Rücksicht auf Verluste, auch auf den Verlust der intellektuellen Redlichkeit. Sie muß also krampfhaft apologetisch werden.

Dieses Moment der Unwahrhaftigkeit und zugleich auch der Ungläubigkeit wirft Lessing im Grunde seinem respektablen Gegner Goeze vor. Er spielt also nicht einfach die Vernunft gegen den Glauben, sondern er spielt den vor der Vernunft *verantworteten* Glauben gegen den *Un*glauben aus. Das ist, so dünkt mich, eine erstaunliche Feststellung! Bitte: Lessing nimmt gegenüber dem Hauptpastor Goeze, gegenüber dem Vertreter des kirchlichen Glaubens also, nicht die *Vernunft,* sondern er nimmt den *Glauben* in Schutz und bekämpft den Pastor von St. Katharinen also auf dem Boden seiner eigenen Voraussetzungen. Herr Goeze soll also nicht nur einsehen, sondern sich auch ein bißchen schämen! Inkonsequenz gegenüber den eigenen Prämissen ist ja schließlich ein Grund zum Schämen. „Die mögen sich schämen, welche die Verheißung ihres göttlichen Lehrers haben, daß seine Kirche auch von den Pforten der Hölle nicht überwältigt werden soll, und einfältig genug glauben, daß dieses nicht anders bestehen könne, als wenn sie die Pforten der Hölle überwältigen." Der Unglaube liegt hier nach Lessing darin, daß die Hölle, in diesem Falle die historische Anfechtung, zur Gegenfront für menschliche Unternehmungen und taktische Mätzchen wird. Man organisiert dann eine apologetische Hilfsaktion für den ohnmächtigen Gott. Ein anderes Mal ruft Lessing aus: „Wann wird man aufhören, an den Faden einer Spinne (eben an solche historischen Mätzchen!) die ganze Ewigkeit aufhängen zu wollen?" Wann wird man also aufhören, die Unbedingtheit des Glaubens auf das Bedingte zu gründen? Ich wüßte nicht, wo Lessing unseren heutigen Fragestellungen, wie sie seit Troeltsch und Kähler, seit Barth und Bultmann im Schwange sind, näher wäre. Auch die Nachfolger Goezes – die noch so violett eingefärbten Theologen also – haben das längst eingesehen und Lessings Fragestellung in ihre Konzeption integriert (ohne damit Lessingianer oder „Aufklärer" zu werden!).

Die Gewißheit des Glaubens ist also nicht durch die historische Kritik als solche, sondern sie ist durch die Sucht nach *falschen* Vergewisserungen gefährdet.

„O, ihr Toren" – ruft er dem Hauptpastor Goeze und seinen Gesinnungsgenossen zu –, „die ihr den Sturmwind gern aus der Natur verbannen möchtet, weil er dort ein Schiff in die Sandbank vergräbt und hier ein anderes am felsigten Ufer zerschmettert! O, ihr Heuchler! denn wir kennen euch! Nicht um diese unglücklichen Schiffe ist euch zu tun, ihr hättet sie denn versichert: euch ist lediglich um euer eigenes Gärtchen zu tun; um eure eigene kleine Bequemlichkeit, kleine Ergötzung. Der böse Sturmwind! da hat er euch ein Lusthäuschen abgedeckt, da die vollen Bäume zu sehr geschüttelt. Da eure ganze kostbare Orangerie, in sieben irdenen Töpfen, umgeworfen. Was geht es euch an, wieviel Gutes der Sturmwind sonst in der Natur befördert? Könnte er es nicht auch befördern, ohne eurem Gärtchen zu schaden? Warum bläset er nicht bei eurem Zaune vorbei?"

Der Sturmwind der historischen Kritik, die Offensive der Redlichkeit gegen die zufälligen Geschichtswahrheiten, hat also auch sein Gutes, meint Lessing (womit er zugleich einräumt, daß der Skepsis Goezes ebenfalls Berechtigung zukomme: daß nämlich mit dem Sturmwind auch das Risiko der Zerstörung verbunden sei). Dieser Sturmwind, so meint Lessing, ist schöpferisch und heilend für den, der sich in diesem Sturm zu stellen wagt, gerade weil er nun wie ein zerstörendes Unwetter in die ganze Armada der Orthodoxie, und d. h. der konkreten Gestalt des klerikal und historisch sich sichernden Christentums, hineinfährt. Wer nur die negative Seite der *Gefahr* in diesem Sturm sieht und sich in den Windschatten hineinbegibt, verrät damit lediglich, daß er einer geheimen pragmatischen Tendenz frönt: nämlich seinen Glauben wie einen Naturschutzpark zu hüten und zu konservieren. Dieses Privatinteresse an einem verwendbaren, gleichsam griffigen Christentum ist aber nicht das Fundament der Wahrheit, auf das allein Glaube begründet sein kann: „Auf diesen Schlamm, auf diesen Schlamm, großer Gott! wenn auch einige Goldkörner darunter wären, versetzt trotzig und keck mein Nachbar das vollendete Gebäude seines Glaubens!"

Das, was mir die letzte Gewißheit gibt, muß also mein persönlicher, subjektiver Besitz, muß von mir „angeeignet" sein, muß *meine* Wahrheit sein. Das, was mir von außen versichert und zugesprochen wird und was insofern im Bannkreis des *Zufälligen* bleibt, kann niemals den Grund meiner Gewißheit, meines Glaubens und damit meines ewigen Schicksals bilden.

So stoßen wir im Zusammenhang mit der Frage der Aneignung auf das Problem der *Subjektivität* und damit auf eine Frage, die dem würdigen Hamburger Hauptpastor – trotz seiner eigenen subjektiven Integrität! – als Thema theologischer Reflexion noch unerschwinglich war. Hier bleibt er Zeitgenosse und insofern im Bann orthodoxer Tradition. Hier hat er noch einen blinden Fleck im Auge, der bei Lessing – nicht einfach beseitigt, sondern an eine andere Stelle der Netzhaut gerutscht war. (Wir alle haben irgendwo unseren blinden Fleck!).

Die Theologie und Philosophie der Neuzeit, ganz besonders die des 19. Jahrhunderts, haben nun zwei verschiedene Ausprägungen dieses Begriffes „Subjektivität" vollzogen. Wenn man diese beiden Ausprägungen verstanden hat, so hält man, meine ich, gleichsam den roten Faden in Händen, der einen durch das Labyrinth dieser Epoche der Geistesgeschichte geleiten kann.

Die prophetische Kraft der Problemstellungen Lessings wird daran deutlich, daß jene Ausprägungen der Subjektivität bei ihm bereits erkennbar sind:

Der *erste* Begriff der Subjektivität ergibt sich aus der Frage: Wer bin ich – und wie muß infolgedessen die Wahrheit aussehen, die ich mir anzueignen vermag? Die Antwort darauf lautet bei Lessing: Ich bin ein Vernunftwesen und kann mich darum weder auf Autoritäten noch auf außervernünftige Zufälligkeiten gründen. Der Gegensatz zur Autorität ist das autonome Verstehen und die eigene Einsicht. Der Gegensatz zum Zufälligen ist das Notwendige. Goeze hatte mit großem Scharfblick die reglementierende Bedeutung dieser Art von Subjektivität bei Lessing entdeckt: Während Lessing sich davor fürchtete, daß die Autorität des geschichtlichen Zufalls seine Subjekthaftigkeit heteronomisieren könne, stellt Goeze seine besorgte Frage in umgekehrter Richtung: Könnte es nicht sein, daß meine sich selbst behauptende Subjektivität (*meine* Vernunft, *mein* Gewissen) nun die christliche Wahrheit heteronomisiert und reglementiert?

Der *zweite* Begriff der Subjektivität ist völlig anderer Art. Er ergibt sich aus der Frage: Was ist Wahrheit – und wie muß ich mich *zu ihr* verhalten, damit *sie sich mir zueignen kann*? Die Antwort auf diese Frage läßt sich mit Hilfe der Ringparabel aus dem „Nathan" geben:

Die Gewißheit darüber, welches der echte unter den drei Ringen sei, läßt sich auf Grund des exakten Befundes nicht objektivieren. Das liegt daran, daß die hier in Frage stehende Wahrheit ihrem Wesen *nach gar kein* Inhalt irgendeines objektiven Befundes, sondern daß sie ein mich ergreifendes *Ereignis* ist. Denn das Wesen des echten Ringes besteht nicht in dem, was ein Juwelier durch die Lupe oder durch chemische Reagenzien diagnostizieren kann, sondern das Wesen des echten Ringes besteht in seiner Fähigkeit, etwas zu *bewirken* und in meinem Leben zu *vollziehen:* nämlich mich „vor Gott und Menschen angenehm zu machen".

Diese seine Fähigkeit ist in der Tat objektiv nicht diagnostizierbar! Sie ist vielmehr nur daran zu erkennen, daß ich mich seiner Wirksamkeit aussetze und mit ihm „kooperiere", mich also „verhalte" und etwas Bestimmtes „werde". Gerade die objektive Ungewißheit über den echten

Ring entbindet die subjektive Leidenschaft der Vergewisserung und provoziert darum das Mittun, *das Engagement.*

Die Antwort auf die in dieser *zweiten* Form der Subjektivität angeschnittene Wahrheitsfrage muß also lauten: Es geht nicht um eine objektive, sondern um eine existentielle Wahrheit. Ich muß mich darum mitmachend und in „leidenschaftlicher Innerlichkeit" zu ihr verhalten, damit ich sie mir aneignen kann.

Die Folge des *erst*genannten Begriffes der Subjektivität besteht darin, daß das Christentum an die religiösen Bedürfnisse des Menschen angeglichen wird. Das ist auf der theologiegeschichtlichen Linie zwischen Schleiermacher und Ritschl und auch darüber hinaus in sehr verschiedenen Variationen tatsächlich der Fall. Hier wirkt die ontologische und die erkenntnistheoretische Entdeckung des Subjekts, wie sie Descartes und Kant je auf ihre Weise gewannen, nach. Der Mittler zwischen den philosophischen Formen dieses Subjektverständnisses und ihrer theologischen Anwendung, vermittels deren das Christentum an den Verstehensbereich des Menschen assimiliert wird: dieser Vermittler ist – Lessing. Hier hatte Goeze mit Recht den kommenden Schaden vorausgeahnt.

Die Folgen des *zweit*genannten Begriffes der Subjektivität werden von Kierkegaard ausgezogen. Die christliche Wahrheit, so argumentiert Kierkegaard, ist von einer ganz bestimmten Qualität: Sie besteht nicht in objektiven dogmatischen Lehrsätzen, die ich einsehen könnte oder die ich für wahr halten müßte, sondern die christliche Wahrheit besteht in einer *Person,* die von sich sagt: Ich bin die Wahrheit, und der ich also vertrauen muß. Zwischen einem Lehrsatz und einer Person ist natürlich ein unendlicher qualitativer Unterschied. Das drückt sich vor allem darin aus, daß von beiden unsere Subjektivität in völlig verschiedener Weise beansprucht wird:

Ein *Lehrsatz* erhebt Anspruch auf Allgemeingültigkeit. Das bedeutet: die Subjektivität ist für ihn austauschbar. Die objektive Wahrheit vergleichgültigt also die Subjektivität. Sie geht über Liebe, Haß und Leidenschaft völlig hinweg. Sie verlangt nicht von mir, daß ich mich in einem bestimmten Sinne zu ihr „verhalte", engagiere oder mitmache. Objektivität bedeutet wirklich im strengen Sinne „Interesselosigkeit" und also ein Verhalten sine ira et studio. – Bei der *Person* dagegen, die die Wahrheit ist, sieht das ganz anders aus. Hier kommt gerade alles auf mein Verhalten an, z. B. auf das Verhalten der Liebe, des Vertrauens oder auch des Hasses.

Hier spielt die Subjektivität, die „Innerlichkeit" dann mit. Gerade wenn ich von einer Person, etwa von einem geliebten Menschen, objektiv nichts oder wenig weiß (Kierkegaard gebraucht dieses Beispiel in seiner „Einübung im Christentum"), wenn ich z. B. bei einem Menschen, den ich liebe oder dem ich vertraue, beobachte, daß sein Handeln für mich undurchsichtig, vielleicht sogar fragwürdig ist und daß mein objektivierender Geist keine auflösende Formel mehr für diesen Widerspruch findet, dann gewinnt mein Verhalten zu ihm, meine Innerlichkeit, gerade die höchste Leidenschaft. In dem Maße, wie mir Gott nicht objektiv zur Verfügung steht – weder in dem Sinne, daß ich ihn in einer historischen Offenbarung zuhanden hätte, noch so, daß ich in den Phänomenen der Vorsehung ihn selbst zu greifen und evident zu machen vermöchte –, spannt er die Intensität meines Glaubens aufs äußerste an und beansprucht damit meine Subjektivität höchstgradig. Die Wahrheit liegt hierbei nicht im Gegenstand, sondern im *Verhältnis* zu diesem Gegenstand. Es kommt nicht darauf an, ob etwas objektiv wahr „ist", sondern ob ich mich wahr, d. h. angemessen zu ihm „verhalte", ob ich in der Wahrheit „bin". Christlich gesprochen ist dieses Verhältnis der *Glaube.*

Es ist nun nicht schwer, auch zwischen dieser *zweiten* Gestalt der Subjektivität – also zwischen dieser Position Kierkegaards – und derjenigen Lessings gegenüber der Wahrheit eine Verbindung zu erkennen. Das Wahrheitsverständnis in der Ringparabel zeigt ja die gleiche „Leidenschaft der Innerlichkeit" und die gleiche „objektive Ungewißheit" wie die Wahrheit des Glaubens bei Kierkegaard. Beide Male ist Wahrheit nicht als ein geltendes und aussagbares Etwas begriffen, sondern als ein Vorgang, als etwas, das sich in mir entbindet. Von da aus fällt der stärkste Akzent nicht auf das Fazit der dabei herausspringenden und fixierbaren Wahrheit, sondern auf den *Weg,* den ich gehen muß, und auf das Engegement, dem ich mich hingebe. So sagt Lessing in der „Duplik":

„Nicht die Wahrheit, in deren Besitz irgendein Mensch ist oder zu sein vermeinet, sondern die aufrichtige Mühe, die er aufgewandt hat, hinter die Wahrheit zu kommen, macht den Wert des Menschen aus. Denn nicht durch den Besitz, sondern durch die Nachforschung der Wahrheit erweitern sich seine Kräfte, worin all seine immer wachsende Vollkommenheit besteht. Der Besitz macht ruhig, träge, stolz."

Das objektive Wissen kann ich in den Archiven meines Bewußtseins ablegen, ich kann es auf sich beruhen lassen, weil es sich in der Tat selber trägt und weil *ich* es nicht zu tragen, zu verantworten und bekennend dafür einzustehen habe.

Die Wahrheit sitzt also in der engagierten Subjektivität. An anderer Stelle sagt Lessing: Wenn Gott in seiner Rechten alle Wahrheit und in seiner Linken den einzigen, immer regen Trieb nach Wahrheit, obschon mit dem Zusatze, mich immer und ewig zu irren, verschlossen hielte, und spräche zu mir: „Wähle!" ich fiele ihm mit Demut in seine Linke und spräche: „Vater, gib! die reine Wahrheit ist ja doch nur für dich allein!" Dieser Satz ist nicht einfach „faustisch" zu verstehen, wie man das gerne tut. Und ebensowenig möchte er die weiße Fahne der Kapitulation hissen. Vielmehr will er nur einen Hinweis auf den Weg dieser Art von Wahrheitsfindung sowie auf die Struktur dieser Wahrheit bringen: Diese Struktur ist nicht ein objektives Gewebe, sondern ein „Verhältnis“, das meine Beziehung zur Wahrheit bestimmt.

Es ist erstaunlich, wie sich hier buchstäblich jedes Wort in die Terminologie Kierkegaards übersetzen läßt: Der immer rege Trieb ist die „unendliche Leidenschaft der Innerlichkeit“, und der Zusatz: mich immer und ewig zu irren, ist die genaue Umschreibung dessen, was Kierkegaard die objektive Ungewißheit nennt. Der Satz endlich: daß der Besitz der Wahrheit träge und stolz mache, ist das genaue negative Gegenbild dessen, was Kierkegaard in der „Abschließenden Unwissenschaftlichen Nachschrift“ als das Werden des existentiellen Denkers bezeichnet:

„Während das objektive Denken das Resultat alles sein läßt und der ganzen Menschheit behilflich ist, durch Abschreiben und Ableiern des Resultats und des Fazits zu betrügen, läßt das subjektive Denken alles auf das Werden ankommen und läßt das Resultat aus, teils weil das gerade dem Denker gehört, indem er den Weg geht, teils weil er als Existierender beständig im Werden ist, was doch jeder Mensch ist, der sich nicht verführen ließ, objektiv zu werden, unmenschlich in Spekulationen zu werden.“

Ist es nicht – wenn wir ihm aus dieser Richtung des Denkens und Befragens nahen – ein ganz anderer Lessing, der uns hier anblickt, einer, der wenigstens in bestimmten Augenblicken seines Denkens die Aufklärung hinter sich gelassen hat, einer, den man mit deistischen Kategorien überhaupt nicht mehr angemessen versteht, sondern den man von Kierkegaard aus interpretieren müßte? Sind in Kierkegaard die Thesis „Goeze“ und die Antithesis „Lessing“ nicht in Gestalt einer höheren Synthese aufgehoben? „Aufgehoben“, wenn man es hegelsch versteht, würde hier zweierlei heißen: „sowohl überwunden wie aufbewahrt.“ Überwunden insofern, als weder Goeze noch Lessing ihre Thesen wertbeständig und unverändert in die kierkegaardschen Tresore einbringen können. „Aufbewahrt“ insofern, als bei Kierkegaard sowohl Goezes Intention auf den *Gegenstand* des Glaubens (im Sinne eines extra me) wie Lessings Intention auf den *Akt* des Glaubens (im Sinne von Aneignung, von intra me) in einen weitergehenden Reflexionszusammenhang eingeschmolzen sind. Goeze und Lessing wirken, von dieser überwindenden Synthesis aus gesehen, fast wie die Gefährten Faust und Mephistopheles: Auch diese beiden sahen dieselbe Wirklichkeit, nur von einer anderen Seite. Hier besteht die Synthesis beider wohl in dem Autor Goethe selbst, der in Personalunion die fragende *und* die infragestellende Gestalt umfaßt.

So ist Lessing im Grunde, im letzten Grunde, kein Prediger und kein Lehrer und erst recht kein spekulierender Philosoph, sondern er ist ein Exerzitienmeister, er ist jemand, dem es um ein geistiges Training geht, innerhalb dessen die Wahrheit zur Erscheinung kommen, als aletheia zur

Entbergung kommen soll. Er ist in mancher Hinsicht ein Socrates redividus. Dieser Exerzitienmeister hat schulmeisterliche Augenblicke, er kann auch manchmal platt rationalistisch sein, und gelegentlich verführt ihn die faszinierende Fülle seiner gedanklichen und sprachlichen Mittel zum Spiel. Aber er ist *mehr* als dies alles, was er *auch* ist. Er ist ein Mensch, dessen Existenz an allen Ecken und Enden über seine Formeln hinausschießt. Darum ist er der Prophet und Initiator kommender Entwicklungen gewesen. Und ein Prophet weiß selbst oft nicht alles, was er sagt. Darum muß ein Prophet immer von den Erfüllungen her verstanden werden, die oft größer sind als er selber.

Und alles, was die folgenden Epochen der Theologie gedacht haben – bis auf den heutigen Tag! –, das sind immerhin Variationen eines Themas, das Lessings geistiges Ohr vernommen und das er dann angeschlagen hat. So gewiß er aber aus der Antithese zu Goeze denkt und aus dieser Reibung die Funken seiner theologischen Leidenschaft sprühen, wird in jenen kommenden Variationen auch das „G" eines Hamburgischen Pastorennamens deutlich herauszuhören sein.

Wir können nur weiter denken, wenn wir dieses Thema und diesen Contrapunkt im Ohr haben. Wie aber könnten wir das in uns bewegen, ohne zugleich diesem redlichsten aller Denker einen Platz in unseren Herzen zu gönnen, dann aber vielleicht auch mit einem freundlichen Nicken den Hauptpastor Goeze zu grüßen!

Literaturhinweise:

Drews, Wolfgang: Gotthold Ephraim Lessing in Selbstzeugnissen und Bilddokumenten, rowohlts monographien 75, Reinbek b. Hamburg 1980.

Hildebrandt, Dieter: Lessing. Biographie einer Emanzipation, München/Wien 1979 (Ullstein-Buch 27513 (Lebensbilder), Frankfurt a. M./Berlin/Wien 1982).

Lessing und Goeze, bearbeitet von Gerhard Isermann, Göttinger Quellenhefte 21, Göttingen 1975.

Thielicke, Helmut: Glauben und Denken in der Neuzeit. Die großen Systeme der Theologie und Religionsphilosophie, Tübingen 1983.

19. Jahrhundert

Friedrich Daniel Ernst Schleiermacher
(1768–1834)

Friedrich Hertel

Friedrich Daniel Ernst Schleiermacher

„Schleiermacher hat eine große, nie untergehende Bedeutung in der Entwicklungsgeschichte des menschlichen Geistes aller Zeiten errungen. Wir können zwar die tief greifende Wirkung, die ihn für Deutschland, für Europa so bedeutend machte, erkennen, ja sie ist anerkannt, daß sie nie abgeleugnet werden mag. Aber die Quelle so mächtiger Erzeugnisse, die Eigenthümlichkeit einer so hoch begabten Natur zu erforschen, ist desto schwieriger, je weniger sie ihren inneren Mittelpunkt enthüllte. Er galt oft für ein Räthsel seiner Zeit und wird es noch lange bleiben. Denn so klar, so scharf, so entscheidend er einen Gegenstand behandelte, die innerste Mitte dieser Klarheit, der Gegenstand im höchsten Sinne, schien mehr angedeutet, als selbst hervorzutreten, in seiner Wirksamkeit bewunderungswürdig, schien dem tiefen Geiste das Größte so groß, um es in bestimmte Worte zu fassen, einer vorübergehenden Zeit hinzustellen, und indem er den innersten, waltenden Kräften des Geistes mit sicherer Hand den Weg bahnte, und mit großartiger Klarheit ihr Ziel anwies, ward uns das, was ihm vorschwebte, desto erhabener, ja heiliger, weil es als ein Erzeugniß der Geschichte als immer reichere Entwicklung des Göttlichen, nicht als Erzeugniß eines Menschen erschien. Keiner der bedeutenderen Geister unserer Zeit darf weniger als er, nach einem fremden Maßstabe gemessen werden, er war eine durchaus primäre, durchaus ursprüngliche Natur und will als eine solche beurteilt sein."

So sprach sein Freund Henrik Steffens in einer Akademischen Gedenkrede im Jahre 1834 über Schleiermacher.

Und August Neander, sein Berliner Kollege, sagte den Studenten in seiner Vorlesung nach dem Tode Schleiermachers: „Von ihm wird einst eine neue Periode in der Kirchengeschichte anheben."

Er hat recht behalten. Schleiermacher bildet in der Geschichte der neueren Theologie eine deutliche Zäsur. Die Erziehung in seinem Elternhaus und seine schulische Ausbildung stellt ihn noch in den Pietismus. Aber schon das Studium konfrontiert ihn mit dem Geist der Aufklärung. Den philosophischen und religiösen Bemühungen seiner Zeit fühlt er sich aufs tiefste verbunden. In Berlin nimmt er die neuen romantischen Bewegungen ganz in sich auf.

Und dann folgt sein großer Versuch, auf diese Herausforderungen Antwort zu geben. Er bemüht sich, Denken und Glauben, Erfahrungen und Hoffnungen zu verbinden und den Ort aufzuzeigen, wo diese Zusammenhänge verifiziert werden können. Er versteht sich als Mittler, der seiner Zeit zur Wahrheit verhelfen möchte. Weil diese Antwort von der Ewigkeit bestimmt war, stellt sie einen universalen Anspruch.

Man möchte ihn mit Luther vergleichen, der eine wohl noch stärkere Zäsur bildet. Unter Luthers Fragen und Antworten zerbrachen ganze Welten. Viel leiser, aber nicht weniger deutlich verwandeln sich unter Schleiermachers Wirkung ganze Epochen. Wer war dieser Mann?

Schleiermacher entstammt wie seine Eltern einem reformierten Pfarrhaus. Der Großvater väterlicherseits war als reformierter Geistlicher in Elberfeld in die Wirren einer schwärmerischen Gemeinschaft verwickelt worden. Der Vater hatte Theologie studiert und war später reformierter Feldgeistlicher. Nach dem Siebenjährigen Krieg wohnte er in Breslau. Er heiratete dort 1764 Katharina-Maria Stubenrauch. Sie stammte aus einer Berliner Hofprediger-Familie.

Am 21. November 1768 wurde beiden als zweites Kind ihr Sohn Friedrich Daniel Ernst Schleiermacher geboren. 1778 zog die Familie nach Pless und nach dem Ende des Bayerischen Erbfolgekrieges verlegte sie ihren Wohnsitz nach dem benachbarten Anhalt.

Im Elternhaus lernte Schleiermacher eine ernste Frömmigkeit kennen. Der Vater hatte sich durch den Eindruck des gottesdienstlichen Lebens der Gemeinde in Gnadenfrei von der aufklärerischen Theologie zum

Herrnhuter Pietismus hin geöffnet. Die Eltern entschlossen sich dann sogar, ihre Kinder den Schulen der Brüdergemeinde zur Erziehung anzuvertrauen. Mit 15 Jahren kam Schleiermacher über Gnadenfrei in das Pädagogium in Niesky und ab 1785 in das Seminar nach Barby. In dieser für ihn wichtigen Zeit ging er zunächst in der herrnhutischen Frömmigkeit ganz auf. Viele Briefe und persönliche Dokumente bezeugen seine religiösen Erlebnisse. Später schreibt er rückblickend über seine Entwicklung in seinen „Reden": „Frömmigkeit war der mütterliche Leib, in dessen heiligem Dunkel mein junges Leben genährt und auf die ihm noch verschlossene Welt vorbereitet wurde; in ihr atmete mein Geist, ehe er noch sein eigentümliches Gebiet in Wissenschaft und Lebenserfahrung gefunden hatte; sie half mir, als ich anfing den väterlichen Glauben zu sichten und Gedanken und Gefühle zu reinigen von dem Schutte der Vorwelt."

Und in einem Brief aus dem Jahre 1802 anläßlich eines Besuchs in Gnadenfrei heißt es: „Hier ging mir zuerst das Bewußtsein auf von dem Verhältnis des Menschen zu einer höheren Welt ... Hier entwickelte sich zuerst die mystische Anlage, die mir so wesentlich ist und mich unter allen Stürmen des Skeptizismus gerettet und erhalten hat. Damals keimte sie auf, jetzt ist sie ausgebildet, und ich kann sagen, daß ich nach allem wieder ein Herrnhuter geworden bin, nur von einer höheren Ordnung."

Diese Äußerungen bezeugen, wie tief die Wirkungen des Herrnhutischen Pietismus reichen. Nicht nur an die äußere Seite der Frömmigkeitsübungen ist zu denken. Die Prägung reicht weit in die Persönlichkeit Schleiermachers hinein. Wenn er später die Religion vom Gefühl her bestimmte, wenn er auf die Persönlichkeitsentwicklung so viel Wert legte, wenn er die konstitutive Bedeutung der Gemeinschaft herausstellte und Christus ganz in den Mittelpunkt seines Glaubenslebens rückte, dann sind das alles Wirkungen jener Zeit.

So wie für Luthers Entwicklung die Klosterzeit entscheidende Weichen stellte, so wichtig waren für Schleiermacher jene Jahre in Niesky und Barby.

Aber auch Krisen blieben nicht aus. Kaum war er ein halbes Jahr aus dem Elternhaus, wurde ihm die Nachricht vom Tode der Mutter mitgeteilt.

Vor allem litt er in Barby mit seinen Freunden unter der Bevormundung durch die Lehrer. Da die moderne schöngeistige und philosophische Literatur verboten war, besorgte man sich heimlich die Schriften von Goethe, Wieland und Kant und las die Jenaer Literaturzeitung.

Das neue Lebensgefühl stand im Widerspruch zur Bestimmung des Menschen im Pietismus; es vertrug sich nicht mit den Erfahrungen der Sündhaftigkeit und Erlösungsbedürftigkeit. Schleiermachers Zweifel richteten sich mehr und mehr gegen die Lehre von der Notwendigkeit des

Versöhnungsopfers Christi. Damit war das Zentrum des pietistischen Glaubens getroffen.

In einem heftigen Briefwechsel mit dem Vater werden die Zweifel offen ausgesprochen und vom Vater scharf zurückgewiesen. Am Ende des Ringens stand der Austritt aus dem Seminar und der Wunsch, in Halle Theologie zu studieren. Dort wohnte sein Onkel, der Professor Ernst Stubenrauch, der viel Verständnis für den Neffen aufbrachte. Ostern 1787 wurde Schleiermacher immatrikuliert.

Die Universität Halle war durch die Aufklärung geprägt. Die Nachwirkungen der Philosophie Christian Wolffs und der Theologie Semlers waren noch zu spüren. Schleiermacher hörte vor allem bei dem Philosophen Johann August Eberhard.

Er beschäftigte sich mit den grundlegenden Werken Kants und mit der Philosophie von Platon und Aristoteles. Das Studium der griechischen Philosophie wurde durch die philologische Arbeit bei dem jungen Dozenten Friedrich August Wolf noch weiter vertieft.

Nach zwei Jahren zog er mit dem Onkel nach Drossen, das nahe bei Frankfurt an der Oder liegt. Dort bereitete er sich auf das Examen vor. Vor allem versuchte er sich in eigenen philosophischen Studien über ethische Themen (Studien über das höchste Gut und über die Freiheit des Menschen). Sie zeigen, daß für ihn wie bei Kant die Ethik den Vorrang vor dem Glauben einnimmt. Auf das wirkliche Leben kommt es ihm an. Von den menschlichen Erfahrungen möchte er ausgehen. Die Theorie leitet er davon ab.

Im Mai 1790 wurde ihm nach dem ersten theologischen Examen eine Hauslehrerstelle im Haus des Grafen zu Dohna im ostpreußischen Schlobitten angeboten. Dort blieb er bis zum Mai 1793. Er lernte in dem wohlhabenden Hause eine Atmosphäre kennen, in der sich häusliches Glück, Bildung, Freiheit und Pflichtbewußtsein aufs schönste ergänzten.

Ein Jahrzehnt später schrieb er über diese Erfahrungen: „Im fremden Hause ging der Sinn mir auf für schönes gemeinschaftliches Dasein, ich sah, wie Freiheit erst veredelt und recht gestaltet die zarten Geheimnisse der Menschheit, die dem Ungeweihten immer dunkel bleiben, der sie nur als Bande der Natur verehrt."

Er genoß diese Zeit des persönlichen Glücks und der Gespräche mit den vom Leben geprägten und erfüllten Menschen. In seinen Predigten auf der Dorfkanzel in Schlobitten kommt er immer wieder auf das menschliche Glück zu sprechen.

In ethischen Arbeiten geht er auf den Individualitäts- und Menschheitsgedanken stärker ein. Er will fragen, „was dies Leben dem Menschen überhaupt sein soll und sein kann". Als Antwort schreibt er: „Was das Bewußtsein deines Wesens dir zu sein und zu werden gebietet, das bleibt dir geboten, was auch für ein höheres Wesen noch außer dir da sein und was dieses auch wollen mag."

Die Erfahrung der wirklichen Welt konzentriert sich bei ihm immer mehr auf die Erfahrung des Menschseins. Sechs Jahre später hat er seine Antwort gefunden.

Auf Grund von Meinungsverschiedenheiten über pädagogische Fragen verließ er nach drei Jahren das Dohna'sche Haus. Nach einer kurzen Tätigkeit am pädagogischen Studienseminar von Friedrich Gedicke in Berlin und nach dem zweiten theologischen Examen 1794 entschied er sich, eine Hilfspredigerstelle in Landsberg an der Warthe zu übernehmen. Er blieb dort bis 1796. In diese Zeit fiel der Tod seines Vaters, der ihn tief bewegte. Neben der Predigertätigkeit arbeitete er an Übersetzungen von englischen Predigten und an einer kurzen Darstellung des spinozistischen Systems.

1796 erhielt er seine erste Stelle als Pfarrer an der Charité in Berlin. Er blieb dort sechs Jahre als reformierter Prediger. Diese Zeit war für ihn die erfüllteste Zeit seines Lebens.

Er nahm die neuen geistigen Bewegungen ganz in sich auf, verkehrte mit hochbegabten Menschen, tauschte sich mit ihnen offen und freimütig aus, erfuhr von vielen Seiten Anregung und Förderung und wurde immer mehr dahin geführt, nun auch selbst seine Stimme zu erheben und Antwort auf die Fragen, die ihn tief beschäftigten, zu geben. Für Schleiermacher war es der entscheidende Durchbruch.

In den mit der Familie befreundeten Häusern des Propstes Spalding und des Hofpredigers Sack begegnete er dem Geist der Aufklärung. Viel entscheidender war für Schleiermacher der Verkehr in dem Hause des Arztes Dr. Marcus Herz. Im Kreise seiner Geistesfreundin Henriette Herz wurden die neuen romantischen Bewegungen in der Literatur und Wissenschaft fast täglich besprochen. Vor allem Goethes „Wilhelm Meister" beeindruckte die Freunde. Hier lernte er auch den hochbegabten Friedrich Schlegel kennen, mit dem er sich freundschaftlich verstand. Zeitweise wohnten sie sogar zusammen. Beide faßten den Plan, die Werke Platons zu verdeutschen. Die Durchführung blieb aber dann vor allem Schleiermacher überlassen. Auch für die neue Zeitschrift der Gebrüder Schlegel, das „Athenäum", steuerte Schleiermacher verschiedene Beiträge bei.

Die Gespräche beschäftigten sich vorwiegend mit den Fragen der Moralität, der Kunst, der Bildung und der Religion. Vor allem im Blick auf das ihm so wichtige Thema der Religion vermißte Schleiermacher bei seinen Freunden ein tieferes Verständnis. Deshalb ließ er sich dazu bewegen, seine Gedanken niederzuschreiben. Er tat dies in ganz kurzer Zeit (November 1798 – April 1799). Das Ergebnis ist sein großes Bekenntnis zur Religion. Mit einem Wurf hat er auf die Fragen seiner Zeit seine persönliche Antwort gefunden und gegeben. Das Büchlein erschien mit dem genauen Titel „Über die Religion. Reden an die Gebildeten unter ihren Verächtern“ 1799 anonym bei dem Berliner Verleger Johann Friedrich Unger. Es enthält fünf Reden. Sie tragen die Überschriften: „Apologie“, „Über das Wesen der Religion“, „Über die Bildung zur Religion“, „Über das Gesellige in der Religion oder über Kirche und Priestertum“, „Über die Religionen“.

Den Grund seines Redens spricht er in der 1. Rede ganz offen aus: „Als Mensch rede ich zu Euch von den heiligen Mysterien der Menschheit nach meiner Ansicht, von dem was in mir war als ich noch in jugendlicher Schwärmerei das Unbekannte suchte, von dem was seitdem ich denke und lebe die innerste Triebfeder meines Daseins ist, und was mir auf ewig das Höchste bleiben wird, auf welche Weise auch noch die Schwingungen der Zeit und der Menschheit mich bewegen mögen. Daß ich rede rührt nicht her aus einem vernünftigen Entschlusse, auch nicht aus Hoffnung oder Furcht, noch geschiehet es einem Endzwecke gemäß oder aus irgendeinem willkürlichen oder zufälligen Grunde: es ist die innere unwiderstehliche Notwendigkeit meiner Natur, es ist ein göttlicher Beruf, es ist das was meine Stelle im Universum bestimmt, und mich zu dem Wesen macht, welches ich bin.“

Schleiermacher redet aus tiefer Überzeugung und aus tiefer Sorge. Er sieht, daß das Entscheidende im menschlichen Leben, nämlich die religiöse Erfahrung, sowohl von den Gebildeten wie von den Standesvertretern der Kirche verachtet wird. Die Metaphysik wie die Moral versuchen den Menschen zu bestimmen und zu beherrschen. Seine individuelle Freiheit geht dabei verloren. Die Religion steht deshalb in scharfem Gegensatz zu Metaphysik und Moral. Mit immer neuen Argumenten und Wendungen beschreibt Schleiermacher, aus welcher Tiefe der Mensch eigentlich lebt. Der Mensch muß den beschwerlichen Weg ins Innere antreten, um die Begegnung mit dem Unendlichen zu erfahren. Er findet sie weder im Denken, noch im Handeln, sondern allein in der „Anschauung des Universums“.

„Anschauen will sie das Universum, in seinen eigenen Darstellungen und Handlungen will sie es andächtig belauschen, von seinen unmittelbaren Einflüssen will sie sich in kindlicher Passivität ergreifen und erfüllen lassen.“

„Mitten in der Endlichkeit Eins werden mit dem Unendlichen und ewig sein in einem Augenblick, das ist die Unsterblichkeit der Religion.“

Schleiermacher hat dabei nicht vergessen, sondern ganz im Gegenteil dabei immer vorausgesetzt, daß das menschliche Leben von einer tiefen Entzweiung bestimmt ist und daß durch das Leben ein unendlicher Riß geht, der nicht vom Menschen, sondern nur durch ein Geschehen von außen überwunden werden kann. Dieses Geschehen betrifft den Menschen unmittelbar. Das Gefühl ist für Schleiermacher der Ort der Aufhebung dieser Strittigkeit.

So hat es Schleiermacher selbst erlebt. Unmittelbare Gewißheit und Identität sind für ihn religiöse Erfahrungen. Man hat diese Sicht romantisch genannt und den Unterschied zu Luthers Glaubensbegriff herausgestellt. Trotz der deutlichen Unterschiede darf nicht übersehen werden, daß es beiden darauf ankommt, daß der im Unheil befindliche Mensch zum Heil kommt und zur Glaubensgewißheit findet. In der 5. Rede wird für Schleiermacher die Religionserfahrung ganz konkret. Sie hat ihren Ursprung und ihre Mitte eindeutig in Jesus von Nazareth. In ihm ist das göttliche Ja ausgesprochen, von dem die wahre Religion lebt. Der Widerstreit des Unendlichen mit dem Endlichen ist durch die Erlösung in Christus aufgehoben.

Mit diesem Büchlein der „Reden" hat Schleiermacher die Epoche der Aufklärung mit ihrer Konzeption von der natürlichen Religion überwunden. Ihn der Romantik zuzuordnen oder gar des Pantheismus zu verdächtigen, wäre zu vordergründig. Sicher nimmt er die Sprache und Welterfahrung seiner Zeit auf und geht auch auf Vorstellungen seiner Zeitgenossen ein. Man darf aber nicht übersehen, daß er als ein vom christlichen Glauben geprägter Mensch den Versuch unternimmt, Menschen vom ewigen Gehalt der christlichen Religionserfahrung zu überzeugen. Die Wirkung der Schrift zeigt, daß ihm dies z. T. auch gelungen ist. Viele seiner gebildeten Freunde waren von seinem Bekenntnis enttäuscht. Die wahren Sucher aber fanden in ihm einen „Anstoß zu einer ewigen Bewegung".

Dreimal hat Schleiermacher im Laufe seines Lebens die Reden überarbeitet herausgegeben, nämlich in den Jahren 1806, 1821 und 1831.

Kurz nach der Veröffentlichung der Reden schrieb er eine ethische Abhandlung. Zu Neujahr 1800 erschienen die „Monologen" bei Chr. S. Spener in Berlin und wieder anonym.

Die menschliche Freiheit ist ihr eigentliches Thema. Er findet sie im innersten Handeln, „fern von allen unwürdigen Schranken".

„Nur für den gibt es Freiheit und Unendlichkeit, der weiß, was Welt ist und was Mensch, der klar das große Rätsel, wie beide zu scheiden sind und wie sie ineinander wirken, sich gelöst." Wer in sich selbst zurückgeht, findet den Weg zur wahren Freiheit: „Ich schaue des Geistes Handeln an, das keine Welt verwandeln und keine Zeit zerstören kann, das selbst erst Welt und Zeit erschafft." Dieses Anschauen bedeutet Unsterblichkeit und ewiges Leben.

Schleiermacher hat die Brücke von seinem Religionsverständnis zum Handeln im Leben geschlagen. Deutlich ist, daß es ihm auf den inneren Zusammenhang von Glaubenserfahrung und Lebensfreiheit ankommt.

Das Innere des Menschen ist für ihn der Ort, an dem die wahren Entscheidungen fallen.

Auch seine erste Predigtsammlung aus dem Jahre 1801 zeigt diesen Zusammenhang von Menschsein, Gotteserfahrung und Handeln aus Freiheit auf. Der Kreis ist abgesteckt.

In den Jahren 1800–1802 vollzogen sich auch im persönlichen Leben Schleiermachers manche Veränderungen.

Die Liebe zu der unglücklich verheirateten Eleonore Grunow trieb ihn um. Um ihr bei ihrer Entscheidung zu helfen, übernahm er 1802 die Hofpredigerstelle in Stolp in Pommern. Seine eigenen Gedanken über die Liebe hatte er schon im Jahre 1800 in den anonym erschienenen „Vertrauten Briefen über Friedrich Schlegels ‚Lucinde'" niedergeschrieben; vor allem lag ihm daran, die romantische Eheauffassung seines Freundes zu verdeutlichen.

Auf der Pfarrstelle in Stolp blieb er nur zwei Jahre. In diese Zeit fällt die Fortsetzung der Platonübersetzung und der Abschluß seines ersten grossen wissenschaftlichen Werks, der „Grundlinien einer Kritik der bisherigen Sittenlehre" (1803). Vor allem kritisiert er die ethischen Positionen von Kant und Fichte. Platon und Spinoza finden bei ihm mehr Anerkennung.

In dem „unvorgreiflichen Gutachten in Sachen des protestantischen Kirchenwesens in Beziehung auf den preußischen Staat" setzte er sich für eine Kultusunion und für praktische Reformen ein. Schleiermacher kommt als „Lehrer der Kirche" in Sicht.

Im Jahre 1804 erreichte ihn der Ruf auf einen Lehrstuhl für Ethik und Praktische Theologie an der neu errichteten Universität Würzburg. Der preußische König Friedrich Wilhelm III. berief ihn daraufhin zum Extraordinarius und als Universitätsprediger an die lutherische Fakultät der Universität Halle. Dahinter stand die Absicht, einen Schritt auf den Weg zur Union hin zu tun.

Schleiermacher traf dort seinen alten Lehrer Friedrich August Wolf wieder. Enge Kontakte schloß er vor allem mit dem Naturphilosophen Henrik Steffens, einem Schüler Schellings, und dem Komponisten J. Friedrich Reichardt. Vorlesungen hielt er über Theologische Enzyklopädie, Hermeneutik, Dogmatik, Ethik und Exegese.

Aus seiner exegetischen Arbeit entstand die kritische Untersuchung über den 1. Timotheusbrief, in der er die Unechtheit dieses Briefs nachwies.

Im Dezember 1804 schrieb er „Die Weihnachtsfeier" nieder. In Form eines Gesprächs in einem häuslichen Kreise werden Gedanken über das Weihnachtsfest und über die Bedeutung der Geburt Christi geäußert. Die verschiedenen theologischen und philosophischen Strömungen, mit denen sich Schleiermacher auseinandergesetzt hat, kommen zur Sprache:

der historisch-kritische Rationalismus, die spekulative Religionsphilosophie, ein naives Gefühlschristentum und eine von dem Erlösungsgedanken geprägte Christologie. Das wahrhaft Menschliche tritt mit dem Christlichen in eine enge Verbindung. Im Grunde ist für Schleiermacher die christliche Weihnachtsfreude die Vollendung der Humanität.

Seine Tätigkeit in Halle fand durch die politischen Verhältnisse ein rasches Ende. Die Stadt wurde 1806 von den französischen Truppen erobert und besetzt. Die Universität wurde geschlossen. Im Jahr 1807 wurde Halle zu dem von Napoleon begründeten Königreich Westfalen geschlagen. Schleiermacher zog deshalb nach Berlin. Innerlich war er mit den Reformern des preußischen Staates in engere Verbindung getreten. Der Glaube ist ihm jetzt vor allem auch Antrieb zu sittlichen Handlungen und Gott versteht er als den Herrn der Geschichte. Besonders spricht er das in seinen Predigten, mit denen er große Wirkungen erzielte, deutlich aus. Auch mit der Patriotenpartei nahm er Kontakte auf. Eine politische Reise führte ihn sogar nach Königsberg, wo sich die Königliche Familie und die Regierung aufhielten. Er lernte dort den Reformer Stein kennen, ja er wurde auch von der Königin Luise empfangen.

Auf Grund seiner Schrift „Gelegentliche Gedanken über Universitäten im deutschen Sinne. Nebst einem Anhang über eine neu zu errichtende“ (1808) wurde er als Beamter in die Unterrichtssektion des Innenministeriums berufen. 1814/15 geriet er allerdings bei den preußischen Politikern, die jede Liberalisierung verhindern wollten, ins Zwielicht von Verdächtigungen. Es kam zu erheblichen Spannungen.

Entscheidend war für Schleiermacher die Berufung an die Universität Berlin im Juli 1809. Die Universität selbst, an deren Konzeption er intensiv mitarbeitete, wurde offiziell im Frühjahr 1810 eröffnet. Es ist das Verdienst Schleiermachers, daß die Eigenständigkeit der Fachwissenschaften und insbesondere die Theologische Fakultät erhalten blieb. Beim Aufbau der Theologischen Fakultät hatte er erheblichen Einfluß. Vor allem war es seine Tätigkeit als theologischer Lehrer, die im Grunde zu einer Neugestaltung der evangelischen Theologie führte. Schon die äußere Leistung verdient Bewunderung. Neben den zehn Wochenstunden theologischer Vorlesungen hielt er noch fünf Stunden philosophische Vorlesungen. Neben seiner Professur verwaltete er das Pfarramt der Dreifaltigkeitskirche. Außerdem war er Mitglied und Sekretär der Preussischen Akademie der Wissenschaften.

In der Zwischenzeit hatte er auch ein Hauswesen gegründet. Im Jahre 1808 hatte er sich mit Henriette von Willich, der jungen Witwe eines Freundes, verlobt und ein Jahr später geheiratet. Seiner Ehe wurden vier Kinder geschenkt. Groß war jetzt sein Wirkungskreis. Er umfaßte Familie und Kirche, Wissenschaft und Staat. Nun konnte er endlich die Ernte seiner hingebungsvollen Arbeit einbringen.

Sie ist vor allem auf dem Gebiet der Theologie zu sehen. Alle theologischen Disziplinen außer dem Alten Testament hatte er in seinen Vorlesungen neu bearbeitet.

Neben der Dogmatik, über die er häufig Vorlesungen hielt, waren für ihn vor allem die christliche Sittenlehre und die theologische Enzyklopädie wichtig. Daneben standen die exegetische, kirchengeschichtliche und praktisch-theologische Disziplin. In der philosophischen Fakultät beschäftigte er sich mit einer Reihe von Gebieten. Er hielt Vorlesungen über die Dialektik, Ethik, Hermeneutik, Psychologie, Pädagogik und Ästhetik. Die meisten Vorlesungen sind uns in Form von Aufzeichnungen und Nachschriften erhalten.

Bedeutsam für die Geschichte der neueren Theologie wurden vor allem zwei Veröffentlichungen Schleiermachers.

Das ist einmal seine „Kurze Darstellung des theologischen Studiums zum Behuf einleitender Vorlesungen", die in zwei Auflagen 1810 und 1830 erschienen ist. Und das ist dann vor allem seine Glaubenslehre, die ebenfalls zwei Auflagen 1821/22 und 1830/31 erlebte. Sie trägt den Titel: „Der christliche Glaube nach den Grundsätzen der evangelischen Kirche im Zusammenhange dargestellt."

In der Kurzen Darstellung versucht er, den lebendigen Zusammenhang aller theologischen Disziplinen aufzuspüren. Er findet ihn in der Ausrichtung der Theologie auf eine bestimmte Aufgabe. Theologie ist für ihn positive Wissenschaft. Sie ist zur Lösung einer praktischen Aufgabe, nämlich der Leitung der christlichen Kirche, erforderlich.

Für Schleiermacher ist es keine Frage, daß es einen tiefen Zusammenhang zwischen Theologie und Kirche geben muß. Theologie ist kein Selbstzweck. Der lebendige Glaube ist das entscheidende Moment am Christentum. Die Erfahrungen aus seiner frühen Jugendzeit im Herrnhuter Pietismus machen sich bemerkbar. Theologie wird aber auch in ihrer kritischen Aufgabe bestimmt. Wenn er die praktische Theologie als „Krone des theologischen Studiums" bezeichnet, wird deutlich, daß der Glaube für ihn als lebendiges und konkretes Tun verstanden ist.

Schleiermacher ist es gelungen, seine christlichen Glaubenserfahrungen in einen systematischen Zusammenhang zu bringen. Er wollte damit deutlich machen, daß Glauben und Denken nicht in einem Gegensatz stehen müssen. Er war davon überzeugt, daß es das Ziel der Reformation sei, zwischen dem christlichen Glauben und der freien Forschung einen ewigen Vertrag zu stiften.

Vor allem hat er das in seiner berühmten Glaubenslehre aufzeigen wollen. Schon auf dem Titelblatt hat er diese Absicht mit dem Hinweis auf Anselm von Canterbury's „Credo ut intelligam" (Ich glaube, um zu verstehen) zu erkennen gegeben. Ganz klar ist seine Dogmatik auf die „Grundsätze der evangelischen Kirche" bezogen. Die Kirche hat aber für

Schleiermacher ihre Basis eindeutig in der Frömmigkeit, die er als „eine Bestimmtheit des Gefühls oder des unmittelbaren Selbstbewußtseins“ definiert.

Die Dogmatik nur als eine Darstellung des christlich frommen Selbstbewußtseins zu bezeichnen, wäre freilich eine Verkürzung. Eindeutig bestimmt ihn bei seiner Darstellung der Gesichtspunkt, daß im Christentum alles „auf die durch Jesum von Nazareth vollbrachte Erlösung“ bezogen werden muß und daß es keine andere Art gibt, „an der christlichen Gemeinschaft Anteil zu erhalten, als durch den Glauben an Jesum als den Erlöser“.

In seinen beiden Sendschreiben an Dr. Lücke aus dem Jahre 1829 hat er den Aufbau und die Absicht seiner Glaubenslehre ausführlich beschrieben. Dort sagt er, daß er es gewünscht hätte, „es so einzurichten, daß den Lesern möglichst auf jedem Punkt hätte deutlich werden müssen, daß der Spruch Jo 1,14 der Grundtext der ganzen Dogmatik ist“.

Die Glaubenserfahrung mit Christus bestimmt Schleiermachers Dogmatik. Sie versucht er in der Wirklichkeit des Lebens zu verifizieren. Denn davon lebt der Glaube und darin findet er seine Gewißheit. Daß es in jedem Leben Widersprüche und Gegensätze gibt, wird dabei nicht vergessen. Wenn es aber wahr ist, daß durch Jesus von Nazareth ein neues Leben angebrochen ist, gilt es herauszustellen, daß dieses Leben die wirkliche Geschichte qualifiziert. Man hat Schleiermacher oft unrecht getan, indem man ihn an Luthers realistischer Einsicht der Wirklichkeit des Menschen vor Gott gemessen hat. Man darf nicht verkennen, daß er mit dem neuen Leben vor Gott ernst machen wollte, daß er es zu beschreiben versuchte und von seiner Wirksamkeit fest überzeugt war. Deshalb liest sich seine Dogmatik wie die Biographie seiner eigenen religiösen Entwicklung und Erfahrung. Sie ist weniger ein System, sondern beschreibt vielmehr die Lebensgeschichte eines Menschen, der vom Glauben bestimmt auch zu seiner Existenz und zu seiner Zeit Ja sagen wollte und von der Hoffnung für die Zukunft durchdrungen war.

Diese Glaubenslehre hat die Theologie des 19. und 20. Jahrhunderts beschäftigt und beeinflußt. Auch diejenigen, die sich, wie die konfessionellen Lutheraner, von ihm lossagten, konnten sich seiner Überzeugungskraft nur schwer entziehen. Die Kritik von seiten Albrecht Ritschls, der Schleiermacher Subjektivismus vorwarf und einen entschiedeneren christologischen Ansatz forderte, verkannte weithin die in Auseinandersetzung mit seiner Zeit gewonnene Grundposition Schleiermachers, die natürlich auch ihre Grenzen hatte. Nach dem ersten Weltkrieg war es auf Grund der Erfahrungen mit der Geschichte außerordentlich schwierig, das Bemühen Schleiermachers positiv weiterzuführen. Die Zeichen der Zeit standen auf Kritik. Die Kritik an der neueren theologischen Entwicklung traf vor allem Schleiermacher. Trotz der Erschütterungen im zweiten

Weltkrieg konnten die neuesten theologischen Bemühungen wieder mit größerem Verständnis Schleiermachers ernsthaften Versuch aufgreifen und verarbeiten. Es beeindruckte viele nicht nur, wie Schleiermacher Glaube und Verstehen, menschliche Existenz und Christuserfahrung, Gott und Welt, Religion mit Denken und Tun verbinden konnte. Auch die radikale Offenheit im Blick auf die Geschichte und seine universale Schau gaben Anstöße zum Weiterdenken.

Die tiefen Beziehungen zwischen seinem theologischen und philosophischen Wahrheitsanspruch, die die Unterschiede keineswegs überspielen, halfen mit, eingetretene Verfestigungen und Verengungen neu zu durchdenken. Schleiermacher erwies sich immer wieder als ein Meister des auf Erfahrung begründeten Denkens.

Er war ja auch davon überzeugt, daß der christliche Glaube und die Philosophie in demselben Subjekt bestehen können, „daß ein wahrer Philosoph auch ein wahrer Gläubiger sein und bleiben kann, und eben so, daß man von Herzen fromm sein kann und doch den Mut haben und behalten, sich in die tiefsten Tiefen der Spekulation hineinzugraben".

Und an den Philosophen F. H. Jacobi hatte er 1818 geschrieben: „Meine Philosophie und meine Dogmatik sind fest entschlossen, sich nicht zu widersprechen, aber eben deshalb wollen auch beide niemals fertig sein, und, so lange ich denken kann, haben sie immer gegenseitig aneinander gestimmt und sich auch immer mehr angenähert."

Sein wissenschaftliches System kann hier nicht im einzelnen dargestellt werden. Natur und Vernunft bilden die beiden Pole, in die er alles einfügt. In seiner Ethik beschreibt er, wie die Vernunft das allgemeine Sein zum Bewußtsein bringt und dadurch die Natur gestaltet. In seiner Hermeneutik hat er als erster versucht, der Sprache in ihrer eigenständigen Bedeutung im Verstehensvorgang gerecht zu werden. Mit der Entfaltung der psychologischen Interpretation hat er den neuzeitlichen Wissenschaften unübersehbare Anstöße gegeben. In seiner Dialektik hat er schließlich den Versuch unternommen, vom Gespräch her auf die Gotteserfahrung hinzuführen. Hier bleiben trotz der beeindruckenden Denkkraft offene Fragen für eine sich von Christus her verstehende Theologie. Schleiermacher wußte zeitlebens, wo auch sein letzter Halt war. Nicht nur als Prediger in seinen Gemeinden hat er das über vierzig Jahre hinweg fast jeden Sonntag immer wieder ausgesprochen. Auch sein Verantwortungsbewußtsein für die gesamte Kirche, vor allem in seinen Bemühungen um die Union, um die Agende und um die Kirchenverfassung zeigen dies deutlich, auch wenn es hier unerfreuliche Auseinandersetzungen gab. Es war für ihn ein bewegender Tag, als sich am Reformationsfest 1817 63 Geistliche, alle Theologieprofessoren der Universität Berlin und viele hohe Staatsbeamte in der Nicolaikirche versammelten, um gemeinsam das Abendmahl zu feiern. „Christus war sein Leben" stand auf der

Gedenkmünze von Loos aus dem Jahre 1834. Und: „Er predigte gewaltig." Als Bibelstellen waren genannt: 1 Korinther 3,5.11: „Wer ist nun Apollos? Wer ist Paulus? Diener sind sie, durch welche ihr seid gläubig geworden, und das, wie es der Herr einem jeglichen gegeben hat. Einen andern Grund kann niemand legen außer dem, der gelegt ist, welcher ist Jesus Christus." Und 2 Timotheus 4,7.8: „Ich habe den guten Kampf gekämpft, ich habe den Lauf vollendet, ich habe Glauben gehalten; hinfort ist mir bereit die Krone der Gerechtigkeit, welche mir der Herr, der gerechte Richter, an jenem Tage geben wird, nicht mir aber allein, sondern auch allen, die seine Erscheinung lieb haben."

Anders als Luther, der den ihm aufgetragenen Kampf mit einer erstarrten Theologie und Kirche entschieden führte, suchte Schleiermacher Menschen seiner Zeit das Bild Christi verständlich zu machen. Er war Apologet im besten Sinne des Wortes. Er war ein frommer Mensch, der auch zu leben versuchte, woran er glaubte, bis in die letzten Stunden seines Lebens, als er mit seinen Familienangehörigen das Mahl des Herrn feierte und sein Bekenntnis zu Christus sprach. Am 12. Februar 1834 ist er im 68. Lebensjahr gestorben.

„Wenn man sagen soll, was von Schleiermacher geblieben ist, so läßt es sich kurz in drei Formeln fassen; erstens: Selbständigkeit des religiösen Lebens, und zwar nicht so, daß es nichts mit Verstand und nichts mit Sittlichkeit zu tun hat, aber Selbständigkeit und Ursprünglichkeit des religiösen Lebens gegenüber der Wissenschaft und der Moral. Zweitens: die unbedingt zentrale Stellung der Person Christi im Ganzen des Christentums. Drittens: die Überwindung der Individualisierung der Religion, ihrer Auffassung als bloße Privatreligion, und die Betonung dessen, daß Religion Sache der Gemeinschaft sei" (Martin Kähler).

„Was für ein Leben! Als ein Herrnhuter hatte er begonnen, sein Geist hatte sich über das weite Gebiet voneinander abliegender Wissenschaften ausgedehnt; die poetische Bewegung seiner Epoche hatte ihn ergriffen, und der Hauch einer dichterischen Umgebung, dichterischer Versuche und Pläne liegt über seinen Jugendwerken; als einer der ersten hatte er begonnen, die Geselligkeit als eine Kunst zu behandeln, und beherrschte eine Fülle von Verhältnissen, die nicht unbedeutenden Menschen neben ihm das Leben aufzehrte; als einer der ersten, in einer gewaltigen Zeit, begann er, für den Staat zu leben, ward eine Macht im Staat; allen voran, inmitten von Gleichgültigkeit, begann er aus der Erfahrung vieler im Predigtamt, im Kirchendienst, in der Theologie verbrachter Jahre die große, geschichtliche Aufgabe der Kirche zur Geltung zu bringen: er ward das geistige Haupt der Kirche seiner Zeit. Das alles erfuhr und durchlebte ein einzelner Mann, und nicht umhergeworfen vom Schicksal, sondern von einer inneren Gewalt getrieben, die ihn durch alle Kreise dieses unseres menschlichen Daseins hindurchführte, bis in seinem beschaulichen Geiste der Kosmos der moralischen Welt sich erhob. Hier war eine Allseitigkeit nicht der Forschung, sondern des Lebens. Man begreift, wie unendlich mehr er selber war, als alle Aufzeichnungen, alle Forschungen, die wir noch von ihm besitzen“ (Wilhelm Dilthey).

Literaturhinweise:

Kantzenbach, Friedrich Wilhelm: Friedrich Daniel Ernst Schleiermacher in Selbstzeugnissen und Bilddokumenten. Rowohlts monographien 126, Reinbek bei Hamburg 1967.
Redeker, Martin: Friedrich Schleiermacher. Leben und Werk (1768 bis 1834), Sammlung Göschen Bd. 1177/1177a, Berlin 1968.
Schleiermacher-Auswahl. Mit einem Nachwort von Karl Barth, hrsg. von Heinz Bolli, Siebenstern-Taschenbuch 113/114, München/Hamburg 1968.

Johann Hinrich Wichern
(1808–1881)

Günter Brakelmann

Johann Hinrich Wichern

Die Zeiten des Vormärz, der Revolutionsjahre, der Reaktionsphase, des Norddeutschen Bundes und der Anfangsphase des Zweiten Deutschen Kaiserreiches sind es, in die das Leben und Wirken des Mannes Johann Hinrich Wichern eingebettet sind. Als zunächst verborgener, aber dann mit zunehmender Zeit deutlich werdender Cantus firmus dieser politischen Epochen ist jedoch die ökonomisch-gesellschaftliche Veränderung zu sehen, die sich mit dem Prozeß der neuzeitlichen Industrialisierung vollzog. Nimmt man die Jahrzehnte von 1830 bis 1880, also ein halbes Jahrhundert, so hat die damalige deutsche Welt in dieser Epoche entscheidende Veränderungen hinter sich gebracht. Aus einem politisch und wirtschaftlich zerrissenen Deutschen Bund war über einige Zwischenphasen hinweg ein moderner Nationalstaat unter der eindeutigen Führung der Hohenzollernmonarchie geworden. Aus einem zurückgebliebenen Agrarstaat war ein moderner Industrie- und Handelsstaat gewachsen. Der Siegeszug der angewandten Naturwissenschaften bestimmte mehr und mehr das Alltagsleben einer sich formierenden bürgerlich-industriellen Gesellschaft.

Wichern hat diese Prozesse des gesellschaftlichen Wandels vom Spätfeudalismus Preußen-Deutschlands zum Industrialismus des Deutschen Reiches bewußt miterlebt. Die sozialen Folgen der industriellen Revolution werden für ihn das eine große Thema. Und die Gründe und Folgen der politischen Revolution werden für ihn das andere große Thema. Beides aber wird von der einen zentralen Frage umgriffen: welche Aufgaben hat die Kirche mit ihrer Verkündigung des Evangeliums und mit ihrem Tatzeugnis der Liebe in und gegenüber den epochalen Wandlungsprozessen? Es war eine zentral theologisch-kirchliche Frage, eine Frage des Glaubens und der sozialen Verantwortlichkeit von Kirche und Christen, auf die Wichern mit seinem Lebenswerk eine Antwort zu geben versuchte. Die eigene Gegenwart einer sich säkularisierenden und industrialisierenden Gesellschaft als Herausforderung an christlichen Glauben und christliches Handeln begriffen zu haben, durchzieht als Leitmotiv das Leben dieses Mannes.

Begonnen hatte dieses Leben am 21. April 1808 in Hamburg. Sein Vater hatte sich durch Zähigkeit und Fleiß eine kleinbürgerliche Existenz als Notar und Übersetzer erkämpft. Als der Vater früh verstarb, lag die Last der Familienerhaltung auf den Schultern der Mutter und ihres ältesten Sohnes Johann Hinrich, der den Besuch des Gymnasiums aufgeben mußte, um beim Broterwerb für die Familie mithelfen zu können. Entscheidend wurde für ihn die Mitarbeit als Erziehungsgehilfe in einem Knabeninstitut zu Pöseldorf bei Hamburg. Der Leiter entdeckte Wicherns pädagogische Talente im Umgang mit den Kindern. Auch Wichern selbst sieht für sich in der Arbeit mit Kindern schon sehr früh einen möglichen späteren Lebensauftrag. Seine damalige geistige und religiöse Entwicklung und Fundierung geschieht im engen Umgang mit älteren und jüngeren Männern und Frauen aus der Hamburger Erweckungsbewegung. Durch sie erhält er auch Eingang in einen Teil der Hamburger Bürgerschaft, die ihm sonst von der Herkunft her verschlossen geblieben wäre. Es sind einige reichere fromme Hamburger Bürger, die ihm finanziell helfen, die Schulausbildung zu vollenden und ein Theologiestudium zu beginnen. 1828 geht ein junger Mann ins Studium nach Göttingen, der zwei Erfahrungen gemacht hatte, die ihn auf immer prägen sollten: die Erfahrung der Armut im Leben der eigenen Familie und die Erfahrung der Hilfe Gottes, vermittelt durch andere Christen, die es mit dem Christusglauben und mit den Taten der Liebe ernst meinten. Seine eigene Frömmigkeit hatte sich in enger Gemeinschaft mit anderen Christen entwikkelt, denen es im Gegensatz zum entarteten durchschnittlichen Kirchentum und im Widerspruch zur rationalistischen Theologie um Herzensfrömmigkeit und lebendiges Gemeinschaftsleben ging. Auch in seinem

Studium in Göttingen und später in Berlin hat Wichern solche Theologieprofessoren bevorzugt, die seiner Hamburger Prägung entgegenkamen und in der Lage waren, seine Frömmigkeit menschlich und theologisch zu vertiefen. Seine pietistische Erfahrungsfrömmigkeit erhielt ihre biblische Fundamentierung, ihre kirchengeschichtliche Vergewisserung und ihre praktisch-theologische Zielbestimmung bei Professoren wie Lücke, Neander und Schleiermacher. Vor allem von Neander übernahm er die für seinen Glauben und für seine Ethik zentrale Vorstellung vom Reich Gottes, das sich durch die Arbeit der Gläubigen in der Welt durchsetzte und durch die im Glauben tätige Liebe zum Siege komme.

In Berlin kam Wichern mit dem Führer der Berliner Erweckungsbewegung, dem Baron von Kottwitz in Berührung. Er lernte dessen „Armenbeschäftigungsanstalt“ und seine seelsorgerliche und diakonische Arbeit kennen. Auch das „Rettungshaus“ von Kopf, eine „Anstalt zur Erziehung sittlicher verwahrloster Kinder in Berlin“, hat er besucht. Und bei einem Dr. Julius hörte er Vorlesungen über die Probleme des Gefängniswesens. Dies sind wieder drei Begegnungen und Erfahrungen, die später für sein eigenes Leben wichtig werden sollten.

1831 legt Wichern sein theologisches Examen in Hamburg ab. Ein ihm bekannter Pfarrer hatte seit 1825 in Hamburg nach englischem Vorbild die Sonntagsschularbeit eingerichtet. In dieser praktischen Arbeit und bei seiner Mitarbeit in einem Besuchsverein kommt Wichern in unmittelbare Berührung mit der sozialen, sittlichen und religiösen Lage der Unterschicht in den Hamburger Hafen- und Arbeitervierteln. Wichern, von Jugend auf an methodische Kleinarbeit gewöhnt, macht über seine Besuche bei Familien in den Elendsquartieren genau Notizen und schreibt eine kleine Sozialreportage über „Hamburgs wahres und geheimes Volksleben“. Schon hier zeichneten sich bei Wichern Fähigkeiten ab, die sich immer mehr entfalten sollten: genaueste Beobachtungsgabe, Sinn für Details, Dialogfähigkeit im Umgang mit Menschen am Rande der Gesellschaft. Wichern berichtet von einzelnen Schicksalen in Ehe, Familie und bei der Arbeit. Er zeichnet ein ungeschminktes Bild der existentiellen, der moralischen und religiösen Situation dieser verproletarisierten Großstadtunterschicht, die nur noch über Reste von allgemeiner Bildung verfügte. Das Alltagsleben dieser Menschen ist geprägt von Diebstahl, Hurerei, Alkohol, Gewälttätigkeiten und Krankheiten. Was fehlt, sind geregelte Arbeit, Familienleben und religiös kirchliche Bindungen.

Dieses konkrete Elend eines verstümmelten Menschentums ist es, das Wichern gewissensmäßig nicht mehr losläßt. Vor allem sind es die Kinder ohne Jugend und Zukunft, die ihn nach praktischen Wegen der Hilfe suchen lassen. Er denkt an die Einrichtung der Rettungshäuser für Kinder, wie sie Johannes Falk in Weimar, Kopf in Berlin und andere gegründet hatten. Im „Bergedorfer Boten“ macht er die Hamburger Leser mit diesen Einrichtungen bekannt. Es zeigt sich wieder ein Charakteristikum des Wichernschen Vorgehens: er fragt angesichts einer eigenen Herausforderung nach Vorläufern in der Praxis, um ihre Erfahrungen in ein eigenes Konzept einbringen zu können. Das führt ihn zu historischen Studien, die seinen eigenen Gründungen immer vorauslaufen oder sie begleiten. Wichern sieht sich selbst zunächst immer in der Tradition der Liebesarbeit der Kirche. Dazu gehören ihm selbstverständlich auch die Erfahrungen von Zeitgenossen in ähnlicher Arbeit, auf deren Sachurteil er größten Welt legt. Und da für ihn jede Form der Arbeit der rettenden Liebe ihren letzten Grund im Glauben an den menschgewordenen Sohn Gottes hat, ist die biblisch-theologische Begründung des beabsichtigten Tuns für ihn das Fundament, das alles zu tragen hat.

Und auch dieses ist Stil bei Wichern: er ist nicht der einsame Gründer, sondern als Initiator steht er in Verbindung mit anderen Christen, die sein Werk mittragen. So auch jetzt 1833, als in einer Versammlung von Freunden und Gleichgesinnten beschlossen wird, für Hamburg ein eigenes Rettungshaus für Kinder zu gründen. Ohne die geistliche und praktische Vorarbeit und spätere Hilfe durch einen breiten Freundeskreis wäre es nie zur späteren großen Anstalt des „Rauhen Hauses" in Horn bei Hamburg gekommen. Karl Sieveking ist es gewesen, der Wichern eine kleine Bauernkate für seine Arbeit zur Verfügung stellte. Am 1. November 1833 bezieht Wichern mit seiner Mutter und einer seiner Schwestern das kleine Anwesen, das bald die ersten Knaben als Zöglinge aufnehmen sollte. Wichern hat 1856 in 3. Auflage ein umfangreiches „Festbüchlein des Rauhen Hauses" herausgegeben, in dem die äußere und innere Geschichte seines Rettungswerkes geschildert wird. Fast in jedem Jahr wurde ein neues kleines und manchmal größeres Anwesen errichtet, so daß mit der Zeit ein großer Anstaltskomplex erstand, der neben einer Reihe von Wohnhäusern für Kinder und deren Erzieher auch andere Funktionsgebäude umfaßte. Ein Betsaal kam später hinzu. In jedem Wohnhaus lebten bis zu 12 Kinder verschiedenen Alters (zunächst nur Jungen, später auch Mädchen) zusammen mit einem „Bruder" als „Hausvater", der eine umfassende pädagogische Aufgabe zu erfüllen hatte. Er hatte dafür zu sorgen und darüber zu wachen, daß sich in seiner „Familie" zwischen den Kindern und im Verhältnis zu ihm selbst familienähnliche Beziehungen entwickeln konnten. Wichern ging in seiner pädagogischen Konzeption davon aus, daß die Familie das gottgewollte Zentrum der Erziehung sei, und daß an ihr junge Menschen sowohl zu Individualität wie zur Gemeinschaftsfähigkeit gebildet und eingeübt werden müßten. Er machte deshalb für seine Heimerziehung das Familienprinzip zur Grundlage des äußeren und inneren Aufbaus seines „Rauhen Hauses". Er blieb sich aber immer bewußt, daß jede Heimerziehung – und sei sie noch so von der Praxis der Freiheit und des Vertrauens bestimmt – nur ein

Ersatz für ein richtiges Familienleben sein konnte. Aber auch unter diesem Vorbehalt war ihm eine organische Erziehung von verwahrlosten und schwer erziehbaren Kindern am ehesten noch unter den Bedingungen familienähnlicher Korporationen sinnvoll. Das gemeinsame Leben, das die persönliche Unverwechselbarkeit des Kindes und seiner individuellen Bedürfnisse respektierte, aber es gleichzeitig in die Notwendigkeiten von Ordnung und Disziplin einweisen sollte, vollzog sich im allgemeinen Schulunterricht, bei gemeinsamer praktischer Arbeit wie im Spielen und Feiern. Wichern erarbeitete sich eine „Pädagogik für das Rauhe Haus", die er als Vorlesung den Brüdern und Erziehungshelfern vortrug. Alle grundsätzlichen und praktischen Probleme einer Heimerziehung auf dem Boden des Evangeliums werden in ihr angesprochen, durchreflektiert und zu Handlungsanweisungen verdichtet. Seine pädagogischen Schriften sind eine Frundgrube für die Geschichte einer christlichen Erziehung unter besonders schwierigen Bedingungen. Wichern, für den das Rauhe Haus „eine Einrichtung ist, deren erster und letzter Zweck Erziehung ist", dürfte der bedeutsamste praktische Pädagoge des deutschen Protestantismus des 19. Jahrhunderts gewesen sein. Vor allem sein Konzept der „Erziehung durch Arbeit" hat die Grundlagen für eine moderne Arbeits- und Sozialpädagogik gelegt. Alle Kinder im Rauhen Haus haben in Lehrwerkstätten und kleinen Produktionsstätten handwerkliche Fähigkeiten entwickeln können: die Jungen als Schuster, Tischler, Pantoffelmacher, Schneider, Drechsler, Landwirte, die Mädchen als Näherin, Köchin, Strickerin und in vielen anderen Tätigkeiten. Wenn die Kinder entlassen wurden, sollten sie charakterlich und beruflich für ein eigenständiges und eigenverantwortliches bürgerliches Leben vorbereitet sein. Größten Wert legte Wichern aber auch auf musische und sportliche Ausbildung. Ein ganzheitlich orientiertes Konzept von Erziehung zum Leben als Erwachsener bestimmte den Tages- und Jahresablauf. Selbstverständlich spielte die religiöse Erziehung eine zentrale Rolle. Bibel- und Katechismusunterricht wie das Einüben von Liedern waren neben den täglichen Andachten und sonntäglichen Gottesdiensten feste Bestandteile einer religiös-moralischen Erziehung, die aber auf Grund ihrer Verbindung mit der praktischen Lebenserziehung durch handwerkliche und landwirtschaftliche Arbeit sich nicht lebensfremd verselbständigte. Wichern selbst formulierte: „Das Ganze des Rauhen Hauses ist eine Darstellung der lebendigen Durchdringung der vier, auf göttlicher Stiftung beruhenden Faktoren: der Familie, der Schule, der bürgerlichen Arbeit und der Kirche – soweit dieses in einem solchen kleinen Gemeinwesen darstellbar ist."

Dies kleine Gemeinwesen war im Zuge seiner Vergrößerung auf die Mitarbeit von ausgebildeten Brüdern, von Diakonen, angewiesen. Wichern gründete deshalb 1844 ein „Gehilfeninstitut" als „Seminar für Innere Mission". Damit war Wichern zum Erneuerer der männlichen

Diakonie geworden. Ein neuer kirchlicher Mitarbeiterberuf wurde geschaffen. Ausgebildet wurde im „Brüderhaus", allerdings nicht mehr nur für den eigenen Bedarf, sondern für den ganzen Bereich der „Inneren Mission", wie sie sich inzwischen im In- und Ausland an vielen Stellen herausgebildet hatte. Als Hausväter und Gehilfen in anderen Rettungsanstalten, als Mitarbeiter in Werk- und Armenhäusern, in Gefängnissen und als Prediger unter Handwerkern und Kolonisten wurden die Brüder in die verschiedensten Dienste entsandt. Wichern hat viel Mühe darauf verwandt, eine qualifizierte Brüderschaft für die vielfältigen Arbeiten der rettenden Liebe auszubilden und später den Kontakt zu ihr geistlich und praktisch zu erhalten.

Das Rauhe Haus hatte sich nach wenigen Jahren so konsequent entwickelt, daß es sehr schnell über die Hamburger Lokalbedeutung hinauswuchs. Wichern mußte seinen Aktionsradius entsprechend vergrößern. Er nahm nicht nur Kontakte zu anderen Einrichtungen und Personen auf, sondern reiste im Land herum, um überall neue Gründungen der christlichen Diakonie anzuregen. Er wird der „Herold der Inneren Mission". Unter diesem Namen wurde mit Beginn der vierziger Jahre die gesamte Rettungsarbeit von einzelnen Christen oder Gruppen von Christen betrieben. Um diesen Gedanken der Inneren Mission immer mehr zu verbreiten und zu vertiefen, gab Wichern im eigenen Verlagsgeschäft, der „Agentur des Rauhen Hauses", ab 1844 die „Fliegenden Blätter aus dem Rauhen Haus zu Horn bei Hamburg" heraus. Nicht nur über den Fortgang der eigenen Arbeit, sondern über das gesamte Tätigkeitsfeld der Inneren Mission im In- und Auslande wurde berichtet. Wichern definierte in diesem Jahr die Innere Mission als „das Bekenntnis des Glaubens durch die Tat der rettenden Liebe". Die „Fliegenden Blätter" brachten regelmäßig Jahresvorworte, Aufsätze und andere kleine Beiträge ihres Herausgebers. Sie zusammen ergeben einen Einblick in die Gedankenwelt eines Mannes, der um seiner speziellen Aufgaben willen die geistigen, gesellschaftlichen, ökonomischen und sozialen Umwandlungsprozesse seiner Zeit aufmerksam verfolgt wie kein anderer Mann im deutschen Protestantismus dieser Zeit. Die eigenen Beobachtungen in den sozialen Brennpunkten ergänzt er durch die Lektüre anderer Autoren. Besonders das Schicksal der verproletarisierten Handwerkermassen und des sich langsam bildenden Industrieproletariats findet sein Interesse. Vor allem über die verschiedenen sozialistischen und kommunistischen Bewegungen in Europa informiert er sich intensiv. Man wird für diese vorrevolutionäre Zeit sagen dürfen, daß Wichern mit den damals gegebenen Möglichkeiten der Informationen auf der Höhe des sozialen und politischen Wissens gewesen ist. Jedenfalls gehört er zu den ganz wenigen Zeitgenossen, die sich eine dauernde Beobachtung der gesellschaftlichen Umwandlungsprozesse vor der Revolution 1848/49 zur Aufgabe gesetzt haben. Es charakterisiert ihn, daß er die Phänomene des Sozialismus und Kommunismus als Erscheinungen zwischen Wahrheit und Lüge begreift. So sehr er ihre durchweg rationalistische bis atheistische weltanschauliche Begründung ablehnen muß, so weiß er auf der anderen Seite aber, daß sie Antworten auf entscheidende Versäumnisse der „christlichen Gesellschaft" sind. Diese hat es an praktischer Hilfe für die Unterschichten und Randgruppen fehlen lassen. Vor allem die traditionellen gesellschaftlichen Eliten haben in seiner Sicht durchweg moralisch und gesellschaftspolitisch versagt. Sie sind ihrer sozialen Verantwortung als Bürger und Christen nicht nachgekommen, weil sie der Geist des Libertinismus und Mammonismus, des Eigennutzes und des Sonderinteresses ergriffen hatte. Wichern wird ein scharfer Kritiker des aristokratischen Feudalismus und des bürgerlichen Mammonismus, soweit sie sich ihrer sozialen Verantwortung für die anderen Stände und Schichten des Volkes entzogen haben. Vor allem aber trifft seine Kritik die in Kirchen und Gemeinden verfaßte Christenheit, die es unterlassen hat, in Wort und Tat die Sache der Elenden, der Ausgestoßenen, der Entrechteten und Entwurzelten zu ihrer Sache zu machen. Die Kirche hat in ihrer Verkündigung nicht konsequent genug die Gewissen der Verantwortlichen angesprochen, um die Notstände praktisch zu beheben. Sie hat es nicht vermocht, diakonische Kirche zu sein. Sie hat allen Grund, ein Schuldbekenntnis ihres Versagens in Verkündigung, Seelsorge und im praktischen Dienst zu sprechen, um dann in neuer bewußter Weise sich den Herausforderungen der Zeit zu stellen. Sie hat sich nach Wicherns Auffassung zum einen den geistigen, religiösen und moralischen Ursachen zuzuwenden, die die Situation der Entfremdung weiter Kreise der oberen Stände von den Inhalten des Evangeliums und eines ihnen entsprechenden Lebenswandels verursacht haben. Zum andern hat sie zu fragen, worin das Ursachenbündel liegt, daß sich die Unterschichten aus dem Einflußbereich kirchlicher Verkündigung und christlicher Sitte entfernt haben. Liberalismus, Sozialismus und Kommunismus als moderne weltanschauliche und politisch-gesellschaftliche Bewegungen sind für Wichern in dem Maße von innen heraus zu überwinden, wie die Reorganisation einer christlichen Gesellschaft auf dem Fundament eines lebendigen Glaubens und tatkräftiger Liebe gelingt. Volksmission mit allen modernen Mitteln ist ihm der Weg, die zerstörte Einheit des gesellschaftlichen Lebens im gegenseitigen Geben und Nehmen zurückzugewinnen. Das Reich Gottes in Akten der Liebe, in umfassender menschlicher und sozialer Verantwortung gegen die Mächte des modernen Unglaubens durchzusetzen, war für ihn die letzte religiös sittliche Aufgabenbestimmung der Kirche und ihrer gläubigen Christen. Wichern hat diese große Perspektive des Glaubens und der Liebe zur Rettung der Welt als des Herrschaftsraumes des in Christus geoffenbarten Gottes immer wieder zur Sprache gebracht. Das

Bewußtsein, in dem großen Geisteskampf zwischen dem Reich Gottes und seinen zeitgenössischen Widersachern, die sich bei aller Unterschiedenheit im einzelnen letztlich als Erben der säkularen „Prinzipien von 1789" verstanden, zu stehen und zu arbeiten, hat Wichern im großen und im einzelnen bestimmt. Diese universale Perspektive, die den konkreten Tageskampf auf Sieg oder Niederlage, auf Rettung oder Untergang, auf Heil oder Unheil festlegte, hat Wichern zu einem radikalen Geschichts- und Krisendenker gemacht. Im Medium zeitgenössischer Geschichte ereignet sich für ihn die Entscheidung, ob die Zukunft die Zukunft einer Welt aus christlichem Glauben und christlicher Verantwortung oder eine Welt aus Un-, Aber-, Irr- und Wahnglaube wird. Oder anders: ob die Welt sich nach den Prinzipien geoffenbarter und durch die Schöpfung und Geschichte geheiligter Wahrheiten neu bildet, oder ob sie sich selbst nach den Prinzipien säkularer Emanzipation zum Tode hin entwickelt, dieses Entweder-Oder eines radikalen Krisenbewußtseins gibt dem Wichernschen Denken seine innere Struktur und Lebendigkeit.

Die Arbeit der Inneren Mission ist deshalb nicht nur kirchliche Sozialarbeit, nicht nur barmherzige Hilfe an denen, die unter die Räder gnadenloser ökonomischer und sozialer Abläufe geraten sind, sie ist in ihrem Kern und in ihrem Ziel die Rettung der gesamten Wirklichkeit einer Welt, die sich ihres Ursprungs und Urgrundes – Gott in Jesus Christus – nicht mehr bewußt und verpflichtet weiß. Es geht um die Rettung einer Welt, die den Menschen in die Mitte ihrer Selbstorganisation und damit ihrer Selbstdestruktion gestellt hat, durch den einen Jesus Christus, der aller Wirklichkeit ihre Einheit gibt. Deshalb kann Wichern über die Arbeit der Inneren Mission sagen: „... die Wurzel ihres Werkes ist Christus, dem alle Not zu Herzen geht und in dessen Herz die Hilfe gegen alles Elend zu finden ist ... Sie erfaßt die in Christo gewonnene und unzerstörbare Einheit des Lebens in Staat und Kirche, in Volk und Familie, in allen Gliederungen der christlichen Gesellschaft, um ihre rettenden, jedem Bedürfnis entsprechenden Lebenskräfte, wo oder ehe die Not nach Hilfe ruft, wirksam werden zu lassen."

Wichern ist theologisch und in seiner Praxis nur zu verstehen, wenn man diese seine christologische Konzentration sieht. Christus ist nicht nur der zentrale Bezugspunkt für Glaube und Handeln der gläubigen Christen, sondern er umgreift als Schöpfer und Erlöser auch die Fundamentalordnungen dieser Welt: Familie, Arbeit, Eigentum, Volk, Staat und sichtbare Kirche. Sein Angebot und Anspruch sind universal, auf Herz und Gewissen der einzelnen Menschen wie auf die menschlichen Ordnungen gerichtet. In ihm und mit ihm sind also nicht nur die Rettung des persönlichen Heils, sondern zugleich auch die wahren Kriterien für eine wahrhaft menschliche Ordnungswelt gegeben. Die Konsequenz dieses Christozentrismus ist, daß Wichern die Glaubensfrage als Missionsfrage immer zugleich mit der gesellschaftlichen Ordnungsfrage verbunden hat. Der Zuspruch des Evangeliums wurde gleichzeitig gekoppelt mit dem Akzeptieren von bestimmten, christlich interpretierten Ordnungsstrukturen in Staat und Gesellschaft.

Die Grundgedanken Wicherns zur Inneren Mission, zur sozialen Aufgabe der Kirche, zu den politisch-gesellschaftlichen Emanzipationsbewegungen seiner Zeit wie seine radikale Geschichtsschau lagen vor, als er im September des Revolutionsjahres 1848 auf dem Wittenberger Kirchentag die Gelegenheit bekam, zur Sache der Inneren Mission vor einem großen Auditorium zu sprechen. In seiner berühmt gewordenen 5/4-Stunden-Stegreifrede, die die theologische Aussage „Die Liebe gehört mir wie der Glaube“ zur Grundlage hat, fordert er die Kirche auf, den Ernst der geistigen, religiösen und sozialen Lage zu erkennen und durch gemeinsames Handeln im Sinne einer sozialen Volkskirche den revolutionären Herausforderungen zu begegnen. „Es bedarf einer Reformation oder vielmehr einer Regeneration aller unserer innersten Zustände in Staat, Kirche und Gesellschaft. Die Innere Mission hat es jetzt schlechterdings mit der Politik zu tun, und arbeitet sie nicht in diesem Sinne, so wird die Kirche mit dem Staat untergehen.“

Der Kirchentag, damals eine repräsentative Vertretung des deutschen kirchlichen Protestantismus, beschloß die Bildung eines „Centralausschusses für die Innere Mission“ (CA). Dieser konstituierte sich endgültig im Januar 1849. Er umfaßte Männer aus Universität und preußischer Beamtenschaft, Würdenträger der Kirche und Mitglieder des Adels. In den Statuten des CA heißt es: „Die Innere Mission hat zu ihrem Zweck die Rettung des evangelischen Volkes aus seiner geistlichen und leiblichen Not durch die Verkündigung des Evangeliums und die brüderliche Handreichung der christlichen Liebe.“

Wichern hatte den Auftrag bekommen, eine Denkschrift über Wesen und Arbeit der Inneren Mission zu schreiben. Er verfaßte sie Ende 1848 und Anfang 1849. Sie erschien unter dem Titel: „Die Innere Mission der deutschen evangelischen Kirche. Eine Denkschrift an die deutsche Nation, im Auftrage des Centralausschusses für die Innere Mission, verfaßt von J. H. Wichern.“ Diese umfangreichste Schrift Wicherns dürfte das bedeutsamste Dokument seiner Gedanken sein. Sie kann unter die großen Reformationsschriften der europäischen Christenheit gerechnet werden. Es gibt im ganzen 19. Jahrhundert keine theologisch-praktische Schrift, die mit ihr sowohl nach ihren prinzipiellen Aussagen hin wie nach ihrem praktischen Handlungskonzept hin mit einem anderen Werk verglichen werden könnte. Die Denkschrift Wicherns wird ihren Rang in der Kirchen- und Nationalgeschichte behalten. Sie umreißt nach einer allgemeinen Einleitung für die Innere Mission ihre einzelnen Arbeitsgebiete auf staatlichem, auf kirchlichem, auf allgemein sittlichem und auf dem sozialen Gebiet. Sie zeigt die Aufgabenfelder in Deutschland, in der europäischen Diaspora und in der transatlantischen Welt auf. Sie schließt mit Ausführungen über die Organisationsstruktur der Inneren Mission.

Die Denkschrift, deren Inhalt wir im einzelnen nicht nachzeichnen können, spricht so gut wie alle zeitgenössischen brennenden Probleme an. Sie birgt in sich Sozialreportagen über die Lage der arbeitenden und proletarischen Massen der damaligen Wirtschaftsgesellschaft beim Übergang von der feudalistisch-organisierten Agrarwelt in eine bürgerlich-kapitalistische Wirtschaftsordnung. Die Einzelkenntnisse Wicherns über diesen Strukturwandel mit seinen sozialen und gesellschaftlichen Folgen dürften von einer einmaligen Dichte sein. Seine Konkretheit in der Sicht der frühindustriellen Verhältnisse ist unübertroffen. Seine analytisch-kritischen Fähigkeiten entfalten sich ebenso wie seine Fähigkeit, aktuelle Probleme auf ihre geschichtliche Herkunft hin auszuleuchten. Der Historiker und Analytiker Wichern verbindet Geschichtsbewußtsein und kritische Zeitgenossenschaft zu dem großen Panorama einer spezifischen Zeitschau.

Besondere Dramatik und Farbe haben die Partien der Denkschrift, die sich auf die Analyse und Kritik dessen beziehen, was Wichern „die Revolution“ nennt. Sie steht an der Spitze „gegen was die Innere Mission ihre Waffen zu kehren hat“. „Die Innere Mission wird namentlich darauf hinweisen müssen, daß der Christ sich von der Pflicht des politischen Lebens nicht zurückziehen darf; daß auch hier die Flucht Schande ist; daß es auch hier den Streit für den Herrn gilt; sie wird den Weg der politischen Presse und Rede nicht unbetreten lassen ...“

Von diesen Prämissen her wird die Denkschrift nicht nur der große Entwurf für eine breit angelegte Evangelisation des Volkes in all seinen Gliedern und Ständen, sondern wird zugleich ein Dokument politischer Theologie. Volksmission und das Konzept einer politisch-gesellschaftlichen „Regeneration“ im Sinne ganz bestimmter Ordnungsvorstellungen verschmelzen zu einem die einzelnen Elemente zwar unterscheidenden, aber letztlich sie verbindenden Programm für die Überwindung des neuzeitlichen revolutionären Zeitgeistes und der ihm entsprechenden politischen und gesellschaftlichen Praktiken. Die Denkschrift wird in ihrem politischen Kern das antirevolutionäre Programm des sich unter den Bedingungen der politischen Reaktionszeit Friedrich Wilhelms IV. entwickelnden protestantischen Konservativismus. „Revolution“ ist alles, was mit moderner Emanzipation im Gefolge der Prinzipien von 1789 zu tun hat, ob nun in der Form des bürgerlichen Liberalismus oder des handwerklichen und proletarischen Sozialismus/Kommunismus. Moderne Emanzipation, das ist für Wichern Rationalismus, Materialismus, Atheismus, ist der Gedanke von individuellen Freiheitsrechten vor der Ordnungsmacht des Staates, sind Demokratie und Republik. Alle sind für ihn die Phänomene des einen Vaters: des Unglaubens, wie ihn die Aufklärung als weltbewegende Macht in die Geschichte gebracht hat. Der Gedanke der Autonomie des Menschen, seiner Selbstmächtigkeit im Denken und Handeln, seine Weigerung, objektive Autoritäten über und neben sich anzuerkennen, kurz die Verweigerung, sich in von Gott vorgegebene Ordnungen und Pflichten einweisen zu lassen, sondern selbst zu bestimmen, was human und sozial sei – dieser Geist ist es, der den großen historisch-politischen Aufstand des Menschen gegen christliches Verständnis vom Menschen und gegen christliches Verständnis von Ordnung verschuldet hat. Er wird propagiert von antichristlichen Philosophen, von anarchistischen Literaten und von politischen Agitatoren, die alle nur das eine große Ziel haben: den Umsturz des Bestehenden. Kirche und Theologie, Kirche und Verkündigung, Kirche und Seelsorge und vor allem die Kirche in gezielter Aktion als innere Mission – sie alle haben die eine Aufgabe, den Geist des Unglaubens und den Geist des Umsturzes mit den ihnen zur Verfügung stehenden Mitteln zu bekämpfen. Ihnen zur Seite steht der sich seiner Ordnungsaufgabe bewußte Staat und eine sich ihrer sittlichen Aufgabe bewußte Führungsschicht der Gesellschaft. Staat und Kirche, unterschieden in ihren Verantwortlichkeiten und Mitteln, aber auf gegenseitige Unterstützung angewiesen, haben die gleichen Feinde: den Atheismus und den Revolutionismus. Die Glauben und Ordnung zersetzenden Mächte haben für Wichern im Kommunismus ihren Höhepunkt erreicht. Er ist „die Systematisierung der sündlichen Gelüste", die alles einreißen: die Familie, die Arbeit, das Eigentum und die Unterschiede der „göttlichen Ordnungen von Oben und Unten, von Regierenden und Regierten, Eltern und Kindern, Herren und Knechten, Obrigkeiten und Untertanen ..."

Es ist konsequent, daß die alten Führungsmächte nach der kurzen Irritation durch die Revolution von 1848/49 die Arbeit der Inneren Mission nicht nur begrüßen, sondern protegiert haben. Sie haben mit dem ihnen eigenen Gespür für Macht und ihre moralische Absicherung erkannt, daß die politischen und religiösen Intentionen Wicherns und seiner Denkschrift ihren Interessen entsprach. Es ist deshalb kein Zufall, daß die Arbeit der Inneren Mission in der postrevolutionären Reaktionszeit ihre große Zeit gehabt hat. Und es ist kein Zufall, daß der preußische Staat und sein König die Sozialarbeit der Inneren Mission als Bestandteil ihres antiliberalen, antidemokratischen und antisozialistischen Abwehrkampfes betrachtet haben.

Aber dies ist nur die eine Seite. Auf der anderen Seite ist nicht zu unterschlagen, daß es Wichern und seine Innere Mission gewesen sind, die sich der faktischen Nöte der gesellschaftlichen Randgruppen mit großem persönlichen Einsatz angenommen haben. Es bleibt ihr Verdienst, daß sie im Rahmen ihrer Position die karitative Sozialarbeit für

Kranke, Kinder und Alte, für Hungernde und Ohnmächtige Zug um Zug ausgebaut haben. Aber auch viele Reformen der Sozialarbeit in Kommunen und auf Staatsebene gehen auf ihre Anregungen zurück. Sie haben mit ihren Aktivitäten geholfen, neue Berufsfelder und Berufsbilder zu entwikkeln, gerade auch für Frauen (Kindergärtnerin, Krankenschwester, Lehrerin u. a.). Samariterdienste aller Art sind vielfach und lange vor der geordneten Sozialtätigkeit des Staates geleistet worden. Dies bleibt Wicherns und der Inneren Mission großes historisches Verdienst.

Aber die Grenzen dieser Leistungen dürfen eben auch nicht übersehen werden. Einmal hat sich die Erwartung, daß durch eine Gesinnungsänderung der verantwortlichen Eliten in Wirtschaft und Gesellschaft die humane und soziale Lage der in abhängiger Arbeit stehenden Menschen entscheidend verändern könnte, aufs ganze gesehen, als ein Irrtum erwiesen. Die Predigt der Liebe ohne die Thematisierung von Recht und Gerechtigkeit hat die realen Machtverhältnisse nicht ändern können. Das Prinzip der „rettenden Liebe" ohne das Pendant der „gestaltenden Gerechtigkeit" vermochte zwar einzelne Menschen und auch einzelne Gruppen in ihrem Verhalten zu ändern, schaffte aber keine neuen Grundverhältnisse mit mehr persönlicher Freiheit aller und mehr sozialer Gerechtigkeit für alle. Im Wichernschen Denken blieb die ökonomische und politische Machtfrage als Frage der Gerechtigkeit ausgeblendet. Die durchaus vorhandenen Überlegungen in diese Richtung blieben unausgewogen und ohne Konsequenzen für sein Handeln und für das Handeln der Inneren Mission. Sowohl der Gedanke einer gewerkschaftlichen Selbsthilfe wie der Gedanke staatlicher Sozialgesetzgebung gelangten nicht in das Stadium praktischer Sozial- und Gesellschaftspolitik. Der gesellschaftsreformerische Ansatz, der durchaus im sozialkonservativen Denken möglich ist, ist bei Wichern in den fünfziger und sechziger Jahren immer mehr zugunsten der an Einzelschicksalen orientierten kirchlichen Sozialarbeit verdrängt worden. Erst später wurde er in der evangelisch-sozialen Bewegung wieder aufgenommen.

Den persönlich größten Einsatz neben der Leitung des Rauhen Hauses und der Arbeit im CA hat Wichern bei der Gefängnisreform geleistet. Hier war er wieder ganz bei sich selbst, seiner Leidenschaft, den Ärmsten der Armen konkret zu helfen. Aus eigener Anschauung kannte er die katastrophalen Verhältnisse in den Gefängnissen. Auf vielen Audienzen bei Friedrich Wilhelm IV. gelang es ihm, den König von der Notwendigkeit durchgreifender Reformen im Gefängniswesen zu überzeugen. Nach mehreren Inspektionsreisen hatte Wichern ein Konzept entwickelt, das die Billigung auch der zuständigen Minister fand. 1857 berief man Wichern in der Funktion eines Vortragenden Rates im Ministerium des Innern und eines Oberkonsistorialrates im Evangelischen Oberkirchenrat in den Preußischen Staatsdienst. Die Leitung des Rauhen Hauses allerdings gab er nicht auf. In zahlreichen Eingaben und Reden hat Wichern versucht, eine Gefängnisreform – zunächst exemplarisch im Gefängnis von Berlin-Moabit – auf der Grundlage seines theologischen und humanen Verständnisses der Gefangenenfrage durchzuführen. Er befaßte sich wieder mit der langen Geschichte des Problems und mit den Experimenten in anderen Ländern. Ohne dem Staat das Recht auf Bestrafung von Verbrechen zu bestreiten, ging es ihm um mehrere Ziele: die Aufhebung der Massenhaft zugunsten einer Einzelhaft, um die Gefangenen von den verderblichen Einflüssen ihrer Umwelt abzuschirmen, ferner um die Ausbildung eines Gefängnispersonals, das in der Lage war, menschlich und sachlich mit den Gefangenen umzugehen, weiter um eine Vorbereitung auf die Zeit nach der Entlassung. Wichern wußte: „Mit der Entlassung des Gefangenen beginnt oft erst das rechte Gefängnis mitten in der Freiheit." Die Gesellschaft ihrerseits war auf die Aufnahme eines Strafgefangenen überhaupt nicht vorbereitet. In all diesen Fragen sollte der Kirche eine zentrale Rolle in der Frage der Inhaftierungsmethoden wie in der späteren Resozialisierung zukommen.

Es ist ein großes Konzept, das der Diakon Wichern in dieser Frage entfaltet hat. Aber im ganzen ist er mit ihm gescheitert. Einmal war der Widerstand der alten Gefängnisbürokratie sehr groß. Zum andern verweigerte ihm das Preußische Abgeordnetenhaus die gesetzliche Zustimmung für seine Reform. Aber auch die öffentliche Meinung stand weithin dagegen. Wichern und seine Brüder, die er als Diakone in die Gefängnisse gebracht hatte – das 1858 gegründete Johannesstift in Berlin sollte speziell für diesen Dienst an den Gefangenen ausbilden –, haben in dieser Frage eine große Niederlage erleiden müssen. Dennoch bleiben für uns heute gerade Wicherns Gefängnisschriften ein Beweis dafür, wie fortschrittlich an dieser Stelle ein sonst konservativer Mann denken konnte.

Wichern war ein Mann größter Arbeitskraft. Seine verschiedenen Aktivitäten, die er neben dem Staatsdienst für den Gedanken und die Praxis der Inneren Mission auf sich nahm, zeigen einen Menschen und Christen, der jederzeit zur Stelle war, wenn es unmittelbar auf Notstände zu reagieren galt. Zu erwähnen ist noch, daß er in den Kriegen 1864, 1866 und 1870/71 eine „Felddiakonie" organisiert hat. 1870 beruft der CA eine kleine Arbeitgeberkonferenz nach Berlin und Bonn ein, um über die Lösung der sozialen Frage zu verhandeln. Man sprach über die Möglichkeiten genossenschaftlicher Selbsthilfe für die Arbeiter, über Arbeiterwohnungen und über die Gründung einer sozialpolitischen Zeitschrift. Wichern selbst hält seine letzte große öffentliche Rede auf der „Oktoberkonferenz" von 1871. Sein Referat mit dem Titel „Mitarbeit der evangelischen Kirche an den sozialen Fragen der Gegenwart" konnte der kranke Wichern nur noch mit Mühe halten. Auch inhaltlich stand es, wie die anderen Konferenzbeiträge zeigen, nicht mehr auf der Höhe der Diskussion. Es zeigte sich, daß er die veränderte politisch-gesellschaftliche und auch parteipolitische Situation nicht mehr genau überschaute. Eine gewisse Altersverhärtung in den Urteilen vor allem über die sozialistische Arbeiterbewegung ist nicht zu verkennen. Viele haben es auf der Oktoberkonferenz gemerkt: ein alter großer Mann war dabei, von der öffentlichen Bühne abzutreten.

Noch einige Jahre hat Wichern die volle Leitung des Rauhen Hauses dennoch gehabt. Diese Zeit, die mit zunehmender Verschlechterung seiner Gesundheit verbunden war, ist nicht frei von menschlichen und sachlichen Konflikten. Ab 1874 muß er noch bis zu seinem Tode am 7. April 1881 sieben qualvolle Jahre dahinsiechen. Zuvor hatte er seinen Sohn Johannes zum Nachfolger in der Leitung des Rauhen Hauses bestimmt. Was bleibt? Wer sich in das umfangreiche Schrifttum dieses Mannes einarbeitet, wird auch heute noch fasziniert sein von dem Menschen und Christen Johann Hinrich Wichern. Als „Genie der Liebe" wird er in einer geschichtsbewußten Christenheit seinen Platz behalten. Seine theologisch-politischen Positionen, die weite Teile des Protestantismus des 19. Jahrhunderts in einen aussichtslosen undifferenzierten Kampf gegen die neuzeitlichen Emanzipationsbewegungen geführt haben, beschleunigten den Exodus weiter Teile des liberalen Bürgertums und des sozialdemokratischen Proletariats aus der Kirche. Brücken zu ihnen hat er nicht schlagen können. Größe und Grenze eines Menschen liegen wie so häufig nahe beieinander.

Literaturhinweise:

Brakelmann, Günter: Kirche und Sozialismus im 19. Jahrhundert. Die Analyse des Sozialismus und Kommunismus bei Johann Hinrich Wichern und bei Rudolf Todt, Witten 1966.

Ders.: Die soziale Frage des 19. Jahrhunderts. 6. Auflage, Witten 1976.

Gerhardt, Martin: Johann Hinrich Wichern. Ein Lebensbild, Bd. 1–3, Hamburg 1927 ff.

Martin, Hansjörg: Ein Menschenfischer, Johann Hinrich Wichern, sein Leben, Wirken und seine Zeit, ARH Tb 53, Hamburg 1981.

Reform von Kirche und Gesellschaft. 1848/1973. Johann Hinrich Wicherns Forderungen im Revolutionsjahr 1848 als Fragen an die Gegenwart, hrsg. von Hans Christoph von Hase und Peter Meinhold, Studien zum 125. Gründungstag des Centralausschusses für die Innere Mission der Deutschen Evangelischen Kirche, Stuttgart 1973.

Johann Hinrich Wichern. Sämtliche Werke, hrsg. von Peter Meinhold, Bd. 1–8, Berlin/Hamburg 1958 ff.

Otto von Bismarck
(1815–1898)

MICHAEL STÜRMER

Otto von Bismarck

Es könne nicht leicht jemand, schrieb Goethe 1825, sich gegen sein Zeitalter retten. Otto von Bismarck war damals zehn Jahre alt, Schüler des Grauen Klosters zu Berlin und Sproß eines freigeistigen, in Glaubensdingen allenfalls indifferenten Elternhauses, das adlige Leichtigkeit vor der Religion mit praktisch-verstandesmäßigen Erziehungsideen aufklärerischer Prägung verband. Hat Bismarck sich gegen sein Zeitalter zu retten vermocht?

Mit dem Staatsdienst war es bald vorbei, er wollte nach seiner Melodie Musik machen oder überhaupt nicht, so ließ er damals wissen. Das Dasein eines tüchtigen Landwirts, der die überschuldeten Familiengüter wieder hochbrachte, begünstigt durch fast unaufhaltsam steigende Kornpreise, befriedigte ihn kaum. Ein wildes Kavaliersleben hat ihn bald gelangweilt. Sehr belesen, sprachenkundig, arrogant gegenüber seinen Gutsnachbarn und ein wilder Reiter, war er 1841 kurze Zeit verlobt, bis die besorgte Mutter der Braut alles wieder löste. Dann war er drauf und dran, um einer englischen Vikarstochter willen Preußen und die Gutsherrschaft, die Mark und alle friderizianischen Vorfahren hinter sich zu lassen und in der Neuen Welt ein anderer zu werden.

Merkwürdig ungeordnetes Leben auf der Suche nach einem Daseinszweck. Ungeheuere Energien spielerisch verschwendet, jedem Normalmenschen wäre das adlige Landleben erstrebenswert erschienen, *eine* große Liebe im Leben ausreichend, die Sache mit Gott leicht aufschiebbar bis ins sorgenvolle Alter. Viele haben schlechter deutsch geschrieben und wurden doch als Meister des Worts geehrt. Es blieb da allerdings der Zweifel, daß sein Leben, das so viel Versprechen enthielt, für nichts sein könnte. Stolz und Selbstbewußtsein forderten einen Zweck, ohne jede Revisionsinstanz. Wenn es nicht Gott war, dann blieb nur der Staat.

„Ich habe manche Stunden trostloser Niedergeschlagenheit mit dem Gedanken zugebracht, daß mein und anderer Menschen Dasein zwecklos und unersprießlich sei, vielleicht nur ein beiläufiger Ausfluß der Schöpfung, der entsteht und vergeht, wie Staub vom Rollen der Räder; die Ewigkeit, die Auferstehung war mir ungewiß, und doch sah ich in diesem Leben nichts, was mir der Mühe werth schien, es mit Ernst und Kraft zu erstreben." In dem Werbebrief an Herrn von Puttkamer beschrieb Bismarck das Gefühl, vor dem Nichts zu stehen, Lebenssinn zu suchen, wo es keinen gab, und ohne Hoffnung auf Gott zu leben. Er beschrieb das Bewußtsein der Modernität. Aber im preußischen Vormärz, als 1847 die Auswirkungen industrieller Absatzkrise und agrarischer Hungerkrise sich verbanden zu unheilschwangerer Allianz von Arbeitsmangel und Massenhunger und die Ahnung – wie Jacob Burckhardt damals schrieb – des Sozialen Jüngsten Tages sich auf das Land legte, schien für Bismarck die Antwort gefunden: Sie hieß Marie von Blanckenburg auf Cardemin in Pommern, sehr schön und sehr gebrechlich, seit 1844 Frau des Gutsbesitzers Moritz von Blanckenburg.

In Cardemin fühlte Bismarck sich bald heimisch. Doch blieb eine gläserne Wand zwischen den pommerschen Frommen und dem märkischen Weltkind. „Mit entschiedner Gefangenhaltung einstweilen des eignen Urtheils" begann er in der Schrift zu lesen. Nach kurzer Seelenverwandtschaft indes starb die junge Frau des Freundes. „Das erste inbrünstige Gebet, ohne Grübeln über die Vernünftigkeit desselben", dazu Tränen, „wie sie mir seit den Tagen meiner Kindheit fremd gewesen waren", übermannten den Trauernden. Die herzliche Frömmigkeit der Toten war der einzige Wegweiser, der Bismarck blieb, um nicht aufs neue abzustürzen in das Bewußtsein der Nichtigkeit. Dazu die Ermahnung, er möge um die Freundin werben, Johanna von Puttkamer.

Zwei Monate war das alles erst her, als Bismarck am 21. Dezember 1846 seinen Werbebrief an Herrn von Puttkamer auf Reinfeld verfaßte, eines der schönsten Stücke deutscher Prosa aus der Nach-Goethezeit und dazu eine Selbstoffenbarung, die Einsicht, Mut und Entschiedenheit des Urteils verlangte und dazu auch diplomatische Fähigkeit verriet. Bismarck brannte vor Energie. Jetzt oder nie sollte sich sein Daseinszweck erfüllen. Aber meinte er die freundliche, solide, etwas hölzern geratene Gutstochter aus Hinterpommern, die zwar aller „Pietisterei fern" (M. von Blanckenburg) war, aber dem Glanz von Literatur und Staatskunst auch nicht eben zugetan?

Sie ist ihm eine gute Frau geworden, hat ihm drei Kinder geboren, zwei Söhne und eine Tochter. Aber wer die stürmenden, drängenden Briefe liest, die er 1847 schrieb und die schon 1848 weniger wurden, an Substanz wie an Zahl, der kommt nicht umhin, hinter allen Beteuerungen, hinter aller Herzenswärme doch zu ahnen, daß Bismarck der Gebende war und sie die Frau, die das alles geduldig und ohne Verstehen über sich ergehen ließ. Kein Brief von ihr ist überliefert, der auch nur im geringsten das Spielerische und das Abgründige der Seinen verrät. Bismarck führte einen langen Monolog, und sie hörte, wie es einer pflichttreuen Frau gebührte, schweigend zu. Die alten Glaubensschwächen und Zweifel, die der Verstand diktierte, blieben (4. 3. 1847). Mit ihnen aber lebte die Hoffnung, die Liebe werde es heilen, selbst wenn „Gott unsre Herzen verschiedene Wege führen sollte". So ist es dann auch gekommen. Auf der Suche nach Gott fand Bismarck den Staat. Und anders als Gott, den er hinnehmen mußte, konnte er den Staat nach seinem Bilde formen.

1847 war das Jahr der Krise Bismarcks und der Entscheidung. Bismarck war von seinen Standesgenossen aufgestellt worden als Kandidat für den damals durch die Krone nach Berlin einberufenen Vereinigten Landtag. Es reichte nur für einen Listenplatz zum Nachrücken. Als aber der Vorgänger starb, mußte Bismarck nach Berlin. Keinen Augenblick hat er gezögert, keinen Augenblick indes gemeint, nun sei die Zeit, den Gottesstaat auf Erden zu errichten. Nein, Gott wurde zur Instanz der Privatmoral. In den Staatsdingen war Bismarck seines Rates nicht bedürftig. Kein brennender Dornbusch, kein Gespräch auf dem Berge fand da statt. Nicht einmal die so naheliegende Vermischung weltlicher und göttlicher Dinge und die Rechtfertigung dessen, was Bismarck erstrebte, als göttliche Willensmeinung.

Da half ihm nun allerdings ein Glaube, der radikal einsam die Sache mit Gott auszumachen hatte, kein Handel, kein Ablaß um guter Taten willen, keine Rechtfertigung durch christliche Politik: „Nur der *eigenen* Seele kann das irdische Leben unverloren und folgenreich sein, indem sie ihre Heiligung erstrebt oder verliert. Ob man Andern zu *irdischem* Wohlsein verhilft, ist im Vergleich dieses Daseins mit der Ewigkeit am Ende gleichgültig; nach 30 Jahren ist das Staub und Moder, die Jahrtausende rollen fort, und für alle, die jetzt todt sind, kommt nichts darauf an, ob ihr hiesiges Leben Leid oder Freud war. Andern aber in *höherem* Sinne zu helfen, ist nicht möglich, da muß die Hülfe von innen kommen" (11. 3. 1847). Das war wieder einer jener Briefe an die Braut, die Schrecken erzeugen mußten, wenn man sie nicht auf harmlose Weise las, wie Johanna es wohl zu tun vorzog. Das war radikal lutherisch gedacht. Der junge Abgeordnete gab Gott, was Gottes war, und dem Staat, was des Staates.

Glanzvolle Figur hat er im Vereinigten Landtag nicht gemacht. Er hat sich als Redner tapfer geschlagen für die Erhaltung adliger Jagdrechte und das Kopfschütteln vieler geerntet, die derlei nur noch für Spreu hielten, die der revolutionäre Wind vertreiben würde. Er fiel auf, weil er verwikkelte Rechts- und Verfassungsfragen auf ihren politischen Kern zurückzuführen wußte. Freund oder Feind, ein Drittes wurde nicht gegeben. Er dachte in Begriffen von Entscheidung und Extrem. Würde das Feuer, das in ihm für die Religion entzündet war, für den Staat brennen?

Unübersehbar bleibt, daß Bismarck in den alten, verkrusteten Vormärz-Verhältnissen schwerlich hätte Karriere machen können. Den Verwaltungsdienst hatte er verlassen, das bürokratische Regime ödete ihn an. Seine Zeit kam mit dem Brandgeruch der Revolution. Merkwürdig, daß er die Revolution, die doch erst seinen Aufstieg denkbar machte, von Anfang an bekämpfte, als befinde er sich im Kreuzzug wider die Ungläubigen. Allerdings wandelte sich der Don Quichotte zum tapferen Reaktionär, dieser zum Mann der schöpferischen Antirevolution und endlich, im Zeichen der Massendemokratie und der Sozialen Frage, zum cäsaristischen Staatsmann und zum neuen Caesar. Gott waltete über alledem, wie der britische Monarch über Whitehall und Westminster: Er hatte das Recht, „to be informed, to encourage and to warn". Zum Monarchen indes gestaltete sich das Verhältnis durchaus schwieriger. Gott hatte seine eigene Art zu schweigen. Die drei preußischen Monarchen, mit denen Bismarck Politik zu machen hatte, waren durchaus willens, sich zur Geltung zu bringen.

Der Staat war ihm allemal wichtiger als die Krone. Den sittlichen Ordnungsstifter im Sinne Hegels sah er mehr darin als den lutherischen Seelenhüter. Vor allem aber war ihm der Staat ein Machtgefüge, das alte Rechte schützte, weil sie nun einmal da waren. Den König, der 1848 in der Proklamation „An meine lieben Berliner" manches wegzugeben schien, was Bismarck behaltenswert für sich und seine Klasse dünkte, wollte er notfalls übergehen: des Königs Bekundungen, weil erzwungen, seien nichtig. So trieb Bismarck die Kommandierenden Generale, auf der Bahn eilig hin und herreisend zwischen Magdeburg und Küstrin, zur militärischen Gewaltaktion, aber vergeblich. Er erntete nur Kopfschütteln, ein Heißsporn aus der Provinz, der nicht begreifen wollte, daß nicht eine Meute, sondern eine Revolution über das Land gekommen war und die Soldaten, die auf die Bürger schießen sollten, heimlich ihres Sinnes waren oder es doch leicht werden konnten. Das Offizierkorps murrte im Frühjahr 1848, aber es putschte nicht. In Potsdam wurden Säbelscheiden aufgestoßen, so daß der Monarch am Reden gehindert ward. Ihm wurden Grenzen der Kompromißfähigkeit gezeigt. Aber mehr geschah vorerst nicht.

Bismarcks Glaubenseifer für den Staat, wie er lange gewesen war und doch nicht länger mehr sein konnte, drohte zur Donquichotterie zu geraten. Wie er noch ein Jahr zuvor für Gott brannte, brannte er nun für den Staat. Aber sein Opfer wurde für unzeitgemäß erklärt. Niemand war seiner bedürftig. Es war kompromittierlich, wenn er im Stadtschloß aus- und einging. So kühlte er bald ab. Im Lauf des Jahres 1848 nahmen ihn die Tatsachen in ihre Schule. Er half die Kreuzzeitung gründen, trieb den Konservatismus auf die Marktplätze, um dem Volk aufs Maul zu schauen und ihm nach dem Munde zu reden, ließ sich von Hermann Wagener, Parteigänger des neuen Populismus, über Zeitungswesen und Massenwirkung beraten. Er stand den legitimistischen Kreisen um Hans von Kleist-Retzow und die Brüder Gerlach noch nahe, galt als einer der Ihren, wurde von ihnen in die Nähe des Throns geschoben, kämpfte für das Ministerium Manteuffel im Parlament, als dies Bekennermut erforderte. Hatte er die Revolution schon begriffen? Hat er damals schon verstanden, daß die Konservativen lernen mußten, den Tiger zu reiten?

Er zählte zu den Beratern des Monarchen. Und doch blieb eine kalte Distanz: „Nur zu brauchen, wenn das Bajonett schrankenlos waltet", soll Friedrich Wilhelm IV. über Bismarck gesagt haben. Einen „roten Reaktionär" habe er ihn genannt, raunte man in Hofkreisen. Was sagen will, er galt als ein Mann, der um der Erhaltung des Staates willen auch revolutionäre Mittel nicht scheuen würde. „Mein Bruder wußte das viel besser", hat Wilhelm I. später oft gesagt. Ob er damit auch dessen Urteil über Bismarck meinte? Ganz geheuer war der junge Gutsherr aus der Mark den Regierenden nicht, und er würde es nie sein.

Der Staat wurde sein Gott, die Revolution sein Teufel, was die Bereitschaft zum Teufelspakt einschloß. Aus dem herrischen Reaktionär wurde im Lauf des revolutionären Jahres der Mann der Gegenrevolution. Es war harte Lehrzeit, und nur der überwache Instinkt des Monarchen, geistiger Umnachtung zutreibend, hat scharf genug gesehen, daß auch Gegenrevolution Revolution war. Die Kleist-Retzow, Manteuffel, die Gerlachs, sie alle sahen in Bismarck vorerst den wilden Parteigänger des Konservatismus. Wenig ahnten sie von künftigen Spaltungen.

Zupackende Rednergabe zeichnete ihn aus. Zwar irritierte die hohe Stimme. Aber wer Bismarck länger zuhörte, wurde gepackt von der Satzmelodie, die vom kalten Haß bis zum großen Gefühl, von Demagogie bis zu Sentimentalitäten, von der Staatsräson bis zum engsten Interessenstandpunkt alle Register des Gemüts und des Verstandes zu nutzen wußte. Bismarck hatte gelernt, und er war ehrgeizig, ja mehr als das: er suchte zwischen Gott und Staat einen Lebenssinn, und seit der Revolution wußte er, daß er ihn im Staat finden würde, und allein im Staat.

Es konnte ihm nicht entgehen, daß das Ministerium Manteuffel für jede parlamentarische Unterstützung dankbar sein mußte. Am dankbarsten, nachdem in der Olmützer Punktation vom 29. November 1850 Österreich und Rußland gleichsam mit vorgehaltener Pistole Preußen gezwungen hatten, auf die Führung in Norddeutschland zu verzichten. Es war Preußens bitterste Stunde. Im Parlament, in der Öffentlichkeit und selbst in der Armee tobte ein Sturm der Entrüstung los. Kaum einer der Parteigänger des Ministeriums, der die schwache Stelle der Liberalen erkannte, daß sie nämlich Krieg predigten, ohne Krieg zu wollen. Daß sie Machtpolitik betrieben, die die Existenz Preußens aufs Spiel setzte.

Bismarck? Er trat ans Rednerpult und hielt eine jener Reden, die Parlamentsgeschichte machten und wie nebenbei dem Redner den Weg zur Macht entscheidend verkürzten: „Es ist leicht für einen Staatsmann, sei es in dem Kabinette oder in der Kammer, mit dem populären Winde in die Kriegstrompete zu stoßen und sich dabei an seinem Kaminfeuer zu wärmen oder von dieser Tribüne donnernde Reden zu halten, und es dem Musketier, der auf dem Schnee verblutet, zu überlassen, ob sein System Sieg und Ruhm erwirbt oder nicht. Es ist nichts leichter als das, aber wehe dem Staatsmann, der sich in dieser Zeit nicht nach einem Grunde zum Kriege umsieht, der auch nach dem Kriege noch stichhaltig ist. Ich bin der Überzeugung, Sie sehen die Fragen, die uns jetzt beschäftigen, nach einem Jahre anders an, wenn Sie sie rückwärts durch eine lange Perspektive von Schlachtfeldern und Brandstätten, Elend und Jammer, von 100 000 Leichen und 100 Millionen Schulden erblicken werden. Werden Sie dann den Mut haben, zu dem Bauer auf der Brandstätte seines Hofes, zu dem zusammengeschossenen Krüppel, zu dem kinderlosen Vater hinzutreten und zu sagen: Ihr habt viel gelitten, aber freut euch mit uns, die Unionsverfassung ist gerettet."

Ein Meisterstück: was wie konservative Doktrin klang, war, wenn man es genau betrachtete, nichts als Pragmatismus und Staatsräson. Mit schneidender Kälte hat Bismarck damals über die „wahren Interessen einer Großmacht" gesprochen, und wie die preußische Ehre nicht darin bestehe, „daß Preußen überall in Deutschland den Don Quichotte spiele für gekränkte Kammerzelebritäten". Aus einer Niederlage machte Bismarcks Rede einen Sieg des monarchischen Prinzips, aus einem Rückzug einen scharfen Angriff auf „das sogenannte Volk". Die Monarchie hatte nicht eben viele Verteidiger dieses Kalibers. Bismarck wurde danach zum Frankfurter Bundestag geschickt, um die Politik des Arrangements mit Österreich, des nationalen Führungsverzichts und der Wiederherstellung des 1848 stornierten Deutschen Bundes zu betreiben. Die Revolution von

1848 sollte ungeschehen gemacht werden, und niemand erschien dafür geeigneter als Herr von Bismarck-Schönhausen.

Bismarck begann seine diplomatische Laufbahn als Parteigänger der bestehenden Verhältnisse. Aber die Jahre am Frankfurter Bundestag wurden für ihn Lehrzeit in Realpolitik. An dem Widerspruch zwischen Preußens industrieller Führung und seiner politischen Zweitrangigkeit lernte er die Dynamik der wirtschaftlichen Kräfte kennen. Er begriff in der Gewalt des Nationalismus die neue Ersatzreligion der Massen. Wer Deutschland einigen würde, der würde es auf lange Zeit beherrschen. Preußen mußte die Welle des Nationalismus reiten, um nicht von ihr verschlungen zu werden.

Eine Lehrzeit in Realpolitik und Machtgewinn. Als Bismarck in Frankfurt war, ereignete sich das Wunderbare. In Frankreich stürzte Prinz Louis Bonaparte, der 1848 gewählte Präsident, Neffe des ersten Napoleon, durch Staatsstreich die Verfassung der zweiten Republik um. Ein Jahr später gab er eine neue Verfassung, machte sich zum Erbmonarchen und ließ das Volk durch Plebiszit eine Legitimität heiligen, die von anderer Art war als jene, die die Höfe Europas einander garantierten. Bismarck war fasziniert. Napoleon III. hatte eine Antwort gefunden, wo bisher nur Fragen waren. Die feste Hand von oben konnte Mehrheiten dirigieren. Für die preußische Hofkamarilla, voran die Gerlachs, blieb Napoleon III. die fleischgewordene Revolution, Abgesandter des Teufels. Sie wollten dem nachrevolutionären Europa einen dauerhaften Friedenszustand verordnen durch das Prinzip des christlichen Staates, Stabilität in den Staaten und zwischen ihnen, ungestört durch die Turbulenzen des Nationalismus und der Massendemokratie, die im allgemeinen Wahlrecht ihren schärfsten Ausdruck fand. Sie wollten ein ideologisches Weltsystem, in dem die Staatsräson allein in Erhaltung des Bestehenden lag. Bismarck aber hatte gelernt, daß nach 1848 alles Revolutionszeitalter war und der Konservatismus seinem Untergang entgegenging, wenn er nicht selbst revolutionär wurde. Das aber hieß angesichts der offenen deutschen Frage, die Einigung Deutschlands dort wieder aufnehmen, wo sie bei Olmütz liegengeblieben war.

Gott oder der Staat: wenn jemals in Bismarcks Leben diese Entscheidung theoretisch gestellt war, dann in der Auseinandersetzung um Napoleon III. und den christlichen Staat. Während das Verhältnis zu Österreich immer gespannter wurde, während der Krimkrieg das Wiener Mächtesystem aufhob, übte sich Bismarck in Realpolitik: „Furcht und wieder Furcht ist das Einzige, was in den Residenzen von München bis Bückeburg Wirkung thut" (25. 10. 1854).

Realpolitik in der Großen Politik aber vertrug sich nicht mit ideologischen Denkverboten. Und so vollzog er langsam die Trennung von den Gerlachs und vom romantischen Konservatismus. Er tat es und redete von Gott, wo er den Staat meinte: „In dem einen Punkt – es ging um die Haltung zu Napoleon III. – haben wir abweichendes Maß und Gewicht für die Pflichten des Berufs, den Gott mir, meinem Vaterlande gegenüber, wie ich glaube, auferlegt hat, indem er mir ohne mein Zuthun ein Gewerbe anwies, welches ich mir nicht eigenmächtig gewählt habe." In Berlin gelte er für einen „Bonapartisten", schrieb er 1857 (11. 5. 1857). „Das Prinzip des Kampfes gegen die Revolution erkenne auch ich als das meinige an". Unmöglich aber, dieses Prinzip in der Politik so durchzuführen, „daß es gewissermaßen den alleinigen Trumpf im Spiel bildet, von dem die niedrigste Karte noch die höchste jeder anderen Farbe sticht". Die Revolution sei älter als die Macht der Bonapartes, und in der Grundlage breiter als Frankreich: Sei nicht auch die Reformation ein Stück davon? Dann die Folgerung, die für Frankreich galt, und die doch auch für das übrige Europa Lehren bereit hielt: „Die jetzige Regirungsform ist für Frankreich nichts Willkürliches, was L. Napoleon einrichten oder ändern könnte; sie war für ihn ein Gegebenes und ist wahrscheinlich die einzige Methode, nach der Frankreich auf lange Zeit hin regirt werden kann; für alles Andre fehlt die Grundlage entweder von Hause aus im National-Charakter, oder sie ist zerschlagen und verloren gegangen, und wenn Heinrich V. jetzt auf den Thron gelangte, er würde, wenn überhaupt, auch nicht anders regiren können. L. Napoleon hat die revolutionären Zustände des Landes nicht geschaffen, die Herrschaft auch nicht in Auflehnung gegen eine *rechtmäßig* bestehende Autorität gewonnen, sondern sie als herrenloses Gut aus dem Strudel der Anarchie herausgefischt. Wenn er sie jetzt niederlegen wollte, so würde er Europa in Verlegenheit setzen, und man würde ihn ziemlich einstimmig bitten, zu bleiben."

Machtpolitik *zwischen* den Staaten ließ sich, das war die bleibende Lehre für Bismarck, ebensowenig auf feste ideologische Systeme gründen wie Machtpolitik *in* den Staaten. Die Doktrin des christlichen Staats lehnte er ebenso ab wie ein darauf gründendes Staatensystem. Denn was immer die vagen, romantischen Ideen der Hofkamarilla bedeuteten: Preußen hätte seinem staatlichen Egoismus Zügel anlegen müssen, auf deutsche Führung verzichten und die nationale Frage anderen überlassen müssen, zum Untergang verdammt.

In den fünfziger Jahren lernte Bismarck, daß die deutsche Einheit die beherrschende Frage der Zeit war, und daß in der nationalen Frage der Schlüssel zur Herrschaft über Deutschland lag. Durfte Preußen diesen Schlüssel unbeachtet liegenlassen? Bismarck war aufgestiegen als Verteidiger der alten Ordnung. Er wurde durch die Wirklichkeit belehrt. Wo er bisher nur in Andeutungen gesprochen hatte, wurde er jetzt seinem alten Mentor gegenüber deutlich: Mitteleuropa bedurfte einer neuen Ordnung und Preußen mußte sie herbeiführen, sonst würden es andere tun. „Eine passive Planlosigkeit, die froh ist, wenn sie in Ruhe gelassen wird, können wir in der Mitte von Europa nicht durchführen, sie kann uns heut ebenso gefährlich werden, wie sie 1805 war, und wir werden Ambos, wenn wir nichts thun, um Hammer zu werden (30. 5. 1857)."

Das klang wie ein Programm. In Wahrheit war es nichts als eine Spekulation auf eine unbestimmte Zukunft. Denn unverändert galt die Lehre von Olmütz, daß gegen zwei oder drei Großmächte deutsche Nationalpolitik zu machen für Preußen tödlich enden mußte. Aber das Staatensystem hatte im Krimkrieg den ersten Riß erhalten. Rußland stand seitdem im Abseits, auf innere Reformen gewendet, das Gesicht nach Asien gedreht, gemeinsame Mitteleuropapolitik mit den Westmächten war für Petersburg auf lange Zeit nicht einmal hypothetisch denkbar, der verachtete preußische Bundesgenosse aufgewertet ohne eigenes Zutun, solange deutsche Nationalpolitik das polnische Glacis des tönernen Imperiums unangetastet ließ. Je konservativer aber in Berlin regiert wurde, desto weniger bestand die Gefahr, wie 1848, daß die deutsche Frage die polnische wieder neu eröffnen würde.

Der nächste Riß im Staatensystem kam mit dem italienisch-französischen Krieg gegen Österreich. Die Donaumonarchie geriet finanziell an den Rand des Ruins, wurde militärisch demoralisiert und stand politisch allein. Dann kam der amerikanische Bürgerkrieg, die Londoner Regierung blickte gebannt auf die atlantische Gegenküste, Frankreich schickte Truppen nach Mexiko, die in Mitteleuropa fehlten, als sie 1866 gebraucht wurden. Ein „Wellental der Großen Politik" (L. Dehio) eröffnete sich. Zum erstenmal seit Jahrhunderten stand keine europäische Koalition mehr zwischen den Deutschen und der nationalen Einheit.

Aber konnte Preußen nun nachholen, was es 1848 versäumt hatte? Die Beute erringen, die die Großmächte verweigert hatten? 1858 geriet die preußische Politik von innen in Bewegung. Der „Neue Kurs" Wilhelms I. versprach liberale Öffnungen, und die Parlamentsmehrheit wollte der Regierung – „Nur nicht drängeln!" – Zeit geben. Doch die Ereignisse überstürzten sich, nachdem Piemont-Sardinien und Frankreich 1859 in Oberitalien gegen Österreich gesiegt hatten. Damals hatte Preußen mobilisiert, um Österreich die Zähne zu zeigen. Die Armee aber erwies sich als wenig kampfbereit. Der Monarch wollte sie seitdem modernisieren und vergrößern, mehr eigentlich, um sie als Garantiemacht der Innenpolitik zur Verfügung zu haben, weniger als Schneide der auswärtigen Politik.

Die Liberalen, die die Mehrheit des Abgeordnetenhauses bildeten, wollten ebenfalls die Armee vergrößern, aber nicht als Waffe der Monarchie, sondern als Instrument deutscher Nationalpolitik gegen Österreich und Frankreich. Der Monarch wollte die Armee immunisieren gegen den revolutionären Bazillus, er forderte dreijährige Wehrpflicht und großenteils Einfügung der Landwehr in die disziplinierten Ränge der Linie. Die Parlamentsmehrheit verweigerte das Geld, bewilligte nur Provisorien und halbe Maßnahmen und trieb auf diese Weise zur Verfassungskrise. Die Generalität um den Thron erwartete eine Zuspitzung und trieb Zurüstungen für den Staatsstreich, um dann, wie hohe Offiziere einander zuraunten, „recht mit Bequemlichkeit Reaction zu machen". Eine Armee zu Parlamentsbedingungen war in den Augen der Offiziere keine Armee mehr. Roon, der Kriegsminister, war überzeugt: „Das Verderbniß der Armee wäre der Ruin aller geordneten socialen Verhältnisse."

So kam die Stunde Bismarcks. Gab es ein Zögern, damals in Biarritz zwischen der schönen Katharina und dem Staat? Bismarck entschied sich gegen die russische Fürstin und für den ins Schwanken geratenen Staat. Der politische Außenseiter wurde Retter Preußens, letzte Trumpfkarte der Generale. Im Abgeordnetenhaus hat er dann, seine Reputation für leichtfertige Gewalt ausspielend, eine Gesamtkonzeption entwickelt für die Innen- und Außenpolitik. Er drohte: eine Lücke, so seine Beweisführung, enthielt die Verfassung, wenn das Parlament nicht so wollte wie der Monarch. Der Staatsnotstand sei eingetreten, und wer die Macht in Händen habe, müsse nun in seinem Sinne vorgehen. Er lockte aber auch: die nationale Frage drängte zu einer Lösung, und Preußen würde sie zuwege bringen. „Preußens Grenzen nach den Wiener Verträgen sind zu einem gesunden Staatsleben nicht günstig; nicht durch Reden und Majoritätsbeschlüsse werden die großen Fragen der Zeit entschieden – das ist der große Fehler von 1848 und 1849 gewesen –, sondern durch Eisen und Blut."

Ein wagemutiges, leichtfertig klingendes Wort, wie improvisiert dahingesprochen und doch, bei genauem Hinhören, beunruhigend für alle, die meinten, nun müsse das Zeitalter des bürgerlichen Liberalismus beginnen. Es war Teil einer großen Rede in der Budgetkommission, Bismarck kaum sieben Tage im Amt, die alle Saiten anklingen ließ: die der patriotischen Versöhnung und der junkerlichen Arroganz, der staatsrechtlichen Analyse wie der politischen Entscheidung. Bismarck hatte seine Rolle gefunden. Der „rote Reaktionär" war Staatsmann geworden. Er ging auf der Straße des Erfolges und erwarb eine Popularität, die schon nach dem Sieg bei den „Düppeler Schanzen" (1864) plebiszitäre Züge trug. Triumphator von einsamer Kaltblütigkeit, „kurbrandenburgischer Vasall", wie er sich in den „Gedanken und Erinnerungen" noch nennen wird, und zugleich ein Machthaber, der Könige absetzte und Dynastien stürzte, Meister des „eisernen Würfelspiels", wie er den Krieg von 1866 in einer großen Parlamentsrede nannte. Deichgraf und Geschäftsmann, den eigenen Vorteil niemals geringachtend, cäsarische Herrschergestalt und doch auch der letzte der europäischen Staatsmänner, der noch eine Gesamtvision von Gegenwart und Zukunft besaß.

Bismarck riß Abgründe auf, gegen Österreich so gut wie gegen die konservativen Standesgenossen, gegen die Liberalen so gut wie gegen das hegemoniale Frankreich. Das „Acheronta movebo“ hätte sein Wahlspruch sein können. Das Leitbild des Kompromisses stand ihm nur für große Europäische Politik zu Gebote, in der deutschen blieb es ihm fremd. Stolz, der bisweilen in Anmaßung und Arroganz umschlug, funkelnde Intelligenz und poetische Stimmungen, daneben ein bornierter Egoismus, nicht gemildert durch menschliche Wärme. Einmal sagte er, in seinem Teich hätte die Politik alle anderen Fische totgebissen. So war es wohl: die zu Politik gewordene Persönlichkeit, aber nicht als Funktionär, sondern Dienst am Staat. Vom flachen Fortschrittsbewußtsein der Liberalen und der Sozialisten trennten ihn Welten, Friedrich der Große und die Französische Revolution waren ihm noch nah. Zugleich aber spielte er mit dem Allgemeinen Wahlrecht, das er für unvermeidlich hielt und doch seit 1871 gern, wenn er nur gekonnt hätte, zurücknehmen wollte. Er beförderte durch das Bündnis mit den Liberalen die deutsche Industrialisierung, die Preußens historische Prägungen von Oberschlesien bis zur Ruhr aufriß. Und er zerstörte mit der Demütigung Frankreichs, die doch nicht dauern konnte, von Anfang an jene Gleichgewichtslagen, deren niemand dringender bedurfte als der junge deutsche Nationalstaat in der europäischen Mitte.

Ein Charakter, alles in allem, vieldeutig in seiner Zeit, undeutbar den Historikern bis heute, ein Diener Preußens, der Krone, der Dynastie, und am Ende vielleicht doch nur ein Diener seiner selbst. In der großen Krise zwischen Jünglingszeit und männlicher Reife, die 1847 kulminierte, hatte er sich Gott anheimstellen wollen. Da weinte er um Gottes willen, gab sich einer neugefundenen kindlichen Frömmigkeit hin und stand doch bei alledem neben sich selbst und beobachtete kalt, wie da gebetet, gelitten und gezweifelt wurde. Erst die Revolution und der Kampf gegen sie haben Bismarck zu sich selbst geführt. Er war ihr Kind, ihr verdankte er Identität und historische Größe. Hat er es ihr gedankt? Allenfalls durch Anleihe bei ihren Mitteln und Bekämpfung ihrer Ziele. Diejenigen indes unter den Zeitgenossen, die in ihm einen neuen Caesar ahnten, das scharlachrote Gewand unter dem preußischblauen Übermantel blitzend, haben die innere Wahlverwandtschaft geahnt, und manchen schauderte es davor. „Ein treuer deutscher Diener Kaiser Wilhelms I.“ – war er, was die Grabschrift versicherte? Er war es. Aber zur Wahrheit Bismarcks gehört, daß er auch ganz anders war: preußisch, herrscherlich, und zuletzt mit der Inbrunst der Religion war er ganz der Staat, und ganz er selbst.

Bismarck wurde den Deutschen archetypische Vaterfigur, klotzartig zu Bismarcktürmen und Denkmälern emporgewuchtet, Unterwerfung fordernd, Großregierer und neuer Caesar. Und er blieb bei alldem zu Vexierspielen geneigt, neben die eigene Rolle tretend, die Unterwerfungsbereitschaft der anderen als Mittel der Macht nutzend, ein Mann von Widersprüchen, die die Widersprüche seines Jahrhunderts waren: Parlamentarier gegen den Parlamentarismus; Konservativer gegen die Konservativen; Legitimist gegen die Dynastien; Pragmatiker und Realist, den doch Alpträume künftiger Untergänge heimsuchten und der in schwarzen Visionen an der Zukunft Preußens und Deutschlands verzweifelte: „Die Hungrigen ... werden uns fressen."

Es ist oft, und zumal im ausgehenden 19. Jahrhundert, von Bismarck gesagt worden, daß er hoch reite in der Reihe protestantischer Persönlichkeiten, und es waren Bewunderer wie Hasser des ersten Reichskanzlers, die hinter ihm die Silhouette des Wittenberger Mönchs erblickten. War die Reichsgründung nicht entschieden worden durch den Sieg des protestantischen Preußen über die katholischen Mächte? Folgte nicht der Kulturkampf gegen den politischen Katholizismus? Kam nicht die staatliche Sozialpolitik der achtziger Jahre aus christlicher Verpflichtung? War nicht die Friedenspolitik des späten Bismarck Beweis christlicher Gesinnungen? Und hat nicht Bismarck sich oft darauf berufen, daß Gott es ihm „deutsch direct befohlen" habe? 1873 schrieb er an den scheidenden preußischen Kriegsminister v. Roon über die „elf Geschichtsjahre, ... die uns Gott zusammen hat durchkämpfen lassen, und in denen wir mehr von seiner Gnade erlebt haben, als wenigstens mein Verstehen und Erwarten faßte".

Aber hält das alles stand? Die Reichsgründung erfolgte nicht, um Luther zu vollenden. Und wenn Preußen – in Religionsdingen vorbildlich neutraler Staat – katholisch gewesen wäre, mit einem katholischen Herrscherhause, wäre der Kampf gegen Österreich so logisch gewesen wie der gegen Frankreich zwingend. Bismarck war nicht Nationalist, sondern preußischer Patriot. Der säkularen Übergottheit der Nation huldigte er, um Preußens Frist zu verlängern. So mußte er mit den alten Freunden aus dem Protestantismus in bittere Konflikte geraten, die erst endeten, als der altpreußische Konservatismus der Gerlachs zertrümmert und zerstört war. Der Kulturkampf wurde nicht mit protestantischer Begründung geführt – die liberale Regierung des Königreichs Bayern goß Öl in die Flammen – sondern mit staatlicher Bestimmung, und spielte sich in Frankreich und England früher und unerbittlicher ab als in Deutschland. Dann der Kampf gegen die Sozialisten und für die Sozialpolitik: er wurde nicht geführt, weil die Sozialdemokratie den Atheismus propagierte, sondern weil sie Revolution predigte und weil das Deutsche Reich als bedrohter Machtstaat des inneren Konsensus bedurfte. Die Friedenspolitik der späten Bismarckzeit endlich, die Entschiedenheit gegen jeden Präventivschlag, die Mahnung, das Deutsche Reich sei eine saturierte Macht: Bismarck wurde später Schüler Metternichs nicht aus christlichen Gründen, sondern aus Gründen höherer deutscher Staatsvernunft, die die Erben zu ihrem Unheil in den Wind schlugen.

Bismarck war Grenzerscheinung in seiner Zeit. Fremd war er den

Loyalisten, die sich am Thron festhielten. Fremd war er den liberalen Bürgern, deren Angst er so verachtete wie ihren Fortschrittsglauben. Als wäre er nicht von Hause aus, durch Neigung, Religiosität und Begabung fremd genug gewesen: seine Lehrzeit in der großen europäischen Politik machte ihn noch fremder. Es war, als hielte er sich mit Bedacht fern. Als er gerufen wurde, 1862, kam er von ganz weit her, aus Frankfurt, Petersburg, Paris. Solche Fremdheit aber war Voraussetzung, wenn Bismarck seitdem als Person wie als politische Potenz Verfassungsrang gewann. Es gehörte dazu die Sehnsucht des 19. Jahrhunderts nach dem welthistorischen Täter ebenso wie Bismarcks eigene Beschwichtigung solcher Stimmungen, die an Sarkasmus grenzte: „Die Geschichte können wir nicht machen, sondern nur abwarten, daß sie sich vollzieht."

Es könne nicht leicht jemand sich gegen sein Zeitalter retten, hatte Goethe geschrieben. Hat Bismarck sich gegen sein Zeitalter gerettet? Merkwürdig fremd blieb er allem gegenüber, was das 19. Jahrhundert bis heute kennzeichnet: die Industrialisierung hat er als unausweichliches Übel gesehen, zerstörerisch für Preußens Staatsräson und notwendig doch für seine Macht. Ihre Maschinenwelten blieben ihm fremd, im Industriearbeiter hat er immer nur den entfremdeten Landarbeiter gesehen. Die Massendemokratie hat er gehaßt und bekämpft und ihre Kräfte ausgenutzt. Mit der Literatur, der Kunst, der Musik, dem musealen Sammeleifer seiner Zeit verband ihn nichts. Auf die Massenströmungen seiner Epoche hat er heruntergesehen, sie als Instrument genutzt und als Gefahr beschworen, Alpträume mehr als Träume. Ganz hat er keiner Strömung sich anheimgegeben: Preußen nicht und nicht der Nation, nicht der Revolution und nicht dem Kampf dagegen, nicht Deutschland und nicht Europa, nicht dem Fortschrittsglauben und nicht dem Bewahrenwollen. Kam die Fremdheit, die ihm zu eigen war, aus einer tragischen Geschichtsauffassung, die mehr war als der Pessimismus altgewordener Eliten und tiefer ging? „Das Irdisch Imponirende und Ergreifende, was mit menschlichen Mitteln für gewöhnlich dargestellt werden kann, steht immer in Verwandtschaft mit dem gefallenen Engel, der schön ist, aber ohne Frieden, groß in seinen Plänen und Anstrengungen, aber ohne Gelingen, stolz und traurig" (1847).

War es das: die große Anstrengung, der Kampf und am Ende die Gewißheit tragischen Mißlingens, was ihn so gelassen handeln ließ gegenüber den herrschenden Kräften seiner Epoche? Oder kam die Fremdheit, die ihm stets zu eigen war, doch aus jenem Immediatverhältnis zu Gott, das er, sehr früh und wie im Gespräch mit sich selbst, in einem jener schönen, großen Briefe an die Braut dargelegt hatte? „Nur der eignen Seele kann das irdische Leben unverloren und folgenreich sein". Er hatte mit dem Engel gerungen, und der hatte ihn gesegnet. Ob aber mehr zum Heil oder zum Unheil der Deutschen, das ist noch nicht ausgemacht.

Literaturhinweise:

Gall, Lothar: Bismarck, der weiße Revolutionär, Frankfurt a. M./Berlin/Wien 1980.
Ders.: Bismarck. Die großen Reden, Berlin 1982.
Stürmer, Michael: Das ruhelose Reich. Deutschland 1866–1918, Berlin 1983.

Friedrich Naumann
(1860–1919)

Dieter Kleinmann

Friedrich Naumann

„Als Protestanten sind wir Suchende, die auch das als eine Gnade Gottes ansehen, wenn er ihnen einiges zerbricht, woran sie gehangen haben.“ Diese Erkenntnis des Achtunddreißigjährigen, gewonnen auf einer Reise nach Palästina, ist die Antwort auf die Auseinandersetzung Naumanns mit seinem persönlich geformten Jesusbild und dem, das in der Schrift überliefert ist. Sein Jesus, den er als verpflichtende Gegenwart erlebte, hat „auf den Hängen von Galiläa und in den Gassen von Jerusalem keine Heimat“. Dieser Vorgang markiert einen Wendepunkt in Naumanns theologischem Denken – wenn auch nur einen Wendepunkt unter vielen. Und doch ist er für sein Wesen und sein religiöses Wirken charakteristisch. Er ist ein Suchender, ein Fragender, immer wieder zu neuen Ufern aufbrechend, selbst dabei zu zerbrechen, woran er gehangen hat, ein undogmatischer Theologe oder besser: ein religiöser Christ. Theodor Heuß, dem Mitarbeiter und Freund Naumanns, ist wohl recht zu geben, wenn er schreibt: „In der Geschichte der deutschen Theologie ist nicht der ihm gemäße Raum, wohl aber in einer *Geschichte der deutschen Frömmigkeit.*" Die Darstellung seines theologischen Weges mit seinen eigenen Worten „von der lutherischen Rechtgläubigkeit über den christlichen Sozialismus zur Auseinandersetzung mit den Ergebnissen der religionsgeschichtlichen Forschung und dem Weltbild der modernen Naturwissenschaft" ist zu sehr idealisiert, verflacht die Ecken und Kanten seines religiösen Wirkens, verwischt das Suchen und Fragen. Nicht eine kontinuierliche Entwicklung kennzeichnet Naumanns theologischen Weg, sondern der Versuch, biblische Aussagen mit persönlichen Erfahrungen, mit der sich ihm stellenden Wirklichkeit in Verbindung zu bringen. Die soziale Not der Menschen im beginnenden Industriezeitalter, die ungefestigten Konturen des neuen Reiches, die „Notwendigkeit der Sicherung nationaler Macht auch für sinnvolle Sozialpolitik", das sind Erfahrungen Naumanns, auf die er von der Theologie aus und als Christ Antwort geben will. Daneben stehen persönliche Begegnungen mit dem Hofprediger Stoecker, Konservativer und Christlich-Sozialer zugleich, mit Rudolf Sohm und Max Weber und die Eindrücke seiner Palästinareise. Alle diese Erfahrungen sind gleichsam das „Movens", das Bewegende seines Denkens und die Ursache seiner theologischen Wandlungen. Sie gehören dazu, wenn man ihn verstehen will.

Es war das Jahr 1860, als Naumann am 25. März im Störmthaler Pfarrhaus nahe Leipzig geboren wurde. Zwölf Jahre waren vergangen seit der bürgerlichen Revolution und das Ziel einer nationalen Einheit Deutschlands war noch immer nicht erreicht. Die einsetzende Industriealisierung verwandelte Dörfer zu Städten, die Zahl der Arbeiterschaft nahm zu, die ersten Gewerkschaften standen kurz vor ihrer Gründung.

Von dem allem war in dem idyllischen Störmthal noch wenig zu spüren. Der Vater, politisch konservativ – man las die „Kreuzzeitung" –, war ein strenger Verfechter der lutherischen Lehre. Dies wirkte sich auch auf die Erziehung aus, die eine gewisse Fröhlichkeit vermissen ließ. Die prägende Gestalt seiner Kindheit und Jugend war jedoch sein Großvater. Friedrich Ahlfeld war Pfarrer an der Nikolaikirche in Leipzig. Gegenüber ihm spürte er eine enge Vertrautheit, die ihm einen gewissen Ausgleich zur Strenge des Vaters gab. Als Schüler und Student hatte er zeitweise im Leipziger Pfarrhaus gewohnt. Ahlfeld selber galt als „einer der bedeutendsten Kanzelredner" seiner Zeit und „als Naumann 1903 der theologische Ehrendoktor der Universität Heidelberg verliehen wurde, „erinnerte die Urkunde an den Großvater, indem sie von Friedrich Ahlfelds würdigem Enkel sprach".

Die Schulzeit verbrachte Naumann am Nikolai-Gymnasium in Leipzig und seit 1876 an der Fürstenschule St. Afra. Seine Begabungen in Sprachen waren nicht gerade von großem Glanz, vielmehr interessierten den Pennäler Geschichte, Deutsch, Philosophie und vor allem Naturwissenschaften und Mathematik. Seine persönliche Neigung galt dem Zeichnen. Der Skizzenblock begleitete ihn sein ganzes Leben lang.

Inzwischen hatte sich die politische und gesellschaftliche Lage in Deutschland verändert. Nach dem Krieg mit Frankreich war es Bismarck gelungen, die nationale Einheit, die Gründung des Deutschen Reiches zu schaffen. Am 18. Januar 1871 wurde der preußische König Wilhelm I. zum Deutschen Kaiser ausgerufen. Eine nationale Aufbruchstimmung beherrschte damals das Land. Doch die Einheit des Deutschen Reiches und seine Verfassung hatten sich erst zu bewähren. Gerade diese Bewährung wird für viele der jüngeren Generation zur Verpflichtung. Sie fühlt sich – herangewachsen in einer Zeit des Umbruchs – herausgefordert, einerseits das Begonnene zu festigen und andererseits die Idee der Einheit weiterzuentwickeln.

Nun aber war die Reichsgründung mit einem entscheidenden Geburtsfehler belastet: der Beibehaltung der alten sozialen Strukturen. Die politische Entwicklung hatte das alte Gesellschaftssystem, den Klassenstaat, mit übernommen. Vor allem ein Großteil der „unteren Schichten" sah sich in und durch diesen Staat nicht vertreten. Nationale Einheit und soziale Frage traten zueinander in ein Spannungsverhältnis. Die Auseinandersetzung Bismarcks mit der Sozialistischen Arbeiterpartei Deutschlands, deren Höhepunkt mit der Verabschiedung des Sozialistengesetzes 1878 erreicht war, bildete nur die äußere Seite dieses Konflikts. Das eigentliche Problem saß tiefer.

Als Schüler stand Naumann damals noch ganz in der politischen Tradition des Elternhauses und der Fürstenschule. Heuß schreibt: „Göhre erzählte von der Erregung, die die Nachricht von Hödels Attentat auf Wilhelm I. auslöste. Naumann habe damals mit Arbeitern, die am Umbau der Schule beschäftigt waren, sich heftig gestritten, so daß es fast zu einer Schlägerei gekommen sei."

Nach der Reifeprüfung 1879 stellte sich für Naumann die Frage der Berufswahl: Was sollte er studieren – Mathematik oder Theologie? Die Entscheidung fiel ihm schwer. Da waren „Wunsch und Tradition der Familie", lebendige Vorbilder durch Vater und Großvater; sie sprachen für die Theologie und den Beruf des Pfarrers – daneben fühlte er eine persönliche Neigung zu seiner „Jugendliebe", zur Mathematik. Es kam nicht von ungefähr, daß sich Naumann dennoch für die Theologie und gegen die persönliche Neigung entschied. Den Ausschlag gab der Einfluß des Vaters. Diesem Einfluß konnte sich Naumann – trotz ernster Auseinandersetzungen – bis zum Tod des Vaters 1890 nie völlig entziehen. Der Entschluß war also gefaßt und dennoch zeigt die weitere Lebensgeschichte Naumanns, daß die Frage der Berufswahl damit noch nicht beantwortet war. Ein Brief an den Vater vom Januar 1884 läßt die bleibende innere Ungewißheit erkennen: „Das Ja zum Pfarramt, ..., ‚soll aber nichts anderes heißen, als daß ich Theologie studiert habe und es nun eben der Gang der Dinge ist, daß die Theologen Pfarrer werden'." Dreizehn Jahre später, inzwischen bei der „Südwestdeutschen Konferenz der Inneren Mission" tätig, schied er aus dem Pfarramt aus. War dies die konsequente Entscheidung, vor die sich Naumann – nun innerlich frei zu eigenem Entschluß – schon als Abiturient gestellt sah? Es waren wohl zu verschiedene Beweggründe, die diesen Abschied beeinflußten, um darauf eine eindeutige Antwort geben zu können, auch wenn – vor die Alternative gestellt – ein Ja dem Nein vorzuziehen wäre. Für das Verstehen von Naumanns Leben und theologischem Wirken muß dieser innere, persönliche Konflikt – begründet in der Vater-Sohn-Beziehung – festgehalten werden. Auch er gehört zu den eingangs erwähnten Erfahrungen.

Studienorte Naumanns waren Leipzig und Erlangen, Hochburgen des konfessionellen Luthertums. An der Sächsischen Fakultät wirkten damals das „Leipziger Dreigestirn" Kahnis, Luthardt und Delitzsch. Mit Luthardts apologetisch bestimmter Lehre und seinem Kirchenverständnis konnte der junge Student wenig anfangen. Stärker bewegt hat ihn dagegen der Alttestamentler Delitzsch und dessen Auseinandersetzung „mit Wellhausens Textkritik und historischer Umgruppierung der Schriften des Alten Bundes". Doch insgesamt gesehen waren die Leipziger Jahre für ihn wenig beeindruckend. Anders die Erlanger Zeit. Dort lehrten Franz Hermann Reinhold Frank und Gerhard von Zezschwitz. Frank verdankt der junge Student ein fleißiges Bemühen um die Systematische Theologie. Das subjektive Element der Glaubenserfahrung in Franks „System der christlichen Gewißheit" hat ihn wachgerüttelt. Doch bereits Naumanns frühe theologische Schriften lassen vom Einfluß Franks nichts mehr erkennen. Eher der spätere Naumann könnte sich – wenn überhaupt – mit seiner Entscheidung für einen religiösen Individualismus des alten, inzwischen längst verstorbenen Lehrers erinnert haben.

Zezschwitz besaß als Universitätsprediger eine große Ausstrahlungskraft. Er verdankte sie vor allem seinen rhetorischen Fähigkeiten. Neben seinem Großvater Ahlfeld und seiner Auseinandersetzung mit Lessing, die Naumann „den originären Zusammenhang von rhetorischen, ästhetischen und gesellschaftlichen Problemen" eröffnete, war es vor allem Zezschwitz, der die rhetorische Ausbildung Naumanns beeinflußte. In ihm fand er einen Lehrer, der die ihm in weiten Teilen unzugänglich gebliebene Theologie zur Literatur und Kunst hin weitete. Naumann, der Student mit dem Skizzenblock, mit einem Gespür für Ästhetik, fand in Zezschwitz ein ihn ansprechendes Gegenüber. Sein Einfluß auf den Redner und Schriftsteller Naumann ist unverkennbar.

Doch die Studentenzeit wurde – wie hätte es bei Naumann auch anders sein können – nicht nur mit dem Ringen um exegetische Erkenntnisse und dem Verstehen systematisch-theologischer Zusammenhänge verbracht.

Ein großer Teil an Zeit, Energie und rednerischer Begabung floß in die Mitarbeit an der studentischen Bewegung. Die leidenschaftlich geführte Diskussion um die von Stoecker aufgeworfene „jüdische Frage“ führte zur Unterschriftenaktion für die „Antisemitenpetition“ und zur Gründung des „Vereins Deutscher Studenten“, in dem Naumann federführend mitwirkte. Diese neue Bewegung läßt sich, wie schon die Entstehungsgeschichte zeigt, charakterisieren als christlich und national, als antisemitisch und gegen die Zerstörung der nationalen Einheit durch die untereinander und in sich selbst zerstrittenen Parteien gerichtet. Es war gleichsam der Versuch, ein Nationalgefühl zu entfachen, das auf den festen Boden des Christentums gegründet sein sollte. Die Einladung zum „Tag von Wörth“, der Kyffhäuser-Begegnung, spricht dies deutlich aus: „Die unheimlichen Mächte der nackten Selbstsucht und der weltbürgerlichen Vaterlandslosigkeit, die Entsittlichung und Entchristlichung unterwühlen den uralten festen Boden unseres Volkstums ...“

In diese Zeit fällt auch Naumanns erste Begegnung mit Stoecker. Dieser hatte auf Einladung des Studentenvereins – der Brief wurde von Naumann geschrieben – einen Vortrag gehalten über „Große Zeiten, große Aufgaben“. Was soll es einen bei einem solchen Thema wundern, daß ihm dabei tausend Studenten zuhörten?

Das erste theologische Examen 1883 wirft den alten Konflikt der Berufswahl wieder auf. Einen eigenen theologischen Standpunkt hatte Naumann während der Studienzeit nicht gefunden und mit einem strengen lutherischen Kirchenverständnis wußte er wenig anzufangen. Konnte er so ein geistliches Amt übernehmen? Ein Ruf als „Oberhelfer“ an das „Rauhe Haus“ in Hamburg gab ihm Gelegenheit, die Entscheidung hinauszuschieben. War er mit den Werken des alten Wichern bereits in seiner Studienzeit bekannt geworden, so begegnete ihm jetzt als Mitarbeiter die praktische Seite dieser organisierten tätigen Nächstenliebe. Ein soziales Engagement aus christlicher Verantwortung, als Kampf gegen das Elend und die Not der Menschen, aber auch gegen eine zunehmende Entchristlichung der Gesellschaft und damit im Verständnis Wicherns gegen das Böse, gegründet auf die Vorstellung, wir sind Baumeister am Reich Gottes, das konnte Naumann nun in seiner praktischen Durchführung im „Rauhen Haus“ und in der von Wichern gegründeten „Inneren Mission“ erleben und erfahren. Hier – wo der Geist des alten Wichern, des „Franziskus auf Hamburger Untergrund“ noch deutlich zu spüren war – bekam er die ersten Impulse für das „Christlich-Soziale“, für jenes Element, das wenige Jahre später sein Denken bestimmen sollte. In den über zwei Jahren seines „Verstecks“ vor dem Pfarramt war diese Verknüpfung von christlich und sozial noch ganz auf das praktische Handeln als Herausforderung des Christseins, auf das Sozialkaritative ausgerichtet.

Doch nun begann ein neuer Abschnitt seines Lebens. Naumann trat 1886 seine erste Pfarrstelle in Langenberg bei Hohenstein-Ernstthal zwischen Zwickau und Chemnitz an. Auf den unablässigen Druck des Vaters – der Sohn hatte ihm ein Jahr zuvor noch geschrieben: „Ob ich überhaupt Pfarrer werden soll, ist eine Frage der Zukunft, die allein Gott etwas angeht" – machte Naumann im Oktober 1885 die zweite theologische Prüfung. Der Versuch, in den Geburtsort Störmthal zurückzukehren, scheiterte. Nach einer Probepredigt wurde er – so Heuß – „wegen seines blassen Aussehens" abgelehnt. Weitere Bewerbungen erfolgten nicht, statt dessen ging er für einige Monate ins Predigerseminar nach Leipzig, um sich für die praktische Theologie noch etwas besser vorzubereiten. Er studierte Schleiermacher und Ritschl. Für Ritschl war das Reich Gottes „als universale sittliche Gemeinschaft der Endzweck des göttlichen Weltplans und der Endzweck des Menschen". Das „christliche Lebensideal" umfaßte für ihn zwei Funktionen, „die religiöse und die sittliche, das Vertrauen auf Gott, in welchem man der Welt überlegen ist, und das Handeln aus Liebe gegen den Nächsten zur Hervorbringung der Gemeinschaft". Lag hier nach den praktischen Erfahrungen im „Rauhen Haus" der wissenschaftliche Ursprung für die Wende in Naumanns Denken hin zum „Christlich-Sozialen"? Ein Hinweis seiner Schwester in der „Christlichen Welt", Naumann habe sich in einem Kreis jüngerer Kollegen während seiner Langenberger Zeit mit Ritschls Theologie beschäftigt, könnte diese Vermutung bestätigen. Doch scheinen mir eher – wie aus dem Folgenden leicht zu erkennen sein wird –, die Erfahrungen des jungen Pfarrers mit der sozialen Not seiner Gemeindeglieder und die Herausforderung durch die Sozialdemokratie der eigentliche Anstoß für diese neue Denkrichtung gewesen zu sein.

Langenberg war überwiegend bäuerlich strukturiert – anders die Filialgemeinde Heinsdorf und die umliegenden Städte; dort war die Industriealisierung fortgeschritten. Die kleinen überschaubaren Handwerksbetriebe der Stricker und Wirker nahmen ständig ab. Die Zahl der Arbeiter dagegen stieg. Es war die erste, direkte Begegnung Naumanns mit dem Stand der Arbeiterschaft und dessen Problemen. In seiner Antrittspredigt hatte er gesagt: „Ein Bote Gottes möchte ich für euch alle sein, ein Freund in Seelennot, nicht ein Pastor für diesen oder ein Pastor für jenen, nein, ein Seelsorger für euch alle, für den Mann im Bettelkleid ebenso wie für den, der weit den Berg hinauf sein eigen Feld bestellt." Dies mußte sich nun bewähren.

Er sieht, wie die Menschen – ausgelöst durch die sozialen Bedingungen –, ohne innere Lebensfreude einfach so in den Tag hinein leben, wie sie in Tanzsälen, schlechten Vorstadttheatern, in „dumpfen Trinkstuben" und in „Versammlungen träumender Weltverbesserer" ihre „Sehnsucht nach Frohsein" zu stillen versuchen. Naumann begegnet dieser

Erkenntnis mit der Botschaft: „Das Evangelium selbst ist Freude, Freude, die allem Volk widerfahren wird." Die Kirche als „Freudebringerin" soll durch den Antrieb der Liebe praktische Möglichkeiten entwickeln, die diese Freude konkret erfahrbar werden lassen. Solche Möglichkeiten sieht er in der „Fürsorge für das häusliche Vergnügen", in der „Hebung bestehender Volkserholungen" und in der Förderung des christlichen Vereinslebens und von Familienabenden.

Es war wohl noch ganz der Naumann des „Rauhen Hauses", der Praktiker aus tätiger Nächstenliebe, der hier als Seelsorger wirkte. Nur die Zielgruppe, die immer stärker seine Gedanken zu beeinflussen schien, schälte sich klarer heraus als bisher: die Arbeiterschaft. Sie zum Glauben an Gott, den Gott der Liebe zu führen, der nicht nur die Reichen segnet, sondern auch einen „Segen für die Arbeitnehmer" hat, darin sah Naumann seine Aufgabe und die der Kirche gestellt. Doch er mußte schon bald erkennen, daß mit der Aufforderung an die Arbeiterschaft, eine positivere Einstellung zum Leben zu gewinnen, das eigentliche Problem nicht zu lösen war.

Und wieder war es ein äußeres Ereignis, das den Anstoß zu Naumanns neuerlichem Umdenken gab: die zunehmende Agitation der Sozialdemokratie. Durch sie herausgefordert sucht Naumann nach den geistigen Grundlagen dieser Partei. Er liest die Schriften von Bebel, Liebknecht, Lassalle, Engels und Marx. Diese Lektüre war für Naumann Anlaß, manche seiner bisher gewonnenen Vorstellungen und Theorien in Frage zu stellen. Er erkennt, daß die soziale Frage ein Staat und Kirche umfassendes Problem darstellt, das mit barmherziger Caritas allein nicht zu lösen ist. Vielmehr mußten die Lebensverhältnisse selbst und damit die gesellschaftlichen Strukturen geändert werden. Von seiner theologischen Existenz aus versucht Naumann, darauf Antwort zu geben. Es ist der Versuch, aus den Zielen der Inneren Mission Modelle für soziale Reformen zu entwickeln. Sie, die Innere Mission, solle aus ihrem Dasein als private Organisation heraustreten und zur „Volkssache" werden, zur „Organisation massenhafter Liebe" und direkt auf die staatliche Gesetzgebung einwirken: „Die Liebe im größten Stil ist eben und bleibt das barmherzige Staatsgesetz." Ein christlicher Sozialstaat in Gestalt eines sozialistischen Verwaltungsstaates, das schien Naumann die richtige Lösung auf die soziale Herausforderung, wie sie sich ihm stellte. In der aufsehenerregenden Artikelserie „Die Zukunft der inneren Mission" Ende 1888 in der „Christlichen Welt" beschrieb er die „grundsätzliche Verwandtschaft" zwischen Sozialismus und Innerer Mission. In dem Begriff „Entlastung" glaubt er das entscheidende Bindeglied zu erkennen: „Des Lebens Lasten sind ungleich verteilt. Die einen tragen zu viel Last, die anderen zu wenig. Jene müssen dadurch entlastet werden, daß man diese mehr belastet, bis die Gleichheit möglichst hergestellt ist. Entlastung der Bedrängten, das ist das Motiv des Sozialismus." Ebenso gelte dies für die Innere Mission: „Das warme Christenherz verträgt es nicht, daß jemand zu viel zu tragen hat ... Auch das Ziel der inneren Mission ist größere Gleichheit des auf Erden einmal vorhandenen Druckes." Damit hatte Naumann die Schriften Wicherns, aber auch die Lehre von Stoecker bereits hinter sich gelassen. Statt christlich-patriarchalischer Hingabe versucht Naumann, sich auf den Standpunkt der Betroffenen zu stellen. Aus sozialkaritativer Tätigkeit wird sozialpolitische Forderung mit dem Ziel, die „irdischen Leiden und Freuden" gleichmäßiger zu verteilen. Diese Wende Naumanns entbehrte aber noch einer systematisch-theologischen Grundlage, um darauf aufbauend eine sozialethische Konzeption entwickeln zu können. Im Grunde genommen hat Naumann eine solche Gesamtkonzeption auch nie ganz erreicht; seine sozialethische Reflexion blieb letztlich in einem christlich-sozialen Enthusiasmus stecken. Dennoch ist zwischen der Artikelserie „Die Zukunft der inneren Mission" und den beiden Veröffentlichungen „Was heißt Christlich-Sozial?" und „Jesus als Volksmann", also zwischen 1888 und 1894, eine deutliche Entwicklung hin zu einem weitgehend geschlossenen System zwischen theologischer Grundlegung und sozialpolitischem Engagement zu erkennen.

Diese Entwicklung vollzieht sich in mehreren Schritten, wobei die Auseinandersetzung mit der Sozialdemokratie und ihrem atheistisch-materialistischen Weltbild den Hintergrund bildet.

Zunächst gibt Naumann im „Arbeiterkatechismus" einige christliche Orientierungshilfen. Fragen von „Gleichheit und Freiheit", vom Umgang mit Privateigentum und der „Beschränkung des Kapitals" werden behandelt, ohne jedoch dabei über die bereits bestehenden sozialethischen Ansätze hinauszukommen. Auch die Entdeckung der „Bibel als Arbeiterbuch", eine Auflistung alt- und neutestamentlicher Textstellen zu den Stichworten Arme, Reiche, Tagelöhner und Arbeiter und die Auslegung des Siebten Gebots im Sinne einer Antwort auf Lassalles „ehernes Lohngesetz" bringen im Grunde nichts Neues. Die Schrift, in der Naumann unter dem Abschnitt „Kaiser und Reich" den Versuch macht, die Arbeiter gegen Revolution und Reaktion für ein soziales Kaisertum zu gewinnen, endet mit dem Aufruf, im ganzen Land eine patriotisch gesinnte christliche Arbeiterbewegung entstehen zu lassen. Christlich-sozial, oder besser: kirchlich-sozial und patriotisch-national, doch nicht mehr sozial-konservativ, diese Charakterisierung seiner Position gibt Naumann selbst in dem dreiteiligen Schlußvers: „Der Arbeitersache gilt unsere Müh', Von Kaiser und Reich wir weichen nie, Vor dem ewigen Gott wir beugen die Knie!"

Theologisch konnte Naumanns Standpunkt nicht befriedigen; ebensowenig war damit dem sozialdemokratischen Weltbild zu begegnen. Diesen Mangel muß Naumann wohl selbst empfunden haben, denn bereits im Juni desselben Jahres greift er in einem Vortrag zu dem Thema „Was tun wir gegen die glaubenslose Sozialdemokratie?" den Gegensatz zwischen der religiösen „Geistesmacht" des Sozialismus und dem christlichen Glauben auf. Dem Materialismus und dem sozialistischen Paradies in seiner „radikalen Diesseitigkeit" stellt Naumann das Reich Gottes, wie es in Christus erschienen ist, entgegen. Der Reich-Gottes-Begriff, der in seiner stofflichen Füllung bereits über Ritschl hinausgeht, wird somit zum theologischen Kontrapunkt des, wie Naumann es bezeichnet, utopischen Phantasieideals der Sozialdemokratie. Als innerweltliches „Gemeinschaftsideal" und doch im Jenseits verankert ist das Reich Gottes die „innere Einheit" der Christen, das höchste Gut, von wo „aus sich Weltansicht und Ethik, Theorie und Praxis einheitlich gestalten". Diese Verknüpfung von Theorie und Praxis wird vertieft in dem Kommentar zur Denkschrift des Zentralausschusses der Inneren Mission. Hatte Naumann bisher lediglich einen christlichen Sozialstaat gefordert, nicht aber ein soziales Programm der Kirche, so ruft er nun die Kirche auf, den „Sauerteig des Evangeliums" wieder lebendig werden zu lassen. Für Naumann bedeutet dies: Die Kirche habe nun nicht mehr nur das „Christentum zu predigen und Gott zu vertrauen, daß diese Predigt durch sich selbst auch wirtschaftlich wirken werde", nein, die Kirche sei nun selbst aufgefordert, für die Verwirklichung sozialer Gerechtigkeit einzutreten. Der Standpunkt zwischen den Fronten, zwischen den konservativen Kräften und der neuen Bewegung, zwischen ökonomischem Liberalismus und sozialistischer Wirtschaftstheorie sollte aufgegeben werden. Dabei rückt für Naumann der synoptische Jesus, der in einer ähnlich „zerklüfteten Zeit" lebte, „sein Helfen und Heilen", seine Stellung „zu arm und reich" stärker in den Vordergrund. Er ist für ihn die „ewige Grundwahrheit", „wie jede Zeit sie braucht".

Es kam übrigens nicht von ungefähr, daß Naumann diesen Kommentar mit dem Titel versah: „Das soziale Programm der evangelischen Kirche". Hatte ihm der „Arbeiterkatechismus" ein Jahr zuvor noch einen ersten Konflikt mit dem Konsistorium eingebracht – ein Wachstuchfabrikant hatte sich dort beschwert –, so gab die gleiche Behörde im April 1890 einen Erlaß heraus, in dem die soziale Arbeit der Kirche befürwortet wurde. Was war geschehen? Zwei Monate zuvor hatte der junge Kaiser Wilhelm II., der seinem Großvater – nach nur 99 Tagen Regentschaft seines Vaters – gefolgt war, erklärt: „Ich bin bereit, zur Verbesserung der Lage der deutschen Arbeiter die Hand zu bieten". Die Verlängerung des Sozialistengesetzes hatte bereits im Januar im Reichstag keine Mehrheit mehr gefunden, und am 20. März ging der Lotse von Bord, wurde Bismarck, der entschiedene Widersacher der Sozialdemokratie, entlassen. Alle Zeichen schienen auf eine soziale Erneuerung hinzudeuten, auf eine

Verständigung zwischen nationaler Einheit und sozialer Frage. Dieser Eindruck wurde noch verstärkt durch die Gründung des Evangelisch-sozialen Kongresses, einer Vereinigung christlich-sozialer Theologen, Nationalökonomen und Historikern.

Die Ära eines christlichen Sozialstaates schien anzubrechen. Naumann selbst, jung vermählt mit der Pfarrerstochter Magdalene Zimmermann, verläßt nach dem Tod des Vaters die Gemeinde Langenberg und geht als „Vereinsgeistlicher des Evangelischen Vereins für Innere Mission" im Juni 1890 nach Frankfurt a. M. Die neue Stelle verschafft ihm einen größeren Raum für sein Wirken. Die christlich-sozialen Interessen treten in das Zentrum seiner Arbeit. Er hält zahlreiche Vorträge, nimmt beratend an der Gründung von Genossenschaften und Fachverbänden teil und kann sich nun in voller Hingabe den evangelischen Arbeitervereinen widmen. 1893 wird er Mitglied im Vorstand des Gesamtverbandes.

Bereits 1893 erscheinen auch die ersten Aufsätze des Sammelbandes „Was heißt Christlich-Sozial?", jener Schrift also, in der Naumann die größte Geschlossenheit seines sozialethischen Denkens erreichen sollte. Das sozialethische Gebäude, das Naumann nun bis Ende 1894 aufzurichten versucht – wobei der Beitrag „Jesus als Volksmann" hinzugenommen werden muß – kann in drei Grundlinien skizziert werden. Zum einen ist für Naumann die soziale Frage – die Vorstellung der Sozialdemokraten aufgreifend – „von unten her", „vom Standpunkt der Bedrängten, für die Bedrängten und mit den Bedrängten" zu behandeln. In Solidarität mit den unteren Schichten entwickelt er aus dem historischen Jesus, der nun ganz seine theologische Argumentation bestimmt, ein christlich-soziales Jesusbild. Der Sozialcharakter Jesu zeigt sich dabei für Naumann in doppelter Form: in der Person Jesus selbst wie auch in seinem Handeln. Als „leibhaftige Hilfe" wird er – und das ist gewissermaßen die zweite Grundlinie – zum Vorbild christlich-sozialer Existenz und zum Kriterium heutigen Handelns: „Indem wir auf seinen Kopf und auf seine Hände blicken, müssen wir immer im stillen fragen: was würde dieser Kopf heute denken und was würden diese Hände heute tun?" Jesus, der „größte Volksmann", soll „uns wie ein Zeitgenosse sein". Er wird zum Maßstab für die Lösung der gegenwärtigen Probleme. Aus diesem Jesus-Verständnis leitet Naumann nun in einem dritten Schritt die sozialpolitischen Konsequenzen ab: Veränderung der Gesellschaft, nicht durch Revolution in Form von „Gewalt gegen Gewalt", denn dies wollte auch Jesus nicht, sondern durch den christlichen Geist. Der christliche Geist solle die Gesellschaft durchdringen und zur entscheidenden Kraft einer Neuordnung werden. Bezogen auf die Wirtschafts- und Sozialpolitik bedeutet dies für Naumann: Zwar kenne das „Neue Testament keine ‚Wirtschaftsordnung'", wohl aber könne ein „Wirtschaftsprogramm ... aus gewissen allgemeinen sittlichen Obersätzen" entwickelt werden. Die Neuordnung der Gesellschaft auf der Grundlage einer christlich-sozialen Weltanschauung, dies war Naumanns Ziel.

Mit diesem sozialethischen Gebäude ist der Höhepunkt der christlich-sozialen Phase erreicht. Gewiß, aus theologischer Sicht können viele Einwände vorgebracht werden. Dennoch markiert Naumann mit seinen Gedanken, entwickelt aus dem Bestreben, seine Sozialerfahrung mit seiner theologischen Existenz in Einklang zu bringen, eine wichtige Station in der Geschichte der evangelischen Sozialethik. Seine Forderung, die soziale Frage „von unten her", vom Standpunkt der Betroffenen und somit als Strukturfrage der Gesellschaft zu behandeln, weist über die bisherigen sozialethischen Konzeptionen des 19. Jahrhunderts hinaus. Dies zeigt sich auch in seinem Bemühen, Kirche und Theologie in die Verantwortung für eine Neuordnung der Gesellschaft einzubinden und der Sozialethik die Aufgabe zuzuweisen, ein christliches Wertesystem zu entwickeln. Indem Naumann mit diesen Gedanken Ansätze zu einer modernen Sozialethik aufzeigt, eröffnet er in der Geschichte der evangelischen Sozialethik eine neue Epoche und steht gewissermaßen als Repräsentant für die Periode des Übergangs vom 19. zum 20. Jahrhundert.

Die große Wende in Naumanns Denken, die sich ab 1895 in seinen Schriften erkennen läßt, ist wieder aufs engste mit seinen Lebensdaten und den politischen und kirchlichen Ereignissen verbunden. Bereits im Januar 1894 war es zu einem Konflikt mit dem Frankfurter Konsistorium gekommen. Die Kirchenbehörde hatte ihm wegen einer öffentlichen Auseinandersetzung mit Theodor von Wächter, Theologe und Sozialdemokrat, ihre „Mißbilligung" ausgesprochen. Als ihm daraufhin von seiten des Evangelischen Vereins bedeutet wurde, die Stelle zu wechseln, trat Naumann in den Dienst der „Südwestdeutschen Konferenz der Inneren Mission". Der Vorfall hatte ihn aufs stärkste bewegt, mußte er doch dadurch die Unbefangenheit seines Wirkens und seiner menschlichen Ehre in Frage gestellt sehen.

Die neue Aufgabe verschaffte ihm nun die erwünschte Unabhängigkeit vom Konsistorium und ein regional noch weiter gestecktes Betätigungsfeld als bisher. Dies kam auch seiner sozialpolitischen Arbeit zugute. Diese Stelle versah er noch etwas mehr als zwei Jahre, dann schied er ganz aus dem Pfarramt aus und zog 1897 nach Berlin.

Inzwischen hatte auch die politische und kirchliche Szene gewechselt. Der „soziale Frühling" am Anfang der Neunzigerjahre war der Reaktion gewichen. Der Kaiser hatte den neuen Kurs für beendet erklärt und der Evangelische Oberkirchenrat in Berlin im Anschluß daran einen Erlaß gegen die „sozialen Pastoren" herausgegeben. Auf diesem Hintergrund gewinnt Naumann die Einsicht, daß sozialpolitische Reformen nur über eine parteipolitische Formierung durchzusetzen seien. Diese Einsicht wird noch verstärkt durch die Auseinandersetzungen innerhalb des Evangelisch-sozialen Kongresses. Dort zeichnet sich immer deutlicher eine Frontstellung zwischen den Sozialkonservativen um Stoecker und den sich stärker für die Rechte der Arbeiter einsetzenden „Jüngeren" ab. Mit dem Wochenblatt die „Hilfe", das von Naumann im Dezember 1894 gegründet wurde und bis 1902 den Untertitel „Gotteshilfe, Selbsthilfe, Staatshilfe, Bruderhilfe" führte, wird die programmatische Arbeit vorangetrieben. Im November 1896 fällt die Entscheidung. Naumann lädt alle „nichtkonservativen Christlich-Sozialen" nach Erfurt ein. Der „Nationalsoziale Verein" wird gegründet und Naumann zum ersten Vorsitzenden gewählt.

Bereits im Vorfeld der Parteigründung war es notwendig geworden, über sozialpolitische Fragen hinaus auch zu nationalstaatlichen Problemen Stellung zu beziehen. In der „Hilfe" hatte sich Naumann zum ersten Mal zum Militärproblem geäußert und sich dabei für die deutsche Flottenrüstung ausgesprochen: „Es gibt Machtfragen, darum brauchen wir Macht." Die Schaffung eines nationalen Machtstaates, dieses Ziel tritt von nun an immer deutlicher bei Naumann in den Vordergrund. Es war die alte Verpflichtung, die Sicherung der durch Bismarck geschaffenen nationalen Einheit, die jetzt, nachdem sie in den Schriften der christlich-sozialen Phase etwas in den Hintergrund getreten war, in ihrer ganzen Deutlichkeit und Breite wieder zum Vorschein kam.

Mit diesem Machtstaatsgedanken war aber auch bereits der ethische Konflikt vorgezeichnet. Als wegen seiner Äußerungen zum Bau der Kriegsschiffe ein Pfarrer in einem offenen Brief die Frage stellte, wie solche Äußerungen mit der christlichen Auffassung zu vereinbaren seien, weicht Naumann noch aus, indem er das Jesusbild in den Horizont realistischer Bedingtheiten rückt: „Jesus will Milderung der Gewalten, soweit es geht, aber er will keine Regierungslosigkeit." Und konkret auf die Frage eingehend, was würde Jesus zur Flottenrüstung sagen, schreibt er: „Jesus steht im Geist vor uns und fragt: Wie dient ihr dem Frieden am besten, mit oder ohne Rüstung? Wir antworten: Ach Herr, die Rüstung ist ein schweres Kleid, und wir werden froh sein, wenn wir es ausziehen können, aber heute abrüsten heißt den Tod ins Land rufen! Herr, willst Du das? Mir ist, als hörte ich Jesus sprechen: Das will ich nicht, gehet hin, baut die Schiffe und bittet Gott, daß ihr sie nicht braucht!" Der Theologe Naumann ist noch nicht bereit, sich in dem aufbrechenden „Entweder-Oder" zwischen christlich-sozialem Jesusbild und machtstaatlicher Notwendigkeit klar zu entscheiden. Deshalb stellt er Jesus selbst in den eigenen Zwiespalt hinein, läßt er ihn antworten.

In dieser Zeit des Zweifelns und Suchens gewinnen für Naumann vor allem zwei Männer eine entscheidende Bedeutung: Der Nationalökonom Max Weber und der Kirchenrechtler Rudolph Sohm. Webers Freiburger Antrittsvorlesung hatte Naumann in der „Hilfe" kommentiert und hinzugefügt: „Hat er nicht recht? Was nützt uns die beste Sozialpolitik, wenn die Kosaken kommen? Wer immer Politik treiben will, der muß erst Volk, Vaterland und Grenzen sichern, er muß für nationale Politik sorgen." Der Einfluß Webers auf Naumann ist vor allem an drei Punkten festzumachen: Zum einen bringt Weber mit seiner Theorie eines nationalen Sozialismus die gedankliche Klärung in das bisher noch verschwommene Ineinander bei Naumann von sozialen und nationalen Gedanken; zum anderen öffnet er dem Freund den Blick für die Forderungen und Konsequenzen eines nationalen Machtstaates. Durch Weber wird Naumann der Aspekt einer kämpferischen Außenpolitik erst in vollem Umfang deutlich. Und drittens: Indem Weber den Nationalstaat zum Ideal erhebt, zum Wert an sich, zwingt er Naumann zur Überprüfung seiner eigenen christlichen Ideale, bietet er einen kritischen Orientierungspunkt im Konflikt um das eigene Wertesystem. Zur Lösung dieses Konflikts selbst kann Weber jedoch nichts beitragen, da für ihn christlich-soziale Gedanken sentimental und unpolitisch sind.

Gerade an dieser Stelle wird für Naumann die Begegnung mit Sohm wichtig. Der Christ und National-Soziale nimmt „dort eine Trennung vor, wo sich bei Naumann Gefühl und Tun zu einer Einheit verwoben hatten: Christentum und staatliches Wesen". Er zieht eine scharfe Linie zwischen dem Bereich des Staatlichen, Politischen und Rechtlichen und dem Bereich des Christentums, „das allein unter dem Gesetz des Glaubens und der Liebe stehe". Gerade durch diese Scheidung der Gebiete und durch eine präzise Zuordnung ihrer jeweiligen Aufgaben wird Naumann der Kern seines ethischen Konflikts erst richtig bewußt; gleichzeitig zeigt ihm Sohm aber auch einen gangbaren Weg auf, aus diesem Konflikt herauszukommen. Naumann ist der Trennung Sohms zunächst zögernd, dann aber um so bestimmter gefolgt.

Den Höhepunkt des nationalen Enthusiasmus von Naumann bildet die Besprechung der als „Hunnenrede" in die Geschichte eingegangenen Kaiserrede. Wilhelm II. hatte bei der Entsendung von Truppen nach China gegen die aufständischen „Boxer" im Sommer 1900 gefordert: „Pardon wird nicht gegeben, Gefangene werden nicht gemacht." Vorausgegangen war die Ermordung des deutschen Botschafters in Peking. Dennoch mußte eine solche Rede einen Sturm der Entrüstung auslösen. Um so überraschter waren dagegen die „Hilfe"-Leser, als Naumann dort die moralischen Einwände als unangebracht und als „Zimperlichkeit" abwertete: „Was sollen wir machen, wenn es 50 000 Chinesen einfällt, sich uns zu ergeben? Dann bewachen und ernähren wir diese gelben Brüder und sind kampfunfähig." Naumann kritisiert zwar die religiösen Teile der Kaiserrede, nicht aber die militärischen. Mit dieser Haltung geriet er selbst ins Kreuzfeuer der Kritik. War er noch vor wenigen Jahren von den Konservativen als „Bundschuhpfarrer" bezeichnet worden, so mußte er sich jetzt den Beinamen „Hunnenpastor" gefallen lassen. Naumann rechtfertigte sich mit einer indirekten Entschuldigung: „Gerade weil ich mich dabei mit mir selbst auseinandersetzen muß, habe ich das Bedürfnis, verdeckende Mittelworte zu vermeiden." Und den eigenen Konflikt vor Augen fuhr er fort: „Wir dürfen uns bei unseren Kriegen nicht auf Jesus berufen, aber können uns auch nicht gefallen lassen, daß man uns im Namen Jesu die Selbsterhaltung mit der Waffe versagt." Schließlich müsse man unterscheiden, „was sittlich am meisten wahr und notwendig ist, eine Fassung der Politik als angewendete Ethik oder als Technik der Machtverhältnisse". Damit war die Entscheidung gefallen, hatte sich Naumann im Konflikt zwischen Ethik und Politik für das „Entweder-Oder" entschieden. Manche Formulierungen lassen sogar Anklänge an eine national-politische Theologie erkennen. So könnte etwa das im Frühjahr 1900 erschienene Buch „Demokratie und Kaisertum" als Beleg für eine solche national-politische Theologie gewertet werden. In dieser Schrift, als Leitfaden für den „Nationalsozialen Verein" gedacht und nicht zuletzt mit der Absicht geschrieben, auf jenen Teil der Partei erzieherisch zu wirken, „der sich von der ausschließlich ethisch-religiösen Betrachtung nicht lösen konnte und wollte", wird die Sicherung nationaler Machtinteressen zum wichtigsten politischen Ziel erhoben und damit zum alleinigen Kriterium politischer Ethik: „Nichts hilft in der Weltgeschichte Bildung, Kultur, Sitte, wenn sie nicht von der Macht geschützt und getragen werden." Jesus, der „Zeitgenosse", der Maßstab für die Lösung gegenwärtiger Probleme, mußte dem staatlichen Machtgedanken als der entscheidenden Kraft des Politischen weichen. Jesus als Zentrum des Glaubens aber blieb. Dennoch, die letzte Klärung steht noch aus. Sie soll in den „Briefen über Religion" gegeben werden.

Geht man in der religiösen und politischen Entwicklung Naumanns noch einmal zurück, so lassen sich die ersten Anzeichen einer Trennung zwischen christlicher Ethik und Politik bereits um 1894/95 erkennen. Um so mehr muß es daher verwundern, daß Naumann das christlich-soziale Jesusbild bis 1898 kaum angetastet hat. Im Spätsommer dieses Jahres nun reist er anläßlich des Kaiserbesuchs im Heiligen Land auf dem Schiff „Asia" mit nach Palästina, in das Land also, in dem Jesus gelebt und gewirkt hatte. Hier nun wurde ihm endgültig klar, daß sein persönlich geformtes Jesusbild nichts mit dem historischen Jesus vor neunzehnhundert Jahren gemeinsam hatte. Was in Form von Anfragen und Zweifeln schon vorhanden war, hier gewinnt es die letzte Klarheit. So vermerkt er in seinen Aufzeichnungen: „Bisher sah ich in helfender, organisierender, sozialer Tätigkeit ein Fortwirken des Lebens Jesu. An dieser Auffassung bleibt immer viel richtig, aber sie hat in Palästina an Sicherheit verloren." Und er muß bekennen: „Es fiel für mich etwas dahin, was mir sehr wert gewesen war: der irdische Helfer, der alle Arten menschlicher Nöte sieht.“ Der soziale Charakter Jesu konnte dem historischen Jesus nicht mehr standhalten. Damit hatte Naumann sein Sozialideal endgültig verloren, geblieben aber ist der „auferstandene Jesus“ als „praktische Kraft“. In seinem Namen schließt Naumann den Reisebericht ab: „Jesus Christus, gestern und heute und derselbe in Ewigkeit!“

Ein Spiegelbild seiner religiösen Entwicklung findet sich auch in den seit 1895 bis 1902 regelmäßig erschienenen Andachten in der „Hilfe“. Allerdings – sie wollen nicht nur ein Spiegelbild sein und dürfen auch nicht allein als solches gewertet werden. In schmalen Jahresbändchen herausgegeben gehören sie zu den Schriften unter Naumanns Werken, an denen er selbst am meisten Gefallen fand. Sie waren auch der Anlaß für die Verleihung der theologischen Ehrendoktorwürde. Durch einen Bibelvers oder einen anderen Spruch eingeleitet folgen kurze Besinnungen über grundsätzliche Fragen des christlichen Lebens. Naumann will mit ihnen Orientierung geben, für andere und für sich selbst. Für manchen Pfarrer waren sie auch Anregung für die sonntägliche Predigt. Bemerkenswert ist, daß sich das Thema Glaube, der Glaube an Gott und an Christus, wie ein roter Faden durch diese Andachten hindurchzieht. War das also das Bleibende im theologischen Denken Naumanns?

Die Antwort auf diese Frage gibt er in den „Briefen über Religion“, seiner im übrigen letzten und bekanntesten theologischen Schrift. Sie sind eine Art Rechenschaftsbericht, der Versuch, den eigenen Standort zu bestimmen. Er selbst will sie „als Nachwort“ zu seinen Andachten verstanden wissen. Dabei wendet er sich an die Art von Lesern, „die nicht einen Priester sucht, sondern einen Bruder und Mitstreiter im Kampf um die Weltanschauung“. Es sind vier Themenbereiche, die Naumann in diesen achtundzwanzig Briefen vor allem behandelt: sein eigenes Verhältnis zu Jesus, die Bedeutung Jesu und des Christentums für die Gesellschaft, Staat und Christentum und „Religion und Naturforschung“.

Die Bedeutung Jesu für ihn selbst und sein Leben legt er im fünften Brief dar. Er verweist zunächst auf den einst gewonnenen Bestand an Kirchenlehre und fährt dann fort: „Dieser Bestand an Lehre hat bei weiterer persönlicher Erfahrung und Prüfung nicht standgehalten, aber die Person im Mittelpunkt hat standgehalten. In der Stellung zu ihr liegt die Einheit der Religion zunächst meines eigenen geringen Lebens.“ Jesus also war und blieb – bei allen Wandlungen, die sein Bild durch Naumann erfahren hatte – das Zentrum seines theologischen, seines religiösen Denkens.

Beim zweiten oben erwähnten Themenbereich, der Bedeutung Jesu und des Christentums für die Gesellschaft, stehen die früheren christlich-sozialen Vorstellungen und die Palästinareise gedanklich im Hintergrund: „Die Worte Jesu sind ursprünglich wörtlich zu verstehen gewesen, aber sie können leider von uns nicht wörtlich erfüllt werden.“ Und er empfindet es als schmerzlich, „daß man auch nicht imstande ist, die praktische Lebensauffassung Jesu direkt in die Gegenwart hinein zu übersetzen. Wir leben im Zeitalter des Kapitalismus und haben eine Religion, die vor diesem Zeitalter geboren wurde.“ Deshalb würden heute andere Regeln, andere Gesetze und andere Prinzipien gelten. Naumann versucht dies an einigen Beispielen deutlich zu machen, indem er Bibelworte auf ihre reale Bedeutung hin untersucht: „Jesus sagt: ‚Wenn du ein Gastmahl machst, so lade die Bettler und Krüppel!‘ Man übertrage dies direkt in unsere Verhältnisse! Er sagt: ‚Sorge nicht für den morgenden Tag und frage nicht: was werden wir essen, was werden wir trinken!‘ Was aber sagt unsere Volkswirtschaftslehre und was bringen wir unseren Kindern bei?“ Abschließend fragt er dann: „Ist es nur unseres Herzens Härtigkeit und angeborene Sünde, wenn wir das alles nicht wörtlich ausführen?“ Obwohl Naumann die Frage im Text offen läßt, hat er sie – vom Gesamtzusammenhang her zu schließen – im Grunde verneint. Denn das Christentum steht für ihn in dieser Welt vor der Alternative: „Entweder es erklärt: der Jünger Jesu Christi kann mit den schaffenden und erwerbenden Tätigkeiten dieser Zeit nichts zu tun haben und wird Mönch, oder der Jünger Jesu Christi wird sich der Begrenztheit seines Christentums bewußt. Er sagt: ich will Christ sein, soviel und so gut es in dieser Welt möglich ist! Er verzichtet darauf, nur christliche Motive zu haben, sondern hat sie neben anderen.“ Drei Punkte werden aus diesen Gedanken Naumanns deutlich: Zum einen lehnt er die einstige Vorstellung ab, aus dem Christentum könne mit Hilfe eines sozialen Jesusbildes die Grundlage für eine Gesellschafts- und Wirtschaftsordnung abgeleitet werden; zum zweiten weist er mit seinen Beispielen und seiner Sicht von der Begrenztheit des Christentums darauf hin, daß es in der Welt Gesetzmäßigkeiten gibt, die mit denen des Christentums nicht zu vereinbaren sind. Er entläßt damit, vom christlichen Standpunkt aus gesehen, die Welt in ihre Eigengesetzlichkeit. Und drittens rückt er mit seiner These, „ich will Christ sein, soviel und so gut es in dieser Welt möglich ist“, den ethischen Konflikt in den Entscheidungsbereich des einzelnen.

In dem nächsten großen Themenbereich Staat und Kirche wird der schon bekannte, jedoch in seiner Deutlichkeit alles bisherige übersteigende Gegensatz zwischen Ethik und Staatspolitik behandelt. „Der Staat braucht Herrscher, ... Alle Konstruktionen, die den Staat aus Bruderliebe heraus erklären wollen, sind, geschichtlich angesehen, leeres Gerede. Der Staat kann, wenn er sich vervollkommnet, mit Motiven der Bruderliebe gesättigt werden, man kann es wenigstens versuchen; aber seiner Natur nach ist er nicht Liebe, sondern Zwang.“ Jesu Eigenart dagegen ist die, daß er „groß ist ohne weltlichen Herrschaftssinn“. Auf welche Sittlichkeit gründet sich aber nun der Staat? Naumann stellt sich diese Frage durch seinen imaginären Adressaten selbst: „Ist der Staat, der Rechtsstaat, der Zwangsstaat, ohne Sittlichkeit?“ Und die Antwort lautet: „Nein! Aber er ist ohne Christentum, denn sein Element ist nicht die allgemeine Liebe, und sein höchstes Ziel ist nicht die Menschheit." Somit muß es also zwei Arten von Sittlichkeit geben. Naumann stimmt dem zu: „Wir haben eine Welterkenntnis, die uns einen Gott der Macht und Stärke lehrt, der Tod und Leben wie Schatten und Licht gleichzeitig versendet, und eine Offenbarung, einen Heilsglauben, der von demselben Gott sagt, daß er Vater sei. Die Nachfolge des Weltgottes ergibt die Sittlichkeit des Kampfes ums Dasein, und der Dienst des Vaters Jesu Christi ergibt die Sittlichkeit der Barmherzigkeit. Es sind aber nicht zwei Götter, sondern einer. Irgendwie greifen ihre Arme ineinander." Zwischen beiden Sittlichkeiten steht nun der Mensch – nach einer klaren Antwort suchend. Da aber kann Naumann ihn nur darauf verweisen, den Zwiespalt als notwendig zu begreifen. Alles entscheide sich zwischen dem „Entweder-Oder": „Entweder wir wollen herrschen oder wir wollen liebend leiden. Entweder wir gehen mit Bismarck oder mit Tolstoi ... Es scheint mir, daß niemand das Christentum in seiner ganzen schweren Kraft verstanden hat, der nicht in diesem Gegensatz seine eigene Seele hat fast zerbrechen gefühlt."

Klarer und eindeutiger hätte eine Trennung zwischen Christentum und Politik nicht formuliert werden können. Beiden wird ihr jeweils eigener Bereich zugeordnet, beide unterliegen einer eigenen, einer auf ihre jeweilige Sittlichkeit gestützten Gesetzlichkeit. Im Konfliktfall aber, wo sich beide ethischen Ansprüche in einem unausweichlichen „Entweder-Oder" gegenüberstehen, hat der Mensch selbst zu entscheiden, welcher Moral und welchem Gott er folgt: dem Weltgott oder dem Christengott.

Für die Begründung der eigenen Sittlichkeit des Staates benutzt Naumann nun – und das ist der vierte Themenbereich – die Thesen von Darwin, wobei der Darwinismus in den Briefen oft stellvertretend für Naturwissenschaft steht. Nicht nur aus dem Christentum, sondern ebenso auch aus dem „natürlichen Leben" seien sittliche Werte hervorgegangen. Es gäbe „das Ich, den Staat, die Klasse, das Volk, ... die ihre eigenen Ziele, Rechte und Sittlichkeiten haben". „Natur und Religion" sieht Naumann dabei durch die Notwendigkeit verbunden, „Gott im geordneten Gang der Dinge zu erkennen und nicht in den unerklärbaren Unterbrechungen": „Gott ist in der Entwicklung drin, und jeder, der uns Entwicklungsgeschichte lehrt, ist Gottes Türhüter. Nie bin ich so froh, an Gott zu glauben, als wenn ich die Größe der Natur mit allen Mitteln der Neuzeit dargestellt bekomme." Es ist – wie so typisch für Naumann – der Versuch, neu gewonnene Erkenntnisse, hier nun aus der Naturwissenschaft, mit der Theologie in Verbindung zu bringen und in das eigene Gedankenmodell einzubauen. Vom „natürlichen Leben" wird auf ein „natürliches Sittengesetz" geschlossen und der Kampf ums Dasein wird zur „Weltanschauung", zum „Prinzip des Fortschritts".

Die Eigengesetzlichkeit der Welt und des Christentums, verbunden mit einem religiös-spiritualistischen Individualismus, so könnte man stichwortartig den Inhalt der Briefe zusammenfassen. Über alle individualistischen, darwinistischen und pantheistischen Gedanken hinweg bleibt aber im religiösen Denken Naumanns *ein* Zentrum bestehen: *sein Glaube an Jesus.*

Am Schluß seiner Briefe schreibt Naumann: „Jetzt aber ist es für mich nun Zeit, nach mehr als acht Jahren regelmäßiger Aussprache über Religion (gemeint sind die Andachten in der „Hilfe"), einmal den Mund bis auf weiteres zu schließen. Religion nämlich besteht nicht nur im Reden, sondern oft ebensosehr im Schweigen." Und im Nachwort zur 6. Auflage 1916 mit dem bezeichnenden Titel „Nach dreizehn Jahren" ist zu lesen: die Briefe waren „ein Stück meiner eigenen Lebensgeschichte, nämlich der Abschied von meiner Theologenzeit". Der Theologe also schwieg, sein religiöses Empfinden aber hatte sich weiter in den persönlichen und politischen Alltagsentscheidungen zu bewähren.

Der Abschied von der „Theologenzeit" fällt auch zusammen mit dem Ende des Nationalsozialen Vereins und Naumanns Anschluß an die linksliberale Freisinnige Vereinigung. Die folgenden Jahre stehen nun ganz im Zeichen seiner politischen Arbeit und seines Bemühens um die Erneuerung des Liberalismus. Die wichtigsten Daten dieser politisch-liberalen Phase sollen hier noch kurz genannt werden.

1907 wird Naumann zum ersten Mal im schwäbischen Wahlkreis Heilbronn in den Reichstag gewählt. Fünf Jahre später scheitert seine Wiederwahl an etwas weniger als hundert Stimmen. Doch schon 1913 kehrt er durch eine Nachwahl in Waldeck-Pyrmont in den Reichstag zurück. Der spätere Kanzler und Außenminister Stresemann, der einst zu Naumanns Nationalsozialem Verein gehörte, hatte auf eine Nominierung zugunsten Naumanns verzichtet. Unter dem Eindruck des ersten Kriegsjahres entsteht sein wohl bedeutendstes politisches Werk „Mitteleuropa", in dem er – schon damals – den Zusammenschluß der europäischen Kernländer als wichtigstes außenpolitisches Ziel forderte. Mit der Unterstützung des Stuttgarters Robert Bosch gründete er 1918 in Berlin „eine freie deutsche Hochschule für Politik". Nach dem Krieg 1919 wird er – jetzt als Abgeordneter von Berlin – Mitglied der Nationalversammlung und in den Verfassungsausschuß berufen. Seine Mitarbeit an der Weimarer Reichsverfassung bildet den Höhepunkt seiner parlamentarischen Arbeit. Er trat vor allem für die öffentlich-rechtliche Eigenständigkeit der Kirche, für den Religionsunterricht als ordentliches Lehrfach und für die Gemeinschaftsschule ein. Kurze Zeit war Naumann auch als Reichspräsident im Gespräch. Er hatte diesen Gedanken jedoch selbst zurückgewiesen. Im Juli 1919 wählte ihn der erste Parteitag der Deutschen Demokratischen Partei zu seinem Vorsitzenden. Doch bevor er diese neue Aufgabe richtig in Angriff nehmen konnte, erlag er am 24. August einem Schlaganfall.

Dies sind Stationen eines bewegten politischen Lebens, die Naumann vor allem als liberalen Politiker, gewissermaßen als *Liberales Profil,* in die Geschichte haben eingehen lassen. Dennoch kann diese historische Würdigung nur für die zweite Hälfte seines Lebens gelten. Die Jahre bis 1903, bis zum Abschied von seiner „Theologenzeit", stehen dagegen für ein anderes Profil. Es mag sein, daß es die Unüberbrückbarkeiten seiner Ideale und sein zum Teil bis ins Irrationale gehendes religiöses Denken waren, die das *Protestantische Profil* Naumann weitgehend in Vergessenheit geraten ließen. Doch die Entwicklung seines christlich-religiösen Denkens, sein Suchen und Fragen und sein Ringen um Klärung im Konflikt zwischen eigener Erfahrung und theologischer Existenz zeigen Merkmale eines persönlich gelebten Protestantismus auf.

Da ist zunächst sein Glaube an Jesus. Er bleibt über alle aufschäumenden geistigen Wogen hinweg als unangreifbare Bastion bestehen. Er gibt ihm die notwendige Gelassenheit und Freiheit, sein theologisches Denken durch die sich ihm stellende Wirklichkeit in Frage stellen und korrigieren zu lassen. Da sind seine gut protestantische Kompromißlosigkeit, mit der er die erkannten Gegensätze in aller Schärfe aufzeigt, selbst bereit, sich in den Zwiespalt zu stellen, und der unverkennbare Hang, das selbst Erkannte und das als richtig Erkannte freimütig zu vertreten und gegen alle Widerstände durchzusetzen. Da sind aber drittens auch die Sorge um die soziale Not aus christlicher Verantwortung und das Eintreten für mehr soziale Gerechtigkeit. Alle diese Merkmale, die Naumann als Protestantisches Profil kennzeichnen, können jedoch nicht darüber hinwegtäuschen, daß Naumann letztlich als *Theologe* gescheitert ist – dies gilt aber nicht für Naumann als *Mensch* und *Christ.*

Literaturhinweise:

Christ, Jürgen: Staat und Staatsraison bei Friedrich Naumann, Heidelberg 1969.

Engel, Ingrid: Gottesverständnis und sozialpolitisches Handeln. Eine Untersuchung zu Friedrich Naumann, Studien zur Theologie und Geistesgeschichte des Neunzehnten Jahrhunderts 4, Göttingen 1972.

Heuß, Theodor: Friedrich Naumann. Der Mann, Das Werk, Die Zeit, 2. Auflage, Stuttgart/Tübingen 1949.

20. Jahrhundert

Ricarda Huch
(1864–1947)

Erika Reichle

Ricarda Huch

Leidenschaft und Disziplin, überquellende Phantasie und sezierende Reflexionskraft, eine kräftige Empfänglichkeit für alle Schwingungen des Lebens und ein vom kulturellen Erbe der Völker des Alten Reiches bewegter Geist – zwischen diesen sich immer mehr ausprägenden Polen bewegte sich Ricarda Huch, oft in kaum noch erträglicher Spannung, aufrechterhalten durch die ungemeine Vitalität ihres Wesens und den eisernen Willen zur Selbstbehauptung, bis „das schönste Jahrzehnt des menschlichen Lebens", ihr sechstes, die im Leiden Geprüfte versöhnt und fest gegründet entließ. – Rückblickend schrieb sie 1944 dem Freund Reinhard Buchwald, der einst ihre „Quellen des Lebens" betreut hatte, zu seinem Geburtstag: „Rückert hat den Termin zu früh angesetzt: ‚Mit vierzig Jahren ist der Berg erstiegen!' Es sollte heißen: ‚Mit sechzig Jahren!'" Beigelegt war ihre Jugendgeschichte „Der arme Heinrich" mit der Widmung:

„Sechzig Jahre
Das Herz, nun freier von mancher Bedrängnis
Rastloser Leidenschaft, wendet sich wieder zur Kindheit,
Und betrachtet mit heiterem Blick die bunten Gebilde,
Die einst spielende Jugend träumerisch glücklich entwarf."

Ina Seidel schrieb 1964 über Ricarda Huch: „In der fruchtbaren Spannung ihrer vielfach gegensätzlichen Anlagen dominierte von Anfang an etwas wie eine ‚konstante Größe', die sich niemals wandelte und ihr Gleichmaß allen Wechselfällen des Lebens gegenüber behauptete: die Gläubigkeit jener Begnadeten, ‚denen alle Dinge zum Besten dienen müssen', verbunden mit einer unmittelbar auf die Wirklichkeit angewandten höchsten Vernunft, die alle Sphären des menschlichen und des künstlerischen Wirkens als ein eingeborenes ethisches Ordnungsprinzip durchdrang." – Sollte es so gewesen sein – und wer möchte daran zweifeln angesichts einer von innen und außen gefährdeten Existenz, ihrer Bewahrung und Bewährung – so trat die Konstanz dieser Gnade erst spät in ihr Bewußtsein. Sie hat diese Erfahrung in „Luthers Glaube" (1916/17) kritisch reflektierend verknüpft mit dem, was ihr als geistiger Besitz wert war, und fand zu der unerschütterlichen Lebensbejahung dessen, der „auf Gottes Verheißung sich lehnet".

Es gibt keine Autobiographie Ricarda Huchs. Sie hat einmal gesagt, sie kenne größere Gegenstände, an denen sie ihre Kunst versuchen wolle. Ihr Werk ist voll von tragenden und begleitenden Figuren, historischen und fiktiven Personen, die aufeinander wirkend die je eigene und gemeinsame Geschichte hervorbringen, ihren Teil der Geschichte des Geistes in der Menschheit, die über das Selbstbewußtsein zum „Gottbewußtsein" führt. Echtheit und Lebendigkeit dieser Figuren zeigen, daß die Dichterin in ihnen Elemente ihres Selbst „ganz außer sich kommen läßt" (Hegel) und bearbeitet zurückgewinnt. Selbstreflexion im engeren Sinn hat sie abgelehnt: „Gott herrscht in dem reinen Herzen, das nichts von sich weiß; es ist also unmöglich, daß ein Mensch göttliche Kraft habe, der sich das reine Herz, das Unbewußtsein des Kindes nicht trotz des Selbstbewußtseins, durch das jeder hindurch muß, bewahrt ... es ist Schamlosigkeit, einem anderen, aber auch sich selbst die letzten Geheimnisse des Herzens zu erpressen, und eine gewisse ängstliche Verlegenheit verrät diejenigen, die diese von Gott gezogene Grenze überschritten haben. Es verrät sie auch ihre Ohnmacht; denn Selbstbetrachtung macht unfruchtbar. Dadurch, daß man sich nach außen ausströmt, rettet man sich vor der Selbstentweihung, die zugleich Entweihung Gottes ist. Vielleicht erinnerst du dich, daß wir den Ungläubigen als denjenigen bestimmten, der sich selbst anbetet, und Selbstbetrachtung ist ja Selbstanbetung."

Nicht Unfähigkeit zur Autobiographie, sondern (zunächst wohl instinktiver) Verzicht steht hinter ihrem eigenen Urteil: „Eigentlich gehört so etwas auch gar nicht zu mir – zu meiner schriftstellerischen Art; nirgends wandelt die doch die Wege des unmittelbaren Erlebens nach." – Aus wenigen Gelegenheitsschriften und ihrem Nachlaß sind „Bausteine zu einer umfassenden Lebenschronik" (Balzer) zusammengetragen und als „Erinnerungen an das eigene Leben" der Gesamtausgabe ihrer Werke von Wilhelm Emrich (teilweise) beigegeben. Mir scheint bedenkenswert, daß diese Schriftstücke überwiegend während ihrer Lebenskrise (im 5. Jahrzehnt) oder als Reflexion auf sie entstanden. Aus ihnen läßt sich ein authentisches Bild gewinnen von den Einflüssen, unter denen die Persönlichkeit der Ricarda Huch reifte.

I.

„Ich war ein geborener Protestant mit einer Vorliebe für Revolutionen und Rebellionen; das Wort Rebell hatte einen Klangzauber für mich, an dem ich mich berauschte. Alles Spontane war mir sympathisch, alles Offizielle zuwider. ... Das Wort Freiheit war das Zauberwort, das mein Herz schrankenlos öffnete; ohne einen Gegensatz irgendwelcher Art zwischen Zwang und Freiheit hatten die öffentlichen Angelegenheiten kein Interesse für mich." So beschrieb sie sich selbst in „Mein erstes Lebensjahrzehnt" für den Verlegerfreund Anton Kippenberg. „Protestant" – „Rebell", das könnte dazu verleiten, sie als einen Menschen zu sehen, der aus Prinzip im Widerspruch zu seiner Umwelt lebt. Dies war sie keineswegs, wenn sie auch im Lauf ihres Lebens immer wieder in Gegensatz zum politischen Zeitgeist geriet und ihrem Widerspruch dann auch kräftig Ausdruck gab.

Ricarda Huch entstammte einer Großfamilie, in der Kaufmannsgeist, Freiheitsdrang und Frömmigkeit eigentümlich verbunden waren. In den „Jugendbildern" (ab 1938 geschrieben) schildert sie die prägenden Gestalten. Es begann mit ihrem Urgroßvater, Heinrich Christoph Huch. Dieser, 1743 geboren, hatte Theologie und Philologie studiert, war Pfarrer in Celle und in Braunschweig gewesen, ehe er in einer Vorstadt von Celle „ein Gut mit Branntweinbrennerei, Essigfabrikation und Viehstand (kaufte). Nach einer Äußerung von ihm selbst betrieb er die damit verbundene Tätigkeit mit Eifer, erhielt nie einen polizeilichen Verweis, verlor nie eine Klage oder einen Prozeß, ‚bis endlich die hinterlistig heimtückische Bosheit feiger Buben den derben lutherischen Stier und dreißigjährigen Brauer und Viehknecht gestürzt haben'. Glücklicherweise, sagte er weiter, habe er seine Sprachstudien nie vernachlässigt, so daß er sich nun auf seine philologischen Krücken habe stützen können. Er gründete mit Hilfe seiner Töchter eine Knaben- und Mädchenschule und erteilte Erwachsenen Unterricht in alten und neuen Sprachen ... Später siedelte er nach Braunschweig über, wo ihm sein einziger Sohn, mein Großvater, einen sorglosen Lebensabend bereitete."

Ricarda Huch spricht von diesem Mann nicht mit Namen. Sie nennt ihn „meinen Großvater, den Abenteurer" und fängt so das Geheimnis ein, das ihn in ihrem Vaterhaus umgab. Auch er war Kaufmann und durch Erbschaft sehr vermögend gewesen. Aus seiner Generation stammen Beziehungen der Familie nach Portugal und Brasilien. Nach seiner Rückkehr aus Lissabon heiratete er 1816 die Hamburger Patriziertochter Elisabeth Banks, ein Mädchen von auffallender Schönheit. Mit ihr ließ er sich in Braunschweig nieder, eröffnete die „Hagenschenke", „Treffpunkt aller hervorragenden oder interessanten Leute", richtete das Braunschweiger Feuerlöschwesen ein, erfand eine Art Allheilmittel, mit dem er die Bauern in weitem Umkreis meist umsonst kurierte, brachte seine Familie durch „regellose Wohltätigkeit" und „Exzentrizitäten" an den Rand des Ruins und verfiel schließlich in geistige Umnachtung. Er starb 1858 in Porto Alegre, Brasilien. Ricarda Huch beschreibt ein Bild dieses „schönen alten Mannes", in dem sich sein Charakter spiegelt: „Er hatte stolze, leidenschaftliche Züge, dichtes, leicht gewelltes Haar und eine Haltung, die mich an die des Moses von Michelangelo erinnerte, als ob er eben zornig von seinem Sitz aufspringen wollte." Durch ihn ist Braunschweig zur Heimatstadt der Familie Huch geworden.

Ricarda Huchs Vater war das jüngste von fünf Geschwistern. In ihrer Kindheit lebten alle in Braunschweig, nicht gerade in regem Verkehr miteinander, aber doch so, daß eins am Geschick des anderen Anteil nahm. In jedem von ihnen prägte sich das Charaktererbe der Eltern und die Geschichte der Familie auf eigene Weise aus – ein unerschöpfliches Feld für die Anschauung von Glanz, Tragik, Zerrissenheit, Größe, Zerfall. In ihrem ersten Roman „Erinnerungen von Ludolf Ursleu dem Jüngeren" (erschienen 1893), der den Untergang eines großbürgerlichen Geschlechts schildert, hat sie viele dieser Eindrücke verarbeitet. Dies mag auch der tiefere Grund dafür sein, daß das „schwermütige Pathos" (Ina Seidel) dieses Werks immer wieder durch geistvollen Humor durchbrochen wird – Zeichen dafür, daß sie „das Heiße, Flackernde, Abenteuernde, was in der Huchschen Familie zuweilen auftrat" und auch ihr Geschick bestimmte in diesen Jahren, auch distanziert erleben und in ein schönes Gleichgewicht bringen konnte, kraft des mütterlichen Erbes und der starken Prägung durch ihre Großmutter Hähn. – In „Vita somnium breve" (erschienen 1903, ab 1913 unter dem Titel „Michael Unger") nimmt sie die Auseinandersetzung noch einmal auf. „O Bitterkeit, daß ich nichts anderes habe und nichts anderes bin als diese Kaufleute mit den rötlichen Backenbärten und den nackten leeren Augen, auf die ich mitleidig herabzusehen pflegte, die auch mit Arbeit und Sorge Geld errungen haben, eine schöne Frau und hochmütige Kinder! Die vor mir die Überzeugung voraus haben, daß dies das Wichtigste und Größte ist, was man dem Leben abgewinnen kann," klagt Michael Unger. Auf der

Suche nach „Leben und Schönheit“ bricht er aus aus dieser Welt – und kehrt zuletzt doch wieder in sie zurück, gebunden durch die Liebe zu seinem Sohn. So kehrten Ricarda Huchs Vater und seine Brüder aus Brasilien zurück, „früher als erwünscht“. Sie „paßten nicht mehr in die engeren Verhältnisse, und doch zog sie das Heimweh zurück“ und „die Sehnsucht der Frauen nach den Ihrigen“.

Ricarda Huch hat die „Lichtwelt“ ihrer Kindheit noch einmal beschworen in einem Gedicht zum 80. Geburtstag ihres Bruders „An Rudolf“ (1942). „Doch ehe (die Bilder) Wehmut erwecken, macht sie das Erinnerungsbuch rasch und endgültig zu“ (Helene Baumgarten).

Im gleichen Jahr 1942 schrieb sie an Anton Kippenberg: „Ich sollte, meinen Jahren nach, mit dem Tode in einem besseren Verhältnis stehen; anstatt dessen hafte ich noch fest am Leben und möchte durchaus nicht sterben, bevor ich den Ausgang der unerhörten Ereignisse, in denen wir stecken, erfahren habe“. – Hinzu kommt wohl noch etwas Anderes: die Einsicht, daß diese lebensvolle schöne Welt – künstlich war, durch hohe Lebenskunst abgeschirmt gegen „eine verwilderte, unheimliche, Befremden und Grauen erregende Welt“, die Welt der armen Leute jenseits der Oker. Als Ricarda Huch 1898/99 mit ihrem Mann in Triest wohnte, lernte sie diese andere Welt gründlich kennen. Ermanno Ceconi war Arzt aus Leidenschaft und Mitleid. Er kam in die Armenviertel. Aus seinen und ihrer Hausgehilfin Giovannas Erzählungen drang der wilde Kampf ums Dasein, ums Überleben, in ihre klare Sphäre. Sie hat ihn gestaltet in den „Lebensskizzen“ „Aus der Triumphgasse“ (erschienen 1903) – voll Mitleid mit dem Elend und der Not, doch noch mehr als Klage um die zerstörte Schönheit des Lebens. Erst während und nach dem Ersten Weltkrieg, als die eigene Lebenskrise mit der ihres Volkes und ihrer Heimat zusammentraf, hat sich ihr politisches und soziales Bewußtsein entfaltet. Sie setzte nicht mehr auf die alte Welt des Bürgertums, an welcher ihre Familie ohnehin nur gastweise teil gehabt hatte. „Immer habe ich es als ein Glück empfunden, daß meine Familie zu sehr außerhalb der sogenannten besseren Gesellschaft stand, um als Bourgeoisie zu gelten. Wie sehr wir außerhalb der Braunschweiger Gesellschaft standen, kam mir durch meine Freundin Anna Klie zum Bewußtsein ... Unser Haus erschien ihr als eine Region, wo die Begrenzungen des gewöhnlichen Menschenlebens wegfallen, eine Art Jenseits von Gut und Böse, wo das Leben nicht durch kleine Pflichten peinlich geregelt ist, wo überhaupt weniger die Pflicht maßgebend ist als das Schöne und Angemessene, was allerdings mit der Pflicht zusammenfallen kann. Sie atmete diese Luft gern und mit vollen Zügen ein ... (und litt darunter), daß die anderen Familien, mit denen sie verkehrte, uns wie etwas Fremdes und Gefährliches betrachteten.“ Es war wohl der Duft der Freiheit, der die Spießbürgerlichkeit abstieß. Daß Freiheit mit Ordnung zusammenstimmen kann –

nicht nur innere Ordnung der Persönlichkeit, von welcher Ricarda Huch in jenen Jahren noch weit entfernt war, sondern auch mit einem praktischen Ordnungssinn, der bei ihr ans Pedantische grenzte – glaubte sie wohl nicht.

Ricarda Huch hat lange nicht bemerkt, über welchen Untiefen das schöne Haus der Freiheit erhalten wurde. – Anfang 1864 war die ganze Familie aus Brasilien gekommen, damit ihre Mutter das dritte Kind bei ihren Eltern gebären konnte. Ricarda Huchs Geburt verlief unglücklich. Die Mutter war durch den großen Blutverlust so geschwächt, daß sie kaum überlebte. An ihre Rückkehr nach Porto Alegre, dem Stammsitz der Firma war nicht zu denken. Der Vater kaufte das Anwesen an der Hohetorpromenade, in dem er Frau und Kinder in der Obhut ihrer Eltern lassen konnte, wenn er „seltener, als er hätte müssen" nach Hamburg und Brasilien fuhr.

Ricarda Huchs Mutter war bei ihrer Geburt 21 Jahre alt. „Es wurde meinem Vater von ärztlicher Seite anheimgegeben, daß sie keine Kinder mehr haben dürfe; damals wußte man, wie es scheint, in solcher Lage keinen anderen Rat, als eine Trennung vorzunehmen. Jedes von beiden hatte künftig sein eigenes Schlafzimmer, meine Mutter begleitete meinen Vater nicht mehr nach Brasilien, ... Ich glaube nicht, daß es meiner Mutter, die ... immer zart und pflegebedürftig blieb, schwer wurde, sich dieser Anordnung zu fügen, für meinen Vater aber war es ein grausames Geschick. Er war 34 Jahre alt, als dieser harte Eingriff in sein Leben geschah und es teilweise abschnitt. Vielleicht lassen sich manche düsteren Züge seines Wesens daraus erklären." Ihre Mutter war „ausgesprochen kühl", von einer „quellenhaften Lauterkeit", „ganz schöne Natur, ein unwidersprechlich Herz und Sinne erfreuendes Dasein wie die Sonne, die genug tut, wenn sie scheint." Ihr Vater besaß einen starken Charakter und so große Liebe zu seiner Frau, daß er sich daran genügen ließ. Hinzu kam, daß Großmutter Hähn mit feinem Takt eine Atmosphäre schuf, in der es wohl nicht nur für Ricarda Huch „selbstverständlich (war), zu tun und zu leiden, was geboten wurde".

Diese Großmutter besaß beides, Disziplin und Schönheitssinn in hohem Grade. Sie führte das Haus so, daß in den Jahren des Überflusses Freiheit nicht zur Anarchie entartete und Freimut nicht zu ungezügelten Ausbrüchen führte. In den Jahren nach dem finanziellen Zusammenbruch Eduard Huchs (1875), in den alle Brüder hineingezogen wurden, erhielt sie im Haus „den Eindruck von einem unbekümmerten Leben aus der Fülle heraus". Der Kreis der Freunde und Bekannten war groß; es wurde viel gelesen, musiziert, gespielt, erzählt, diskutiert. Nach dem Abendessen blieb die Familie zusammen bis zum Zubettgehen; liebenswürdig steuerte die Großmutter das Gespräch so, „daß die Unterhaltung sich um etwas Bedeutendes drehe und womöglich in geistvoller oder wenigstens durchdachter Weise geführt werde". Erhebung über den Alltag war es allemal, auch wenn es nicht immer ganz gelang; wenn es aber glückte, sparte sie nicht mit Lob. Diese Gespräche waren vielleicht das wichtigste Mittel, durch das sie dem Haus ihren Charakter aufprägte. Wenn es einmal nicht mehr griff, dann mahnte sie – wiederum nicht direkt, sondern durch Hinweise auf das hohe Menschenbild, das allen eigen war. Unvergeßlich blieb eine solche Szene: „Einmal sprach meine Großmutter darüber, daß schwere Zeiten sein müßten, weil sie die Kräfte der Seele steigerten, die sich bemühe, das ihr Aufgegebene zu tragen; sie wüchsen im Unglück, während sie bei einem gleichmäßigen, sorgenlosen Ablauf der Tage Gefahr liefen zu ermatten. Ich erinnere mich der Stelle, wo meine Großmutter stand, als sie dies zu uns sagte, so tief empfand ich ihre Worte."

In diesen Worten drückte sich die Frömmigkeit aus, die sie „umgab wie ein Aroma" und „eins (war) mit ihrer Seele". So wirkte sie ein auf ihre Kinder und Enkel, nicht durch absichtsvolle Unterweisung in Religion. Zuweilen betrachtete sie mit Ricarda Huch die Darstellungen in der Doréschen Bibel. „Das geheimnisvoll Wogende auf den Schöpfungsbildern, die durch die Wüste schreitenden majestätischen Kamele, die hochgelegenen weißen Städte mit den flachen Dächern, das alles waren unvergeßliche Eindrücke. Ich zog das Alte Testament mit seinem Umweltzauber, seinen Gotteserscheinungen, dem gewaltig schwellenden Strom denkwürdigsten Geschehens dem Neuen weit vor, und diese Vorliebe ist mir geblieben, wie sehr ich auch an Aufnahmefähigkeit für die Größe des Neuen Testaments allmählich zunahm." Ricarda Huch las „jederzeit gern in der Bibel", bezaubert durch die „poetische Schönheit" vieler Texte. Früh bildete sich als eigenes Urteil, als Gefühl, „daß das Wort Gottes, dies unmittelbar erschütternde Wort, die Wahrheit sei". Ricarda Huch erinnerte sich noch an eine Deutschstunde, die der Pastor der Brüdernkirche, zu der die Familie Hähn gehörte, hielt. Sie war noch ein Kind, denn mit 14 Jahren verließ sie bereits die Schule, die ihr im Vergleich zum „Vaterhaus" nichts mehr geben konnte. Eggeling führte damals nachdrücklich aus, „in der Technik und in der Wissenschaft möchten wir fortschreiten, in Religion, Poesie und Kunst habe das Altertum das Höchste hervorgebracht, auf diesem Gebiet gebe es keinen Fortschritt. Das schien mir einleuchtend und beinahe selbstverständlich, bewiesen es doch die Bibel und Homer und die sinnvollen Mythen der Vorzeit." Ricarda Huchs Sprache ist nicht zufällig getränkt mit biblischen Bildern und Anspielungen. In „Luthers Glaube" reflektiert sie ihre Einstellung zu diesem Buch, in dem sich eigentümlich und (für den trinitarischen Christenglauben) notwendig Menschenwort und Gotteswort durchdringen: „*Verbum Dei manet in aeternum,* das Wort Gottes bleibt in Ewigkeit. Unter diesem stolzen und demütigen Spruch, ... (der) so viel mißverstanden ist, forderte der deutsche Prophet die Welt in die Schranken und hatte natürlich alle gegen sich, die auf ihre eigenen Worte eitel waren. Luther hat bekanntlich die Bibel für die Richtschnur erklärt, an welcher alle Menschenmeinung müsse gemessen werden; aber er hielt nicht jedes Wort, das in der Bibel steht, für Wahrheit. Bekanntlich hat er an einige Bücher der Bibel scharfe Kritik angelegt. Noch weniger glaubte er, daß nur die Bibel Wahrheit enthalte, vielmehr sagt er ausdrücklich, daß Gott sich jederzeit den Menschen offenbart habe und es jederzeit tun werde. Nur davon war er überzeugt, daß das Wesen Gottes durch große Dichter, Menschen von schaffender Phantasie, in der Bibel in ewig gültigen Bildern erschöpfend offenbart sei, so daß jede andere Offenbarung der Wahrheit notwendig mit der in der Bibel verkündeten übereinstimmen müsse. Wirklich, vergleichst du Plato, Kant, Schopenhauer, Nietzsche, alle großen Dichter und Denker aller Zeiten mit der Bibel, so wirst du finden, daß sie in der Wahrheit übereinstimmen; was sie lügen, das reden sie aus Eigenem. Was den Menschen zum Lügner macht, ist die Beziehung aller seiner Wahrnehmungen auf sein Selbst."

Später hat Ricarda Huch bemerkt, daß Pastor Eggeling gegen zeitgenössisches Denken argumentierte. Sie selbst war mit 16 oder 17 Jahren fasziniert von dem „naturwissenschaftlichen Weltbild, das Haeckel verkündete ... Diese flotte Lösungen unergründlicher Rätsel leuchteten mir zwar ein", erschütterten aber nicht die Freude an der Bibel. – Übrigens verschleiert der abschätzige Spott über Haeckel den tiefen Eindruck, den sein Grundansatz auf sie gemacht haben muß. Denn sie unternimmt in „Luthers Glaube" den in vieler Hinsicht überzeugenden Versuch, das moderne naturwissenschaftliche Weltbild mit der Glaubenstradition der Kirche zu verbinden. Mit Berufung auf das trinitarische Glaubensbekenntnis, gedeckt durch das Dogma von der Inkarnation, müht sie sich um einen christlichen Monismus, vorsichtiger gesagt, um eine einheitliche Weltkonzeption aus lutherischer Einsicht, in der weder naturwissenschaftliches Denken noch evangelisches Glauben verkürzt wird. – Besonders deutlich wird dies im Kapitel über Luthers Streit mit Zwingli über das Abendmahl, in dem sie leidenschaftlich plädiert für das „*hoc est*", „die *Penetratio corporum*, die Durchdringung des Verweslichen und Unverweslichen, das Einswerden von Sinnlichkeit und Geist im Selbstbewußtsein". Mit Recht lokalisiert sie hier Zentrum und Motor der Theologie Martin Luthers, den eigentlichen Unterschied zum Katholischen wie zum Reformierten. Und sie versteht es, die Wirkungen dieses Kerns auf sämtliche dogmatischen Loci, einschließlich der Lehre vom Handeln in der Welt (dem „simul iustus et peccator", den „zwei Reichen"), wenigstens aufscheinen zu lassen. Ich halte diesen Versuch für mindestens so bedeutend wie den Paul Tillichs.

Als Buch einer Außenseiterin ist „Luthers Glaube" kaum beachtet worden. In Theologenkreisen erlitt es dasselbe Schicksal wie die Werke der großen Lutheraner des 18. und 19. Jahrhunderts, die in die Sparten „Dichtung“ und „Philosophie“ abgedrängt und so für die Expertendiskussion unschädlich gemacht wurden. An Hegel und Hölderlin ließe sich das ebenso zeigen wie an Schiller und Goethe, auf die Ricarda Huch immer wieder hinweist. „Erst unsere Klassiker haben das inzwischen vorgerückte Weltbewußtsein wieder mit dem Gottesbewußtsein zu vereinigen gesucht“. – Sie selbst hat sich nie als „Genie“ betrachtet, dazu empfand sie in der Jugend zu stark ihre Zugehörigkeit zu den „Zerrissenen“, und im Alter war sie von weiser Bescheidenheit. Die Genies waren die „Auserwählten“, die aus dem Geist Gottes (denn es gibt keinen anderen schaffenden Geist) schufen. Unter Hinweis auf Paulus schreibt sie: „Die häufigen Schilderungen von der Seligkeit des geistig Schaffenden rauschen mit stürmender Gewalt durch die Bücher des Neuen Testaments wie die von der Kraft der Gläubigen durch die des Alten.“ Und dann ein kleiner Seitenhieb, dem eine ernsthafte Erklärung folgt: „diese überschwengliche Herrlichkeit, sollte sie einem tugendhaften Bürger, einem katholischen oder protestantischen Pfarrer als solchem gegeben sein? ... Wenn man nicht das Wort ‚geistlich‘ beibehalten hätte, das Luther für geistig gebrauchte, würde sich vielleicht der mit etwas Selbstgefälligkeit, Salbung und Tugendseligkeit so schädlich verquickte Begriff des ‚Geistlichen‘ gar nicht herausgebildet haben. Wenn Luther ‚geistlich‘ sagte oder schrieb, schwebte ihm sicherlich nichts anderes vor, als was wir bei dem Worte ‚geistig‘ denken und empfinden. Diejenigen, die den geistigen, den innerlichen, unverweslichen Leib in dem natürlichen, verweslichen tragen, die können wie Paulus in das Paradies entrückt werden und unaussprechliche Worte hören, die kein Mensch sagen kann. – Für unsere Zeit ist es charakteristisch, daß es keine Genies gibt. Sowohl die amtlichen Vertreter unseres Geisteslebens wie die nichtamtlichen, die sichtbare Kirche nicht nur, sondern auch die unsichtbare, wollen entweder abgesonderte Winkelprediger oder Weltmenschen sein. Es ist so weit gekommen und wirkt beinahe komisch, daß sie mit einer Art Entrüstung, als wäre es etwas Schimpfliches, die Genialität ablehnen, weil sie an die Möglichkeit einer echten nicht glauben.“ Sie haben ihren Lohn dahin.

Ricarda Huch kam das Luther-Buch „wie die Frucht meines Lebens“ vor. Sie machte sich Sorgen, wie es im Kreis ihrer Freunde, Bekannten und Leser aufgenommen werden würde. An Marie Baum schrieb sie: „Ich bin im Grunde überzeugt, daß Du der einzige Mensch bist, der meinen Luther so aufnehmen wird, wie ich mir, während ich ihn schrieb, einbildete, daß sehr viele Menschen ihn aufnehmen würden; der einzige vielleicht, der nachher etwas Praktisches daran knüpfen wird, worauf es mir eigentlich ankommt.“ Sie fürchtet, daß es dem Zeitgeist so zuwider ist, daß es nicht verlegt werden kann. Das folgende Zitat zeigt auch, daß sie mit Grundgedanken des Buches schon seit langem umging: „Was die andere Sache betrifft, den Versuch, den Zusammenhang zwischen dem Körperlichen und Geistigen darzustellen, so bin ich darauf gefaßt, daß man es nicht begreifen und etwa sogar lächerlich machen wird. Trotzdem habe ich die Überzeugung, daß es im *allgemeinen* richtig und daß es gerade ganz besonders wichtig und eigentlich der Kern des Buches ist. Hier sitzt gerade das ‚das ist'. Das Geistige *ist* das Körperliche und umgekehrt. Ich erinnere mich deutlich, daß ich einmal noch in Zürich mit Marianne (Plehn) darüber stritt – und sie sah mich an, als ob ich arabisch spräche. Das Sichtbare ist das Unsichtbare von der anderen Seite betrachtet, das Äußere vom Inneren. Der Gegensatz zwischen Gehirn und Geschlecht, Intellekt und Sinnlichkeit und die Zusammenfassung beider durch das Herz ist das Gegebene, die Grundlage der Welt und aller Weltanschauung, das einzusehen ist eben notwendig. Daß der Gegensatz erst mit Christus perfekt wurde und daher auch mit Christus erst die Selbsterkenntnis und die große persönliche Liebestat eintreten konnte, das als Wesen des Christentums gezeigt zu haben, halte ich gerade für das Verdienst meines Buches. Dazu gehört aber auch die Einsicht, daß dieser Gegensatz und diese Wiedervereinigung etwas ganz Reales sind."

„Luthers Glaube. Briefe an einen Freund" erschien 1917. Sie hatte die Briefform gewählt, um dem persönlichen Charakter der Aussagen zu entsprechen. Trotzdem ist es nicht einfach ein Bekenntnisbuch. Der „Freund" ist ein echter Widerpart, wenn auch als Person fiktiv. An M. Baum: „ich könnte wahrhaftig auch sagen, ich hätte diese Briefe an mein anderes Ich gerichtet ... Gebsattel hat auch gleich bemerkt, der interlocuteur sei der Typus, den ich immer schon dargestellt hätte, zum Beispiel in Confalonieri. Dieser Typus gehört zu meiner Person". 1935 gab Reinhard Buchwald „Quellen des Lebens, Auszug aus Ricarda Huchs religiösen Schriften" heraus; sie hätte einen schlichteren Titel vorgezogen, etwa „Umrisse einer Weltanschauung". Mit der Herausgabe ging der Verlag ein Risiko ein, denn der Gegensatz der Autorin zum Dritten Reich war bekannt. Andererseits war dies eine Möglichkeit, den inneren Widerstand zu stärken. Glücklich schrieb sie an M. Baum über ihre erste Begegnung mit Helmut Gollwitzer, damals Pfarrer in Dahlem: „Wir lernten neulich einen jungen Pfarrer kennen, der uns großen Eindruck gemacht hat. Er kam gerade aus dem (Gefängnis) Alexanderplatz zurück, war mehrmals eingesperrt; fest, klar, überzeugt, sehr schlicht, eine gewinnende, beinahe faszinierende Persönlichkeit. Und stell Dir vor, daß er seinerzeit durch mein „Luthers Glaube" zum Studium der Theologie kam."

Helmut Gollwitzer war nur einer der Theologen und Pfarrer, die sie beeindruckten. In ihren „Jugendbildern" beschreibt sie einige, die dem Elternhaus nahestanden. In ihren Briefen spricht sie mit besonderer

Achtung von Adolf von Harnack und Gerhard von Rad, die sie gehört, und Martin Niemöller, den sie gelesen hat. In ihrer Dichtung spielt dieser Berufsstand eine immerhin so große Rolle, daß dies Phänomen zum Gegenstand einer (mittelmäßigen) Dissertation wurde: Liuda L. Alssen „Die Geistlichen im Werke Ricarda Huchs. Eine Studie", Berlin 1964, trägt alles Erwähnenswerte zusammen.

Eine lockere Verbindung zur evangelischen Kirche hat Ricarda Huch immer gehalten; sie war aber doch wohl enttäuscht über die mangelnde Kraft, die sie in den Auseinandersetzungen der Zeit bewies. Wie über vieles, das ihr wichtig war, hat sie sich auch darüber nicht grundsätzlich geäußert, aber vielleicht dürfen ihre Bemerkungen über die Gemeinde in Padua allgemeiner genommen werden: „Ich war hier bei einer protestantischen Feier, wo die Kinder Süßigkeiten beschert bekamen. Es brannte ein kleiner Weihnachtsbaum in einem recht armseligen kleinen Raum, der als Kirche dient, und es wurden zum Teil hübsche Lieder gesungen, ... Alles hatte einen ärmlichen, genügsamen Charakter, der wohl rührend und anziehend war; aber, da die protestantische Kirche hier weder verfolgt wird noch eine Zukunft hat, doch auch ziemlich zwecklos." – Auf Katholiken reagierte sie mit dem gewissen protestantischen Vorbehalt. Als aber der Bischof von Münster, Graf von Galen, gegen das nationalsozialistische Euthanasie-Programm und den Klostersturm predigte, schrieb sie ihm am 4. 11. 1941: „Hochwürden, wenn ich, Ihnen fremd, Ihre Aufmerksamkeit für einen Augenblick in Anspruch nehme, so tue ich es, um Ihnen Dank und Verehrung auszusprechen. Erfahren zu müssen, daß unserem Volk das Rechtsgefühl zu fehlen scheint, war wohl das Bitterste, was die letzten Jahre uns gebracht haben. Die dadurch verdüsterte Stimmung erhellte sich, als Sie, hochverehrter Herr Bischof, dem triumphierenden Unrecht sich entgegenstellten, öffentlich, und für die Verunrechteten eintraten. Das Bewußtsein, den Forderungen des Gewissens genuggetan zu haben, ist mehr wert als Beifall der Menschen; nicht um Sie zu stärken, schreibe ich Ihnen, sondern weil ich annehme, es sei Ihnen erfreulich zu wissen, daß es viele gibt, die sich Ihnen von ganzem Herzen verbunden fühlen. Ich bitte Sie, mich als die Stimme der vielen zu betrachten, die Ihnen ergeben sind ..."

II.

Ricarda Huchs Lebenszeit umfaßt die Jahrzehnte der größten politischen Veränderungen in der deutschen Geschichte seit dem Westfälischen Frieden. Als ein Mensch, der zwischen den Völkern des Alten Reiches in Deutschland, Italien, der Schweiz und Österreich gelebt hatte, und als Historikerin besaß sie eine „politische Biographie". Sie wuchs auf in einer Familie, in der die Erinnerung an die „Achtundvierziger" hochgehalten und die Kleinstaaterei, verkörpert im Herzog von Braunschweig, kühl ignoriert wurde. „Ich war ein geborener Republikaner" – und doch konnte sie sich fast boshaft über die Schweiz äußern: „Den adligsten Adel fand ich in der Schweiz; das ganze Volk leidet ja an Selbstanbetung und Absonderung durch Inzucht ... Mangel an Phantasie, Mangel an Taten und Ideen sind die verhängnisvolle Folge der Selbstanbetung und Absonderung." Man sieht, es kam ihr nicht auf die verfassungsrechtliche Form an, sondern darauf, ob ein Staat groß und frei genug war, daß in ihm die persönliche Kraft handelnd entwickelt und zur Geltung gebracht werden konnte.

Für Kierkegaard war „der Einzelne" die „christlich entscheidende Kategorie" – mit ihm „steht und fällt die Sache des Christentums". Für Ricarda Huch war es „die Person". „(Christus) gebot den Menschen zu handeln und zu glauben, da eins ohne das andere nicht sein kann. Wer persönlich handelt, muß glauben, da er sonst die Last der Verantwortung nicht ertragen kann." In Zeiten und Zuständen, die persönliches Handeln unnötig oder unmöglich machen, werden die Menschen glaubenslos, massa perditionis – Teig in jeder Hand, da ohne eigene Lebens- und Schaffenskraft.

Die Kraft Gottes inkarniert sich in jedem Menschen in unterschiedlicher Stärke, darum kann nur „der natürliche Staat, der aus der Familie und natürlich sich bildenden Gruppen herauswächst" jedem die Chance bieten, Person zu werden. Ein solcher lebensvoller Organismus war „der germanisch-romanisch-slawische, christliche Staat des Mittelalters ... Jede Zelle seines Körpers war durchblutet, selbsttätig. Unsere alten Kaiser nannten sich zwar allezeit Mehrer des Reichs, aber sie vermehrten, indem sie Lebendiges an Lebendiges angliederten. Sie waren wie weise, sorglose, gläubige Väter, die ihre Kinder wild aufwachsen lassen und nur zuweilen strafend dazwischen fahren, wenn jene es allzu bunt machen." Er ging unter, als die Willkür selbstbewußter Individuen sich nicht mehr unter eine (nicht in den einzelnen Bestimmungen aber) im Prinzip als göttliche Setzung anerkannte Ordnung beugte; anders ausgedrückt: das Heilige Römische Reich Deutscher Nation ging unter, als sich nicht Luthers Lehre von der Obrigkeit, sondern fürstlicher Absolutismus durchsetzte. „Luther hat bewußt für die Verstärkung der obrigkeitlichen Gewalt gesorgt, die in der Tat eine notwendige Ergänzung seiner Lehre ist: nur dann können sich die Menschen ihrem Herzen überlassen, wenn die Übergriffe der selbstischen, bösen, noch tierischen Herzen durch das Gesetz gehemmt werden. Das Gesetz überhebt den Menschen, diese Hemmung selbst durch die Moral auszuüben, was er nicht tun kann, ohne seine Herzkraft dadurch zu lähmen. ... Was er anstrebte, war strenges Gesetz, dessen Handhabung durch großherzige Menschen besorgt würde."

Begleiterscheinung des Absolutismus war „die bürgerliche Moral", das Gestänge, das Mangel an elementarer Gestaltungskraft ersetzen und Selbstbeherrschung vortäuschen mußte, wo doch gar nichts zu beherrschen war; „man wundert sich zuweilen, wie die Menschheit ohne Hunger und Liebe sich erhielt und fortpflanzte. Es lockert sich wohl alles wieder in der Weimarischen Epoche [gemeint ist die Goethe-Schiller-Zeit], aber ich empfinde doch immer, als habe auf dem Boden der Bildung, Wohlanständigkeit und Kleinbürgerlichkeit das ungezähmte Element nie losbrechen können." Eine „verhängnisvolle Sehnsucht nach Ruhe" bemächtigte sich der Deutschen und machte sie reif für „das System", in dem alles zentralisiert, systematisiert, mechanisiert wird. Für Ricarda Huch war das Deutsche Reich von 1870/71 Ausdruck dieses „System(s), das keine Persönlichkeit duldet; denn es ist ja die Maschine, die schwächer werdende Persönlichkeiten sich zum Ersatz für ihre versiegende Kraft gemacht haben." „Das System bewährt sich über alle Erwartung", stellte sie mit beißendem Spott fest: der Krieg, das Wohlfahrtswesen („der wohltätige Betrieb" zur Hebung der allgemeinen Ordnung), das Druck- und Zeitungswesen zeigen es; nirgends stellt sich die Person der Person, sei es im Haß oder in erbarmender Liebe, im Waffengang oder geistiger Auseinandersetzung.

Schon den Krieg 70/71 hatte das Kind unbewußt ironisch kommentiert: „Gestern abend war ein großer Sieg, heute Morgen auch schon wieder." Die Helden der Reichsgründung waren ihr greulich – zunächst einfach deshalb, weil ihrem Vater Bismarck „beinahe heilig" war, ihre Mutter solch fanatische Begeisterung zu Widerworten reizte, und sich hieraus die einzige Möglichkeit für ernsthafte Streitigkeiten im Vaterhaus ergab, die mit einer „Reihe böser Tage" zu enden pflegten, in denen „ein Alpdruck auf dem Hause (lag)". – Der 14er Krieg hatte Ricarda Huch anfangs begeistert. Sie erwartete von dieser Erschütterung der abgelebten Zustände eine europäische Renaissance, war aber bald ernüchtert durch den nationalen Chauvinismus, den sie in München erlebte: „ich bin ja nun einmal für das Komische empfänglich, ich kann nichts dafür – ich muß über manches lachen –, zum Beispiel, daß jetzt schon ein jeder ein Schurke ist, außer den Deutschen und der zu ihnen hält, und daß alle Gott anrufen und überzeugt sind, er würde die verfluchten Feinde vertilgen usw. Das Hetzen der Spione berührt mich auch so schrecklich, besonders hier, wo fast nur ganz harmlose Leute darunter zu leiden hatten. Schon jetzt leben die häßlichsten populären Instinkte auf – unter der Maske patriotischer Begeisterung, d. h. Maske ist nicht das richtige Wort, denn sie glauben es wohl selbst. Ich rege mich einstweilen noch nicht sehr auf, weil ich mir denke, es kann und wird nicht sehr lange dauern, und weil ich von der Überlegenheit der deutschen Kraft und Kultur wirklich überzeugt bin."

Die Niederlage der deutschen Armee machte sie ganz elend, der Versailler Vertrag noch mehr; „solange ich in der Schweiz war, zehrte mich das Gefühl der Rache und des Hasses fast auf, hier legt sich nun das Gefühl wie Blei aufs Herz, daß wir das alles ja gar nicht anders verdient haben. Ich meine das natürlich nicht im demokratischen oder sozialdemokratischen Sinne, gegen die Alldeutschen gedacht, und auch nicht umgekehrt ... das eben ist das Schreckliche, daß die Zeit keine Persönlichkeiten will und duldet, es sind doch immer nur die Schatten dessen, was sie hätten sein sollen." – Sie fürchtete und verabscheute die Revolution und „Bolschewisterei" – und sagte doch: „Das Furchtbare kam, als die weiße Reaktion auf die rote Revolution folgte".

„Auf was für eine miserable Art gehen wir unter!" Belustigt schilderte sie einen Vortragsabend mit zwei Geistersehern, um mit der Bemerkung zu schließen: „So geht es ja in zugrundegehenden Kulturen; es ist ganz amüsant und manchmal komisch, aber im Grunde doch ein rechtes Elend ..." 1925 schlug ihre Stimmung um in „das Gefühl, ... wie wunderschön die Zeit ist, die wir erleben. Man klagt sie so an, und doch läßt sich nichts Schöneres denken als die Möglichkeit, die man oft hat, anzugreifen, Pläne zu verwirklichen, Neues zu versuchen." Im Bankkrach 1931 verlor sie ihre Ersparnisse; im verspäteten Geburtstagsbrief an Leo Merz entschuldigte sie sich damit, daß dieser „Donnerkeil in früher Stunde uns auf den Kopf gefallen" sei. „Was ergibt sich aus allem diesen für ein Geburtstagsbriefertrag? Daß Sie sich Ihres gesicherten Schweizerglückes heute doppelt froh bewußt sein sollen. Wohl dem, dem diese endlose Misere erspart bleibt."

Der ‚Tag von Potsdam' (21. 3. 33) war ihr „eher peinlich" – eine sehr vorsichtige, untertreibende Bemerkung im Brief an Martin Hürlimann, denn mittlerweile war ihr Schwiegersohn Franz Böhm in Freiburg in heftigen Streit mit Genossen der neuen Zeit verwickelt und sie selbst sah Entsprechendes auf sich zukommen. Anlaß war ein vertrauliches Schreiben des Präsidenten der Preußischen Akademie der Künste, Max v. Schillings, mit zwei Anlagen. In der einen wurde berichtet, daß Heinrich Mann zum Austritt aus der Akademie gedrängt worden war, weil er ein Plakat mitunterzeichnet hatte, in dem „zur Bildung einer einheitlichen Front der SPD und KPD aufgerufen (wurde), damit man nicht in der Barbarei versinke". Auch Käte Kollwitz habe auf ihre Mitgliedschaft in der Akademie verzichtet. Die andere Anlage hatte folgenden Wortlaut:

Vertraulich!

Sind Sie bereit, unter Anerkennung der veränderten geschichtlichen Lage weiter Ihre Person der Preußischen Akademie der Künste zur Verfügung zu stellen? Eine Bejahung dieser Frage schließt die öffentliche politische

Betätigung gegen die Regierung aus und verpflichtet Sie zu einer loyalen Mitarbeit an den satzungsgemäß der Akademie zufallenden nationalen und kulturellen Aufgaben im Sinne der veränderten geschichtlichen Lage.

Ja – Nein (Nichtzutreffendes bitte durchstreichen)
Name: Ort und Datum:

Antwort sollte bis 21. 3. 33 bei der Akademiedirektion eingetroffen sein. Ricarda Huchs Brief ist undatiert (vermutlich 18. 3.): „In Erwiderung Ihres Schreibens vom 14. März bestreite ich Ihre Kompetenz, mir eine Frage von so unübersehbaren Konsequenzen vorzulegen, und lehne infolgedessen ab, sie zu beantworten. Die Mitglieder der Akademie werden nach Wortlaut der Statuten zur Ehrung und Anerkennung ihrer Leistungen berufen, ohne daß ein politisches Bekenntnis von ihnen gefordert wurde. Ich bin, seit ich der Akademie angehöre, stets mit Nachdruck dafür eingetreten, daß bei der Wahl der Mitglieder nichts anderes maßgebend sein darf als ihre künstlerischen Leistungen und die Bedeutung ihrer Persönlichkeit. Daran werde ich auch künftig festhalten. Ricarda Huch"

Max v. Schillings gab ihr am 22. 3. im Prinzip recht. „Aber wir befinden uns ja in einem Zustand der allgemeinen politischen und geschichtlichen Umwälzung, in der man auf die Satzungen und Statuten nicht mehr allein sich beziehen kann, ... Ich erlaube mir jedoch aus Ihrem Brief zu entnehmen, daß Sie zwar eine Beantwortung dieser Frage nicht zu geben wünschen, daß Sie aber andererseits auch nichts dagegen einzuwenden haben werden, wenn wir ein Mitglied von Ihrer hohen geistigen Bedeutung, Ihrem tiefen konservativen Lebensgefühl und Ihrer großen ins Volk reichenden schöpferischen Wirkung als Künstler weiter zu den Unseren zählen zu dürfen." Umgehend (24. 3.) machte Ricarda Huch ihn darauf aufmerksam, daß sie kein stillschweigendes Ja beabsichtigt hatte. „Ich nehme an, daß ich durch diese Feststellung automatisch aus der Akademie ausgeschieden bin. Übrigens müßte ich darauf gefaßt sein (erlauben Sie, daß ich den ernsten Gegenstand durch einen Scherz würze!), wenn ich in dieser Form in der Akademie bliebe, mein Leben im Zuchthaus zu beschließen als ‚in einen nationalen Verband eingeschlichen'. Ricarda Huch"

Mit etwas Verzögerung kam die Antwort (6.4.), in der Schillings sie geradezu beschwört, doch nicht auszutreten. „Ihr Austritt aus der Abteilung würde eine seltsame, unlogische Parallele zum Fall Heinrich Mann ergeben, die ganz sicher nicht in Ihrem Sinn liegen würde. Daß Sie in Ihren Anschauungen mit diesem Herrn und mit Herrn Dr. Döblin (der inzwischen ebenfalls aus der Akademie ausgetreten ist) im entschiedensten Gegensatz stehen, das ist ... früher ... deutlich genug hervorgetreten. ...

Daß ein solcher Schritt von Ihrer Seite undenkbar ist, das ist uns allen klar, denen Ihre deutsche Gesinnung und nationale Einstellung aus Ihrer von uns verehrten Persönlichkeit und aus Ihrem künstlerischen Schaffen bekannt ist. Wir können Ihnen nur versichern, daß es zu dieser Überzeugung für uns der formalen Unterzeichnung der Erklärung nicht bedarf. Wir erhoffen aber von Ihnen ein bestimmtes Wort darüber, daß Sie uns treu bleiben werden, denn wie sollten wir die Möglichkeit gewinnen, die Abteilung für Dichtung im Sinne deutscher, nationaler Kunst zu stärken und auszubauen, wenn wir auf die Zugehörigkeit und Mitarbeit von Persönlichkeiten verzichten müßten, die schon längst auf die Gesinnung eingestellt sind, der die jetzige große nationale Bewegung zum Siege verholfen hat? ..." Ricarda Huchs Absage war eindeutig (9. 4. 33): „Sehr geehrter Herr Präsident, lassen Sie mich zuerst danken für das warme Interesse, das Sie an meinem Verbleib in der Akademie nehmen. Es liegt mir daran, Ihnen verständlich zu machen, warum ich Ihrem Wunsche nicht entsprechen kann. Daß ein Deutscher deutsch empfindet, möchte ich fast für selbstverständlich halten; aber was deutsch ist und wie Deutschtum sich betätigen soll, darüber gibt es verschiedene Meinungen. Was die jetzige Regierung als nationale Gesinnung vorschreibt, ist nicht mein Deutschtum. Die Zentralisierung, den Zwang, die brutalen Methoden, die Diffamierung Andersdenkender, das prahlerische Selbstlob halte ich für undeutsch und unheilvoll. Bei einer so sehr von der staatlich vorgeschriebenen Meinung abweichenden Auffassung halte ich es für unmöglich, in einer staatlichen Akademie zu bleiben. ... Sie erwähnen die Herren Heinrich Mann und Dr. Döblin. Es ist wahr, daß ich mit Herrn Heinrich Mann nicht übereinstimmte, mit Herrn Dr. Döblin tat ich es nicht immer, aber doch in manchen Dingen. Jedenfalls möchte ich wünschen, daß alle nichtjüdischen Deutschen so gewissenhaft suchten, das Richtige zu erkennen und zu tun, so offen, ehrlich und anständig wären, wie ich ihn immer gefunden habe. Meiner Ansicht nach konnte er angesichts der Judenhetze nicht anders handeln, als er getan hat. Daß mein Verlassen der Akademie keine Sympathiekundgebung für die genannten Herren ist, trotz der besonderen Achtung und Sympathie, die ich für Dr. Döblin empfinde, wird jeder wissen, der mich persönlich oder aus meinen Büchern kennt. Hiermit erkläre ich meinen Austritt aus der Akademie. Ricarda Huch" – Am 9. 5. 33 entschuldigte sich Max v. Schillings für eine Pressenotiz, in der sie noch als Akademiemitglied genannt war, sie sei „vom Ministerium ausgegangen". Der Brief ist ebenso höflich und hochachtungsvoll wie die vorangehenden. – Von da an war Ricarda Huch persona non grata. In wirkliche Gefahr geriet sie durch die Beziehungen zu verschiedenen Kreisen des deutschen Widerstands. An Fritz Salzer schrieb sie (7. 8. 42): „Ich sehe nichts als Morast und empfinde nichts als Grauen und Ekel. Zu Hause aber, wo die Größe der Zeit nicht hinreicht, fühle ich mich wohl, werde ziemlich satt, zum Teil von selbstgeernteten Früchten ... nächstes Jahr kommen wir bestimmt zu Mariannes [Plehn] achtzigstem Geburtstag, das heißt, wenn die ‚Große' Zeit und die hohen Jahre uns noch am Leben gelassen haben." Über ihren 80. Geburtstag am 18. Juli 1944 im noch unzerstörten Jena heißt es: „Ich glaube, es ist wie in Pestzeiten –, am Rande des Abgrunds sind die Feste am lautesten." Nach dem Scheitern des Attentats vom 20. Juli lief gegen sie und Franz Böhm ein Ermittlungsverfahren wegen ‚Vergehens gegen das Heimtückegesetz'. Unbeugsam und ungebrochen begann sie, Materialien über die „Märtyrer der Freiheit" zu sammeln. Nach dem „Tag in Jena" (posthum veröffentlichte Erzählung über den Fliegerangriff vom 14. 3. 45) trennte sich die Familie – Franz Böhm holte ihren geliebten Kander nach Freiburg, um ihn davor zu schützen, ins „letzte Aufgebot" eingezogen zu werden. Ricarda Huch ging mit ihrer Tochter aufs Land. Der Einmarsch der Russen brachte ihnen Frieden. Als „prominente" Antifaschistin wurde sie – gemessen am Möglichen – geradezu verwöhnt. Nur eines machte sich schnell bemerkbar: die Freiheit, die sie meinte, war auch unter den neuen Verhältnissen nicht zu erwarten. In der Festschrift zur Wiedereröffnung der Universität Jena wollte sie noch einmal einen Aufsatz über Freiheit, Anarchie und Zentralisation veröffentlichen; sie wurde von den sowjetischen Militärbehörden verboten. Als sich dann auch noch herausstellte, daß ihre Übersiedelung nach Westdeutschland, das Wiedersehen mit Kander, auf legalem Wege nicht möglich war, beschloß sie zu fliehen. Gelegenheit bot sich im Anschluß an den ersten deutschen Schriftstellerkongreß, der im Oktober 1947 in Berlin stattfand. Die 83jährige war Ehrenpräsidentin und hielt ein freies Schlußwort über das Nationalgefühl: „... In der Bibel ist uns gesagt: Liebe deinen Nächsten wie dich selbst. Es gilt auch von den Nationen; daß jede sich selbst liebt, ist selbstverständliche Voraussetzung. Über die Selbstliebe sollte sich dann die Liebe zu den anderen entfalten. Die Schriftsteller müßten wohl, um ihrer Aufgabe zu genügen, ihre Lehren weniger vorschreiben als vorleben, indem sie Weltbürger werden, aber zugleich und in erster Linie Deutsche. Was mich betrifft: ich habe Geschichte studiert und kenne nicht nur die Geschichte unseres eigenen Volkes, sondern auch die der anderen Nationen gut; ich habe jahrelang in der Schweiz gelebt und fühle mich dort zu Hause. Ich war mit einem Italiener verheiratet, und ich habe sehr gern in Italien gelebt; all diese Umstände haben bewirkt, daß ich ganz frei von einseitigem Nationalismus bin, aber national fühle ich durchaus. Ich bin in den schrecklichen letzten Jahren oft an meinem Volk verzweifelt, aber gleichzeitig habe ich soviel Seelengröße, Opferbereitschaft, Heroismus und hohe Tugend gesehen, und nach dem Zusammenbruch soviel Geduld und Haltung im Ertragen unermeßlichen Elends, daß für mein Gefühl viel Schlechtes dadurch ausgeglichen ist ..." – Ein Kongreßteilnehmer, Ehm Welk, schilderte den Eindruck in der Zeitung ‚Heute und Morgen': Als Ricarda Huch die Rednertribüne betrat, erhoben sich alle und hörten ihr stehend zu. „... Starr, ohne den nach oben gekehrten Blick zu verändern, frei sprechend, stand die Greisin da, und der schöpferische Geist formte aus einem gewaltigen Wissen und aus philosophischer Erkenntniskraft mühelos in gemeisterten Sätzen ein Bild der deutschen Geschichte, in welchem der himmelstürmende Drang des Deutschen ebenso gemalt war wie seine furchtbaren Höllenstürze. Ohne Pathos, ohne Beschönigung und Haß wurden die Ursachen unserer Not offenbart, und mit Worten der Liebe zum deutschen Volke wurde der Ausweg gewiesen. Ergriffen und bezwungen von der vor ihren Augen wirkenden geistigen Kraft saßen fünfhundert Menschen und wurden erst langsam eines wunderbaren Vorgangs gewahr: wie die Allmacht des Geistes Besitz ergriff von einem verfallenden menschlichen Körper, wie er das fast schon Tote wieder zum Leben brachte, es durchblutete, erblühen und erglühen ließ, so daß von der lebensmatten Greisin, die da vordem gestanden hatte, nicht nur die Jahrzehnte abfielen wie überflüssig gewordene Mäntel, sondern auch die holde Täuschung sich vollzog, dort auf der Bühne stehe ein Mensch in der Vollkraft seines Geistes und Leibes, bereit, seinem geliebten Volke die Fackel voranzutragen in eine bessere Zukunft."

Mit ihrer Tochter Busi und „mindestens neun Stück" Gepäck fuhr Ricarda Huch in einem englischen Nachtzug über Hannover nach Frankfurt am Main. Sie hat das „Abenteuer" dieser Flucht Eva Merz geschildert (31. 10. 47), reizend, beglückt über den unerwartet guten Ausgang. Sie wurden im Gästehaus der Stadt Frankfurt in Kronberg/Taunus untergebracht. „Und dabei hat es Tausende von Flüchtlingen gegeben, alt und kränker als ich, für die es nirgends ein Auto, nirgends ein Bett und menschliche Hilfe gab. Scheußlich zu denken." Trotz ihrer Erschöpfung war sie voller Pläne. Sie starb im Gästehaus am 17. November 1947.

Literaturhinweise:

Bäumer, Gertrud: Ricarda Huch, Tübingen/Stuttgart 1949.
Hoppe, Else: Ricarda Huch. Weg. Persönlichkeit. Werk, 2. Auflage, Stuttgart 1951.
Huch, Ricarda: Erinnerungen an das eigene Leben. Mit einem Vorwort von Bernd Balzer, Köln 1980.
Dies.: Luthers Glaube. Briefe an einen Freund. Nachdruck der Ausgabe von 1964, Frankfurt a. M. 1983.

Albert Schweitzer
(1875–1965)

ERICH GRÄSSER

Albert Schweitzer

„Man darf von Mitlebenden als von Helden sprechen, aber man erzählt nicht die Geschichte derer, die auf dem Weg der Nachfolge Christi kämpfen, leiden, irren und siegen. Das ist sehr schade, denn wir sind so angelegt, daß uns die Wahrheiten des Evangeliums aufleuchten, nicht so oft wir sie lesen, sondern wenn sie von einem Menschen gelebt werden; oft gibt das erst den Funken."

Das steht in einem Brief, der Albert Schweitzer zu seinem 75. Geburtstag am 14. Januar 1950 in den afrikanischen Urwald nach Lambarene geschickt wird. Die Verfasserin ist Schweitzer aus Straßburger Studententagen bekannt, in denen sie gemeinsam einem Freundeskreis angehörten. Jetzt ist sie die Frau des ersten Bundespräsidenten der Bundesrepublik Deutschland: *Elly Heuss-Knapp* erkennt in ihrem Geburtstagsglückwunsch mit sicherem Gespür, welches das Geheimnis der großen Ausstrahlungskraft und des unvergleichlichen Beispieles ist, das Schweitzer gibt. Er läßt „Wahrheiten des Evangeliums" aufleuchten dadurch, daß er sie *lebt*. Gewiß hat er sie auch geschrieben, in wissenschaftlichen Werken von hohem Rang und in den Lebenserinnerungen. Aber die vollkommene Identität von Leben und Denken ist es, die in diesem Falle die weltweit respektierte hohe Glaubwürdigkeit des Mannes ausmacht. Schweitzer läßt mit seinem Leben jedes Theorie-Praxis-Problem hinter sich. Als Theologe predigt er die Nächstenliebe nicht nur, sondern *tut* sie unter den schwierigen Bedingungen des heißen afrikanischen Kontinentes. Als Philosoph analysiert er nicht nur sehr präzise den Verfall der Kultur, sondern bekämpft ihn aktiv mit dem von ihm aufgestellten sittlichen Grundprinzip der „Ehrfurcht vor dem Leben". Als Musikwissenschaftler schreibt er nicht nur *die* wissenschaftliche Ausgabe des Bachschen Orgelwerkes, sondern gibt zahlreiche Konzerte und rettet an vielen Orten mit seiner Hände Arbeit alte Orgeln vor dem Verfall. Als Mediziner schließlich ist er nicht Pendler zwischen Praxis und Privatleben, sondern Baumeister seines eigenen Spitals, in dem er mit den Helfern und Hilfsbedürftigen in einer Gemeinschaft lebt. Was Schweitzer an Goethe bewundert, gilt ohne alle Abstriche von ihm selber: „Das Größte an einem Denker wird immer bleiben, daß seine Gedanken und sein Leben eine Einheit bilden." Oft gibt das erst den Funken!

Das „Phänomen der Vielseitigkeit", welches Schweitzer ganz zweifellos ist, hat gleichwohl eine alles zusammenbindende Mitte. Im Unterschied zu der Masse der Gebrauchsliteratur findet Elly Heuss-Knapp sie zu Recht nicht im Humanitätsideal, sondern in der Theologie Schweitzers. In Schweitzer begegnen wir einem, „der von Haus aus Theologe ist und bestimmt, auf Lebzeit Theolog zu bleiben" (M. Buber). Damit sind die tiefsten Energien seines Lebens und Denkens benannt. Eineinhalb Jahre vor seinem Tode schreibt Schweitzer an den Pädagogen Gustav Wyneken: „Ich verehre den Jesus von Nazareth des Evangeliums des Matthäus als meinen Führer im Leben. Durch ihn komme ich zur Geistigkeit des Frommseins. Alles Metaphysische der Religion kann ich als unerforschlich dahin gestellt sein lassen. Der Jesus von Galiäa, der aus dem Matthäusevangelium zu mir spricht, lehrt mich die tiefe Menschlichkeit und Frömmigkeit und hilft mir, Menschen auf diesen Weg bringen." Mehr noch als von der zeitgeschichtlichen Konstellation – Rückgang der Kulturgesinnung seit der Mitte des 19. Jahrhunderts und offener Triumph ihrer nihilistischen Unterströmungen im 1. Weltkrieg – ist diese Grundeinstellung vom Erbe bestimmt. Schweitzers Theologie und Frömmigkeit wurzeln mit all ihren Fasern in seines Vaters Hause. Alles was er geworden ist, war nach seinen eigenen Worten schon mit 14 Jahren in ihm fertig angelegt – durch die Kraft seines Vaterhauses im physischen, geistigen und geographischen Sinne.

Am 14. Januar 1875 wird Albert Schweitzer in Kaysersberg im Oberelsaß als zweites Kind eines Pfarrerehepaares geboren. Sehr bald danach wechselt sein Vater in die Pfarrstelle des nicht weit entfernten Günsbach im Fechttal, nahe Colmar. Dieser Ort wird zur bleibenden Heimat Schweitzers. Hierher wird er zeitlebens zu Erholungspausen zurückkehren und sich 1928 mit den Mitteln des Goethepreises der Stadt Frankfurt a. M. ein Haus bauen, das heute Museum ist und ein Zentralarchiv mit dem Nachlaß Schweitzers beherbergt. Hier in Günsbach verlebt Schweitzer mit drei Schwestern und einem Bruder „eine sehr glückliche Jugend" in einem von Freundlichkeit und Toleranz geprägten Elternhaus. Die Mutter wird von Elly Heuss-Knapp als „klug", aber „etwas streng", der Vater jedoch als „warmherzig" und „behaglich" beschrieben. Er veröffentlicht 1893 – es ist das Jahr, in dem Albert Schweitzer mit recht mittelmäßigem Zeugnis Abitur macht – in den „Schriften des protestantischen liberalen Vereins in Elsaß-Lothringen" als Nr. 41 ein schmales Bändchen mit dem Titel: „Eine Predigt ohne Worte". Es handelt sich um eine Dorfgeschichte, in der die Tat der Liebe – das ist die Predigt ohne Worte – einen leidenschaftlich geführten Streit zwischen „konfessioneller" und „liberaler" Theologie bedeutungslos macht durch *gelebten* Glauben, der sich als „persönliche" Erfahrung nicht an äußere Autoritäten bindet, sondern als „der tiefe evangelische Glaube" nach dem Pauluswort verfährt: „Prüfet alles, das Gute behaltet". Ob der Günsbacher Pfarrer damit seinem nach Straßburg hinausziehenden Studiosus eine geistige Wegzehrung, eine Losung fürs Leben ins Gepäck legen wollte? Wir wissen es nicht. Wichtig an der Sache ist jedenfalls das Thema – Predigt ohne Worte, d. h. Christentum der Tat – und der Erscheinungsort der Erzählung – protestantischer liberaler Verein, d. h. freies Christentum. Beides umschreibt exakt den geistigen Standort, dem sich Albert Schweitzer lebenslang verpflichtet weiß. „Über alles Geistige und Intellektuelle, über Philosophie und Theologie erhaben ist die Hilfsbereitschaft von Mensch zu Mensch – die Aufgabe, Bruder zu sein". Er weiß, daß er damit „vom Standpunkt der überlieferten Lehre nicht vollständig und nicht immer befriedigend gewesen ist". Aber von ihm hat er sich ohnehin nie einengen lassen. Schweitzer gehört zu den großen Selbstdenkern. Das gilt für den Gelehrten wie für den Prediger. Für den Prediger: Während seiner Zeit als Vikar an St. Nicolai zu Straßburg wird Schweitzer eines Tages von seinem Vorgesetzten verwarnt: „Sie haben ... bis jetzt und nie auf mich gehört, sondern nur Dissertationen bald über diesen, bald über jenen Punkt gehalten, die bisweilen geistreich sein mochten, die aber keine gesunde Nahrung für meine Pfarrkinder sind. Mein fester Wille für die Zukunft ist, daß Sie über die vorgeschriebenen Bibeltexte predigen, wie die kirchliche Ordnung es erheischt." Die Verwarnung bleibt völlig wirkungslos.

Ebenso eigenwillig ist der Gelehrte. Bei der Erstellung seines Jesusbildes hat er auf die literarische Kritik der Evangelien fast vollständig verzichtet, was Adolf Jülicher zu der Bemerkung veranlaßte: „Schweitzer hat mit diesem Programm den Boden geschichtlich brauchbarer Forschung verlassen." Eine Arbeit, die die Quellen nicht kritisch sichtet, hat „keinen Anspruch auf Widerlegung, sie ist dogmatische, nicht historische Kritik". Das Urteil ist sicher übertrieben. Aber wahr ist, daß Schweitzer die historisch-kritische Methode als Überlieferungskritik der Evangelien fremd bleibt. Auch zu aktuellen philosophischen und theologischen Themen nimmt er öffentlich nicht Stellung, obwohl wir aus seinen Briefen wissen, wie aufmerksam er sie verfolgt. So bekennt er z. B. vom Existentialismus, daß er ihn „schüttelte". „Anständigerweise sollte ich aus Familienrücksichten (gemeint ist seine Verwandtschaft mit J. P. Sartre) wenigstens etwas Existentialismus heucheln können, aber ich kriege es nicht fertig." „Er ist mir dasselbe wie Atonale Musik." Karl Barths Theologie erscheint ihm gar als „Ketzerei", weil die historischen Grundlagen des Christentums darin sträflich vernachlässigt seien. Statt dessen habe Barth die „Dialektik" in die Gedankenwelt des Christentums eingeführt, „wobei ich mich frage, was denn Dialektik, dieses dunkle Ding, das in so vielen Bedeutungen gebraucht wird, mit dem Christentum zu tun hat. Der Herr Jesus und Paulus haben nichts von Dialektik gewußt, Gott sei Dank".

Man sieht daran: Einseitigkeit macht die Größe, aber auch die Grenze von Schweitzers theologischem Denken aus. Das trifft auch für seine generelle Kritik an den Theologen zu: „Tempelhüter sind sie und brave Seelen, wohlbestallte Diener der Obrigkeit, Bücherschreiber auch, belesen, beflissen und groß im gegenseitigen Polemisieren über Dinge, die außer der Zunft niemand interessieren. Wo bleibt das christliche Feuer? Ich ersticke in dieser Atmosphäre. Die Fronten verlaufen ganz anderswo". Trotz solcher Kritik hält Schweitzer seinem Elsäßischen Kirchentum lebenslang die Treue. Ihm ist es wichtig, daß er ein ordinierter Prediger ist. Als 1960/61 das Gerücht aufkommt, er sei zur Kirche der Unitarier übergetreten, tritt er dem mit dem Hinweis entgegen: „Ich gehöre immer noch meiner lieben Elsäßischen Protestantischen Kirche an, in der ich zehn Jahre als Prediger zu St. Nicolai gewirkt habe".

Eine wichtige Komponente dieser kirchlichen Existenz ist die ökumenische Grundhaltung, die ebenfalls aufs Vaterhaus zurückgeht. Die Günsbacher Kirche war und ist bis zum heutigen Tage eine Simultankirche, d. h. daß die evangelischen und die katholischen Christen darin nacheinander ihren Gottesdienst feiern. Schweitzers völliges Unverständnis für jede Form des Konfessionalismus hat hier seine Wurzel. „Für den Protestantismus gilt: In meines Vaters Haus sind viele Wohnungen. Wir sind in unserer Zeit die Einzigen, die bei der Vorstellung eines Gesamtprotestantismus verbleiben. Dies bedeutet eine Mission, die wir erfüllen". Das Unverständnis für den Kofessionalismus hat übrigens eine auffallende

Parallele im Unverständnis für nationalistische Politik. Zum Streit darüber, ob er Deutscher oder Franzose sei, nimmt Schweitzer niemals Stellung. Bei der Verleihung des Friedenspreises des Deutschen Buchhandels erzählt Theodor Heuss eine Anekdote, die ihm selbst berichtet worden war: „Nämlich als der Goebbels in einer bemerkenswerten Instinktlosigkeit auf die Idee kam, diesen seltsamen Urwalddoktor doch auch als Attraktion in dieses Deutschland hereinzuholen für Orgelkonzerte und Vorträge, da hat er mit der tastenden Kompromißformel, an die Sie sich erinnern wollen, geschrieben: ‚Mit deutschem Gruß!' Sie, Schweitzer, schlossen Ihre Absage mit der souveränen Formel: ‚Mit zentralafrikanischem Gruß!'". Der Geist des Weltbürgers Schweitzers war zu groß, um nicht die Enge des Nationalismus oder Konfessionalismus hinter sich zu lassen. Den von den Vätern, dem eigenen und dem Großvater Schillinger, auch er Pfarrer im Vogesischen Münstertal, ererbten „Aufklärungsgeist" erwirbt sich Schweitzer, um ihn für immer zu besitzen. Aufklärungsgeist, das ist die Überzeugung, daß der Fortschritt der Menschheit nur dadurch möglich wird, daß das Vernunftgemäße an die Stelle der Meinungen und der Gedankenlosigkeit tritt. Schweitzers Verständnis von Religion verbindet sich damit nahtlos. Denn die Einheit von Vernunft und Religion ist ihm von jeher feste Überzeugung gewesen. Vernünftiges Denken und christlicher Glaube können darum nicht in Streit miteinander geraten, weil beide nur eine Wahrheit kennen: den elementaren Sinn des Menschseins. So kommt es zu dem Bekenntnis: „Als tiefste Religion ist mir das Christentum zugleich die tiefste Philosophie." „Durch die Ethik der Ehrfurcht vor dem Leben werden wir auf eine elementare, tiefe und lebendige Weise fromm."

1893 geht er als Student nach Straßburg. Er wird dort – von kurzen Studienaufenthalten in Berlin und Paris abgesehen – runde 20 Jahre bleiben. Aber was für Jahre! Um das zu erreichen, was Schweitzer in dieser Straßburger Zeit an wissenschaftlicher, künstlerischer und praktischer Tätigkeit leistet, dazu würde ein „normaler" Bürger wahrscheinlich zwei oder drei Menschenleben brauchen. Aber eine robuste Gesundheit und eine eiserne Disziplin, die ihn über längere Phasen mit nur 4 Stunden Schlaf auskommen lassen, machen Schweitzer einen Werdegang möglich, der nicht seinesgleichen hat. Er beginnt mit dem Studium der Theologie und Philosophie, in das aber gleich zu Anfang die einjährige Militärzeit fällt. Ein verständnisvoller Hauptmann macht es jedoch möglich, daß Schweitzer den Besuch der Vorlesungen nicht unterbrechen muß. In einer Manöverpause im Herbst 1894 bereitet er sich auf eine Fleißprüfung vor, wobei er Beobachtungen am Neuen Testament macht, die für seinen eigenen Beitrag zur Leben-Jesu-Forschung von entscheidender Bedeutung sein werden und die ihn auf den Weg eines selbständigen Jesusforschers drängen. Inzwischen wird auch das Studium der Philosophie und der

Musiktheorie nicht vernachlässigt. Hinzu kommt regelmäßige Orgelbegleitung der Kantaten und Passionen in den Konzerten, die Ernst Münch in der Wilhelmerkirche eingeführt hatte.

Das ist von großem Einfluß für seine Bachauffassung. Überhaupt ist es in dieser Zeit noch gar nicht ausgemacht, wohin das alles führen soll – ins Pfarramt, zu einer Musiker- oder Forscherlaufbahn. Schweitzer studiert zunächst ohne klares Berufsziel, sehr bald aber – ab dem 6. Semester – mit einem Gelöbnis: bis zum dreißigsten Lebensjahr „der Wissenschaft und der Kunst zu leben", um sich von da an „einem unmittelbaren menschlichen Dienen zu weihen." Mit der Begründung dieses Entschlusses hält man den Schlüssel zu Schweitzers Lebenswerk in der Hand: „Es kam mir unfaßlich vor, daß ich, wo ich so viele Menschen um mich herum mit Leid und Sorge ringen sah, ein glückliches Leben führen durfte ... An einem strahlenden Sommermorgen, als ich – es war im Jahre 1896 – in Pfingstferien zu Günsbach erwachte, überfiel mich der Gedanke, daß ich dieses Glück nicht als etwas Selbstverständliches hinnehmen dürfe, sondern etwas dafür geben müsse." Er faßt jenen Entschluß und bemerkt dazu: „Gar viel hatte mich beschäftigt, welche Bedeutung dem Worte Jesu, ‚Wer sein Leben will behalten, der wird es verlieren, und wer sein Leben verliert um meinet – und des Evangeliums willen, der wird es behalten', für mich zukomme. Jetzt war sie gefunden. Zu dem äußeren Glücke besaß ich nun das innerliche". Welcher Art das geplante Wirken sein würde – er wird später erfolglose Versuche in Fürsorgeorganisationen für verwahrloste und verlassene Kinder, dann auch für Vagabunden und entlassene Strafgefangene machen –, ist ihm damals keineswegs klar. „Ich überließ es den Umständen, mich zu führen."

Nun, die Umstände führen ihn zunächst zur ersten theologischen Prüfung im Mai 1898. Danach widmet er sich ganz der Philosophie. Das Angebot einer Promotion zum Dr. phil. über Kant wird innerhalb eines Jahres erledigt, die Dissertation mit dem Thema „Die Religionsphilosophie Kant's von der Kritik der reinen Vernunft bis zur Religion innerhalb der Grenzen der blossen Vernunft" noch im Jahre 1899 bei Mohr (Siebeck) in Freiburg/Tübingen veröffentlicht – ein 325 Seiten starkes, methodisch wie sachlich respektables wissenschaftliches Erstlingswerk. Das daraufhin von der Philosophischen Fakultät in Straßburg gemachte Angebot zur Habilitation lehnt Schweitzer ab. Er will das Predigtamt an St. Nicolai, das er inzwischen angetreten hat, nicht quittieren. Bis 1911 wird er es ununterbrochen innehaben. Obwohl er die Anfechtung eines Pfarrers in ungeistlicher Zeit kennt – „Es ist nicht erquickend in unserer zweifelnden und gleichgültigen Zeit Pfarrer zu sein. Man möchte den Menschen unserer Tage geistig etwas geben, ihnen Jesus bringen und kann es nicht" –, empfindet er die Möglichkeit, „das Evangelium predigen zu dürfen, als ein unaussprechliches Glück". Ein im Günsbacher

Archiv vorhandenes, von seiner späteren Frau Helene Breßlau geführtes Verzeichnis – es beginnt 1898 und endet 1912 – notiert etwa 300 Predigten, von denen nur wenige in zwei schmalen Bändchen nach seinem Tode veröffentlicht wurden. Ungezählt bleiben die Unterrichtsstunden mit Konfirmanden und die Amtshandlungen. Zu den letzteren gehört 1908 die Trauung von Elly Knapp mit Theodor Heuss. Trautext ist Mt 5,13: „Ihr seid das Salz der Erde." Die Traupredigt selbst zeigt klassisch jenen Voluntarismus und Ethizismus, die Schweitzers Theologie und Weltanschauung zu einer Einheit zusammenbinden: „Das höchste Glück in diesem Augenblick ist nicht, daß zwei Menschen sich innerlich geloben: wir wollen für einander leben, sondern daß dies in ihren Gedanken zugleich bedeutet: wir wollen miteinander für etwas leben ... Nur die haben begriffen, um was es sich bei der Arbeit in unserer Zeit handelt, denen es aufgegangen ist, daß alles Helfen, Bessern und Fördern auf die Schaffung eines neuen Geistes gehen muß. Die Arbeit, die nicht in diesem Sinn getan ist, ist ein Laufen auf das Ungewisse. Der Geist aber, auf den wir hinwirken, ist der Geist Jesu". Nachdem die historische Grundlage des Christentums entfallen ist – Jesus starb, und das von ihm verkündigte nahe Gottesreich blieb aus –, ist dieses Hinwirken auf den Geist Jesu das zentrale Thema aller Theologie und Verkündigung Schweitzers. Und er weiß sich damit vor allem den Angefochtenen verpflichtet. „Diesen verlorenen Schafen", so schreibt er, „fühle ich mich berufen ... Höher als der kirchlich festgelegte Glaube steht die Frömmigkeit, das Sein in der Liebe." „Die Frömmigkeit, nicht der ‚Glaube' ist das Fundament der Religion. Die Frömmigkeit ist die Energie des Glaubens." Frömmigkeit aber ist der *gelebte* Gedanke des Reiches Gottes, ist der Auftrag, im Geiste Jesu zu handeln und so das Reich Gottes zu verwirklichen. „Diese Diesseitsreligion darf man nicht mißachten. Sie ist mehr im Geiste Jesu als die Geistespaläste der gewöhnlichen Dogmatiker".

Schweitzers Predigten einer theologischen Kritik zu unterziehen, ist sehr einfach. Die biblischen Texte sind hier nicht Inhalt, sondern nur Veranlassung für das appellative Reden. *Was* zu sagen an der Zeit ist, bestimmen nicht eigentlich sie, sondern bestimmt das elementare Denken dessen, was getan werden muß. Sodann: Das auf Offenbarung begründete Heilsgeschehen als Grund der Predigt wird nicht sichtbar. Insofern ist es nur folgerichtig, daß das Bekenntnis der Kirche fast völlig fehlt. Der Mensch Jesus rückt näher in dem Maße, als der Christus des Glaubens sich entfernt. Tatsächlich sind die Predigten so etwas wie die Urform dessen, was Schweitzer später in seinen ethischen und kulturphilosophischen Werken ausarbeiten wird. Seine Religion ist Kulturphilosophie. Das dabei leitende Interesse ist die Versöhnung von Glauben und Denken. Das macht – bei aller Kritik – Schweitzers Theologie zu einer Herausforderung für uns alle. In der *Einheit* von Theologie, Glauben und Leben, wie sie dieser Mann praktizierte, mag größere Überzeugungskraft liegen, als in der dogmatisch „richtigen“ Verkündigung, die jedoch mit der gelebten Wirklichkeit ständig in Konflikt kommt bzw. die einen Dissensus zwischen wissenschaftlicher und praktischer Theologie hinnehmen muß. Wir müssen uns klar machen: was *uns* ein Mangel scheint – keine Bekenntnisbindung – hält Schweitzer für einen Gewinn: „Unter religiösem Gesichtspunkt ist das bedenklichste Merkmal unseres Zeitalters das Verschwinden aller liberalen Frömmigkeit; fast alles ist Bekenntnis und Dogmatik.“ Das ist ein klares Bekenntnis zum *liberalen* Geist, dem Dogmatismus das Gegenteil von Wahrheitssuche ist. Um „der Kraft eines wahrhaftigen Verstehens der Wahrheit“ willen macht Schweitzer keinerlei Zugeständnisse, weder dogmatische noch kirchlich-konfessionalistische. Die Frömmigkeit, das ganz persönliche Verhältnis zu Jesus, bleibt davon unberührt. Die Zeugnisse sind Legion, die es dokumentieren. „Ich habe immer klarer erkannt, daß die einzige Wahrheit und das einzige Glück darin besteht, unserem Herrn Jesus Christus zu dienen, da, wo er uns nötig hat.“ Jesus Christus, der *Herr!* Darauf liegt der Ton. Der Umgang mit ihm ist eine Begegnung von Wille zu Wille. Der *historische* Jesus darf bleiben, der er war. Denn für den heutigen Glauben ist nur der *Geist Jesu* maßgeblich. Als Theologe und Prediger verfährt Schweitzer nach dieser Überzeugung und wagt von sich zu sagen: „Von allen protestantischen Ketzern bin ich also der brävste und der kirchlichste ... und kann mich auf Marcus und Matthäus besser berufen als die Kirche.“

In einer Art Gegenrede zur einstigen Traupredigt hat sich Theodor Heuss bei der Verleihung des Friedenspreises des Deutschen Buchhandels an Albert Schweitzer für den „Trost“ bedankt, den dieser Mann in den Herzen anderer weckte: „Denn in den verdammten und verderbten Jahren war Ihr Name, Ihr So-Sein und Ihr Da-Sein, für Zahllose in der ganzen Welt Trost und Ruhe.“ Aber bis es dahin kam, war für Schweitzer noch ein Riesenpensum zu bewältigen. Ein Jahr nach dem philosophischen Doktor folgt 1900 der theologische. Schon zwei Jahre später habilitiert er sich mit einer knapp über 100 Seiten starken, sprachlich faszinierend schönen und genialen Studie über „Das Messianitäts- und Leidensgeheimnis. Eine Skizze des Lebens Jesu“ (im Druck 1901 erschienen). Sie enthält im Gerüst bereits die gesamte spätere Theologie und im „Nachwort“ das wissenschaftliche Credo, das Schweitzer nie wieder ändern wird: „Die Urteile über diese realistische Darstellung des Lebens Jesu können sehr verschieden sein, je nach dem dogmatischen, historischen oder literarischen Standort der Kritik. Nur den Zweck des Buches mögen sie nicht antasten: der modernen Zeit und der modernen Dogmatik die Gestalt Jesu in ihrer überwältigenden heroischen Größe vor die Seele zu führen.

Das Heroische geht unserer Weltanschauung, unserem Christentum und unserer Auffassung der Person Jesu ab. Darum hat man ihn vermenschlicht und erniedrigt. Renan hat ihn zur sentimentalen Figur entweiht, feige Geister wie Schopenhauer wagten es, sich auf ihn zu berufen für ihre entnervende Weltanschauung, und unsere Zeit hat ihn modernisiert, indem sie sein Werden und seine Entwicklung psychologisch zu begreifen gedachte.

Wir müssen dazu zurückkehren, das Heroische in Jesu wieder zu empfinden, wir müssen vor dieser geheimnisvollen Persönlichkeit, die in der Form ihrer Zeit weiß, daß sie aufgrund ihres Wirkens und Sterbens eine sittliche Welt schafft, welche ihren Namen trägt, in den Staub gezwungen werden, ohne es auch nur zu wagen, ihr Wesen verstehen zu wollen: dann erst kann das Heroische in unserem Christentum und in unserer Weltanschauung wieder lebendig werden."

Mit einer Antrittsvorlesung vor der Theologischen Fakultät zu Straßburg über die Logos-Lehre im Johannesevangelium am 1. März 1902 beginnt für Schweitzer die Privatdozentenzeit als Neutestamentler. Neben die regelmäßigen Predigten treten nun auch die Vorlesungen. Über diese Dozententätigkeit ist wenig bekannt, über den Inhalt seiner Vorlesungen gar nichts. Man weiß nur, daß er über das Leben Jesu, die Pastoralbriefe, die Katholischen Briefe, den Galaterbrief, die Johannesoffenbarung sowie über „Taufe und Abendmahl im Neuen Testament und dem 1.–4. Jahrhundert" gelesen hat. Gleichzeitig ist er für drei Jahre Stiftsdirektor des Collegium Wilhelmitanum in Straßburg, zu dessen Pflichten hebräische Lektüre des Alten Testamentes mit den Studenten gehört. Nebenher laufen Bachstudien, deren Ergebnis die große Bach-Biographie ist (französisch 1905; deutsch und ganz neu geschrieben 1908). Während Schweitzer auf allen anderen Fachgebieten mit kritischen Einwänden nicht verschont wurde, hat er in der Musik kaum Widerspruch hinnehmen müssen. Schweitzer, der ohne Musik nicht leben konnte, beweist seine Kompetenz als Musiktheoretiker durch ein künstlerisch vollkommenes Spiel an Klavier und Orgel. Es verwundert nicht, daß er seinen theologisch-weltanschaulichen Standpunkt auch im Bach-Buch zum Zuge bringt: „Zuletzt war aber auch das orthodoxe Luthertum nicht die eigentliche Religion des Meisters, sondern die Mystik. Seinem innersten Wesen nach ist Bach eine Erscheinung in der Geschichte der deutschen Mystik." Schweitzer tritt für eine werkgerechte Interpretation des Meisters ein. Durchweg wird ihm Bach zu schnell gespielt. Nicht durch das Tempo, durch die Phrasierung solle man das Leben, das in Bachs Musik liegt, zur Geltung bringen. Schweitzer vertritt die These, daß der musikalische Satz „nur der in Tönen gehärtete Wortsatz" sei. „Dem Bach der Gralswächter der reinen Musik setzte ich in meinem Buche denjenigen entgegen, der Dichter und Maler in Musik ist. Alles, was in den Worten des Textes liegt, das Gefühlsmäßige wie das Bildliche, will er mit größtmöglicher Lebendigkeit und Deutlichkeit in dem Material der Töne wiedergeben. Vor allem geht er darauf aus, das Bildliche in Tonlinien zu zeichnen. Er ist noch mehr Tonmaler als Tondichter ... Darin ist Bach der Größte unter den Großen ... Das größte an dieser urlebendigen, wunderbar plastischen, einzigartig formvollendeten Kunst ist der Geist, der von ihr ausgeht. Eine Seele, die sich aus der Unruhe der Welt nach Frieden sehnt, und Frieden schon gekostet hat, läßt darin andere an ihrem Erlebnis teilhaben."

Nichts hat Schweitzer so sehr befriedigt wie die Tatsache, daß er mit seinen Gedanken eine neue Ära der Pflege Bachscher Musik eingeleitet hat.

Ohne alle Einschränkung der oben genannten Tätigkeiten beginnt Schweitzer 1905 – inzwischen 30 Jahre alt – mit dem Medizinstudium. Das hat eine Vorgeschichte. Und sie macht der Ungewißheit über den späteren Dienst ein Ende. „Eines morgens", so schreibt er in seinen Lebenserinnerungen, „im Herbst 1904, fand ich auf meinem Schreibtisch im Thomasstift eines der grünen Hefte, in denen die Pariser Missionsgesellschaft allmonatlich über ihre Tätigkeit berichtete ... Mechanisch schlug ich dies am Abend zuvor in meiner Abwesenheit auf meinen Tisch gelegte Heft auf, während ich es, um alsbald an meine Arbeit zu gehen, beiseite legte. Da fiel mein Blick auf einen Artikel mit der Überschrift ‚Les besoins de la Mission du Congo' (Was der Kongomission not tut). Er war von Alfred Boegner, dem Leiter der Pariser Missionsgesellschaft, einem Elsässer, und enthielt die Klage, daß es der Mission an Leuten fehle, um ihr Werk in Gabun, der nördlichen Provinz der Kongokolonie, zu betreiben. Zugleich sprach er die Hoffnung aus, daß dieser Appell solche, ‚auf denen bereits der Blick des Meisters ruhe', zum Entschluß bringe, sich für diese dringende Arbeit anzubieten. Der Schluß lautete: ‚Menschen, die auf den Wink des Meisters einfach mit: Herr, ich mache mich auf den Weg, antworten, dieser bedarf die Kirche.'

Als ich mit dem Lesen fertig war, nahm ich ruhig meine Arbeit vor. Das Suchen hatte ein Ende."

Der äußerlich so nüchterne Vorgang bedeutet nach innen einen Ruf, gegen den es keine Einwendungen gibt. Schweitzer selbst hat es auch nie anders empfunden; er wird später nach Äquatorialafrika gehen, weil er sich „berufen fühlte".

Eineinhalb Jahre wird niemand etwas von diesem Entschluß erfahren. Seine vielfältigen Beschäftigungen in Straßburg gehen einfach weiter, wobei das Medizinstudium besondere Mühe macht. Acht Jahre vergehen, ehe er es 1913 mit dem Dr. med. abschließt. Die Erklärung dafür ist einfach: Es sind die Jahre, in denen Schweitzer jene Bücher schreibt und veröffentlicht, mit denen er sich für immer als Theologe einen Namen gemacht hat. Allem voran ist das die aus Vorlesungen herausgewachsene

Untersuchung der Geschichte der Leben-Jesu-Forschung, die er 1906 erstmals unter dem Titel „Von Reimarus zu Wrede“ veröffentlicht. Das Buch hat 418 Seiten und gewinnt mit der 2. Auflage von 1913, jetzt unter dem Titel „Geschichte der Leben-Jesu-Forschung“, seine endgültige, auf 659 Seiten erweiterte Form. Ohne Übertreibung kann man von diesem Buch sagen, was Schweitzer im Blick auf das Leben-Jesu von David Friedrich Strauß gesagt hat: „Als literarisches Werk“ gehört es „zum vollendetsten, was die wissenschaftliche Weltliteratur kennt.“ Schweitzer läßt 150 Jahre Forschungsgeschichte Revue passieren und zeigt, daß das „historische Fundament des Christentums, wie es die rationalistische, die liberale und die moderne Theologie aufgeführt haben“, nicht mehr existiert. Und zwar ist es nicht von außen zerstört worden, „sondern in sich selbst zusammengefallen, erschüttert und gespalten durch die tatsächlichen historischen Probleme, die eines nach dem andern auftauchten und sich trotz aller darauf verwandten List, Kunst, Künstlichkeit und Gewalt in die Gesamtanschauung, die den Jesus der Theologie der letzten hundertundfünfzig Jahre hervorgebracht hatte, nicht einebnen lassen wollten und jedesmal, kaum begraben, in neuer Form auferstanden“. Wer das Biographische im Leben Jesu sucht, findet es nicht, sondern muß es erfinden bzw. psychologisierend ergänzen. Das so entstehende Bild sagt jeweils sehr viel über die Subjektivität des Autors oder den Geist einer Epoche, aber fast gar nichts über den Jesus der Geschichte. Dieser ist so fest in der eschatologischen Gedankenwelt des Frühjudentums verwurzelt, daß er sich nicht daraus herauslösen läßt. Man versteht ihn aufgrund seiner konsequenten Eschatologie, d. h. daß er all sein Reden und Tun in der Erwartung des alsbald hereinbrechenden Gottesreiches gesehen hat – oder man versteht ihn gar nicht. Denn „mit der Eschatologie wird es eben unmöglich, moderne Ideen in Jesus hineinzulegen und sie von ihm durch die neutestamentliche Theologie wieder als Lehen zurückzuempfangen.“ Damit hat Schweitzer der modernen Theologie einen Weg abgeschnitten, auf dem sie durch den immer wieder angestellten Versuch einer „Scheidung zwischen Vergänglichem und Bleibendem“ Jesus unmittelbar in die eigene Zeit stellte. Als könne der apokalytpische Endzeitprediger unserer Gegenwart als ein ihr Gleichzeitiger begegnen! Das geht nur mittels einer Gewaltsamkeit, die sich nicht scheut, die historischen Grundfragen ganz einfach beiseite zu schieben.

Schweitzer stellt sich also mit seinem Buch in die Reihe derer, die ein echtes Verständnis der neutestamentlichen Verkündigung heraufführen halfen dadurch, daß sie einem verbürgerlichten Verständnis des Christentums gegenüber auf die Fremdheit der Gedanken des Neuen Testamentes hinweisen. Das Ergebnis ist positiv und negativ zugleich. Das positive Ergebnis muß man dialektisch formulieren: Dem christlichen Glauben hat er die Auseinandersetzung „mit der historischen Wahrheit über

Jesus“ (Werke, 3,33) als eine unabweisbare Aufgabe zugewiesen. Und: Die Jesusforschung ist für immer um ihre Naivität gebracht, zu meinen, sie könne das Leben des historischen Jesus *hinter* den Evangelien, so, wie es wirklich gewesen ist, wiedergewinnen.

Das negative Ergebnis der Problemgeschichte ist dieses: Indem Schweitzer die zuletztgenannte Erkenntnis selbst nicht ernst nimmt, entwirft er ein apokalyptisches Jesusbild, in das kräftige Züge eines Abenteurers hineingemengt sind. So sehr und so ausschließlich ist dieser Jesus von der baldigen Nähe des Hereinbrechens der Himmelsherrschaft überzeugt, daß er noch seinen Tod als Versuch versteht, dem Rad der Geschichte in die Speichen zu fallen, die Geschichte aufzuhalten und so das Ende herbeizuzwingen. Damit ist er gescheitert. Was bleibt, ist der „Geist Jesu“, die „Persönlichkeit“, das „Heroische“ dieser Gestalt, welches, in ethisches Tun umgesetzt, unsere „Nachfolge“, unser Christsein ausmacht. Über diesem Jesusbild ist Schweitzer freilich selbst zum exegetischen Abenteurer geworden, der manchen Textbefund einfach ignoriert. Vor allem diesen: Es ist unmöglich, den historischen Jesus vom geglaubten Christus zu trennen. Die Jesusüberlieferung ist in allen vier Evangelien von Ostern her erzählt. In „Jesus Christus“ ist das historische Einmal des geschichtlichen Menschen Jesus und das eschatologische Ein-für-allemal des himmlischen Christus unlösbar verschränkt. Wer diese Verschränkung auflöst, hebt das Wesen der Botschaft selbst auf.

Unmittelbar an seine Jesusstudien schließt Schweitzer Forschungen zu Paulus an. 1911 läßt er seine „Geschichte der paulinischen Forschung von der Reformation bis auf die Gegenwart“ erscheinen. Sie ist insofern eine Fortsetzung seines Jesusbuches, als er gegen die damals geltende Paulusforschung den Einfluß griechischer Vorstellungen auf das Gedankensystem des Apostels verneint und statt dessen seine Theologie ebenfalls aus der jüdischen Eschatologie erklärt. Man merkt es dem Buch an, daß es Schweitzer 1911 – es ist die Zeit seines medizinischen Staatsexamens – an Ruhe gefehlt hat. Jedenfalls hat er selbst in eine ihm nahegelegte Neuauflage nicht eingewilligt. Und noch eine theologische Schrift entsteht in dieser Zeit, die aber unmittelbar mit seinem Medizinstudium zusammenhängt: „Die psychiatrische Beurteilung Jesu. Darstellung und Kritik“ (1913). Es ist seine medizinische Dissertation, deren ursprünglicher Titel lautete: „Kritik der von medizinischer Seite veröffentlichten Pathographien über Jesus“ (1913). Der Verdacht, daß Jesus krankhafte Züge aufweist, verflüchtigt sich in dem Augenblick, in dem erkannt wird, daß seine Gedankenwelt ganz in der frühjüdischen eschatologischen Vorstellungswelt wurzelt. Man sieht die Beharrlichkeit, mit der Schweitzer bei seinem Jesusverständnis bleibt – bis in das 1967 postum erschiene Werk hinein „Reich Gottes und Christentum“, herausgegeben und mit einem Vorwort versehen von Ulrich Neuenschwander.

An theologischen Werken werden zu diesen Veröffentlichungen nur noch zwei hinzukommen: die kleine, aber außerordentlich wichtige Schrift „Das Christentum und die Weltreligionen“ (München 1923). Den endgültigen Schlußpunkt setzt die 1930 sehr verspätet erscheinende „Mystik des Apostels Paulus“. Daß sie 1981 mit einer Einführung von Werner Georg Kümmel noch einmal als Taschenbuch aufgelegt wurde, zeigt die Wichtigkeit dieses wohl bedeutendsten theologischen Werkes von Albert Schweitzer. An der Tatsache ist nicht zu rütteln, daß diese Paulusinterpretation „in ihren grundlegenden Einsichten dem geschichtlich zutreffenden Verständnis der paulinischen Theologie den Weg bereitet hat“ (Kümmel). Auch jetzt arbeitet Schweitzer mit dem Bewußtsein, daß die bisherige Paulusforschung versagt hat. Statt aus dem jüdisch-apokalyptischen erklärte sie die Theologie des Apostels aus dem griechischen Geist oder bestenfalls aus einer Mischung von beiden. Dem gegenüber versteht Schweitzer sie konsequent aus der frühjüdischen Eschatologie, genauer aus der Apokalyptik. Im paulinischen Gedankensystem ist ihr primärer Sinn der, daß der neue Äon schon angebrochen ist. Entsprechend ist die Erlösung bei Paulus nicht individualistisch, sondern als ein die ganze Welt betreffendes Geschehen verstanden. Und das Hineingestelltsein in diese „eschatologische Heilssituation“, diesen richtig erkannten Sachverhalt, umschreibt Schweitzer mit dem mißverständlichen Begriff „Mystik“. Und auch, daß Schweitzer die paulinische Rechtfertigungstheologie gegen den reformatorischen Strich bürstet – als *Kampfeslehre* in der Auseinandersetzung mit dem Judentum entstanden, ist sie ein „Nebenkrater“ im Hauptkrater der „eschatologischen Mystik“ – zeigt, daß auch dieses Buch trotz seiner faszinierenden Geschlossenheit seine Grenzen hat. Sie heben aber die Wichtigkeit der Erkenntnis nicht auf, daß es Paulus gewesen ist, der das Evangelium Jesu sachlich so zu Ende gedacht hat, daß kein anderer Weg mehr offen steht. Und so kann sich die paulinische Theologie „in dem Glauben aller Zeiten als stets erneuernde Kraft betätigen“. In der Sache ist das eine ganz andere Einschätzung der Bedeutung und Wirkung des paulinischen Denkens als etwa bei Luther oder Karl Barth. Und doch bestätigt sie in bemerkenswerter Parallelität das theologische Gewicht des Paulinismus. Die allzeit notwendige reformatorische Theologie (nicht konfessionalistisch, sondern sachlich gemeint) wäre ohne ihn nicht möglich. Schweitzer drückt das auf seine Weise aus, wenn er feststellt: „Paulus ist der Schutzheilige des Denkens im Christentum. Vor ihm müssen sich alle verbergen, die dem Evangelium mit der Vernichtung freien Denkens im Glauben an Jesum zu dienen glauben.“

Im Blick auf die Jesus- und Paulusforschung Schweitzers ist mit Recht gesagt worden, „daß Jesus und Paulus die zwei Gestalten seien, auf die sein Leben und Denken ausgerichtet sind. Sie waren ein Leben lang die

Sterne, die ihm den Weg gewiesen und bestrahlt haben. Dabei ist Jesus der Herr, zu dem man kaum die Augen zu erheben wagt. Zu Paulus aber stellt sich eine Beziehung her, die man bei aller Ehrfurcht nur als eine solche der Intimität bezeichnen kann. Sie ist der zweite Pfeiler, auf dem das bei aller hartnäckigen Betonung der grundlegenden Bedeutung des Denkakts so persönlich fundierte Christentum Schweitzers ruht" (W. Picht).

Nach den Jahren intensivster theologischer, philosophischer und musikwissenschaftlicher Studien in Straßburg bricht Schweitzer 1913 zu dem großen „Wagnis" seines Lebens auf, „das in seiner sehr opferreichen und ganz phrasenlosen Zähigkeit noch die Seelen der Welt bewegen sollte" (Heuss). Zuvor muß er in „schweren Wochen über die Maßen" den Einwänden der Verwandten und Bekannten standhalten, die ihm die „Sinnlosigkeit" seines Entschlusses vorhalten mit dem Argument, er solle das „Wirken unter den Wilden" solchen überlassen, die damit nicht „Gaben und Kenntnisse in Wissenschaft und Kunst ungenützt liegenließen". „In den vielen Diskussionen, die ich damals mit als christlich geltenden Leuten als ein müder Partner durchzufechten hatte, berührte es mich merkwürdig, wie fern ihnen der Gedanke lag, daß das Streben, der von Jesu verkündeten Liebe zu dienen, einen Menschen aus seiner Bahn werfen könne, obwohl sie es im Neuen Testament lasen und es dort ganz in der Ordnung fanden."

Auch ein monatelanges Tauziehen mit der Pariser Missionsgesellschaft, in deren Diensten Schweitzer nach Afrika ziehen will, geht der ersten Ausfahrt voraus. Ihr ist Schweitzers Theologie nicht geheuer. Selbst noch gegen die Arbeit eines Missionsarztes hat sie Bedenken, „der nur die rechte christliche Liebe, nicht aber auch den rechten Glauben" hat. Erst als Schweitzer versichert, er werde „stumm wie ein Karpfen sein", gibt sie nach.

Am 26. März 1913 reist Schweitzer von Bordeaux aus erstmals nach Lambarene am Ogowe-Fluß in Gabun, um praktisch aus dem Nichts ein Spital aufzubauen, das im Laufe der Jahre sich entwickeln und die Aufmerksamkeit der Welt auf sich ziehen wird. Er reist mit seiner Frau, einer ausgebildeten Krankenschwester. Später muß sie aus Gesundheitsgründen mit der Tochter Rhena, dem einzigen der Ehe geschenkten Kind, in Deutschland zurückbleiben. Der Tapferkeit und aufopferungsvollen Entsagung dieser Frau ist bisher nur mit einem schmalen Bändchen von Marianne Fleischhack gedacht worden.

Mit einer längeren, kriegsbedingten Unterbrechung von 1917–1924 (in dieser Zeit vollendet Schweitzer sein ethisches Hauptwerk, die Kulturphilosophie I und II, 1923) und vielen kurzen Urlaubspausen bleibt Schweitzer insgesamt 50 Jahre in seinem Spital unter dem ungünstigen tropischen Klima tätig. Seine Schrift „Zwischen Wasser und Urwald" (1929), die „Mitteilungen aus Lambarene" (1924–1927), der Bildband

„Das Spital im Urwald“ (1948) und vieles andere berichten von dieser aufopferungsvollen Tätigkeit, bei der Schweitzer Arzt, Baumeister und Seelsorger zugleich ist. Eine immer größer werdende Korrespondenz und das wissenschaftliche Arbeiten gehen auf Kosten der Nachtruhe. Das Buch über „Die Weltanschauung der indischen Denker. Mystik und Ethik“ entsteht in dieser Zeit und erscheint 1935. Bei den Europaaufenthalten füllen Vorträge in vielen Ländern bis hin nach USA sowie Konzerte die Wochen und Monate. Lambarene braucht Geld! Denn Schweitzer war auf eigene Kosten dorthin gegangen. Die Pariser Missionsgesellschaft hatte keinen Pfennig gegeben.

Als die Welt ihn mit Ruhm und Ehre zu überhäufen beginnt, verändert das seine bescheidene Lebensweise in keiner Hinsicht. Höhepunkte dieser Ehrungen sind der Goethepreis der Stadt Frankfurt am Main (1928), der Friedenspreis des Deutschen Buchhandels (1951) und der Nobel-Friedenspreis (1953). Als Schweitzer sich jedoch 1958 in drei Aufrufen über Radio Oslo für die Einstellung von Atomversuchen und gegen die Herstellung von Atombomben ausspricht, erfährt die bislang uneingeschränkte Hochschätzung des großen Menschenfreundes einen plötzlichen Knick. „Man wollte sich an ihm erbauen, aber nicht von ihm in Pflicht nehmen lassen.“ Schweitzer zu bewundern ist leicht; seinem Geist zu folgen wird in unserer Zeit immer schwerer.

Neunzig Jahre zählt sein Leben, als der Tod es ohne vorherige Krankheit rasch beendet. Seinem Wunsche gemäß wird er in Lambarene beerdigt und auf sein Grab ein Holzkreuz gesetzt, auf dem nur der Name „Dr. Albert Schweitzer“ sowie Geburts- und Todesdatum (4. 9. 1965) stehen. So schlicht, wie sein Leben war, ist auch sein Tod.

Auf die Frage, warum Schweitzer ein an Erfolgen reiches Leben als theologisch-akademischer Lehrer und Orgelspieler, als Schriftsteller und Gelehrter aufgab, gibt es verschiedene Antworten. Albert Einstein sieht darin „zu einem bedeutsamen Teil Flucht vor unserer moralisch versteinerten und seelenlosen Kulturtradition –, ein Übel, dem gegenüber der Einzelne machtlos ist“. Elly Heuss-Knapp jedoch nennt es „die Logik der Heiligen“. Sie dürfte Recht behalten. Für Schweitzer ist sein Gehen nach Afrika „Gehorsam gegen Jesus“, weil dort jene Schuld gesühnt werden muß, „die die dem Namen nach christlichen Nationen draußen begehen“. Was wäre gewesen, wenn er nicht gegangen wäre? Theodor Heuss meint, daß dann möglicherweise in der Theologie nicht jene „dogmatische Verhärtung“ eingetreten wäre, der die *Ethik* „schon fast eine Art von ... ‚Säkularisation der Religion‘ bedeutet“. Das bleibt Spekulation. Aber angesichts der Verlegenheiten, in denen sich Theologie und Kirche gegenüber den ethischen Herausforderungen unserer Zeit befinden, legt sich doch die Vermutung nahe, Schweitzers Stimme sei zu wenig gehört worden. Protestantischer Tradition ist die Verhältnisbestimmung von

Dogmatik und Ethik immer schwer gefallen. Nicht so Albert Schweitzer. Leicht, zu leicht löst er das Problem, indem er die Dogmatik ganz in der Ethik der Liebe aufgehen läßt. Die theologische Kritik daran hat immerhin zu bedenken, daß Schweitzer seine „universelle Ethik" der Ehrfurcht vor dem Leben absichtsvoll nicht theologisch begründet, sondern ganz aus dem elementaren Denken ableitet. Mit dieser Ethik, die „allem Willen zum Leben die gleiche Ehrfurcht vor dem Leben entgegenbringt wie dem eigenen" – sie war ihm das „Grundprinzip des Sittlichen" –, hat Schweitzer als einem anvertrauten Pfund gewuchert. Wir aber haben das Pfund alsbald wieder vergraben. Denn es gilt dem europäischen Denken nach wie vor „als ein Dogma, daß die Ethik es eigentlich nur mit dem Verhalten des Menschen zum Menschen und zur Gesellschaft zu tun hat". Erst heute, angesichts der ökologischen Krise, im Stadium schwerster Bedrohung der Überlebenschancen des Planeten Erde, werden uns die Augen für die gnadenlosen Folgen dieses Dogmas geöffnet. Ethik muß es auch zu tun haben mit dem Verhalten des Menschen zum nichtmenschlichen Leben, ja zur Natur überhaupt. Der Mensch kann nicht leben ohne das Leben der Schöpfung. Schöpfung ist etwas Unteilbares. In dem Maße, in dem wir sie schädigen, schädigen wir auch uns. Das Gift, das wir in sie hineingeben, gibt sie an uns zurück. Verwüstete Schöpfung heißt immer auch: verwüstete Menschen. Wo aber wären Schöpfung und damit wir selbst mehr verwüstet, als in unserem brutalen Umgang mit den Tieren, insbesondere den Nutztieren in der modernen Massentierhaltung und bei den unnötigen Tierexperimenten? Schweitzer schreibt: „Es ist das Schicksal einer jeden Wahrheit, vor ihrer Anerkennung ein Gegenstand des Lächelns zu sein. Einst galt es als eine Torheit anzunehmen, daß die farbigen Menschen wahrhaft Menschen seien und menschlich behandelt werden müßten. Die Torheit ist zur Wahrheit geworden. Heute gilt es als übertrieben, die stete Rücksichtnahme auf alles Lebendige bis zu seinen niedersten Erscheinungen herab als Forderung einer vernunftgemäßen Ethik auszugeben. Es kommt aber die Zeit, wo man staunen wird, daß die Menschheit so lange brauchte, um gedankenlose Schädigungen von Leben als mit Ethik unvereinbar einzusehen."

Albert Schweitzer – ein protestantisches Profil? Er ist es in hohem Maße: Mit seiner Paulusforschung, mit der Leben-Jesu-Forschung, in die als „eine Wahrhaftigkeitstat des protestantischen Christentums" er sich einreiht. Er ist es auch darin, daß ihm „Wahrheit im höchsten Sinne ist, was im Geiste Jesu ist", nämlich tätige Nächstenliebe, die *alles* Lebendige umgreift. Und er ist es schließlich und vor allem mit seinem unbedingten Willen zur Wahrhaftigkeit. In der Vorrede zur 6. Auflage der „Geschichte der Leben-Jesu-Forschung" schreibt Schweitzer: „Zum Wesen des Protestantismus gehört, daß er eine Kirche ist, die nicht kirchgläubig, sondern christgläubig ist. Dadurch ist ihm verliehen und aufgegeben, durchaus wahrhaftig zu sein. Hört er auf, unerschrockenes Wahrhaftigkeitsbedürfnis zu besitzen, ist er nur noch ein Schatten seiner selbst und damit untauglich, der christlichen Religion und der Welt das zu sein, wozu er berufen ist.“

Literaturhinweise:

Albert Schweitzer. Gesammelte Werke in fünf Bänden, hrsg. von Rudolf Grabs, 2. Auflage Zürich 1975 (zu Schweitzers autobiographischen Schriften siehe Band 1).
Albert Schweitzer. Sein Denken und sein Weg, hrsg. von Hans Walter Bähr, Tübingen 1962.
Albert Schweitzer. Straßburger Predigten, hrsg. von Ulrich Neuenschwander, München 1966.
Gräßer, Erich: Albert Schweitzer als Theologe, Beiträge zur historischen Theologie 60, Tübingen 1979.
Kantzenbach, Friedrich Wilhelm: Albert Schweitzer. Wirklichkeit und Legende, Persönlichkeit und Geschichte 50, Göttingen 1969.

Otto Dibelius
(1880–1967)

Klaus Scholder

Otto Dibelius

Als Otto Dibelius am 10. April 1966 in der Kaiser-Wilhelm-Gedächtniskirche in Berlin seine Abschiedspredigt hielt, war er 86 Jahre alt. Von diesen 86 Jahren stand er mehr als 40 Jahre in leitenden Ämtern der evangelischen Kirche. Er war in den Zwanziger Jahren der jüngste Generalsuperintendent der altpreußischen Kirche, wurde 1933 abgesetzt, trat in den Dienst der Bekennenden Kirche, wurde nach dem Zweiten Weltkrieg Bischof von Berlin-Brandenburg, dann Ratsvorsitzender der Evangelischen Kirche in Deutschland und als erster Deutscher einer der Präsidenten des Ökumenischen Rates der Kirchen. In den ungeheuren Umbrüchen der Zeit, die den deutschen Protestantismus tief erschütterten und veränderten, repräsentierte er mehr als irgendein anderer die Dauer, die Festigkeit und den Selbstbehauptungswillen der evangelischen Kirche in Deutschland. Wenn man in diesem Jahrhundert den Titel eines evangelischen Kirchenfürsten zu vergeben hätte – kein Zweifel, daß er Dibelius gebühren würde.

Aber kirchliche Karrieren, auch wenn sie so außergewöhnlich sind wie diese, sagen im Grunde nur wenig über das besondere Profil derer aus, die sie durchmessen haben. Und in der Tat genügt es nicht, die Stationen seiner Karriere zu beschreiben, wenn man die Bedeutung von Dibelius begreifen will. Vielmehr muß man sich an die Sache selbst machen, die ihn beschäftigt hat, an das große Thema seines Lebens, das zugleich das große Thema seiner Zeit war. Es ging ihm fast von Anfang an um das Verhältnis von Kirche und Staat, genauer um die Frage, wie sich die evangelischen Kirchen in Deutschland zur Monarchie, zur Weimarer Republik, zum totalitären Regime des Dritten Reiches und danach im geteilten Deutschland zur westlichen und zur östlichen Staatsform verhalten sollten.

Dibelius hat in diesen Fragen eine eigentümliche, vielumstrittene, und doch auf ihre Weise höchst eindrucksvolle Stellung eingenommen. In der selbständigen Erarbeitung, der biblischen Begründung und der mutigen und unerschrockenen Verteidigung dieser Stellung lag nicht zuletzt das unverwechselbar Protestantische dieses evangelischen Bischofs.

Was es damit im einzelnen auf sich hatte, wird vielleicht am besten deutlich durch eine Darstellung der Konflikte, in die er mit seinen Thesen in den drei wichtigsten Abschnitten seines Lebens geriet.

Der Generalsuperintendent der Kurmark und „Das Jahrhundert der Kirche"

In der zweiten Hälfte der Zwanziger Jahre verband sich in der weiteren Öffentlichkeit der Name von Otto Dibelius vor allem mit einem Buch. Es trug den provozierenden Titel „Das Jahrhundert der Kirche" und erlebte in rascher Folge sechs Auflagen. Die Analyse der politischen und kirchlichen Situation der Zeit nach dem Ersten Weltkrieg, die dieses Buch enthielt, war für einen preußischen Generalsuperintendenten durchaus ungewöhnlich. Denn diese höchsten Geistlichen der preußischen Kirche galten als durch und durch konservativ.

Auch Otto Dibelius war von Hause aus ein preußischer Konservativer. Er war aufgewachsen und hatte sich zum Pfarrberuf entschlossen in einer Kirche, die in Preußen ihre Heimat und im preußischen Königshaus beides, ihre weltliche und ihre geistliche Obrigkeit gesehen hatte. Obwohl Dibelius keineswegs blind für die Schäden dieser Kirche war, blieb doch dies, die Herrschaft einer christlichen Obrigkeit in einem christlichen Land, für den jungen Theologen Vorbild einer sittlich begründeten Staatsordnung. Unter diesen Voraussetzungen erlebte er die Revolution vom November 1918 wie unzählige andere evangelische Konservative auch als „einen Verrat an der deutschen Vergangenheit, eine furchtbare Gefahr für die deutsche Zukunft". Aber anders als fast alle anderen Konservativen – und damit begann Dibelius' ganz eigener Weg –, zog er daraus nicht den Schluß, daß die Kirche mit allen Mitteln eine Restauration der alten Verhältnisse zu betreiben habe. Vielmehr sah er in der Revolution von Anfang an vor allem eine Chance. Es war freilich nicht – darin blieb er Konservativer – die Chance, die die Revolution selber sah, die Chance eines neuen, freien und sozialen Staatswesens. Die Chance, die *er* sah, war vielmehr eine Chance der Kirche. Gerade weil er von der Republik wenig erwartete, erwartete er umso mehr von der Kirche. Durch den Sturz der Monarchien, das Ende des landesherrlichen Kirchenregiments und die Errichtung eines religionslosen Staates hatte die Revolution wider ihren Willen das Tor zum „Jahrhundert der Kirche" aufgestoßen.

„Die Selbständigkeit der Kirche ist da", schrieb er. „Nicht ohne Einschränkung! Aber aufs Ganze gesehen, darf es gelten: sie ist da! Eine Kirche ist geworden! Eine selbständige Kirche!... Was den aufbauenden Mächten nach menschlichem Ermessen erst in langen Jahrzehnten mühseliger Arbeit hätte gelingen können, ist jetzt mit einem Schlage geworden." Diese Kirche war, Dibelius betonte es mit Nachdruck, kein Selbstzweck. Ihr Auftrag war es, dem Willen Jesu auf Erden Geltung zu verschaffen. Mit diesem Auftrag aber wuchsen ihr außerordentliche Aufgaben zu. Denn da der religionslose Staat nach Dibelius' Überzeugung sittliche Normen nicht mehr zu setzen vermochte, mußte hier die Kirche eintreten und klare Weisungen geben. Wie wenig sich die Probleme seither verändert haben, zeigt eine Aufzählung von Fragen, die Dibelius in diesem Zusammenhang damals aufwarf. „Was sagt der Christ zur Frage der Geburtenbeschränkung? Zur Frage der Ehescheidung? Was ist für den christlichen Glauben der Sinn der Strafe? Wie steht der Christ zur Spekulation ...? Gibt es eine Grenze für den Gewinn, den der Produzent aus seiner Ware herausholt? Wie verhält sich das Recht des Kapitals zum Recht des Arbeiters? Wie steht es um das Recht des Staates auf das Leben seiner Bürger?"

Dibelius erwartete auf diese Fragen keine dogmatischen Antworten, sondern er erwartete durch intensive Diskussion in der Kirche eine allmähliche Übereinstimmung bei denen, „die aus den Kräften des Evangeliums heraus leben wollen".

Noch aufregender und unorthodoxer als das „Jahrhundert der Kirche" war Dibelius' eigener Beitrag zu dieser Diskussion. Es ging um die damals in Deutschland heiß umstrittene Frage nach der Bewertung des Krieges. Das Buch „Friede auf Erden?" gab darauf eine Antwort, die in mehrfacher Hinsicht überraschend war.

Zunächst wandte sich Dibelius gegen jede Verherrlichung des Krieges. In einer Zeit, in der allzu viele in Deutschland von „Stahlgewittern" träumten und auf Rache für den verlorenen Weltkrieg sannen, beschrieb Dibelius den modernen Krieg als das, was er war und ist, ein sinnloses und grauenhaftes Morden und Abschlachten. Dibelius hatte durchaus einen Sinn dafür, daß frühere Zeiten den Krieg als sittliche Leistung begriffen hatten. Heute dagegen mußte man ihn eher mit den Augen von Erich Maria Remarque sehen, aus dessen berühmtem, der Rechten tief verhaßten Antikriegsbuch „Im Westen nichts Neues“ der preußische Generalsuperintendent ausführlich zitierte. Daraus folgerte Dibelius, was damals weniger selbstverständlich war als es heute scheint: „Ohne Wenn und Aber, ohne Einschränkung und Kompromiß ... Krieg soll nicht sein, weil Gott den Krieg nicht will.“

Weil Gott den Krieg nicht will, müssen Christen alles tun, um den Krieg zu verhindern. Was Dibelius in diesem Zusammenhang formulierte, ist heute noch so aktuell wie damals. Vielleicht begreifen wir inzwischen in Ost und West sogar noch genauer, was Dibelius meinte, als er schrieb: „Denn was Gott will, das will er durch Menschen. Die Anschauung, daß Kriege Naturkatastrophen sind, die nicht abgewendet werden können, ist dahin. Unwiederbringlich. Wenn sie aber abgewendet werden können, dann sollen sie auch abgewendet werden. Und es ist Pflicht der Christen, dabei zu helfen.“ Deshalb habe die evangelische Kirche einzutreten „für die allgemeine Abrüstung der Völker“, „für ein bindendes internationales Recht“, „für den Völkerbund“, „für die kulturelle Autonomie der nationalen Minderheiten“ und „das Selbstbestimmungsrecht der Nationen“ einschließlich der Beendigung der Kolonialherrschaft.

Dibelius war kein Pazifist und konnte in einem Aufruf zum Pazifismus keine Lösung der Probleme sehen. Deshalb konnte nach seiner Überzeugung die Kirche als ganze auch nicht zur Kriegsdienstverweigerung aufrufen. Aber – und das war ein weiterer bemerkenswerter Punkt – „wenn jemand sich weigert, die Waffe in die Hand zu nehmen, weil er das für unvereinbar hält mit den Pflichten eines Jüngers Jesu“, dann müsse und werde die Kirche fordern, „daß sein Gewissen unbeschwert bleibe“.

Daß sich die Evangelische Kirche in Deutschland 1950 auf der Synode in Weißensee ausdrücklich zu diesem Grundsatz bekannt hat, hat Dibelius immer als eine späte Genugtuung empfunden.

Das Buch „Friede auf Erden!“ erschien im gleichen Jahr 1930, in dem Hitler und seinen Anhängern der erste große Einbruch in den deutschen Reichstag gelang. Dieser historische Hinweis mag genügen, um das Gewicht dieser Stellungnahme zum Krieg deutlich zu machen.

„Das Jahrhundert der Kirche“ gehörte zu den umstrittensten kirchlichen Büchern seiner Zeit. Die liberale Presse kritisierte es, weil der konservative Generalsuperintendent die Revolution als Frevel bezeichnet habe. Wichtiger und nachhaltiger freilich war die theologische Kritik. Sie ging vor allem von Karl Barth und seinen Schülern aus und lief darauf hinaus, daß Dibelius einem ganz und gar unangebrachten, ganz und gar unevangelischen kirchlichen Triumphalismus huldige. Im Kern ist dieser

Streit bis in die 60er Jahre hinein unverändert der gleiche geblieben. Wenn Dibelius schrieb: „Daß ein Bollwerk da sei für die Güter unseres christlichen Glaubens ..., daß eine Mauer stehe, die die christliche Kultur des Abendlandes schirme, nachdem kein Staat sie mehr schirmen will – dafür brauchen wir eine Kirche", so setzte Karl Barth dem entgegen: „Evangelische Kirche kann grundsätzlich nur Gott dienen. Gewiß am Menschen, aber darum nicht dem Menschen. Sie hat in abstracto keine menschlichen Belange, keine menschlichen Ziele. Sie kann nicht Geltung, Einfluß, materielle oder geistige Macht an sich und für sich, sie kann das alles nur unter Hinblick auf ihren Dienst und unter dem Vorbehalt der ihrer Entscheidungen entnommenen Offenbarung Gottes selbst haben wollen."

Trotz dieses scheinbar unüberbrückbaren Gegensatzes stellte sich bald heraus, daß sich die beiden Männer in der Sache näher standen als sie wahrhaben wollten. Der – freilich folgenreiche – Unterschied lag eher in der Methode: was der eine nur dialektisch begreifen konnte, waren für den anderen ganz einfache, undialektische Wahrheiten. Den Beweis für die sachliche Nähe lieferte der Fortgang der Geschichte, nämlich Dibelius' Weg im Dritten Reich.

Im Dienst der Bekennenden Kirche

Hätte Dibelius wirklich einen triumphalistischen Kirchenbegriff vertreten, wäre es ihm also vor allem um Macht, Ansehen und Einfluß der Kirche gegangen, so hätte er fast unfehlbar den Weg der deutschchristlichen Reichskirche gehen müssen. Und wenn er auch nur, wie viele seiner Kollegen im Amt, die Erhaltung der Kirche als Institution im Blick gehabt hätte, so hätte er zumindest alle unmittelbaren Auseinandersetzungen mit dem neuen Regime meiden müssen.

Das Gegenteil war der Fall. Er ließ sich nichts gefallen, was der Wahrheit widersprach und in sein Amt eingriff, weder vom nationalsozialistischen Gauleiter und neuen kurmärkischen Oberpräsidenten Wilhelm Kube, noch vom preußischen Kirchenkommissar August Jäger. So war es durchaus konsequent, daß Dibelius als Wortführer des Widerstandes in der preußischen Kirche schon im Juni 1933 seines Amtes enthoben wurde. Und es war nicht weniger konsequent, daß er daraufhin in einem offenen Brief an den staatlichen Kirchenkommissar erklärte, der Staat könne ihn zwar von seinen Verwaltungsgeschäften, nicht aber von der geistlichen Leitung seines Sprengels entbinden. „Hier handelt es sich um bischöfliche und priesterliche Funktionen", so belehrte er den Staatskommissar. „Bischöfliche und priesterliche Funktionen können aber nur von der Kirche übertragen und von der Kirche zurückgenommen werden; auch von ihr nicht willkürlich ... Darauf beruht die Unabhängigkeit und

Autorität des geistlichen Amtes. Aus diesen ernsten Pflichten unseres Amtes kann ich mich daher von keinem Staatskommissar beurlauben lassen." „Es ist unserem Volke nichts nötiger", so schloß der Brief, „als daß es Männer hat, die nach dem Wort der Heiligen Schrift zu leben wissen: Man muß Gott mehr gehorchen als den Menschen."

Otto Dibelius hat sich Zeit seines Lebens unbedingt an dieses Wort gehalten. Zwar hatte er zu diesem Zeitpunkt den wahren Charakter Hitlers und seines Regimes noch keineswegs durchschaut. Aber sein Mißtrauen gegen alle moderne Staatlichkeit machte ihn gegenüber den Verführungen des Dritten Reiches – die für andere Konservative über kürzere oder längere Zeit hinweg ja durchaus ihre Anziehungskraft besaßen – so gut wie völlig immun. Und sein Vertrauen in die Selbständigkeit der Kirche und in die Unabhängigkeit ihrer Wahrheit von allem staatlichen Gesetz und Wollen ließ ihn im Dritten Reich mit einem Freimut und einer Unerschrockenheit auftreten, wie es nur ganz wenige in dieser Zeit taten.

Die Geschichte der Bedeutung von Dibelius für die Bekennende Kirche in Preußen und in Deutschland ist noch nicht geschrieben worden. Er selbst hat nur wenig dazu gesagt und die Historiker der Bekennenden Kirche nach dem Kriege hatten mancherlei Gründe, seine Rolle in diesen Jahren nicht eben zu betonen.

Umso notwendiger ist es, einige Dinge aus dieser Zeit festzuhalten, an denen sein Verhältnis zur Kirche, zum Staat und zur Obrigkeit deutlich wird.

Im Herbst 1934 folgte der amtsenthobene Generalsuperintendent einem Ruf des Pfarrers Kurt Scharf, der später als Ratsvorsitzender einmal sein Nachfolger werden sollte, in den Bruderrat der Bekennenden Kirche der Kirchenprovinz Brandenburg. Damit entschied sich Dibelius zur Mitarbeit und Mitverantwortung in einem illegalen Kirchenregiment, dessen Einfluß nur genau so weit reichte wie die Kraft seiner theologischen und kirchlichen Argumente.

Alles, was man ihm vor 1933 wohl hatte vorwerfen können, die Selbstverständlichkeit, mit der er die großen kirchlichen Apparate bediente, die Überlegenheit in seinen Ämtern und der autoritäre Stil, in dem er seine Entscheidungen zu treffen pflegte, all das tauschte er nun ein gegen die Mitgliedschaft in einem kleinen Gremium von Brüdern, in dem er weitaus der Älteste unter einem halben Dutzend junger Pfarrer war, und gegen ein kleines Amtszimmer, von dem aus er die Geschäfte des brandenburgischen Bruderrates nicht etwa leitete, sondern nur ausführte.

Zu den Umständen und Gründen dieser Entscheidung heißt es in seinen Erinnerungen lediglich: „Daß eine solche Mitarbeit ihre Schwierigkeiten haben werde, war mir klar ... Aber meine kirchliche Heimat konnte nun einmal nur in diesem Kreise sein."

Tatsächlich war Dibelius in diesem Kreise der einzige, der über eine umfassende kirchliche Verwaltungserfahrung und – was ebenso wichtig war – über Zeit verfügte. Beides hat er in diesen ganzen Jahren nie mißbraucht, sondern anspruchslos und loyal in die Dienste des Bruderrats gestellt. Und doch blieb er ein Stück weit immer noch der Vertreter der alten Kirche und erst nach langem Zögern wurde er 1938 auch in das Leitungsgremium der ganzen Bekennenden Kirche in Preußen, den altpreußischen Bruderrat, berufen. Seit dieser Zeit gab es kaum eine wichtige Entscheidung, kaum eine Verlautbarung oder Erklärung der Bekennenden Kirche, an der Dibelius nicht beteiligt war.

Zugleich aber blieb er der zwar vom Amt, nicht aber von der Verantwortung für die Kirche suspendierte Generalsuperintendent. In dieser Eigenschaft kam es 1937 zu einem dramatischen Zusammenstoß mit dem Staat, der nur wegen besonderer Umstände nicht zu einer dauernden KZ-Haft führte.

Der Gegenstand des Zusammenstoßes war einigermaßen kompliziert. Hitlers Kirchenminister Hanns Kerrl hatte im Februar 1937 vor einer Reihe von kirchlichen Vertretern neue Pläne angekündigt. Dabei hatte er unter anderem erklärt, der katholische Bischof Graf Galen und der evangelische Generalsuperintendent Zoellner hätten ihm „beibringen wollen, was Christentum sei, daß es um die Anerkennung ginge, Jesus sei Gottes Sohn. Dies sei lächerlich und nebensächlich! Die Gestalt Jesu auf sich wirken lassen, ein Christentum der Tat leben, das sei alles." Daraufhin richtete Dibelius Ende Februar einen offenen Brief an den Reichsminister, der alsbald in zehntausenden von Exemplaren verbreitet wurde. Darin stellte er fest, daß der Satz, den der Minister als lächerlich und nebensächlich bezeichnet habe, „die grundlegende Verkündigung der Heiligen Schrift" sei. Ganz im Sinne des ersten Artikels der „Barmer Erklärung", des Grundbekenntnisses der Bekennden Kirche, erklärte er: „An diesem Satz hängt unser Glauben. Aus ihm nehmen wir den Halt für unser Leben und den Trost für unser Sterben." Daß der Staat dagegen seine Grundsätze und Meinungen der Kirche aufnötige, das sei „die Wurzel des ganzen Kampfes zwischen Staat und Evangelischer Kirche". Der Staat Adolf Hitlers, schrieb Dibelius, könne sich „auf die Einsatzbereitschaft der evangelischen Christen Deutschlands verlassen". Aber sobald der Staat Kirche sein und die Macht über die Seelen der Menschen und über die Predigt der Kirche an sich nehmen will, sind wir nach Luthers Worten gehalten, Widerstand zu leisten in Gottes Namen. Und wir werden das tun!"

Die daraufhin von Kerrl erwirkte Anklage, die zweifellos den ganzen widersetzlichen Flügel der Kirche treffen sollte, warf Dibelius vor,

„vorsätzlich und öffentlich unwahre Behauptungen aufgestellt zu haben, die geeignet waren, das Ansehen der Reichsregierung und das Wohl des Reiches schwer zu schädigen".

Der Prozeß fand im August 1937 statt. Minister Kerrl trat persönlich als Zeuge auf und bestritt kurzerhand die Äußerungen. Der Staatsanwalt forderte für Dibelius sechs Monate Gefängnis, aber trotz massiven politischen Drucks kam das Gericht zu einem Freispruch. Vergebens versuchte Kerrl, die Einweisung von Dibelius in ein KZ zu erreichen. Nach der offenkundigen Niederlage des Ministers mochte ihn auch von seinen Freunden niemand mehr stützen.

So blieb Dibelius in Freiheit und er zögerte keinen Augenblick, diese Freiheit weiter im Dienst der Kirche zu nützen.

Noch war er dabei bereit, trotz aller Bedrängnisse und Zweifel Hitlers Regierung grundsätzlich als Obrigkeit im Sinne des berühmten 13. Kapitels des Römerbriefes anzuerkennen. Der endgültige Bruch mit diesem Verständnis kam erst im Krieg. In einem Lebensbericht, den er als Bischof 1960 der Berlin-Brandenburgischen Provinzialsynode vortrug, schilderte er, wie er von Euthanasie und Judenmord erfuhr und wie ihm klar wurde, daß eine Regierung des Unrechts und der Gewalt, wie die Hitlers, nicht mehr unter die Gehorsamsforderung von Römer 13 fiel. Jetzt erst, so sagte er im Rückblick, fühlte er sich frei, ohne Beschwerung seines Gewissens gegen die Gesetze des Staates zu handeln, Juden zu verstecken, gemeinsam mit Carl Goerdeler, Gerhard Ritter, Dietrich Bonhoeffer und anderen Pläne für eine Neuordnung nach dem Kriege auszuarbeiten und Aufrufe und Memoranden gegen staatliche Anordnungen ausgehen zu lassen.

Der Konflikt um die Geltung von Römer 13, um den Gehorsam gegen die Obrigkeit, die Gewalt über uns hat, ist im Rückblick vor allem für Jüngere nur noch schwer verständlich. In Wahrheit war es doch ein Jahrhundertkonflikt der Kirche. Und was Dibelius befähigte, sich schließlich so zu entscheiden, wie er sich entschied, das war nichts anderes als seine Überzeugung „Man muß Gott mehr gehorchen als den Menschen", und sein Vertrauen in die Kirche und ihre Verkündigung, die angesichts des Fiaskos der staatlichen Ordnung nun erst ganz herausgefordert war.

Der evangelische Bischof von Berlin

In der entscheidenden Zeit nach dem Zusammenbruch des Dritten Reiches im Frühjahr 1945 sind in unserem Zusammenhang vor allem drei Ereignisse zu registrieren, die alle auf ihre Weise umstritten sind.

Das erste Ereignis betrifft die Einrichtung eines evangelischen Bischofsamtes für Berlin. Es war klar, daß die Mitglieder des Bruderrates, soweit sie vom Krieg verschont geblieben waren, eine Neuordnung der Kirche im

Auge hatten, die im Prinzip den brüderlichen Leitungsstrukturen der Bekennenden Kirche entsprach. Ebenso klar war, daß Dibelius eine Kirche anstrebte, die wohlorganisiert unter einer einheitlichen Leitung den neuen Herausforderungen der Zeit entgegentrat. Schon im „Jahrhundert der Kirche" hatte er erklärt: „Kirche kann nicht sein ohne das bischöfliche Amt!" Und er hatte dieses Amt beschrieben als das Amt der Kirche, „das ganz in sich selbst ruht, das grundsätzlich keinem Einfluß von außen unterworfen sein soll, das kraft seiner religiösen Autorität die Güter und Gaben, die der Kirche anvertraut sind, rein und unverletzt zu erhalten hat". Genau das hatte er auch gegenüber den nationalsozialistischen Machthabern vertreten. Und so war es nur konsequent, daß er dieses Amt nun anstrebte.

Er war in diesen Sommermonaten 1945 bereit, einem einzigen den Platz in der Leitung der Berliner Kirche freizumachen, und das war Martin Niemöller. Aber Niemöller kam nicht – aus welchen Gründen ist bis heute umstritten. So trat Dibelius als evangelischer Bischof an die Spitze der Kirche; und der Synode, als sie endlich zusammentrat, blieb – nach seinen eigenen Worten! – „kaum etwas anderes übrig", als ihn in diesem Amt zu bestätigen.

Niemand hat Dibelius je bestritten, daß er dieses Amt hervorragend ausgefüllt hat. Und seine Entscheidung scheint durch die Tatsache bestätigt zu werden, daß in allen anderen evangelischen Landeskirchen in Deutschland die Dinge sehr ähnlich verliefen – auch dort, wo die jungen Vertreter der Bruderräte das Kirchenregiment übernahmen, wie etwa im Rheinland oder in Westfalen.

Gleichwohl ist durch diese Entwicklung ein Bruch entstanden zwischen Dibelius und Teilen der ehemaligen Bekennenden Kirche, ein Bruch in den Meinungen und, was schwerer wog, ein Stück weit auch ein Bruch im Vertrauen. Plötzlich waren die alten Fronten aus den Zwanziger Jahren wieder da. Karl Barth fand seine alten Urteile und Vorurteile bestätigt und Dibelius erschien wieder als der Reaktionär und Vertreter der alten Kirche, die man gerade überwunden zu haben glaubte.

Ganz so einfach, wie die Dinge sich damals und später für manche darstellen mochten, waren sie freilich nicht. Das zeigte ein anderes Ereignis, an dem Dibelius wesentlich beteiligt war, und das keineswegs zur Restauration, sondern vielmehr zum Neuanfang in der Kirche gehörte.

Vom 17. bis 19. Oktober 1945 tagte in Stuttgart der Rat der Evangelischen Kirche, die vorläufige Gesamtleitung der evangelischen Christen in Deutschland. Es ging dabei wesentlich um die Frage, ob die evangelische Kirche ihre Schuld und Mitschuld an den Verbrechen der Vergangenheit vor der deutschen und ökumenischen Öffentlichkeit aussprechen sollte. Die Frage hatte eine lange Vorgeschichte und der Tatbestand selbst – eben

Schuld und Mitschuld – war im Grunde unbestritten. Was fehlte, war ein Text, der dies in wenigen Sätzen zum Ausdruck brachte. Wie nicht selten in solchen Situationen war es Dibelius, der im Rückgriff auf Äußerungen der zurückliegenden Wochen einen Entwurf vorlegte, der dann noch von Martin Niemöller um einen entscheidenden Satz erweitert wurde. So entstand das „Stuttgarter Schuldbekenntnis", das tatsächlich einen neuen Anfang bildete.

Das Dritte, das zu den grundsätzlichen Entscheidungen von Dibelius in diesen Jahren zu rechnen ist, war ein neuer Versuch, sich über das Wesen des Staates im 20. Jahrhundert klar zu werden. Das Büchlein hieß „Grenzen des Staates" und erschien 1949. Es enthielt die Summe der Erfahrungen aus dem Zusammenbruch des Kaiserreiches, der unsicheren Zeit der „religionslosen Republik" und der tödlichen Wendung, die das Dritte Reich genommen hatte. Was Dibelius zu sehen glaubte, war eine unaufhaltsame Entwicklung der modernen Staaten hin zum Totalitären. Dies galt ausdrücklich nicht nur für die Entwicklung im Osten, sondern auch im Westen. Es sei eine lebensgefährliche Selbsttäuschung, so schrieb Dibelius, wenn die Christenheit des Abendlandes meine, „daß sie den Staat von Römer 13 gepachtet habe, während der Staat von Offenbarung 13" – das Tier aus der Tiefe – „nur in Rußland und einigen russisch beherrschten Ländern existiere. Es muß gesehen werden, daß der Staat über die ganze Welt hin in einer bestimmten Entwicklung begriffen ist, daß diese Entwicklung überall in der gleichen Richtung geht und daß sie die Menschheit mit Untergang und Vernichtung bedroht." Kein Vertreter einer modernen linken Staatskritik hätte schärfer die Tendenzen zur Omnipräsenz staatlicher Macht, zur Ausbreitung materialistischer Gesinnungen, zur Manipulation des Volkes und zur Gefahr eines Krieges darstellen können. „Der Staat mit seinen materiellen Machtinteressen", schrieb der Bischof, „triumphiert über den Menschen und bedroht seine Menschenwürde. Denn wo völlige Abhängigkeit da ist, ist die Menschenwürde immer bedroht."

Was war zu tun? Für den 69jährigen verschärfte sich alles, was er seit dem „Jahrhundert der Kirche" gesehen, gedacht, geschrieben und getan hatte, in dem einen Gedanken, daß allein die Kirche noch der Allmacht des Staates Schranken setzen könne. Die Kirche, sagte er, „ist das erste, feste Bollwerk gegen die Tyrannei der staatlichen Gewalt. Sie ist unter Verhältnissen, wie sie jetzt geworden sind, ein Hort der menschlichen Freiheit und alles echten Menschentums überhaupt."

Es wird heute kaum jemand geben, der diese Sicht der Dinge ohne weiteres zu übernehmen bereit wäre. Im Gegenteil, sie weckt eher Verlegenheit, weil sie der Kirche etwas zumutet, was wir ihr heute weder zumuten wollen noch zumuten können. Es ist ja in der Tat ein hochproblematisches Kirchenverständnis, in dem sie vor allem als Bollwerk und

Bastion gegen die Ausbreitung staatlicher Herrschaft erscheint, und man kann zu Recht fragen, ob dies die Art und Weise ist, in der heute Nachfolge Jesu geschieht. Und schließlich haben wir ja auch die Wirklichkeit unserer Kirche vor Augen, der so gut wie alles zu Bollwerk und Bastion zu fehlen scheint, und die in ihrer Schwäche und Mutlosigkeit und Zerstrittenheit wenig Hoffnung verheißt, wenn es denn zum Treffen kommen sollte.

Das kann man alles sehen und fragen und kann dann doch auch einiges dagegen fragen, nämlich ob sich nicht doch manches von dem, was Dibelius über die Bedrohung des Menschen durch den Staat und staatsähnliche Zusammenschlüsse festgehalten hat, durchaus bewahrheitet hat? Und man kann weiter fragen, worauf wir uns denn als Christen in dieser Zeit anders verlassen sollen als auf das Wort Gottes, das uns in der Gemeinschaft der Kirche gegeben und anvertraut ist? Und wäre es nicht schließlich denkbar, daß – wenn schon Dibelius der Kirche zuviel zuzutrauen scheint – wir ihr jedenfalls zu wenig zutrauen und zumuten?

Inzwischen weiteten sich Amt und Aufgaben des 70jährigen Bischofs von Berlin weiter aus. 1949 wurde er zum ersten Ratsvorsitzenden der Evangelischen Kirche in Deutschland gewählt und behielt dieses Amt zwölf Jahre lang. Dazu kamen von Jahr zu Jahr neue ökumenische Beziehungen. Schon seit 1948 gehörte Dibelius zum Zentralausschuß des Ökumenischen Rates, nun, 1954, wurde er einer der sechs Präsidenten.

Und wenige Jahre später geriet der Achtzigjährige noch einmal in den Mittelpunkt einer erbitterten Auseinandersetzung. Anlaß war sein altes Thema: der Christ und die Obrigkeit. In einer kleinen, zunächst privaten, dann aber sehr schnell in der Öffentlichkeit verbreiteten Schrift hatte Dibelius erneut die Frage nach der Bedeutung von Römer 13 aufgeworfen. Er kam dabei zu dem Ergebnis, daß man unter Obrigkeit im christlichen Sinne, die den Christen im Gewissen binde, nur eine Staatsgewalt verstehen könne, die sich ihrerseits an das christliche Sittengesetz gebunden wisse. Allen anderen staatlichen Gewalten gegenüber, insbesondere den modernen totalitären Staaten, habe der Christ aus Römer 13 keine Gehorsamspflicht.

Hätte Dibelius dies in der Abstraktion belassen oder auch nur auf das Dritte Reich bezogen, so wäre es kaum zur Auseinandersetzung gekommen. Aber gewohnt, klar zu sagen, was er meinte, bezog er dies alles unmittelbar auf die DDR, die er „als radikale Verneinung" von allem bezeichnete, „was Römer 13 geschrieben steht". Und um die Folgen dieser grundsätzlichen Entscheidung zu verdeutlichen, wählte er ein Beispiel, das wegen seiner schlagenden Einfachheit jedermann im Gedächtnis blieb. Einem Straßenschild in der freien Welt nämlich, so meinte er, habe man zu gehorchen, weil das System, das dahinterstehe, legitim sei; dasselbe Schild in der DDR dagegen habe „keinerlei verpflichtende Kraft", weil alle „Anordnungen im Bereich eines totalitären Staates ... unter bewußter Ausschaltung von allem, was ich als Christ sittlich zu nennen imstande bin, lediglich aus dem Machtwillen des totalitären Regimes heraus erlassen sind."

Provozierender konnte man die Dinge kaum formulieren und entsprechend fielen auch die Reaktionen aus.Es gab in der anschließenden Diskussion nicht eine einzige namhafte Stimme in Theologie und Kirche, die dem Bischof in seiner Meinung vorbehaltlos beigetreten wäre.

Gleichwohl bleibt die Frage zu prüfen.

Es geht dabei um zwei verschiedene Aspekte. Zunächst handelt es sich um den politischen Begriff des Totalitären. Bedeutet totalitär eine Frage der Erscheinungsformen von Herrschaft, dann sind totalitäre Staaten gleich welcher Herkunft grundsätzlich vergleichbar. Sind totalitäre Formen von ihrer Herkunft und Absicht jedoch nicht abzulösen, dann sind Faschismus und Kommunismus grundsätzlich nicht vergleichbar. Daß der alte Bischof die erste Antwort wählte, ist deutlich. Die seit Jahren in der Bundesrepublik geführte große Totalitarismus-Diskussion zeigt, daß er damit keineswegs allein stand.

Wichtiger freilich ist der zweite Aspekt. Kann der Christ zu einer Staatsform so grundsätzlich und ausschließlich Nein sagen, wie dies hier geschehen ist? Die einhellige Antwort der evangelischen Theologie und Kirche in der Bundesrepublik wie in der DDR lautet: er kann es nicht. Zwar ist unbestritten, daß es einen Punkt geben kann, an dem für den Christen im Staat nur noch Widerstand geboten ist. Aber dieser Punkt ist weder grundsätzlich festzulegen noch ein- für allemal mit bestimmten Staatsformen zu verbinden. Denn dies schlösse aus, was der christliche Glaube unter keinen Umständen ausschließen kann und darf, weil es der Inhalt seiner Botschaft ist: daß die Verkündigung des Evangeliums die Welt verändert, auch die staatliche, auch die politische Welt.

Die Angriffe, denen sich Dibelius nach dem Bekanntwerden der Obrigkeitsschrift ausgesetzt sah, waren von außerordentlicher Schärfe. Das galt nicht nur für die DDR, von der der Bischof freilich seit Jahren nicht viel anderes gewohnt war, sondern es galt auch für seine eigene Kirche.

Dibelius hat diese Angriffe mit Gelassenheit getragen. Im Januar 1960 hat er sich dort verantwortet, wo ein evangelischer Bischof sein Amt nächst Gott zu verantworten hat, vor der Synode seiner Kirche. In einer bewegenden Erklärung legte er der Synode die Erfahrungen seines Lebens und die Grundlinien seines Denkens vor, die ihn zu seinen Überzeugungen geführt hatten.

Am Ende dieser Rede aber wurde deutlich, daß es ihm bei all dem gar nicht in erster Linie um Staat und Politik, um Obrigkeit und Sittengesetz, um Bundesrepublik und DDR gegangen war, sondern um die Kirche.

Am Ende dieser Rede legte Dibelius der Synode sein „ kirchliches

Testament" vor. „Ich habe mein Leben für die Kirche gelebt", sagte der alte Bischof. „Ich glaube und bekenne, daß diese sichtbare Kirche, in die hinein ich getauft und ordiniert worden bin, diejenige Form der heiligen, allgemeinen christlichen Kirche ist, die Gott mir für mein Leben, für meine Arbeit und für meinen Glauben gegeben hat ...

Ich kenne diese meine Kirche mit ihren reichen Gaben und mit ihren Unzulänglichkeiten, unter denen ich oft gelitten und an denen ich auch selber teilgehabt habe. Aber ich glaube, daß mein Herr Jesus Christus diese Kirche nicht verworfen oder abgeschrieben hat. Ich glaube, daß er sie dazu ausersehen hat, auf dem Felde, auf dem nun zwei verschiedene Lebenshaltungen am härtesten aufeinanderstoßen, das Zeugnis von seiner Gnade und Wahrheit unüberhörbar aufzurichten, daß er ihr damit eine ungeheure Aufgabe gestellt hat und daß er sie bei der Arbeit an dieser Aufgabe nicht allein lassen wird."

Dies war der Inhalt seines Lebens und darum fuhr er fort:

„Ich bitte diejenigen, die nach mir kommen, dieser Aufgabe allezeit eingedenk zu sein und niemals etwas anderes darstellen zu wollen als die Kirche dessen, der für uns gekreuzigt und auferweckt worden ist."

Das war der Kern seines kirchlichen Testaments.

Was wäre diesen Worten hinzuzufügen?

Literaturhinweise:

Dibelius, Otto: Ein Christ ist immer im Dienst. Erlebnisse und Erfahrungen in einer Zeitenwende, Stuttgart 1961.

Dibelius, Otto: So habe ich's erlebt. Selbstzeugnisse, hrsg. von Wilhelm Dittmann, zusammengestellt und kommentiert von Wolf-Dieter Zimmermann, Berlin 1980.

Otto Dibelius. Sein Denken und Wollen. Eine Gedenkschrift zu seinem 90. Geburtstag mit einem Geleitwort von Bischof D. Kurt Scharf und einer Bibliographie, hrsg. von Robert Stupperich, Berlin 1970.

Karl Barth
(1886–1968)

Eberhard Jüngel

Karl Barth

1

„Es sind jetzt mehr als 40 Jahre her, daß ich bei Franz Overbeck den Satz gelesen habe: anders als durch Verwegenheit sei Theologie nicht mehr zu begründen. Ich habe ihn mir gemerkt." Der alte Karl Barth dürfte mit dieser Erinnerung an das Geheimnis seiner ihn in den Rang eines modernen Kirchenvaters erhebenden Wirksamkeit gerührt haben. Unter den protestantischen Profilen, die aus der Geschichte der evangelischen Christenheit nicht wegzudenken sind, ist das des Schweizers Karl Barth nicht zuletzt wegen der Verwegenheit, mit der er im Widerspruch zum Geist seiner Zeit eine Neubegründung der Theologie versucht hat, eines der profiliertesten. Ein entscheidendes Kapitel der neueren Kirchen- und Theologiegeschichte ist in seiner Handschrift, verwegen genug, geschrieben. Barths Theologie galt der Kirche. Sie galt ihr so kompromißlos, daß sie gerade deshalb politisch wirksam wurde und sein Name auch im Buch der weltlichen Geschichte nicht zu übersehen ist. Man muß wohl an die

Reformatoren des 16. Jahrhunderts denken, um die Bedeutung dieses Mannes an anderen Gestalten des Protestantismus messen zu können – wobei sich die Unterschiede von selbst verstehen.

Dabei wollte seine Theologie nichts anderes sein als „eine Theologie für die Pfarrer". Aus der eigenen bedrängenden Erfahrung, für die Aufgabe, das Evangelium zu verkündigen, keine hinreichende Orientierung zu haben, war der verwegene Aufbruch zu neuen Ufern erwachsen, der der Schweizer Stimme des jungen Theologen zunächst im deutschsprachigen Raum, dann in Europa und schließlich in der ganzen Welt Gehör und Beachtung, aber auch leidenschaftliche Gegnerschaft verschaffte. Im Leben, Denken und Wirken Karl Barths begegnete den aufhorchenden Zeitgenossen in authentischer Weise eine „theologische Existenz".

2

Die theologischen Anfänge Barths lassen sich ebensowenig wie seine spätere Wirksamkeit ohne Rückbezug auf das gelebte Leben verstehen. Der biographische Bezug darf freilich nicht dazu verführen, sich von seinem theologischen Werk ablenken zu lassen. Er kann aber davor bewahren, dieses Werk als eine von seiner theologischen Existenz und ihren geschichtlichen Bedingtheiten abstrahierbare zeitlose Lehre mißzuverstehen. Gerade als ein Kopf, der an den Wandlungen des 20. Jahrhunderts maßgeblich mitgewirkt hat und ein Jahrhundert hat bauen helfen, war Barth ein Kind seiner nach Erneuerung verlangenden Zeit. Sein Lebenslauf ist voll von Wegmarken, die deutlich machen, daß die Geschichte seines Denkens zugleich die Lebensgeschichte dieses Denkers ist.

3

Da ist zunächst Basel, die Geburtsstadt, in der Karl Barth am 10. Mai 1886 zur Welt kam und im hohen Alter von zweiundachtzig Jahren auch gestorben ist. Seiner Herkunft nach war er der Vaterstadt vor allem mütterlicherseits verbunden. Die Ehefrau des Pfarrers Johann Friedrich Barth, Frau Anna Katharina geb. Sartorius, war eine Basler Pastorentochter und das Enkelkind eines aus Deutschland nach Basel berufenen, aber wegen Trunksucht aus diesem Amt wieder entlassenen Theologieprofessors. Über die Mutter gab es auch verwandtschaftliche Beziehungen zur Familie Jakob Burckhardts. Der Vater hatte kurz vor der Geburt des Sohnes Karl, seines ersten Kindes, eine Lehrtätigkeit an der Basler Predigerschule übernommen, die als Gegengewicht gegen die damalige liberale Universitätstheologie gegründet worden war.

Barth selbst stand dem Basler Bürgertum und den Traditionen seines Geistes allerdings eher reserviert gegenüber und behauptete sogar froh darüber zu sein, daß er nur zu drei Achteln aus dem echten Basel stamme. Das Zeugnis, das er dem als Repräsentanten des Basler Geistes verstandenen dortigen Theologentum ausstellte – im Grunde konservativ und vor allen Extremen gefeit durch eine milde humanistische Skepsis –, liest sich denn auch nicht wie ein Selbstporträt. Vollends die Basler Fastnacht mit ihren Maskeraden erregte seine lebhafte Antipathie, die mit seiner Abneigung gegen die Rede vom verborgenen Gott und jedwede andere Selbstverbergung zusammenhängen mag.

Dennoch ist Barth von nicht wenigen Eigenheiten der Basler Mentalität unverkennbar geprägt worden. Die Basler Lust zur – keineswegs immer freundlichen – Pointe hat er zeitlebens nicht verdrängt. Sein schriftstellerisches Werk spricht eine pointierte Sprache, in der sich die Hintergründigkeit gelassener Heiterkeit mit treffsicherem Witz durchaus verträgt. Und seine nicht selten boshaft zugespitzte, geschliffene Polemik, von seinen Freunden ebenso geschätzt wie von seinen Gegnern gefürchtet, hat Basler Format. Wichtiger ist allerdings der alemannische Hang und Drang zum Wesentlichen, der ihm nicht weniger eigen war als seinem philosophischen Zeitgenossen Martin Heidegger, nur eben in einer durch Basler Urbanität moderierten Gestalt. Aller Oberflächlichkeit abhold verlor er bei dem Versuch, denkend zum Wesen der Dinge vorzudringen und ihre Tiefe auszuloten, nie aus dem Blick, daß auch die Tiefe des Gedankens immer die Tiefe einer lebendigen Oberfläche ist. Es war der Sohn Basels, der wußte, wie sehr man gerade auf dem Weg zum Grund der Dinge sich in die Abgründe dunklen Tiefsinns versteigen kann. Nicht zuletzt deshalb nannte er den heiligen Geist gern den intimsten Freund des gesunden Menschenverstandes, eine Behauptung, mit der Barth wohl ausnahmsweise sogar der Zustimmung des im Basler Münster beigesetzten großen Humanisten Erasmus sicher sein konnte.

Erheblichen Einfluß gewann das geistig lebendige Basel auf den jungen Knaben durch eine eher unscheinbare Gestalt des Basler Geistes. Es waren die anspruchslosen baseldeutschen Kinderlieder von Abel Burckhardt, die schon das Kind – sagen wir ungeniert: theologisch – geprägt haben und die noch der alte Mann gern gesungen hat. In einer hochdogmatischen Erörterung hat er ihnen ein Denkmal gesetzt und die schlichte Selbstverständlichkeit gepriesen, mit der sie die biblisch bezeugten Geschehnisse der Weihnacht, des Karfreitags, des Ostertages usw. zur Sprache brachten, als ob sich das alles just heute morgen in Basel abspielte. Gerade in ihrer Naivität hat Barth im Rückblick eine Weisheit erkannt, die wohl geeignet sei, den Menschen „nachher durch ganze Ozeane von Historismus und Antihistorismus, Mystik und Rationalismus, Orthodoxie, Liberalismus und Existentialismus“ zwar „nicht unversucht und unangefochten, aber doch verhältnismäßig schadlos hindurchzutragen und irgendeinmal zur Sache selbst zurückzuführen“.

4

Die Berufung des Vaters zum Nachfolger Adolf Schlatters führte die Familie 1889 nach Bern. Die Erziehung im Elternhaus und in der Schule scheint im ganzen problemlos verlaufen zu sein, was nicht ausschließt, daß es zu gewissen Zusammenstößen mit dem schon früh seinen eigenen Willen geltend machenden Knaben gekommen ist. Der Vater, ein durch seinen großen Ernst auffallender Mann, war im Kreise der Familie fraglose Autorität. Daß er trotz seiner konservativen theologischen Ausrichtung freundlichen Verkehr mit dem Haupt der Liberalen, Adolf von Harnack, pflegte, daß er Mitbegründer einer „christlich-sozialen Gesellschaft“ war und daß er der sogenannten Frauenfrage besondere Aufmerksamkeit zuwendete, läßt ihn als nicht gerade einseitig erscheinen. Daß er wußte, was er wollte, bekam der Sohn mitunter schmerzlich zu spüren. Noch als Student mußte er sich dem väterlichen Willen beugen. Dennoch ist dem alten Karl Barth die sozusagen dialektische Erziehungsmethode der Mutter – „sehr, sehr lieb haben ... mit dauernder Vorhaltung des Gesetzes“ – in unangenehmerer Erinnerung geblieben als die Autorität des Vaters. Mit etwas gar zu großem Erfolg scheint der heranwachsende Knabe sein Durchsetzungsvermögen an den jüngeren Geschwistern, insbesondere an den Brüdern, erprobt zu haben, die ihm den Mißbrauch des Erstgeborenenrechtes noch im Alter ein wenig verargten. Doch die kritischen und selbstkritischen Erinnerungen, die der alte Karl Barth über das Elternhaus gelegentlich äußerte, sind Randerscheinungen. Im ganzen hat er gern und dankbar auf die Berner Jugendzeit und die ihm zuteil gewordene Erziehung „in einem guten christlichen Geiste“ zurückgeblickt.

Etwas zuviel von diesem Geist atmete möglicherweise die „bibelgläubig-positiv“ ausgerichtete Schule, in der sich alsbald eine unbestreitbar einseitige Begabung des Schülers herausstellte. Das Rechnen sagte ihm vom ersten Schultag an nicht zu – von Luther weiß man ähnliches –, und die naturwissenschaftlichen Fächer stießen den erwachenden Intellekt nachhaltig ab. Dafür war er jedoch eine Leseratte mit starken historischen Interessen, die im Dichten von allerlei Dramen in der Manier Friedrich Schillers produktiv verarbeitet wurden. Der Hang zum Tintenfaß, der in der Familie ähnlich gefährlich gewesen sein soll wie bei anderen der Hang zur Flasche, machte sich jedenfalls früh bemerkbar. Im Nachlaß Barths fand man ein Diarium des Scholaren mit der handschriftlichen Titulatur „Karl Barths Sämtliche Werke“ ...

5

Besonderer Erwähnung bedarf das empfängliche Gemüt des Knaben für große Musik, das schon bald für immer von der Bekanntschaft mit den Tönen Mozarts geprägt wurde. Als er zum ersten Mal ein paar Takte aus der Zauberflöte, vom Vater auf dem Klavier angeschlagen, vernahm, gingen sie ihm durch und durch. „Das ging in mich hinein, ich weiß nicht wie – und ich habe gemerkt: *Der ist's!*". Er ist es geblieben bis zum letzten Lebenstag, und er hat auch für den *Theologen* Karl Barth eine kaum zu überschätzende Bedeutung gehabt. Meinte er doch in keuscher Nachbarschaft zur Musik Mozarts seine eigene theologische Denkbewegung identifizieren zu können: in jener Musik, die – gerade weil sie nichts verkündigen, nichts bekennen, nichts besagen will – aus höchster Höhe herkommend das zwiespältig geteilte Dasein zusammenklingen läßt, „des Daseins rechte und seine linke Seite und also die Freude und den Schmerz, das Gute und das Böse, das Leben und den Tod", aber immer in einer Wendung vom Tod zum Leben, vom Schmerz zur Freude, von der Zwiespältigkeit des Daseins zu Gottes guter Schöpfung. In Mozarts Musik klang für Karl Barth das Geheimnis auf, dem theologisch nachzudenken er sich berufen wußte.

6

Zum Theologiestudium entschloß sich Barth am Tage seiner Konfirmation. Wesentlichen Anteil an dieser Entscheidung hatte der fesselnde Konfirmandenunterricht bei dem damals über die Schweizer Grenzen hinaus bekannten Berner Pfarrer Robert Aeschbacher, der den Glauben zu *verstehen* lehrte und auch seine soziale Relevanz deutlich zu machen verstand. 1904 begann Barth sein Studium in Bern, ohne bei den dort lehrenden Professoren theologisch Feuer zu fangen. Es war die sogenannte historisch-kritische Schule, die er offensichtlich derart gründlich durchlaufen mußte, daß sie ihn später nicht mehr sonderlich zu beeindrucken vermochte. Sein Wunsch, das Studium im liberalen Marburg fortzusetzen, stieß auf den entschiedenen Widerstand des Vaters, der den Sohn gern im konservativen Halle oder in Greifswald gesehen hätte. Man einigte sich schließlich auf Berlin, wo Barth bei dem Alttestamentler Hermann Gunkel die religionsgeschichtliche Methode der Bibelauslegung kennen lernte und von Adolf von Harnack gefesselt wurde. Ihn nannte er auch später noch seinen Lehrer. Inzwischen war ihm das Studium von Kants „Kritik der praktischen Vernunft" wichtig geworden. Und neben Kant trat Schleiermacher in seinen Gesichtskreis. Die Beschäftigung mit diesem größten Theologen der Neuzeit, der ihn zunächst begeisterte, dem er später jedoch von Grund auf widersprach, hat ihn nicht mehr losgelassen.

Dem maßgeblichen Interpreten Schleiermachers begegnete er, als er nach je einem Semester in Bern und in Tübingen endlich doch in dem ersehnten Marburg eintraf, um sein Studium bei den dortigen Vertretern der liberalen Theologie und insbesondere bei Wilhelm Herrmann fortzusetzen, der sein eigentlicher Lehrer wurde. In Herrmanns Auditorium fand er die Freiheit theologischen Denkens, nach der er suchte. Die dogmatische Arbeit Herrmanns war frei von aller Apologetik. Sie war in sich selbst begründet, machte keine Anleihen bei anderen Wissenschaften und wurde gerade deshalb ernst genommen. „Es war", so berichtet Barth, „Metall in Herrmanns Stimme". Mit der Marburger Theologie, die er „eimerweise zu sich genommen" zu haben behauptete, zog Barth in das Vikariat, um dann noch einmal als Redaktionsgehilfe Martin Rades, des Herausgebers der damals viel gelesenen „Christlichen Welt", nach Marburg zurückzukehren. In Rade gewann er einen väterlichen Freund, der das ungewöhnliche Format Barths bald erkannte und seinen weiteren Weg fortan aufmerksam, hilfreich und kritisch begleitete. Als Barth 1909 die Stelle eines Hilfspastors in Genf übernahm, war es „ein ganzer Marburger", der von den Ufern der Lahn in die Stadt Calvins übersiedelte. Um so erstaunlicher, daß er alsbald dessen Schriften gründlicher zu studieren begann.

7

Von 1911 an war Barth acht Jahre lang Pfarrer in Safenwil, wo er 1913 heiratete. In der keineswegs spannungslosen Ehe, aus der fünf Kinder hervorgingen, erwies sich Frau Nelly geb. Hoffmann in ihrer oft entsagungsvollen Treue als eine geduldige und nicht selten schmerzlich duldende Lebensgefährtin. Sein letztes Buch hat Barth ihr „in großer Dankbarkeit" gewidmet. In der Safenwiler Zeit entstand zudem die für die kommenden Entscheidungen so bedeutsame Freundschaft mit Eduard Thurneysen, der Barths theologischen Weg am konsequentesten mitging und anfangs wohl auch mitbestimmte.

Doch zunächst reduzierte sich die theologische Arbeit des Safenwiler Pfarrers auf die allerdings sehr sorgfältige Vorbereitung von Predigt und Unterricht. Der durch die Notlage seiner Arbeiter geprägte Ort konfrontierte den jungen Pfarrer unvermittelt mit den Klassengegensätzen der damaligen Gesellschaft. Er fühlte sich herausgefordert. Der Eintritt in die Sozialdemokratische Partei war eine der Konsequenzen, die Barth zog. Er schrieb und hielt Vorträge zur sozialen Frage, befaßte sich mit Gewerkschaftsproblemen und geriet mehrfach in Konflikt mit den Fabrikanten der Safenwiler Gegend. Die für die jüngeren Schweizer Theologen damals fast selbstverständlichen Kontakte mit der von Heinrich Kutter und Leonhard Ragaz repräsentierten Bewegung der religiösen Sozialisten wurden nun intensiviert. Kutters These, daß der Machtbereich Gottes größer ist als die Kirche, fand ebenso Beachtung wie die von Ragaz vertretene Theorie, daß der Sozialismus eine vorlaufende Erscheinung des Reiches Gottes sei. Barth begann, zwischen Religion und Christentum zu unterscheiden.

Ebensowenig wie ein „religiöser Pfarrer" wollte er jedoch ein „politischer Pfarrer" sein. Er war unterwegs zu einem neuen Selbstverständnis. Intensive Aufmerksamkeit wendete er jetzt den beiden Blumhardts zu, bei denen er zu finden schien, wonach er mehr oder weniger bewußt suchte: ein religionskritisches oder gar religionsloses Christentum, eine der Welt die Treue haltende Gottesfurcht und vor allem die österliche Gewißheit „Jesus ist Sieger!". Nichts hat seine spätere Theologie stärker geprägt als diese Gewißheit. Aber wie sollte man diese Gewißheit unter die Leute bringen? Es war die Predigtnot, von Gott reden zu müssen und doch nicht reden zu können, die die Freunde Barth und Thurneysen nach einer neuen Grundlage ihrer theologischen Existenz suchen ließ. Unter dem Eindruck des ersten Weltkrieges und der theologisch zweifelhaften Stellungnahmen der meisten seiner Lehrer, aber auch angesichts des Versagens der europäischen Sozialdemokratie verschärfte sich die Krise, in die beide Pfarrer geraten waren. Es sollte die entscheidende Krise werden. Der Ausgang aus ihr war der verwegene Aufbruch zur Neubegründung der christlichen Theologie im 20. Jahrhundert.

8

Der Aufbruch zu neuen Ufern bereitete sich vor in einem neuen Umgang mit der Bibel. Der angemessene Gebrauch der Bibel müßte, so forderte Barth, dazu führen, zwischen den Tagesnachrichten der Zeitung und der frohen Nachricht des Neuen Testaments einen „organischen Zusammenhang" zu finden. „Hätten wir uns doch *früher* zur Bibel bekehrt" schrieb er im November 1918 an Thurneysen. Damals lag ein zweijähriges Studium des Römerbriefes hinter ihm. Die literarische Frucht dieses Studiums war der Barthsche „Römerbrief", der 1919 in erster, 1922 völlig umgearbeitet in zweiter Auflage erschien.

Das Buch hatte sich bald einen ähnlichen Rang verschafft wie Schleiermachers berühmte „Reden über die Religion an die Gebildeten unter ihren Verächtern". Doch welch ein Unterschied! Wie Hammerschläge klingen die auf der ersten Seite zu lesenden Worte: „Eine Botschaft von G o t t ..., keine menschliche Religionslehre ... Eine objektive Erkenntnis, nicht Erlebnisse, Erfahrungen und Empfindungen." Weiter konnte man sich von Schleiermacher und der von ihm geprägten Frömmigkeit nicht entfernen. Schärfer konnte der Gegensatz zu der einst „eimerweise" zu sich genommenen liberalen Theologie nicht formuliert werden.

Von der herrschenden Theologie wurden die neuen Töne, die sich auch in einer Reihe von Vorträgen Gehör verschafften, durchaus als die Provokation empfunden, als die sie gemeint waren. Nicht der religiöse Mensch, sondern die Gottheit Gottes, nicht die Unmittelbarkeit der Seele zu Gott, sondern der nur als Wunder zu begreifende Durchbruch Gottes in die Welt sollte verkündigt werden. „Senkrecht von oben" nur ereigne sich Gottes Offenbarung und erschließe sich die Bedeutung Jesu Christi, dessen allein von Gott gewirkte Auferstehung von den Toten deshalb als Urdatum des christlichen Glaubens gelten müsse. Wer dergleichen proklamierte, für den mußte das moderne Interesse am historischen Jesus wie ein Strohfeuer in sich zusammensacken. „Ihr habt *Ostern* hinter Euch" rief der Paulusausleger Karl Barth der christlichen Gemeinde und mit ihr der ganzen Welt ins Gedächtnis. Man horchte auf. Man schüttelte zwar den Kopf, doch man horchte auf.

Der „Römerbrief" machte den Autor mit einem Schlag bekannt und brachte ihm 1921 eine Berufung auf die neu gegründete Professur für reformierte Theologie in Göttingen ein. Ein Jahr später erschien die zweite Auflage des Buches, dessen erste Fassung dem Verfasser nun zu wolkig und spekulativ vorkam, so daß bei der Neubearbeitung „kein Stein auf dem anderen" blieb. Diese Neufassung wurde, wie der alte Barth nicht ohne ein gewisses Knurren bemerkte, „für die Fama des Verfassers für Jahrzehnte ... entscheidend". Sie begründete seinen Ruf, ein, wenn nicht der Urheber der neuen theologischen Bewegung zu sein, die man alsbald und seitdem als *Dialektische Theologie* zu kennzeichnen pflegte und zu der neben Thurneysen Friedrich Gogarten, Georg Merz, Emil Brunner (mit Einschränkung auch Paul Tillich) und vor allem Rudolf Bultmann zu zählen sind. Man gründete sogar eine eigene Zeitschrift mit dem signifikanten Titel „Zwischen den Zeiten". Zwischen Bultmann und Barth kam es für eine Weile zu einer beträchtlichen theologischen Nähe, die von den später aufbrechenden und – vor allem durch die Schulbildungen zementierten – Gegensätzen nicht verdrängt werden sollte.

9

„Dialektisch" nannte man die neue Theologie, weil sie mit elementaren Unterscheidungen und Entgegensetzungen arbeitete und – unter dem Einfluß Platons, Kierkegaards und Dostojewskis – jeder Synthese von Zeit und Ewigkeit leidenschaftlich widersprach. Mit expressionistischer, auf Paradoxien geradezu versessener Sprachkraft wurde der „unendlich qualitative Unterschied" zwischen Himmel und Erde, Gott und Mensch, Transzendenz und Immanenz eingeschärft. „Welt ist Welt. Aber Gott ist Gott" lautete die fensterlose Tautologie, die jeden religiösen Griff nach Gott verwehren sollte. Gegen die Synthese von Christentum und Kultur wurde das nur als „Revolution Gottes“ zu verstehende Reich Gottes verkündigt, von dem her das Wesen des Christentums zu bestimmen sei: „Christentum, das nicht ganz und gar und restlos Eschatologie ist, hat mit Christus ganz und gar und restlos nichts zu tun.“ Kommunikation zwischen Zeit und Ewigkeit kann sich deshalb nur im zeitlosen Augenblick, nur „zwischen den Zeiten“ ereignen.

Und auch das nur aufgrund des *Wortes Gottes,* das in der Bibel zu entdecken und in der Gegenwart zur Geltung zu bringen nun als die eigentliche Aufgabe kritischer, d. h. urteilsfähiger Theologie ausgegeben wurde. Dialektische Theologie ist wesentlich Theologie des Wortes Gottes und insofern Theologie in der Schule der Reformation. Im Blick auf die reformatorische Frage nach dem Wort Gottes ohne Urteilskraft und also unkritisch zu sein, warf Barth den Vertretern der „historisch-kritischen“ Wissenschaft vor: „Kritischer müßten mir die Historisch-Kritischen sein!“

Die einstigen Lehrer nahmen den Fehdehandschuh auf. Es kam zu einer literarischen Auseinandersetzung mit dem großen alten Mann der liberalen Theologie Adolf von Harnack, die in ihrer sachlichen Distanziertheit auf der Seite des alten und in ihrer leidenschaftlichen Sachlichkeit auf der Seite des jungen Professors ein Glanzpunkt evangelischer Theologie zu nennen ist.

10

Der Göttinger Professor, der sich ohne akademischen Grad und ohne wissenschaftliche Vorbereitungen in das neue Amt versetzt sah, mußte sich in harter, auch die Nächte nicht schonender Arbeit die fehlenden Voraussetzungen für seine Lehrtätigkeit verschaffen. Barth las neutestamentliche, theologiegeschichtliche und dogmatische Kollegs. Gründliche historische Studien ließen ihm – zum Entsetzen auch seiner Freunde – die altprotestantische Orthodoxie als eine ernst zu nehmende Herausforderung erscheinen, während sich ihm Pietismus und Rationalismus als zwei Seiten desselben neuprotestantischen Grundirrtums darstellten. Dieser Grundirrtum, den Barth merkwürdigerweise schon bei Luther sich anbahnen sieht, besteht darin, nicht Gott, sondern den Menschen zum Thema der Theologie gemacht und damit Theologie in Anthropologie verkehrt zu haben.

Die Studenten, die ihm in Scharen zuströmten, zog freilich mehr als die neu erworbene Gelehrsamkeit der unmittelbare Zugang „zur Sache selbst“ an, der ihnen in diesen ungewöhnlichen Kollegs eröffnet wurde. Für den Universitätsbetrieb befremdlich genug wurde Barths Hörsaal ein akademischer Anziehungspunkt, der damals wohl nur in den philosophischen Vorlesungen Martin Heideggers eine Parallele hatte.

Von Göttingen, wo er in Immanuel Hirsch einen respektierten Widersacher hatte, wurde Barth 1925 nach Münster berufen. In dem dortigen Logiker Heinrich Scholz gewann er einen ebenso kritischen wie treuen Freund. Jetzt trat der Katholizismus deutlicher als bisher in sein Gesichtsfeld. Durch einen seiner interessantesten und tiefsinnigsten Vertreter, den Jesuiten Erich Przywara, wurde Barth angehalten, das Selbstverständnis der katholischen Kirche fortan ernsthafter in die eigenen Überlegungen einzubeziehen, um freilich das Trennende umso schärfer zu markieren.

Damals entstand als erste ausgesprochen systematische Abhandlung Barths die „Christliche Dogmatik im Entwurf", die aber über einen ersten Band nicht hinauskam. Sie wurde vom Autor schon bald als Fehlstart eingeschätzt und dann durch die „Kirchliche Dogmatik" ersetzt. Seinem sich ständig korrigierenden Geist erwiesen sich die bisher erarbeiteten Grundlagen als noch immer nicht tragfähig genug. In zunächst stiller Auseinandersetzung mit den Mitstreitern, die weitgehend auch eine Auseinandersetzung mit sich selber war, bemühte sich Barth aufs neue um die Klärung der Voraussetzungen oder vielmehr: der Voraussetzungslosigkeit christlicher Theologie. Darüber sollte die Gemeinschaft insbesondere mit Friedrich Gogarten, den Barth einst als einen „Kreuzer erster Klasse" und – in Deutschland herrschte Inflation! – als „holländische Valuta" begrüßt hatte, mehr und mehr zerbrechen. Die bisherige Weggefährtenschaft schien sich als ein Selbstmißverständnis herauszustellen. Die Führer der dialektischen Theologie, so kommentierte ein scharfzüngiger Beobachter die Szene, seien unter sich so uneins wie die chinesischen Revolutionsgenerale. Barth begann inmitten des Zulaufs, den er fand, einen immer schmaler werdenden Weg zu gehen und verglich sich nun gern mit dem einsamen Vogel auf dem Dache, der nur noch den Himmel, allerdings: einen weit geöffneten Himmel, über sich hat.

11

In diese Zeit fallen die ersten Schatten des kommenden Kirchenkampfes. Barth war inzwischen nach Bonn übergesiedelt, wo er seit 1930 als Professor für systematische Theologie tätig war. Seine Arbeitskraft und seine literarische Produktivität wurde immer stärker beansprucht. Besondere Hilfe und dasjenige Verständnis, ohne das er auch im privaten Bereich nicht mehr auskommen zu können glaubte, fand er in zunehmendem Maße bei seiner Mitarbeiterin Charlotte von Kirschbaum. Daß ihm diese Frau nach seinem eigenen Zeugnis „in jedem Sinn unentbehrlich" wurde, hat das Familienleben belastet und den vielfältig angegriffenen und angefochtenen Theologen zusätzlich verwundbar gemacht. Barth hat sich zu dieser seiner Verwundbarkeit bekannt. Sie gehört zu seiner Biographie.

Charlotte von Kirschbaum hat wohl jede Seite des nun entstehenden gewaltigen Hauptwerkes druckfertig gemacht. Dieses von 1932 an erscheinende voluminöse opus magnum ist „Die Kirchliche Dogmatik“, die trotz ihres schließlich auf 9185 Seiten angewachsenen Umfanges eine große „Unvollendete“ geblieben ist. Die auch als schriftstellerische Leistung – z. B. mit dem Sigmund-Freud-Preis für wissenschaftliche Prosa der Deutschen Akademie für Sprache und Dichtung – ausgezeichnete Dogmatik hat dem einstigen theologischen Revolutionär den Ruf eines Kirchenvaters des 20. Jahrhunderts eingebracht. Und sie kann sich in der Tat überzeugend neben den Werken der Väter sehen lassen, von denen Barth seinerseits unvoreingenommen zu lernen bereit war. Insbesondere die Denkbewegung Anselms von Canterbury, dem ein eigenes und „mit der größten Liebe“ verfaßtes Buch zugedacht wurde, erachtete Barth für theologisch beispielhaft. Diese Denkbewegung, der auch die „Kirchliche Dogmatik“ folgt, besteht schlicht im Nach-denken dessen, was zuvor im Glaubensbekenntnis als Wahrheit der heiligen Schrift bejaht worden ist. „Der Theologe fragt, *inwiefern* es so ist, wie der Christ glaubt, daß es ist.“

Man hat diese Denkbewegung, indem man ein Wort Dietrich Bonhoeffers aufnahm, häufig als „Offenbarungspositivismus“ kritisiert. Doch der Vorwurf verkennt, daß es nicht abstrakt vorliegende „geoffenbarte Wahrheiten“ sind, denen die Dogmatik nachzudenken versucht, sondern daß es die in der Person Jesu Christi konkret begegnende und als solche in der Bibel bezeugte Wahrheit ist, die zum aufmerksamen Denken befreit. Die ganze „Kirchliche Dogmatik“ ist im Grunde nichts anderes als der mit Einsatz aller Intelligenz unternommene Versuch, unter immer wieder neuen Gesichtspunkten die Selbstaussage des johanneischen Christus nachzubuchstabieren: „Ich bin der Weg und die Wahrheit und das Leben. Niemand kommt zum Vater denn durch mich“ (Joh. 14,6). Wobei es Barth besonders wichtig wurde, daß diese Wahrheit nach Joh. 8,32 *befreiend* wirkt.

12

Die in der Freiheit eines Christenmenschen sich ausweisende christologische Grundorientierung wurde das Kampfeszeichen, mit dem Barth gegen jeden Versuch zu Felde zog, das allein in Jesus Christus gelegte Fundament der Kirche durch andere Bausteine zu ersetzen, zu ergänzen oder noch einmal zu untermauern. Er klassifizierte derartige Versuche ein wenig pauschal als Variationen des alten Themas der „natürlichen Theologie“, die neben der Bibel die Ordnungen der Natur und neuerdings auch bestimmte Ereignisse der Geschichte oder gar „das natürliche Licht der menschlichen Vernunft“ als Quellen der Gotteserkenntnis und der ethischen Entscheidung in Anspruch nehmen zu können meint. Auf Emil Brunners Schrift „Natur und Gnade“ antwortete Barth 1934 mit einem schroffen „Nein!“, das zugleich jeder „Bindestrich-Theologie“ galt. Das reformatorische „Allein“ wurde kompromißlos gegen alle Unternehmungen zur Geltung gebracht, die sich zwar auch auf Luthers Devise beriefen, *allein* die heilige Schrift weise den Weg zum Heil, das *allein* in Jesus Christus da ist und, weil *allein* durch Gnade, *allein* aus Glauben zu erlangen ist. Nach Barths Urteil schielten jedoch die meisten sich derart lutherisch gebenden Unternehmungen nach anderen Autoritäten, so daß sie zu einer Theologie des „Zwar Entweder-Oder, aber auch Sowohl-Als-auch“ gerieten. In diesem auf beiden Seiten hinkenden Christentum identifizierte Barth den Krebsschaden der Kirche, der in Gestalt der „Deutschen Christen“ offen zum Ausbruch gekommen war.

Durch die Machtergreifung der Nationalsozialisten hatte sich die theologische Kontroverse, die man bis dahin als Professorengezänk bagatellisieren konnte, zu einem regelrechten Kirchenkampf zugespitzt, der die christliche Gemeinde unmittelbar betraf. Die politische Welt beobachtete die Vorgänge aufmerksam, wenn sie sich nicht sogar mit „groß Macht und viel List“ an ihnen beteiligte. Barth hatte schon im Juni 1933 als Beiheft der nun ihrem Ende entgegengehenden Zeitschrift „Zwischen den Zeiten“ eine Flugschrift mit dem bezeichnenden Titel „Theologische Existenz heute“ verfaßt, die sofort als Kampfschrift gegen eine sich an die neuen Machthaber anpassende Kirche verstanden wurde und innerhalb eines Jahres in 37000 Exemplaren verbreitet war. Eines von diesen 37000 Exemplaren hatte er auch Hitler zukommen lassen, der auf der letzten Seite dieses Manifestes lesen konnte, daß die Kirche „die naturgemäße Grenze jedes, auch des totalen Staates“ sei. Die Zeit „zwischen den Zeiten“ war vorbei. Theologie vollzog sich nun, gerade indem sie ihre Arbeit tat, „als wäre nichts geschehen“, im Strudel der Zeit. Ihre Sachgemäßheit war ihre Zeitgemäßheit.

13

Barths neuerlicher Ruf zur Sache fiel in der sich bildenden „Bekennenden Kirche“ auf fruchtbaren Boden, jedenfalls zunächst. Auf der ersten Bekenntnissynode in Barmen kam es am 31. Mai 1934 zur Verabschiedung einer weitgehend aus seiner Feder stammenden „Theologischen Erklärung“, die als die bedeutendste kirchliche Äußerung im protestantischen Deutschland seit den reformatorischen Bekenntnisschriften zu gelten hat. In ihrer ersten These wird in lapidarer Sprache zugleich die Summe der Barthschen Dogmatik formuliert: „Jesus Christus, wie er uns in der heiligen Schrift bezeugt wird, ist das eine Wort Gottes, das wir zu hören, dem wir im Leben und im Sterben zu vertrauen und zu gehorchen haben. Wir verwerfen die falsche Lehre, als könne und müsse die Kirche als Quelle ihrer Verkündigung außer und neben diesem einen Worte Gottes noch andere Ereignisse und Mächte, Gestalten und Wahrheiten als Gottes Offenbarung anerkennen."

Das war eine unmißverständliche Sprache. Sie wurde auch außerhalb der Kirche verstanden. Noch im selben Jahr wurde Barth, weil er den uneingeschränkten Eid auf den Führer verweigert hatte, vom Dienst suspendiert und, obwohl ein Gericht seinem Einspruch im wesentlichen stattgegeben hatte, vom Reichswissenschaftsminister durch Erlaß vom 21. 6. 1935 in den Ruhestand versetzt. Seine Druckerzeugnisse wurden bald darauf in Deutschland verboten.

Der unfreiwillige Ruhestand währte indessen nur über ein Wochenende. In Basel sorgten ausgerechnet zwei erklärtermaßen atheistische Politiker dafür, daß Barth schon am nächsten Montag zum außerordentlichen Professor an der Universität seiner Vaterstadt ernannt wurde. Er freute sich, obwohl er die deutschen Studenten sehr vermißte, der neu gewonnenen schweizerischen Freiheit. Wenn er sich in den folgenden Jahren zu Worte meldete, dann wollte er bewußt als „eine Schweizer Stimme" vernommen werden.

14

Von Basel aus ermutigte Barth die Christenheit Europas mit theologischen Argumenten zum Widerstand gegen die faschistische Barbarei. Er forderte das „Zeugnis des politischen Gottesdienstes". Gegen die von Hitler proklamierte „Vernichtung der jüdischen Rasse in Europa" schärfte er ein: „Antisemitismus ist Sünde gegen den heiligen Geist" – eine Feststellung, die man so auch außerhalb Deutschlands selten oder gar nicht hörte. Berühmtheit erlangte Barths Brief an den Prager Professor Hromádka vom 19. 9. 1938, in dem der – auch die Freunde in Deutschland schockierende – Satz zu lesen war, daß jetzt jeder tschechische Soldat zugleich für die Kirche Jesu Christi streite. Als während des zweiten Weltkrieges von der besorgten Schweizer Bundesregierung im einzelnen erwogen wurde, Barths Publikationsmöglichkeiten einzuschränken, hat die Basler Kantonsregierung dagegen öffentlich protestiert und so dafür Sorge getragen, daß Barth während des Krieges zum „Seelsorger unterdrückter Völker und zum Gewissen der Christenheit" (G. Gloege) werden konnte.

Er ist es auch nach dem Ende des Krieges geblieben, als er sich für die geschlagenen Deutschen, aber gegen deren Wiederbewaffnung und gegen einen blinden Antikommunismus einsetzte. Mit seinen Warnungen wurde er erneut zum Stein des Anstoßes. Die geplante Verleihung des Friedenspreises des deutschen Buchhandels wurde durch den damaligen

Bundespräsidenten Theodor Heuss verhindert. Daß Barths (ihm oft zum Vorwurf gemachtes) Schweigen über die Zustände in den östlichen „Volksdemokratien" nur die andere Seite mehrerer Interventionen zugunsten dort lebender Menschen war, hat er wohlweislich nicht an die große Glocke gehängt.

15

Die Hauptaufgabe des „späten Barth", der er wohl oder übel geworden war, blieb indessen die Fortsetzung der „Kirchlichen Dogmatik", die zunächst als Vorlesung den Studenten mitgeteilt und dann in unregelmäßigen Abständen gedruckt wurde – begleitet von einer Reihe kleinerer programmatischer Schriften. Die Konzentration auf die Basler Lehrtätigkeit machte die Studierenden zu seinen Nächsten, ohne die er sich seine Existenz als Lehrer der Kirche nicht gut vorstellen konnte. Daß immer weniger von ihnen bereit waren, das umfangreiche Werk Barths gründlich zu studieren, schmerzte ihn um so mehr, als er sich noch immer als einen der eigenen Zeit *voraus*denkenden Theologen verstand. Seine Dogmatik hat das theologische Erbe von Jahrhunderten nicht nur weiterüberliefert, sondern an vielen für die christliche Lehre entscheidenden Stellen tiefgreifend umgestaltet, ja revolutioniert.

Das Bekenntnis zum dreieinigen Gott war der für Struktur und Inhalt der Dogmatik bestimmende Ausgangspunkt, an dem deutlich werden sollte, daß Gott schon für sich selbst kein einsames Wesen, vielmehr als Vater, Sohn und heiliger Geist ein auf sich selbst in Freiheit und Liebe bezogenes Gemeinschaftswesen ist. Als der in Freiheit Liebende und in seiner Liebe Ewigreiche wird Gott von Barth in allen Teilen der Dogmatik zur Sprache gebracht. Als der in Freiheit Liebende ist er von Ewigkeit her dem Menschen zugewendet, um dessentwillen er die Welt geschaffen hat und für den er selber in Jesus Christus Mensch geworden ist, um so den geliebten Menschen aus seiner selbstverschuldeten Unfreiheit und Verdammnis zu erlösen. Hieß es beim „jungen Barth" einst abweisend „Gott ist Gott", so trat nun die „Menschlichkeit Gottes" in das Zentrum der Barthschen Theologie. Galt früher der großen Kluft zwischen dem Reich Gottes und den Reichen dieser Welt die theologische Aufmerksamkeit, so behauptete Barth jetzt, daß es zwischen Gott und Mensch und so auch zwischen dem alleine von Gott herbeizuführenden Reich Gottes und den von uns zu bauenden und zu verantwortenden politischen Reichen eine echte Entsprechung, eine Analogie gebe. Der Mensch kann und soll als Gemeinschaftswesen dem dreieinigen Gott entsprechen.

Dementsprechend wurde die im Luthertum übliche Rede von „Gesetz und Evangelium" umgekehrt: vom Ja des Evangeliums her sollte das Gesetz Gottes als ethische Weisung und als Nein zur menschlichen Sünde verstanden werden. Das ganze Gewicht der menschlichen Sünde wird nach Barth erst da erkannt, wo Sünden vergeben werden. Daß dies in Jesu Tod schon in universaler Gültigkeit geschehen, also die ganze Welt als bereits mit Gott versöhnte Schöpfung anzusprechen ist, wurde für Barth immer entscheidender. Nicht erst die Kirche mit ihrer Predigt und den Sakramenten und auch nicht erst der Glaube, sondern allein *Jesus Christus selbst* ist die Wende der Weltgeschichte und der Lebensgeschichte jedes einzelnen Menschen zum Heil. Diese Einsicht brachte Barth gegen Rudolf Bultmanns viel beachtetes und beredetes Programm einer – scheinbar den Glauben zum A und O machenden – „existentialen Interpretation“ des Neuen Testaments ebenso zur Geltung wie gegen das Übergewicht, das im Katholizismus der Kirche zugemessen wurde.

16

Um so erstaunlicher ist es, daß Barths Dogmatik immer stärker ökumenische Beachtung fand. Unter der kleinen seiner Theologie geltenden Bibliothek, die allmählich entstanden war, fanden sich zunehmend katholische Bücher von Gewicht. Nicht nur im Weltrat der Kirchen zu Genf, auch im Vatikan wurde Barth respektiert und wurden seine Vorschläge zur Erneuerung des Lebens der Kirche wohl erwogen. Nach dem „Zweiten Vatikanischen Konzil“ wurde er sogar von Papst Paul VI. empfangen. Und Barths Versicherung „Der Papst ist nicht der Antichrist!“ war nicht nur eine humorvolle, sondern eine bei allem Humor – Barth verstand befreiend zu lachen, wie ich es so nie wieder erlebt habe – sehr ernst gemeinte Revision der gegenteiligen Äußerungen Luthers. Barth ist, ohne aufzuhören ein pointierter Protestant zu sein, zum Vater der ökumenischen Theologie geworden.

Sein Blick ist denn auch in den letzten Lebensjahren stärker in die Zukunft als in die Vergangenheit gerichtet gewesen. Nach seiner Emeritierung im Jahre 1962 brach er zwar seine Arbeit an der „Kirchlichen Dogmatik“ ab, setzte aber, von bedrohlichen Erkrankungen mehrfach unterbrochen, seine Lehrtätigkeit in Gestalt kleinerer Kolloquien fort. Er hielt nun vermehrt Ausschau nach jüngeren Theologen, die das, was er gewollt und ausgerichtet hat, „in erneuerter Gestalt auf der ganzen Linie besser machen“. Doch nur zuoft blieb ihm nichts anderes übrig, als „zu seufzen und zu lachen über das, was in der heutigen Theologie links und rechts vor sich geht“. Mit der noch einmal die Kirche herausfordernden Lehre von der Taufe, in der die Kindertaufe in Frage gestellt wurde, und mit einer letzten Veröffentlichung über sein Verhältnis zu Schleiermacher verabschiedete sich Barth von der lesenden Welt. In der Nacht vom 9. zum 10. Dezember 1968 ist er in seinem Basler Haus friedlich entschlafen.

17

Die Wirkung Karl Barths ist bis jetzt noch nicht absehbar. Den „ewigreichen Gott“ einer zwar subjektiv, aber niemals objektiv gottlosen Welt zu bezeugen, war das erklärte Ziel seines Wirkens. Dabei wußte er, daß es dem Reichtum Gottes nicht widerspricht, wenn seine menschlichen Zeugen am Ende seufzende und stammelnde, gerade so aber menschliche Menschen sind. In dem kleinen Seufzer, so hat er einmal bemerkt, „mit dem wir zu Gott sagen: Ach, ja! ... steckt Alles und Alles muß auch immer wieder zu diesem kleinen Seufzer werden“. Vielleicht wird sich gerade das als die eigentliche Wirkung Barths erweisen, daß er mit seinem gewaltigen theologischen Werk die Christenheit nur eben dies gelehrt hat, auf lautere Weise beides zu sagen: ein sich dem Geheimnis der Gnade Gottes anvertrauendes *Ach* und ein über die große Liebe Gottes staunendes und ihr auf menschliche Weise entsprechendes entschiedenes *Ja*.

Literaturhinweise:

Busch, Eberhard: Karl Barths Lebenslauf. Nach seinen Briefen und autobiographischen Texten, München 1975.

Jüngel, Eberhard: Barth-Studien, Ökumenische Theologie Bd. 9, Zürich-Köln/Gütersloh 1982.

Paul Tillich
(1886–1965)

Heinz Zahrnt

Paul Tillich

Als Paul Tillich 1933 als erster nichtjüdischer deutscher Hochschullehrer abgesetzt wurde und nach Amerika emigrierte, war seine Gestalt dem deutschen Protestantismus für lange Zeit entrückt. Den Jüngeren ist er dadurch beinahe ein Unbekannter geblieben. Nichts kennzeichnet diese Entfernung Tillichs von der protestantischen Theologie in Deutschland so sehr wie die Tatsache, daß seine Werke und Schriften nach dem Kriege aus dem Englischen ins Deutsche übersetzt werden mußten. Doch es hat nicht lange gedauert, bis Tillich zu neuer Wirkung gelangte. Eine Zeitlang sah es fast so aus, als sollte sich seine Neu- und Wiederentdeckung, zumal bei der jüngeren Generation, zu einem der bedeutendsten theologischen Ereignisse der Nachkriegszeit in Deutschland ausweiten. Rückblickend wird man jedoch feststellen müssen, daß Tillichs theologischer Einfluß eher ein „latenter" geblieben als ein „manifester" geworden ist. Aber verhält es sich mit den anderen Säulen der protestantischen Theologie im 20. Jahrhundert, etwa mit Karl Barth und Rudolf Bultmann, gegenwärtig anders?

Paul Johannes Tillich ist im Jahre 1886 geboren. In demselben Jahr starb Leopold von Ranke, wurden Karl Barth, Oskar Kokoschka und Gottfried Benn geboren, ein Jahr zuvor Niels Bohr, drei Jahre zuvor Karl Jaspers und Walter Gropius, fünf Jahre zuvor Béla Bartók. Alle diese Namen wirken wie Zeichen; jeder von ihnen bezeichnet für sich ein Ende und einen Anfang. Miteinander repräsentieren sie den Übergang, mehr noch, den Bruch der Zeiten, der unser Zeitalter charakterisiert. Und eben dieses Gefühl, „einer Generation zwischen zwei Perioden der Geschichte" anzugehören und damit in einem weltweiten Bruch und Übergang zu leben, ist es, das Tillichs Denken und Arbeiten sein Leben lang bestimmt hat: „Wir stehen in der Mitte einer Weltrevolution, die jeden Bereich der menschlichen Existenz ergreift und uns eine neue Deutung des Lebens und der Welt aufdrängt." – „Das einzige, was wir für uns hoffen können, ist, eine Brücke zwischen den Zeiten zu sein." – „Die Situation fordert sowohl Deutung als auch Gestaltung."

So wird die Geschichte für Tillich durch die persönliche, intensive Begegnung mit ihr zum „Zentralproblem" seiner Theologie und Philosophie, und zwar in der ganzen Weite der Frage nach dem Sinn und Wesen aller Wirklichkeit überhaupt.

Den Beginn des „20. Jahrhunderts" datiert Tillich für Europa auf den August 1914 mit dem Ausbruch des Ersten Weltkriegs, für Amerika ein halbes Menschenalter später auf den November 1929 mit dem Ausbruch der großen Weltwirtschaftskrise; für die ganze Menschheit aber bilden die beiden Weltkriege den „radikalen Wendepunkt zwischen zwei Geschichtsperioden". So führt sich das 20. Jahrhundert zunächst als das „Zeitalter der Weltkriege" ein.

Was Tillich selbst im Ersten Weltkrieg – vier Jahre als Militärpfarrer an der Westfront – erlebt hat, ist der Zusammenbruch der bürgerlichen Kultur und des Lebensstils des 19. Jahrhunderts und mit ihnen der idealistischen Philosophie und der liberalen Theologie: „Das vierjährige Erleben des Krieges riß den Abgrund für mich und meine ganze Generation so auf, daß er sich nie mehr schließen konnte." Tillich meint für dieses Erleben sogar ein genaues Datum angeben zu können. Er erinnert sich an eine Nacht vor Verdun, in der er im Trommelfeuer zwischen den Sterbenden umherirrte und schließlich erschöpft zwischen den Toten einschlief. „Als ich erwachte, sagte ich mir: ‚Das ist das Ende der idealistischen Seite meines Denkens!' In dieser Stunde begriff ich, daß der Idealismus zerbrochen war." An die Stelle des idealistischen Strebens des 19. Jahrhunderts trat im 20. Jahrhundert die Existenz in Verzweiflung und Angst, an die Stelle des Bewußtseins eines ständigen Fortschritts das Gefühl einer permanenten Krise.

Entsprechend hat Tillich seinem eigenen Denken den Standort angewiesen – es ist ein *Denken auf der Grenze:* „Die Grenze ist der eigentlich fruchtbare Ort der Erkenntnis." Und so hat Tillich auch seiner kurzen autobiographischen Skizze, mit der er sich 1936 bei seinen neuen amerikanischen Lesern und Hörern einführte, sinngemäß die Überschrift „Auf der Grenze" gegeben – wobei der Begriff der „Grenze" jedoch mehr auf das Verbindende als auf das Trennende hinweist. Im Vorwort zu jener Skizze schreibt er: „Als ich die Aufforderung erhielt, die Entwicklung meiner Gedanken aus meinem Leben heraus darzustellen, entdeckte ich, daß der Begriff der Grenze geeignet ist, Symbol für meine ganze persönliche und geistige Entwicklung zu sein. Fast auf jedem Gebiet war es mein Schicksal, zwischen zwei Möglichkeiten der Existenz zu stehen, in keiner ganz zu Hause zu sein, gegen keine eine endgültige Entscheidung zu treffen."

Dem gedanklichen Stehen auf der Grenze entsprach Tillichs berufliches Schicksal. Er stammte aus einem Pfarrhaus in der Lausitz und studierte Theologie und Philosophie in Berlin, Tübingen und Halle, legte 1909 seine theologischen Examina ab, promovierte 1910 zum Doktor der Philosophie, 1912 zum Lizentiaten der Theologie. Am Ersten Weltkrieg nahm er als Feldgeistlicher teil und habilitierte sich nach Beendigung des Krieges als Privatdozent für Theologie in Berlin. 1924 wurde er außerordentlicher Professor für Systematische Theologie und Religionsphilosophie in Marburg, 1925 Professor der Religionswissenschaften an der Technischen Hochschule in Dresden und zugleich Honorarprofessor für Theologie in Leipzig. 1929 übernahm er als Nachfolger Max Schelers den Lehrstuhl für Philosophie und Soziologie in Frankfurt am Main. Bereits 1933 wegen seiner Zugehörigkeit zu den „Religiösen Sozialisten" und wegen seines Eintretens für die jüdischen Studenten gegen den Terror des NS-Studentenbundes vom Amt suspendiert, wurde er durch Vermittlung Reinhold Niebuhrs Professor am Union Theological Seminary in New York. Daneben hielt er philosophische Vorlesungen an der Columbia University. Nach seiner Pensionierung im Jahre 1955 verlieh ihm die Harvard University in Cambridge/Mass. die höchste akademische Würde, die Amerika zu vergeben hat und die bisher nur ganz wenigen zuteil geworden war: Er wurde „University Professor of Harvard", mit der Befugnis zu lesen, was und wann er wollte. Während der letzten Jahre seines Lebens lehrte er – neben Gastvorlesungen in Europa – an der Universität in Chicago. Für Ende Februar 1966 hatte er noch einmal den Beginn einer neuen Vorlesungstätigkeit an der New School of Social Research in New York geplant; in seiner ersten Vorlesung dort wollte er über „Die religiöse Dimension der politischen Ideen" sprechen. Sein Tod am 22. Oktober 1965 ist dem zuvorgekommen.

Also nicht nur auf der Grenze zwischen zwei Zeitaltern, sondern auch ein ständiger Wechsel zwischen den Fakultäten, zwischen den Kulturen, zwischen der Alten und Neuen Welt, aber kein Wechsel in der Sache – als Theologe versuchte Tillich Philosoph zu bleiben und als Philosoph Theologe: „Der ungewöhnliche Name für den Lehrstuhl, den ich vertrete, ist philosophische Theologie. Für mich paßt diese Bezeichnung besser als jede andere, da die Grenzlinie zwischen Philosophie und Theologie das Zentrum meines Denkens und Arbeitens ist." – „*Gegen* Pascal sage ich: der Gott Abrahams, Isaaks und Jakobs und der Gott der Philosophen ist der gleiche Gott."

Tillich macht die ganze Wirklichkeit zum Thema seines theologischen Nachdenkens. Da ist nichts, was für ihn nicht zum Gegenstand der Theologie werden könnte. Philosophie, Psychologie, Psychotherapie und Pädagogik, Politik, Wirtschaft, Soziologie und Technik, Literatur, Recht, Kunst und Städtebau – alles zieht Tillich heran und hinein, die ganze Fülle des Wirklichen bändigt er in die Ordnung eines umfassenden Systems. Aber es geht ihm dabei nicht nur um eine Bestandsaufnahme der Wirklichkeit, wie sie immer gewesen ist und immer sein wird, sondern um eine Deutung der gewandelten Wirklichkeit in einer neuen Konfrontation des christlichen Glaubens mit ihr.

Tillich ist zwar Zeit seines Lebens ein Grenzgänger gewesen – und dies nicht nur zwischen Theologie und Philosophie, sondern auch zwischen der Theologie und allen anderen Lebensgebieten –, aber er ist niemals ein Überläufer geworden, weder nach der einen noch nach der anderen Seite. Er verbindet die gläubige und die denkende Existenz in Personalunion und hält die Spannung zwischen beiden aus. Er war ganz einfach, was heute so selten geworden ist: ein *frommer Denker*. Weil sein Standort immer auf der Grenze war, hat er, etwa im Unterschied zu Karl Barth oder Rudolf Bultmann, auch nie eine theologische Schule gebildet. Tillich war kein Schulhaupt, aber ein großer Lehrer. Viele Menschen hat er mit seinen Gedanken getröstet; er war ein Seelsorger mittels des Gedankens. Vielen erscheint diese Vereinigung von Glauben und Denken, von Theologie und Philosophie, von Frömmigkeit und Lehre heute fremd, ja beinahe verdächtig. Im Grunde aber hat Tillich damit nur wieder an eine große Tradition des Abendlandes angeknüpft, die Jahrhunderte hindurch abgerissen, vergessen oder auch bewußt verworfen worden war.

Was Tillich zum unablässigen bohrenden Denken antreibt, ist einmal der Eros, die Liebe zur Wahrheit, die sich in unserer Zeit in neuer Gestalt zu verwirklichen trachtet. Zum anderen ist es die Agape, die Liebe zum Menschen, zumal zu dem Zeitgenossen, der von der christlichen Verkündigung nicht mehr getroffen wird; der zwar autonom, aber in seiner Autonomie unsicher geworden ist und sich in der gewandelten Welt nicht mehr zurechtfindet; der die Dimension der Tiefe und damit des Unbedingten, Religiösen verloren hat; der nur noch produziert, weil Produktion möglich ist, und nicht mehr nach dem Sinn fragt; der nur noch Restbestände einer Weltanschauung oder überhaupt keine mehr besitzt; der keinen Mut zum Sein mehr hat und zu verzweifeln droht, wenn er sich nicht wieder einer fremden Autorität unterwirft oder aber gegenüber der Wahrheitsfrage völlig gleichgültig wird. Diesem „modernen" Menschen gilt Tillichs besondere Liebe; ihn sucht er mit seinem Wort zu erreichen. Ihm möchte er wieder Mut zum Glauben machen, indem er ihn von der verborgenen Macht des Glaubens in ihm selbst überzeugt, um ihn so wieder zu versöhnen mit Gott, mit sich selbst und der Welt. „Heilung" ist daher für Tillich das Wort, das die wichtigste Seite der christlichen Erlösung für unsere Zeit ausdrückt, und die „Synthese" entsprechend der Weg seiner philosophischen Theologie.

Daß die Kirche in ihrer landläufigen Verkündigung dies alles nicht selbstlos, mutig und wahrhaftig genug tut, sondern im selbstsicheren Besitz ihrer ererbten Wahrheit alte Begriffe und Formeln rezitiert und so den Menschen unserer Tage zwingt, sich immer erst ins 16. Jahrhundert oder in die Jahre 1–30 nach Christus zurückzuversetzen – das ist ein Vorwurf, der in Tillichs Büchern, Schriften und Vorträgen immer wieder auftaucht. Daher hat das Problem der *Sprache* für Tillich zeit seines Lebens eine große Rolle gespielt. Angesichts der fast völligen Sinnentleerung der überlieferten christlichen Worte und Begriffe hat er einmal den Vorschlag gemacht, die Kirche möge ein dreißigjähriges Schweigegebot über alle ihre religiösen Urworte verhängen. Aber dieser Vorschlag war, wie er selbst sagt, mehr symbolisch als wirklich gemeint. In der Praxis wird der Theologie nichts anderes übrigbleiben, als die überkommenen biblischen Worte und Begriffe jeweils so verständlich wie möglich zu interpretieren und, wo dies gar nicht mehr geht, sie durch andere zu ersetzen. Und so hat Tillich die Devise ausgegeben: „Begriffe mußt du retten, ehe du Seelen retten kannst."

Es geht Tillich vor allem darum, „die überwältigende Macht des Wortes ‚Gott' neu zu verstehen und zu formulieren" – einmal im Hinblick auf die Menschen, die sich unter dem Namen „Gott" kaum noch etwas vorstellen können, zum anderen im Hinblick auf Gott, daß sein Name nicht mißbraucht werde. Man könnte sagen, daß Tillichs gesamte Theologie um das Erste und Zweite Gebot kreist: Sie streitet für die Gottheit Gottes – wider den Mißbrauch seines Namens. Darum spricht Tillich, wenn er von Gott redet, lieber vom „Sein-Selbst", von der „Macht des Seins", vom „Grund und Sinn des Seins" oder auch von der „Tiefe", vom „Absoluten" und „Unbedingten": „Nicht als wäre dies ein Ersatzbegriff, sondern es ist ein Schlüssel, um die verschlossene Tür zu dem Sanktissimum des Namens ‚Gott' sich und anderen zu öffnen, und dann den Schlüssel fortzuwerfen."

In einem Gespräch hat Fedor Stepun seinen Freund Paul Tillich einmal gefragt: „Von den Engländern hat man gesagt, daß, wenn sie ‚Gott' sagen, sie ‚Kattun' meinen. Von Ihnen, Herr Tillich, möchte man behaupten, daß, wenn Sie ‚Kattun' sagen, Sie ‚Gott' meinen. Warum sagen Sie nicht lieber gleich Gott?" Tillich gab darauf zur Antwort: „Solange die Menschen das Wort Gott nicht mehr verstehen, werde ich Kattun sagen, vorausgesetzt, sie verstehen, daß ich ihnen etwas von Gott sagen will."

So wird die Aufgabe der Theologie von Tillich als *„Mittlerdienst"* bezeichnet: „Mittlerdienst zwischen dem ewigen Kriterium der Wahrheit, wie sie im Bilde Jesu als des Christus anschaubar ist, und den wechselnden Erfahrungen von Individuen und Gruppen, ihren sich ändernden Fragestellungen und ihren Kategorien zur Wahrnehmung der Wirklichkeit." Damit bringt Tillich den Ausdruck „Vermittlungstheologie", der fast zu einem Scheltwort geworden war, wieder zu Ehren und bezieht ihn bewußt auf sich selbst. Sein ganzes Denken, Schreiben und Reden ist in besonderer Weise auf Vermittlung, Versöhnung, Wiedervereinigung und Heilung gerichtet – darum nicht analytisch, sondern synthetisch, nicht zersetzend, sondern aufbauend, nicht polemisch, sondern apologetisch, nicht dem Einzelnen zugewandt, sondern dem Ganzen, immer darauf bedacht, die singuläre Erscheinung mit Hilfe des Begriffs in eine systematische Ordnung zu fügen.

Tillich gehört zu den großen spekulativen Geistern, die eben darum auch große Versöhner sind, zu den Systembauern, denen alle Dinge zum Besten ihres Denkens dienen müssen, für die auch das Negative nur von dem Positiven lebt, dessen Negation es ist. Darum ist der Protest der Philosophen, Tillich verwandle die Philosophie in Theologie, berechtigter als die Klage der Theologen, daß er die Theologie in Philosophie verkehre. Philosophie und Theologie umfassen sich nach Tillichs eigenen Worten wechselseitig – aber die Theologie hat dabei die kräftigeren Arme.

Daß es die Aufgabe der Theologie ist, Mittlerdienst zu leisten, drückt sich aus in Tillichs theologischer *„Methode der Korrelation"*. Sie beruht auf der Beziehung zwischen Gott und Mensch. Diese ist eine wechselseitige Abhängigkeit zwischen „Gott für uns" und „Wir für Gott". Wohl ist Gott in seiner ewigen Verborgenheit unabhängig vom Menschen, in seiner Selbstoffenbarung aber tritt er zu ihm in das Verhältnis einer freien, lebendigen Gegenseitigkeit von Person zu Person. Die Begegnung zwischen Gott und Mensch bedeutet „etwas Reales für beide Seiten": Gott handelt, der Mensch reagiert darauf, Gott reagiert seinerseits wieder und so fort. Auf diese Weise entsteht eine lebendige Wechselwirkung zwischen Gott und Mensch. Unwillkürlich erinnert dies an Hegels Rede vom „Lebenslauf Gottes" in der Weltgeschichte.

Die wechselseitige Beziehung zwischen Gott und Mensch hat sich in der

Theologie methodisch in einer entsprechenden Wechselbeziehung zwischen Frage und Antwort zu realisieren. Ob die Theologie bei Gott oder beim Menschen einsetzt – auf jeden Fall hat sie die in der menschlichen Existenz beschlossenen Fragen herauszuarbeiten und die in der göttlichen Offenbarung liegenden Antworten unter Anleitung dieser Fragen zu formulieren. Die Antworten, die die christliche Offenbarung gibt, sind nur dann sinnvoll, wenn sie in der Korrelation zu Fragen stehen, die die menschliche Existenz betreffen. Der Theologe darf die christlichen Antworten nicht wie Fremdkörper aus einer anderen Welt dem Menschen an den Kopf schleudern, sondern er muß sie in ihrer Form den zuvor gestellten Fragen anpassen, wenn sie wirklich eine Antwort und nicht nur eine sinnlose Wortkombination sein sollen. Denn wir können nun einmal keine Antwort verstehen, die nicht Antwort auf eine zuvor gestellte Frage ist, und handelte es sich dabei auch um die Antwort der göttlichen Offenbarung. So gleicht die Arbeit der Theologie einer Ellipse mit zwei Brennpunkten: Der eine Brennpunkt stellt die existentielle Frage dar, der andere die theologische Antwort.

Wegen dieser Wechselbeziehung zwischen Frage und Antwort nennt Tillich seine Theologie *„apologetische Theologie"*. Das ist nicht in jenem schwächlichen Sinn gemeint, daß die Theologie die Existenz Gottes mit unredlichen Mitteln zu beweisen trachtet und dabei ständig atemlos hinter ihrer Zeit herkeucht, ohne sie jemals einzuholen. Die Apologetik ist nicht eine besondere Abteilung der Theologie, sondern ein „allgegenwärtiges Element" in ihr: „Apologetische Theologie heißt: antwortende Theologie. Sie antwortet auf Fragen, die die ‚Situation' stellt, und sie antwortet in der Vollmacht der ewigen Botschaft und in den Begriffen, die die ‚Situation' liefert, um deren Fragen es sich handelt."

Wenn es für alles Reden der Theologen von Gott bestimmend ist, in welcher Situation sich der Mensch befindet und welche Fragen er stellt – wie sieht Tillich dann die Situation des Menschen heute, und wie lautet für ihn die Frage, die der Mensch stellt?

Nach Tillichs Urteil erfährt der Mensch seine Situation heute vornehmlich als „Zerrissenheit und Zwiespalt, Selbstzerstörung, Sinnlosigkeit und Verzweiflung in allen Lebensbereichen". Die entscheidende Frage, die sich für den Menschen aus dieser Erfahrung ergibt, ist nicht die Frage nach der Endlichkeit und dem Tod wie in der alten griechischen Kirche am Ende der antiken Kultur; es ist auch nicht die Frage nach dem gnädigen Gott und der Vergebung der Sünden wie in der Reformation am Ausgang des Mittelalters, auch nicht die Frage nach dem persönlichen religiösen Leben wie im Pietismus oder nach der Verchristlichung der Gesellschaft und Kultur wie in der Neuzeit – „es ist die Frage nach einer Wirklichkeit, in der die Selbstentfremdung unserer Existenz überwunden wird, nach einer Wirklichkeit der Versöhnung und Wiedervereinigung, nach schöpferischer Kraft, Sinnhaftigkeit und Hoffnung".

So sieht Tillich die Situation des modernen Menschen: Er leidet nicht unter der Sünde, sondern unter der Sinnlosigkeit seines Daseins; ihn schreckt nicht der Zorn, sondern die Abwesenheit Gottes; er verlangt nicht nach Vergebung, sondern nach Heilung und Kraft; er fragt darum nicht nach dem gnädigen, sondern nach dem wirklichen Gott.

Wie zu allen Zeiten geht es auch heute um die Wiedervereinigung des Menschen mit Gott. Sie bildet wie eh und je das Herzstück aller echten Religion. Aber diese Wiedervereinigung darf, wenn sie wirklich eine Antwort auf die existentielle Frage des modernen Menschen sein soll, nicht nur erscheinen als Antwort auf die Frage nach dem ewigen Seelenheil des einzelnen, sondern sie muß erscheinen als Antwort auf die viel weitere, geradezu kosmische Frage nach einer neuen Schöpfung, einer neuen Wirklichkeit, einem neuen Sein.

Dreimal taucht der Seinsbegriff an entscheidender Stelle in Tillichs Theologie auf. Das erste Mal begegnet er in der Lehre vom *Menschen:* Der Mensch ist getrennt vom Grund und Sinn des Seins, er existiert im Stande der Entfremdung – darum fragt er nach dem wahren Sein. Das zweite Mal begegnet der Seinsbegriff in der Lehre von *Gott:* Gott ist das Sein-Selbst, der Grund und Sinn des Seins, die Macht des Seins, die seinem Übergang ins Nicht-Sein widersteht – darum ist er die Antwort auf die Frage des Menschen nach dem Sein. Zum dritten Mal taucht der Seinsbegriff in der Lehre von *Christus* auf: Jesus ist als der Christus die Manifestation des Neuen Seins.

Jesus Christus hat unter den Bedingungen der Existenz, der Entfremdung zwischen Gott und Mensch, die Einheit mit Gott als dem Sinn und Grund allen Seins durchgehalten. Damit ist der Riß, der sich durch alles Sein zieht, die Kluft zwischen wahrem und wirklichem Sein, „im Prinzip" überwunden. Prinzip heißt „Anfang" und „Kraft" – das bedeutet, daß von diesem einen Punkt ein Prozeß der Heilung seinen Anfang genommen hat, der als erlösende Kraft in alle Existenz hineinwirkt. Der unheilvolle Riß, der sich durch alles Sein zieht, und Leben von Leben, Mensch von Mensch, Ich von Ich trennt, ist geheilt und die Einheit wiederhergestellt. Und eben dies geheilte alte Sein ist das *Neue Sein.*

Hier liegt für Tillich die Antwort des Christentums auf die existentielle Frage unserer Zeit: „Würde man mich auffordern, die christliche Botschaft für unsere Zeit in zwei Worte zusammenzufassen, so würde ich mit Paulus sagen: sie ist die Botschaft von der ‚Neuen Schöpfung', vom Neuen Sein, von der Neuen Wirklichkeit, die mit der Erscheinung Jesu erschienen ist ... Wir sollten uns nicht zu sehr um die christliche Religion beunruhigen, auch nicht um den Zustand der Kirchen, um Mitglieder und Dogmen, um Einrichtungen und Geistliche, um Predigten und Sakramente ... Die Neue Schöpfung – sie ist das, was uns letztlich angeht. Sie sollte unsere unendliche Leidenschaft sein – die unendliche Leidenschaft jedes menschlichen Wesens. Darum und nur darum geht es im letzten Sinne. Damit verglichen ist alles andere, sogar die Frage, ob Religion oder keine Religion, ja auch die Frage, ob Christentum oder kein Christentum, ganz belanglos – und letztlich ein Nichts ... Es ist die reifste Frucht des christlichen Erkennens, zu begreifen, daß das Christentum als solches belanglos ist ... Das Christentum verkündigt nicht das Christentum, sondern eine neue Wirklichkeit."

In dieselbe Richtung weisen Tillichs Gedanken über das Wesen und die Zukunft des Protestantismus, insonderheit seine Deutung der Lutherschen Rechtfertigungslehre.

Paul Tillich hat sich zeit seines Lebens in besonderer Weise dem Protestantismus und innerhalb des Protestantismus wiederum dem Luthertum zugehörig gefühlt. In seiner autobiographischen Skizze von 1936 schreibt er: „Zum Luthertum gehöre ich durch Geburt, Erziehung, religiöses Erleben und theologisches Nachdenken ... Nicht nur mein religiös-theologisches, sondern auch mein wissenschaftlich-philosophisches Denken drückt die lutherische Substanz aus."

Als Elemente dieser lutherischen Substanz zählt Tillich dann eine ganze Reihe von Dingen auf: das Bewußtsein um die Verfallenheit der menschlichen Existenz, die Ablehnung jeder Sozialutopie und Fortschrittsmetaphysik, das Wissen um den irrational-dämonischen Charakter des Lebens, die Hochschätzung des mystischen Elements in der Religion, die Ablehnung puritanischer Gesetzlichkeit im individuellen und sozialen Leben. Vor allem aber gehört zu Tillichs lutherischer Substanz die *Rechtfertigungslehre,* die Lehre Luthers von der Rechtfertigung des Menschen vor Gott allein aus Gnade und durch den Glauben. Sie hat einst – unter dem Einfluß seines verehrten Lehrers Martin Kähler in Halle – den Ausgangspunkt seines theologischen Denkens gebildet und ist Zeit seines Lebens die verborgene Mitte seiner theologischen und religiösen Existenz geblieben. Die Rechtfertigungslehre bildet auch die Wurzel seiner Konzeption vom Protestantismus. Alles, was Tillich über das Wesen und das Schicksal des Protestantismus sagt, hat in ihr seinen Ursprung und bleibenden Grund.

Dabei wird Tillichs Verhältnis zur reformatorischen Rechtfertigungslehre durch eine zweifache Erfahrung bestimmt. Er ist einerseits fest davon überzeugt, daß die Sache, die die Rechtfertigungslehre meint, uns heute noch genauso angeht wie die Menschen vor vierhundert Jahren. Andererseits aber ist er ebenso tief davon durchdrungen, daß die Form, in der die Rechtfertigungslehre tradiert wird, heute für uns nicht mehr verständlich und annehmbar ist: „Dem Menschen der Gegenwart und selbst dem kirchlichen Protestanten ist dieser Begriff fremd, daß es fast keinen Weg gibt, ihn verständlich zu machen ... Was anderthalb Jahrhunderte lang in einer gar nicht fernen Vergangenheit alle Häuser und Werkstätten, alle Märkte und Dorfschenken Deutschlands erfüllte, das ist jetzt selbst den Spitzen der geistigen Bildung kaum mehr zugänglich. Ein Abbruch der Tradition ohnegleichen liegt hier vor. Wir dürfen darum auch nicht annehmen, daß es möglich sei, über diesen Abgrund hinweg einfach wieder bei der Reformation anzuknüpfen."

Deshalb scheint Tillich auch jene Wiederentdeckung der Theologie Luthers, die man mit dem Stichwort „Luther-Renaissance" bezeichnet hat, für unsere Zeit nicht auszureichen. Sie bleibt zu sehr im Rahmen einer bloß historischen Wiederholung und hat daher mehr akademisch-wissenschaftliche als praktisch-religiöse Bedeutung. Wenn die Rechtfertigungslehre für uns wirklich wieder Kraft und Bedeutung gewinnen soll, dann wird uns nichts anderes übrigbleiben, als die religiöse Wirklichkeit, die damals gemeint war und heute noch die gleiche ist, von uns aus neu zu deuten und für den Menschen der Gegenwart in neue Worte zu fassen.

Tillich knüpft bei seiner *neuen Deutung der Rechtfertigungslehre,* wie seine Methode der Korrelation es fordert, an die „Situation" an. Die Situation sieht er dadurch bestimmt, daß in unseren Tagen die autonome Kultur zusammengebrochen ist. Dieser Zusammenbruch hat dem modernen Menschen wieder ein Verständnis für die unbedingte Bedrohtheit seiner Existenz erschlossen und ihm damit wieder ein Ohr für die Rechtfertigungslehre geöffnet. Der zentrale Inhalt der Rechtfertigungslehre besteht in der radikalen Verkündigung der „menschlichen Grenzsituation", und eben dem entspricht die Erfahrung, die der moderne Mensch im Zusammenbruch der autonomen Kultur gemacht hat: er ist aufs neue der totalen Bedrohtheit seiner Existenz durch das Nicht-Sein innegeworden. Aus dieser Situation erwächst für ihn die Frage nach der Gewißheit im Leben: Was ist es, das unserem Leben Gewißheit gibt? Worauf können wir uns gründen? Was ist das Fundament unserer Existenz? Was hält uns, was trägt?

Das ist die Frage, auf die die Rechtfertigungslehre heute antworten muß. Ihre Antwort hat nach Tillich in einem Zweifachen zu bestehen. Zunächst in der radikalen Anerkennung der menschlichen Grenzsituation, in dem unbedingten *Nein* gegen jeden Versuch des Menschen, sich gegen seine totale Bedrohtheit zu sichern und ihr zu entrinnen. Es gibt keine Sicherung für den Menschen – „weder durch Eintauchen in den vitalen Lebensprozeß, noch durch geistige Schöpfung, noch durch Sakramente, noch durch Mystik und Askese, noch durch Rechtgläubigkeit oder intensive Frömmigkeit". Alles, was der Mensch unternimmt, um sich Gewißheit zu verschaffen, um seinem Leben einen letzten, festen Grund zu geben, ist zum Scheitern verurteilt. Dahinter verbirgt sich die Eigenmächtigkeit des Menschen, Relatives für absolut zu erklären und so sich selbst die Gewißheit zu verschaffen, nach der er verlangt, und also sein Leben auf sich selbst zu gründen.

Dieses Nein ist aber nur die andere Seite des unbedingten *Ja* über den Menschen, das in der Rechtfertigungslehre enthalten ist: „Dennoch bejaht, bejaht durch das, was größer ist als Du, und dessen Namen Du nicht kennst. Frage jetzt nicht nach dem Namen, vielleicht wirst Du ihn später finden. Versuche jetzt nicht, etwas zu tun, vielleicht wirst Du später viel tun. Trachte nach nichts, versuche nichts, beabsichtige nichts. Nimm nur dies an, daß Du bejaht bist. Wenn uns das geschieht, dann erfahren wir Gnade. Nach einer solchen Erfahrung werden wir nicht besser sein als zuvor und keinen größeren Glauben haben als zuvor. Aber alles ist verwandelt. In diesem Augenblick überwindet die Gnade die Sünde, und Versöhnung überbrückt den Abgrund der Entfremdung. Diese Erfahrung erfordert nichts; sie bedarf keiner Voraussetzung, weder einer religiösen, noch einer moralischen, noch einer intellektuellen; sie bedarf nichts als nur das Annehmen."

Das unbedingte Ja zum Menschen hat seinen Grund darin, daß die Macht des Neuen Seins, die in Jesus Christus erschienen ist, von ihm Besitz ergriffen hat und ihn hält und trägt, bevor er es noch weiß, bevor er noch zu fragen, zu zweifeln und zu verzweifeln angefangen hat. Dieses Ja klingt durch alle „Religiösen Reden" Tillichs wie eine Glocke, die über den Fragen, Zweifeln und Verzweiflungen des Menschen schwingt. Bedingungsloser, radikaler und universaler, als Tillich es tut, kann man die Gnade nicht verkündigen. Vom Menschen wird hier nichts verlangt: keine sittliche Anstrengung, keine intellektuelle Leistung, nicht einmal die Anerkennung eines konkreten religiösen Inhalts, nicht einmal die Kenntnis der Voraussetzung der göttlichen Gnade, nicht einmal die Nennung des Namens Gottes. Der Mensch muß nur bejahen, daß er bejaht ist: „Er muß die Bejahung bejahen."

Aber Tillich geht in seiner neuen Deutung der reformatorischen Rechtfertigungslehre noch weiter, und erst darin besteht sein entscheidender Schritt. Er wendet das Prinzip der Rechtfertigung durch den Glauben nicht nur auf das religiös-moralische, sondern auch auf das *religiös-intellektuelle* Leben an: Nicht nur der Sünder, auch der Zweifler wird durch den Glauben gerechtfertigt. Auf dem Grunde jedes ernsten Zweifels liegt nach Tillich ein Glaube verborgen, nämlich der Glaube an die Wahrheit. Wer an der Wahrheit zweifelt, bekundet eben damit seine unendliche Leidenschaft für die Wahrheit. Und so steht der Zweifler, auch wenn seine einzige Wahrheit gerade sein Mangel an Wahrheit ist, in der Wahrheit und also in der Einheit mit Gott – und so ist der Zweifler in seinem Denken „gerechtfertigt". Tillich schließt den Gedankengang mit dem Satz: „So ergriff mich das Paradox, daß der, der Gott ernstlich leugnet, ihn bejaht."

Also Anwendung der Rechtfertigungslehre auch auf das *Denken!* Rechtfertigung nicht nur des Sünders, sondern auch des *Zweiflers!* Wie keine Werke der Moral den Menschen vor Gott gerecht machen, so auch keine Werke des Intellekts: Weder die Arbeit des rechten Denkens noch der Verzicht auf jedes Denken führen zu Gott. Die Offenbarung der Wahrheit kann ebensowenig zum Besitz werden wie die Vergebung der Sünden. Wie niemand sich rühmen kann, daß er die Liebe habe, so kann sich auch niemand – kein Gläubiger und keine Kirche – rühmen, daß er die Wahrheit habe. „Orthodoxie ist intellektueller Pharisäismus."

Durch die Ausweitung der Rechtfertigung auf das Denken und damit auf den Zweifler wird das Christentum für Tillich zu einer Botschaft für alle Menschen, nicht nur für die Gläubigen, sondern auch für die Ungläubigen, für die, die am Sinn des Lebens verzweifeln und darum meinen, nicht mehr an Gott glauben zu können. Die radikale und universale Fassung der Rechtfertigungslehre macht es Tillich möglich, Gott auch dort zu vernehmen, wo der Name „Gott" nicht mehr vernommen wird. Wenn diese Deutung der Rechtfertigung stimmt, dann gibt es „keinen möglichen Atheismus", dann ist der Atheismus eine „Unmöglichkeit" und „Illusion". Gar nicht genug Paradoxien kann Tillich häufen, um diese Konsequenz auszudrücken: Dann ist der Zweifel am Sinn des Lebens ein Ausdruck seines Sinns und das Erlebnis des Getrenntseins von Gott ein Ausdruck seiner Gegenwart; dann ist Gott in jedem Glaubensakt gegenwärtig, auch wenn der Akt des Glaubens die Leugnung Gottes einschließt; dann können wir Gott nur verneinen, weil er uns dazu treibt; dann ist selbst der Protest gegen Gott noch eine verborgene Demonstration für Gott. Denn Gott selbst ist die Voraussetzung für die Frage nach Gott und für den Zweifel an ihm.

Aus seiner radikalen und universalen Ausdeutung der reformatorischen Rechtfertigungslehre leitet Tillich das her, was er das *„protestantische Prinzip"* nennt. Mit seiner Hilfe führt er den Protestantismus aus der kirchlich-konfessionellen Enge, in die er durch eigene Schuld und historisches Schicksal geraten ist, heraus und gibt ihm wieder die Weite einer umfassenden geistigen Bewegung.

Das protestantische Prinzip ist „der unfaßbare Grund im Protestantismus" und noch weiter darüber hinaus „das letzte Kriterium jeder religiösen und geistigen Erfahrung" überhaupt. Es ist der Ausdruck für die wahre Beziehung zwischen dem Unbedingten und dem Bedingten, religiös gesprochen, zwischen Gott und Mensch. In ihm offenbaren sich das Ja und das Nein der von der protestantischen Rechtfertigungslehre verkündigten menschlichen Grenzsituation.

Zunächst das *Ja:* Das protestantische Prinzip ist nicht nur eine Idee, sondern verwirklicht sich konkret in „Gestalten der Gnade". Zum Beispiel: Das Wort Gottes wird uns zwar von jenseits unseres Seins zugesprochen; wird es aber empfangen, so ist es nicht mehr nur jenseitig, sondern auch immanent und schafft eine „göttliche Struktur der Wirklichkeit" – es wirkt den Glauben als gestaltende Kraft, sei es des persönlichen Lebens oder einer Gemeinschaft und Kirche. So wählt sich die Gnade nach Tillich endliche Gestalten, daß sie an ihnen erscheine: am Menschlichen in Christus, am Worthaften der Bibel, am Materiellen des Sakraments, an der Schwäche der Kirche. Aber wohlgemerkt: die göttliche Gnade erscheint nur an einer endlichen Gestalt, sie verwandelt sich nicht in sie. Wo die endliche Gestalt in eine göttliche verwandelt wird, dort treibt man Götzendienst, und der Mensch macht sich tagtäglich Götzen.

Darum das *Nein:* Gegen solche Vergötzung erhebt sich dann der Protest, der dem protestantischen Prinzip einst seinen Namen gegeben hat. Es ist der „prophetische Protest" gegen jeden Versuch, irgend etwas Bedingtes für unbedingt zu erklären, irgendein Endliches ins Unendliche zu erheben, sei es eine Staatsform, eine Weltanschauung, ein Gesellschaftssystem, eine Klasse, aber auch eine Hierarchie, eine Kirche, eine Konfession, ein Dogma oder selbst die Bibel. Das protestantische Prinzip greift alle geheiligten Autoritäten, Mächte, Überlieferungen, Lehren und Einrichtungen an und unterwirft sie der Kritik. Es duldet keine heiligen Orte, Personen, Handlungen und Stunden. Mit alldem kämpft es gegen jede Vergegenständlichung Gottes – niemand kann das Göttliche in Raum und Zeit bannen.

So verbinden sich im protestantischen Prinzip Ja und Nein, positive Gestaltung und kritischer Protest. In diesem Miteinander enthüllt sich der „zweideutige Sinn" aller Religion: Wo immer die Menschen Gott aufnehmen, dort tun sie es in religiöser Gestalt – und die religiöse Gestalt ist eine Sache des Priesters. Aber wo immer die Menschen Gott aufnehmen, dort machen sie aus ihm „unvermeidlich" einen Götzen – und dagegen erhebt sich dann der Protest des Propheten. So liegen das priesterliche und das prophetische Element, Gestaltung und Protest, miteinander im Streit und sind dennoch aufeinander angewiesen. Ihre ungelöste Spannung bildet das „ewige Problem" der Religion. Es liegt darin, daß Gott gegen*wärtig*, aber nicht gegen*ständlich* ist. Und eben das ist es, was das protestantische Prinzip mit seinem Ja und Nein ausdrückt.

Das protestantische Prinzip ist nicht an den Protestantismus als geschichtliche Erscheinung gebunden. Es ist allgemein bedeutsam, in allen Perioden der Geschichte gegenwärtig, nirgendwo voll ausgeschöpft, weder in der Reformation noch im Urchristentum noch in irgendeiner christlichen Gestalt sonst. Die Propheten Israels verkündigen es, und es ist im Bilde Jesu als des Christus anschaubar; es ist die Grundlage der Kirchen der Reformation, und auch dem Katholizismus ist es nicht fremd. Ja, es bleibt nicht einmal nur auf das Christentum beschränkt, sondern zeigt sich auch in allen anderen großen Religionen, ja nicht nur in anderen Religionen, sondern in anderen geistigen Bewegungen überhaupt. Es kann selbst von profanen Bewegungen verkündet werden, von Individuen und Gruppen, die ohne protestantische Symbolde die wahre menschliche Situation vor dem Letzten und Unbedingten ausdrücken, und wenn es diese Bewegungen, Individuen und Gruppen besser und mit größerer Autorität als die protestantischen Kirchen tun, dann repräsentieren eben sie und nicht die protestantischen Kirchen das protestantische Prinzip.

So unterscheidet Tillich zwischen dem Protestantismus als „Wirklichkeit" und als „Prinzip". Als geschichtliche Wirklichkeit ist der Protestantismus begrenzt und vergänglich wie jede geschichtliche Erscheinung, als Prinzip aber ist er so unbegrenzt und unvergänglich wie die Erfahrung des Unbedingten in der Welt. Als geschichtliche Erscheinung ist der Protestantismus seinem eigenen Prinzip unterworfen, und das heißt, daß sich der Protest des protestantischen Prinzips auch gegen jeden Absolutheitsanspruch des Protestantismus richtet. Das protestantische Prinzip ist Richter auch in Sachen des Protestantismus. Tillich hält dies möglicherweise sogar für den Weg, wie sich das protestantische Prinzip heute behaupten muß. Er stellt die Frage, ob in unseren Tagen vielleicht das „Ende der protestantischen Ära" gekommen sei, und das ist für ihn keineswegs nur eine rhetorische Frage.

Aber selbst wenn das Ende des Protestantismus gekommen sein sollte, so würde dies nach Tillich noch nicht das Ende des protestantischen Prinzips bedeuten. Im Gegenteil, es würde gerade eine Auswirkung des protestantischen Prinzips, eine Folge seines prophetischen Protestes sein und damit die Ankündigung einer neuen Manifestation seiner Wahrheit und Macht. In diesem Sinne teilt Tillich die Ansicht Schleiermachers: „Die Reformation geht noch fort."

Literaturhinweise:

Pauck, Wilhelm und Marion: Paul Tillich. Sein Leben und Denken, Band I: Leben, Stuttgart/Frankfurt 1978.

Tillich, Paul: Ein Lebensbild in Dokumenten. Briefe, Tagebuch-Auszüge, Berichte, hrsg. von Renate Albrecht und Margot Hahl, Ergänzungs- und Nachlaßbände zu den Gesammelten Werken von Paul Tillich Bd. V, Stuttgart 1980.

Wehr, Gerhard: Paul Tillich in Selbstzeugnissen und Bilddokumenten. Rowohlts monographien 274, Reinbek b. Hamburg 1979.

Martin Niemöller
(geb.: 1892)

KARL-ALFRED ODIN

Martin Niemöller

In den zwölf Jahren, in denen Hitler Deutschland zerstörte und schließlich Europa zerbrach, hat noch ein anderer, Martin Niemöller, die Welt bewegt. Alles, was das Deutsche Reich jener Jahre an Macht aufzubieten hatte, war in einer Hand zusammengeballt. Auch wenn das die Hand Hitlers war, der auf dem Grat zwischen Wirklichkeit und Wahn tanzte und das Gegenteil von Realpolitik trieb, blieb das doch reale Macht. Sie war gewaltig, riß alle Menschen, Länder, Kulturen in den Untergang, die in ihren Bannkreis gerieten. Der Macht des Führers hatte Niemöller nichts von dem entgegenzustellen, was in den Augen der in Kategorien der Macht Denkenden allein zählt. Niemöller war nicht Führer. Er war bloß Wortführer, Pastor. Aber das Wort, das er verkündigte, erwies sich als die Macht, die bestand, als in der von Generationen erbauten Welt unter dem Toben der von jeder Schranke befreiten Gewalt Stein um Stein niederstürzte, bis schließlich nur noch Trümmer blieben, Zeugen der Selbstvernichtung menschlicher Macht. Niemöllers Predigten, und stärker noch sein Verstummen in den acht Jahren Haft in Gefängnis und Konzentrationslagern, machten den Namen des Dahlemer Pastors für Ungezählte in Deutschland und im Ausland zum Begriff für die Hoffnung, daß im totalitären Deutschland Menschenwürde, freies Denken, christlicher Glaube nicht ganz tot waren, daß noch eine Zukunft blieb für eine im Wort gebundene Kirche, auch für ein freies Deutschland und eine aufs Menschenrecht gegründete Welt.

Es ist begreiflich, daß sich nach dem Zusammenbruch Deutschlands Heldenverehrung an diesen Mann knüpfte, den man als Deutscher ohne Scham der Welt vorzeigen konnte. Niemöller selbst hat die Niemöller-Legende immer aufs neue zerstört. Helden verlieren, wenn man sie zu nahe sieht. Das ist auch Niemöller so gegangen. Der Widerspruch zwischen dem Heldenbild und der Sicht aus der Nähe, in die er den Menschen als Vorsitzender des Pfarrernotbundes im Kirchenkampf der Hitlerjahre und nach dem Kriege als Leiter des Kirchlichen Außenamtes, Kirchenpräsident in Hessen und Nassau und schließlich als Bannerträger des Kampfes gegen Atom und Rüstung rückte, ist wahrscheinlich ein Grund für die Erbitterung, die bis heute allein das Aussprechen des Namens Niemöller wecken kann. Anpassen, Mitlaufen und Niemöller gehen nicht zusammen. Bequem ist er nicht, weder für sich noch für seine Mitmenschen. Anders als in England oder Frankreich gestattet Deutschland seinen großen Männern nicht auch ein entsprechendes Maß an persönlicher Eigentümlichkeit.

Martin Niemöller wurde am 14. Januar 1892 in Lippstadt als zweiter Sohn des Pfarrers Heinrich Niemöller geboren. Die Vorfahren waren Bauern, auch Müller im Osnabrückschen gewesen. Vater Niemöller war ein nüchterner, fleißiger Pastor; er ging lieber mit Menschen als mit Büchern um; gewissenhaft besuchte er die Familien seiner Gemeinde, auch als er 1900 aus der behäbigen Kleinstadtpfarrei in die Industriestadt Elberfeld mit ihren Riesengemeinden zog. Ohne auffallenden Glaubenseifer wuchs Martin Niemöller im Elternhaus in einer milden pietistischen Frömmigkeit auf, die das Wichtige im Leben als „Führung durch Jesus" und das Evangelium zugleich als Gebot erlebt, das den Christen von sich selbst befreit und an Jesus bindet. Die Anwendung des Glaubens als Forderung bestimmten Handelns, die anderen leicht als gesetzlich erscheint, ist in diesem pietistischen Erbe befreite Tat aus Glauben. Die Gewißheit, daß die Bindung an Jesus anderes Handeln nicht zuläßt, hat später Niemöller zum Rufer und Zuchtmeister für seine Kirche werden und in den Verfolgungen standhaft bleiben lassen.

Im Pfarrhaus wehte die Luft der unpolitischen, aber um so unbedingteren nationalen Gesinnung. Pastor Heinrich Niemöller war Patriot. Für ihn gehörten Kaiser und Kirche zusammen. Noch gegen Ende des Ersten Weltkrieges schrieb er 1917 zum Reformations-Jubiläum in der Reihe

„Volksschriften zum großen Krieg" des Evangelischen Bundes: „Was Luther seinen Deutschen in dieser schweren Zeit zu sagen hat." 35 000 Stück war die Auflage. Von Luthers Vaterlandsliebe war darin die Rede, von der „Beharrlichkeit, Zähigkeit, Kraft des Durchhaltens", von seinem Fleiß, vom Kampf um die Freiheit von Sünde und Unsittlichkeit, vom frommen Gemüt und besonders von der Quelle aller dieser Kräfte, dem Glauben: „Der Herr ist noch und nimmer nicht von seinem Volk geschieden."

Heute würde kein verantwortlicher Christ in der evangelischen Kirche mehr so sprechen wollen. Das gehört zum Ertrag des Kirchenkampfes in Hitlers Reich. Martin Niemöller hat durch seine Predigten zu diesem Wandel beigetragen. „Wir dürfen um's Himmels willen aus dem Evangelium kein deutsches Evangelium machen; wir dürfen um's Himmels willen aus der Kirche Christi keine deutsche Kirche machen; wir dürfen um Gottes willen aus den evangelischen Christen keine deutschen Christen machen". Das sagte Pastor Martin Niemöller am 19. Juni 1937 in der Jesus-Christuskirche in Berlin-Dahlem in der vorletzten Predigt, ehe er ins Gefängnis kam. Es hat zu den Irrwegen im deutschen Protestantismus seit den Befreiungskriegen gegen Napoleon gehört, Gottes und die deutsche Sache in eins zu setzen. Aber ohne diese nationalistische Verzerrung lebt in der evangelischen Christenheit in Deutschland als Grundgefühl beides weiter und hat auch zeit seines Lebens Martin Niemöller mitbestimmt: Der politischen Wirklichkeit enthobenes nationales Empfinden und Hingabe an Jesus Christus, mit dem Stachel des Gefühls nie genug erfüllter Pflicht in der Bezeugung des Glaubens. Nicht Gleichsetzung des deutschen Volkes mit Gottes Volk, aber auch nicht Lösung aus dem eigenen deutschen Volk, sondern nicht ablassende Mahnung an dieses Volk, sich zu Gott hinzuwenden, das ist die Zuordnung des nationalen Empfindens und der evangelischen Verantwortung, zu der Martin Niemöller in den vielen Brechungen seines Lebenswegs schließlich gefunden hat. „Die Not der Deutschen als Verheißung", schrieb er 1950 in der „Stimme der Gemeinde": „Wir sollten und könnten mehr davon wissen in unserer Not als Menschen irgendwo sonst heute in der Welt, die noch an Machtpolitik glauben oder noch an eine Ideologie. Wir haben bloß noch einen Boden, auf dem wir glaubend, vertrauend, zuversichtlich und hoffend stehen können, nämlich auf diesem Boden, den Gott uns in Jesus Christus unter die Füße gibt."

1910 war Martin Niemöller nach glänzend bestandenem Abitur Kadett in der Kaiserlichen Marine geworden. Im Ersten Weltkrieg wurde er als Seeoffizier schließlich Kommandant des Unterseebots UC 67. In dieser Zeit verlobte er sich mit Else Bremer, der Schwester eines später gefallenen Kameraden, der ebenfalls U-Boot-Kommandant war. Als seine Frau sollte sie später zum Kampf um die Freiheit der Kirche, besonders zum Zusammenhalten seines Freundeskreises beitragen. 1961 verlor sie auf einer Urlaubsreise mit ihrem Mann bei einem Unfall das Leben. Ein Jahrzehnt später heiratete Niemöller wieder, abermals eine Frau aus einer Offiziersfamilie, Sibylle von Sell, Tochter des Verwalters des deutschen Vermögens Kaiser Wilhelms II.

Niemöller war als U-Boot-Kommandant so erfolgreich, wie er es später fast immer auch in den ganz anderen Diensten und Ämtern gewesen ist. Ein Grund ist die vernünftige Einteilung der Kräfte, bei nicht zu erschöpfender Ausdauer, und die vom Vater geerbte Gewissenhaftigkeit auch bei Aufgaben, die lästig sind. In der nicht nur strengen, sondern hingebungsvollen Ausführung dessen, was getan werden muß, wirkt Luthers Arbeitsethos weiter: Die Verrichtung auch des Routinemäßigen im persönlichen und beruflichen Leben als Auftrag, im Dienst Gottes. Durch die Treue in der Pflicht in einer Zeit sich wandelnder Einstellung zur Arbeit ist Niemöller bei allen Aufgaben anderen von vornherein immer ein Stück vorausgewesen. Verstärkt hat den Vorsprung sein Auge für das, worauf es ankommt, das Erkennen des richtigen Augenblicks und die Fähigkeit, dann ohne Zögern zu entscheiden. Das sind Eigenschaften, die dem U-Boot-Offizier ebenso zustatten kommen wie dem Pfarrer und dem Kirchenpräsidenten. Besonders half ihm das in der Zeit des Kirchenkampfes als einem der Organisatoren der Bekennenden Kirche, dessen Amtsbrüder doch überwiegend mehr im Erwägen und Bekennen, als im blitzschnellen, notfalls auch kühnen Handeln geübt waren.

Es ist eine instinktive Sicherheit, das Rechte zu tun. Sie läßt oft genug das Richtige treffen, manchmal allerdings auch nicht, und das erklärt beides: Die Begeisterung unter den Anhängern Niemöllers über die schnellen, richtigen Entscheidungen wie den Ärger der anderen über Entschlüsse, die undurchdacht aus Augenblickseinfällen entstehen. Niemöller ist sich über diese Zwiespältigkeit im klaren. Auf Vorhaltungen in seiner hessen-nassauischen Kirchensynode, sich gemäß der Kirchenordnung vor der Entscheidung doch des Rates der Amtsbrüder zu bedienen, berief er sich auf Schiller: „Wär' ich besonnen, hieß ich nicht der Tell".

Im Januar 1919 weigerte er sich in einem solchen jähen Entschluß, den Befehl zur Auslieferung zweier U-Boote an England auszuführen: „Und nun lief mir die Galle über: ‚Herr Kommodore, ich bin drei Jahre auf U-Booten gegen England zur See gefahren: ich habe diesen Waffenstillstand nicht gewollt und nicht geschlossen. Meinetwegen können die Leute unsere U-Boote nach England bringen, die es beschlossen haben. Ich tue es nicht.'"

In einer abgewrackten Marine, dazu der Marine einer Republik, sah Niemöller seinen Platz nicht mehr. Es folgten Pläne, nach Argentinien als Schafzüchter zu gehen. Das zerschlug sich. Dann wollte er auf Rat eines Onkels wie seine Vorfahren in der Heimat Bauer werden. Gedanken an die reinigende Kraft der Scholle, an Rückkehr zu Sitte und Sittlichkeit, an die ernsthafte Erneuerung unseres Volkes spielten dabei mit. Manchmal scheint es, als hätte Niemöller am eigenen Leibe übersteigert alle Gefühle durchlebt, die nach dem Untergang des Kaiserreiches in der Weimarer Republik viele Protestanten und besonders Pfarrer hinderten, sich in der Wirklichkeit zurechtzufinden, und es ihnen danach unter Hitler lange unmöglich machten, die Gerissenheit zu durchschauen, mit der ihre christlichen, nationalen, völkischen Träume als Material zum Bau der totalitären Herrschaft eines nationalsozialistischen Turmes von Babel benützt wurden.

Die beginnende Inflation verzehrte 1919 das Geld für den Kauf eines Hofes. Eines Tages traf Niemöller auf der Straße einen der Ortspfarrer. Er schrieb darüber später: „Und im Weitergehen fiel mir ein, daß ich vor Jahr und Tag einmal zu Topp gesagt hatte, ich würde Pastor werden. Weshalb war mir eigentlich der Gedanke nie wieder gekommen? Im Augenblick zog das letzte Jahr an mir vorbei, und ich sah deutlich, wo der Schaden gesessen hatte: Ich war mit Volk und Heimat nach dem Erleben des Kriegsendes und der Revolution innerlichst zerfallen; ich hatte von mir aus eine Barriere aufgerichtet und mich dahinter zurückgezogen und jede Mitverantwortung abgelehnt. Und plötzlich wußte ich, daß ich in diesen Monaten ein anderer geworden war, daß die Zäune gefallen und Volk und Heimat mir wieder nahegerückt waren, so nahe, daß ich diesem meinem Volk aufs Neue verpflichtet war ... Und spät abends vor dem Zubettgehen schrieb ich in mein Tagebuch: ‚Werde ich Theologe?‘“

Es ist nicht unangemessen, aus Niemöllers 1935 geschriebenem Buch „Vom U-Boot zur Kanzel“ zu zitieren. Nach dem Elend des Nationalsozialismus und zweier Weltkriege würde Niemöller nicht noch einmal so unbefangen über Versenkungen feindlicher Schiffe schreiben, auch nicht über Volk und Volkstum. Die Christenheit, sagte Niemöller 1963 in Frankfurt, „hat den Traum der Welt mitgeträumt. Heute – und wer es heute noch nicht sehen will, der muß es morgen erleben und fühlen – ist dieser Traum aus“. Die Bedeutung Niemöllers liegt nicht darin, daß er den Irrtümern der jeweiligen Zeit entgangen wäre. Im Gegenteil, es entspricht der Unbedingtheit seines Denkens und Handelns, daß er außer dem Wahren auch das von ihm mitgedachte Nichtwahre härter, treffender scheinend formuliert hat, als das Kleineren gelang. Daß er in der Situation aller anderen stand, wie sie fühlte, das nur schärfer aussprach, bildete den Grund dafür, daß er gehört wurde. Aber bei dem, was alle empfinden und für recht halten, ist er nicht stehengeblieben. Vielmehr hat er, zuweilen schnell, zuweilen nach langer Zeit des Mitlaufens, gefragt: Was sagt Jesus dazu? Die Antwort, die er auf die Frage fand, hat er, auch wenn sie nicht gefiel, mit der gleichen Härte und Schonungslosigkeit gesagt, mit der er die vorherige Meinung vertreten hatte. Und weil die

Leute ihm anfangs zugehört und mitgedacht hatten, hörten sie weiter zu und dachten mit, was er nun als Aufruf zum Umdenken, zur Buße sagte, nur daß das bei denen, die das gar nicht für richtig hielten und darum nicht hören wollten und sich trotzdem zum Hinhören verleitet fühlten, mit steigender Erbitterung vernommen wurde.

Von 1919 bis 1923 studierte er an der Evangelisch-Theologischen Fakultät der Universität Münster. Kurze Zeit schloß er sich der Akademischen Wehr an, zum Kampf gegen die Spartakisten und, da er Niemöller war, gleich als Bataillonsführer: „Überall, wohin wir jetzt kamen, wurden wir als Befreier aus der Hölle des Bolschewismus begrüßt", schrieb er später. Aber ein paar Seiten weiter fügte er hinzu: „Wir standen in der Gefahr, und viele waren ihr bereits erlegen, Landsknechte zu werden und das Unnatürliche eines Kampfes, wie es dieser gewesen war, gar nicht mehr zu empfinden." Für das heroische, romantische Erleben war kein Platz beim Kampf im eigenen Volk – nach der im Kriege erfahrenen, aus allen Klassen und Ständen entstandenen Volksgemeinschaft. Sie schloß bewaffneten Kampf als Möglichkeit aus. Jahrzehnte später, als Niemöller der Einheit der Menschen über die Grenzen des Volkes hinweg innewurde, sollte sich dieses zurückliegende Erleben in Niemöllers Predigt des Friedens als Auftrag der Christen entfalten. „Wer heute noch meint, die Gelben, die Braunen, die Schwarzen gingen uns gar nichts oder doch nur relativ wenig an, und wir könnten in Ruhe abwarten, was aus den Chinesen oder den Indern wird, der träumt. Wer nicht die Zusammenarbeit der Völker will und dabei seinen Beitrag zu leisten ehrlich und entschieden gewillt ist, wer nicht darin die Aufgabe seines Erdenlebens erkennt und sieht, der arbeitet mit am Untergang des Menschengeschlechtes." Das sagte er 1963. So hatte sich die nationale Verantwortung des einstigen Offiziers und späteren, dem Volke verpflichteten Pfarrers in weltweite Verantwortung gewandelt. Aber auch da blieb er Niemöller; denn wie die Pflicht fürs Volk hatte auch die nun erkannte Pflicht für alle Menschen die Wurzel in Gottes Willen. 1963 fuhr er fort: „Wir sind zu ihnen gesandt, weil Gott sich in seiner Barmherzigkeit mit dem Sieg der Unmenschlichkeit in seinem Menschengeschlecht nicht abfindet, sondern sich selber im Sohn des Wohlgefallens für uns opfert, damit wir Unmenschen wieder Menschen, wieder Gotteskinder werden und der Liebe des Vaters antworten."

Nach dem Studium ging Niemöller für acht Jahre zur Inneren Mission in Westfalen, als Geschäftsführer in Münster. Er entwarf ein Programm, mit dem die Kirche dem wirtschaftlichen Elend und der Gefahr der Verwahrlosung der Jugend begegnen wollte. In Kirchenkreisen und Gemeinden wurden kirchliche Wohlfahrtsdienste eingerichtet. Mit dieser Arbeit verband Niemöller den Versuch, den Sinn für das allgemeine Priestertum aller Gläubigen zu beleben, in freiwilliger Mitarbeit der

Gemeinden und Fürsorge der Christen füreinander. An Stelle der institutionell von oben nach unten geleiteten Kirche sollte sich, gegründet auf die Predigt des Worts und die christliche Tat, die Kirche von unten her, von der Gemeinde aus aufbauen. Das ist die Rückkehr vom konsistorialen, der Ordnung der Landesherrschaft angeglichenen Kirchentum zum Bild, das im Augsburgischen Bekenntnis der Reformation von der Kirche gezeichnet ist: „welche ist die Versammlung aller Gläubigen, bei welchen das Evangelium rein gepredigt und die heiligen Sakrament lauts des Evangelii gereicht werden".

Wie immer bei Niemöller wuchs die Theorie sogleich in die Praxis hinein, in die freie Zusammenarbeit in der Bruderschaft der Glaubenden. Im Rückblick sieht man, wie die westfälischen Jahre Vorbereitung für fast alles waren, was sich später beim Kirchenkampf in der Bekennenden Kirche und ebenso nach dem Zweiten Weltkrieg beim Wiederaufbau der Kirche in Deutschland und in der Ökumene in Niemöllers Wirken entfalten sollte: in den Bruderräten, in den Bekennenden Gemeinden, in der Beziehung des Lebens auf Gottes Wort, in der Predigt, in der Notordnung der Kirchenleitung, in der freiwilligen Bezahlung der vom Staat und seinen Kirchenbehörden abgesetzten Pfarrer. Die vielen Reisen zu Konferenzen, Vorträgen, Predigten machten Niemöller mit unzähligen Pfarrern bekannt. Durch die Innere Mission kam Niemöller auch in die Kommunalpolitik hinein. Er wollte die politischen Entscheidungen nicht den „antievangelischen Geistesrichtungen" überlassen. Pfarrer dürften sich aber wegen ihres Auftrages an alle Menschen nicht den politischen Parteien anschließen. Das meinte er damals, und daran hat er festgehalten. Er war darum in den letzten Jahren in Münster Fraktionsführer einer „Evangelischen Vereinigung", die nicht politische Partei sein wollte, allerdings mit der Deutschnationalen Volkspartei zusammenarbeitete.

1931 erhielt er eine Pfarrstelle im Berliner Villenvorort Dahlem, an der Kirche, in der er wenig später weltbekannt und zum Vorbild für Ungezählte werden sollte. Seine Predigten standen in der Tradition des deutschen Luthertums, waren streng biblisch, zugleich auf Leben bezogen und eindeutig. Seinen Grundsätzen entsprechend gehörte er auch in Berlin nicht zu einer Partei, selbst wenn er, wie er später berichtete, seit Jahren Hitler wählte. Politiker ist Niemöller nie gewesen. In Dahlem sah die Liste seiner Gemeinde aus wie ein Auszug aus den Karteien der Ministerien und der Reichswehrführung. Da er ein interessanter, kluger, anregender Gesprächspartner war, dem es leicht fiel, Kontakte zu schließen, hörte er in Dahlem – so wie nach dem Zweiten Weltkrieg als einer der bekanntesten Kirchenleute – politisch mehr als die meisten Pfarrer. Trotz dieser unvergleichlichen Informationen erhob sich, was er zur Politik gesagt hat, weder vor noch nach Hitlers Machtübernahme noch nach dessen Ende über das, was an gescheiten, manchmal auch weniger gescheiten politischen Urteilen oft zu hören war und ist. Nach Herkommen, Erziehung und Wesen ist er, was Politik betrifft, der kaiserliche Marine-Offizier des Ersten Weltkrieges geblieben, unpolitisch, konservativ, mit starkem Gefühl fürs Soziale, in seinen Äußerungen unbekümmert bis zur Unbesonnenheit. Nicht für die Politik, sondern für die Predigt des Wortes Gottes schlägt sein Herz. Wie bei der überwiegenden Zahl der evangelischen Pfarrer richtete Niemöller nach der nationalsozialistischen Machtübernahme am 30. Januar 1933 seine Hoffnung zunächst auf Hitler als Führer zur völkischen Gesundung Deutschlands. Trotzdem wandte er sich von Anfang an öffentlich gegen die Einführung der Rassenbestimmungen in die Kirche, gegen Eingriffe in die kirchliche Freiheit und gegen die nationalsozialistische Umformung des Evangeliums durch die Deutschen Christen. Er gehörte zum Vorstand der Jungreformatorischen Bewegung, die sich im Frühjahr 1933 als Vertretung der „jungen, national und sozialistisch eingestellten Generation" gegen die Deutschen Christen bildete.

Unter den Wellen der Entkirchlichung bis in den Kern der evangelischen Gemeinden hinein hatte sich seit dem Weltkrieg unter der Pfarrerschaft die Einsicht verbreitet, daß nur durch eine missionarische Wende die Kirche wieder zu den Menschen finden könne. Daß Niemöller seinen kirchlichen Anfang in der Inneren Mission nahm und von ihr aus die Gemeinden beleben wollte, gehört in diese Suche nach einem neuen Weg für die Kirche. Über die Pflicht zur Änderung, Erneuerung der Kirche waren sich die selbständig denkenden Pfarrer einig. Die Scheidung bewirkte, daß die Glaubensbewegung Deutsche Christen die volksmissionarische Aufgabe an die nationalsozialistische Bewegung band. Sie forderte die Gleichschaltung von Staat und Kirche, notfalls durch Staatskommissare dort, wo Kirchenbehörden die nationale Erhebung nicht vorbehaltlos anerkannten. Sie verschmolz den evangelischen Glauben mit der völkischen Weltanschauung. Den „gereinigten", artgemäßen Christus-Glauben hoffte man in Massenkundgebungen nach dem Vorbild der Versammlungen Hitlers dem Volke einhämmern zu können, um es dadurch zu christlichem Glauben, nationaler Würde und gottgewollter Sittlichkeit zurückzuführen.

Schon zwei Monate nach der Machtübernahme Hitlers warnte Niemöller in einer Predigt vor der „unheimlichen Sache, wenn man so tut, als käme es heute auf eine großzügige Propaganda-Aktion für das Christentum an". Er sah die alleinige Hoffnung für die Kirche in der Belebung der Gemeinden durch das Hören des unverfälschten Wortes, durch die Begegnung mit „dem Wunder, das Christus heißt". Im September und Oktober 1933 bildeten er und viele andere am evangelischen Bekenntnis festhaltende Pfarrer im „status confessionis", Bekenntnisnotstand, den Pfarrernotbund. Er wurde dessen Vorsitzender und blieb das bis zu seiner Verhaftung, theoretisch auch noch im KZ.

Den Anlaß zum Zusammenschluß, dem bis November 3000, ein Sechstel der evangelischen Pfarrer beitraten, schufen die Vorstöße der Deutschen Christen, der Partei und des Staates, der Kirche die nationalsozialistischen Rassenbestimmungen aufzuzwingen. Sie trieben die evangelischen Pfarrer in einen Notstand, der ihrer Erziehung und der Geschichte ihrer Kirche zuwiderlief. Unvorbereitet sahen sie sich genötigt, bei dem gottgebotenen Gehorsam unter die Obrigkeit zu unterscheiden zwischen dem, was mit Gottes Willen im Einklang schien, dem von ihnen überwiegend bejahten nationalen Aufbruch, und dem, was Verstoß gegen das Evangelium gewesen wäre: Bindung der Zulassung zum kirchlichen Amt außer an die evangelischen Erfordernisse der Taufe und des Bekenntnisses an zusätzliche Vorbedingungen, die von außen vom Staate ohne Gottes Auftrag hinzugefügt wurden: die reinrassische Abstammung als Voraussetzung des kirchlichen Amtes. Die Mitglieder des Notbundes verpflichteten sich, schrieb damals Niemöller, „sich für die Verkündigung nur an die Heilige Schrift und an die Bekenntnisse der Reformation zu binden". Der Zusammenschluß diente zugleich dazu, „sich der Not derjenigen Brüder, die darunter leiden müssen, nach bestem Vermögen anzunehmen".

Der Eingriff in die Freiheit von Kirche und Evangelium, aber nicht allgemein die Judenfrage war der Grund für den „status confessionis". Den Juden gegenüber herrschte im Protestantismus zwar nicht fanatischer Antisemitismus, aber ein Gefühl der Fremdheit, der Abneigung. Noch 1935 nannte Niemöller in einer Predigt die Juden „ein hochbegabtes Volk, das Ideen über Ideen hervorbringt, um die Welt damit zu beglücken, aber was es auch beginnt, verwandelt sich in Gift; und was es erntet, ist immer wieder Verachtung und Hass, weil je und dann die betrogene Welt den Betrug merkt und sich auf ihre Weise rächt".

Nachdem alles zu Ende war, hat Niemöller daran festgehalten, daß das Widerstreben der Bekennenden Kirche nicht politischer Widerstand war. Heute, eine Generation nach Auschwitz, liegt die Wahrheit für alle zu Tage. Aber Krieg und Ausrottung der Juden bildeten erst die Endphase des Hitlerreiches. Der Drang zur Vernichtung und Selbstvernichtung setzte sich nicht nur Schritt für Schritt ungeplant, wenn auch in sich steigernden Schüben durch, die von den Führern, so weit das ging, voreinander und vor dem Volk geheimgehalten wurden. Wo Menschen, auch viele einzelne, und im Kriege schließlich jedermann, Stücke des Schreckens zu sehen bekamen, blieben sie in dieser Einsicht jeder für sich allein. Das Ausgreifen des totalen Staates lief der Möglichkeit der von ihm beherrschten Menschen immer voraus und schnitt ihnen die Wege zur Verabredung untereinander ab. Wenige evangelische Christen waren im Stande, zu dieser Hürde noch die zusätzliche Hemmung vor selbstverantwortlichem politischem Handeln im damaligen lutherischen Empfinden zu überwinden und zum Widerstand zu stoßen. Unter ihnen war nur eine

Handvoll Pfarrer. Sie blieben ohne Rückhalt in der Kirche. Niemöller, schnell der bekannteste Führer der Bekennenden Kirche, gehörte zu ihnen nicht.

Er und die Mehrzahl der evangelischen Pfarrer setzten sich bei anfänglicher Zustimmung zur völkischen Erneuerung in Beschränkung auf Verkündigung und Kirche gegen Übergriffe des Nationalsozialismus zur Wehr. Unvermeidlich, wenn auch zunächst wider Willen, gerieten sie dabei mit der Zeit doch in Gegensatz nicht nur zur Weltanschauung, sondern auch zur Politik des Nationalsozialismus. Denn was sie zunächst als Übergriff verstanden, als Vorstoß örtlicher Machthaber oder ihrer kirchlichen Mitläufer gegen den Willen des „Führers", war die Durchsetzung des Anspruchs des Nationalsozialismus auf totale Verfügung über den Staat, seine Menschen und alle ihre Einrichtungen, die Kirche eingeschlossen. Die Nationalsozialisten sahen das klarer als Niemöller und die Bekennende Kirche und bezeichneten deren Versuch, den Kampf für die Freiheit der Kirche und zunehmend des Evangeliums mit Treue zum „Führer" in Einklang zu halten, in dürren Worten als politischen Widerstand.

Am Anfang des Hitler-Reichs war Niemöller im Kampf mit den Deutschen Christen um die Besetzung des neuen Amts des Reichsbischofs Adjutant des von der Kirche vergeblich eingesetzten Friedrich von Bodelschwingh. Niemöller war eine treibende Kraft für die Bekenntnissynoden des Jahres 1934 in Barmen und Dahlem. Er setzte mit durch, daß diese Synoden erst die Lehre der Deutschen Christen zur Irrlehre erklärten und dann feststellten, daß sich das Kirchenregiment unter „Reichsbischof" Ludwig Müller durch Lehre und Verhalten selber aus der Kirche ausgeschlossen habe und daß die Bekennende Kirche darum die Notleitung aufrichten müsse.

Am 25. Januar dieses Jahres 1934 hatte Niemöller am Empfang der evangelischen Kirchenführer bei Hitler teilgenommen. Die längste Zeit beim Empfang nahm eine Auseinandersetzung zwischen Hitler und Niemöller in Anspruch. Eine Stunde lang standen sie sich Auge in Auge gegenüber: Der Mann, der später die gewaltigste Macht in der Geschichte Deutschlands zusammenballen und die Welt umstoßen sollte, und der Pastor, dem als Mittel nichts als das Wort Gottes erlaubt war. Für einen Augenblick klang in diesem Gespräch die Wahrheit auf, um die es im Kirchenkampf und im Ringen um Deutschland ging.

Niemöller hatte am Vormittag vor dem Empfang unbesonnen am Telefon Künneth über die taktische Vorbereitung der Begegnung mit Hitler berichtet und von einer Einschaltung Hindenburgs erzählt. Das Gespräch war von der Geheimen Staatspolizei abgehört worden. Hitler stellte ihn zur Rede. Niemöller sagte, er habe sich an den Reichspräsidenten als an das erste Glied der evangelischen Kirche gewandt, um eine

Katastrophe der Kirche zu verhüten. Nicht staatsfeindliche Gesinnung, sondern „Sorge um Volk und Vaterland, um das Dritte Reich" bestimmten die Kirchenführer. Hitlers Antwort war: „Die Sorge um das Dritte Reich überlassen Sie mir und sorgen Sie für die Kirche!" In einem Brief an seinen Bruder schrieb Niemöller später, er habe Hitler geantwortet: „Sie haben gesagt: ‚Die Sorge um das deutsche Volk überlassen Sie mir'. Dazu muß ich erklären, daß weder Sie noch sonst eine Macht in der Welt in der Lage sind, uns als Christen die uns von Gott auferlegte Verantwortung für unser Volk abzunehmen."

An das Volk banden Niemöller das Gefühl und das Amt als Pastor. Aber das letzte war für ihn ein anderes Wort: „Wir lieben unser Volk und wir sollen das auch – wir können und dürfen und sollen nicht anders. Aber wenn nun die Sache anders wird, daß das Schwert durch unsere Seele hindurch geht, wenn der Herr Christus uns ruft, dann gilt es sich loszureißen aus der Umgebung, die ihn abgelehnt hat". Das hat er im November 1936 in einer Predigt in Dahlem gesagt. Trotzdem hat er gefragt: „Ist da nicht irgendwo ein Fünkchen von Hoffnung, daß unser Volk sich zurückfindet von dem Götzendienst? Müssen wir nicht mit der Kirche Geduld, erbarmende Geduld haben, daß sie aus dem Fieberwahn erwacht? Könnte es nicht doch noch zur Gesundung kommen, das Allerletzte, Alleräußerste eintreten?"

Das waren für Niemöller nicht rhetorische Fragen, auch wenn für ihn zu dieser Stunde die Antwort schon hieß: Nein! In Predigten, Vorträgen vor bis zu zehntausend Menschen, der Aufstachelung der Pfarrer und Bischöfe zum mutigen Bekennen war er unablässig bemüht, den von der nationalsozialistischen Propaganda taub getrommelten Ohren doch noch den Ruf zu Gott hörbar werden zu lassen. Dahin gehört sein Buch „Vom U-Boot zur Kanzel". Es ist leicht, heute über die kriegerische Selbstdarstellung die Nase zu rümpfen. Damals wurde in den Schulen, der Hitlerjugend, in den Büchern, in der Musik der Jugend der heldische Mensch als Leitbild eingeprägt. Zugleich wurden mit allen Mitteln der Propaganda Kirche und Christentum als verächtlich, artfremd und minderwertig dargestellt. Für diese Welt muß man dieses Buch werten. Hier lasen junge Leute so spannend, wie Kirche sonst nicht ist, daß ihr Traum, im U-Boot zu fahren, vereinbar war mit christlichem Glauben. Hier wurde beschrieben, daß evangelischer Glaube im Gegensatz zur allgegenwärtigen Behauptung der Propaganda Menschen in Stand setzt, sich in Gefahren als Mann zu bewähren. Hier fanden Jugendliche auch, daß Heldentum dazu führen kann, auf Jesus Christus zu hören. Das Beispiel des Wegs eines anerkannten Helden des Ersten Weltkrieges ins Pfarramt hat damals unter der Jugend mehr Verständnis für den Glauben verbreitet als die für Jugendliche weniger anziehenden Gottesdienste oder die theologischen Erklärungen der Bekenntnissynoden. Die Verbreitung von 90 000 Exemplaren des nach Niemöllers Verhaftung unbegreiflicherweise weiter gedruckten Buches zeigt, daß diese Botschaft gehört wurde.

Die holzschnittartigen Schwarz-Weiß-Kontraste der Sätze Niemöllers, die Jugendliche kaum störten, sondern neugierig machten, schufen Spannungen bei den auf Zwischentöne achtenden Pfarrern und Kirchenführern, auch unter den Mitkämpfern der Bekennenden Kirche. Manchmal schien es, als würden in Deutschland zwei Kirchenkämpfe nebeneinander geführt, zwischen Bekennender Kirche und Deutschen Christen und daneben zwischen den „Dahlemiten" und den „intakten Kirchen". Im Grunde kam der Gegensatz daher, daß im deutschen Luthertum bis dahin den Pfarrern Politik fremd war. Die „Dahlemer" und die „intakten Kirchen" unterschieden sich zwar in der Methode, mit der sie dem totalen Staat entgegentraten. Aber in der Untauglichkeit beider Methoden waren sie gleich. Niemöller übertrug die Glaubensentscheidung zwischen Gut und Böse als Entweder-Oder auf alles. Er verschloß sich damit jedes politische Handeln. Denn das kann sich, nachdem die Grundentscheidung einmal gefallen ist, nur im behutsamen Steuern zwischen dem etwas weniger Schädlichen und dem etwas Nützlicheren vollziehen. Seine Gegenspieler in der Bekennenden Kirche aber ließen sich von den Vollstreckern der totalitären Gewalt in immer neue Versuche der Absprachen hineinziehen, deren Bruch für Unbefangene von vornherein zu erkennen war. Diese Gegensätze verschärften sich unerträglich durch den politischen Druck, unter dem alle Kirchenleute standen. Entfremdungen entstanden, bis hin zur Feindschaft, die nach dem Zusammenbruch des Hitlerstaates auf Jahre die Evangelische Kirche in Deutschland belasteten.

Am 1. Juli 1937 wurde Niemöller verhaftet. Er kam unter Anklage wegen Vergehens gegen das Heimtückegesetz, Kanzelmißbrauchs und Ungehorsams. Das Urteil vom 2. März 1938 lautete auf sieben Monate Festungshaft. Sie waren durch die Untersuchungshaft verbüßt. In der Begründung hieß es, daß er „mit Hoch- und Landesverrat nicht das mindeste gemein" und daß er „unwahre Tatsache niemals vorgetragen" habe. Das Urteil zeugt davon, wieviel Mut es unter deutschen Richtern damals gab.

Es lief praktisch auf Freispruch und auf Verurteilung derer hinaus, die Niemöller ins Gefängnis gebracht hatten. Die Gewalthaber des Nationalsozialismus haben das begriffen und Niemöller noch im Gerichtsgebäude aufs neue festnehmen lassen. Er wurde ins Konzentrationslager Sachsenhausen gebracht, 1941 nach Dachau und wurde 1945 kurz vor dem Einrücken der Amerikaner nach Südtirol verschleppt. Am Tage, als er mit anderen „Prominenten" erschossen werden sollte, befreite ihn eine Einheit der Wehrmacht unter Hauptmann von Alvensleben aus den Händen der SS. Einige Tage später kamen die Amerikaner. Aber sie ließen ihn nicht nach Hause, sondern brachten ihn nach Süditalien. Erst im Sommer, als die Weichen für die Neuordnung der evangelischen Kirche gestellt waren, kam er nach Deutschland zurück. Der Berliner Bischofssitz war besetzt. So bekam die kleine, neuentstehende Evangelische Kirche in Hessen und Nassau die Chance, den bekanntesten Zeugen der Bekennenden Kirche als Kirchenpräsidenten zu gewinnen. Niemöller wurde Mitglied des Rates der Evangelischen Kirche in Deutschland und Leiter des Außenamtes. Er war Mitverfasser der Stuttgarter Schulderklärung und beteiligte sich an der Erneuerung der Bindungen an die Kirchen der Ökumenischen Bewegung.

Was er im Kirchenkampf gesagt hatte war für Unzählige zum Halt in der Verfolgung oder auch beim bloßen Mittreiben mit den anderen geworden. Von dieser einmaligen, an die besondere Stunde gebundenen Leistung aus das ganze Leben Niemöllers zu überhöhen, ist unangemessen. Dadurch verdunkelte man nur seine Leistung nach dem Zweiten Weltkrieg. Er ist auch nach der Hitlerzeit einer der hervorragenden Männer der evangelischen Kirche gewesen, einer derer, die ihren künftigen Weg maßgebend bestimmt haben, auch wenn er das selber nicht wahrhaben will, in begreiflicher Verbitterung darüber, daß er sich oft nicht durchsetzen konnte.

Den Reichsbruderrat hielt Niemöller noch lange zusammen, aber der verlor neben der erstarkenden Evangelischen Kirche in Deutschland die Bedeutung. Die Verbindung zu den Kirchen im Osten Deutschlands hat Niemöller durch eine nicht abreißende Folge von Reisen, Predigten, Vorträgen und Konferenzen gehalten. Anfänglich war er beredter Förderer des gesamtdeutschen Zusammenhalts, auch in der Kirche. Je mehr das Gesamtdeutsche zur Phrase wurde und die Arbeit der Kirchen hemmte, statt sie zu fördern, vertrat er, was die Kirche im Kirchenkampf gelernt hat: daß sie nicht eines bestimmten Volkes ist, sondern daß sie in dem ihr von Gott gewiesenen Gebiet die Menschen zu Christus zu rufen hat.

Niemöller leistete einen Beitrag zur Aussöhnung zwischen evangelischer Kirche und Sozialdemokratie. Er half zur Partnerschaft zwischen Staat und Kirche im Westen Deutschlands. Die nachwirkenden Spannungen aus dem Kirchenkampf führten dazu, daß er 1955 aus dem Rat der EKD ausschied und 1956 das Außenamt der EKD abgeben mußte. Das waren persönliche Kränkungen. An seiner Bedeutung für den deutschen Protestantismus hat das nichts geändert. Die Evangelische Kirche in Deutschland wurde zu der Kirche, die mit am stärksten im Ökumenischen Rat, an der Verbindung zur Russischen Orthodoxen Kirche und an der Annäherung zur Katholischen Kirche mitarbeitet. Durch seine erste Reise 1952 nach Moskau bereitete er dem Beitritt des Moskauer Patriarchats zum Ökumenischen Rat den Boden. Seine Begegnung 1963 mit Papst Paul VI. wurde Kennzeichen für das neue Verhältnis des deutschen

Protestantismus zu Rom. Niemöller war seit der Gründung 1948 in Amsterdam Mitglied des Exekutivkomitees des Ökumenischen Rates und von 1961 bis 1968 einer seiner Präsidenten.

An unzähligen politischen Aktionen hat Niemöller teilgenommen gegen Demontage, für Wiedervereinigung, gegen Wiederbewaffnung, gegen Westintegration der Bundesrepublik Deutschland, gegen den Kalten Krieg, für Verständigung, besonders in Deutschland, gegen den Vietnamkrieg, für Abrüstung. Die Sorge vor der Selbstvernichtung der Menschheit ließ ihn zum Sprecher des Kampfes gegen Atomwaffen und gegen Krieg werden. Nicht Ideologie, sondern Einsicht in die Folgen eines Krieges in der übervölkerten, von Hunger und Elend geplagten Welt führten ihn zu den Pazifisten. Er wurde Präsident der Deutschen Friedensgesellschaft und einer der Leiter der Internationale der Kriegsdienstgegner.

Hinter alledem, was so politisch wirkt und was Niemöller, seiner Natur entsprechend, voller Energie und mit dem scharfen, hörbaren Wort betrieb, steckt nicht ein politischer, sondern ein missionarischer, evangelistischer Antrieb. Niemöller hat es nach dem Kriege unzählige Male erzählt: „Im Hofe unseres Gefängnisses im Dachauer Konzentrationslager stand ein Galgen. Ich mußte jeden Tag sehen und jeden Tag hören, was er predigte; und ich habe wegen dieses Galgens viel beten müssen. Nicht davor hatte ich Angst, daß man mich eines Tages an diesem Galgen aufhängen könnte – man gewöhnt sich ja an solch eine Aussicht. Aber ich hatte Angst vor dem Gedanken, was ich eigentlich tun würde, wenn es geschähe. Würde ich meine Henker anschreien: ‚Ihr henkt mich wie einen Mörder – aber die Mörder seid ihr!‘ Wenn Jesus so gestorben wäre, dann gäbe es kein Wort vom Kreuz, keine frohe Botschaft, keine Vergebung, keine Rettung, keine Hoffnung." Und er hat erzählt, wie ihn ungezählte Male nachts die Frage wach werden ließ, ob er Hitler, ob er Stalin das Wort Gottes gesagt habe. „Das Wort Gottes laut und deutlich zu verkündigen, das ist unser Dienst." Das sagte Niemöller am 19. Juli 1937, zwölf Tage vor seiner Verhaftung, in der Predigt in Dahlem. Im Kirchenkampf sind die Predigt und das Bekennen wieder entdeckt worden. Die Predigt als treue Auslegung des Wortes der Heiligen Schrift so, daß sich die Hörenden davon getroffen finden, ist über die ungezählten Leistungen Niemöllers vor, im und nach dem Reiche Hitlers sein Dienst am deutschen Protestantismus. Mehr als jeder andere hat er durch die Predigt in diesem Jahrhundert die evangelische Kirche zu der Quelle ihrer Kraft zurückgeführt.

In der letzten Predigt in Dahlem, am 27. Juni 1937, sagte Niemöller: „Wir merken heute, daß es mit dem fröhlichen und getrosten Glauben so ein Kinderspiel nicht ist, daß es mit noch so viel Bibelstellen im Mund nicht getan ist . . ., daß wir da an dem Punkt sind, wo wir aus eigener Kraft nicht stemmen können ... Diesem Wort – und von diesem Wort allein – lebt unser Glaube, der die Freude ist, und aus diesem Glauben fließt die Freude, die unter dem Kreuz aufrecht hält und gewisse Tritte tun läßt mit unseren Füßen, die unter dem Kreuz fröhlich ist ..."

Literaturhinweise:

Der Mann in der Brandung. Ein Bildbuch um Martin Niemöller. Mit einem Geleitwort von Albert Schweitzer, hrsg. von Herbert Mochalski in Zusammenarbeit mit Werner Jaspert u. a., Frankfurt a. M. 1962.

Niemöller, Martin: Dahlemer Predigten 1936/37. Mit einem Vorwort von Thomas Mann und einer Nachlese von Franz Hildebrandt, Neuauflage, München 1981.

Niemöller, Martin: Vom U-Boot zur Kanzel, Berlin 1934.

Schmidt, Jürgen: Martin Niemöller im Kirchenkampf, Hamburger Beiträge zur Zeitgeschichte Bd. VIII, Hamburg 1971.

Gustav Heinemann
(1899–1976)

Diether Posser

Gustav Heinemann

Nichts sprach in seinen ersten Lebensjahrzehnten dafür, daß Gustav Heinemann in Kirche und Staat einmal führende Aufgaben übernehmen würde. Im Gegenteil: Erst nach Vollendung des 30. Lebensjahres wurde er praktizierender Christ und die politische Bühne betrat er erst nach dem Zusammenbruch des Deutschen Reiches 1945.

Sowohl der Vater als auch die mütterliche Familie standen dem Christentum skeptisch, ja ablehnend gegenüber. Sein Vater Otto Heinemann schreibt dazu in seinen Lebenserinnerungen: „Bereits bei meiner Konfirmation, am Altar stehend, war ich der Kirche und dem Christentum innerlich entfremdet ... Das Christentum paßt nicht mehr in unsere Zeit, jedenfalls nicht in seiner orthodoxen Form ... Die großen Religionen haben einen persönlichen Gott zum Mittelpunkt. Für das Dasein eines solchen Gottes gibt es keinen Beweis." Den Ansichten seines Vaters war Gustav Heinemann, der einzige Sohn, gefolgt und er gehörte wie dieser dem 1906 von den Philosophen Ernst Haeckel gegründeten „Deutschen

Monistenbund“, einer Vereinigung von Freidenkern, an, die ihre ethische Weltanschauung auf der Grundlage der Alleingültigkeit der Naturgesetze entwickelten und das Christentum als Offenbarungsreligion ablehnten. Gustav Heinemann bewunderte seinen Vater, weil es diesem gelungen war, mit Fleiß und Ausdauer als Autodidakt die Grundlage für den Aufstieg der Familie aus der Enge und Dürftigkeit der seit Generationen übernommenen Lebensverhältnisse zu legen. Die väterlichen Vorfahren Heinemanns waren gelernte Metzger, die in der nordhessischen Kreisstadt Eschwege ein ärmliches Leben führten, weil das wenige Geld, das bei Hausschlachtungen verdient wurde, nicht für ein eigenes Geschäft reichte. Die fünfköpfige Familie – Otto Heinemann hatte noch zwei Schwestern – bewohnte einen Raum und eine Kammer; der ausgeliehene Herd kostete jährlich 6 Mark Leihgebühr. Otto Heinemann konnte nur eine sechsklassige Volksschule besuchen und trat mit 13 Jahren als Bürolehrling in die Steuerkasse für den Landkreis Eschwege ein. Mit 17 Jahren wurde er der Ernährer der Familie, als der Vater mit 43 Jahren an „Schwindsucht“ starb und nicht mehr als 16 Mark hinterließ. Neben seiner beruflichen Tätigkeit brachte sich Otto Heinemann mit Lehrheften viele Fertigkeiten bei und arbeitete zielstrebig an seinem Fortkommen. Mit 28 Jahren verließ er die Sparkasse Eschwege und wurde Kontrolleur für die Spar- und Stadtkasse der Industriestadt Schwelm in Westfalen. Anläßlich eines Wohltätigkeitsbazars im benachbarten Barmen lernte der 33jährige im Oktober 1897 das 22jährige Fräulein Johanna Walter, die zweitälteste von 6 Töchtern des Dachdeckermeisters Gustav Walter kennen. Aus der 1898 geschlossenen Ehe stammen 3 Kinder, der am 23. Juli 1899 in Schwelm geborene Sohn Gustav und zwei Mädchen. Da die Familie der Mutter ohne männliche Nachkommen geblieben war, erhielt Gustav Heinemann als zweiten Vornamen den mütterlichen Familiennamen Walter. Die rheinische Handwerkerfamilie Walter lebte –anders als die Heinemanns in Eschwege – im Wohlstand. Als das Familienoberhaupt Gustav Walter 1912 mit 72 Jahren starb, vererbte er ein beträchtliches Vermögen. Die Familien Heinemann und Walter unterschieden sich auch in ihrem politischen Engagement. Die Eschweger Heinemanns hielten sich aus der Politik heraus, während die Walters in Barmen auf eine schwarz-rot-goldene Familientradition blicken konnten. Gustav Walters Vater sowie dessen beide Brüder hatten in der Revolution 1848 im Badener Aufstand gekämpft. Der eine Bruder mußte über Frankreich in die USA fliehen, der zweite Bruder starb verwundet in den Rastatter Kasematten. Nur Gustav Walters Vater kam nach Barmen zurück. Gustav Walter selbst wurde Mitglied der Deutschen Fortschrittspartei, die für eine parlamentarische Demokratie und für eine liberale Wirtschaftspolitik gegen Bismarcks Schutzzollvorschriften eintrat. 26 Jahre lang gehörte Gustav Walter der Barmer Stadtverordnetenversammlung an und bekleidete zahlreiche kommunale Ehrenämter. Für Gustav Heinemanns Entwicklung in den nächsten Jahren war von Bedeutung, daß sein Vater und Großvater Walter – Großvater Heinemann war schon 1881 verstorben – in ihrem freireligiösen Denken übereinstimmten. Beide lasteten der Kirche an, die freiheitliche Bürgerrechtsbewegung nicht unterstützt und das Bündnis von Thron und Altar in Preußen fortgesetzt zu haben. Ein Jahr nach der Geburt Gustav Heinemanns erhielt sein Vater die Stelle eines Assistenten des Büros für Arbeiterangelegenheiten der Firma Krupp in Essen; später wurde er der Leiter dieses Büros und Prokurist der Gesamtfirma. Im Dezember 1900 siedelte die Familie nach Essen über. Die Metropole des Ruhrgebiets wurde Heinemanns Heimat. Hier blieb er bis zu seinem Tode wohnen.

Die Jugendzeit verlief unbeschwert. Der Besuch der Volksschule und des Realgymnasiums bis zum kriegsbedingten Notabitur im Frühsommer 1917 brachte nichts Außergewöhnliches. Ende Juni 1917 wurde Heinemann Rekrut bei der Feldartillerie. Zu einem Fronteinsatz kam es nicht, weil er nach Ausbildung wiederholt schwer erkrankte (u. a. Herzklappenentzündung) und nur als „Garnisonsverwendungsfähig Heimat" eingestuft wurde.

Alsbald nach Kriegsende begann Heinemann sein Studium der Nationalökonomie, Rechtswissenschaft und Geschichte in Münster, wechselte aber schon zum Sommersemester 1919 nach Marburg, wo er mit Unterbrechung insgesamt sechs Semester studierte und 1921 zum Dr. rer. pol. promovierte. Er betätigte sich in Studentengruppen der Deutschen Demokratischen Partei und war im März 1920 als Kurier der demokratischen Parteien während des Kapp-Putsches eingesetzt. Heinemann verteidigte die junge Republik aktiv gegen ihre Feinde von links, die Spartakisten, die ein Rätesystem errichten wollten, und gegen ihre Feinde von rechts, die Kapp-Putschisten und völkischen Extremisten, die eine Diktatur anstrebten. Schon 1919 hatte er, gerade 20 Jahre alt, begonnen, politische Artikel für die „Hessische Landeszeitung" zu schreiben. In sein Tagebuch notierte er am 31. Dezember 1919: „Das neue Deutschland hat ein schreckliches Jahr hinter sich ... Wir müssen die Demokratie und die Republik aufnehmen in unser Fühlen und Denken; wir müssen Demokraten und Republikaner sein, oder wir werden nicht mehr sein!"

Obwohl er politisch auch in der Folgezeit stark interessiert blieb, konzentrierte sich Heinemann auf sein Studium. Selbstkritisch vermerkte er an seinem Geburtstag am 23. Juli 1922 in seinem Tagebuch: „23 Jahre alt! Und noch nichts geleistet." Im Spätherbst desselben Jahres legte er die juristischeReferendarprüfung mit gutem Erfolg ab, begann seine Ausbildung in Marburg, setzte sie in Essen fort und beendete sie in Berlin im Juni 1926 mit einem glänzenden Assessorexamen. Unmittelbar nach der Referendarprüfung war Heinemann bei einer Adventsfeier im Dezember

1922 der Studentin Hilda Ordemann aus Bremen begegnet, die in Marburg Deutsch, Geschichte und evangelische Theologie studierte. Ihr Interesse an theologischen Fragen war nicht zuletzt durch ihre Mutter geweckt worden, die aus einer Schweizer Pfarrersfamilie stammte. Hilda Ordemann beschäftigte sich besonders mit der Dialektischen Theologie, die neben dem Schweizer Karl Barth vor allem ihr Marburger Lehrer Rudolf Bultmann vertrat. In diesem Bereich gab es keine Übereinstimmung mit Gustav Heinemann, der noch in demselben Jahr seinem Tagebuch anvertraut hatte: „Ich bin mir hinlänglich bewußt, ein ‚religiös unmusikalischer' Mensch zu sein. Ich habe kein frommes Gefühl, kein demutvolles Empfinden vollendeter Abhängigkeit und Bedingtheit ... Ich kann nicht in Andacht ein Mysterium erleben, sondern ich will wissen und erkennen, und seien es schließlich nur Grenzen, über die hinaus es kein Weiterdringen mehr gibt." Dennoch führte die Freundschaft dieser in Glaubensfragen so verschiedenen beiden Menschen im Herbst 1926 zur Ehe, die glücklich und erst durch Gustav Heinemanns Tod nach fast 50jähriger Dauer beendet wurde. Vier Kinder – drei Töchter und ein Sohn – wurden den Eheleuten geschenkt. Immerhin mußte Heinemann vor der Eheschließung seinem künftigen Schwiegervater versprechen, seine Frau nicht am Kirchgang zu hindern, ein Wunsch, der Heinemanns Toleranz sehr unterschätzte. Seine Hinwendung zum Christentum einige Jahre später war kein spontaner Schritt nach einem außergewöhnlichen Erlebnis, sondern das Ergebnis des Einflusses seiner Frau und vor allem die Bekanntschaft mit dem Essener Pfarrer Friedrich Graeber, der ein begnadeter Prediger und auch in sonstigen Lebensfragen ein vorzüglicher Ratgeber war. Graeber gewann Heinemann im Jahre 1930 als regelmäßigen Gottesdienstbesucher und dann auch für die kirchliche Gemeindearbeit. 1933 wurde Heinemann zum Presbyter der Evangelischen Kirchengemeinde Essen-Altstadt gewählt.

Heinemanns Berufswunsch war seit seiner Jugendzeit, Rechtsanwalt zu werden. Die frühzeitige Festlegung seines Berufszieles begründete er mit der persönlichen Unabhängigkeit eines Anwaltes und der Möglichkeit, „fechten" zu können. Tatsächlich wurde er in rund 40jähriger Anwaltstätigkeit ein ebenso hartnäckiger wie geschickter Sachwalter fremder Interessen. Zu den Mandanten der Anwaltssozietät, in die Heinemann im August 1926 eingetreten war, gehörten auch die Rheinischen Stahlwerke, ein bedeutendes Unternehmen der Montanindustrie. Deren Vorstand machte 1928 dem nicht einmal 30jährigen das Angebot, als Prokurist die Rechtsabteilung zu übernehmen. Zur allgemeinen Überraschung lehnte Heinemann den ihm angebotenen langjährigen Vertrag ab, bestand vielmehr auf einem beiderseitigen dreimonatigen Kündigungsrecht und setzte auch durch, daß er in der Anwaltssozietät verbleiben konnte. Zwar trat er nur noch selten bei Gericht auf, erstattete aber zahlreiche Gutachten und verfaßte Artikel für juristische Fachzeitschriften. Bereits 1928 erschien sein Kommentar zum Kassenarztrecht. 1929 erwarb er an der Universität Münster seinen zweiten Doktorgrad mit der juristischen Dissertation „Verwaltungsrechte an fremden Vermögen". Aus Vorlesungen, die Heinemann als Dozent für Wirtschafts- und Bergrecht nebenamtlich an der Universität Köln hielt, entstanden zwischen 1933 und 1943 beachtliche Veröffentlichungen, darunter das „Handbuch des deutschen Bergwesens" und der Kommentar „Der Bergschaden". Neben einer raschen Auffassungsgabe und großem Fleiß kamen Heinemann eine gewandte Feder sowie eine ungewöhnliche Bandbreite der Interessen und sein umfangreiches Wissen zugute. Nur so ist übrigens die fast unbegreifliche Tatsache zu erklären, daß die vom „Archiv der sozialen Demokratie" der Friedrich-Ebert-Stiftung herausgegebene Bibliographie seiner Reden und Aufsätze für die Zeit von 1919–1976 nicht weniger als 1285 Titel umfaßt.

Die vielfältige Arbeitslast des leitenden Industrieangestellten, des Kommentators, Fachschriftstellers und Lehrbeauftragten ließ eine politische Betätigung nicht zu. Dennoch geriet Heinemann sehr bald nach der nationalsozialistischen Machtergreifung in Konflikt mit dem neuen Regime. Hitler, der die katholischen Christen durch das am 20. Juli 1933 geschlossene, die freie Religionsübung scheinbar sichernde Reichskonkordat über seine wirklichen Absichten täuschte, versuchte über regimetreue „Deutsche Christen" und mit Hilfe eines ihm ergebenen Reichsbischofs direkten Einfluß auf die einzelnen evangelischen Kirchengemeinden zu gewinnen. Diesem Gleichschaltungsversuch widersetzte sich die „Bekennende Kirche", für die Heinemann tätig wurde. Er nahm an ihren Synoden teil, verteidigte amtsenthobene Pfarrer in kirchlichen Disziplinarverfahren und trat für verhaftete Pfarrer ein. Als sein „geistlicher" Vater, Friedrich Graeber, zur Amtsenthebung verurteilt worden war und seine Pfarrkirche nicht mehr betreten konnte, mietete Heinemann im Essener „Haus der Technik" den Börsensaal, kaufte 800 Stühle und beschaffte Kanzel und Harmonium. Die sich um Graeber sammelnde Gemeinde, die sich „Freie Presbyterianer" nannte, finanzierte alle Unkosten aus Spenden. Außerdem half Heinemann anderen bedrängten Essener Pfarrern wie dem späteren Rheinischen Präses Heinrich Held und dem Jugendpfarrer Wilhelm Busch. Heinemann hat sich immer gegen eine Heroisierung seines Einsatzes im Kirchenkampf gewehrt und hervorgehoben, daß er in seiner Position sehr viel unabhängiger handeln konnte als etwa ein im öffentlichen Dienst Beschäftigter. Dennoch schlug er eine beachtliche berufliche Verbesserung wegen seines kirchlichen Engagements aus. Im Februar 1936 erhielt er eine Anfrage, ob er Generaldirektor des Rheinisch-Westfälischen Kohlensyndikates werden wolle. Heinemann antwortete, er sei unter der Bedingung bereit, daß er Mitglied der

Bekenntnissynode im Rheinland und deren Bruderrates bleiben könne, was gelegentliche Abwesenheit von Essen mit sich bringe. Am 21. März 1936 teilte ihm der Vorstandsvorsitzende, der ihn als seinen Nachfolger gewünscht hatte, in einem handschriftlichen Brief mit, daß „der Personalausschuß unseres Aufsichtsrates mit Rücksicht auf Ihre Stellungnahme im Kirchenstreit zu der Entschließung gekommen ist, auf Ihren Eintritt in unseren Vorstand verzichten zu müssen.“ Heinemann trauerte der entgangenen Aufstiegschance nicht nach, zumal er wenige Monate später zum stellvertretenden Vorstandsmitglied der Rheinischen Stahlwerke berufen wurde. Am 4. April 1937 übernahm er noch den Vorsitz des Christlichen Vereins Junger Männer in Essen, dem er über die ganze Kriegszeit eine zuverlässige Stütze war. An der Bekennenden Kirche störte ihn, daß auch sie nicht den von ihm stets beklagten Konfessionalismus von Lutheranern, Reformierten und Unierten überwinden konnte. Er schied deshalb 1938/39 aus den Leitungsorganen aus, blieb ihr aber als Mitglied und Berater verbunden; gleichzeitig verstärkte er seinen Einsatz in der Essener Kirchengemeinde, deren Presbyterium er bis 1948 angehörte.

Nach der totalen Kapitulation des Deutschen Reiches waren Männer wie Gustav Heinemann gefragte Leute. Inzwischen ordentliches Vorstandsmitglied und Chef der Hauptverwaltung der Rheinischen Stahlwerke geworden, stellte er sich der Allgemeinheit zur Verfügung. Im Oktober 1945 ernannte ihn die britische Besatzungsmacht zum Bürgermeister der Stadt Essen. Bei den Kommunalwahlen im Oktober 1946 war Heinemann, der die CDU mitgegründet hatte, in den Stadtrat und von diesem zum Oberbürgermeister gewählt worden. Bei der ersten nordrhein-westfälischen Landtagswahl am 20. April 1947 wurde er zudem in seinem Essener Wahlkreis in den Landtag gewählt, dem er bis 1950 angehörte. Der erste vom Landtag gewählte Ministerpräsident war der CDU-Politiker Karl Arnold, der im Juni 1947 eine Koalition aus CDU, SPD, Zentrum und KPD bildete. Der von Arnold als Justizminister vorgesehene CDU-Politiker Sträter wurde von den Engländern, die als Besatzungsmacht ein Widerspruchsrecht hatten, abgelehnt, weil er kein Landtagsmandat errungen hatte. Heinemann sprang widerwillig ein unter der Bedingung, daß er höchstens 1 Jahr zur Verfügung stehen müsse. Folgerichtig schrieb er am 18. Mai 1948 an Arnold: „Das Höchstmaß meiner Zeit der Mitwirkung in der Landesregierung ist nachgerade erreicht. Eine längere Mitwirkung in der Landesregierung ist im Hinblick auf andere Aufgaben nicht möglich.“ Arnold erfüllte den dringenden Wunsch mit großem Bedauern. Am meisten überrascht war der Vorsitzende der CDU-Landtagsfraktion, Konrad Adenauer, der es schlechterdings für unmöglich hielt, daß ein Politiker einen Ministersessel jemals freiwillig aufgeben würde. In seiner knapp einjährigen Zeit als nordrheinwestfälischer Justizminister sah Gustav Heinemann seine Aufgabe auch darin, die Rechte des deutschen Volkes gegenüber den Besatzungsmächten zu vertreten, zumal es die Bundesrepublik Deutschland und eine Bundesregierung noch nicht gab. Als die Miilitärregierung die Zerstörung eines Teiles der Kruppwerke in Essen, darunter auch Werksanlagen für Friedensproduktion, ankündigte und keine völkerrechtlichen Grenzen ihrer obersten Gewalt anerkennen wollte, antwortete Heinemann in einem Aufsatz in der „Welt" am 15. November 1947: „Das deutsche Volk hat eine Rechtsfrage an die Siegermächte zu stellen: Wo liegen die Grenzen der Befugnisse des Kontrollrates? ... Auch eine Zwangsregierung wird vor den Existenzrechten des besiegten Volkes haltmachen müssen. Ob diese Grenzen gerade im Fall der Stadt Essen gewahrt oder überschritten werden oder ob sie gewahrt werden, wenn es um ... die Zurückhaltung deutscher Kriegsgefangener nach der Beendigung des Konflikts, um unsere Fernhaltung vom freien Außenhandel und die Beschränkung auf absolut unzureichende Lebensmittelrationen, um die Ausgliederung des Saargebietes oder andere Fragen unseres Schicksals geht, soll in diesem Augenblick nicht vertieft werden. Sicherlich gibt es in all diesen Hinsichten ein Recht auch des deutschen Volkes ..." Das politische Amt, das Heinemann am bereitwilligsten übernommen hatte, war das des Essener Oberbürgermeisters. Deshalb lehnte er sowohl 1948 die Berufung in den Parlamentarischen Rat, der das Grundgesetz ausarbeitete, als auch 1949 die Kandidatur für den Bundestag ab, obwohl Konrad Adenauer noch einmal in einem Brief vom 29. Juni 1949 an ihn appellierte: Wenn er wegen des Oberbürgermeisteramtes in Essen nicht in der Lage sei, immer im Bundestag anwesend zu sein, so sei doch der Gewinn, den sein Name als Bundestagsabgeordneter für die Gesamtpartei bedeute, so groß, daß man deswegen nicht auf seine Kandidatur und Mitgliedschaft im Bundestag verzichten dürfe. „Ich bitte Sie dringendst, ... die Kandidatur anzunehmen." Heinemann blieb bei seiner Ablehnung, zumal er neben den politischen und kirchlichen Ämtern beruflich in der Phase des Wiederaufbaus der Wirtschaft sehr gefordert war. Als die Unionsparteien aus der Bundestagswahl am 14.August 1949 als stärkste Fraktion hervorgegangen waren und der zum Kanzler gewählte Konrad Adenauer die Bundesregierung zusammenstellte, bat er Heinemann, das Bundesministerium des Innern zu übernehmen. Heinemann beugte sich dem nachdrücklichen Verlangen vieler politischer Freunde und sagte schließlich zu. Finanziell brachte er ein großes Opfer: Die Amtsbezüge eines Bundesministers machten nur einen Bruchteil des Einkommens aus, das er als Vorstandsmitglied in der Montanindustrie und Mitglied mehrerer Aufsichtsräte erhielt. Seinem Freund Ernst Wilm, Präses der Evangelischen Kirche in Westfalen, schrieb er damals: „Es war für mich ein schwerer Entschluß, nach Bonn zu gehen. Er beinhaltete das völlige

Abbrechen aller bisherigen beruflichen Arbeit auf die Ungewißheit politischer Entwicklungen hin." Auch das Amt des Oberbürgermeisters in Essen mußte er niederlegen; seine kirchlichen Ämter behielt er bei. Sie waren gewichtig: Seit 1945 war er Mitglied der Leitung der Evangelischen Kirche im Rheinland und des zwölfköpfigen Rates der Evangelischen Kirche in Deutschland (EKD), in der alle lutherischen, reformierten und unierten Kirchen der damaligen vier Besatzungszonen als Gliedkirchen vertreten waren. Außerdem hatte die Synode der EKD ihn zu ihrem ersten Präses gewählt. Da die EKD Mitglied des Ökumenischen Rates der Kirchen wurde und Heinemann seit 1948 auch der Kommission für internationale Angelegenheiten des Weltkirchenrates angehörte, hatte er nicht nur sofort nach Kriegsende Kontakte zu führenden Kirchenvertretern des Auslandes, sondern konnte auch bei Auslandsaufenthalten unmittelbar die deutschen Sorgen und Nöte vortragen.

Heinemann tat sich schwer mit Adenauers Regierungsstil. Dieser sah die Stellung des Bundeskanzlers mehr im Sinne der Bismarckschen Reichsverfassung. So kam es gelegentlich zu „einsamen Entschlüssen" des Kanzlers ohne Aussprache im Kabinett. In der Sitzung des Bundeskabinetts am 31. August 1950 teilte Adenauer mit, er habe am Tage zuvor dem amerikanischen Hochkommissar McCloy ein Sicherheitsmemorandum übergeben, in dem er die Bereitschaft erklärte, die Bundesrepublik Deutschland mit einem militärischen Kontingent von 150 000 Mann an einer gemeinsamen westeuropäischen Verteidigungsstreitmacht zu beteiligen. Keiner der Bundesminister kannte den Wortlaut des Memorandums, auch nicht der Innenminister, der für die Sicherheit des Staates eine besondere Verantwortung trug. Heinemann, der Form und Inhalt dieses Schrittes scharf kritiserte und nicht mitzutragen bereit war, bot sofort seinen Rücktritt an, den Adenauer nach vergeblichen Vermittlungsversuchen politischer Freunde einige Wochen später annahm. Am 10. Oktober 1950 schied Heinemann aus der Bundesregierung aus. Er war zwar bereit, eine Bundespolizei als Gegengewicht zur „Kasernierten Volkspolizei", die in der DDR aufgebaut wurde, aufzustellen, hielt aber eine militärische Aufrüstung der Bundesrepblik Deutschland fünf Jahre nach der totalen Kapitulation des Deutschen Reiches, das sich damals noch im Kriegszustand mit der Sowjetunion befand, auch dann nicht für vertretbar, wenn deutsche Verbände Teile einer westeuropäischen Streitmacht würden. Vor allem befürchtete er, daß ein westdeutscher Militärbeitrag die Chance für eine friedliche Wiedervereinigung Deutschlands auf unabsehbare Zeit zunichte mache. Heinemann kehrte nach Essen zurück und wollte seine Tätigkeit im Vorstand der Rheinischen Stahlwerke wieder aufnehmen, was ihm auch schriftlich zugesagt worden war, als er das Amt des Bundesinnenministers übernahm. Die Zusage wurde nicht eingehalten, doch erhielt er für seine 21jährige Tätigkeit eine Pension. Nur wenige wußten, daß er diese Pension nach der Wahl zum Bundespräsidenten an einen Sozialfonds überwies, aus dem manche materielle Not gelindert werden konnte. Im Rückblick muß diese für ihn zunächst schmerzliche und auch mit finanziellen Einbußen verbundene Entscheidung des Unternehmens als eine glückliche Fügung angesehen werden: Heinemann konnte wieder freier Anwalt werden und sich seinen kirchlichen Ämtern voll widmen. Wahrscheinlich wäre er später auch weder Bundesjustizminister noch gar Bundespräsident geworden, wenn er in eine führende Position in der Wirtschaft zurückgekehrt wäre. Im November 1951 eröffnete er eine Anwaltspraxis in Essen. Die Schwerpunkte seiner anwaltlichen Tätigkeit waren andere als vor dem Krieg. Standen vor 1945 zivilrechtliche Prozesse, Gutachten und Aufsätze im Vordergrund, so gewannen jetzt verfassungs- und strafrechtliche Verfahren und Veröffentlichungen immer mehr an Bedeutung. Wenn man Heinemanns Wirken in dieser Zeit unter einem Leitgedanken bewerten will, wird man es als ein Plädoyer für den demokratischen Rechtsstaat würdigen müssen. Dabei ging es ihm um das Ernstnehmen der Grundrechte, vor allem beim Schutz politischer und religiöser Minderheiten, um die Rechtsordnung des politischen Kampfes und die verfassungsgerechte Abgrenzung zwischen der berechtigten Strafverfolgung gegen die – vor allem gewalttätigen – Feinde der demokratischen Ordnung und der unberechtigten Strafverfolgung gegen politisch unbequeme, aber verfassungstreue Gegner der jeweiligen Regierung. Diese Grenzen wurden vor allem im damaligen politischen Strafrecht überschritten, wie später das Bundesverfassungsgericht aufgrund einer von Heinemann vertretenen Verfassungsbeschwerde entschieden hat. Mit Nachdruck setzte er sich auch für die Gewährleistung des im Grundgesetz verbürgten Rechts auf Kriegsdienstverweigerung aus Gewissensgründen ein. In diesem Bereich spielten die Zeugen Jehovas eine besondere Rolle, weil sie als anerkannte Kriegsdienstverweigerer nicht bereit waren, selbst den zivilen Ersatzdienst zu leisten. Das führte zu ihrer wiederholten Bestrafung, weil sie sofort nach ihrer Entlassung aus dem Gefängnis eine erneute Einberufung zum Ersatzdienst erhielten, der sie wiederum nicht Folge leisteten, was weitere Bestrafung auslöste. Auch hier mußte das Bundesverfassungsgericht eingreifen und die Mehrfachbestrafung für verfassungswidrig erklären, weil die wiederholte Nichtbefolgung einer Einberufung zum zivilen Ersatzdienst auf die ein für allemal getroffene und fortwirkende Gewissensentscheidung des Täters zurückgehe, der deshalb nur einmal bestraft werden dürfe. Auch hier zeigte sich das untrügliche Gespür Heinemanns für die verfassungsgerechte Lösung. Er bemühte sich übrigens wiederholt um Zulassung in politischen Strafprozessen in der DDR, z. B. im Verfahren gegen den Studentenpfarrer Schmutzler. Dies wurde stets mit der Begründung abgelehnt, daß nur Rechtsanwälte mit Wohnsitz in der DDR vor dortigen Gerichten auftreten könnten. In der Politik versuchte Heinemann, über die gemeinsam mit der Vorsitzenden der Deutschen Zentrumspartei, Helene Wessel, im November 1951 in Düsseldorf gegründete „Notgemeinschaft für den Frieden Europas“ Einfluß auf die Entwicklung zu nehmen. In dieser Zeit vertiefte er auch die Kontakte zu katholischen Vereinigungen wie „Pax Christi“ oder der „Deutschen Volkschaft.“ Schon während seiner Zugehörigkeit zur CDU hatte er bessere Verbindung zu den wesentlich von der Tradition des Zentrums geprägten Sozialausschüssen als zum Wirtschaftsflügel der Partei. Als alle im Bundestag vertretenen Parteien von ihren Mitgliedern nachdrücklich forderten, nicht in der „Notgemeinschaft“ mitzuarbeiten, entschlossen sich Heinemann und Frau Wessel, im November 1952 in Frankfurt die „Gesamtdeutsche Volkspartei“ zu gründen. Helene Wessel schied aus der Zentrumspartei aus, Heinemann verließ die CDU. Als Begründung für seinen Austritt nannte Heinemann die Abkehr vom Ahlener Programm und die von ihm für gefährlich gehaltene Außenpolitik, die die Wiedervereinigung Deutschlands verhindere, die Landsleute drüben in ihrem ohnehin schweren Schicksal allein lasse und die Spannungen zwischen Ost und West durch Aufrüstung erhöhe. Der Name der neuen Partei entsprach Heinemanns patriotischer Einstellung, die freilich nichts mit nationalistischer Überheblichkeit zu tun hatte. Patriotismus bedeutete für ihn das Eintreten für die Wiedervereinigung Deutschlands zu einem einheitlichen Staatswesen der Freiheit und der Menschenrechte, der beharrliche Kampf für völkerrechtliche Gleichbehandlung des deutschen Volkes, ohne daß die deutsche Verantwortung für den von Hitler verschuldeten furchtbaren Zweiten Weltkrieg geleugnet werden dürfe und das Anerkennen der aus dieser Verantwortung erwachsenden Friedenssicherungspflicht der Deutschen.

In zahlreichen Reden hat er sich zu einem so verstandenen Patriotismus bekannt. In einer Ansprache vor dem Schöneberger Rathaus am 11. August 1948 sagte er während der Blockade Berlins durch die Sowjetunion: „Es wird Ihnen hier und in der russischen Zone immer wieder gesagt, daß wir im Westen darauf bedacht seien, uns aus dem Schicksal des deutschen Volkes herauszulösen und einen Weg des Verrats an unserer gemeinsamen Not zu gehen. Das ist eine Lüge und Unwahrheit, die uns im Westen kränkt ... Unser deutsches Volk bleibt stumm im Gespräch der Völker und im letzten Grunde auch gegen sich selbst, weil es keine nationale Regierung hat. Unser Volk ist zerteilt in Zonen, die sich in einer schier unerträglichen Weise auseinanderzuleben drohen. Ich sehe nur eines noch, in dem wir als deutsches Volk uns als Einheit empfinden und symbolhaft ausgedrückt wissen, und das ist diese so bitter umkämpfte Stadt Berlin.“ Mehr als 20 Jahre später, in seiner Antrittsrede als Bundespräsident am 1. Juli 1969 faßte Heinemann vor Bundestag und Bundesrat die patriotische Verpflichtung in die Worte zusammen: „Es gibt schwierige Vaterländer. Eines davon ist Deutschland. Aber es ist *unser* Vaterland. Hier leben und arbeiten wir. Darum wollen wir unseren Beitrag für die *eine* Menschheit mit diesem und durch dieses unser Land leisten."

Die „Gesamtdeutsche Volkspartei" scheiterte bei der Bundestagswahl vom 6. September 1953 mit einem Stimmenanteil von nur 1,2% deutlich an der Fünfprozentklausel. Eine Umfrage, die nur wenige Wochen vor der Wahl erfolgte, hatte ergeben, daß nur 5% der Bevölkerung überhaupt wußten, daß es eine neue Partei mit diesem Namen gab. Hinzu kam die vielfältig geäußerte Vermutung, die GVP betreibe bewußt oder unbewußt das Spiel der Sowjetunion, eine Verdächtigung, die immer wirkte, zumal sie meistens mit der Versicherung verbunden wurde, an der persönlichen Lauterkeit Heinemanns werde nicht gezweifelt. Als im März 1955 die turnusmäßige Wahl des Präses der Synode der EKD anstand, unterlag Heinemann, der zur Wiederwahl bereit war, nach 6-jähriger nie beanstandeter Amtsführung einem Gegenkandidaten. Die Mehrheit der Synode wollte offenbar keinen im parteipolitischen Tageskampf stehenden und als politischen Außenseiter abgestempelten Mann an ihrer Spitze haben. Allerdings wurde er wieder in den Rat der EKD gewählt, dem er ohne Unterbrechung 22 Jahre bis zu seinem freiwilligen Ausscheiden nachWiedereintritt in die Bundesregierung angehörte. Kein Nichttheologe hat diesem kirchlichen Leitungsorgan auch nur eine ähnlich lange Zeit zur Verfügung gestanden.

Heinemann und seine politischen Freunde sahen ein, daß die GVP mangels Geld und ohne hauptamtliche Mitarbeiter keine wirksame politische Arbeit leisten konnte. Deshalb beschloß ein Bundesparteitag im März 1957 mit Vierfünftelmehrheit die Auflösung, ein in der deutschen Parteiengeschichte außerordentlicher Vorgang. Die aktiv gewesenen Mitglieder schlossen sich überwiegend der Sozialdemokratischen Partei Deutschlands (SPD) an. Heinemann und Helene Wessel zogen im September 1957 über SPD-Landeslisten in den Deutschen Bundestag ein. Heinemann, der schon 1958 in den Bundesvorstand der SPD gewählt wurde, war ein wirkungsvoller Debattenredner, vornehmlich im Bereich der Deutschland- und Rechtspolitik. 1965 gehörte er der SPD-Regierungsmannschaft an. So war es folgerichtig, daß er bei der Koalition der Unionsparteien und der SPD im Kabinett des Bundeskanzlers Kiesinger am 1. Dezember 1966 das Justizressort übernahm. Dieses Amt übte er nicht einmal 2½ Jahre aus, aber es waren nach allgemeiner Auffassung fruchtbare Jahre, die eine Reihe bedeutender Reformen brachten. Das gilt neben dem Nichtehelichenrecht vor allem für die Strafrechtsreform. Die Neuordnung des politischen Strafrechts mußte den im Zeichen des Kalten Krieges ausgeweiteten strafrechtlichen Staatsschutz auf das in einem Grundrechte verbürgenden Rechtsstaat vertretbare Maß zurückführen.

Heinemann wandte sich auch gegen den Versuch, mit Hilfe des Strafrechts moralische Anschauungen durchzusetzen, weil nicht alles, was sittlich unerlaubt ist, auch bestraft werden müsse. Zu den von ihm verfolgten Zielen gehörten ferner die Einschränkung der kurzen Freiheitsstrafe, die Erweiterung der Strafaussetzung zur Bewährung, die Einführung der Verwarnung unter Strafvorbehalt und des Schuldspruchs unter Strafverzicht, die Herausnahme von Bagatelldelikten aus dem Strafrecht und ihre Ahndung als Ordnungswidrigkeit sowie die verstärkte Unterstützung des Gedankens der Resozialisierung. Das geschah nicht aus Schwärmerei, sondern aus der Überlegung, daß durch eine gelungene Wiedereingliederung des Straftäters in die Gesellschaft ein dauerhafter Schutz der Gemeinschaft erreicht werde, während eine nur von Sühne- und Abschreckungsgedanken bestimmte Strafverbüßung in vielen Fällen lediglich einen zeitweiligen – auf die Dauer der Inhaftierung beschränkten – Schutz der Gemeinschaft bedeute. Im Rückblick auf diese kurze, aber für Reformen so ertragreiche Amtszeit des Justizministers Heinemann fällt vor allem sein taktisches Geschick auf, große Mehrheiten im Bundestag und bei den Bundesländern zu finden. In einer Rede „Was heißt Reformpolitik?", die er am 8. Juni 1975 hielt, sagte er als Bilanz seiner Erfahrung: „Es war nicht mein Verdienst, daß ich als Bundesminister der Justiz von Ende 1966 bis März 1969 in eine glückliche Zeit hineinkam, in der eine breite Übereinstimmung darüber bestand, daß nun viele längst fällige Rechtsreformen geschehen und letzte Widerstände beiseite gerückt werden konnten. Diese Chance galt es zu nutzen ... Reformen haben ihre Stunde und ihre sachlichen Voraussetzungen. Das richtig zu bedenken, ist wesentlich für den Erfolg oder Fehlschlag." Heinemanns Reformpolitik wie auch seine Auffassungen in der Deutschland- und Ostpolitik fanden außerhalb der SPD vor allem bei den Freien Demokraten Unterstützung, die seit Bildung der Großen Koalition die Opposition im Bundestag bildeten. Die Übereinstimmung in wichtigen Politikbereichen bewährte sich, als der damalige Bundespräsident Lübke Mitte Oktober 1968 ankündigte, er werde vorzeitig zum 30. Juni 1969 aus dem Amte scheiden. Die SPD benannte Heinemann, die CDU/CSU den Bundesminister Gerhard Schröder als Kandidaten für das Amt des Bundespräsidenten. Die F.D.P. verzichtete auf einen eigenen Bewerber, die Nationaldemokratische Partei Deutschlands (NPD), die zwar nicht im Bundestag, aber in mehreren Landtagen vertreten war, erklärte, sie werde den SPD-Kandidaten nicht unterstützen. Die Bundesversammlung, die den Bundespräsidenten zu wählen hat, besteht aus den Mitgliedern des Bundestages und einer gleichen Anzahl von Mitgliedern, die von den Volksvertretungen der Länder gewählt werden, insgesamt 1036 Personen. Keine der beiden großen Partein hatte die Mehrheit von 519 Stimmen (CDU/CSU 482; SPD 449; F.D.P. 83; NPD 22). Es kam damit auf die Stimmen der F.D.P.-

Vertreter in der Bundesversammlung an. Sie entschieden sich mit großer Mehrheit für Heinemann, als am 5. März 1969 in der Ostpreußenhalle in Berlin gewählt wurde. Da in den ersten beiden Wahlgängen kein Bewerber die erforderliche absolute Mehrheit erreichen konnte, mußte ein dritter Wahlgang stattfinden, bei dem Heinemann 512 und Schröder 506 Stimmen erhielten. Gustav Heinemann war damit zum dritten Präsidenten der Bundesrepublik Deutschland gewählt.

Das Grundgesetz hat dem Bundespräsidenten eine andere verfassungsrechtliche Stellung zugewiesen als sie der vom Volk direkt gewählte Reichspräsident nach der Weimarer Verfassung besaß. Die Funktion des Bundespräsidenten besteht in der Wahrung und der Repräsentation der staatlichen Einheit nach außen und nach innen, wobei die Wirksamkeit dieser „Rolle einer neutralen Kraft" mehr durch persönliche Autorität als durch verfassungsrechtliche Kompetenzen bestimmt wird.

Obwohl Heinemann die aktive politische Betätigung nach eigenem Bekunden mehr lag als eine überwiegend repräsentative Rolle, so hat er sich doch in der 5jährigen Amtszeit so viel Anerkennung in allen Schichten der Bevölkerung erworben, daß seine Wiederwahl 1974 mit breiter Mehrheit sicher gewesen wäre, wenn er nicht aus Gesundheitsgründen verzichtet hätte.

Sonderlich auf zwei Gebieten hat der Bundespräsident Heinemann sich verdient gemacht: durch seine Auslandsreisen und die aus mannigfachen Anlässen gehaltenen Reden und Ansprachen, auf die er viel Mühe verwandte.

Zwar sind Auslandsreisen des Bundespräsidenten durch die Regeln eines internationalen Protokolls geprägt, doch hat Heinemann ihnen besondere Akzente gegeben. Seine ersten Reisen galten vornehmlich den während des Zweiten Weltkrieges von uns besetzten Ländern (Niederlande, Dänemark, Norwegen, Belgien, Luxemburg). Diese Reisen lösten in den besuchten Ländern einen großen Widerhall aus und trugen dazu bei, manches ungünstige Urteil über die Deutschen in der Bundesrepublik zu berichtigen. Die Japaner waren besonders berührt, daß Heinemann bei seiner Reise zur Weltausstellung in Osaka 1970 als erstes ausländisches Staatsoberhaupt gewünscht hatte, Hiroshima zu besuchen.

Gustav Heinemann hat sich als Bundespräsident zu zahlreichen Themen geäußert. Seine Reden, die eine wahre Fundgrube darstellen, zeichnen sich durch eine verständliche Sprache aus, die Heinemann bewußt pflegte: „Seit Jahren geht es mir in meinen mündlichen und schriftlichen Äußerungen darum, anstelle von Fremdwörtern nach bester Möglichkeit deutsche Wörter zu benutzen. Ich tue das nicht, um damit besonderes Nationalgefühl zu beweisen, es geht mir vielmehr um das Ziel der Verständlichkeit für jedermann. Dabei handelt es sich um nichts Geringeres, als um den mir wichtig erscheinenden Auftrag, die Sprachkluft zwischen den sogenannten gebildeten Schichten und den breiten Massen unserer Bevölkerung zu überwinden, die für eine Demokratie so gefährlich ist." Einige Reden Heinemanns sind bis heute Wegweiser geblieben, auch wenn sie Jahrzehnte zurückliegen. Das gilt z. B. für seine Bundestagsrede vom 23. Januar 1958, in der er vor einem Rüstungswettlauf mit Massenvernichtungswaffen, besonders vor einer atomaren Bewaffnung der Bundeswehr, warnte und sich nachdrücklich dagegen verwahrte, außenpolitische und militärische Forderungen christlich zu verbrämen. Ein Kernsatz lautete: Es geht nicht um Christentum gegen Marxismus, sondern um die Erkenntnis, daß Christus nicht gegen Karl Marx gestorben ist, sondern für uns alle. Bischof Hanns Lilje schrieb in dem von ihm herausgegebenen „Sonntagsblatt" zu dieser Rede: „Das erste hervorragende Kennzeichen der Rede Heinemanns war ihre Sachlichkeit ... Das zweite Merkmal dieser Rede war ihre christliche Ausrichtung ... Das gegenwärtige deutsche Parlament hat eine so unmittelbar und substantielle christliche Redeweise wahrscheinlich noch nicht gehört ... Darin liegt die ungewöhnliche Bedeutung seiner Rede, daß er ein Parlament, das sich als Teil des ‚christlichen Abendlandes' versteht, durch seine Fragestellung gezwungen hat, angesichts einer großen, die Menschheit ängstigenden Entscheidung deutlich zu sagen, wie es seine Christlichkeit versteht."

Zitiert wird auch häufig der Satz aus seiner Antrittsrede als Bundespräsident am 1. Juli 1969: „Nicht der Krieg ist der Ernstfall, in dem der Mann sich zu bewähren habe, wie meine Generation in der kaiserlichen Zeit auf den Schulbänken lernte, sondern der Frieden ist der Ernstfall, in dem wir alle uns zu bewähren haben."

Im späten Frühjahr 1976 verschlechterte sich Heinemanns Gesundheitszustand rasch, er litt unter zu hohem Blutdruck und Durchblutungsstörungen. Methoden künstlicher Lebensverlängerung lehnte er ab. Als er am Abend des 7. Juli 1976, zwei Wochen vor der Vollendung des 77. Lebensjahres, die Augen schloß, hatte er morgens den letzten Brief diktiert, der mit dem Satz schloß: Mein Mitarbeiter wird diesen Brief an meiner Stelle unterschreiben, falls ich selbst dazu nicht mehr in der Lage sein sollte. In dem Brief bat er um eine Erweiterung der „Erinnerungsstätte für die Freiheitsbewegungen in der deutschen Geschichte", die er im Juni 1974 in Rastatt eröffnet hatte, dort, wo einer seiner Vorfahren in der Revolution von 1848 sein Leben gelassen hatte.

Gustav Heinemann fürchtete den Tod nicht. „Er war gläubig, er wußte, wohin er ging", sagte seine Frau Hilda, die in der Todesstunde bei ihm war. Mehr als ein Vierteljahrhundert vorher, bei der Schlußkundgebung des Kirchentages in Essen am 27. August 1950, hatte Gustav Heinemann ein wegweisendes Wort gesprochen: „Wenn irgend etwas die Verlorenheit des Menschen unserer Tage sichtbar macht, so ist es das Ausmaß von

Angst und Furcht, die unter uns umgeht. Furcht ist das Kainszeichen unserer Zeit ... Laßt uns der Welt antworten, wenn sie uns furchtsam machen will: Eure Herren gehen, unser Herr aber kommt.“ Im Trauergottesdienst griff Helmut Gollwitzer, Heinemanns Freund seit den Tagen des Kirchenkampfes, in seiner Predigt diesen Gedanken auf: „Geborgen im Versprechen seines kommenden Herrn wurde er frei von Furcht und Eitelkeit, und ebendies machte ihn Unzähligen zu einem Mann des Vertrauens, wie unser Volk in diesen Jahren kaum einen zweiten besaß.“

Literaturhinweise:

Braun, Joachim: Der unbequeme Präsident. Mit einem Vorwort von Siegfried Lenz, Karlsruhe 1972.
Heinemann, Gustav W.: Reden und Schriften, Bd. 1–3 (Bd. 2 hrsg. von Diether Koch, Bd. 3 hrsg. von Helmut Lindemann), Frankfurt a. M. 1975 ff.
Koch, Diether: Heinemann und die Deutschlandfrage, München 1972.
Koch, Werner: Heinemann im Dritten Reich. Ein Christ lebt für morgen, Wuppertal 1972.
Lindemann, Helmut: Gustav Heinemann. Ein Leben für die Demokratie, München 1978.

Dietrich Bonhoeffer
(1906–1945)

Albrecht Schönherr

Dietrich Bonhoeffer

Dietrich Bonhoeffer gehört nicht nur zu den charakteristischen Profilen des Protestantismus in der zweiten Hälfte des 20. Jahrhunderts. Er hat ihm Profil gegeben. Gegen eine Kirche, die in Gefahr ist, sich den Gesetzen der Marktwirtschaft anzupassen und ihr Angebot wegen geringer Nachfrage billig zu machen, setzt er das Wort von der „teuren Gnade": „Teure Gnade ist das Evangelium, das immer wieder gesucht, die Gabe, um die gebeten, die Tür, an die angeklopft werden muß." Dagegen: „Billige Gnade heißt Gnade als Lehre, als Prinzip, als System; heißt Sündenvergebung als allgemeine Wahrheit."

Gegen eine Kirche, die aus ihrer Tradition ein für allemal weiß, wer und wo Christus ist, und die seine Gegenwart mütterlich liebend oder väterlich streng nur noch zu vermitteln braucht, steht Bonhoeffers Frage, die ihn sein Leben hindurch begleitet, „wer Christus heute für uns eigentlich ist".

Gegen die ständige Versuchung der Kirche, ihre eigene Existenz zu sichern, ihre Identität in ihren eigenen Traditionen und Gesetzen und nicht in dem lebendigen Christus zu suchen, steht Bonhoeffers Wort von der „Kirche für andere“: „Sie muß an den weltlichen Aufgaben des menschlichen Gemeinschaftslebens teilnehmen, nicht herrschend, sondern helfend und dienend. Sie muß den Menschen aller Berufe sagen, was ein Leben mit Christus ist, was es heißt, ‚für andere dazusein‘.“

Gegen das moderne Verständnis von „Religion“ als „Privatsache“, als Gefühlswert, als Versuch, unser Bedürfnis nach „Innerlichkeit“ zu befriedigen und damit den Menschen von den rauhen Zwängen des Alltags in eine Scheinwelt bloßer „Innerlichkeit“ zu entführen, setzt Bonhoeffer seine Forderung nach einem „weltlichen Christentum“. Er nimmt die Welt in ihrer „Mündigkeit“, d. h. ihrer Verpflichtung und Fähigkeit, selbstverantwortlich zu leben, ernst: „erst in der vollen Diesseitigkeit des Lebens“ lernt man glauben. Und „dies nenne ich Diesseitigkeit, nämlich in der Fülle der Aufgaben, Fragen, Erfolge und Mißerfolge, Erfahrungen und Ratlosigkeiten leben, – dann wirft man sich Gott ganz in die Arme, dann nimmt man nicht mehr die eigenen Leiden, sondern das Leiden Gottes in der Welt ernst ... das ist Glaube ... und so wird man ein Mensch, ein Christ“. Bonhoeffer geht es letzten Endes darum, das Wort Gottes in seiner ganzen befreienden Herrlichkeit und in seiner weltverändernden Kraft neu zu gewinnen: „Der Tag wird kommen, an dem wieder Menschen berufen werden, das Wort Gottes so auszusprechen, daß sich die Welt darunter verändert und erneuert.“ Das ist nicht nur eine Frage des „Wie“, also der Methode, der Sprache, der Gestaltung des Gottesdienstes, das ist auch nicht nur eine Frage des „Was“, also der Bewahrung der alten Glaubensinhalte und ihrer Übersetzung in unsere Denkweise, sondern das ist nach Bonhoeffer wesentlich auch eine Frage des „Wer“, der Glaubwürdigkeit der Zeugen. Glaubwürdig sind die Kirche und ihre Amtsträger, wenn sie für sich selber gelten lassen, was sie den anderen predigen. Ihr Wort steht im Kontext ihrer ganzen Existenz; diese predigt mit, verstärkend oder verdunkelnd. Es geht Bonhoeffer um die Wirklichkeit Gottes und eines mit Gott gelebten Lebens mitten in dieser Welt: „Jesus nimmt das ganze menschliche Leben in allen seinen Erscheinungen für sich und das Reich Gottes in Anspruch.“

Steht es im Widerspruch zu dem allen, oder paßt es gerade dazu, daß Bonhoeffer zu den ganz wenigen evangelischen „Kirchenmännern“ gehört, die eine politische Verschwörung geplant haben und deswegen hingerichtet worden sind? Evangelische Tradition war ja gerade das Bündnis von Thron und Altar. Der Mann, der Glaubwürdigkeit als ein so wesentliches Kriterium kirchlichen Handelns ansah, begab sich in das Zwielicht der Konspiration. Er konnte dabei kaum auf viel Verständnis bei seinen Mitchristen, nicht einmal bei der Leitung der Bekennenden Kirche rechnen.

Dennoch war es kein Akt der Verzweiflung oder politischen Abenteurertums, daß er sich den Verschwörern anschloß, die am 20. Juli 1944, eineinviertel Jahre nach Bonhoeffers Verhaftung, mit dem Attentat auf Hitler den Umsturz herbeiführen wollten. Es war die letzte Konsequenz eines im Glauben gegründeten Verantwortungsgefühls. „Er war einer der ganz wenigen Männer, die ich je getroffen habe, denen ihr Gott wirklich und immer nahe war" – so schreibt ein englischer Mitgefangener, der Bonhoeffer bis unmittelbar vor seinem letzten Weg begleitet hat. Wie Bonhoeffer es gemeint hat, ist mir in einem sehr persönlichen Brief deutlich geworden, den er an seinen Bruder Friedrich Karl im Januar 1935 schrieb. Es scheint so, als wolle er sich vor seinem nichtchristlichen, der Naturwissenschaft streng verpflichteten Bruder rechtfertigen: „Es gibt doch nun einmal Dinge, für die es sich lohnt, kompromißlos einzutreten. Und mir scheint, der Friede und die soziale Gerechtigkeit, oder eigentlich Christus, sei so etwas." Frieden und soziale Gerechtigkeit – dafür einzutreten war Dietrich Bonhoeffer immer bereit. Das verstand auch sein sozialdemokratischer Bruder. Aber dann kommt die überraschende Wendung „oder eigentlich Christus". Damit nennt er sein letztes, das eigentliche Motiv. Der Christus, von dem er redet, ist nicht der Geistesheld der Idealisten, auch nicht der Privatgott der Individualisten, die bei ihm Kraft für dieses Leben und Garantie für das ewige Heil suchen. Der Christus, den Bonhoeffer meint, ist der Gott der Bibel, der Gott, der dieser Erde treu bleibt und sie nicht verkommen lassen will. Er bringt Heil *und* Heilung, er holt den Menschen wieder dorthin zurück, wohin er gehört: In die Gemeinschaft mit Gott und dem Mitmenschen. Für den „diesseitigen" Gott, der uns Menschen für seinen Dienst an dieser Erde in Anspruch nimmt, tritt Bonhoeffer ein. Dieser Christus läßt es nicht zu, daß sich Menschen in eine pseudoreligiöse Traumfabrik flüchten. Nicht eine „platte Diesseitigkeit", einen „Glauben", der sich in sozialen oder politischen Aktionen erschöpft, meint er: „Was über diese Welt hinaus ist (was wir also als ‚jenseitig' bezeichnen; Verf.) will im Evangelium *für* diese Welt da sein."

Der Christ, der an die Auferstehung Jesu glaubt, der auf das Reich Gottes hofft, ist also an diese Welt gewiesen. Verantwortliches Leben führt mitten hinein in die Zwänge und Möglichkeiten, in die Erfolge und Verlegenheiten, fordert tapferes Eintreten für andere und bringt schuldhaftes Versagen mit sich; dies alles aber im Dienste Christi, und damit in einer letzten Freiheit, die etwas von der Bändigung der Mächte und der Vergebung der Schuld weiß. „Verantwortung ist die in der Bindung an Gott und den Nächsten allein gegebene Freiheit der Menschen ... Das Handeln des Verantwortlichen geschieht in der allein und gänzlich befreienden Bindung an Gott und den Nächsten, wie sie uns in Jesus Christus begegnen, es geschieht dabei ganz im Bereich der Relativität, ganz in dem Zwielicht, das die geschichtliche Situation über Gut und Böse breitet ... Es hat nicht einfach zwischen Recht und Unrecht, Gutem und Bösem zu entscheiden, sondern zwischen Recht und Recht, Unrecht und Unrecht ... in Verzicht eben damit auf sein letztes gültiges Wissen um Gut und Böse." „Der Mensch der Verantwortung, der zwischen Bindung und Freiheit steht, der als Gebundener (d. h. an Christus Gebundener; Verf.) in Freiheit zu handeln wagen muß, findet seine Rechtfertigung weder in seiner Bindung noch in seiner Freiheit, sondern allein in dem, der ihn in diese ... Situation gestellt hat, und die Tat von ihm fordert. Der Verantwortliche liefert sich selbst und seine Tat Gott aus."

Hier liegt die Lösung des Rätsels. Weil sich Dietrich Bonhoeffer auch und gerade in dem Rausch des Hitlerreiches nicht von seiner Verantwortung als Christ dispensieren konnte, hat er gemeint, zum Verschwörer werden zu müssen. Er wußte wohl: Mord, auch Tyrannenmord, ist gegen das Gebot Gottes. Aber er hat auch gewußt, daß er sich durch Nichtstun und also durch Gewährenlassen an dem millionenfachen Mord, der im Namen und Auftrag des „Führers" geschah, mitschuldig gemacht hätte. Es geht ein Gleichnis um, das Bonhoeffer zur Begründung seiner Tat gebraucht haben soll: Wenn ein Betrunkener oder Geistesgestörter am Lenkrad seines Wagens in die Menge der Fußgänger rast – welche Aufgabe haben wir Christen dann? Hinterherzulaufen und die Verwundeten zu versorgen und die Toten zu beerdigen *oder,* wenn es möglich ist, aufzuspringen und den Rasenden vom Lenkrad zu entfernen? Aber solche Überlegungen rechtfertigen die Tat noch nicht. „Die letzte Frage bleibt offen und muß offen gehalten werden; denn so oder so wird der Mensch schuldig ... Keiner kann der Richter des andern werden. Das Gericht bleibt bei Gott."

Bonhoeffer hat – zur Überraschung seiner Schüler – einige Gedichte hinterlassen, in denen er sich selbst Rechenschaft gab und anderen sagen wollte, was ihn bewegte. Eins davon scheint besonders deutlich zu entschlüsseln, wie er sein Leben verstanden hat. Er hat es an dem Tage geschrieben, als er im Gefängnis die Nachricht bekam, daß der Aufstand vom 20. Juli 1944 gescheitert war. Das bedeutete für ihn und seine Freunde, daß sie nun dem Tode unmittelbar ins Auge sehen mußten. Bonhoeffer überschreibt es „Stationen auf dem Wege zur Freiheit". Man kann sein Leben nicht besser deuten als durch dieses Gedicht – ein Leben in verantwortlicher Freiheit.

Zucht

Ziehst du aus, die Freiheit zu suchen, so lerne vor allem
Zucht der Sinne und deiner Seele, daß die Begierden
und deine Glieder dich nicht bald hierhin, bald dorthin führen.

Keusch sei dein Geist und dein Leib, gänzlich dir selbst unterworfen
und gehorsam, das Ziel zu suchen, das ihm gesetzt ist.
Niemand erfährt das Geheimnis der Freiheit, es sei denn durch Zucht.

„Keiner kann der Richter des andern werden", kann ja nicht heißen: Nachts sind alle Katzen grau. Die Freiheit, um die es Bonhoeffer geht, ist nicht mit Zügellosigkeit zu verwechseln. Gerade das wäre ja keine Freiheit mehr. Freiheit kann auch nicht auf Kosten der anderen gehen. Egoismus ist tiefste Unfreiheit. Das „Geheimnis der Freiheit" erfährt man durch Zucht. „Zucht" klingt uns heute nicht gut in den Ohren. Allzuleicht verwechselt man Zucht mit repressivem Zwang. Die „Zucht", die Bonhoeffer meint, kommt von innen. Sie bedeutet: Sich ein Ziel setzen und mit Geduld, Mut und allen Kräften danach zu streben, es zu erreichen. „Zucht" meint, sich ganz, mit Leib und Seele, in Dienst nehmen lassen für eine wichtige Aufgabe und den ganzen Menschen zum Werkzeug für diese Aufgabe zu machen.

„Zucht" ist nicht griesgrämiger Verzicht auf das Schöne und die Freude, die mir mein Leben spendet. Bonhoeffer liebte die Musik; er spielte selbst erstaunlich gut Klavier. Er hatte seine Freude an Sport und Wandern. Mit Freunden zu feiern, gut zu essen und zügig Auto zu fahren – das gehörte zu den Dingen, die er mochte. Im tiefsten Grund war das, was er unter „Zucht" verstand, durch seinen Glauben bestimmt. Als Christ zu leben, das hieß für ihn, dem Herrn nachzufolgen, hieß, „Christus in uns Gestalt gewinnen zu lassen", hieß, etwas davon in seinem Leben wahr werden zu lassen, was Christi ganzes Leben bestimmte: für Gott und darum auch für den Mitmenschen dazusein.

Wer wollte bestreiten, daß solche Haltung etwas mit der Art zu tun hatte, wie man im Elternhaus miteinander umging? In dem Haus Karl Bonhoeffers, des bekannten Psychiaters, hatte man sich einen unbestechlichen Sinn für Qualität bewahrt. Was Wunder, daß in diesem Hause kein Platz für den Rausch des „deutschen Aufbruchs" war! Von seinem Vater hat Dietrich erzählt, er habe bei einem Familiengespräch über die Klugheit gesagt: „Klug ist, wer seine Grenzen kennt." So etwas prägt. Und daß bei den geistigen Ansprüchen, die das Elternhaus stellte, nicht so etwas wie eine „repressive Erziehung" herauskam, dafür sorgte die Mutter. Mit ihr, einer frommen Frau, Tochter eines Theologieprofessors, war gegeben, daß das Herz nicht zu kurz kam. Seine Studenten und Kandidaten erlebten Bonhoeffer, als er Pastor und Dozent geworden war, als einen Lehrer mit klarer Logik, als einen Prediger mit strenger Bindung an den Text und großer Konzentriertheit seiner Gedanken. Er selbst zog uns, die Kandidaten der Bekennenden Kirche, die unter seiner Leitung das Predigerseminar Finkenwalde besuchten, in diese Zucht hinein. Es ging dort fröhlich zu; aber eigentlich bestimmt wurde ihre Gemeinschaft durch strenge theologische Arbeit, durch regelmäßiges, gemeinsames Gebet und durch die tägliche Meditationszeit, in der sich jeder einzelne von dem Bibeltext her den Weg weisen ließ. „Innerste Konzentration für den Dienst nach außen" – das war das Motto, unter dem in Finkenwalde alles stand. Weil Bonhoeffer dies völlig unverkrampft und darum so glaubhaft vorlebte, wurde er Vorbild und Autorität, ohne sie ausdrücklich zu beanspruchen. Von der Kirche sagt Bonhoeffer einmal: „Nicht durch Begriffe, sondern durch ‚Vorbild' bekommt ihr Wort Nachdruck und Kraft."

Tat

Nicht das Beliebige, sondern das Rechte tun und wagen,
nicht im Möglichen schweben, das Wirkliche tapfer ergreifen,
nicht in der Flucht der Gedanken, allein in der Tat ist die Freiheit.
Tritt aus ängstlichem Zögern heraus in den Sturm des Geschehens,
nur von Gottes Gebot und deinem Glauben getragen,
und die Freiheit wird deinen Geist jauchzend empfangen.

Freiheit beruht nicht auf Ansprüchen oder kodifizierten Rechten; sie muß handelnd wahrgenommen werden. Wirkliche Freiheit zeigt sich im Risiko der Tat, die sich selbst aufs Spiel setzt. Nicht in der guten Absicht, nicht einmal in der reinen Gesinnung, „allein in der Tat ist die Freiheit". Freie Tat bedeutet nicht, unter allen Umständen etwas zu tun: „Nicht das Beliebige, sondern das Rechte tun und wagen." Was ist das Rechte? Wohin mich „Gottes Gebot" und der „Glaube" trägt. Das „Rechte" ist, was Gottes Gebot und Gottes Handeln an uns entspricht, also was Frieden stiftet, Gerechtigkeit fördert, kurz, was den Nächsten nicht sentimental, sondern konkret, mitten in der Verstrickung seiner politischen und sozialen Wirklichkeit aufsucht und ihm zur Freiheit hilft, und das heißt, ihn liebt. „Flucht der Gedanken" hat er denen vorzuwerfen, die ihren Glauben als bloße Meinung, als Weltanschauung, verstehen. „Flucht der Gedanken" wirft er denen vor, die aus dem Glauben eine Jenseits-Ideologie machen, das Diesseits aber räuberischem Egoismus und mörderischen Tyrannen überlassen.

Wir spüren, daß Bonhoeffer dies alles auf dem Hintergrund der Entscheidungen gesagt hat, die in jener Zeit fällig waren. Das Gedicht entstand unmittelbar nach dem Scheitern des Aufstandes vom 20. Juli 1944 und deckt die letzten Hintergründe seiner Mittäterschaft auf. Daß die Wirklichkeit, in die Gottes Handeln hineinverwoben ist, zur freien Tat herausfordert, hat er immer gewußt und für sein Leben gelten lassen. „Wer Christus heute für uns ist", war für ihn identisch mit der Frage, was er uns heute – und gerade heute – konkret gebietet. Es ist darum kein Zufall, daß er sich dem „Weltbund für internationale Freundschaftsarbeit der Kirchen" als Jugendsekretär zur Verfügung stellte, dem Zweig der Ökumenischen Bewegung, der das Friedenstiften zwischen den Völkern als das wichtigste Gebot gerade in der Zeit vor und nach dem Ersten Weltkrieg (und wahrlich nicht nur dieser Zeit!) erkannt hatte. Berühmt geworden und gerade heute wieder äußerst aktuell ist die Rede, die er im August 1934 bei der ökumenischen Konferenz auf Fanö in Dänemark gehalten hat: „‚Friede auf Erden', das ist kein Problem, sondern ein mit der Erscheinung Christi selbst gegebenes Gebot." „Es gibt keinen Weg zum Frieden auf dem Weg der Sicherheit. Denn Friede muß gewagt werden." Als Bonhoeffer den Kandidaten im Predigerseminar die Bergpredigt auslegte, sagte er zur Seligpreisung der Friedensstifter (Matth. 5,9): „Die Jünger Jesu halten Frieden, indem sie lieber selbst leiden, als daß sie einem Anderen Leid tun, sie bewahren Gemeinschaft, wo der Andere sie bricht, sie verzichten auf Selbstbehauptung und halten dem Haß und Unrecht stille. So überwinden sie Böses mit Gutem." So lesen wir es in der „Nachfolge" (erschienen 1937), dem Buch, das ihn bekannt gemacht hat.

Diesen „Verzicht auf Gewalt und Aufruhr" hat er dann nicht mehr durchhalten können, als ihm die systematische Vernichtung der Juden, die „Endlösung", bekannt wurde. In das millionenfache Morden im Kriege hatte ja die Mehrzahl des deutschen Volkes mehr oder weniger eingewilligt; man hatte die Siege gefeiert und sich auf Kosten der Menschen in den eroberten Gebieten einen guten Tag gemacht. Bei den Juden aber ging es um die Schwachen und Hilflosen schlechthin, die ihrer Menschenwürde beraubt und wie Ungeziefer ausgetilgt wurden. Bonhoeffer war einer der ganz wenigen, die sich von Anfang an der Juden annahmen. Unmittelbar nach der Einführung des „Arierparagraphen" und dem Boykott jüdischer Geschäfte schrieb er den Aufsatz „Die Kirche vor der Judenfrage", in dem er sich für die Juden schlechthin einsetzte – nicht nur für getaufte Juden oder für Pfarrer jüdischer Abstammung, wie erst Monate später der „Pfarrernotbund" Martin Niemöllers. Der Schriftsteller Jochen Klepper schrieb damals in sein Tagebuch: „Zu der ganzen jüdischen Boykottangelegenheit habe ich nur eins zu sagen: Ich trauere um die evangelische Kirche." Das Versagen in der Judenfrage – erst 1943 hat die Bekennende Kirche dazu öffentlich Stellung genommen – ist und bleibt das Stigma beider christlicher Konfessionen in jener Zeit. So hilfreich und riskant die stillen Hilfeleistungen eines Siegmund Schultze, eines Heinrich Grüber waren, die freie Tat, „nur von Gottes Gebot und deinem Glauben getragen", hätte damals ein öffentliches Wort der Kirche sein müssen.

Solches Wort wäre freilich ein Politikum ersten Ranges gewesen. Aber auf dem Wege zur Freiheit darf sich die Tat, gerade weil sie dem Gebot Gottes und dem Glauben verpflichtet ist, nicht vor politischen Konsequenzen scheuen. Darüber stehen bereits in Bonhoeffers Aufsatz über die

Judenfrage bemerkenswerte Sätze: Die Kirche hat drei Möglichkeiten, politisch gegenüber dem Staat wirksam zu werden. Sie kann ihn auf die Legitimität seines Handelns hin befragen, sie kann sich der Opfer staatlichen Handelns annehmen, und sie kann sich entschließen, „nicht nur die Opfer unter dem Rad zu verbinden, sondern dem Rad selbst in die Speichen zu fallen". Das wäre für den letzten und äußersten Fall, wenn Menschenleben mit Billigung oder auf Veranlassung des Staates vernichtet oder das Recht systematisch und konsequent mit Füßen getreten würde, das von der Kirche zu verlangende „unmittelbar politische Handeln". Bonhoeffer hat die kirchliche Opposition gegen die Gewaltherrschaft der von Hitler vorgeschobenen „Deutschen Christen" von Anfang an in ihrem eigentlichen Charakter erkannt: Als Widerstand gegen das menschenverachtende und kriegslüsterne System des NS-Staates. Die Bekennende Kirche, die sich mit den Synoden von Barmen und Dahlem 1934 geistlich und organisatorisch als wirksame Gegenkraft formierte, hat offiziell noch lange an der Fiktion festgehalten, es gehe ihr ausschließlich um einen Kampf innerhalb der Kirche gegen Auswüchse, die der „Führer" nicht wollte. Bonhoeffer hat von Anfang an gewußt: Nationalsozialismus bedeutet Krieg. Diese nüchterne Distanz gegenüber dem Rausch jener Tage zeigt sein Rundfunkvortrag „Der Führer und der einzelne in der jungen Generation". Er wurde noch am 1. Februar 1933, also zwei Tage nach der „Machtübernahme", gesendet; seine Sendung wurde allerdings vorzeitig abgebrochen. Das ist angesichts von Sätzen wie diesen verständlich: „Der Mensch und insbesondere der Jugendliche wird so lange das Bedürfnis haben, einem Führer Autorität über sich zu geben, als er sich selbst nicht reif, stark, verantwortlich genug fühlt, den in diese Autorität verlegten Anspruch selbst zu verwirklichen. Der Führer wird sich dieser klaren Begrenzung seiner Autorität verantwortlich bewußt sein müssen. Versteht er seine Funktion anders, als sie so in der Sache begründet ist, gibt er nicht dem Geführten immer wieder klar Auskunft über die Begrenztheit seiner Aufgabe und über dessen eigenste Verantwortung, läßt er sich von dem Geführten dazu hinreißen, dessen Idol darstellen zu wollen – und der Geführte wird das immer von ihm erhoffen – dann gleitet das Bild des Führers in das des Verführers, dann handelt er verbrecherisch (der Rundfunkredakteur änderte das Manuskript und sagte ‚unsachlich') am Geführten wie an sich selbst."

Daß die evangelische Kirche sich, halbherzig oder mit Begeisterung, dem „Aufbruch" des Jahres 1933 öffnete, daß sie die Stunde des Bekennens lange Zeit nicht wahrhaben wollte, ließ Bonhoeffer ernsthaft an ihr zweifeln. Der erste Versuch eines Bekenntnisses, den er zusammen mit einigen theologischen Freunden ausgearbeitet hatte (das „Betheler Bekenntnis" vom August 1933), das klare Positionen setzte und den Mut zu Verwerfungen hatte, wurde von anderen so verwässert, daß die Verfasser es nun nicht mehr unterschreiben konnten. So nahm Bonhoeffer im September dieses Jahres das Pfarramt der deutschen evangelischen Gemeinde in London an. Es machte ihm angst, daß er sich mit seiner Radikalität immer mehr von seinen Freunden isolierte. So steht es in einem Brief an Karl Barth, einen der wenigen, die damals die Szene durchschauten. Die Antwort kam prompt: „Schleunigst zurück auf Ihren Berliner Posten!“ Die Rückkehr ließ allerdings noch bis zum Frühjahr 1935 auf sich warten. Die Londoner Zeit war insofern besonders wichtig für Bonhoeffers weiteren Weg und nicht zuletzt auch für den der Kirche überhaupt, als er hier entscheidende, dauerhafte Verbindungen zur Ökumene geknüpft hatte, vor allem zu dem Bischof von Chichester, George Bell. In London sorgte er dafür, daß „seine“ Gemeinde dem deutschchristlichen Kirchenregiment absagte und sich der Bekennenden Kirche unterstellte. Von London aus ging er nach Fanö und kämpfte dort um die Frage, welche Kirchenleitung die Ökumenische Bewegung als rechtmäßig ansehen sollte, die des Reichsbischofs Ludwig Müller und seiner deutschchristlichen und „neutralen“ Untergebenen oder die bruderrätliche Leitung der Bekennenden Kirche.

In London wurde ihm auch klar, daß der Kirchenkampf, aber auch der politische Kampf mit dem NS-Regime, nicht allein auf dem Felde von Strategie und Taktik auszutragen war. Die „Tat“ mußte sich „auf Gottes Gebot“ und den „Glauben“ gründen, sollte sie wirklich frei sein und frei machen. Dabei verstand er Gottes Gebot vor allem als die strenge und gütige Führung durch Christus, den Gott auch in diesem Sinne „für uns“ gesandt hat. Bonhoeffer erwartete in dieser Zeit, daß Gott seine Kirche, wenn sie bereit war, ihm unbedingt zu gehorchen, auch wissen lassen würde, was sie heute konkret zu tun habe. Gottes Gebot ist nicht mit allerlei christlichen Prinzipien zu verwechseln, die jeweils auf die besondere Situation angewandt werden können. Gottes Gebot ergeht durch das Wort der Schrift hindurch, aber so, daß es die Situation ganz ernst nimmt. Der neutestamentliche Begriff der Nachfolge bekam damals zentrale Bedeutung für ihn. Nachfolge heißt ja doch: Glaube verstanden als Gehorsam, als radikales Ernstnehmen des Gebotes Jesu, als Aufbruch in ein völlig unbekanntes neues Leben. Nachfolge ist das Gegenteil von „Standpunkt“, ist Glauben in den Koordinaten von Raum und Zeit. Nachfolge bedeutet, immer wieder neu zu suchen, *wer* Jesus heute für uns ist und *wo* er sich befindet. In dieser Londoner Zeit trat die Bergpredigt in das Zentrum von Bonhoeffers Überlegungen. „Ich glaube zu wissen, daß ich eigentlich erst innerlich klar und wirklich aufrichtig sein würde, wenn ich mit der Bergpredigt wirklich anfinge, Ernst zu machen. Hier sitzt die einzige Kraftquelle, die den ganzen Zauber und Spuk einmal in die Luft sprengen kann, bis von dem Feuerwerk nur ein paar ausgebrannte Reste übrig bleiben. Die Restauration der Kirche kommt gewiß aus einer Art neuen Mönchtums, das mit dem alten nur die Kompromißlosigkeit eines Lebens nach der Bergpredigt in der Nachfolge Christi gemeinsam hat. Ich glaube, es ist an der Zeit, hierfür die Menschen zu sammeln." So schrieb er in diesen Tagen an seinen Bruder Karl Friedrich.

Wenn es so mit ihm stand, konnte er sich dem Ruf seines Bruderrates nicht entziehen, ein Predigerseminar der Bekennenden Kirche zu eröffnen und zu leiten. Das geschah im Frühjahr 1935, zunächst provisorisch in einem Jugendheim in Zingst an der Ostsee, endgültig dann im Gebäude eines ehemaligen Pädagogiums in Finkenwalde bei Stettin. Die Kandidaten der Bekennenden Kirche, die dorthin kamen, hatten meist schon erhebliche Erfahrungen im Kirchenkampf hinter sich. Ihre Entscheidung, sich der Bekennenden Kirche zu unterstellen, war wirklich ein Schritt in die Freiheit gewesen, in ein Leben ohne materielle Sicherung. Sie waren hinausgetreten „in den Sturm des Geschehens" und hatten dort etwas von der befreienden Kraft der Wahrheit erfahren. Viele hatten schon mit dem Gefängnis Bekanntschaft gemacht. Das war damals für einen angehenden Pastor noch recht ungewöhnlich. Sie alle hofften, im Predigerseminar vor ihrer Ordination Zeit zu theologischer Arbeit und geistlicher Besinnung zu haben. Was ihnen Bonhoeffer bot, übertraf alle Erwartungen. Die Vorlesung und das Gespräch über „Nachfolge" war nicht nur konzentrierteste theologische Kost, sondern wurde zur prägenden Kraft für ihren Dienst und ihr ganzes Leben. Dazu kam die Freude über die brüderliche Gemeinschaft, die sie verband; sie reichte bis hin zur persönlichen Beichte untereinander. Die Mahlzeiten und die Unterbringung waren, den Möglichkeiten der Bekennenden Kirche entsprechend, äußerst karg. Der Tageslauf war ganz auf den Umgang mit dem Worte Gottes ausgerichtet: Der gemeinsame Tageslauf begann mit einer Morgenandacht, bei der ein ganzes Kapitel Altes Testament und ein gehöriges Stück des Neuen gelesen wurde. In einer Woche wurden sämtliche Psalmen gebetet, so wie es Bonhoeffer in anglikanischen Klöstern gehört hatte. Nach dem Frühstück war eine halbe Stunde „Meditation", das hieß bei Bonhoeffer: Betendes Bedenken eines Bibeltextes; am Abend oft Musik oder gemeinsames Spiel und als Tagesabschluß wieder eine Abendandacht mit dem gleichen Pensum wie am Morgen.

Die Kandidaten der Bekennenden Kirche waren nicht bequem. Sie haben protestiert, wenn sie meinten, daß die Bruderräte sich mehr von taktischen Erwägungen als von der Wahrheit leiten ließen. Wenn der Ernstfall eingetreten ist, der „status confessionis", dürfen taktische Erwägungen nicht mehr bestimmend sein. Bonhoeffer selbst konnte in seinem Aufsatz von 1936 „Zur Frage nach der Kirchengemeinschaft" den Satz wagen: „Wer sich wissentlich von der Bekennenden Kirche in Deutschland trennt, trennt sich vom Heil." In einer frühen Phase des Kirchenkampfes hörte Bonhoeffer, daß ein Mann, der später eine ganz eindeutige

Haltung in der Bekennenden Kirche eingenommen hat, erwäge, zu den Deutschen Christen zu gehen, um „den ganzen Laden von innen her aufzurollen". Bonhoeffer sagte ihm: „Wenn man in einen verkehrten Zug einsteigt, mag man im Gang gegen die Fahrtrichtung laufen – man kommt doch auf dem falschen Bahnhof an."

Bei solcher Haltung der „Finkenwalder" war es kein Wunder, daß die Polizei die Arbeit dort unterband. Bonhoeffer mußte nach Hinterpommern ausweichen, wo er mit seiner Schar bei beherzten Gutsbesitzern Unterschlupf fand. Der Krieg endlich machte auch der getarnten Arbeit ein Ende, weil die jungen Theologen, die der Bekennenden Kirche angehörten, meist ohne Rücksicht auf die Gemeinden alsbald eingezogen wurden.

Das Jahr 1938 mit dem Einmarsch in Österreich, mit dem Münchner Abkommen, der Krise um die Spitze der Wehrmacht, im Verlauf derer sich Hitler zum Oberbefehlshaber ernannte, mit den Judenprogromen des 9. November, mit der sich steigernden Aktivität der Staatspolizei gegen die Bekennende Kirche, die auch für Bonhoeffer und seine Arbeit viele Schwierigkeiten brachte – all das festigte in Bonhoeffer die Überzeugung, daß nur durch eine außerordentliche Tat der Frieden erhalten oder wiederhergestellt werden konnte. Nur durch Beseitigung des „Führers" bestand eine Chance, Millionen von Menschenleben vor dem Tod zu bewahren. So suchte er Kontakt mit der Widerstandsgruppe, die durch Namen von Generaloberst Beck, von Admiral Canaris, Generalmajor Oster und des früheren Leipziger Oberbürgermeisters und späteren Reichskommissars Goerdeler gekennzeichnet ist. Vor weiteren Polizeimaßnahmen und vor dem Einziehungsbefehl in die Wehrmacht schützte ihn, daß er in der von Canaris geleiteten „Abwehr" beschäftigt wurde. Das machte ihm möglich, auch während des Krieges ökumenische Verbindungen aufrechtzuerhalten und die Alliierten durch Bischof Bell von den Plänen der Widerstandsgruppe zu unterrichten. Freilich blieb das ohne ermutigendes Echo; der Friede sollte nur über die bedingungslose Kapitulation zu haben sein.

Die Begegnung mit den Männern des Widerstandes hatte zweifellos auch für die theologische Entwicklung Bonhoeffers erhebliche Bedeutung. Hier lernte er Menschen kennen, die auch ohne kirchliche Bindung in letzter Verantwortung um der Gerechtigkeit willen ihr Leben aufs Spiel setzten, hier fand er wahrhaft „mündige Welt". Das schlägt sich bereits in den theologischen Arbeiten jener Zeit nieder, die uns in dem Sammelband „Ethik" vorliegen. Eine theologische Ethik sollte sein Hauptwerk werden; von immer neuen Ausgangspunkten aus setzte er dazu an. In dem Fragment „Was heisst die Wahrheit sagen?" spiegelt sich wider, wie sehr er daran litt, daß er sich, um andere Menschen vor den Mördern zu bewahren, tarnen mußte. Unter der Überschrift „Das Gewissen" verarbeitet er sein konspiratives Tun: „Wer in Verantwortung Schuld auf sich nimmt – und kein Verantwortlicher kann dem entgehen –, der rechnet sich selbst und keinem anderen diese Schuld zu und steht für sie ein, verantwortet sie. Er tut es nicht in dem frevelnden Übermut seiner Macht, sondern in der Erkenntnis, zu dieser Freiheit genötigt und in ihr auf Gnade angewiesen zu sein. Vor den anderen Menschen rechtfertigt den Mann der freien Verantwortung die Not, vor sich selbst spricht ihn sein Gewissen frei, aber vor Gott hofft er allein auf Gnade."

Leiden

Wunderbare Verwandlung. Die starken, tätigen Hände
sind dir gebunden. Ohnmächtig, einsam siehst du das Ende
deiner Tat. Doch atmest du auf und legst das Rechte
still und getrost in stärkere Hand und gibst dich zufrieden.
Nur einen Augenblick berührtest du selig die Freiheit,
dann übergabst du sie Gott, damit er sie herrlich vollende.

Den Schritt ins Leiden hat Bonhoeffer in freier Verantwortung selbst getan. Im Frühsommer 1939, also unmittelbar vor dem Ausbruch des Krieges, konnte er einer Einladung zu Vorträgen in den USA folgen. Er sollte dort bleiben können, solange er wollte. Wenn ihn der Beginn des Krieges in Amerika überrascht hätte, wäre er dort in Sicherheit gewesen. Aber die Gedanken an Deutschland, an die Familie, an die Brüder ließen ihn nicht ruhig werden. Schon achtzehn Tage nach seiner Abreise entschloß er sich dazu, so bald wie möglich zurückzukehren. Am 22. Juni 1939 schrieb er in sein Tagebuch: „Während einer Katastrophe hier zu sein, ist einfach undenkbar, wenn es nicht so gefügt wird. Aber selbst daran schuld sein, sich selbst Vorwürfe machen zu müssen, unnötig herausgegangen zu sein, ist gewiß vernichtend." Er hat mit dieser Entscheidung bei seinen Freunden in Amerika, in dem Land, dessen Denkweise weithin von Exilanten aus Gewissensgründen bestimmt war, wenig Verständnis gefunden. In der Entscheidung, selbst mit einer äußerlich reinen Weste und relativ wenig Leiden durchzukommen oder die Freunde und Brüder, ja, sein Vaterland dem Tyrannen zu überlassen, und dabei sein eignes Leben, mindestens aber seinen Ruf durch Versteckspiel und Kompromisse aufs Spiel zu setzen, wählte er das Letztere. Er hat diesen Schritt nie bereut.

Am 5. April 1943 wurde Dietrich Bonhoeffer verhaftet. Auch aus dem Gefängnis – bis zum Oktober 1944 in relativ milder Haft im Militärgefängnis Berlin-Tegel mit mancherlei Möglichkeiten der Begegnung mit Verwandten und Freunden, von da an zuerst in dem gefürchteten Gestapo-Gefängnis in der Prinz-Albrecht-Straße in Berlin, dann über das KZ Buchenwald, über Regensburg und Schönberg im Bayerischen Wald bis zum Ort des Standgerichts im KZ Flossenbürg – vernehmen wir kein Wort der Klage oder Reue. Im Gegenteil: Hier schrieb er die von seinem Freund Eberhard Bethge unter dem Titel „Widerstand und Ergebung“ herausgegebenen Briefe aus der Haft. In dem Augenblick, als deutlich wurde, daß er nicht mit baldiger Entlassung rechnen konnte, begann er, seine Überlegungen über Religionslosigkeit und Mündige Welt, also über ein „weltliches“ Christsein, über die Kirche, die auf alle Macht und Privilegien verzichten müßte, um glaubhaft „für andere dazusein“, aufzuschreiben. Er versuchte, von einem Gottesbild freizukommen, das Gott durch die Entdeckungen und Erfindungen der Neuzeit immer überflüssiger zu machen scheint, und dafür Gott in Christus zu finden, der in, für und an dieser Welt leidet und die Christen dazu beruft, mit ihm zu dienen, zu wachen und zu leiden. Gerade im Gefängnis hat Bonhoeffer in seinem Glauben und Denken eine Freiheit gewonnen, die unendlich vielen Menschen hilfreich und für die Theologie ein kräftiger, bleibender Anstoß geworden ist. In seinen „Gedanken zum Tauftag von D. W. R.“ vom Mai 1944 sind seine Gedanken – kritisch gegen seine Kirche, und das ist die Bekennende Kirche(!), hoffnungsvoll für die Zukunft des Wortes Gottes – zusammengefaßt: „Unsere Kirche, die in diesen Jahren nur um ihre Selbsterhaltung gekämpft hat, als wäre sie ein Selbstzweck, ist unfähig, Träger des versöhnenden und erlösenden Wortes für die Menschen und für die Welt zu sein. Darum müssen die früheren Worte kraftlos werden und verstummen, und unser Christsein wird heute nur in zweierlei bestehen: im Beten und im Tun des Gerechten unter den Menschen.“ Der Tag wird kommen, „an dem wieder Menschen berufen werden, das Wort Gottes so auszusprechen, daß sich die Welt darunter verändert und erneuert“.

An der Jahreswende 1944/45 schickte er seinen Eltern aus dem Gestapokeller das Gedicht, das schon viele Menschen getröstet hat: „Von guten Mächten.“ Er wußte, was er sagte: „Und reichst du uns den schweren Kelch, den bittern / des Leids, gefüllt bis an den höchsten Rand, / so nehmen wir ihn dankbar ohne Zittern / aus Deiner guten und geliebten Hand.“

So konnte er sprechen, weil dies der Kontrapunkt war, den er in seinem Leben, Leiden und Sterben durchhielt: „Von guten Mächten wunderbar geborgen, / erwarten wir getrost, was kommen mag. / Gott ist mit uns am Abend und am Morgen / und ganz gewiß an jedem neuen Tag.“

Tod

Komm nun, höchstes Fest auf dem Wege zur ewigen Freiheit,
Tod, leg nieder beschwerliche Ketten und Mauern
unsres vergänglichen Leibes und unsrer verblendeten Seele,
daß wir endlich erblicken, was hier uns zu sehen mißgönnt ist.

Freiheit, dich suchten wir lange in Zucht und in Tat und in Leiden.
Sterbend erkennen wir nun im Angesicht Gottes dich selbst.

Eine solche Strophe überrascht bei einem Mann, der davor warnte, das Diesseits vorzeitig aufzuheben. Als die Schergen Bonhoeffer zur Aburteilung holten, rief er seinen Freunden zu: „Das ist das Ende – für mich der Beginn des Lebens." Das ist das letzte Wort, das wir von ihm kennen. Unmittelbar vor seiner Hinrichtung sah der Lagerarzt Bonhoeffer im innigen Gebet knien. Für den, dem Gott „wirklich und immer nahe" ist, kann der Tod kein Ende, sondern nur Station „auf dem Wege zur Freiheit" sein. Ja, er ist sogar „höchstes Fest", weil der verantwortlich Handelnde nun in das Licht Gottes treten darf. Verantwortliches Handeln findet seine Bestätigung nicht im Erfolg, seine Verurteilung nicht im Mißerfolg. Der verantwortlich Handelnde muß immer aufs neue den Schritt ins Dunkle, in das Risiko des Unbekannten wagen. Darum sehnt er sich nach der Stunde, in der alles klar ist. Er sehnt sich danach, vor das Angesicht Gottes treten zu dürfen, auf dem die Freiheit in ihrer letzten Vollendung als Freiheit zur Hingabe und zum Dienst an seinen Geschöpfen aufleuchtet. Gerade wer sich darauf freuen kann, wird sich um so hoffnungsvoller um das Diesseits bemühen und wird sich eigenen Bemühungen gegenüber um so kritischer verhalten. Einige Sätze aus einem Rechenschaftsbericht, den Bonhoeffer sich selbst und seinen engsten Freunden an der Schwelle zum Jahre 1943 gegeben hat, mögen zusammenfassen, wie es Bonhoeffer gemeint hat: „Denken und Handeln im Blick auf die kommende Generation, dabei ohne Furcht und Sorge jeden Tag bereit sein zu gehen – das ist die Haltung, die uns praktisch aufgezwungen ist und die tapfer durchzuhalten nicht leicht, aber notwendig ist." „Mag sein, daß der jüngste Tag morgen anbricht, dann wollen wir gern die Arbeit für eine bessere Zukunft aus der Hand legen, vorher aber nicht." Und aus dem Abschnitt „Einige Glaubenssätze über das Walten Gottes in der Geschichte": „Ich glaube, daß Gott aus allem, auch aus dem Bösesten, Gutes entstehen lassen kann und will. Dafür braucht er Menschen, die sich alle Dinge zum Besten dienen lassen. Ich glaube, daß uns Gott in jeder Notlage soviel Widerstandskraft geben will, wie wir brauchen. Aber er gibt sie nicht im voraus, damit wir uns nicht auf uns selbst, sondern allein auf ihn verlassen. In solchem Glauben müßte alle Angst vor der Zukunft überwunden sein. Ich glaube, daß auch unsere Fehler und Irrtümer nicht vergeblich sind, und daß es Gott nicht schwerer ist, mit ihnen fertig zu werden, als mit unseren vermeintlichen Guttaten. Ich glaube, daß Gott kein zeitloses Fatum ist, sondern daß er auf aufrichtige Gebete und verantwortliche Taten wartet und antwortet."

Lebensdaten Dietrich Bonhoeffers:

Geboren am 4. 2. 1906 als Sohn des Psychiaters Karl Bonhoeffer in Breslau.
Studium der Theologie in Tübingen und Berlin. 1927 Promotion.
Vikar in Barcelona. 1930 zweites theologisches Examen und Habilitation.
Studium am Union Theological Seminary in New York.
Seit 1. 8. 1931 Privatdozent in Berlin. 11. November 1931 Ordination, Studentenpfarrer an der Technischen Hochschule Berlin.
November bis März 1932 Pastor einer Konfirmandenklasse in Berlin-Wedding.
Ab September 1931 Jugendsekretär des „Weltbundes für internationale Freundschaftsarbeit der Kirchen".
17. 10. 1933 Antritt des Pfarramtes in London.
28. August 1934 Friedensrede auf der Weltbund- und Weltrat-Konferenz in Fanö.
26. April 1935 Beginn des Predigerseminars Zingst/Finkenwalde.
5. August 1936 Lehrauftrag an der Berliner Universität entzogen.
Oktober 1937 polizeiliche Schließung des Predigerseminars, Fortführung als Sammelvikariat in Hinterpommern.
Februar 1938 erste Kontakte mit der Widerstandsgruppe Beck, Canaris, Oster.
Juni 1939 Reise in die USA, Rückkehr im Juli.
März 1940 Ende der Sammelvikariate.
Oktober 1940 Zuordnung zur Abwehrstelle in München.
30. Mai 1942 Treffen mit Bischof Bell in Schweden.
5. April 1943 Verhaftung und Hausdurchsuchung, Untersuchungshaft im Militärgefängnis Berlin-Tegel.
8. Oktober 1944 Überstellung in das Gestapogefängnis Prinz-Albrecht-Straße, Berlin.
7. Februar 1945 ins KZ Buchenwald verlegt; 3. April Abtransport nach Regensburg und Schönberg, 8. April zum KZ Flossenbürg. In der Nacht findet ein Standgericht statt; am 9. April 1945 in Flossenbürg hingerichtet.

Literaturhinweise:

Bethge, Eberhard: Dietrich Bonhoeffer. Theologe. Christ. Zeitgenosse, 4. Auflage, München 1978.
Bonhoeffer, Dietrich: Ethik, zusammengestellt und hrsg. von Eberhard Bethge, 9. Auflage, München 1981.
Ders.: Nachfolge. Mit einem Nachwort von Eberhard Bethge, 13. Auflage, München 1982.
Ders.: Widerstand und Ergebung. Briefe und Aufzeichnungen aus der Haft, hrsg. von Eberhard Bethge, 2. Auflage, München 1977.

Bildnachweis

1. Martin Luther. Melanchthon-Museum Bretten
   Martin Luther 1520. Foto Kleinhempel, Kunsthalle Hamburg
   Martin Luther als Junker Jörg. Foto Kleinhempel, Kunsthalle Hamburg
   Die Wittenbergische Nachtigall. Furche Verlag, Hamburg
   Siebenköpfe Martin Luthers. Furche Verlag, Hamburg
2. Thomas Müntzer. Ullstein-Bilderdruck
   Traumgesicht aus Dürers Kunstbuch. Aus: Jahrbuch der kunsthistorischen Sammlungen des allerhöchsten Kaiserhauses 5, 2, Wien 1887
   Siegel Thomas Müntzers. Aus: Adolf Laube u. a.: Illustrierte Geschichte der deutschen frühbürgerlichen Revolution, Berlin/DDR 1974
3. Philipp Melanchthon. Kupferstich von Albrecht Dürer
4. Johann Calvin. Museum Boijmans, Rotterdam/Niederlande
5. Philipp I., Landgraf von Hessen. Bildarchiv Foto Marburg
6. Johannes Kepler. Deutsches Museum München
7. Gustav Adolf von Schweden. Svenska Porträttarkivet Nationalmuseum, Stockholm/Schweden
8. Paul Gerhardt. Aus: Paul Gerhardt. Sein Leben und seine Lieder, hrsg. von Ernst Kochs, Leipzig 1907
9. Philipp Jacob Spener. Westfälisches Landesmuseum für Kunst und Kulturgeschichte, Porträtarchiv Diepenbroick
10. Friedrich Wilhelm, der Große Kurfürst. Bildarchiv Preußischer Kulturbesitz, Berlin
11. Johann Sebastian Bach. Ölgemälde von unbekanntem Meister
12. Immanuel Kant. Gemälde von Döbler
13. Gotthold Ephraim Lessing. Historisches Bildarchiv, Bad Berneck
14. Friedrich Daniel Ernst Schleiermacher. Historisches Bildarchiv Lolo Handke, Bad Berneck
15. Johann Hinrich Wichern. Agentur des Rauhen Hauses, Hamburg
16. Otto von Bismarck. Aus: Ekkhard Verchau, Otto von Bismarck, Berlin 1969
17. Friedrich Naumann. Städt. Archiv Heilbronn
18. Ricarda Huch. Aus: Erinnerungen an das eigene Leben, Köln 1980
19. Albert Schweitzer. A. & C. Black, London Ltd.
20. Otto Dibelius. Renate Albrecht, Düren
21. Karl Barth. Ullstein-Bilderdienst, Berlin
22. Martin Niemöller. Photo aus Familienbesitz
23. Paul Tillich. Internationale Bilderagentur, Zürich
24. Gustav Heinemann. dpa
25. Dietrich Bonhoeffer. Chr. Kaiser Verlag, München

Athenäum
Aus unserem Programm: zum Beispiel Biographien
Robert Massie
PETER DER GROSSE
und seine Zeit
PISSARRO
Der Vater des Impressionismus
Robert und Clara Schumann
Briefe einer Liebe
Eingeleitet von Dietrich Fischer-Dieskau
Herausgegeben von Hanns-Josef Ortheil
Athenäum
784 Seiten mit Abbildungen gebunden
376 Seiten mit Abbildungen
PUCCINI
Sein Leben und seine Zeit
Athenäum
Das faszinierende Dokument einer unvergeßlichen Liebe
368 Seiten mit Abbildungen, gebunden
276 Seiten mit Abbildungen, gebunden
Athenäum Verlag · Königstein/Taunus